谨以此书作金婚纪念

新丝路·文化

天方探幽

仲跻昆 著

图书在版编目(CIP)数据

天方探幽 / 仲跻昆著. —北京：北京大学出版社，2017.10
（新丝路·文化）
ISBN 978-7-301-28817-7

Ⅰ.①天… Ⅱ.①仲… Ⅲ.①文化研究—阿拉伯国家 Ⅳ.①G137.1

中国版本图书馆CIP数据核字(2017)第237500号

书　　　名	天方探幽 TIANFANG TANYOU	
著作责任者	仲跻昆　著	
责任编辑	张　冰　严　悦	
标准书号	ISBN 978-7-301-28817-7	
出版发行	北京大学出版社	
地　　　址	北京市海淀区成府路205号　100871	
网　　　址	http://www.pup.cn　　新浪微博：@北京大学出版社	
电子信箱	pkupress_yan@qq.com	
电　　　话	邮购部 62752015　发行部 62750672　编辑部 62754382	
印　刷　者	三河市博文印刷有限公司	
经　销　者	新华书店	
	720毫米×1020毫米　16开本　32.5印张　插页8　570千字	
	2017年10月第1版　2017年10月第1次印刷	
定　　　价	96.00元	

未经许可，不得以任何方式复制或抄袭本书之部分或全部内容。
版权所有，侵权必究
举报电话：010-62752024　电子信箱：fd@pup.pku.edu.cn
图书如有印装质量问题，请与出版部联系，电话：010-62756370

金婚缘起时(与夫人刘光敏女士于1967年)

与著名学者季羡林先生（左）

与巴勒斯坦前总统阿拉法特（右）

与诺贝尔文学奖得主埃及作家纳吉布·马哈福兹（右）

与埃及著名作家尤素福·伊德里斯（左）及中国诗人高深（右）

与苏丹著名作家塔伊布·萨利赫（右）

与叙利亚著名诗人尼扎尔·格巴尼（右）

与叙利亚专家奥贝德（左）

2009 年为第二届中坤国际诗歌奖得主阿拉伯著名诗人阿多尼斯（右）颁奖

2011年荣获第五届阿联酋谢赫扎耶德国际图书奖之年度文化人物奖,阿联酋副总理谢赫曼苏尔(左)为作者颁奖

2011年荣获第四届沙特阿卜杜拉国王国际翻译奖之荣誉奖,时任文化部长的蔡武(左)和该奖项董事会主席、沙特外交部副大臣阿卜杜勒·阿齐兹亲王(右)为作者颁奖

与夫人刘光敏女士（左）及北京大学外国语学院副院长付志明教授（右）

在《阿拉伯文学通史》首发式上讲话

仲跻昆教授的专著与译作

仲跻昆教授与他人合作的部分著译

目 录

一路走来——代序 ………………………………………………………… 1
题解 …………………………………………………………………………… 10

正 编

文化探幽

阿拉伯传统文化及其复兴与现代化 ……………………………………… 3
丝绸之路长　长城通天方——中国与阿拉伯世界文化交流史略 …… 60
谈中阿文明对话 …………………………………………………………… 111
阿拉伯妇女的传统与现代化进程——埃及妇女的面纱之争 ………… 117
我与阿拉伯语是"金婚"——访谈录 …………………………………… 134

文学探析

阿拉伯文学概略 …………………………………………………………… 144
阿拉伯文学研究在中国 …………………………………………………… 165
阿拉伯文学与西欧骑士文学的渊源 ……………………………………… 171
任重道远，责无旁贷——在阿拉伯文学研究会第四届代表会议暨
　"世纪之交的阿拉伯文学"研讨会开幕式上的讲话 ………………… 180
我为自己的工作骄傲、自豪！——在"中阿文学与出版论坛"的讲话 … 184
谈阿拉伯文学经典 ………………………………………………………… 190
不凡的诗人　不凡的诗篇——麦阿里及其诗集《鲁祖米亚特》 ……… 199

1

谈《一千零一夜》 …………………………………………… 204
谈《安塔拉传奇》 …………………………………………… 214
爱挖苦人的诗人——伊本·鲁米 …………………………… 218
"玛卡麦"与赫迈扎尼 ……………………………………… 224
哈里里与"玛卡麦" ………………………………………… 229
弹冬不拉的民间诗人杰哈翟 ………………………………… 234
谈慷慨与诗人哈帖姆 ………………………………………… 242
穷诗人，穷人的诗人——艾布·舍迈格迈格 ……………… 249
人民的诗人，革命的诗篇——试论伊拉克诗人鲁萨菲 …… 257
谈纪伯伦的思想 ……………………………………………… 294
纳吉布·马哈福兹的创作道路 ……………………………… 299
新中国60年马哈福兹小说研究之考察与分析 …………… 312
心系天方 毕生追索——访谈录 …………………………… 326

翻译探讨

谈阿拉伯文学翻译 …………………………………………… 337
译路坎坷通天方 ……………………………………………… 342
翻译对增进各民族间文化关系的作用——以中阿关系为例 …… 350
中国网访谈录 ………………………………………………… 356

副　编

著译序

《阿拉伯现代文学史》序言 ………………………………… 371
《阿拉伯文学通史》序 ……………………………………… 377
《阿拉伯古代文学史》序 …………………………………… 384
《纪伯伦散文诗选》序 ……………………………………… 390
《库杜斯短篇小说选》译序 ………………………………… 394
《我家有个男子汉》再版序 ………………………………… 398

忆念师友

季羡林先生率领我们破除"西方-欧洲中心论"	401
高山景行　私所仰慕——追忆马坚先生	405
新中国阿拉伯语界的鼻祖——马坚教授	411
桃李满园时，常忆老园丁——追忆刘麟瑞先生	420
郭应德先生和他的《阿拉伯史纲》	428
悼念邬裕池同志	435
把晚年献给了中国的叙利亚专家奥贝德	439

散文与诗

北京图书馆——我的"太学"	450
难忘的岁月	455
"米尔拜德诗歌节"纪行	459
卡塔尔印象	466
谈传记文学	470
"白吃族"	473
七一咏怀	479
假若我是一只鸟	481
咏物	483

学友评论

"自选动作"的价值	485
阿拉伯文学的"百科全书"	487
一部具有创新精神的文学史	489
揭开阿拉伯文学神秘面纱	491
颗颗珠玑耀眼明——仲跻昆教授和他的新译作	493
仲跻昆：从中国边缘到阿拉伯中心	498

一路走来——代序

我积极推动本书出版。主要的感觉是：他年纪大了，几部文学史都是厚厚的本本，便于收集阅读，而同样曾经做过的努力，那一些零零星星的长短文章好似已散落的珠子，时间愈久，愈难以寻觅。若将其收集整理一下，穿成串，集成册，便于同行交流与非同行交友，多少也是一件美事。于是我催促着与提醒着，他在一番拖拖拉拉之后，才动手寻找与收集。眼看散落在地的珠子将要成串了，我也想写几句话，以慰我的辛劳。

此时已是2016年的年末，从何处写起？在忙忙碌碌之后，来一点往事的回忆，温馨伴随着劳累，幸福伴随着辛苦。粗略地记录一下他半个世纪以来的活动轨迹，算是代序。

这天恰是2016年11月13日，北外举办《巴勒斯坦诗人达尔维什诗选》（薛庆国等译）的首发式，他被邀请参加，还准备朗诵自译的两首诗。这自译的诗，当容易记，他已经记下了。但还是说："帮我打印一下吧，后备。"是的，万一忘记，卡壳了呢。又说："朗诵是我青年时期的最爱。"我对此也略有记忆。他当学生的时候，学校开个联欢会什么的，他就露一手。我现在还记得他那时朗诵高尔基《海燕》的年轻潇洒样子："在白茫茫的海面上，风儿卷着阴云……"

北外会后回家的路上，他问："我朗诵得怎么样啊？"我给予积极评价："还不错，挺像样子的。"退休以后十多年来，他经常参加类似的活动，或发言，或讲课，或做个专题报告，我当然也就是第一听众。他往往在事后问我讲得怎么样？我如实回答。在半年前，即6月初，在上海召开的一个"翻译与中阿人文交流"国际研讨会上，他照稿发言之后，应邀为上外的研究生讲课。他事后照例问："效果怎么样啊？"我说："不怎么样。"主要是讲课后提问时间，一位学生提的问题他听不见，那学生只好礼貌地再三重复，互动困难了。他听力渐渐不好，有些耳背，且渐渐加重。我说："以后少讲课吧，沟通不易了。"他沉默一下说："视情况吧。"今天的朗诵就是"视情况"参加的。效果还不错！

时间好快，回头望望，一路走来，我们已经相伴了半个世纪。

1960年秋，我考入北京大学东语系，9月1日，来校报到。新生们在40楼前的空地上，等候学校派的车从火车站拉行李来。这时，一位老同学关心地问我是从哪里来的？我说是大连。那老同学立即招呼起来："大娃娃，快过来！你老乡来了。"于是一个高个子的老同学出现在我面前。我心生狐疑：这么大一个人，为什么外号叫大娃娃？后来我知道了：这人大名叫仲跻昆，大连人，在读阿拉伯语专业五年级，外号叫大娃娃也许是反映他性格的纯真。再后来，我们分班了，而我们上大二的时候，他五年级毕业后留校任教，还当了我们班一年的阿语教师。

我的五年大学生涯，寒假暑假，因为学校统一订票，都会与他乘坐同一班次的火车往返于北京与大连，因而相熟相知。课余周末，有时候，他会带我去五四操场看电影，甚至还看到了中央新闻纪录片厂拍的纪录片《我们在毛主席身边歌唱》，片中有他编、演的"木偶戏"。另外，看他与吕学德老师说的双簧也很有趣。他从小爱朗诵与演戏，初中时课余在大连话剧团当儿童演员。退休后我们回大连时，曾去拜访那个话剧团，团长热情地接待，还欢迎我们去看他们的新排话剧。因为是老乡吧，接触多些。在北大，有时候，我们会一同漫步，我听他讲述中外文坛的逸闻典故或电影故事。因为在校园内外很容易碰到来来往往的同学们，那对面来的老同学，通常打招呼的用词是"才子啊""大娃娃啊"，大约这是他台上演了节目后的台下余波。此时，他总是佯装低头看表，我们便拉开距离。他喜欢文艺，爱看电影，爱买书，有空就带我去书店或看书展。

1965年9月，我毕业后，分配到全国妇联国际联络部，他帮我扛箱子，送我去报到。

1967年5月1日，水到渠成，我们领证结婚。我嫁给了一个属虎的人，从此"嫁虎随虎"。他老妈与我老妈都没来参加我们的婚礼，大家都很忙。自己的事情自己办，办成啥样是啥样！有单位领导与同事的关心，有长辈们的祝福就够了！妇联机关分给我的新房，是史家胡同53号院内的一间小房。那座四合院很是不简单，新中国成立前曾住过达官贵人名人雅士，新中国成立后，归妇联所有，当时前院正房住着妇联领导人之一的章蕴大姐，后院住着另一位领导廖梦醒大姐，是廖承志的姐姐。后来还住过一位国家领导人。再后来的一段时间，这里是妇联接待外宾的所在，叫"好园宾馆"，我也多次陪同外宾来到这里，这是后话。现今，那四合院的门楣上，还留有邓颖超大姐1984年题写的"好园"二字，女子二字合起来就是"好"字了，邓大姐如此诗意的题字，对于我们单位是最确切不过的。1967年，在妇联，能称作"大姐"可不简单，那是指久经风雨的革命老前辈，有威望的女性领导人。比如称呼蔡畅为蔡大姐，邓颖超为邓大姐，康克清为康大姐，她们先后出任过妇联的主席与副主席。只有她们才当得起这个今天看起来很平常的称呼。而我这新去机关的小年轻，就简称小刘。

我们的小窝，是那个四合院前院厅前两间耳房中的一间，可能是领导关心年轻人特地腾出来的吧，是一个10平方米的正方形，可以放下床，桌子和椅子，烧水做饭在走廊上。妇联机关的同事杨瑞臣为我们剪贴了满屋的双喜字，可贴的地方都贴上了。前来祝贺的同事与朋友络绎不绝，分时分批，大家带来了各种礼物，有《毛泽东选集》《毛主席语录》；还有生活用品：脸盆、暖瓶以及锅碗瓢盆。但我们并不做饭：一是没地方，二是没时间。平日吃饭在机关食堂，周日在大街的小饭铺。在"文化大革命"初期，我们都在忙忙碌碌地追寻着革命理想，"革命理想高于天"，认为买菜做饭围绕小家庭打转转是一种小资。

一年后，我们要有小宝宝了。冬天的时候，他照例骑自行车从市中心的史家胡同到西郊的北大上班，车程一个多小时，还穿着单鞋。我说："买一双棉鞋吧。"他说："不买，还要养宝宝呢。"那时我们的工资都是每月56元。不久，他的脚起了冻疮，我去买毛线为他织毛袜，花了6元钱，与买棉鞋的钱一样多。想想真不合算，背着抱着一样多，还搭上冻疮。后来，妇联照顾，让我们搬到了弓弦胡同大一点的房子，来迎接我们的宝宝出生。

感叹岁月，继1968年夏我们搬家离开史家胡同后，辗转搬家多次多地，如今在我古稀的时候，竟然每周一次又来到这条胡同，参加机关的合唱团，在另一座35号四合院的妇联退休干部之家唱歌。35号离53号不远，当我途径我们曾经的新婚小房，不免几多感慨！史家胡同是北京有名的胡同之一，在妇联的退休干部之家对面是史家胡同博物馆，静静地叙说着这条胡同的古往今来。而我们在这条胡同里，也留下难忘的青春回忆。

1969年初冬，随着我们国家形势的变化，干部们都要走五七道路到干校去。大家组织纪律性都很强，十天半月之内行动完毕。仲跻昆在秋天时已经先随北京大学去了江西鲤鱼洲的"五七干校"了。那时，年轻的我们经得起折腾，我自己带着一岁多的女儿与尚未出生的儿子，将家里的简单家当卖给废品站。记得我抱着女儿在去废品站的路上，时值落雪路滑，走在美术馆前，摔了一跤，女儿也摔到地上了，四周没有人听我埋怨诉委屈，只好自己爬起来，再把女儿抱起来，接着办事吧！时间还紧张着呢。曾经有一些大学的课本舍不得卖，但是想想也没有地方放，卖了，算了，谁知猴年马月会用到！我随众将房子交还给妇联，寄存了简单的衣物，随单位的同事们一起去河北衡水县的全国妇联"五七干校"，我们在北京的小窝就没有了。

干校生活两年，是一家四口，分居四地的日子。1970年6月刚出生的儿子让我住在大连的妈妈帮助抚养；两岁的女儿送到北大幼儿园，请北大留校的徐晓阳老师帮助接送；自己在河北衡水的妇联"五七干校"，接受革命锻炼；他在江西鲤鱼洲，参加了北大的文艺小分队，又叫毛泽东思想宣传队，到处演节目，做宣传。有一个他又编又演的对口诗剧《传家宝》，也叫《一根扁担》，颇有名气。这在一定程度上让他缺了不少在风口浪尖上摔打、战天斗地的机会，也所幸没得上当时不少北大"五七战士"得的血吸虫病。

干校生活结束了。1971年秋，他随文艺小分队汉中演出后回到北京，临时住在北大校内的南阁，就尽可能地接送在幼儿园的宝贝女儿，带着她，哄着她，有时小分队演出也领着她。她高兴、快乐。有一天，小分队在办公楼礼堂演出，包括《一根扁担》。那个对口诗剧说的是一个老贫农和他忘本儿子的故事。恰我那时临时被借调短期回京，就带着女儿坐在观众席观看。仲跻昆演那个老贫农，那"儿子"叫他"爸爸"的时候，女儿大叫："那是我爸爸！"，弄得当时也在小分队的原北大校团委书记刘昆只好帮助我将她抱出场外。她幸福地撒娇，享受着难得的愉快时光。

1972年春，体育方面有几个大型国际活动，即几次大规模的国际乒乓球邀请赛相继在北京举行，需要借调大批外文干部，我们两人也都在被借调之列。但一家人仍不能团聚，没有住房，工作也没有安顿好，不能保证周末接送在北大幼儿园女儿。记得那天，是邀请赛的赛事开始前夕，我们一起去幼儿园看望她，她高高兴兴地依偎在我们的怀里，有说有笑。告辞可就困难了，她不让我们走，似乎预感到我们又会有一段时间不能接她了，就跟在我们后面大哭大叫拼命地跑，大喊："爸爸！妈妈！"以至于她摔倒了，磕破膝盖了，我们也只得硬着心肠让阿姨抱她回去，自己赶回到工作地点。回想起来，心痛不已，留下这段文字，也留下了我们时至今日还难以忘怀的难过与歉疚的心情。

赛事结束后，我被调到国家体委国际司，立即去买了《各国概况》上下册，好好学习。

1972年夏，我们暂住在北大校园内后湖边的一间小屋，从大连接来了儿子，一家人团聚，孩子们上幼儿园，我们上班。换位了，由我从北大的家坐车到国家体委上班，路上一个半小时，憧憬着未来，不觉得苦，而是幸福满满。渐渐地，我们的住房也得到了改善。1972年秋，我们住进了国家体委的招待所，渴望小家庭生活的稳定，但也不能够与不愿意放弃各种外出的工作机遇。

我支持他三度出国，每次两年。即1972年冬至1974年夏去苏丹当援外工程的翻译；1978年至1980年去埃及进修，接触了诸多埃及文学界的作家们，为后来写文学史打下基础；1983年至1985年去也门萨那技校任教。当时的时髦话："这是组织的信任与培养，应该好好珍惜，努力工作。国家的事再小也是大事，个人的事再大也是小事。"三度在三个不同的阿拉伯国家居留，加深了对阿拉伯世界的了解，为他后来从事相关的学术活动准备了条件。当时的我们，只要能有一个大人在家固定地工作，照顾上幼儿园的孩子就不错了。我相对固定时，按时上班，就能兼顾照看两个平日在幼儿园的孩子。当我也要较长时间出国的时候，就求助于我的妈妈。如儿子6岁时跟他住在北大集体宿舍，女儿8岁跟姥姥住在大连，一家人支持我在也门援外教练组工作一年半。其余出差皆为短期，约每年两次吧。

那段岁月，我们工作与生活的环境都是流动的，可能与我们工作性质相似的同龄人大多如此。我们想上进，爱工作，也爱孩子，珍惜生活。

1980年，我被调回全国妇联国际部。我先后在体委与妇联这两个全国性的单位当马前卒。"文化大革命"和在干校的几年，业务生疏，他总是鼓励我积极参加各种固定的与不固定的国内外出差工作。他说："是工作，也是机会，不要放弃。"由于他的帮助与支持，即使孩子小要照顾，我在两个单位的各个不同的工作环境中，还是能远走高飞，或长或短地到过诸多阿拉伯国家以及诸多亚非欧国家。先后当了西亚非洲处与欧洲处的处长，各8年，后又被提为副局级，一直为我所在单位做具体的对外联络工作，自己也增长了见识，丰富了人生阅历。我感到充实与温暖。

他支持我的业务工作。上世纪80年代，我的单位要与伊拉克等国签订双边合作协议，阿文稿要校对定稿，需在对方代表团访华时或者我方代表团出访对方国家时签订，事关重大，时间紧迫，我的领导就几次叫我找他帮忙，先行急办，并许诺道："大会堂宴请，请他参加。"可是事情过后，领导就忘记这码事了，尽管我单位大会堂相关宴请频频。以至于到今天，事过30年，领导都已经住进养老公寓了，也没兑现。几句随笔，哈哈一笑，趣谈一则。

　　他不算太用功，但是记忆力很好，且记忆是有选择的，即有的东西记得快，有的事情记不住。他爱看电影，人家就叫他"电影词典"，可是我们新搬家的住处，他来过几次也没记清地址。"文化大革命"时期，讲究背诵"老三篇"（指毛主席著作《为人民服务》《愚公移山》和《纪念白求恩》）。我问："你会背吗？"他说："不会，那我来看看。"于是不一会儿，我看着书，他就会背《为人民服务》了。上世纪80年代，中央电视台推出春晚，并附有猜谜有奖的小节目，有一年我们四人看春晚猜谜，基本都是他猜的。我以我与孩子们的名义分别寄出答案，一月后，我们分别得到中央台寄来的有中央电视台名号的小钱夹，快乐了一阵子。要是北大有类似节日猜谜活动，他带孩子们去，总是很有收获。

　　他有一个很大的缺点：办事拖拉。那时候，学校编《汉阿字典》，每周四去领任务，下一个周四交稿，再领新任务。但每周四交稿领回新任务后，他就轻松了："还有一周时间呢，急什么？"等到周末了，又说："下周一二再干吧！"磨磨蹭蹭地不着急。到了周三，他就别的什么事也不能干了，晚上很晚很晚，也不能休息了，得熬上半个通宵，周四去交稿再领新任务，于是又如此这般，周而复始。我不欣赏他这种前松后紧的工作方式，但是这习惯一直伴随着他，改不了。对这习惯，我也烦啦，乘此机会，发发牢骚。每次长短期出国，要准备讲话稿，那出发前一夜，注定是不能很好休息的，要是第二天下午的飞机，那当天的早上也还是要再次准备准备推敲推敲的，直到要上飞机。

　　每次出书，开始不着急，后来越来越紧张。《阿拉伯现代文学史》《阿拉伯文学通史》《阿拉伯古代文学史》与其他长篇短篇的翻译书籍与文章等，大多如此，被催着办，急事先办，此书亦然。我曾向他在北大技术物理系的妹妹告状，他妹妹竟然说，他妹夫也是这样的。这是转弯地为其兄掩饰开脱吧？北大教授一定很少是这样的！

　　大约十年前，有一位名人情义殷殷地要他写中阿文学交流史，邀请他参会讨论与参观访问什么的。他碍于情面，含含糊糊，不置可否。我断然替他谢绝，说："不去！不参加！"劝那人另请高明。几次三番后，那人就在我的几位同学面前说我的坏话，大约是说我厉害与不容商量等。这话又传到我的耳朵里，我也不生气，反而认为这人执着，事业心强。其实他哪知就里：一个退休的人，写百万字的文学史，一个字一个字地打出来，就够忙碌的了，再接受一部数十万字的书，谈何容易。后来，这个光荣的担子落在我的同班同学郅溥浩的头上。他找来了宗笑飞与丁淑红哼哈二将，忙忙碌碌，十年磨成绣花针，洋洋洒洒58万字，终于付梓。目前该书已经面市，影响大大的。郅同学是一个细致的人，他广为搜集各方资料引经据典，还把在这一领域做过努力的人也一一列举出来，做到现今受各方关注，日后有据可查，也是一件美事啊！我及早谢绝，没耽误人家的事情，才是实事求是呢。

　　播种了，收获了，幸运多次落在仲跻昆的头上。先是2001年，大概看在他教学认真的份上，他得了正大奖教金5000元。2004年冬，《阿拉伯现代文学史》出版，北大管事的丁昱老师就说："你申请个奖吧！"且用电邮发来申请的具体要求。但是他拖拉惯了，过了几个月，也没见动静，丁昱老师几次催促过，他依旧办一点，拖两点，慢慢吞吞地拖拖拉拉。终于有一天，她又来电话说："仲老师，明天申报工作就要结束了，你务必要在明天下午四点前将所缺少的材料补齐全，送过来，我要上报了。"可是第二天，他还有别的事情呢，而有的材料要到外单位去取，只有我去取了。风雨交加中，我打出租车奔走，匆匆忙忙，下午才忙到社科院去复印一份材料，材料保存在一位领导手里，而那位领导一周才上一次班。上天保佑，我去的那天恰巧是他上班的日子。我顺利地在他的办公室复印了材料，找到还在门口等我的出租车，立刻往北大赶，待到达时，已过三点，我向丁昱老师交了材料。后来见到她时，我再三向她致意致歉与表示感谢等。丁老师说："我只是看到老师们做学问不容易，希望老师们的工作得到相应的认可。"我那天回家后，很是窝火，发脾气："你以为你是什么老太爷啊！为你准备申报材料，人家几次三番催促，还要我这么跑腿。"恰巧那时候，电视正在播送歌曲《十五的月亮》，唱到"军功章上有你的一半，也有我的一半"。他接茬说："要是有奖了，都给你，我的那半也给你。"令人哭笑不得。而后来，这本书竟然于2006年得了第四届中国高校人文社会科学研究优秀成果奖一等奖，他乐得屁颠屁颠地到人民大会堂去开会领奖，回来告诉我："全国得一等奖的有26个人，包括那个有名的经济学家林毅夫。每人有一万元人民币的奖金哩！英语系的刘意青对我说：你一个人独得一万元倒挺美，可我们《欧洲文学史》参加撰稿的专家有几十人，这笔奖金叫我怎么处理啊？"

　　几年后，是2010年吧，他的《阿拉伯文学通史》出版。几个相关单位联合在北大的英杰交流中心举办首发式。出版社的负责人、有关领导、专家，阿语界同仁、同学，阿拉伯各国的大使、参赞坐了一大厅，又是录音、又是录像、又是采访很是热闹了一番。同样的申报途径，又在2013年得了第五届中国高校人文社会科学研究优秀成果奖二等奖。他还开玩笑："我写了一半内容的现代史，得一等奖，我写了全部内容的通史，怎么才得二等奖。"我奚落道："你们家是开发奖铺子的啊！"

　　说起得奖，他还得了几个外国奖。先是在2005年，他到开罗去领了张埃及高教部表彰他的奖状。随后，天上又两次掉馅饼，落到他头上。2011年3月初的一天，我们从九华山庄游泳回来，突然，一位外校的老师打电话来说："仲老师，祝贺你得国际奖！"我们被弄得丈二和尚摸不着头脑，好像四月一日的愚人节还没到呀，开什么玩笑！不一会，另一个学校的老师又打电话来说了同样的内容，还说是从外国的报纸上看到的。再过了一会，干脆一位阿联酋的记者打电话来了，这回我们相信这不是开玩笑，也不敢再怠慢。奇怪的是：也没有向什么地方申请啊？再后来，就是北大的肖老师陪同他去阿联酋的七星级饭店领那个以其前国王命名的"文化人物奖"了。其实，还未等他去阿布扎比领奖，天上再次掉下大馅饼：沙特使馆来电话，说他得了第四届阿卜杜拉国王世界翻译奖的荣誉奖，且是当年（2011年）10月在咱们北京开会颁奖，沙特方面来了不少人，率队的是这个奖项的董事会主席、沙特外交部副大臣阿卜杜拉·阿齐兹亲王。白天在北大英杰交流中心举办论坛，他做了一个有关翻译与文化交流的主旨讲话；晚上在励骏酒店礼堂颁奖、设宴。沙特的亲王同文化部长蔡武一道给他发奖，他又体面光彩了一把。就在那一年，他还得了两个奖：一个是"北京大学卡布斯苏丹阿拉伯研究讲席项目学术贡献奖"，一个是中阿友协的"中阿友谊贡献奖"。2012年，在系负责人林丰民的推荐下，他还当了一回"北京大学老有所为先进个人"。我陪他去参加颁奖会，听了好几位先进个人代表的发言，不愧是北京大学，这些退休的老有所为的代表的确出类拔萃。直到2015年，他还从北大抱回一张"北京大学东方学学术研究贡献奖"的奖状。

　　祸福相依。2012年春节前后，他得了一场不大不小的病，住医院做手术。此时我的脚被烫伤，孩子与我们的曲线距离是半个地球，时差超过12小时，瞒着算了，远水也解不了近渴。

　　住院手术的事情自己想办法解决吧。幸得医生医术高明，加之亲朋热情相助：他的妹妹一家不在话下，他的学生杨恭谦同学已是耳顺的年纪，还来医院值了夜班，我的邻居小盖亦然，他安然出院了，感谢这些热心的人们。

　　此后，我们选择了一个位于北京与河北交界的国际老年养护中心做术后疗养。说是国际，其实有一百多中国人，只有一户美国家庭。那先生名戴维，是1949

年移民美国的香港人，他举出数个来中国养老的好处，于是带着瘫痪的美国妻子来中国养老了，谁说外国的月亮比中国的圆？

中秋节，养护中心组织了一场猜谜灯会，由深谙中国古老文化的热心公益人士戴维主持，奖品是塑料脸盆，大家排排坐好。戴维宣布猜谜会开始，说："岛子，打一个国名。"仲跻昆立即举手，说："海地。"戴维又说："15天，打一字。"仲跻昆立即抢答"胖。"其后，他多次举手，得了7个脸盆后，他不准备再猜了，戴维也开玩笑地说："仲老师，你不要再猜了。" 随后我们把得到的脸盆分送给了那些坐轮椅的人们。大家都欢欢喜喜，陌生人成朋友，过了一个愉快的中秋节。

这几年，他不时应约为他人出书写"序"与"跋"，做一点"为他人作嫁衣裳"的事情。既为老先生写，也为一些年轻的同行们写，大约有十几本吧，皆受到对方好评，我也分享了这份快乐。这回，他自己出书，我说："我给你写一篇，也说说你的缺点，你好好看看。"他说："不管，那是你的看法。"

岁月催人老。我们都年逾古稀了，回顾往昔，应该感谢那些我们所在的集体，感谢那些我们所遇到的善良的人们。

感谢北大，给予我们知识，为我们铺就一条成长的路。感谢我们所遇到的北大人：前辈的老师们，同辈的学友们，年轻的同学们；感谢那些在各个阶段不同场合给予我们种种帮助的人们。关于本书，北大外语学院的付志明副院长还派博士生孔雀同学前来为部分章节打字助力，一并感谢之。

刘光敏
2017年春于北京马甸

题 解

本书前面既有我老伴刘光敏女士《一路走来》,代了序,该说的话差不多也都说明白了。我这里只写个题解,也就是解题。

退休后,本来可以名正言顺、心安理得地退而休之了,但又确实不安心,不甘心,认为责无旁贷应该尽职尽责的事,如今职虽没了,但责却还没有完全尽到。于是就在往日积累的基础上,发挥余热,陆续写了几本书。随后又承蒙有关人士与同行的抬爱,喜从天降,天上掉馅饼——国内外先后给我发了几个奖。最大的馅饼要算 2011 年"第五届阿联酋谢赫扎耶德图书奖之年度文化人物奖(2010—2011)"。我后来上网查了一下(顺便显摆显摆),2012 年得第六届年度文化人物奖的是联合国教科文组织,2013 年得第七届这项奖的是埃及爱资哈尔清真大寺或爱资哈尔大学的谢赫艾哈迈德·艾卜·泰伊布,而 2014 年荣获第八届年度文化人物奖的竟是沙特国王阿卜杜拉·本·阿卜杜勒·阿齐兹('Abdu al-Lāh bn 'Abd l al-'Azīz 1924—2015)。而 2011 年落到我头上的另一张大馅饼——"第四届沙特两圣寺之仆人阿卜杜拉·本·阿卜杜勒·阿齐兹(国王)国际翻译奖之荣誉奖"就是以他的名义命名的。

出了几本书后,尚有一些文章散落在外,何不也将其收集整理一下呢?此后,老伴督促我做这件事。这些零散的文章是像靓丽的配饰珍珠也好,是如穿起来做门帘的草珠也罢,收集整理汇编成集,总可以方便他人阅读评论。幸得北大外国语学院副院长付志明教授关照,派博士生孔雀助力,又得到北大出版社的张冰、严悦两位相关负责人士的积极支持,协助玉成。

书还没出,书名我倒琢磨了半天。原想叫"夜谈天方"。《天方夜谭》那么火,"夜谈天方"虽然有点"趁火打劫"之嫌,可是这么个叫法也不无道理,并非故弄玄虚。因为"天方"就是指阿拉伯世界，而我从 1956 年上大学开始学习阿拉伯语算起，这 60 年来大半辈子就是跟阿拉伯打交道。学的是阿拉伯语，教授、研究的是阿拉伯文化、文学，翻译的是阿拉伯的诗歌、散文、小说。要谈的当然也是有关阿拉伯文化、文学的问题。论及"天方"，名正言顺。所谓"夜谈"，说起来也有道理。因为我的这些文章大都是夜晚写的。我同《天方夜谭》那个山鲁佐德不同点在于：她是夜晚在天方讲故事，我是夜晚在中国笔谈（或用电脑谈）天方的文化、文学。

我最初想将那些文章集成两本书，分别叫《夜谈天方——阿拉伯文化》《夜谈天方——阿拉伯文学》，意思是怕有人不知道天方就是指阿拉伯世界。刘光敏觉得告诉人家天方就是阿拉伯是画蛇添足，是对读者知识程度的不信任。其实，当年我对"天方"与"阿拉伯"的渊源，还是下过一番功夫，进行过考证的。兹拷贝如下：

> 《辞海》在解释"天方"一词时说："中国古籍原指麦加，后泛指阿拉伯。其起源可能出于'天房'的异译。"其实，"天房"（Bayt Al-Lāh）是麦加禁寺内那座方形石殿"克尔白"（al-Ka'bah）的别称，这谁都知道。但古人由于交通不便，史地知识远没有今人那么清楚，加之许多古书的撰写者写的往往不是亲眼目睹、亲身经历的事实，而常常是"道听途说"，以讹传讹。因此，有些地理概念难免混淆，模糊。如有关"天房"的字样始见于元代的文献。元刘郁 1263 年撰写的记述蒙古宪宗九年（1259）常德奉命觐皇帝旭烈兀于西亚之行的《西使记》中说："报达（即巴格达——笔者）之西，马行二十日，有天房，内有天使神……经文甚多……辖大城数十，其民富实。"这里说的"天房"恐怕已超出"克尔白"的狭义，当然也不是泛指整个阿拉伯。元汪大渊在其大约写于 1350 年的《岛夷志略》一书中，以"天堂"取代了"天房"之称。《辞海》还说："至明代，始有'天方'一词出现。《明史·西域列传四》：'天方，古筠冲地，一名天堂，又曰默伽'。'天方'即指麦加。据明费信《星槎胜览》考证，天方即天方国。"先师马坚先生在其《"天方夜谭"简介》①一文中谈起"天方"一词的缘起时则说："《星槎胜览》和《明史》都称'天方'，乃是'天房'之误。"《辞海》认为"天方""可能出于'天房'的异译"。马坚先生认为"天方""乃是'天房'之误。"此后，我所见到

---

① 《译文》，1956 年 11 月号。

的有关"天方"一词来源的解释也多袭用这一说法。其实，在我看来，不应该把"天方"看成是"天房"的异译或"天房"之误。我认为从"天房"变成"天方"，是人们随着知识的拓宽，认识的提高，对过去一个含义较模糊、易混淆的用词——"天房"的自觉的有意识的修正和澄清，让人们能较正确地认识并区别开："天房"是"天房"，"天方"是"天方"，不是一码事。而且，"天方"一词的出现，并非如《辞海》所说"至明代，始有'天方'一词出现。"而是早在元代就有了。如杨受益撰写于元至正八年（1348）的定州《重建礼拜寺记》的碑文中就写道："惟回回为教也，寺无像设，唯一空殿，盖祖西域天方国遗制，其房四面环拜，西向东，东望西，南面北，北朝南。中国居西域之东，是教中拜者咸西向焉。"[①] 因是碑文，虽比《岛夷志略》还早两年，却传布不广，知者不多。但从引文中我们不难看出，当时中国的回民已认识到那个远在西域的"天方国"与那个世界穆斯林"四面环拜"的"其房"即"天房"即"克尔白"，完全是两个概念。"天方"与"天房"中的所谓"天"者，即是"安拉""真主"。这一点从比上述碑文撰写稍晚两年，即作于元至正十年的泉州《重修清净寺碑记》中不难看出："其教以万物本乎天，天一理无可象，故事天至虔，而无像设……日西拜天，净心诵经。"[②] 文中所有的"天"都是"真主""安拉"的同义词。因此，"天房"即为真主的房子"白屯拉"（Bayt al-Lāh），"天方"则是指"日西拜天"即穆斯林朝之向真主礼拜的那个方向，那片地方，即阿拉伯国家，阿拉伯世界。如果认为"天方"是"天房"的异译或讹误，那么设想一下，再把"天方"改译或"订正"为"天房"行吗？显然不行！到了清朝时，"天方"一词就用得很普遍了，而且绝对不会与"天房"一词混淆起来。如清初刘智《天方典礼择要解·例言》："是书皆天方之语，用汉译成文。"清魏源《元史新编·郭侃传》改《元史·郭侃传》中的"天房"为"天方国"，显然是类似勘误。清朝后出现的冠以"天方"的典籍还很多，仅回民学者刘智，除上述的《天方礼典择要解》外，著译还有《天方性理》《天方至圣实录》《天方字母解义》《天方三字经》等；此外，还有蓝煦的《天方正学》，马德新（复初）的《天方历源》《天方性理注释》《天方至圣实录宝训》，他与马安礼译的《天方诗经》等等。不过至此，

[①] 甘肃省民族研究所编：《伊斯兰教在中国》，宁夏人民出版社，1982年，第59页。
[②] 周燮藩、沙秋真：《伊斯兰教在中国》，华文出版社，2002年，第67页。

"天方"这个概念还是有些模糊。它有时指"阿拉伯",有时指"伊斯兰"。《辞海》说它只是"泛指阿拉伯"也并不十分确切。"天方"一词似乎还带有一定的宗教色彩,宗教感情,这就是回民学者喜欢用它作书名的原因。如今,"天方"一词,似乎可以认为是"阿拉伯—伊斯兰"这一词组的缩写。①

后来,我想了一下,觉得叫"夜谈"我有点亏,因为六十年来我上课学的、授课教的多是在白天。再说,我在退休前,除了在校教书外,还兼任中国外国文学学会理事、东方文学研究会理事、中东学会理事,还是阿拉伯文学研究会的主要负责人。诸如此类的学术组织照常要举行年会、研讨会、纪念会、论坛等,在其位当然得谋其政,得写稿,发言,讲话;有人要出集子邀请你加盟,相关报刊编辑向你约稿,校外的有关院系请你讲点课,作个学术报告,这些文章多是应对这类需要的产物。有的我在后面注了出处,有的留在电脑里,我也想不出当时是为什么写的了。文章虽然多是在夜晚写的,但念稿、讲话,当然也多是在白天。故而书名应是"日夜谈"。内容也不止是有关阿拉伯的文化、文学,还有一些是关于翻译的心得体会。转念又想,原先设定的两本书,不如删去一些芜杂、重复的文章,改为一本,"三谈"或"三探":谈文化——阿拉伯文化探幽;谈文学——阿拉伯文学探析;谈翻译——翻译问题探讨。至于书名,原先设想的《夜谈天方》毕竟有些哗众取宠之嫌,故而又想改为《天方探幽日夜谭》。继而又一想,起这么个书名仍会让人觉得我似乎还想趁《天方夜谭》之机,占山鲁佐德的便宜。因为"夜谈"也好,"日谈"也好,"日夜谈"也罢,毕竟都是尽职尽责,义不容辞,责无旁贷的事,何必非要显示出来。干脆将"日夜谈"去掉,就叫《天方探幽》好了。

所谓"探幽",就是探寻幽深奇异的景物。我从小就喜欢听人讲《天方夜谭》的故事,继而自己读《天方夜谭》,先是读中文的,后来是读阿拉伯原文的,再后来则是动手翻译《天方夜谭》,研究《天方夜谭》。天方啊,天方!对于我来说,那就是一个幽深奇异、奇妙无比、神妙莫测、亦幻亦真的世界。从"童心便有爱书癖"的少年时代,到"如秉烛夜行"的今日,可以说,我毕生都是在作天方探幽——探索天方——阿拉伯世界:探究阿拉伯文化,探析阿拉伯文学,探讨阿汉翻译的问题,探求了解阿拉伯古往今来风云、沧桑、人情世故……《天方探幽》,名副其实。

---

① 《阿拉伯世界》,1993年第4期,第12-13页。

本书分正编与副编两部分，这大概也是一种创新，或是标新立异。正编内容往往正儿八经，学术味强一些，就是如前所述的"三探"；副编内容则相对轻松一些，学术味不那么浓。这种分法大概有点受《红楼梦》的启示：金陵十二钗就分"正册"与"副册"。不过本书副编的内容同正编一样，也多少都同天方——阿拉伯有些关系，如同林黛玉与晴雯虽分别列在金陵十二钗的正册与副册，但却都是大观园不可少的人物。

最后，我还想说明一点，这些文章都是历史的产物。有些用词、评论也可能留有当时的色彩、遗风。我想"留此存照"，保留点时代的印迹也好，不想改了。

仲跻昆

2017 春于北京马甸寓

正 编

文化探幽

阿拉伯传统文化及其复兴与现代化

研究阿拉伯文化的重要意义

古今中外的学者曾对文化下过种种定义。我们所取的是广义的文化：即举凡人类在社会、历史实践过程中所创造的一切物质文明和精神文明的东西都应包括在内。

古今中外的一些著名学者又将有史以来的人类文化划为若干个文化圈，或分成若干个文化体系。在这方面，我认为还是我国著名学者季羡林先生讲的比较简单明了："在世界上延续时间长、没有中断过、真正形成独立体系的文化只有四个——中国文化体系、印度文化体系、阿拉伯－伊斯兰文化体系和从希腊、罗马起始的西欧文化体系。"①

阿拉伯－伊斯兰文化既为世界四大文化体系之一，其重要性自然不言而喻。

其实，对这四大文化体系，我们中国大多数读者了解的深浅程度也有所不同：我们既为中国人，当然还不至于数典忘祖，对中国文化应当最为熟悉。长期以来由于"欧洲中心论"的影响以及其他一些众所周知的原因，我们对欧洲文化也相对地了解的不算少。印度是我们的近邻，中印之间的来往远自汉代以前就开始了，至今已有两千余年的历史，佛教自印度传入中国后，又已成为中国传统文化（儒、道、释）的有机组成部分，因而，印度文化对我们来说也并不太陌生。这样看来，对很多人来说，在四大文化体系中，唯有阿拉伯－伊斯兰文化显得神秘而又陌生。不少人除了《一千零一夜》中的一些故事，还知道有一部《古兰经》，此外，对阿拉伯－伊斯兰文化就所知甚少了。但现实又迫使或诱使人们不能不对阿拉伯－

---

① 季羡林主编：《东方文化史话》"序"，黄山书社，1987年，第1页。

伊斯兰世界及其文化进行探究。

每天，当你打开电视，收听广播，或阅读报纸的时候，总免不了要碰到阿拉伯－伊斯兰世界的消息：如旷日持久的阿以冲突、两伊战争、黎巴嫩内战、海湾战争……

须知，在西亚、北非有二十多个阿拉伯国家和地区（在亚洲有叙利亚、黎巴嫩、伊拉克、约旦、巴勒斯坦、沙特阿拉伯、科威特、巴林、阿曼、卡塔尔、阿拉伯联合酋长国、也门；在非洲则有埃及、苏丹、利比亚、突尼斯、摩洛哥、阿尔及利亚、毛里塔尼亚、索马里、吉布提以及科摩罗等），共两亿多人。这些国家所在的地区往往是新闻媒体报道的热点，也常常是世人瞩目的焦点。

至于当代伊斯兰国家，除上述的阿拉伯国家之外，还有三十多个，多分布在亚、非两大洲，在这些国家里，穆斯林占全国人口的大多数；伊斯兰教多被奉为国教或官方宗教；在政治、经济、文化和社会生活中，伊斯兰教具有重大影响；整个国家都带有伊斯兰特色。我国与这些国家同在东方、亚非地区，皆属第三世界的发展中国家，历史上的共同遭遇和当今面临的许多共同或相似的问题，常使我们对这些国家的人民倍感亲切。我国与这些国家多建有长期友好亲密的关系。

除伊斯兰国家外，很多国家都有信仰伊斯兰教的少数民族、群体或个人。在我国这个多民族的大家庭中，就有回、维吾尔、哈萨克、东乡、保安、撒拉、塔吉克、塔塔尔、柯尔克孜等十多个少数民族共约两千万人为穆斯林。

根据最新的统计数字，特别是穆斯林学者提供的数字，全世界现在约有十亿穆斯林，即占世界人口的五分之一。这些数字可能并不完全精确，但穆斯林人口增长的速度较快确是事实。其原因，除了伊斯兰教继续向外传播之外，穆斯林人口的出生率也大大高于基督教人口。因此，有人预测到21世纪末，穆斯林人口有可能赶上并超过基督教人口，伊斯兰教从而会跃居为世界第一大宗教。

一个文化圈或体系形成之后，会呈放射状向外扩散其影响，犹如向水中投入一块石头，水面会形成一圈圈的涟漪。所以每一个文化圈（或体系）有时会有相连的部分，形成你中有我，我中有你的情况。如中国文化向外放射的结果，受其影响的有日本、朝鲜、蒙古、越南、新加坡等。但中国本身也会受其他三个（即印度、阿拉伯－伊斯兰、西方）文化体系的影响。阿拉伯－伊斯兰文化体系的源头和核心在阿拉伯半岛。当今阿拉伯国家、伊斯兰教国家以及所有穆斯林（包括民族和个人），无疑都是这一文化体系形成的产物，并深深地打上了这一文化的烙印。我们如果对这一文化缺乏了解，就会在对外关系、国际事务、执行外交政策方面或对内执行民族政策、宗教政策方面出现种种偏差。

实际上,阿拉伯－伊斯兰文化这一术语包括了两个不同而密切相关的概念:即阿拉伯文化与伊斯兰文化。伊斯兰文化是所有信奉伊斯兰教的穆斯林的文化,而阿拉伯文化则应是说阿拉伯语的阿拉伯人的文化。只是自622年伊斯兰教兴起于阿拉伯半岛后,伊斯兰文化一直是阿拉伯民族的主流文化,阿拉伯文化与伊斯兰文化在时间与空间上交接叠印在一起,形成阿拉伯—伊斯兰文化体系。

实际上,阿拉伯－伊斯兰文化体系这一术语包括了两个不同而密切相关的概念:即阿拉伯文化与伊斯兰文化。有的学者认为"'阿拉伯文化'亦称'伊斯兰文化'或称'阿拉伯－伊斯兰文化',名称虽不同,研究范围基本是一致的,这就是阿拔斯五百年时代的文化"。[1] 这种提法似乎并不确切,容易引起概念混淆。因为伊斯兰文化是所有信奉伊斯兰教的穆斯林的文化,而阿拉伯文化则应是说阿拉伯语的阿拉伯人的文化。

只是自伊斯兰教兴起于阿拉伯半岛后,伊斯兰文化一直是阿拉伯民族的主流文化,阿拉伯文化与伊斯兰文化在时间与空间上交接叠印在一起,形成阿拉伯－伊斯兰文化体系。

阿拉伯文化在不同的历史时期有不同的地理范畴和不同的涵义:在伊斯兰教问世前及其初创时期,阿拉伯文化是指阿拉伯半岛居民的文化;此后是指阿拉伯帝国的文化;在近现代及当代是指阿拉伯世界各国的总体文化。

我们既然要研究当代阿拉伯文化的热点,就不能不探究这一文化的来龙去脉,即古代传统的阿拉伯文化是什么样子?我们都知道现在的阿拉伯世界也包括人类古老文明——尼罗河文明与两河流域文明的发祥地,那么阿拉伯文化与它们之间是一种什么样子的渊源关系?

现在阿拉伯世界地区除了是伊斯兰教的发祥地之外,也是其他两大一神教——基督教和犹太教的诞生地,那么作为阿拉伯人主要宗教信仰的伊斯兰教是怎样兴起的?它与其他宗教有何渊源关系?

阿拉伯－伊斯兰文化既为世界四大文化体系之一,那么它与其他的文化体系,特别是西方文化体系有何渊源关系?

近现代及当代的阿拉伯与伊斯兰教的领袖、学者一直致力于"复兴"与"现代化",如何理解这种"复兴"与"现代化"?在"复兴"与"现代化"的道路

---

[1] 纳忠等:《传承与交融:阿拉伯文化》"导言",浙江人民出版社,1993年,第1页。

上存在什么分歧？影响阿拉伯"复兴"与"现代化"的有哪些因素？

面临 21 世纪，我们还应展望一下，阿拉伯文化将在世界总体框架中占什么位置？其前途如何？这些都是我们在探讨面向 21 世纪的阿拉伯文化热点问题时首先要解决的问题。

阿拉伯文化源远流长

在世界四大文化体系中，中国文化、印度文化自然是继承了它们各自上古时期的文化。西方文化始于希腊、罗马，"没有希腊文化和罗马帝国所奠定的基础，也就没有现代的欧洲。"[①] 然而在西方，"学者们至今尚在辩论，西方文明究竟是发端于尼罗河流域呢，还是发端于底格里斯－幼发拉底河沿岸的美索不达米亚。"[②] 这是因为"古希腊、罗马文化是古希腊、罗马社会的产物，但它又是在文化发达较早的亚洲西部国家和埃及的影响下发展起来的，无论在宗教、科学、哲学等方面都可以看到埃及、巴比伦和其他国家的影响，甚至希腊字母也是在腓尼基字母的基础上形成的。"[③] 犹太教、基督教都发源于地中海东岸地区，《旧约》《新约》合成的《圣经》对西方文化产生的深远影响是人所共知的事实。由此可见，追根溯源，西方文化的源头正是在现代阿拉伯世界所在的地区内。

在四大文化体系中，无疑，中国文化、印度文化、西方文化都有悠久深远的源头可寻，那么阿拉伯－伊斯兰文化的渊源何在？则需要探究。

阿拉伯－伊斯兰文化的发祥地是阿拉伯半岛。

阿拉伯半岛位于亚洲西南，东濒波斯湾（阿拉伯湾）、阿曼湾，西临红海，南滨印度洋，北界幼法拉底河与叙利亚荒漠。面积32万多平方公里，是世界上最大的半岛。

阿拉伯半岛是阿拉伯人的故乡。阿拉伯人是闪族人（闪米特人）的一支。世界多数学者认为阿拉伯半岛是闪族人的故乡。认为："阿拉伯半岛的居民和半岛四邻的居民，同出一源，后来邻族的文化日渐发展，而岛内各族仍然落后。如幼法拉底河流域及尼罗河流域的居民，早已文化灿然了，而被包围在高山大海之中

---

① ［德］恩格斯：《反杜林论》，《马克思恩格斯选集》第3卷，人民出版社，1972年，第220页。
② ［美］西·内·费希尔：《中东史》上册，姚梓良译，商务印书馆，1979年，第10页。
③ 杨周翰等：《欧洲文学史》上卷，人民文学出版社，1979年，第11页。

的半岛上的居民，仍然过着游牧生活。"①

据历史学家和考古学家考证，由于气候变化和其他的原因，古代阿拉伯半岛的居民，每隔千年左右，周期性地向外迁徙一次，就像一个大蓄水池，池水满了就向外溢。学者还用"浪潮"来形容这种迁徙：每次总是由少数人带头，继而有人追随，终于形成洪流。

美国学者菲利普·希提（Philip Hitti）在其《阿拉伯通史》中说："阿拉伯半岛，可能是闪族人的摇篮，闪族在这个地方成长之后，迁移到肥沃的新月地区，后来就成为历史上的巴比伦人、亚述人和希伯来人。说阿拉伯半岛是纯粹的闪族文化的发源地，这是持之有故、言之有理的。所以犹太教和基督教的基本因素，以及后来发展成为闪族的各种特质，必须在这个半岛的沙土中寻找其根源。"这位学者还概述了几次半岛上闪族人向外迁徙的情况："过剩的人口只能在半岛的西岸找出路，向北方发展，经西奈半岛的岔路而移入肥沃的尼罗河流域。公元前3500年前后，闪族的移居，就是沿着这条道路，或是取道于东非，向北迁移，然后与埃及原来的含族居民相混合，这次混合就产生了历史上的埃及人。我们的文明，有许多基本要素，就是这些埃及人所发明的。""大约在同一时期中，发生了朝着同一方向的迁移，取道于半岛的东岸，向北发展，移入底格里斯河和幼法拉底河流域。苏美尔人早已居住在那里，他们是一个具有高度文明的民族……苏美尔人不是闪族。这两种民族在这里混合，便构成巴比伦人。巴比伦人和埃及人共同打下了我们文明的基础。""公元前2500年前后，闪族的阿摩尔人移入肥沃的新月地区。阿摩尔人的组成部分，包括迦南人（即公元前2500年后占领叙利亚西部和巴勒斯坦的居民）和被希腊人称为腓尼基人的滨海居民。这些腓尼基人，首先把具有22个符号的拼音字母系统加以推广，这一发明，可以准确地称为人类最伟大的发明。""公元前1500年至1200年之间，希伯来人移入南部叙利亚和巴勒斯坦，阿拉马人（即叙利亚人）移入北部叙利亚，特别是科艾勒-叙利亚（coele syria）。希伯来人先于任何其他民族，以清楚的一神观念昭示全世界的人，他们的一神论，是基督教徒和伊斯兰教教徒信仰的渊源。"②

埃及著名学者阿巴斯·阿卡德（'Abbās Maḥmūd al-'Aggād 1889—1964）曾说过："何为阿拉伯人？这是一个远比它当今通行的名字要古老得多的民族。

---

① ［埃］艾哈迈德·艾敏:《阿拉伯-伊斯兰文化史》第一册，纳忠译，商务印书馆，1982年，第3-4页。

② ［美］希提:《阿拉伯通史》上册，马坚译，商务印书馆，1979年，第10—11页。

因为他们很可能是闪族的根,由此派生出迦勒底人、亚述人、迦南人、希伯来人和其他曾居住在两河流域、巴勒斯坦及其周围城乡和荒漠的闪族人民。"①

伊拉克著名学者贾瓦德·阿里（Jawād 'Alī 1907-1987）博士则认为"在这个半岛（指阿拉伯半岛——引者）出现过的那些民族,都是阿拉伯民族,因为他们的半岛就是阿拉伯半岛。有人说：阿拉伯半岛是闪族人的故乡。如果我们重视这一论点,并要使我们的话说得科学些,或者近乎科学些,那么,我们应该摈弃'闪族'和'闪族人'这两个词,而代之以'阿拉伯民族'和'阿拉伯人',因为他们是发源于阿拉伯半岛的。"②据此,有些阿拉伯学者认为："可以完全肯定地说：阿拉伯的古代文明早在两万年以前就已产生并繁荣于阿拉伯半岛。当时的半岛以其常流的江河而生机盎然——当时有两条大河贯穿阿拉伯半岛,不过非常遗憾的是我们对半岛阿拉伯人生活史上这一古老文明时期掌握的材料还很有限。我们对其所知道的还很少。因为有文字记载的时代还未出现。我们对此所知的少量知识只是来自遗留在大地上的一些文物古迹。根据发掘出来的这些地区居民留下来的文物古迹完全可以证实阿拉伯半岛的古老。在沙特阿拉伯王国,自哈萨至希贾兹、自麦达因—萨利哈至纳季兰一些地区找到了旧石器时代和新石器时代的一些石器,从而证实了自远古以来居住在这一地区阿拉伯人祖先文明的古老。"③

这些学者还进而认为：那些从阿拉伯半岛上迁徙出去的部族,由于他们在灌溉和农业方面的经验得以在两河流域创立起他们伟大的文明,由此先后建立起四个闪族人的帝国：即阿卡德人的帝国、巴比伦帝国、亚述帝国、迦勒底—阿拉马帝国。所有这一切都打上了阿拉伯的印迹,因为这些帝国的居民原是从阿拉伯半岛迁徙出来的阿拉伯人。④这些学者还把两河流域的文明认为是阿拉伯文明的第二阶段。

一些西方学者也有类似的观点。如美国学者杜兰特（Will Durant）在其名著《文化的故事》一书中就指出；"有资料证明,文化——此处是指种植粮食和饲养家禽、家畜——在没有文字记载的古代就出现于阿拉伯地区,然后由此呈文化三角形传

---

① ［埃及］阿巴斯·阿卡德：《阿拉伯对欧洲文化的影响》,埃及知识出版社,1946年,第5页。
② ［伊拉克］贾瓦德·阿里：《伊斯兰教前的阿拉伯历史》第二册,伊拉克学会,1958年,第280—281页。
③ ［伊拉克］艾哈迈德·苏赛博士：《阿拉伯文化及其发展阶段》,伊拉克新闻宣传部国民书局,1979年,第69页。
④ 同上书,第131页。

布至两河流域（苏美尔、巴比伦、亚述）和埃及。"①

是否可以把"阿拉伯民族""阿拉伯人"同"闪族""闪族人"等同起来，用前者替代后者？是否要把阿拉伯文化追溯到那么久远？是否把两河流域和地中海东岸的古老文明都算作是古老的阿拉伯文明？诸如此类的问题当然都可以研究，可以争论。但毋庸置疑的是，阿拉伯文化确实是源远流长：它与古埃及－尼罗河文明、两河流域－美索不达米亚文明、地中海东岸－迦南、腓尼基文明有着密不可分的渊源关系。而这些文明，正是西方文明的滥觞。也就是说，作为阿拉伯人祖先的古代闪族人，在开创世界最古老的文明中是发过光和热，有着不可磨灭的贡献和功勋的。

同时我们也可以清楚地看到，受着这些人类最古老文化的影响而最早昭示于世、并成为西方文化支柱的一神教——犹太教、基督教，也与古代的阿拉伯－闪族人有着不解的渊源。从某种意义上讲，《旧约》可以说是古代闪族人各种典籍、文献和各种神话传说、英雄故事、诗歌、格言、散文等加工、整理而汇成的文集。其编纂者——希伯来－犹太－以色列人则与阿拉伯人是同一祖先，同为闪族、宗教甚近的兄弟，尽管他们长期以来是势不两立打得难解难分的仇敌。倘若抛开民族与宗教的偏见，我们不难发现，《旧约》应是现今的犹太－以色列人与阿拉伯人的共同祖先的集体创作。恩格斯就曾一针见血地指出："现在我已经完全弄清楚，犹太人的所谓圣书不过是古代阿拉伯的宗教传说和部落传说的记载，只是这些传说由于犹太人和与他们同一族系但从事游牧的邻族早已分离而有了改变。巴勒斯坦在靠阿拉伯的一面完全被沙漠、即贝杜英（通常译为贝杜因——引者）人的土地环绕着，这种情况是叙述独特的原因。但是，古代阿拉伯的碑文、传说和可兰经（通常译为《古兰经》——引者），以及一切系谱等等的易于解释，都证明主要内容是关于阿拉伯人的，或者更确切些说，是关于一般闪族的，就象我们这里的《艾达》和德国的英雄传说一样。"②

这里我们只是在为阿拉伯文化寻根，在试图说明阿拉伯文化同世界最古老的尼罗河文化、两河流域文化、地中海东岸（迦南－腓尼基）文化以及犹太教、基督教的渊源，说明阿拉伯文化确实是源远流长的。我们未必完全赞同那种把闪族与阿拉伯民族完全等同起来，从而认为那些文化就是阿拉伯文化构成部分的观点。

---

① ［美］杜兰特：《文化的故事》第二卷，贝鲁特世代出版社，1988年，第43页。
② ［德］恩格斯：《恩格斯致马克思》（1853年5月26日左右），《马克思恩格斯全集》第28卷，人民出版社，1973年，第250—251页。

然而我们同样不能不澄清的是，不少人把阿拉伯文化与伊斯兰文化等同起来。由于阿拉伯—伊斯兰学者往往把伊斯兰教兴起前的阿拉伯历史阶段称为"贾希利叶时代"，意即"蒙昧时代"，因而在很多人心目中，似乎在伊斯兰教兴起前的阿拉伯半岛上的阿拉伯人真是处于一种野蛮无知的蒙昧状态，没有什么文化可谈。

伊斯兰前的阿拉伯

其实，翻一下历史，我们就会发现，在伊斯兰教兴起前，在阿拉伯半岛，就先后出现过许多文明古国：在南部有赛伯邑王国（约前750—前115，即《圣经》中所说的"示巴"）、麦因王国（约前700年—前3世纪）、希木叶尔王国（前115—525）；在北部，则有奈伯特国（前6世纪—105）、帕尔米拉国（或称塔德木尔，全盛于前1世纪—272）、希拉国（约240—633）和迦萨尼国（约3世纪末—636）。这些王国的居民皆属阿拉伯人。他们善于经商、务农，有发达的手工业，有相当高的文化和艺术。至今仍可以在也门地区看到的建于前7世纪中叶的马里卜水坝的遗迹和建于1世纪的乌木丹王宫的遗迹，现为约旦重要旅游景点的原奈伯特王国首都皮特拉的遗迹和现于叙利亚的帕尔米拉—塔德木尔的古迹，以及在半岛各地发掘、发现的大量铭文、钱币和其他文物，都可以证明伊斯兰教兴起前的阿拉伯古代确曾有过光辉灿烂的文化。这是由史学家、考古学家已经证实的，是谁也不能否认的。

自古以来，居住在阿拉伯半岛的阿拉伯人分定居民和游牧民两种。定居民系指定居于城镇的居民，多从事于商业贸易、农业和手工业。游牧民俗称贝杜因人，他们长期在沙漠、旷野上放牧骆驼、牛、羊，过着逐水草而居，萍踪浪迹的生活。

阿拉伯宗谱学家往往将阿拉伯人分成南北两支：

南阿拉伯人又称盖哈丹人，被认为是土著的纯粹阿拉伯人。其祖先是也门的居民，有较高的文化。上述的赛伯邑王国、麦因王国、希木叶尔王国等皆由他们所建。

北阿拉伯人又称阿德南人。据说他们是易卜拉欣之子易司马仪（即《圣经》所述的亚伯拉罕之子以实玛利）在麦加与来自南也门的米尔胡姆族人结婚生下的后裔，故被称为是被同化的阿拉伯人。他们也曾在半岛北部和中部建立过一些文明古国（如前面提到过的奈伯特国、帕尔米拉国等）。此后，除个别部落（如伊斯兰教先知穆罕默德所属的古莱氏部落）定居、经商外，多在希贾兹、纳季德地区过着游牧生活。

南北居民并非完全隔离，索居本土。由于种种原因，不少盖哈丹人由也门北迁至半岛中部和北部，其中莱赫米族在伊拉克一带建立了希拉王国；迦萨尼族人则在叙利亚一带建立了迦萨尼王国。大多部落北迁后，改为游牧。自然，也有一些居住在北方的阿德南人南迁至也门一带。

如前所述，阿拉伯或穆斯林学者多将伊斯兰教前的阿拉伯历史时期称为"贾希利叶时代"。"贾希利叶"一词原为蒙昧、愚妄、无知的意思，源于《古兰经》。因为从伊斯兰教的观点看，当时半岛大部分游牧民桀骜不驯，信奉原始宗教，即信仰多神，崇拜偶像、图腾；以部落为单位的狂热宗族主义，使各部落相互劫掠、仇杀、战争连年不断；这一切皆因人们尚未认识真主，皈依伊斯兰教，走上"正途"，而处于"蒙昧"状态中。

有些学者还进而将伊斯兰教前的历史分为两个时期，即把从史前到5世纪这段时期称为贾希利叶前期；而把5世纪之后到622年伊斯兰教问世这段时间称为贾希利叶后期，一般阿拉伯文学史指的"贾希利叶时期"就是这一时期。这是因为居住于阿拉伯半岛的阿拉伯人在这一时期才渐渐有了统一的标准的阿拉伯语言和文字，并且日臻完美。这种语言和文字一直保存到今天，成为阿拉伯世界各国通用的官方语言。而流传至今的最古的阿拉伯文学作品，也要追溯到那一时期。

阿拉伯语是闪语（闪米特语）的一种。这种语言构词能力很强，因而词汇极为丰富，又易于押韵，富有音乐感，有利于诗人和演说家创作铿锵和谐、悦耳动听、富于节奏、韵律的诗歌和演说辞。

南北阿拉伯语差异本来较大，各个地区、各个部落的用语、发音也不尽相同，但他们在相互往来中，随着经济、文化交流的需要，逐渐产生了统一的共同语言，这种语言是以麦加的古莱氏语为标准的。麦加是南北交通的咽喉，是也门与北方贸易的中转站，是当时的商业中心。麦加的克尔白神庙置有各氏族部落崇拜的偶像和全岛视为圣物的玄石，各部落来此朝拜的人络绎不绝，他们在此过宗教节日，因此这里是宗教中心。同时，人们还在麦加附近定期举行集市，最著名的集市是欧卡兹集市，在麦加东面，相距约100公里。人们在集市上不仅进行商品交换，并且赛诗、发表演说。因此，这里无疑又是文化和文学中心。麦加的居民多为古莱氏族，古莱氏族人守护克尔白神庙，管理位于神庙附近人们视为圣水的"渗渗泉"；主持朝拜事宜。该族奴隶主经营大规模商队贸易，处于执阿拉伯商业牛耳的地位，又负责征收集市税……麦加及其主要居民——古莱氏族在经济、宗教、文化的地位,很自然地使古莱氏族的阿拉伯语逐渐成为全半岛通用的阿拉伯语。出身于古莱氏族的先知穆罕默德用古莱氏语宣谕《古兰经》,创兴伊斯兰教后,这一部落语言更成为法定的阿拉伯语了。

阿拉伯文字是拼音文字,有28个辅音字母,从右至左书写,约产生于4世纪,系由奈伯特文字嬗变而成。世界许多信奉伊斯兰教的国家或民族(包括我国的一些穆斯林)的文字采用了阿拉伯字母,如波斯文、乌尔都文、维吾尔文、原土耳其文、马来文等。阿拉伯文有多种字体,阿拉伯文的硬笔书法自成一种绚丽多彩的艺术形式。其地位颇似中国的软笔书法在中国传统美术中的地位,但因宗教信仰的关系,其在阿拉伯国家的地位可能更胜一筹。值得提及的是,统一、正式的阿拉伯语言与文字的出现,为《古兰经》的问世以及伊斯兰教的兴起,从而使阿拉伯人从分散的你争我夺的部落结成统一的阿拉伯民族创造了条件。同时,阿拉伯语言和文字在伊斯兰教兴起后,又是阿拉伯—伊斯兰文化最重要的一个载体,是维系阿拉伯世界与伊斯兰世界最重要的纽带之一。

伊斯兰教兴起前的阿拉伯地区虽已产生了文字,但多用于公文或商约,能读会写的人很少。据说,在初创伊斯兰教时,麦加会写字的仅17人,麦地那仅11人,游牧人中就更少了。大多数人是文盲,先知穆罕默德本人便是文盲。不过阿拉伯人擅长辞令,多有口才,那一时期,流传下来的文学作品便是明证。阿拉伯的谚语说:"人的优美,在他的口才之中。"又说:"智慧寓于三件事物中:希腊人的头脑、中国人的手、阿拉伯人的舌头。"足见他们对自己的口才是多么自豪。

伊斯兰教以前即贾希利叶时期的文学作品多为靠口耳相传的口头文学,直至8世纪才有人收集、整理、辑录成文。

这一时期文学作品主要体裁是诗歌,诗人在人们的心目中享有很高的地位,受到人们的普遍尊敬。他们在党同伐异的部落战争中是本部落的代言人;在战斗中,他们相当于鼓号手,激励人们去拼搏;在日常生活中,他们又是贤人哲士,启迪人生的真谛,为人们排忧解难,维护他们的声誉,歌颂他们的荣光。一个部落诗人成名时,人们往往奔走相告,设宴相庆,邻近友好的部落也赶来贺喜。

诗歌是阿拉伯人的文献。贾希利叶时期流传下来的一些诗歌实际上像一面镜子,清楚地反映出当时的阿拉伯人的社会生活和价值观念;诗中还往往不乏诗人从生活经验中总结出来的富有哲理的格言、警句。

这一时期最著名的诗和诗人自然是被列入世界文学名著之列的7篇(或10篇)

《悬诗》及其作者。黑格尔曾把这些《悬诗》称为"抒情而兼叙事的英雄诗集",说诗中"描述所用的语调有时大胆夸张,有时很有节制,平静柔和,所描述的还是阿拉伯人还处在异教时期的原始状况,例如部落的光荣,复仇的怒火,爱情,冒险探奇的热望以及欢欣愁苦之类题材都写得很有魄力……这在东方原始生活中是一种真正的诗,其中没有妄诞的幻想,没有散文气味,没有神话,没有牛鬼蛇神之类东方怪物,有的是真实的独立自足的形象,尽管在辞藻比喻方面偶尔有些怪诞和近乎游戏,还是近乎人情的,形式完整的。"[①] 寥寥数语的评价还是很恰当的。

被伊斯兰教先知穆罕默德称为"众诗人的旗手,也是率他们下地狱的领袖"的《悬诗》首席诗人是乌姆鲁勒·盖斯('Umr al-Gays 500—540),其《悬诗》开头几句:

> 朋友们,请站住,陪我哭,同记念,
> 忆情人,吊旧居,沙丘中,废墟前。
> 南风、北风吹来吹去如穿梭,
> 落沙却未能将她故居遗迹掩。
> 此地曾追欢,不堪回首忆当年,
> 如今遍地羚羊粪,粒粒好似胡椒丸……

在阿拉伯世界脍炙人口的程度,颇似我国《诗经》的首篇《关雎》,"关关雎鸠,在河之洲。窈窕淑女,君子好逑"在中国人中人人能详的流传程度。诗中写出这位善于谈情说爱的浪荡王子浪漫的多元多角的爱情生活,也借景抒情,情景交融地写出了颇具特色的半岛荒漠的景物、风光。

有些《悬诗》诗人是相互争斗的部落的代言人,如阿慕鲁·本·库勒苏姆('Amru bn Kulthūm ？—584)与哈里斯·本·希雷宰(al-Ḥāris bn Ḥillizah ？—570)各自代表本部落在诗中唇枪舌剑,而这两个敌对的部落之间的战争竟长达40年之久。有的诗人,如祖海尔(Zuhayr bn AbīSulmā 约520—约609)却在诗中表现了人们厌恶长年的战争,而要求和平的思想:

> 一旦你们挑起战端,就是严重的作孽,
> 是挑逗起凶恶的狮子,是把火燃起;
> 战磨转动,将把你们碾成齑粉,

[①] [德]黑格尔:《美学》第三卷下册,朱光潜译,商务印书馆,1986年,第172页。

如多产的骆驼连生灾难的子息……

在他的诗中，有不少流传至今的警语格言，如：

我看死神像夜盲的骆驼，乱撞一气，
撞到者死，撞不到者耄耋老矣！
谁不肯随大流而想标新立异，
谁会遭到牙咬脚踢，受人打击。
谁行义而不沽名钓誉，会赢得更大的荣誉，
谁悭吝而厚颜无耻，会被千夫所指……

还有另一位《悬诗》诗人塔拉法（Ṭarfah bn al-'Abd 525—615）的诗句：

如果你无法让我免去一死，
那就应当让我及时行乐！
我一生只关心三件事，

此外，才不管死后别人对我如何评说：

一是不管人们如何对我非难，
我开怀先把美酒足喝；
再是一旦有人遇险求援，
我会飞马前去拼搏；
三是阴天里帐篷下，
俊美的女郎会使我无比快乐……

这些诗歌，除了反映当时的社会生活外，无疑表达了当时人们的世界观、人生观、道德价值观。

自然，当时的诗歌远不止《悬诗》，文学作品也并不限于诗歌，还流传下为数不少的演说词、箴言、格言、成语、故事等，反映了当时的社会状况及道德观念。贾希利叶时期在阿拉伯历史上是一个文学兴起且繁荣的时期。

贾希利叶时期的文学是伊斯兰教兴起前阿拉伯文化的一个重要组成部分。除当时口耳相传的文学作品外，当时多为文盲的阿拉伯游牧民，根据自己的现实生活的经验和需要并向周边民族学习的结果，亦具有了一些原始的朴素的知识和科学常识，对诸如宗谱学、历史、气象、辨踪、天文、星相、相马、养马、兽医、医药、圆梦、占卜……都有相当的研究。

特定的自然环境、社会生活，使阿拉伯人具有传统的善恶、美丑的价值观念。如阿拉伯人中，由于大部分过着漂泊不定逐水草而居的游牧生活，一部分人又长年过着商旅生活，又由于自然条件恶劣、生产力低下，丰歉难料，就使阿拉伯人将是否慷慨好客、乐善好施定为衡量人的首要标准。在阿拉伯语中，"慷慨"是"尊贵""君子"的同义语。而"悭吝"则与"卑贱""小人"同义。又由于以部落为单位的部落战争长年不断，弱者常要投靠别人，以求保护，或几个部落结为同盟，同仇敌忾，共同对敌，这就使是"勇敢""忠贞不屈""急公好义""重诺守信"，还是与此相反——"怯懦""临阵逃脱""忘恩负义""背信弃义""为虎作伥""奴颜婢膝""轻诺寡信"，成为衡量、褒贬人的价值标准。

阿拉伯－伊斯兰文化的发轫

自622年穆罕默德创兴伊斯兰教后，伊斯兰文化成为阿拉伯民族的主流文化，形成阿拉伯－伊斯兰文化。

根据历史唯物主义的观点，每种文化的产生都是在本民族旧有文化的基础上对旧有文化进行扬弃，并与外来文化进行撞击、融合的结果。促使一个民族、国家或地区的文化出现发展高潮，形成兴盛局面的原因，除本身内部因素外，更重要的也是受外部世界、邻近民族、国家、地区文化的影响，与其撞击、融合、交流的结果。两种元素原子的撞击会产生新的物质（如氢与氧化合为水）；两种生物的杂交会产生新的品种（如马和驴子交配产生骡子）；泉流汇合而成大川长河（如长江、黄河的形成）。文化的发展兴盛的道理与此极为相似。古今中外很多的例子，都可以证明这一点。如中国的汉、唐文化，堪称中国文化的黄金时代。究其原因，有一点就是中外文化交流很活跃，特别是与印度、中亚的交流。这一切为当时的中国文化输入了新鲜的血液。

两种文化的撞击、融会的方式是多种多样的，如战争、侵占、殖民、移民混居、通商贸易、宗教传播、友好往来、文化交流、翻译等，其过程有时迅疾，与暴力相联系，有一定的强制性；有时则和缓，是和平的、长期的潜移默化。这种撞击和融会往往是授受、取予同时进行，是一种相互交流、互相影响的关系。

即一种新文化的产生与发展必定会遵循传承－借鉴－创新这一规律。古今中外，概莫能外。

阿拉伯－伊斯兰文化的发展过程也不例外。

综观阿拉伯－伊斯兰文化的发展过程，可归纳为三个高潮——三次兴盛：1. 伊斯兰教的兴起，伊斯兰文化的产生（即约622至750，被称之为伊斯兰时期）。2. 阿拉伯－伊斯兰文化鼎盛时期（750—1258，即阿拔斯朝时期）。3. 近现代及当代（1798—现在）。

伊斯兰教的兴起在阿拉伯历史上无疑是一件改天换地的重大事件。它是一种宗教的兴起：它使半岛原来拜物教、多神教、多种教的信徒通通皈依真主，改宗伊斯兰教；它是一个民族的兴起：它使半岛上相互劫掠、纷争不休的大大小小部落统一在阿拉伯民族的大旗之下；同时，它又是一种文化的兴起，是一次文化的转型：它以伊斯兰文化取代了原来的部落文化、游牧文化。

在穆斯林看来，伊斯兰教的产生，是真主降下的启示。《古兰经》是真主的言语，《古兰经》的原型保留在七层天之上，是由天神吉卜利勒（天使迦伯利）依照原型口授穆罕默德的。伊斯兰文化的产生自然也是真主启示的结果，是天生的。

但依照历史唯物主义的观点来看，伊斯兰教的产生、阿拉伯民族的兴起以及伊斯兰文化的兴起，首先有其内因：如尖锐的奴隶主与奴隶之间的矛盾、贫富悬殊，使人们呼唤平等；各氏族部落之间的矛盾和长年不断的劫掠、血亲复仇的部落战争使人们呼唤着和平、安定、统一；周边的罗马－拜占庭帝国、波斯帝国，由于半岛的战略价值与经济地位而对半岛的觊觎、争夺、侵略，激起了阿拉伯人的民族意识。又由于伊斯兰教先知穆罕默德所在的麦加处于半岛的宗教、经济、文化中心地位，由于以先知穆罕默德所在的古莱氏部落语言为基础的统一的阿拉伯语言、文字已经产生，阿拉伯人已在共同的社会、政治、经济、文化生活中逐渐形成了他们共有的价值、道德观念。

伊斯兰文化的核心自然是继犹太教、基督教之后的一神教——伊斯兰教。

关于一神教的产生，恩格斯曾作过如下精辟的论述："最初仅仅反映自然界的神秘力量的幻象，现在又获得了社会的属性，成为历史力量的代表者。在更进一步的发展阶段上，许多神的全部自然属性和社会属性都转移到一个万能的神身上，而这个神本身又只是抽象的人的反映。这样就产生了一神教。"[①]

---

① ［德］恩格斯：《反杜林论》，《马克思恩格斯全集》第20卷，人民出版社，1973年，第342页。

阿拉伯人从拜物、多神的原始宗教转化为独奉一神的伊斯兰教，同样经历了恩格斯指出的这一过程。早在伊斯兰教产生前，先知穆罕默德所属的古莱氏部落已把"安拉"奉为高于其他的主神；此外，半岛的阿拉伯人奉易卜拉欣（亚伯拉罕）为先知的"哈尼夫派"，已有了反对多神崇拜的较模糊的一神论观念，说明当时由多神转化为一个万能神的过程已经开始。

谈起伊斯兰文化兴起与周边其他文化的关系，我们首先应看到，产生这一文化的阿拉伯半岛处于这样一个位置：通过西奈半岛，西与具有古老的尼罗河文明的埃及相接；隔海湾，东与波斯相邻；北接两河流域美索不达米亚文化（巴比伦－亚述文化）和地中海东岸文化（迦南－腓尼基－希伯来文化）的发源地——伊拉克、叙利亚地区——当时还分属于波斯、罗马帝国；南濒印度洋而与印度相望。而且，张骞（？—前114）"凿通"西域后，中国亦由"丝绸之路"和"香料之路"（亦称"海上丝绸之路"）这古代东西交通的两大动脉与阿拉伯相连。由此看来，当时的阿拉伯不是孤立于世界文化之外，而是处于世界其他民族、国家、地区文化的包围之中。

在伊斯兰教兴起之前，阿拉伯与中国、印度有直接或间接的通商贸易关系，从而也会发生一定的文化影响。先知穆罕默德说过："学问即使远在中国，也要去求！"这可以说明当时中国及其文化在阿拉伯人心目中的地位。《古兰经》的许多词汇源自印度的梵文，阿拉伯古代的一些故事具有印度的印记，亦可证明印度文化对当时阿拉伯文化的影响。但当时阿拉伯半岛与中、印毕竟相距较远，直接接触较少，影响亦相对少一些。在伊斯兰教兴起前夕的贾希利叶后期，对阿拉伯文化最大的影响是来自罗马和波斯。因为当时阿拉伯正处于两强——东罗马（拜占庭）和波斯（萨珊王朝）帝国相争之地。当时这两大帝国的文化又远比阿拉伯高，因此，阿拉伯文化在与其撞击和交融过程中，受其较多的影响是很自然的事。

这种撞击和汇合的主要渠道有三：1.政治接触；2.宗教影响；3.商业贸易。

当时东罗马（拜占庭）帝国与波斯萨珊王朝为争夺对西亚的霸权，垄断从海湾经两河流域到地中海和小亚细亚的商路，处于对峙状态，进行了长期的战争。他们各自都想避免阿拉伯人的袭击和掳掠，并把他们置于自己的统治之下。因此，他们对阿拉伯人实际上采取了"又打又拉、以夷制夷、分而治之"的政策。他们帮助邻近他们边境的阿拉伯部落定居下来，从事耕种，建成小王国，成为保护他们利益，抵御贝杜因人袭击、掳掠的屏障。位于叙利亚地区在罗马帝国边境的迦萨尼王国和位于幼发拉底河畔波斯边境的希拉王国，便是在这种背景下建立起来的。这两个王国可以说分别是罗马、波斯在阿拉伯人中的中介、代理人，是他们的保护国，也是当时阿拉伯与罗马、波斯文化在地理上最集中的撞击点与汇合处。

我们知道，罗马吸收并继承了希腊文化，并于4世纪末将基督教定为国教，代表了当时西方文化的最高峰。东罗马（拜占庭帝国）版图横跨欧、亚、非三洲，领土以巴尔干半岛和小亚细亚为中心，包括亚美尼亚、叙利亚、巴勒斯坦、美索不达米亚和埃及。作为东罗马（拜占庭）保护国的迦萨尼王国的阿拉伯人，深受希腊–罗马文化的影响，信奉基督教，原是很自然的事。

波斯也是一个文明古国。前5—4世纪的波斯帝国，其全盛时期的版图曾包括伊朗高原、中亚的大部分地区、印度河流域的西北部、两河流域、叙利亚、巴勒斯坦、小亚细亚和埃及等广大地区；古波斯人很善于吸收被征服地区的先进文化；波斯在东部同印度接壤，又处于"丝绸之路"要冲。因此可以说，当时的波斯与世界上最古老的埃及、两河流域、希腊–罗马、希伯来–犹太、中国、印度文明都有渊源关系，被认为是连接东西方的一座桥梁，在沟通东西方经济、文化交流等方面起了重要作用。在波斯先后兴起的琐罗亚斯德教、摩尼教、玛兹达克教，皆提倡二元论。当时，阿拉伯的希拉王国既附庸于波斯，那么，波斯的文化、宗教通过希拉王国传到阿拉伯人中间也是很自然的事。还应当看到的是，希腊文化一方面通过东罗马（拜占庭）–迦萨尼王国渗透到阿拉伯人间去，另一方面，也通过波斯–希拉王国渗透到阿拉伯人中去。这是因为波斯萨珊王朝在霍尔木兹一世（272—273在位）时代，曾用东罗马的俘虏去建立殖民地，这些东罗马人中，有些受过希腊文化的熏陶，颇得波斯人重用。其中不少俘虏定居于希拉，据说，这就是希拉的基督教的来源。当时，希拉王国有相当多的人信奉基督教，希拉国王阿慕尔的母亲杏德曾建"杏德修道院"，另一国王努尔曼三世（580—602在位）也改奉基督教，足见基督教的影响之大。

当时，基督教在阿拉伯半岛除盛行于迦萨尼和希拉两王国外，在希贾兹的瓦迪–古拉谷地也有不少教堂；纳季兰更是基督教徒在阿拉伯最重要的聚居地。525—575年，50年间信奉基督教并与拜占庭结盟同属闪族的埃塞俄比亚曾长期占领红海沿岸帖哈麦地区，并曾极力推行使也门基督教化的政策，其影响亦不难想象。

除基督教外，我们还应知道，远在伊斯兰教兴起前数百年，犹太教就已经传入阿拉伯半岛，信教的有犹太人，亦有阿拉伯人，他们多聚居于希贾兹地区的太马、海尔巴、法达克绿洲、瓦迪－古拉谷地，特别是叶斯里卜（即麦地那）。也门地区信奉犹太教的也不少。

基督教与犹太教是一脉相承的。当东西方文化在埃及亚历山大城撞击、汇合后，当时的犹太教徒与基督教徒都曾深受希腊文化的影响。再者，无论是犹太教的祭司，还是基督教的牧师，他们都在所在的地区，在阿拉伯各个集市上传教、布道，讲《圣经》中关于创世、复活、扬善惩恶、因果报应、天堂、地狱以及种种有关宗教的神话传说，致使他们的教义在阿拉伯人中得到相当的普及。

在伊斯兰教兴起前的阿拉伯贾希利叶时期的著名诗人中，信奉犹太教的就有以信义著称的赛缪尔·阿迪雅（as-Samaw'al bn 'Adiyā'？—560），而信奉基督教的则有阿迪·宰德（'Adī bn Zayd？—约587）、伍麦叶特·本·艾比·赛勒特（'Umaiyat bn Abī aṣ-Ṣalt？—630）等。赛缪尔为守信义，宁肯舍弃儿子也不愿将大诗人乌姆鲁勒·盖斯托其保存的盔甲交出去，可见两人友谊之深。阿迪·宰德居希拉王国，精通波斯语，曾作过波斯国王的翻译和阿拉伯文的秘书。而伍麦叶特则熟谙《圣经》，曾遁世苦修。他在诗中号召人们摈弃拜物，笃信一神，并在诗中描写了天堂、地狱和一些宗教传说、神话故事。有些阿拉伯学者——如埃及著名学者邵基·戴伊夫（Shawqī Ḍayf 1910-2006）——认为这些诗人的诗中有关宗教的内容是后人伪托的。其理由是这些内容是《古兰经》中出现的，而《古兰经》是在这些诗人之后产生的，他们认为那些诗人当时不可能写出这种诗，是后人抄袭了《古兰经》的内容而伪托的。其实，这种论证并不能令人十分信服。从某种角度来看，这些诗正说明了犹太教、基督教对当时阿拉伯诗歌、文学、文化产生的影响。

更能说明这一影响的则是《古兰经》本身。

《古兰经》中再三强调，说它是"一本在穆萨之后降示的经典，它能证实以前的天经……"（46：30）[①]，"这不是伪造的训辞，却是证实前经，详解万事，向导信士，并施以慈恩的。"(12: 111)，"这部《古兰经》不是可以舍真主而伪造的，却是真主降示来证实以前的天经，并详述真主所制定的律例的。"（10：37）这里所说的"天经"，正是指犹太教奉行的《旧约》与基督教徒奉行的《圣经》；所谓"证实"，从某种角度来看，正说明了《古兰经》与《圣经》一脉相承的关系。

[①] 《古兰经》，马坚译，中国社会科学出版社，1981年。括号内前一数字表示所引经文的章数，后一数字表示节数，下同。

此外，在探究伊斯兰教与犹太教、基督教的渊源关系时，我们还应了解伊斯兰教的先知穆罕默德本人的一些经历：他幼年时就听到了不少有关犹太教和基督教诸先知的传说故事；他在青年时代北去叙利亚地区出游经商过程中，曾结识过基督教的僧侣，同他们探讨过基督教的教义；其妻赫蒂彻的堂兄瓦莱盖是个基督教徒，熟谙《圣经》，并将其部分内容译成了阿文；另据阿拔斯朝时期文豪贾希兹（al-Jaḥiẓ 775—868）在其名著《修辞与阐释》一书中指出，穆罕默德曾在著名的欧卡兹集市上听过贾希利叶时期著名的演说家、基督教在纳季兰的主教古斯·本·萨伊戴（Guss bn Sā'idah？—600）的布道和演说，并能传述其演说辞……

综上所述，从历史唯物主义的观点看，作为早在伊斯兰教兴起前阿拉伯原有文化便与周边文化，特别是犹太教、基督教文化撞击、融会的结果，伊斯兰教的兴起与《古兰经》的问世都是顺理成章的事。

《古兰经》经文本身也可证实这种文化的撞击与融会。首先从词汇上可以看出这一点：《古兰经》是以先知穆罕默德所在的古莱氏族语言为标准语的。古莱氏族在麦加，以经商为主。麦加是南北商道的中转站。当时古莱氏族语言由于它所处的地位，确已成为当时阿拉伯半岛诸部落公认的标准的共同交际语言。但也正因为商业交往、宗教影响等原因，我们可以看到《古兰经》所采用的阿拉伯语中，除其固有的基本词汇之外，还吸收了不少波斯语、希腊语、希伯来语、埃塞俄比亚语、阿拉米语、拉丁语乃至印度的梵文等词汇。这些词汇无疑是阿拉伯文化与其他文化长期撞击与融会的结果。

更重要的一点是，我们可以看到《古兰经》所述的历史故事与宗教传说，几乎在《圣经》中都可以找到类似的内容。如《旧约》中亚当（阿丹）与夏娃（哈娲）[1]、挪亚（努哈）方舟、洪水的故事，约瑟（优素夫）生平的故事，有关亚伯拉罕（易卜拉欣）、摩西（穆萨）、大卫（达伍德）、所罗门（苏莱曼）等先知的故事，以及《新约》中的撒迦利亚（宰克里雅）、施洗礼的约翰（亚哈雅）、耶稣（伊萨）、玛利亚（麦尔彦）等的故事，在《古兰经》都或详或略地反复多次提及，有的甚至在不同的25章中被提及过70次，有的人还被用来作章名。值得注意的是，在《圣经》中，有关这些先知的宗教传说故事往往叙述得有头有尾，条理比较清楚，而在《古兰经》中，这些故事多是被用来教诲、训导人们的资料，

---

[1] 在外文中，诸如亚当与阿丹、夏娃与哈娲等名字皆为一个词，在中译《圣经》与《古兰经》中则译名不同，现写《圣经》通用的名字，括号内是《古兰经》中的译名，下同。

不是为讲故事而讲故事，而往往只是在不同的场合零散地提示一下。给人们的印象是，听众（或读者）对这些人物和有关他们的传说故事都比较熟悉。并不识字的先知穆罕默德和他的信徒及其所要宣教的对象对《圣经》（包括《旧约》和《新约》）的人物故事如此熟悉，说明了什么问题呢？这正说明了：如前所述，《圣经》的编纂者们与阿拉伯人同为闪族，有共同的祖先，有一段共同的历史，也就会有一些共同的神话传说；同时也证明了：犹太教、基督教文化与阿拉伯文化长期撞击、融会的结果，使很多阿拉伯人对《圣经》内容已很熟悉。用同样的理由，我们还可以解释，为什么《古兰经》与《圣经》中有很多相似的格言、谚语和表达方式，如"以眼还眼、以牙还牙"，"比缆绳穿过针眼还难"（最早的翻译，将"缆绳"误译成"骆驼"，讹传至今），"人人都要尝到死的滋味"等。

美国学者希提曾说："阿拉比亚人的宗教，是继犹太教、基督教之后的第三种一神教，也是最后的一种一神教。从历史上来说，这种宗教是那两种宗教的支派，也是一切宗教中与那两种宗教最相近的。这三种宗教，是同一种精神生活——闪族生活——的产物。一个忠实的穆斯林，不需要很多踌躇，就能接受基督教大部分的信条。"[①]

伊斯兰教兴起后，在伍麦叶朝（661—750），横跨亚非欧三大洲的阿拉伯帝国已基本建成，至阿拔斯朝（750—1258）已达鼎盛。阿拉伯—伊斯兰文化在这一过程中日臻完善。中古时期，阿拉伯人开拓疆域，对所占地区实行伊斯兰化以建立阿拉伯大帝国的过程，也是阿拉伯人进一步接触、吸收、消化被征服国家、民族的文化，以逐步确立、完善阿拉伯－伊斯兰文化的过程。阿拉伯人当时所征服的多为世界文化发达较早的地区，具有世界最古老文明的积淀，这就为中古的阿拉伯－伊斯兰文化形成奠定了坚实的基础。

中古的阿拉伯－伊斯兰文化是一种混血的文化，它的产生正是古代东西方诸多民族、宗教的融合、撞击的结果。

《古兰经》与阿拉伯－伊斯兰文化

中古的阿拉伯－伊斯兰文化首先是传承了阿拉伯民族以及伊斯兰教固有的文化。这一文化的特点是以阿拉伯语为载体，以《古兰经》《圣训》为主导。

---

① ［美］希提：《阿拉伯通史》上册，马坚译，商务印书馆，1979年，第2页。

"中世纪时期,在好几百年的时间内,阿拉伯语曾是整个文明世界学术文化界和进步思想界所使用的语言。在9至12世纪之间,用阿拉伯语写成的著作,包括哲学、医学、历史、宗教、天文、地理等方面的著作,比较用其他任何语言写成的还要多些。西欧的语言中,有许多借用词,可以说明阿拉伯语的影响。"①

《古兰经》是伊斯兰教具有绝对权威的根本经典,是伊斯兰立法的首要根据,是穆斯林宗教与世俗生活中的神圣指南,是伊斯兰精神文化的源泉,是将穆斯林维系成一体的纽带。它规定了伊斯兰教最基本的信仰:一、笃信真主(安拉),认为真主是宇宙唯一的神,他全知、全能,创造万物,主宰一切,至仁至慈,至高无上,无始无终,无所不在。二、信使者:认为穆罕默德是真主的使者,即先知。《古兰经》中提到过的先知有24位,如易卜拉欣(亚伯拉罕)、穆萨(摩西)、伊萨(耶稣)等,真主借"启示"(天启)与他们联系。穆罕默德是真主最后的使者,也是最伟大的先知。三、信天使:认为天使是听候真主差遣的天神,他们遍布天上人间,各司其职,但人的肉眼却无法看见。向穆罕默德传达"天启"的吉布利勒(迦伯利)即是为首的四大天使之一。四、信经典:认为《古兰经》是真主的启示(即"天启"),同时承认《旧约》《圣经》亦为"天启"的经典。五、信前定:认为世间的一切事物都是真主预先安排好的,无法改变,不可抗拒,只能顺从。六、信后世:认为人在今世之后会转入后世,其归宿有两种:善者入天园,恶者进火狱;并认为世界将有末日,又称"清算日",届时死人的灵魂都将复活,并受到清算。

《古兰经》为穆斯林规定了必须严守的功课:一、要诵念"万物非主,唯有真主,穆罕默德是真主的使者"(我国穆斯林俗称"清真言"),以公开表白和证明自己的信仰。二、每日应朝向麦加天房礼拜五次。三、须在伊斯兰历九月(即"斋月")斋戒一个月,该月内,每日破晓至日落,戒除一切饮食和房事等。四、须拿出一定的富余钱救济穷人,谓之"天课"。五、有条件者,一生至少要到圣地麦加、麦地那朝觐一次。中国穆斯林传统将这些功课总结为"念、礼、斋、课、朝"五功。

此外,《古兰经》还为穆斯林制定了有关处理仇杀、偷盗、通奸、婚姻、遗产继承、商业贸易、释放奴隶等刑事和民事的法律,定下了戒饮酒、戒赌博、戒食自死物、血液和猪肉等禁令;并提出了伊斯兰教有关道德、伦理的价值标准:

---

① [美]希提:《阿拉伯通史》上册,马坚译,商务印书馆,1979年,第3页。

提倡践约守信、坚忍刻苦、待人公道、扶弱济贫、善待孤寡、宽容大度、廉洁、虔诚等，为当时政教合一的穆斯林公社确立了宗教、政治、经济、社会、军事、文化和法律等诸方面的制度。

《古兰经》使阿拉伯语得到了统一和保存。阿拉伯人因部落、地区不同，方言和土语繁杂不一。《古兰经》问世后，麦加古莱氏部落所用的阿拉伯语被进一步确认为整个阿拉伯民族统一的标准语。随着伊斯兰教的传播，作为《古兰经》的经典用语，阿拉伯语被定为被征服国家与地区的官方语言。同时，《古兰经》作为每人每日必读的经典，实际上成了穆斯林的启蒙教材和日常的教科书，因而，阿拉伯语得以保存至今，而没有像有些语言那样分裂或变成僵死的宗教语言。作为伊斯兰文化的载体和《古兰经》的语言文字，阿拉伯语在阿拉伯民族的统一、伊斯兰教的传播方面起到了至关重要的作用。中世纪阿拉伯大帝国的建立和伊斯兰教的胜利从某种意义上讲，首先是一本经书——《古兰经》、一种语言——阿拉伯语的胜利，而阿拉伯语本身在这一过程中，则得到进一步规范、丰富和发展。

《古兰经》的产生推动了阿拉伯文学的发展。伊斯兰教产生之前的阿拉伯文学作品多为口头文学，很少记录成文。《古兰经》问世后，人们才逐渐把古代流传的诗歌、传说、故事、演讲辞、箴言、格言、谚语、卜辞等整理记录成文，编辑成册，以作为《古兰经》经文词义、语法、修辞等的佐证，从而为对古代的阿拉伯文学研究提供了宝贵的素材，奠定了坚实的基础。此外，《古兰经》被认为是阿拉伯文学修辞的典范，后世的诗人、作家、演说家等都纷纷在他们的作品中引用经文，模仿它的风格；又由于《古兰经》内容丰富，特别是其中引述了很多历史故事、宗教传说，从而给后世作家以启迪，为他们提供了丰富的创作题材；《古兰经》的很多思想内容成为他们作品的主题。

《古兰经》每节经文的产生自然有一定的历史背景，即前因后果；穆罕默德在传授这些经文时，一定还有他对这些经文的讲解。后人对这些经文中的教法、教义也各自有其理解和诠释。于是就产生了《圣训》、《圣训》学、经注学、教义学、教法学、教义根源学……进而带动了阿拉伯－伊斯兰哲学、历史等学科的研究，促进了阿拉伯－伊斯兰文化的发展。

穆罕默德生前，除宣谕的《古兰经》之外，其言行几乎仅有传述，并无记载。后来为适应政治、宗教和学术等派别之争的需要，出现了伪造《圣训》之事。为正本清源，去伪存真，产生了《圣训》学。8世纪下半叶，《圣训》始由《圣训》学家们编纂成集。

《圣训》是有关伊斯兰教先知穆罕默德的言行录，其中也有涉及其弟子言行的内容，这一点颇似我国的经典《论语》。从《圣训》中可得知《古兰经》一些经文产生的背景《圣训》的内容亦涉及当时阿拉伯半岛的社会、历史、政治、经济、文化、军事和风土人情。因此它是伊斯兰教阐释教义、规定教法和道德、伦理规范的重要依据之一，其权威性仅次于《古兰经》。

穆斯林的派别

穆斯林虽由《古兰经》维系成一体，但由于政治原因或对于教法、教义的分歧而在历史上形成各种派别。

穆罕默德逝世后，穆斯林在先知继承人问题上产生了分歧：大多数人是逊尼派（as-Sunniyah），承认艾卜·伯克尔（Abū Bakr 约 573—634）、欧麦尔（'Umar bn al-Khaṭṭāb 592—644）、奥斯曼（'Uthmān bn'Affān 577—656）和阿里（'Alī bn Ṭālib 约 600—661）四大哈里发皆为穆罕默德的合法继承人。

与逊尼派相对立的则是什叶派（ash-Shi'iyah），认为只有出身于哈希姆家族身为先知穆罕默德堂弟及女婿的阿里及其后裔才是穆罕默德合法的继承人。他们神化阿里及其后裔，称其政教合一的首领为"伊玛目"。由于对伊玛目继承世系、伊玛目的数目和谁是末代伊玛目等问题的分歧，什叶派又分为伊斯玛仪（al-Ismā'īliyah）又称七伊玛目、栽德（az-Zaydiyah）、十二伊玛目（al-Ithna'ashariyah）、阿拉维（al-'Alawiyah）等支派。在这些支派中往往又产生了一些分支，如在伊斯玛仪支派中又分出法蒂玛（al-Fāṭimiyah）、卡尔玛特（al-Qarmāṭiyah）、阿萨辛（al-Ḥashishiyah），即尼查里（an-Nizāriyah）、德鲁兹（ad-Daruziyah）等分支派。

除逊尼与什叶两大教派之外，还有哈瓦立及派（al-Khawārijiyah）。他们原为阿里追随者，后因不满于阿里在大马士革总督穆尔威叶（Mu'āwiyah？—680）与其争权时，在 675 年随芬之战得胜的情况下，同意以《古兰经》作为裁判，与对方讲和，从而出走。他们主张恢复早年的伊斯兰教，哈里发应公选，提倡原始的民主、平等，故亦称军事民主派。现存在于阿曼与北非的易巴德派（al-Ibāṭiyah）为其一个支派。

在这些因政治原因形成的教派中，又因教法主张的差异，在伊斯兰教历史上，形成过大大小小不同的教法学派。如在逊尼派内部最终存在相当独立的四大教法学派：哈乃斐派、马立克派、沙斐仪派和罕百里派；在什叶派和迄今尚存的哈瓦立及派的易巴德派中，同样有着不同于逊尼派教法学派的教法主张。

此外，在伊斯兰教历史上又由于对教义理解的差异，分成不同的教义派别。如杰卜里叶派（al-Jabriyah），又称宿命论派，该派接受伊斯兰教的"前定"信条，认为人没有自由意志，一个人的思想行为及其命运，在出世前就由真主预定，人只有顺从天意，不得有任何违抗。与其相对的是盖德里叶派（al-Gadriyah），又称反宿命论派，认为人具有自由意志，是自己行为的创造者，应对自己的举动负完全责任。还有穆尔吉亚派（al-Murji'ah），又称展缓派，主张将穆斯林所争论的问题推迟到来世，听候真主的裁判。影响最大的是穆阿太齐赖派（al-Mu'tazilah）。该派形成于8-12世纪，它继承并发展了盖德里叶派的反对宿命论、主张人有自由意志的观点；并受希腊哲学和逻辑学的影响，主张用理性检验宗教教条以及人的行为的善恶，以决定自己的行为；认为《古兰经》是"被造之作"；认为真主除本体外不具任何属性；相信真主赏罚分明，故亦称"公正派"。另有艾什尔里派（al-Ash'ariyah），把伊斯兰教信条和希腊哲学思想加以调和，既反对穆阿太齐赖派的唯理性主义倾向，又反对正统信仰的极端形式主义；认为真主是全知全能的，是万物的创造者，《古兰经》是真主永恒的语言；主张宿命论，只相信"天启"，不承认理性能使人获得知识。

除以上各种由于政治原因或出于教法、教义分歧产生的各种教派外，穆斯林中还有一个独特的神学派别——苏非派（aṣ-Ṣufiyah），亦称神秘派。它最早产生于7世纪末。初时主要特征为守贫、苦修和禁欲，以示对伍麦叶王朝宫廷贵族奢侈、腐化和世俗倾向的不满和消极抗议。在11世纪初，伊斯兰教神学家、哲学家、被称为"伊斯兰教权威"的安萨里（al-Ghazālī 1059—1111）将苏非派的神秘主义纳入伊斯兰教的正统信仰，强调宇宙不是先天固有的，而是真主所创造；肯定灵魂不灭、肉体复活；并认为通过直觉才能发现理性不能认识的"真理"。他们主张清心寡欲，克己敬主，行善济人，摈弃一切观感享受。同时，他们认为，人可以通过内省、冥思、苦修，达到人、神合为一体的境界。

古代的穆斯林文化教育

中古时期的阿拉伯穆斯林，虽多为来自荒漠目不识丁的贝杜因人，但他们求知欲很强，勤于学习，善于学习，尊重知识。

《古兰经》经文中说:"有知识的与无知识的相等吗?"(39:9)据说先知穆罕默德曾对穆斯林发出号召:"学问即使远在中国,也要去求!""从摇篮学起,到墓地为止!""谁外出求学,直到归来,都是走在真主的道路上。"他规定,一个俘虏如果教会十个穆斯林子弟能读会写就可以得到释放。这位先知曾命令他的书记宰德·本·沙比特(Zayd bn Thābit ?—约665)学习犹太人的语言。这位宰德还向波斯科斯洛王的使者学习波斯语,向先知的侍卫学习罗马语,向先知的仆人学习埃塞俄比亚语。

著名的穆斯林学者艾布·艾斯瓦德·杜艾里(Abū al-Aswad ad-Du'alī 605—688)有句名言:"没有什么比学问更宝贵:君王是人们的统治者,学者则是君王的统治者。"这也许可以认为是中古时期伊斯兰统治者对知识和学者态度的座右铭。因此,我们从历史上可以读到许多统治者尊重知识、尊重学者的小故事。据说盲学者艾布·穆阿威叶有一次同阿拔斯朝著名的哈里发哈伦·赖世德(Hārūn ar-Rashīd 786—809在位)共进午餐,饭后,学者按照穆斯林的习惯想要洗手。有人给他端来了脸盆和汤瓶,并给他倒水。盲学者洗完手后,对那个这样照顾他并为他倒水的人表示感谢,但他却发觉做这件事的正是哈伦·赖世德哈里发本人——尽管他手下用人很多。于是学者感慨地说道:"信士的长官。我相信你这样做是尊重学问。"赖世德答道:"正是这样!"

还有一个故事说:有人问一位哈里发:"真主已经实现了你所有的愿望,那你还有什么乐趣没有得到吗?"那位哈里发答道:"是的!还有一个乐趣:它比我得到的一切都崇高,比我做过的一切都壮丽,世上没有什么乐趣,也没有一种地位——即使是哈里发的地位——能近似它,更不要说与它相等了。那就是:我能有一次像《圣训》学者那样坐在讲堂里,让别人听写,我讲解,并给学生记成绩。"

中世纪的阿拉伯人非常重视教育。孩子们很小就被送往私塾或清真寺里去,以《古兰经》为核心学习读、写和各种宗教知识。帝国的各大城市,如巴格达、巴士拉、大马士革、开罗、科尔多瓦等清真寺林立,很多大清真寺发展成为重要的文化教育中心,许多著名的学者、文人在清真寺内设座讲学、传授知识。

1605年塞尔柱克王朝的大臣尼扎木·穆勒克(Niẓām al-Mulk 1018—1092)于巴格达创设的"尼扎木大学"是阿拉伯第一座高等学府。开设的课程除经学外,还有语言学、法律、历史与自然科学。"有人说,这所大学的某些规章制度,似乎成为早期的欧洲大学的先例。"①

清真寺除兼作学校外，往往也被用作图书收藏所，并附设书店。阿拉伯人酷爱图书，帝国当权者和上层人士往往视图书为宝，非常重视图书的收藏，"在珍视图书方面，只有中国能与伊斯兰帝国相媲美。"② 在一些大城市，都有很多图书馆和书店；9世纪末的巴格达已有100家书店；10世纪的赖伊有一座书楼，收藏的手稿400匹骆驼也驮不了，仅图书目录就有10大册；科尔多瓦的皇家图书馆藏书达40万册。

在中古时期，在推动阿拉伯-伊斯兰文化发展影响最大的是阿拔斯朝第七任哈里发麦蒙（al-Ma'mūn 813—833在位）建立的智慧馆（Bayt al-Ḥikmah）。智慧馆集图书馆、科学院和编译局的作用于一体，招贤纳士，大量翻译希腊、罗马、波斯、印度的文化学术著作，致使一场阿拉伯翻译运动达到高潮。

古代阿拉伯的翻译运动

早在伍麦叶朝时期，阿拉伯人就对外国文化开始进行翻译、引进。最早重视这项工作的是伍麦叶朝创始人穆阿威叶的孙子哈立德（Khālid bn Yazīd bn Mu'āwiyah ?—704）。他曾下令将一些希腊文和科卜特文的炼金术、占星术和医学书籍翻译成阿拉伯文。不过总的看来，伍麦叶朝时期的译书还是无组织、无计划的单干的零星翻译。这是因为伍麦叶朝是纯粹的阿拉伯人统治时代，具有较强的阿拉伯民族主义色彩，对外族文化的吸收、借鉴带有较大的局限。而阿拔斯朝，因为在很大程度上是依靠波斯人夺取了政权，所以政治上实行阿拉伯贵族与非阿拉伯贵族的联合统治，在文化上则是实行广采博收、兼容并蓄、择优而取的政策。统治者重视科学文化的引进，奖掖学者、译者，致使阿拉伯本族或异族的学者云集于巴格达等文化名城，形成有计划、有组织的长达百年之久的翻译运动。

阿拔斯朝最早倡导翻译事业的是第二任哈里发曼苏尔（Abū Ja'far al-Manṣūr 754—775在位）。在他统治的时代，天文学家法扎里（Muḥammad bn Ibrāhīm al-Fazārī ?—约796）曾将印度的天文学名著《悉檀多》（al-Sindhind）译成阿拉伯

---

① [美]希提《阿拉伯通史》上册，马坚译，商务印书馆，1979年，第486页。
② [德]赫伯特·戈特沙尔克：《震撼世界的伊斯兰教》，阎瑞松译，陕西人民出版社，1987年，第141页。

文；同时还译了一篇印度的数学论文，将印度的数字传到了阿拉伯。在曼苏尔时代，被誉为"医学之父"的希腊著名医生希波克拉底（Hipocrates 约前 460—前 377）和著名的天文学家、地理学家和数学家托勒密（Ptolemy 生活于 2 世纪）的一些重要著作也被译成阿拉伯文。著名的波斯籍文学家伊本·穆格法（Ibn al-Mugaffa' ?—759）则将印度梵文的《五卷书》由古波斯巴列维文的译本转译并增补为阿拉伯文的名著《卡里来和笛木乃》。阿拔斯朝第五任哈里发哈伦·赖世德则把一些学者和精通外语的人召进宫里，让他们在叙利亚籍的御医马赛维（Mesue ?—857）的管理下将一些有用的医学书籍译成阿拉伯文。而在哈里发麦蒙时代，由于智慧馆的建立，翻译运动达到高潮。

当时最著名的翻译家是生于希拉城的景教徒侯奈因·本·伊斯哈格（Ḥunayn bn Isḥāg 809—873），被称为"翻译家的长老"。除阿拉伯语外，他还精通希腊语、波斯语、古叙利亚语，麦蒙曾命他主持智慧馆的工作。他曾到伊拉克、叙利亚、埃及、罗马等地搜集珍本图书进行校勘。他组织了一套包括他儿子、侄子等在内的翻译班子，将希腊一些医学、哲学经典著作或直接由希腊语或间接由古叙利亚语转译为阿拉伯语。他们最主要的成就是将被认为是古代科学史上仅次于希波克拉底的重要医学家的古罗马医师、哲学家的加伦（Galen 129—199）的全部著作译成了阿拉伯文或古叙利亚文。此外，他们还翻译了柏拉图和亚里士多德的一些著作。据说他所译的名著，麦蒙依译稿等量的黄金作为稿酬。

在这场翻译运动中，声誉稍逊于侯奈因·本·伊斯哈格的是哈兰的萨比教（拜星教）教徒沙比特·本·古赖（Thābit bn Gurrah 约 836—902）。他和他的学生曾翻译过一批希腊语的天文、地理名著，还修订过侯奈因所译的欧几里得的《几何学原理》等。哈里发穆阿台迪德（al-Mu'taḍid 892—901 在位）对他非常重视，引为至交。在沙比特·本·古赖死后，他的儿子、孙子、曾孙继承了他的事业，他们一家四代都是翻译家和科学家。

实际上，翻译运动经历百年之后并未结束。10 世纪后半期，这场运动还出现了许多一性教的翻译家。他们修订了或重译了亚里士多德的著作，还把新柏拉图学说介绍到阿拉伯，对阿拉伯-伊斯兰哲学产生了很大影响。

东西方学者曾对这场翻译运动做过这样的评价："沙漠里出生的阿拉伯人闪现出对知识的强烈渴望。黄金和宝石的财富，比起他们学问上的成就，那是微不足道的。这无论是在哲学、自然科学或是医学方面都是如此。数十年来，阿拉伯学者通过对数世纪作品的翻译，成了文化巨匠。在知识领域里，他们不愧为希腊和波斯文明的真正继承人。"① "当欧洲几乎完全不知道希腊的思想和科学之际，这些著作的翻译工作已经完成了。当赖世德和麦蒙在钻研希腊和波斯哲学的时候，与他们同时代的西方查理大帝和他部下的伯爵们，还在那里边写边涂地拼写他们自己的姓名呢。"②

通过翻译、文化撞击、融合的结果，阿拉伯－伊斯兰文化受希腊－罗马文化的影响，主要侧重于哲学、逻辑学、医学、星象－天文学、数学、化学等方面；受波斯文化的影响，主要是语言、文学、史学和艺术等方面；受印度文化的影响，除语言、文学外，主要还表现在数学、天文学、哲学、神学、医学等方面。

此外，中国文化对中古时期阿拉伯－伊斯兰文化的影响也不容忽视。如前所述，这一影响远在伊斯兰教创立以前，就主要地通过海陆丝绸之路上的通商往来，直接或间接地——通过波斯——开始了。在波斯萨珊王朝时期，中国货物直达两河流域（美索不达米亚），底格里斯河口附近的乌喇港竟以"中国港口"见称。伊斯兰教创立后，唐高宗永徽二年（651），阿拉伯第三位正统哈里发奥斯曼曾遣使首次访问中国，是两国正式交往之开端。唐玄宗天宝十年（751），中阿之间曾发生了历史上有名的怛罗斯之战，结果是唐军败北。这一结局的重要意义不仅在于它决定了穆斯林在中亚的优势地位，还在于被俘的中国士兵中有不少技师、工匠，如绫绢织工、金银匠、画师……他们以独特精湛的技艺影响并促进了阿拉伯独特工艺的发展。更重要的是，被俘者中还有造纸工匠，他们把中国的造纸技术首先传入阿拉伯世界，进而传向西方，对促进当时阿拉伯以及后来的欧洲文化起了重大作用。海陆丝绸之路使大量中国货物输入巴格达，如丝绸、香料、瓷器、珠宝等。比货物输入更为重要的是，中国的文化和科技成果也随着传进了阿拉伯世界。如中国发明的火药、印刷术、指南针等通过阿拉伯传向西方，这是尽人皆知的常识。

不难看出，阿拉伯－伊斯兰文化像世界上所有的文化一样，是本着传承本民族、宗教固有的文化，借鉴其他民族、宗教的文化并加以不断创新这一规律向前发展的。在宗教文化方面是这样，在世俗文化方面更是这样。中古的阿拉伯－伊斯兰文化，无论是人文科学，还是自然科学都处于当时世界文化的高峰，是西方望尘莫及的。

---

① ［巴基斯坦］赛义德·菲亚兹·马茂德：《伊斯兰教简史》，吴云贵等译，中国社会科学出版社，1981年，第113页。

② ［美］希提《阿拉伯通史》上册，马坚译，商务印书馆，1979年，第368—369页。

天方探幽

古代阿拉伯在自然科学方面的成就及其对西方的影响

中世纪的阿拉伯人不只是学习、吸收、借鉴了希腊、波斯、印度、中国的文化，而且是在学习、吸收、借鉴并融合于自己的文化的同时，进行创新、发展，予以发扬光大。许多翻译家同时又是学者。他们在数学、天文学、医学、物理、化学等自然科学方面，以及地理、历史、哲学、文学、艺术等人文科学方面都取得了卓越的成就。

在数学方面：早在8世纪，阿拉伯人就引进并推广了印度人的数字系统，使用了印度人所创造的数字"0"的符号和十进制。阿拉伯人把这些数字称为"印度数字"。12世纪，这种数字和"0"号以及十进制法通过阿拉伯著名的数学家、天文学家花拉子密（al-Khwārizmī 约780—850）的著作传到了欧洲，人们将这套数码称为"阿拉伯数字"，用以代替繁杂的罗马数字。花拉子密不仅是最早引进印度数字和"0"号以代替阿拉伯原来的字母记数法，而且还用阿拉伯文写下了初等数学著作"还原与对消"（Kitāb al-jabr wa al-mugābalah）一书。该书12世纪时被翻译成拉丁文，被欧洲各国用为数学的主要教本，直至16世纪。书名中还原（al-jabr）一词经音译衍变成为"algbra"，即代数学。花拉子密亦被称作"代数之父"。此外，阿拉伯人还研究了平面和球面的测定：确定了三角学中正弦、余弦和正切等；研究了三次、四次、五次方程式问题，制定了求三次根、四次根和五次根的方法。这些阿拉伯学者"除了把前辈们的数学融会贯通并流传后世外，还在这一学科的实用方面和理论方面做出了许多创造性的贡献。数字的广泛使用使算术有了日常应用的价值。代数学成了一门精密的学科。解析几何、平面三角及球面三角有了巩固的基础。这些概念大多数在很早的时候就经由西班牙和西西里岛传入西方世界，对欧洲的科学发展作出了贡献"[1]。

天文学方面：阿拉伯人在借鉴埃及、印度、希腊、波斯天文学的基础上，经过自己几百年的观测与研究，把天文学发展到了一个新水平。他们曾在巴格达、大马士革、开罗、科尔多瓦、撒马尔罕等城市建立了天文台，进行观测。花拉子密不仅是位数学家，还是位著名的天文学家。他曾综合印度和希腊天文学的成就，加上自己的创见，制定了著名的花拉子密天文表。白塔尼（al-Batānī 858—929）进行了40年的观测，修正了托勒密天文著作中的一些错误，改进了对月球和一

---

① ［美］西·内·费希尔《中东史》上册，姚梓良译，商务印书馆，1979年，第151页。

些行星轨道的计算方法，较精确地计算出了黄道、黄道斜角和回归年等。他编的《萨比天文表》被译成拉丁文传到了欧洲。他的实测数据曾多次被哥白尼在其《天体运行》一书中引用。阿拉伯另一位著名的天文学家比鲁尼（al-Bīrūnī 约973—1048）对经纬线的测定比希腊人更准确，提出了地球自转的理论和地球绕太阳转的学说。阿拉伯的天文学家还创造出中世纪最新的精密仪器，如天球仪、地球仪、观象仪、星盘、象限仪（四分仪）、平纬仪、方位仪等。他们创造出的这些天文仪器，直到16世纪还为欧洲人采用。许多星体和星座的阿拉伯语名称，以及诸如azimuth（方位）、nadir（天底）、zenith（天顶）等字之出于阿拉伯语，都说明中古阿拉伯天文学家的辉煌成就及其贡献得到了西方的承认。

医学方面：医学是阿拉伯人除宗教之外最关心的学科，在中世纪，大多数的阿拉伯哲学家和科学家都同时从事医学研究。阿拉伯医学主要是借鉴希腊。如前所述，在伍麦叶朝和阿拔斯朝前期，希彼克拉底和加伦等的医学名著都被译成了阿拉伯文，这些译者本身就是著名的医生。阿拉伯人在借鉴希腊、印度、波斯医学的同时，加以发展、创新。阿拔斯朝哈里发哈伦·赖世德于9世纪初在巴格达建立了伊斯兰世界的第一所医院。据统计，至10世纪中叶，帝国境内共建有分科很细的医院34所；931年在巴格达注册登记的医生有860人，中世纪的阿拉伯人已经知道消毒，使用麻醉药，开始治疗伤寒、霍乱等传染病。阿拔斯朝最著名的医生是拉齐（ar-Rāzī 约865—932），被誉为"阿拉伯的加伦"。他的最重要的医学专著是《医学集成》，共24卷，内容十分丰富。它总结了阿拉伯人当时从希腊、波斯和印度吸收到的医学知识，并增加了许多创新的贡献，被认为是一部医学百科全书；1279年被译成拉丁文传到了西方。他的其他重要的医学专著如《曼苏尔医书》（共10册）和论文《天花和麻疹》也先后被译成多种欧洲文字，并多次再版，成为西方医学界的重要参考书。中古时期，阿拉伯的另一位医学大师是伊本·西拿（Ibn Sīnā 980—1037）即阿维森纳（Avicenna）。他写于11世纪的《医典》，也是一部医学百科式的专著，是中世纪阿拉伯医学最高水平的代表作。这本书被译成拉丁文后，至15世纪结束前，已出至16版。自12世纪到17世纪，这本书一直被认为是"医学圣经"，用作西方医学的指南。伊本·西拿也被西方称为"医中之王"。

化学和物理学方面：阿拉伯的化学是由古代的炼金术发展形成的。中古时期的阿拉伯学者多具有多方面的才能，如前述的拉齐不仅是著名的医生，也是著名的化学家和哲学家。他的许多有关炼金术的主要著作中，有一本称作"秘典"，

12世纪被译成拉丁文后,成为西方化学知识的宝库,罗杰·培根曾引用这本书的理论。贾比尔·本·哈彦(Jābir bn Ḥayyān？—815)被称为是"阿拉伯化学之父"。他重视实验,在化学理论和实践方面都取得很大的成就。他首创"燃素说",还改良了蒸馏、升华、熔化、结晶等方法,并最早将硝酸和盐酸合成为王水。其很多著作如《化学的奥秘》《天文学》《化学原理》《仁慈书》等已被译成拉丁文,在世界化学科学发展史上有很大的影响。

古代阿拉伯在社会科学方面的成就及其对西方的影响

中世纪的阿拉伯人不仅在自然科学方面立下了不可磨灭的功绩,在社会科学方面也同样留下十分丰富的文化遗产,成为世界文化宝库的重要组成部分。

在哲学方面:阿拉伯人的最大贡献是使希腊的哲学思想与伊斯兰教的观念熔为一炉。美国学者在评论这一点时曾说:"中世纪伊斯兰教不朽的光荣,是伊斯兰教在人类思想上初次胜利地使两件事物互相融合:一件是古代闪族世界最伟大的贡献,一神教,即单独的上帝观念;另一件是古代印度-欧罗巴世界最伟大的贡献,希腊哲学。伊斯兰教这样把基督教的欧洲引向现代的观点。"①

早在伍麦叶朝时期已经有人开始翻译、研究希腊的哲学、逻辑。正是在这一基础上,才会在阿拔斯朝初期出现推崇理性思辨的"穆阿太齐赖派"。哈里发麦蒙在位时,从翻译亚里士多德、柏拉图的大部分作品着手,很快就把几乎所有的希腊和希腊化时期的哲学著作译成了阿拉伯文。阿拉伯哲学就是在这一基础上建立起来的。

最早的哲学家是铿迭(al-Kindī 801—865),被称为"阿拉伯的哲学家"。他吸收了亚里士多德和柏拉图的思想,并受新毕达哥拉斯主义的影响,把哲学和神学混合起来,其主张带有明显的穆阿太齐赖派的色彩。其著作保存至今的多为拉丁文译本,阿拉伯文原本则微乎其微。

法拉比(al-Farābī 约870—约950)亦融合了亚里士多德、柏拉图和苏非派的思想。他认为人的理性优于天启。他著作甚丰,如《柏拉图与亚里士多德两哲人观点之调和》《论理智》《美德城邦居民意见书》《文明策》《幸福之路》等,多为论治国正道的。他的著作早在中世纪就被译成希伯来文和拉丁文,对欧洲的

---

① [美]希提:《阿拉伯简史》,马坚译,商务印书馆,1973年,第170页。

学术文化颇有影响。

西方世界更为熟悉的阿拉伯哲学家是伊本·西拿（阿维森纳）和伊本·鲁世德（Ibn Rushd 1126—1198）。伊本·西拿不仅——如前所述——精通医学，而且在哲学方面师承法拉比，被认为是穆斯林的亚里士多德派的大师。同时，他又受到新柏拉图派的影响，是最后完成希腊哲学和伊斯兰教调和的学者。他的哲学著作被译成拉丁文后，对西方哲学产生了强烈的影响。伊本·鲁世德在西方被称为"阿威罗伊"。他将伊斯兰的传统学说与希腊哲学，特别是亚里士多德的哲学，融合成自身的思想体系，是中世纪阿拉伯-伊斯兰哲学的集大成者。其学说在13—14世纪对欧洲影响极大，"阿威罗伊主义"的思潮曾轰动一时，成为当时人们向基督教经院哲学展开斗争，争取思想自由的一面旗帜。

总之，"用阿拉伯文写作的穆斯林学者们，根据亚里士多德、柏拉图和其他希腊哲学家们的学说创立了一个阿拉伯哲学学派，这个学派对中世纪欧洲的基督教哲学家们具有深刻而明显的影响。"[①] "长期为世界所公认的一个事实是：若没有穆斯林发现、整理和吸取希腊哲学的成果，并做出他们自己有价值的注释和宝贵的贡献的话，人类很可能就要失掉一笔巨大的文化遗产。"[②]

恩格斯则指出："在罗曼语诸民族那里，一种从阿拉伯人那里吸收过来并从新发现的希腊哲学那里得到营养的明快的自由思想，愈来愈根深蒂固，为十八世纪的唯物主义作了准备。"[③]

在历史学方面：阿拉伯穆斯林对历史最早的研究可以追溯到先知穆罕默德逝世后不久即开始搜集整理出的《圣训》。阿拉伯史学史上划时代的巨著要算是泰伯里（at-Ṭabarī 838—923）的《历代先知及帝王史》，被认为是一部不朽的世界编年通史，始自创世，止于915年，以阿拉伯-伊斯兰历史为主，其他民族历史为从。其中编入了从无数专著中精选出来的史料。全书13册，约7500页。有波斯、土耳其、拉丁、德、法等语种的译本或节译本，对后世史学家影响颇大。

与他同时代的另一位著名历史学家亦是著名的地理学家、旅行家的迈斯欧迪（al-Mas'ūdī ？—957），被誉为"阿拉伯的希罗多德"，他不像泰伯里那样采取编年的形式，而是按专题来叙述文明的发展。他花了10年的时间参考他人的著作

---

① ［美］西·内·费希尔：《中东史》上册，姚梓良译，商务印书馆，1979年，第146页。
② ［巴基斯坦］赛义德·菲亚兹·马茂德：《伊斯兰教简史》，吴云贵等译，中国社会科学出版社，1981年，第128页。
③ ［德］恩格斯《自然辩证法》，《马克思恩格斯全集》第20卷，人民出版社，1973年，第361页。

并根据自己的见闻，编成长达30卷的巨著，但保存至今的只有4卷《黄金草原与珍宝矿藏》（简称《黄金草原》）。第一卷为包括中国在内的东西各国的历史概要，后三卷为阿拉伯—伊斯兰史，起自伊斯兰教创立，止于947年。《黄金草原》内容丰富，实际上是一部包罗宏富的史地百科全书，有英法文等多种译本。

穆斯林历史学家中最著名的也许是伊本·赫勒敦（Ibn Khaldūn 1332—1406）。其主要作品是《阿拉伯、波斯、柏柏尔及其同代当局的历史殷鉴与原委》。全书共分3编7卷，其中《绪论》自成一册，最为著名。西方学者认为"他不愧是同时代历史学家中的佼佼者，新的历史科学的创始人"[①]。

在地理学方面：地理学的发达基于宗教朝觐及商业贸易的需要。数学家、学者花拉子密曾受哈里发麦蒙之命，根据托勒密的《地理学》，编写出《地形学》一书，并绘制出全球大地图，被地理学家们一直沿用到14世纪。

原籍波斯的伊本·胡尔达兹比赫（Ibn Khurdadhbih 约820—913）曾写过《道里邦国志》一书，记述了帝国的商路、税收及东西海陆的交通情况。

约在916年，艾布·宰德（Abū Zayd Ḥasan）根据一个名叫苏莱曼的商人的经历撰写了《中印见闻录》（又译《苏莱曼东游记》），是介绍中国的第一部阿拉伯文著作，对中国唐代的社会风土人情有相当确切的记载。

中世纪后期最著名的旅行家是伊本·白图泰（Ibn Baṭūṭah 1304—1378），生于摩洛哥休达。他曾三次离乡出游，历时28年，行程达2万公里，元朝末年到过中国。1354年，由其口授，他人记录整理成《旅途列国奇观录》（又称《伊本·白图泰游记》）。

中世纪最著名的阿拉伯地理学家、旅行家还有伊德里西（al-Idrīsī 1100—1165）。他汇总了托勒密、花拉子密和迈斯欧迪的观点和成就，曾用银子制造了一个天球仪和一张盘子形的世界地图，并写有《心驰神往 浪游四方》，附地图71幅，颇见重于中世纪欧洲。

此外，雅古特·哈马维（Yāqūt al-Ḥamawi 1179—1229）编写的《地名辞典》，则被认为是一部内容宏富的百科全书式的著作。

在文学方面：阿拉伯是一个人人皆诗人的民族；诗是阿拉伯的文献。

诗歌在中世纪的阿拉伯帝国伍麦叶朝、阿拔斯朝都得到了进一步的繁荣和发展。如伍麦叶朝的三诗雄——艾赫泰勒（al-Akhṭal 640—710）、法拉兹达格（al-

---

① ［英］基布：《阿拉伯文学简史》，陆孝修等译，人民文学出版社，1980年，第164页。

Farazdaq 641—730）与哲利尔（Jarīr 653—733）之间的对驳诗战曾长达 50 年之久，被传为阿拉伯文学史上的佳话。以欧麦尔·本·艾比·赖比阿（'Umar bn Abī Rabī'ah 644—712）为代表的"艳情诗"与以哲米勒（Jamīl ？—710）、马季农·莱伊拉（Majnūn Laylā ？—约 688）为代表的"贞情诗"都盛极一时，广为流传。阿拔斯朝初期是阿拉伯诗歌发展的黄金时代。一些诗人在诗歌内容、形式上进行创新，被称为"维新派"。艾布·努瓦斯（Abū Nuwās 762—816）的"咏酒诗"一方面反映了王公贵族的奢靡生活，另一方面也表现了诗人大胆反对宗教禁欲而主张个性解放、及时行乐的思想。"劝世诗人"艾布·阿塔希叶（Abū al-'Atāhiyah 748—826）在诗中对被压迫、受盘剥的下层人民深表同情，表达了他们的痛苦和愿望。穆太奈比（al-Mutanabbī 915—965）被认为是阿拉伯古代言语妙天下的最伟大的诗人，其诗雄浑豪放，劲健新奇，富于哲理。盲诗人麦阿里（Abū al-'Alā' al-Ma'arrī 973—1057）在诗中对正统观念大胆挑战，反对迷信，对宗教持怀疑态度，其诗闪耀着理性的光芒，被称为"诗人中的哲人，哲人中的诗人。"

值得特别提到的是盛行于 11—12 世纪的安达卢西亚的"彩诗"与"俚谣"，后来发展成为西班牙的民歌体裁"维良西科"（Villancico），而这种体裁则被广泛应用于基督教的赞美诗。此外，学者们认为，11 世纪晚期至 13 世纪晚期活跃于西班牙、法国南方及意大利北方的普罗旺斯（Provence）诗人和游吟诗人（Trobadour），也是受这种"彩诗""俚谣"的影响，而与阿拉伯诗歌有渊源关系。

德国的女学者吉格雷德·洪克博士（Dr. Sigrid Hunke）还在《阿拉伯的太阳照亮西方》一书中谈到文艺复兴时期的两位大诗人所受的影响："意大利的诗人但丁、彼特拉克确实是受了阿拉伯诗歌的影响。彼特拉克是无意的，但丁则是因为他个人关注阿拉伯诗歌、苏非主义和安达卢西亚的哲学和伊本·鲁世德的结果。"[1]

中世纪的阿拉伯散文和叙事文学也取得了辉煌的成就，并在形式、内容各方面都对欧洲文学产生了极大的影响。其中尤以《卡里来和笛木乃》以及《一千零一夜》的影响为甚。

《卡里来和笛木乃》是一本寓言童话故事集，最早来源于印度梵文《五卷书》。伊本·穆格法（Ibn al-Mugaffa' 724—759）在 750 年左右，据古波斯的巴列维文

---

[1] ［德］吉·洪克：《阿拉伯的太阳照亮了西方》(阿译本)，贝鲁特世代出版社，1993 年，第 534 页。

译本将其译成阿拉伯文。但在移植过程中，无论在故事编排方面，还是在论述行文方面，都再度进行了大胆的增删和改动，是一本再创作的著译并重的作品。全书集中地体现出东方乃至世界各主要文化及宗教源流的交汇、融合和互相影响。该书不仅在阿拉伯文学史上影响很大，而且在世界文学史上也有巨大的影响。"从亚洲到欧洲，又从欧洲到非洲，不管是热带还是寒带，不管当地是什么种族，说的是什么语言，它到处都留下了痕迹。这些寓言和童话，一方面在民间流行；另一方面，又进入欧洲的许多杰作里去，像意大利薄伽丘的《十日谈》，法国拉封丹的《寓言》，德国格林的《童话》，英国乔叟的《坎特伯雷故事》等等。"①

"除《圣经》以外，这部书要算译成世界语言最多的了。"②

《一千零一夜》则是一部卷帙浩繁、优美动人的民间故事集，被高尔基誉为世界民间文学史上"最壮丽的一座纪念碑"。在世界文学史上，很难找到哪部作品像它传播那样广，影响那样深，以至家喻户晓、妇孺皆知。"这部故事是在西方各国最普及的阿拉伯文学作品，甚至比穆斯林东方本地还要普及些。"③这部鸿篇巨制的民间故事集并非一时一地一人所作，它实际上是古代中近东各国、阿拉伯地区的民间故事说唱艺人及文人学士历经几世纪共同创作的结果。其内容最早来源于8—9世纪翻译运动所译的印度、波斯故事集《希扎尔·艾夫沙乃》（意即"一千个故事"），后在阿拔斯朝的伊拉克、马木鲁克朝的埃及、叙利亚，经过不断的加工、扩充、修订而成。值得注意的是《一千零一夜》发源、流传、成书、定型的空间和时间。须知，《一千零一夜》的故事集中地产生于印度、波斯、伊拉克、埃及，有些故事还以中国为背景，这些地区有人类最古老的文明积淀，而在中古阿拉伯帝国兴盛时期，各民族、各宗教的文化都在这一空间、这一时间相互撞击，而融会于阿拉伯-伊斯兰文化一体中。所以，《一千零一夜》同《卡里来和笛木乃》一样，是多种文化撞击、融会的结果。都是具有承前启后、贯通东西特点的阿拉伯-伊斯兰文化的代表作。两者的区别仅在于文野、雅俗的不同。《卡里来和笛木乃》是雅文学的代表，《一千零一夜》则是俗文学的代表。《一千零一夜》虽在1704—1717年间才由法国人加朗（Antoine Galland）首次在西方翻译出版，并立即在西方引起轰动，掀起了一股"东方热"，但书中的许多故事早

---

① ［阿拉伯］伊本·穆加发：《卡里来和笛木乃》"前言"，林兴华译，人民文学出版社，1959年。
② 语出《卡里来和笛木乃》德文译者佛尔夫，转引自温德尼兹：《印度与世界文学》，金克木译，载《外国文学研究》，1981年第二期。
③ ［美］希提：《阿拉伯通史》上册，马坚译，商务印书馆，1979年，第479页。

在中世纪就通过当时属于阿拉伯帝国版图的安达卢西亚、西西里岛,通过十字军东侵和其他接触和交流途径传到了西方,并对西方的文化、文学乃至欧洲文艺复兴产生过巨大的影响。意大利薄伽丘的《十日谈》、英国乔叟的《坎特伯雷故事集》两书的框架式结构,许多故事体现的人文主义思想都反映出《一千零一夜》的影响。再如法国拉封丹的《寓言诗》、西班牙塞万提斯的《堂吉诃德》、英国莎士比亚的《终成眷属》、斯威夫特的寓言小说《格利佛游记》、德国莱辛的诗剧《智者纳旦》,直至美国朗费罗的叙事诗集《路畔旅社的故事》等名著,都在取材、写作方法和风格上,或多或少地受到《一千零一夜》的直接和间接的影响。

西方文学受到阿拉伯文学影响的方面还远不止此。如一些西方的东方学者和阿拉伯学者,特别是西班牙研究员阿辛·帕拉修斯(Asin Palacios)曾指出,但丁的代表作《神曲》曾深受阿拉伯的《穆罕默德神秘的夜行与登霄故事》及麦阿里的《宽恕书》的影响。阿拔斯朝著名作家赫迈扎尼(al-Hamadhānī 969—1007)与哈里里(al-Ḥarīrī 1054—1122)曾创造出"玛卡梅"韵文故事这一文体。主人公为萍踪浪迹、游历四方、足智多谋、文才过人的乞丐。书的内容多为主人公依靠自己的文才和计谋骗取钱财谋生的故事。故事情节轻松、幽默,文字典雅、深奥。哈里里的《玛卡梅集》"在700多年内,被认为是阿拉伯文学宝库中仅次于《古兰经》的著作。"[①]这部作品在12世纪末与13世纪初,曾两次被译成希伯来文,后又译成拉丁文、德文、英文等西方文字,从而在犹太教徒与基督教徒中流传开来。学者们一般认为,兴起于16—17世纪的西班牙流浪汉小说(picaresca),是受阿拉伯《玛卡梅》的影响而产生的。

中世纪的欧洲文学受阿拉伯文学的影响是很自然的事。因为当时的阿拉伯语就像如今的英语一样,是最通行的国际语言。例如在当时被认为是连通阿拉伯与西方的桥梁的安达卢西亚,所有的西班牙人便不能不用阿拉伯语,它成了知识阶层的语言。阿拉伯文学成了西班牙人的思想、精神食粮。一个生活在9世纪(伊历3世纪末、4世纪初)名叫阿尔法鲁的西班牙在科尔多瓦的基督教主教就曾感叹道:"真遗憾!聪明的年轻一代基督教徒却只懂阿拉伯文学、阿拉伯语言。他们如饥似渴地去读阿拉伯书籍,不惜用高价收集阿拉伯的书籍作为自己的藏书。他们大肆赞扬阿拉伯珍贵的典籍,同时对基督教徒的典籍却不屑一顾,说它们根本不值得一读。基督教徒忘记了他们自己的语言。如今用这种语言给朋友写信的

[①] [美]希提:《阿拉伯通史》上册,马坚译,商务印书馆,1979年,第477—478页。

人连千分之一都没有。而阿拉伯人的语言却有多少人讲得那么漂亮,那么流利!也许有许多人用这种语言作起诗来优美、恰切得竟会超过阿拉伯诗人本身!"①

阿拉伯文学对西方文学的影响一直未间断。正如埃及学者阿巴斯·阿卡德先生所说:"从17世纪至今,阿拉伯文学——或者整个伊斯兰文学——与近现代欧洲文学的关系一直未断。我们找不到哪个欧洲的文豪其诗文中没有伊斯兰的英雄和伊斯兰逸事。这就足以概括地说明阿拉伯—伊斯兰文学对欧洲文学的影响。在那些文豪中,有英国的莎士比亚、艾迪生、拜伦、骚塞、雪莱,有德国的歌德、赫尔德、莱辛和海涅,法国的伏尔泰、孟德斯鸠、雨果,而法国的拉封丹则声称他的寓言诗就是仿效了欧洲人通过穆斯林而知道的《卡里来和笛木乃》一书。"②

对古代阿拉伯-伊斯兰文化的评价

当中世纪的阿拉伯以其灿烂辉煌的文化彪炳于世的时候,正是欧洲处于神权统治的年代。各个文化领域莫不具有浓厚的神学色彩。正是在这种情况下,阿拉伯-伊斯兰文化传入欧洲,重燃起欧洲的智慧,促进了欧洲的文艺复兴和近代自然科学的建立,在世界文化史上,起到了承前启后、继往开来、连贯东西的重要作用。

恩格斯说过:"古代留传下欧几里得几何学和托勒密太阳系,阿拉伯人流传下十进位制、代数学的发端、现代的数字和炼金术;基督教的中世纪什么也没留下。"③

一位非阿拉伯人的东方穆斯林学者曾赞叹地说:"沙漠里出生的阿拉伯人闪现出对知识的强烈渴望。黄金和宝石的财富,比起他们在学问上的成就,那是微不足道的。这无论在哲学、自然科学方面都是如此。数十年来,阿拉伯学者通过对数世纪作品的翻译成了文化巨匠。在知识领域里,他们不愧为希腊与波斯文明

---

① 转引自[德]吉·洪克,《阿拉伯的太阳照亮了西方》(阿译本),贝鲁特世代出版社,1993年,第529页。
② [埃及]阿巴斯·阿卡德:《阿拉伯文化对欧洲的影响》,埃及知识出版社,1946年,第67页。
③ [德]恩格斯:《自然辩证法》,《马克思恩格斯全集》第20卷,人民出版社,1973年,第363页。

的真正继承人。"①

德国女学者吉格雷德·洪克博士明确指出:"伊斯兰教的出现及其扩张挽救了基督教会使其免于灭亡,并迫使它重整旗鼓以向那些在宗教、思想、物质方面与其敌对的势力应战。在这方面,最好的证明也许就是,西方在整个使自己与伊斯兰教隔绝而不肯与其面对的期间,在文化、经济方面一直都是落后的。西方的昌盛与复兴只是当它开始在政治、科学、贸易方面与阿拉伯人交往之后才开始的;欧洲的思想是随着阿拉伯的科学、文学、艺术的到来才从持续了几世纪的沉睡中醒来,而变得更丰富、完美、健康、充实的。"②

美国学者希提在论及中世纪阿拉伯人在世界文化史上的贡献时则说:"阿拉伯人所建立的,不仅是一个帝国,而且是一种文化。他们继承了在幼发拉底河、底格里斯河流域、尼罗河流域、地中海东岸上盛极一时的古代文明,又吸收了而且同化了希腊-罗马文化的主要特征。后来,他们把其中许多文化影响传到了中世纪的欧洲,遂唤醒了西方世界,而使欧洲走上了近代文艺复兴的道路。在中世纪时代,任何民族对于人类进步的贡献都比不上阿拉比亚人和说阿拉伯语的各族人民。"③

通过当时属于阿拉伯帝国的安达卢西亚、西西里岛,通过以托莱多为中心的盛行于12—13世纪由阿拉伯文译成西方语言的又一次翻译运动,通过自11世纪末至13世纪中叶的十字军的多次东侵、通过通商贸易……中世纪的阿拉伯-伊斯兰文化深刻地影响了西方-基督教文化,这是不争的事实。

阿拉伯思想家、埃及学者、文豪塔哈·侯赛因(Ṭāhā Ḥusayn 1889—1973)说得好:"如果我们说欧美西方尽管他们现在很优越,但他们的一切优越、一切科学都要归功于中世纪阿拉伯人传到欧洲去的那些丰富、持久的文化根底,那我们绝不是在过甚其词,也不是在吹牛胡说。我们应该毫不客气地要求欧洲人——我已经多次地要求过他们——向东方还债而不要赖账,要让他们感到阿拉伯东方对他们是有恩的,对此,他们应当称赞、感谢,而不应当妄自尊大、胡作非为,

---

① [巴基斯坦] 赛义德·菲亚兹·马茂德:《伊斯兰教简史》,吴云贵等译,中国社会科学出版社,1981年,第113页。
② [德] 吉·洪克:《阿拉伯的太阳照亮了西方》(阿译本),贝鲁特世代出版社,1993年,第541页。
③ [美] 希提:《阿拉伯通史》上册,马坚译,商务印书馆,1979年,第2页。

更不应当对那些向他们施过恩,让他们懂得何为恩惠,何为文明的人以怨报德!"①

近古时期阿拉伯文化的中衰

在阿拉伯-伊斯兰文化的影响下,西方逐渐走出了中世纪。14—16世纪的文艺复兴是欧洲从中世纪封建社会向近代资本主义社会转变时期的一场伟大的思想解放运动,是"人类从来没有经历过的最伟大的、进步的变革"(恩格斯语)。它高举起反封建、反教会神权的大旗,为欧洲近代资本主义文明奠定了基石。16世纪的宗教改革运动摧毁了天主教会的精神独裁,对后来的资产阶级革命产生了巨大的影响。17—18世纪启蒙运动是欧洲资产阶级和人民大众的又一次反封建的思想文化运动,是继文艺复兴之后的又一次思想解放。这一运动倡导自由、平等、民主和法制思想,为摧毁腐朽的封建制度、确立资本主义制度作了思想上和理论上的准备。18世纪中叶至19世纪末的欧洲工业革命则以资本主义机械的大工业代替了以手工为基础的工场手工业。它既是生产技术上的革命,又是社会生产关系的重大变革。1789年的法国革命,欧洲1848年的革命,则为资本主义的进一步发展扫清了道路……总之,自文艺复兴后的西方,经过一系列的运动变革,在自然科学方面、社会科学的研究、社会发达、物质文明诸方面已走在了世界前列。

与此同时,中古时期显赫一时的阿拉伯大帝国及其灿烂的文化则是江河日下,今非昔比。

阿拉伯帝国的衰亡早在阿拔斯朝的后期已初露端倪:由于大权旁落于波斯、突厥等异族手中,哈里发政权早已经名存实亡,诸王割据独立。同时,西方自1096年至1254年进行了7次十字军东征,使许多城市毁灭,无数村镇荡然无存。而在东方,成吉思汗在统一蒙古后,于1219年亲率20万大军开始西侵。原属阿拉伯帝国的花拉子模、呼罗珊及中亚、西亚的一些大小王国先后被蒙古人征服。许多文化名城如撒马尔罕、布哈拉、木鹿、内沙布尔、哈马丹……都被洗劫一空,许多文物、图书化为灰烬。1258年成吉思汗的孙子旭烈兀率军攻陷巴格达,杀了哈里发,并下令洗城40天,把书籍焚毁或投入底格里斯河中,阿拔斯朝遂告灭亡。蒙古军继续西进,直抵大马士革。其军队所到之处,文化典籍几乎荡然无存,文化遭到严重破坏。同一时期,在西方,阿拉伯人被逐出安达卢西亚。一度

---

① [埃及]萨米赫·凯里姆:《塔哈·侯赛因语录》,埃及知识出版社,1979年,第7页。

作为阿拉伯-伊斯兰文化中心而似灯塔彪炳于东西方的巴格达和科尔多瓦（及其后的格拉纳达），这时早已黯然失色。

当时统治埃及、叙利亚和希贾兹地区的马木鲁克王朝（1250—1517）虽击败了蒙古军，阻止了其西侵，并使这一王朝的首都开罗变为文人聚集的文化中心，文化、学术虽说相对繁荣，但马木鲁克王朝的前期（1250—1382）主要是突厥奴隶近卫军掌权，后期（1382—1517）则是塞加西亚奴隶近卫军掌权，这些出身异族的统治者大多文化素养不高，对文人、学者缺乏热情的奖掖和鼓励，加之穷兵黩武，宫廷奢靡，百姓在凄风苦雨中挣扎，文化中衰是不难理解的。

1517年，奥斯曼土耳其帝国灭马木鲁克王朝，此后，至16世纪中叶，阿拉伯各地相继落入土耳其人手中，成为地跨欧、亚、非三洲的奥斯曼帝国的行省。

在奥斯曼土耳其人统治时期，阿拉伯文化进一步衰落，处于最低潮。这是因为掌权的土耳其人对阿拉伯人在一定程度上实行种族歧视和愚民政策，不启迪民智，不提倡教育，不奖励学术，规定土耳其语为国语，企图人为地消灭阿拉伯语；还把大批阿拉伯遗产、典籍尽皆运往首都君士坦丁堡，文人、学士、工匠、艺人也多被集中在那里。不懂或不精通阿拉伯语的土耳其统治者自然不会赏识或重视阿拉伯文化。"那时，学校极少，而且都是初级的宗教学校。根本没有阿拉伯文的报纸和刊物，书籍也很缺乏，在大马士革和阿勒颇等大城市，找不到一家书店。经院神学统治一切，盲目崇古之风盛行。故步自封，墨守成规。自然科学衰落，社会科学毫无生气。曾经放过异彩的阿拉伯文化，受到了严重的摧残。"[①]

总之，自1258年阿拉伯帝国阿拔斯朝灭亡至1798年拿破仑攻占开罗，这段近古时期，阿拉伯大部分地区一直处于异族统治之下，是阿拉伯-伊斯兰文化的衰微时期。文人学者、诗人墨客往往只是因陈袭旧，仿古成风，缺乏创新精神。

文学也是崇尚雕饰，追求骈俪，内容往往浅薄、贫乏。

近现代的阿拉伯文化面临西方文化的挑战

1798年，法国拿破仑入侵埃及，激起了阿拉伯人民的反抗，从而为阿拉伯近现代历史揭开了序幕。

实际上，18世纪欧洲工业革命之后，欧洲国家凭借强大的经济和军事实力，

---

① 郭应德：《阿拉伯史纲》，中国社会科学出版社，1991年，第284页。

就开始向外大规模地进行殖民扩张。处于东西方之间的阿拉伯世界就首当其冲地成了他们的侵略目标。近现代的阿拉伯历史，实际上是西方殖民主义对阿拉伯世界进行军事侵略、政治统治、经济掠夺、文化渗透的历史。同时也是阿拉伯世界各国人民反对帝国主义、殖民主义侵略、压迫，争取民族独立、解放而进行斗争的历史。

西方帝国主义对处于奥斯曼帝国统治的阿拉伯世界采取渗透、蚕食政策。至第一次世界大战前后，西方殖民主义者已基本上完成了对整个阿拉伯世界的瓜分。他们划分了各自的势力范围，使阿拉伯各国成为他们的殖民地或半殖民地。如属于英国势力范围的是埃及、苏丹、伊拉克、约旦、巴勒斯坦、也门与海湾地区；属于法国势力范围的殖民地是西北非的阿尔及利亚、突尼斯、摩洛哥，西亚的黎巴嫩、叙利亚则是其委任统治地，利比亚则沦为意大利的殖民地。

西方的侵入给阿拉伯世界带来了西方资产阶级文化，在客观上引起了近现代已占上风的西方资产阶级文化与已处于下风的阿拉伯-伊斯兰文化的再次撞击。面对西方的挑战，阿拉伯一些有胆识的政治家、思想家意识到必须进行改革复兴。走在这场复兴运动前列的是埃及和黎巴嫩。

法军侵埃（1798—1801）的同时，拿破仑还带去了一批学者。他们在埃及成立学会，对埃及各方面进行研究；并在埃及建立实验室、图书馆、印刷厂等，使埃及人民首次接触到西方文明，注意到西方科学的进步。1805年，阿尔巴尼亚籍军官穆罕默德·阿里利用人民的力量夺取政权，成为埃及的总督（1805—1849在位）后，力图把埃及变成一个独立的强国。他竭力主张学习西方科学技术，一方面向西方派了大量留学生，另一方面也创办了一些军事、技术学校，聘请了不少西方学者在埃及执教讲学，从而为埃及接触与传播西方文化打通了渠道。伊斯梅尔（1863—1879在位）上台后，进一步向西方开放；同时许多在黎巴嫩、叙利亚遭受迫害的知识分子纷纷逃至埃及定居，从而使埃及在近现代的复兴运动中处于领先地位。

黎巴嫩接触西方文化可以追溯得更早一些。先后曾一度使黎巴嫩取得半独立于奥斯曼政府地位的法赫鲁丁二世（1572—1635）和巴希尔二世（1768—1850）两位埃米尔曾提倡、鼓励与西方接触，更多地接受西方教育、西方文明的影响，企图以此促进这一地区的现代化。而西方则利用这一地区很多居民是基督教徒这一特点，通过教会，积极进行文化渗透。早自16世纪末，西方人就在罗马、巴黎等欧洲大城市建有专为东方人，特别是为黎巴嫩人培养教士的学校。此外，他们还向黎巴嫩、叙利亚等地派传教士,在当地建立教会学校,如阿因图拉学堂(1734)、阿因·瓦莱盖学堂(1789)、贝鲁特的美国大学(1866)、圣约瑟大学(1874)等。黎巴嫩与西方文化的接触是源远流长的:远在腓尼基人、罗马人、拜占庭人的时代,这个滨海的山区早已经面向西方了。"近海、基督教徒占优势、对外关系方面倾向西方的传统,这三者使人民特别易于接受新刺激。"① 而西方对这一地区侵入和渗透的同时,也在客观上,自觉或不自觉地将西方近现代文明、文化价值观念带进这一地区,促使这一地区的先进知识分子对本民族、本地区长期落后、停滞的现象进行反思,表示不满,从而决心进行社会改良,争取民族独立、平等、自由、民主。美国学者在评论这一点时,曾指出:"从西方输入的无数观念中,最有力的是民族主义和政治的民主主义。拥护民族主义,就导致一种与过去断绝关系的明确的立场。开始的时候,阿拉伯民族运动是一个纯粹的知识分子运动。这个运动的先锋队,大半是叙利亚的知识分子,特别是信奉基督教的黎巴嫩人。"②

阿拉伯许多有识之士曾指出,当时正处于长期停滞、落后的阿拉伯世界,"它本身不具有赖以复兴的条件,必须借助外来的火光照亮思想,并把它提高到世界思想和文化发展的水平。像在欧洲的黑暗时期东方曾把它照亮一样,东方在自己的衰沉时期也要借助欧洲,以建造自己的复兴基础。东西方交流所产生的火光将在阿拉伯世界大放光明,将照亮通向思想、文化、文学广泛进步的智慧之路……东西方交流是复兴的最重要和最有影响的前提。它在黎巴嫩和埃及表现得比其他阿拉伯国家更为突出,更有影响,更普遍有效"③。

阿拉伯近现代文化复兴的原因

促使阿拉伯文化复兴运动形成并影响推动它不断发展的主要有以下几个因素:

首先是西方帝国主义、殖民主义的侵略激发了阿拉伯民族意识的觉醒和增长,使一些有识之士重新发掘、研究、继承并弘扬自己的辉煌而宝贵的文化遗产,用以激励人民的民族主义精神和爱国热忱。

其次,西方势力的侵入和文化渗透(如传教、办学),阿拉伯和西方的广泛

---

① [美]希提:《黎巴嫩简史》,北京师范学院《黎巴嫩简史》翻译小组,北京人民出版社,1974年,第291页。
② [美]希提:《阿拉伯简史》,马坚译,商务印书馆,1973年,第304页。
③ [黎巴嫩]汉纳·法胡里:《阿拉伯文学史》,郅溥浩译,人民文学出版社,1990年,第537—538页。

接触与文化交往（如留学、旅居西方），特别是通过大量的翻译介绍，使阿拉伯人民接触并了解了与阿拉伯传统文化、文学迥然不同的西方文化、文学，使他们有机会向西方文化、文学学习、借鉴。

最后，现代印刷技术的引进，报刊和其他传媒工具的出现和普及，教育事业、出版事业的发展，图书馆、各种文化社团、学会的建立，西方国家的东方学者们的研究与参与……这一切都为阿拉伯近现代文化复兴与现代化创造了有利条件。特别是随着民族解放运动的发展，报刊的作用日显重要，成为传播先进思想和科学知识的主要媒介。此后广播、影视的出现更在阿拉伯文化的复兴与现代化过程中起到了不起不可替代的作用。

应当指出，在阿拉伯近现代史上，阿拉伯文化的复兴与现代化是与阿拉们民族主义运动同时并举，相辅相成的。许多阿拉伯复兴运动的先驱者往往又是民族主义的斗士、思想家、文学家。

19 世纪的翻译运动与复兴运动的先驱

在埃及，这场复兴运动的先声是始于 19 世纪初的翻译运动。最初的翻译仅限于军事、医学、理工等自然科学领域，随后才是包括文学在内的各种人文科学的翻译。翻译队伍主要由两部分人组成：一部分是从西方学成归国的留学生，另一部分则是来自黎巴嫩、叙利亚地区毕业于基督教教会学校的学者。

这场运动最早的先驱和代表人物是雷法阿·塔哈塔维（Rifā'ah aṭ-Ṭahṭāwī 1801—1873）。他于开罗爱资哈尔大学毕业后，1826 年被委任埃及首批赴法国留学生团团长。1834 年学成回国后，先在技术学校任翻译，后任语言学校校长、翻译局局长、军校校长等职；并曾办过《园地》《埃及时事》等报刊。他曾目睹了 1830 年的法国革命，归国后撰写了《披沙拣金记巴黎》一书。全书记录了他留法期间的见闻，谈到了法国人的衣食住行诸方面的生活习惯和风土人情，谈到了法国的文化、科学、技术、社会状况和政治体制，分析了致使他们先进发达的原因，书中记述了法国宪法，并加以评论。作家的目的在于呼吁故步自封的本国封建统治者，唤醒沉睡于愚昧、落后的人民起来进行改革，以跟上世界和时代前进的步伐–他认为是否学习西方文明将关系到东方民族的生死存亡。在他看来，中古时期西方曾从阿拉伯–伊斯兰文化中汲取营养，如今阿拉伯人亦可从外来文化中受益。他还同他的学生将 2000 余种西方文学、科学、哲学、史地、政治等书籍译成阿拉伯文,企图通过宣传、教育引进西方文化,达到振兴埃及的目的。这一点颇与我国近代启蒙思想家、翻译家严复(1853—1921)相似。当然,阿拉伯的这场翻译运动不局限于埃及,但埃及与黎巴嫩、叙利亚的先驱者确实走在了前头。至19世纪末、20世纪初,西方莎士比亚、莫里哀、拉辛等的一些剧本,大仲马的《三剑客》、雨果的《悲惨世界》等小说都陆续被译成阿拉伯文。其间,埃及作家穆斯塔法·曼法鲁蒂(Muṣṭafā al-Manfalūṭī 1876—1924)等人另辟蹊径,虽不懂外文,却请别人初译,自己再用优美、典雅的阿拉伯文改写了许多西方名著,颇似我国的近代著名文学家、翻译家林纾(1852—1924)。

这种翻译、借鉴所涉及的领域亦不局限于文学。如黎巴嫩籍的学者雅古布·赛鲁夫(Ya'qūb Ṣarūf 1852—1927),除阿拉伯文外,还精通英、法和希腊文,他在1876年创办了《文摘》杂志,翻译、介绍了大量自然科学和人文科学方面的论著。他曾翻译苏格兰作家斯迈尔斯(Samuel Smiles 1812—1904)的训诫性名著《自助》,还与人合译《古代英雄与伟人传略》。另一位黎巴嫩籍的学者希布里·舒迈伊勒(Shiblī Shumayyil 1860—1917)则是最早将达尔文学说、唯物主义和社会主义学说介绍进阿拉伯世界的学者,被认为是东方"思想复兴的柱石"和"自由思想的先驱"之一。他曾指出:"在有些情况下,社会一定要有一场革命,使它摆脱灭亡的危险。这场革命必须出自人民内在的因素,即它必须是水到渠成的,否则它会变得对人民有害。""预期而必不可免的革命,是一场各个民族、各个国家相互支持的革命,旨在推翻和改换他们的政府,使之更适应时代的精神,更能维护民众的利益。""资本家是社会的盗贼,而政府则只关心保障资本家偷盗的途径。""科学并不是号召我们不信神,而是向我们揭示真理。科学教导我们思想自由,那它怎能教我们一定不信神呢?这种说法是一种本末倒置的偏见。"[①]他引进、传播的这些思想,在当时的阿拉伯世界引起了强烈的反响,他称之为"震撼",并说:"今天发生了一场震撼,而这正是我当时要把人们的思想从沉睡中唤醒过来的目的所在。"

还有一位在阿拉伯文化复兴运动中颇有影响的先驱与启蒙者是法拉哈·安东(Faraḥ Anṭūn 1874—1922)。他与雅古布·赛鲁夫、希布里·舒迈伊勒一样,也是黎巴嫩籍,受过西方教育,并长期在埃及工作。他在自己创办的报刊上将世

---

① 转引自[黎巴嫩]汉纳·法胡里:《阿拉伯文学史大全·现代文学卷》,贝鲁特世代出版社,1986年,第188—189页。

界各国的文学和哲学思想介绍给阿拉伯人民。他传播了马克思、卢梭、尼采、孔德、孔子……的哲学，也介绍托尔斯泰、高尔基等人的作品。他主张社会民主、思想自由、人人平等，并在各种刊物上让各种学说讨论、争鸣。他曾在1903年写有两部社会小说《科学、宗教与金钱》与《野兽、野兽、野兽》。前者实际上是"一篇有关金钱、科学和宗教道德的社会哲学论文"，后者的主题则在于对不合理的社会现象进行批判，阐述改革社会的理想。阿拉伯著名的文学评论家马龙·阿布德（Mārūn 'Abūd 1886—1962）曾说："法拉哈·安东耕耘思想的葡萄园，并为它清除杂草……我看在他之后的革命家、造反者都是他的学生。他为他们开路，在心灵中点燃思想革命的烈火。"①

舒迈伊勒与安东都出身于基督教、天主教的家庭，都具有反宗教的倾向，把宗教看作是阿拉伯民族复兴与现代化的障碍，认为要想使阿拉伯国家社会进步，以达到西方文明的水平，必须摆脱宗教的羁绊。

活跃于19世纪末，奉基督教、天主教的阿拉伯复兴运动的先驱还有黎巴嫩的纳绥夫·雅齐吉（Nāṣif al-Yāzijī 1800—1871）、布特鲁斯·布斯塔尼（Buṭrus al-Bustānī 1819—1883）和叙利亚籍的艾迪布·伊斯哈格（Adīb Isḥāq 1856—1885）等。纳绥夫·雅齐吉以其优美的诗文让人民重新品味到阿拉伯语言、文学的丰富多彩，魅力十足，提高了阿拉伯人民对自己语言、文学的自信。布特鲁斯·布斯塔尼具有教育救国的思想，他办报、办学，号召阿拉伯人民消除宗教分歧，加强团结，以促进民族意识的觉醒。但他并非是狭隘的民族主义者。他主张借鉴西方的文化、科学，进行社会改良、文化革新。他说："西洋人在他们的愚昧时代并没有因为阿拉伯文化是阿拉伯人的，就予以轻视，阿拉伯人也不应因为西洋人的科学是西洋人的，就予以轻视。"艾迪布·伊斯哈格被雨果誉为"东方的天才"。他抨击了形形色色的专制统治，也反对殖民者的强权政治，在一首题为《强权即公理》的诗中写道：

> 在林中杀死一个人，
> 其罪不可宽宥。
> 屠杀一个民族，
> 这个问题竟需研究。

---

① ［黎巴嫩］马龙·阿布德：《现代复兴的先驱》，转引自［黎巴嫩］汉纳·法胡里：《阿拉伯文学史大全·现代文学卷》，贝鲁特世代出版社，1986年，第216页。

> 强权就是公理,
> 理总在胜者之手。

19世纪黎巴嫩另一位复兴运动的先驱是希德雅格（Aḥmad Fāris ash-Shidyāq 1804—1888）。他由天主教改信伊斯兰教，名扬阿拉伯诸国。他积极主张思想、信仰、言论自由，提倡妇女解放、人人平等。叙利亚籍的阿卜杜·拉赫曼·卡瓦基比（Abd ar-Raḥmān al-Kawākibī 1854—1902）则主张建立伊斯兰联盟，反对专制和奴役。他在以故事形式写出的作品《专制的本性》和《诸镇之母》中，对当时奥斯曼土耳其帝国的专制统治进行猛烈的抨击，并对社会、政治的种种弊病进行深刻的剖析。他在移居埃及后，结识了泛伊斯兰主义和伊斯兰现代主义的代表人物哲马鲁丁·阿富汗尼和穆罕默德·阿布笃，对他影响很大。

哲马鲁丁·阿富汗尼（Jamāl ad-Dīn al-Afghānī 1838—1897）虽说生于阿富汗（一说波斯），但他长期在阿拉伯世界活动，1871年又定居于开罗，在爱资哈尔大学任教，因此，其学说在阿拉伯世界影响很大。他是泛伊斯兰主义的创始人，强调全世界信奉伊斯兰教的各族人民有共同的历史与文化传统、共同的利益、愿望和要求，应团结起来，捍卫、复兴伊斯兰文化。他终生致力于社会和宗教改革。他说："时代并不是停滞不前的,穆斯林必须把这点看作是他们教义中富有生机的原则。政治体制、社会思想和智力的表现形式，必须随着时代的变化而变化。穆斯林必须鉴别、接受一切有益的东西，摒弃他们所厌恶的东西。"又说："摆脱欧洲辖制的唯一希望，在于学习西方的方法，获得科学的观点，掌握西方技术，从而增强力量，以捍卫伊斯兰世界。"[①] 他曾提出这样的口号："全世界穆斯林团结起来！环视你的周围，向你的世界学习，与时代同呼吸。像你们的先辈那样征服知识；寻求权力并恰如其分地使用权力；联合起来并寻求统一；联合一起，你们就会强大起来。只有采取这种方式，你们才能在一个即将到来的艰难时代生存下去。"[②]

穆罕默德·阿布笃（Muḥammad 'Abduh 1849—1905）是哲马鲁丁·阿富汗尼的学生，是伊斯兰现代主义的倡导者，终生致力于以伊斯兰教改革为中心的社会改革。他主张根据时代与社会条件的变化，以新的观点来重新解释伊斯兰教义，改革陈规陋习，吸收先进的科学文化，以增强其活力，适应时代和社会发展的潮

---

① 转引自［巴基斯坦］赛义德·菲亚兹·马茂德：《伊斯兰教简史》，吴云贵等译，中国社会科学出版社，1981年，第600页。

② 同上书，第601页。

流。他曾在《金字塔》报上发表文章，呼吁发展民族文化教育，提倡现代科学技术，以赶上西方先进国家。他曾说："闭耳不闻和脱离科学，在野蛮时代是可以的，而在现时代则是不允许的。"① 他继承了古代穆尔太齐赖派的唯理论观点，企图调合理性与宗教，以理性论证信仰，认为《古兰经》尊重理性，说："《古兰经》命令我们用理性去观察宇宙现象及其定理，以谋得对于《古兰经》之教训的确信。"② 在政治上，他追随哲马鲁丁·阿富汗尼，提倡泛伊斯兰主义，反对西方殖民主义者对伊斯兰和阿拉伯世界的侵略。1881年，因支持奥拉比领导的埃及祖国党发动的反英起义失败，而遭受英国殖民当局流放。

哲马鲁丁·阿富汗尼和穆罕默德·阿布笃在阿拉伯世界影响很大。受其影响者除上述叙利亚籍的阿卜杜·拉赫曼·卡瓦基比外，还有卡西姆·艾敏（Qāsim Amīn 1865—1908）。他先后写出《解放妇女》（1899）和《新女性》（1906）两书，系统地提出了解放妇女，让她们摘下面纱，接受教育，婚姻自主的理论。

其实，活跃于19世纪阿拉伯世界文化复兴的先驱并非只在黎巴嫩、叙利亚和埃及，其他地区亦有。如突尼斯的海鲁丁（Khayru ad-Dīn 1822—1889）就是其中之一。他曾任突尼斯首相。他的主要政见集中反映在其代表作《认识国情之正途》（1867）一书中。他看到了奥斯曼帝国的僵滞、腐朽、落后，力主采用欧洲文明的成果，认为这是使国家取得政治、经济独立的唯一途径。他主张国家自主，实行法制，尊重人的个性，让妇女受教育，力图使突尼斯变成欧洲式的资产阶级民主国家。

不难看出，活跃于19世纪的阿拉伯复兴、启蒙运动的先驱者们，不管他们的信仰如何，"复兴""现代化"是他们的共同愿望。不过黎巴嫩、叙利亚的基督教徒、天主教徒，往往侧重于阿拉伯民族的复兴，希望现代化主要是倾向于西化。而穆斯林思想家则侧重于伊斯兰教的复兴，他们的现代化是将伊斯兰现代化。

伊斯兰的世俗主义与理性主义

1923年，土耳其资产阶级革命家凯末尔（Muṣṭafā Kamāl 1881—1938）领导

---

① 转引自［苏］约·阿·克雷维列夫：《宗教史》下卷，王光睿等译，中国社会科学出版社，1984年，第259页。

② ［埃及］穆罕默德·阿布笃：《回教哲学》，马坚译，商务印书馆，1934年，第26页。

的民族民主革命成功,宣布废除素丹制,结束了奥斯曼帝国长达600年的封建统治。继而宣布建立共和政体,永久废除政教合一的既具有最高政权又具有最高教权的哈里发制度。他宣布取消宗教法庭,以共和国宪法和现代世俗法取代伊斯兰教教法,废除一夫多妻制和妇女须戴面罩和面纱的规定,革除一切男尊女卑的旧传统,倡导移风易俗,用西方文明改革社会⋯⋯

凯末尔的一系列世俗化的改革必不可免地引起了曾在奥斯曼土耳其统治下的阿拉伯世界各国的强烈震动。震动的中心在埃及的爱资哈尔。爱资哈尔的伊斯兰学者们("欧莱玛")强烈要求恢复哈里发制,并多次召开会议研究哈里发问题。一些报刊也予以配合,认为埃及国王福阿德是整个伊斯兰世界哈里发最合适的人选。就在这时,一位宗教学者、曼苏尔的宗教法官阿里·阿卜杜·拉扎克('Alī 'Abd ar-Razzāq 1888—1966)发表了《伊斯兰教与统治原则》(1925)一书。他在系统地分析了哈里发制度的来龙去脉之后,认为"哈里发制"只是穆斯林公认的一种制度,并不是伊斯兰教原则规定的,在《古兰经》和《圣训》中都找不到根据;认为历代哈里发政府都是一种世俗的统治,并不具有宗教的神圣性。他主张政教应当分开,认为改革伊斯兰教法,以世俗的法律代替之,并不违背伊斯兰教的原则。阿里·阿卜杜·拉扎克的这些世俗主义的主张,立即遭到正统派的"欧莱玛"的强烈攻击。1925年爱资哈尔的伊斯兰教学者(欧莱玛)组成的宗教法庭宣布将他开除出学者的队伍,并免去了他的宗教法官的职务。

但阿里·阿卜杜·拉扎克的主张却得到了其他世俗主义和理性主义者的好评,其中的代表人物是塔哈·侯赛因。他在《政治日报》上对阿里写道:"我们要嘲笑爱资哈尔,嘲笑那些把你赶出来的人!你在这本书里说了什么?你说哈里发制不是伊斯兰原则规定的。你为什么不把这个研究搞下去,使理论更完善?哈里发制度并不是伊斯兰教原则规定的,倒是罗马教法定的一条原则。"[①]

塔哈·侯赛因(Tāhā Ḥusayn 1889—1973)是埃及也是阿拉伯著名的文学家、思想家、教育家。他虽然自幼双目失明,但以其聪颖和努力,除在爱资哈尔清真大寺受过传统的伊斯兰教育之外,还先后于1914年、1918年在埃及大学(今开罗大学)和法国索邦大学获得博士学位。曾任开罗大学文学院院长、亚历山大大学校长、埃及教育部部长、埃及作协主席等职。毕生致力于对西方文化的介绍和

---

① [埃及]沙米尔·凯利姆:《塔哈·侯赛因给我们留下了什么》,贝鲁特笔出版社,1977年,第64—65页。

阿拉伯—伊斯兰文化的复兴，被誉为"阿拉伯文学之柱"和"征服黑暗的人"，他采用法国哲学家笛卡尔的"系统怀疑论"的观点，对贾希利叶时期的诗歌进行研究，写出《论贾希利叶时期的诗歌》。结果，他对这些诗歌的真实性及其价值表示怀疑。在书中他还对《古兰经》有关某些先知的说法表示怀疑，如："《圣经》可以同我们谈亚伯拉罕（易卜拉欣）和以实玛利（伊斯马仪），《古兰经》也可对我们谈起他俩，但这两个名字出现在《圣经》和《古兰经》中并不足以证实他们的历史存在，更不要说证实那个历史故事，说易卜拉欣之子易司马仪迁徙到麦加，于是那里成了同化的阿拉伯人的原籍。我们不能不在这一故事中看到一种花招……"①诸如此类的观点在虔诚的穆斯林看来，不啻是离经叛道，亵渎伊斯兰教和先知，从而掀起一场轩然大波，对他口诛笔伐，进行围攻，并要求议会对他进行制裁，宣布该书为禁书。后来由政府出面干涉，塔哈·侯赛因作了某些妥协，一场风波才算平息。

值得注意的是，凯末尔、阿里·阿卜杜·拉扎克、塔哈·侯赛因、卡西姆·艾敏这些世俗主义者和理性主义者虽在当时受到了种种攻击，但他们却在阿拉伯世界政治、社会、文化、教育等现代化方面留下了深远的不可磨灭的影响。

20世纪上半叶：民族解放运动与复兴

在阿拉伯文化中起决定作用的是两大因素：一是阿拉伯民族，一是伊斯兰教。所以对阿拉伯民族来说，复兴就是阿拉伯民族的复兴。而对于穆斯林来说，复兴就是伊斯兰教的复兴。

20世纪整个上半叶，就是阿拉伯各国人民反对帝国主义、殖民主义，争取民族独立，以求振兴的历史。各个国家的民族主义者都以各种形式号召、领导各国人民投入反帝爱国的民族解放运动中；把殖民主义、帝国主义及其代理人——封建专制统治势力作为斗争目标。因为他们深知，没有国家、民族的独立解放就根本谈不上民族的复兴。从这种意义上讲，20世纪上半叶的阿拉伯民族复兴就是阿拉伯民族解放运动。这一过程至20世纪50—60年代方告基本结束（有些国家至20世纪70年代初方宣布独立）。

在这一期间，以哈桑·班纳（Hasan al-Bannā' 1906—1953）在埃及创立于20

---

① ［埃及］沙米尔·凯利姆：《塔哈·侯赛因给我们留下了什么》，贝鲁特笔出版社，1977年，第66页。

世纪20年代末的"穆斯林兄弟会"的兴起,除了伊斯兰教的内部矛盾外,更主要的是对西方帝国主义对穆斯林社会进行侵略、渗透的反应。因为从本质上讲,伊斯兰教是一种政治性的宗教,面对西方的军事侵略、政治控制、经济掠夺、文化渗透,他们深深感到这是西方的挑战,是对于传统的伊斯兰教的最大的威胁。他们必然对此做出积极的反应。因此,西方帝国主义、殖民主义及其在阿拉伯世界的帮凶——封建统治者,自然也成了他们斗争的目标。其实早在19世纪,苏丹的马赫迪反英起义,西北非(马格里布)地区的赛努西教团对法国、意大利侵略者的斗争,就是以宗教的形式进行的民族解放斗争。

第一次世界大战前后,马克思主义学说开始传入阿拉伯世界。第二次世界大战前后,这一学说在阿拉伯世界得到较广泛的传播,一些国家成立了共产党。阿拉伯各国的共产党自然是把反帝、反殖、反封建作为自己在资产阶级民主革命中的主要任务,积极投身于民族解放斗争中去。

民族主义者,不管是信奉阿拉伯民族主义的,还是地区阿拉伯民族主义的,也不管是信仰伊斯兰教的,还是信奉基督教,抑或是无神论者,无疑,都把反帝、反殖、争取民族独立以便使民族振兴作为自己的历史重任。

不难理解,也不难看出,在反帝、反殖的民族解放运动中,大敌当前,面临着主要矛盾,民族主义者、伊斯兰主义者和马克思主义者共同站在了民族解放的统一战线上。在这一阶段,他们是同路人,有着共同的使命——首先使民族解放、独立。

从这个意义上讲,20世纪上半叶,甚至可上溯至19世纪,阿拉伯民族解放运动就是阿拉伯民族复兴的运作过程。

种种社会主义与阿拉伯的复兴、现代化

自20世纪50年代,阿拉伯各国相继独立(有些国家在此前就已经获得了独立)后,就面临着建立一个什么样的国家,走什么样的道路,即通过什么方式来实现复兴和现代化的问题。

在阿拉伯国家中,除黎巴嫩是基督教占人口多数,其政体及复兴与现代化的道路更倾向于西方化外,其余诸国皆为穆斯林占多数,以伊斯兰教为国教的伊斯兰国家。其中有的是君主立宪的王国,如沙特阿拉伯王国、约旦哈希姆王国、摩洛哥王国……更多的则是称谓种种社会主义的共和国。如纳赛尔的阿拉伯社会主

义，叙利亚、伊拉克的复兴社会党的社会主义，突尼斯布尔吉巴的宪政社会主义，利比亚卡扎菲的伊斯兰社会主义，索马里的"原本"科学社会主义，阿尔及利亚本·贝拉的自管社会主义，布迈丁的有阿尔及利亚特色的社会主义……这种种社会主义的特点都是要适合这些国家是伊斯兰国家的这一国情，无不打上伊斯兰的印记，而称之为伊斯兰社会主义。

伊斯兰社会主义这种思潮早在第一次世界大战后就已出现。20世纪50年代至70年代，伴随着一些阿拉伯国家纷纷独立的新形势，这种思潮有了新的发展，在一些国家将这一思想付诸实践。

所谓伊斯兰社会主义，其主要特点是把社会主义的原则与伊斯兰教教义精神等同起来，认为社会主义的原则早已包含在伊斯兰教教义当中，甚至是出自于《古兰经》。并常常举出《古兰经》中的两段经文作为例证："各人只得享受自己的劳绩；他的劳绩，将被看见，然后他将受最完全的报酬。"（53：39—41）"大地确是真主的。"（7：128）。认为前者就是反对剥削，"各尽其能，按劳分配"的社会主义原则；后者则被认为是土地公有，国家资源国有化的根据。他们还把伊斯兰教的"天课""施舍"认为是平均财富，防止社会两极分化的好办法。据此，他们认为"我们的社会主义并不是脱胎于外来的思想体系，而是从本国的现实，从我们阿拉伯和伊斯兰的精粹中产生的"[①]。"我们的社会主义是伊斯兰教的社会主义；是真正宗教信仰的社会主义；是在我国人民的祖产和信条中生根发芽的社会主义。"[②]

阿拉伯世界这种伊斯兰社会主义实际上是伊斯兰教义、民族主义和社会主义相结合的产物：它既认为马克思主义不适合这些国家的国情，又反对西方的价值观念和腐朽文化的渗透。它主要反映激进的民族资产阶级和小资产阶级的利益和要求，而与马克思主义主张的科学社会主义有本质的区别。

因此，原先在争取民族解放斗争时的同路人——奉马克思主义、科学社会主义的共产党在这些国家渐渐被当局认为是异己分子，在20世纪50年代末、60年代初，在埃及、伊拉克、叙利亚、苏丹等国遭到清洗、镇压。

这些国家多是奉行阿拉伯民族主义政策，实行政教分离。这与坚持伊斯兰教统一性和政教合一的哈里发制的主张显然不符。宗教激进主义主张全面实行伊

[①] 《本·贝拉言论集》，世界知识出版社，1965年，第52页。
[②] 《卡扎菲和利比亚》，上海人民出版社，1974年，第144页。

斯兰教法统治，认为政权只能直接和间接来自真主的授予，从而认定当代阿拉伯各国世俗的政权是不合法的，应与之斗争。这就使埃及的纳赛尔政权等阿拉伯一些国家当局也把穆斯林兄弟会等一些宗教激进主义视为对国家政权构成威胁的异己，在20世纪50—60年代曾对其进行镇压，予以取缔。

当代的伊斯兰复兴

20世纪50—60年代，阿拉伯各国在摆脱殖民主义统治或封建枷锁后，多致力于建设政治、经济、文化等诸方面独立、富强的民族、民主的国家。其思想主流并非是伊斯兰教，而多为各种形式的民族主义、社会主义、现代主义、世俗主义……在传统的穆斯林看来，这些思潮都是外来的或西方的意识形态。阿拉伯各国的当政者往往接受的是西方的、世俗的教育，他们的思想自然难免会受到西方化、世俗化的影响：他们在国家体制上往往仿效西方国家，建立类似西方的政治体制；在经济上往往沿袭旧的体制，或采取当代流行的社会主义以发展民族经济的纲领；在法制方面往往也参照西方的法律进行改革，这难免会对伊斯兰教法有所冲击与限制；在社会生活方面，亦表现出西方化、世俗化、对宗教生活淡漠的倾向。这一切自然难免与传统的伊斯兰教产生抵牾。

公允地说，阿拉伯各国的民族政府在独立后，在政治、经济、文化教育等各方面都取得了很大的成就。但1967年第三次中东战争中，阿拉伯人再次遭到重大挫折，连穆斯林视为第三圣地的耶路撒冷东区也丢失了；1969年8月，耶路撒冷阿克萨清真寺被焚；20世纪70年代，阿拉伯很多国家在现代化建设中遇到挫折，经济增长缓慢，社会分配不公，两极分化，贫富悬殊，物价上涨，失业率上升，官吏贪污腐化……加之在社会中西方生活方式、意识形态、价值观念的流传，使娼妓、吸毒、酗酒、赌博、诲盗诲淫的影视、书刊、歌舞厅……到处泛滥。这一切自然会引起恪守传统的穆斯林的不满，从而使沉寂一时的，但在暗中一直并未间断的伊斯兰复兴思潮再次转化为伊斯兰复兴运动，而在70年代后迅速兴起并发展起来。

当代的伊斯兰复兴思潮主要表现为两种形式：新泛伊斯兰主义与宗教激进主义。

新泛伊斯兰主义强调全世界穆斯林共同的宗教信仰、共同的文化遗产；倡导加强伊斯兰国家之间的团结合作，以促进各国的繁荣和发展；呼吁伊斯兰各国之间在国际事务中立场一致,以维护伊斯兰世界的共同利益,反对外来势力对伊斯兰世界的干涉和控制。

新泛伊斯兰主义主要组织是1926年成立于麦加的"世界穆斯林大会";建立于1962年,总部在麦加的"伊斯兰世界联盟"和成立于1970年总部设在沙特阿拉伯吉达的"伊斯兰会议组织"。其中尤以"伊斯兰会议组织"最有权威,也最有影响。因为它是一个伊斯兰国家之间的政府间组织,而前两个组织则是非政府组织。根据"伊斯兰会议组织宪章"规定,这一组织的宗旨是:"促进各成员国之间的团结;加强各成员国之间在经济、社会、文化、科学等方面的合作;努力消除种族隔离和种族歧视,反对一切形式的殖民主义;支持巴勒斯坦人民为恢复其民族的合法权利和重返家园而进行的斗争;采取必要方式支持建立在公正基础上的世界和平和安全;支持穆斯林各民族捍卫其尊严、独立和民族权利的斗争;促进各成员国和其他国家之间的合作和谅解。"

新泛伊斯兰主义的中心是沙特阿拉伯。这是因为伊斯兰教的两大圣地都在沙特,一年一度的"朝觐",无疑为沙特提供了最好的"伊斯兰外交"的机会。得天独厚的石油资源,使沙特有雄厚的经济基础,可以把大量的资金投入到伊斯兰活动中,对许多国家给予慷慨的援助。特别是在埃及、叙利亚在1967年对以色列战争遭到惨败、1969年耶路撒冷阿克萨清真寺被焚之后,沙特国王费萨尔乘机在摩洛哥拉巴特召开的第一次伊斯兰国家首脑会议(1969年9月)上,代表与会国发出了对以色列进行"圣战"和解放耶路撒冷的号召,颇得各国穆斯林的拥戴,沙特也因而被公认为伊斯兰世界的盟主。

伊斯兰复兴运动的另一代表思潮是宗教激进主义,亦称"伊斯兰主义"。当代阿拉伯的宗教激进主义理论经埃及的赛义德·库特卜(Sayyid Gutb 1906—1966)发展而自成一套完整体系。赛义德·库特卜认为当代世界,包括所有伊斯兰国家,现在仍处于"贾希利叶"(蒙昧)状态之中。认为这种"蒙昧状态"在政治上主要表现为对真主在世间主权的侵犯。他宣称,无论是共产主义、法西斯主义、资本主义,还是民族主义、社会主义意识形态都是"蒙昧",因为它们都是出自人,而并非出自真主,都是让人服从人,而不是服从真主。他认为必须彻底摆脱这种"蒙昧",重建一个不受污染的完全按照伊斯兰方式和标准而存在的社会。赛义德·库特卜虽在1965年被纳赛尔政权处决,但他的理论却成了20世纪70年代阿拉伯复兴运动中的宗教激进主义的指导方针和行动纲领。

20世纪70年代,由于如前所述的原因,阿拉伯各国的宗教激进主义势力发展很快，特别活跃。其活动特点是：在性质上，它已从一般的宗教复兴思潮发展成为广泛的社会政治活动，显示出积极干预政治的倾向；在规模上，它已不局限于局部地区，而具有超民族、超地区、超国家的世界性，比以往的活动更广泛，更深刻。其成员除穆斯林一般民众外，亦包括一批受过现代教育的知识分子和青年学生；其派别复杂，斗争方式亦灵活多变。其中有主张通过与官方合作逐步实现伊斯兰化的温和派；亦有主张采取暗杀、恐怖等活动，企图以暴力夺取政权的激进派。

20世纪70年代以来的伊斯兰复兴运动也强烈表现在民间中，表现在社会生活中：按时到清真寺做礼拜、坚持斋戒和交纳天课的人越来越多；在衣着修饰上，恢复伊斯兰的传统服装打扮成为时尚和风潮：男子穿起长袍，戴起头巾，留起胡须；女人穿起不暴露身体任何部分的传统长袍，蒙上面纱以掩盖头发，有的还遮住面孔；被认为是诲盗诲淫、低级庸俗的影视、书刊、音乐、歌舞、烟酒、赌博……受到抵制；人们普遍反对西方的生活方式和意识形态。

在伊斯兰复兴运动中，有一种颇为引人注目的现象，那就是热衷于这一运动的积极分子往往是城里受过现代教育的年轻人和青年学生，以至于当代埃及也是阿拉伯世界最知名的哲学家札基·纳吉布·迈哈穆德（Zakī Najīb Maḥmūd 1905—1993）对此种现象也不由得感慨万分："其他国家青年革命是对现实生活的状况及其向人们希望见到的新未来前进得缓慢而不满，而我们见到的则是我们青年革命也是因为对现实生活不满，不过他们是要求把这种生活退回到祖先的模式。"① "这种保守的浪潮已成为我们社会生活的一种现象，我想在许多别的国家是不会有类似现象的。我指的这种现象就是在大部分家庭中，或者说在许多家庭中，小一辈子人比老一辈子人更趋向保守。在很多情况下，我们可以看到母亲不戴面纱而女儿却戴面纱；同样在很多情况下，我们会看到父亲是刮脸的，而儿子却留着这样或那样的胡子。这在任何一个社会都是很出人预料的：小辈子人过分地守旧，而老一辈子人——至少在现象上——比他们的子女更不保守。"②

而宗教激进主义者对他们的行动则另有一番解释。在他们看来，1967年"六五战争"的失利，阿拉伯世界如今尚不发达，世风日下，皆因人们"世俗化"而未坚持伊斯兰传统，没有切实贯彻实行《古兰经》《圣训》和伊斯兰教法、教义规

---

① 《愤怒的信》，《金字塔报》1984年5月7日。
② 《妇女界的复辟》，《金字塔报》1984年4月9日。

定的结果。因此，必须使伊斯兰精神复归，落实到行动中，才能使伊斯兰教复兴，而建成似伊斯兰初创时期那样一个政教合一的哈里发制的"理想社会"。我们从宗教激进主义的学者穆斯塔法·希勒米博士、教授的话中就不难了解这一点："如果我们将伊斯兰教同世界不同的宗教相比较，我们就会知道：那些宗教的信条是妨碍对它们信守不渝的信徒们的文明进步的。研究历史的人会注意到：譬如欧洲人和日本的佛教徒，当他们坚信他们的宗教信条时，他们是处于最落后的状态；当他们在知识、精神和物质生活都取得了进步的时候，他们就不再相信他们的基督教和佛教的信条了。若信，也是有名无实。而穆斯林则不然：当他们恪守自己的信条时，他们成了全球最先进、最强大、最光荣的民族。他们对这些信条的信仰一减弱，他们在知识的各个领域就落后了，在与世俗发展的斗争中就软弱了，一些外国民族就统治、控制了他们。这就是伊斯兰教信条与其他宗教信条巨大的区别。"①

世纪之交的阿拉伯文化

如前所述，阿拉伯文化受两大要素支配：一是阿拉伯民族，一是伊斯兰教。彪炳于世的中世纪灿烂的阿拉伯-伊斯兰文化，既是阿拉伯民族的光荣，也是伊斯兰教的荣耀。所以近现代阿拉伯民族主义的政治家、思想家和伊斯兰教的宗教改革家、社会活动家都在致力于将近古中衰了的阿拉伯-伊斯兰文化重新振兴起来，就如同当年欧洲人要走出中世纪的黑暗，重新点燃古希腊-罗马文明的明灯，从而有了欧洲文艺复兴运动一样。因此，阿拉伯近现代的复兴，既是民族的复兴也是宗教的复兴。阿拉伯民族大部分人是穆斯林，伊斯兰文化是阿拉伯文化的主流文化，阿拉伯的民族主义者一般都不会轻易放弃伊斯兰这面旗帜。因此，阿拉伯民族主义的复兴与伊斯兰的复兴，在有些时期是目标一致的，如19世纪至20世纪上半叶的阿拉伯民族解放运动与伊斯兰复兴运动，就是统一的，并行不悖的。但在阿拉伯各国相继获得解放、独立后，当政的民族主义者却往往与伊斯兰主义者的主张产生分歧、矛盾，以至于激化，发生冲突。这就是20世纪70年代至今的现状。

---

① ［埃及］穆斯塔法·希勒米：《穆斯林青年面临的危险，及如何防止？》，开罗辅士出版社，第48—49页。

在对待现代化问题上，人们也存在着分歧。据黎巴嫩学者穆罕默德·瓦哈比（Muḥammad Wahbī）分析："今天，在阿拉伯东方有两股对立的思潮。实际上，自从西方文明在本地区占压倒优势以来，就出现了两种主要倾向：一种是保守性质的，另一种则是革命的。第一种倾向是反对西方文明的旗手，它抵制这种文明。它的支持者们（保守派）相信：这种文明纯粹是物质第一主义的，物质的东西就是它所看重的一切，它是受其影响的民族所犯下的侵略行为之源；另一方面，东方在本质上是精神上的，无论如何不可放弃其精神……第二种倾向的支持者们（即革命派）对这种文明佩服得五体投地。他们发出呼吁，主张全盘接受它。尽管他们对西方文明的仰慕免不了使他们表示对唯精神论的大失所望以及对唯物质利益是重的盲目爱慕，但由于他们信奉西方的物质第一主义和东方的精神性，从而影响了他们的态度。在这两种极端的、排他的和对立的倾向之间，还有另外一种所谓的中间倾向，这就引起了比较。这种倾向的支持者们认为，恰当的做法是仅仅采取西方文明的一部分——即指对进步来说必不可少的科学，其余则弃之如敝屣，尤其是在道德方面。这种理论的基础也是相信，西方文明是物质第一主义的，而东方则是精神性的。"①

由此分析，不难看出阿拉伯世界对现代化是三种态度：

一是主张全盘西化，认为现代化就是西化。这位穆罕默德·瓦赫比本人就提出这样的主张："对我们具有头等重要意义的是，修正我们所树立起来的关于西方文明的观念，然后使我们自己确信：有必要自愿且公开地全盘接受这种文明，它实际上是本世纪全世界的文明。对于渴望享受人生和不愿意拘泥于已经结束的过去的人民来说，除了全盘接受和吸收它之外，不存在其他的选择。"②

一是坚决反对世俗化，反对西化，把西方文明视为洪水猛兽，而主张全盘伊斯兰化；一切都要严格地不折不扣地按照《古兰经》《圣训》的原旨和伊斯兰教的教法、教义去做，以达到复兴伊斯兰教的目的。这就是宗教激进主义的主张。

而更多的人主张，也许是更正确的做法是：要现代化，但现代化不等于西化。他们反对因陈袭旧，主张革故鼎新，发展科学教育，振兴民族文化，保持民族的个性，在宗教和科学之间进行调和，使宗教与现代化并行不悖。如埃及萨达特当政伊始，就提出"信仰与科学"的口号。在这一点上，阿拉伯民族主义与伊

---

① ［美］凯马尔·H.卡尔帕特编：《当代中东的政治问题和社会思想》，中国社会科学出版社，1992年，第268—269页。

② 同上书，第271页。

斯兰现代主义的主张基本是一致的。

在复兴的道路上，另一个重大的问题就是统一。阿拉伯民族主义者致力于阿拉伯民族统一，泛伊斯兰主义者与宗教激进主义则致力于使穆斯林统一于伊斯兰的大旗之下。

实际上这种统一也面临许多困难而颇为复杂。

首先，阿拉伯民族虽是一个统一的民族：有共同的语言、文字和共同的疆域、历史、文化。但阿拉伯世界并不是一个单一的民族，其中除阿拉伯民族外，亦有一些少数民族，如库尔德人、科卜特人、德鲁兹人等。阿拉伯民族本身又源于很多部落、家族；阿拉伯人虽主要奉行阿拉伯民族主义，但由于对阿拉伯民族的理解不同，或出自地区、国家的历史、政治、文化、经济等各种渊源和千差万别，还有的奉行泛阿拉伯民族主义和阿拉伯地区民族主义。地区民族主义者往往把本地区、本国的利益看得高于一切，而对阿拉伯民族的共同事业则表现出相对的淡漠。

其次，阿拉伯民族大多为信奉伊斯兰教的穆斯林。但阿拉伯地区作为三大宗教的发祥地，伊斯兰教并不是阿拉伯世界唯一的宗教。在黎巴嫩，居民多为基督教徒，约有120万，埃及的基督教徒有320万，此外，在叙利亚、苏丹、伊拉克、约旦、北非诸国都有为数不少的基督教徒。他们之中又分很多教派。由于众所周知的原因，犹太教徒在今日的阿拉伯世界虽越来越少，但在一些阿拉伯国家和地区仍存在；在阿拉伯近现代历史上，一些犹太籍的学者，如埃及的雅古布·萨努阿（Ya'qūb aṣ-Ṣanū' 1839—1912），也曾为阿拉伯的文化复兴做出过贡献。伊斯兰教虽为绝大多数阿拉伯人信奉的主要宗教，但如前所述，它自古以来就由于各种原因分成大大小小的各种派别。即使在现当代伊斯兰复兴问题上，我们可以看到泛伊斯兰主义、伊斯兰现代主义和宗教激进主义在主张和行动上都大不相同。

除此以外，我们还应看到，阿拉伯世界介于东西方之间，这一地区在政治、经济、军事、文化……的重要地位，使它自古以来就是世界各种势力瞩目之所在。由于种种原因，阿拉伯各国的领导人受到外来的影响是不难理解的。阿拉伯各国的历史渊源不尽相同，各国经济发展并不平衡，贫富悬殊，对现代化与传统宗教的理解与信奉程度不同……这一切都自然会成为阿拉伯和伊斯兰统一的障碍。在当代，我们除了看到历次阿拉伯与以色列敌对的中东战争之外，也看到了发生在两个伊斯兰国家之间的两伊战争，由一个阿拉伯国家侵犯另一个阿拉伯国家引发的海湾战争，此外，还有黎巴嫩的内战、苏丹的内战、马格里布地区的纠纷……实践证明，统一确有困难。

地球是圆的，世界是多元化的，在未来 21 世纪，阿拉伯世界无疑会起到巨大的作用。阿拉伯－伊斯兰文化将会是世界多元文化中重要的一元，会在复兴与现代化的进程中迈开更大的步伐，取得更大成就。

（《阿拉伯：第一千零二夜》"总论"，吉林摄影出版社，2000 年）

丝绸之路长　长城通天方
——中国与阿拉伯世界文化交流史略

阿拉伯简介

阿拉伯世界西起大西洋，东至阿拉伯海，地处西亚、北非，包括叙利亚、伊拉克、黎巴嫩、约旦、巴勒斯坦、沙特阿拉伯、科威特、巴林、卡塔尔、阿拉伯联合酋长国、阿曼、也门、埃及、苏丹、利比亚、突尼斯、阿尔及利亚、摩洛哥、毛里塔尼亚、吉布提、索马里、科摩罗等22个国家，面积约为1420万平方公里，人口共约3亿。石油占世界储量的60%多。阿拉伯世界所在地区不仅是世界海陆重要交通枢纽，而且位于战略要冲，历来是各种势力争夺之所，战乱频仍。当今，这一地区往往是新闻媒体报道的热点，也常常是世人瞩目的焦点。在我国的总体外交中，包括阿拉伯诸国在内的中东国家是我国大周边战略的组成部分。我国与这些国家同属第三世界的发展中国家，历史上的共同遭遇和当今面临的许多共同或相似的问题，常使我们对这些国家的人民倍感亲切。我国与这些国家多建有长期友好亲密的关系。

世界上很难找出两个民族像中华民族与阿拉伯民族之间有那么多的相似之处。

一些著名学者曾将世界文化或文明划分成若干体系或"文化圈"。如英国著名学者汤因比就认为"人类历史上出现过20多种自成体系的伟大文明，但其中大部分均已灭绝，目前世界上还存在着5种文明：①西方基督教文明；②东南欧和俄罗斯的东正教文明；③北非、西南亚和中亚一带的伊斯兰教文明；④南亚次大陆上的印度文明；⑤中国、朝鲜和日本的东亚文明"①。我国著名学者季羡林先生则曾指出："在世界上延续时间长、没有中断过、真正形成独立体系的文化只有四个——中国文化体系、印度文化体系、阿拉伯-伊斯兰文化体系和从希腊、罗马起始的西欧文化体系。"②

无论学者们怎样划分，无疑，在我们这个多种文明的星球上，中国文化体系与阿拉伯—伊斯兰文化体系都是世界有史以来存在的最重要的文化体系。

中国与阿拉伯都有悠久的历史，古老的文明，可谓源远流长。

中国的历史可以上溯五千年，自不必赘述。

阿拉伯—伊斯兰文化的发祥地是阿拉伯半岛。阿拉伯半岛是伊斯兰教的摇篮。学者们还多认为阿拉伯半岛不仅是阿拉伯人的故乡，也是所有闪族人的家乡。

阿拉伯人是闪族（又称闪米特人）的一支。有的学者认为他们还是闪族的根。如：埃及著名学者阿巴斯·阿卡德（'abbās Maḥmūd al-'aqqād 1889—1964）曾说过："何为阿拉伯人？这是远比它当今通行的名字要古老得多的民族。因为他们很可能是闪族的根，由此派生出迦勒底人、亚述人、迦南人、希伯来人和其他曾住在两河流域、巴勒斯坦及其周围城乡和荒漠的闪族人民。"③美国学者菲利普·希提（Philip K. Hitti）也认为："阿拉伯半岛，可能是闪族人的摇篮，闪族在这个地方成长之后，迁移到肥沃的新月地区，后来就成为历史上的巴比伦人、亚述人和希伯来人。说阿拉伯半岛是纯粹的闪族文化的发源地，这是持之有故、言之成理的。所以犹太教和基督教的基本因素，以及后来发展成为闪族的各种特质，必须在这个半岛的沙土中寻找其根源。"④据历史学家考证，由于气候变化和其他原因，古代阿拉伯半岛的居民，每隔千年左右，周期性地向外迁徙一次。结果，移入埃及者与那里的含族人混合；移入两河流域者则与苏美尔人混合。历史上的巴比伦人、亚述人、迦南人、腓尼基人、希伯来人、阿拉马人等与古代阿拉伯人皆为同祖同宗的闪族人。因此可以说：阿拉伯文化与世界最古老的埃及-尼罗河流域文化、巴比伦-两河流域文化、地中海东岸-迦南地区（包括腓尼基、希伯来）文化乃至曾受过上述文化影响的古希腊、罗马文化都有极其深远的渊源关系。

美国著名学者杜兰特曾在其名著《文化的故事》(*The Story of Civilization*)

---

① 《中国大百科全书·外国历史卷》，中国大百科全书出版社，1990年，第905页。
② 季羡林主编：《东方文化史话》"序"，黄山书社，1987年，第1页。
③ ［埃及］阿巴斯·阿卡德：《阿拉伯对欧洲文化的影响》，埃及知识出版社，1946年，第5页。
④ ［美］希提：《阿拉伯通史》上册，马坚译，商务印书馆，1979年，第1页。

一书中说:"有资料证明,文化——此处是指种植和饲养家畜、家禽——在没有文字记载的古代就已出现于阿拉伯地区,然后由此成文化三角形式传布至两河流域(苏美尔、巴比伦、亚述)和埃及。"① 美国的另一位学者西·内·费希尔在其所写的《中东史》(*The Middle East A History*)一书中则说:在西方,"学者们至今尚在辩论,西方文明究竟是发端于尼罗河流域呢,还是发端于底格里斯-幼发拉底河沿岸的美索不达米亚"②。由此,不难看出,西方文明的源头是在东方,而且恰恰是在当今阿拉伯世界所在的地区。

中古(中世纪)的阿拉伯历史一般可以分为三个时期:

1. 贾希利叶时期(475—622,亦称蒙昧时期)

这一时期是指伊斯兰教创立前的150年左右期间。"贾希利叶"一词原为蒙昧、愚妄、无知的意思,源于《古兰经》。因为从伊斯兰教的观点看,当时半岛大部分游牧民桀骜不驯,信奉原始宗教,即信仰多神,崇拜偶像,而未认识真主,因而被认为是蒙昧阶段。当时人们多以氏族部落为单位,放牧驼、羊,逐水草而居,过着游牧生活。因生产力低下,部落间常因争夺水草而发生冲突或战争,盛行相互劫掠和血亲复仇。居住于阿拉伯半岛的阿拉伯人在这一时期才逐渐有了统一的标准的阿拉伯语言和文字,并日臻完美;而流传至今诸如世界文坛奇葩的《悬诗》等最古的阿拉伯文学作品,也产生于这一时期。

2. 伊斯兰时期(622—750)

这一时期又分为两个时期:先知穆罕默德和四大哈里发在位的伊斯兰初创时期(622—661年)和伍麦叶王朝(亦译"倭马亚王朝",661—750)时期。

穆罕默德(Muhammad 570—632)实现了整个阿拉伯半岛的伊斯兰化,完成了阿拉伯半岛的统一。穆罕默德逝世后,由艾卜·伯克尔(Abū Bakr 632—634)、欧麦尔('umar bn al-Khaṭṭāb 634—644)、奥斯曼('uthmān bn 'affān 644—655)、阿里('alī 655—661)先后继位,称四大哈里发(al-Khalīfah 意为后继者、接班人)。661年,伍麦叶家族从阿里手中篡权,自立哈里发,并从此改政体为世袭帝制,遂名"伍麦叶王朝",迁都于大马士革。伍麦叶王朝旗帜尚白,我国古书称之为"白衣大食"。在这一时期,由于不断征战,开疆拓域,自8世纪上半叶,阿拉伯帝国最后形成。其疆域西起大西洋的比斯开湾,东至印度河和

---

① [美]杜兰特:《文化的故事》第二卷(阿译本),贝鲁特世代出版社,1988年,第43页。
② [美]西·内·费希尔:《中东史》上册,姚梓良译,商务印书馆,1979年,第10页。

中国边境，跨有亚、非、欧三洲（即中亚、西亚、南亚、北非以及南欧的伊比利亚半岛和西西里岛）的土地。

3. 阿拔斯王朝时期（750—1258）

750 年，先知穆罕默德叔父阿拔斯的玄孙艾卜·阿拔斯（Abū al-'abbās 750—754 在位）从伍麦叶人手中夺得政权，建阿拔斯王朝，因旗帜尚黑，中国史书称"黑衣大食"。王朝大体又可以 945 年波斯的布韦希人占据巴格达为界，分前（750—945）、后（945—1258）两时期。后期的阿拔斯王朝实际已经名存实亡，解体为各自为政的一些小王朝、小王国，所以这一时期亦可称"诸朝列国"时期。阿拉伯帝国版图建立在多种文明的积淀上；各族混居通婚；统治者奉行文化"广采博收""择优而取"、思想自由、宗教宽松政策；对文人墨客又多方奖励；许多印度、波斯、希腊—罗马的文学、哲学、科学著作被译成阿拉伯文，故这一时期的阿拉伯文化呈多元、多彩、繁荣、昌盛的状况，特别是在开国初的一百年间更是如此，被认为是阿拉伯文化的黄金时代。王朝后期，虽是地方割据，王国群立，但很多王公贵族文化素质很高，有的本身就是文人、学者，同时，他们为自身利益也往往招徕力量，笼络各方文人、学者为他们服务，这就使得这一时期的文化仍相当繁荣，且形成巴格达、开罗、阿勒颇、科尔多瓦等几个文化中心。

值得注意的是 8 世纪初叶伍麦叶朝时代西班牙地区已被阿拉伯人征服，称安达卢西亚。自 8 世纪初，至 15 世纪末，阿拉伯人在安达卢西亚地区统治长达近 8 个世纪之久。这一地区自然环境与民风与东阿拉伯迥然不同，故而安达卢西亚的文化、文学有许多特点，产生了许多著名诗人、学者。

在中世纪，横跨亚非欧三大洲的阿拉伯大帝国与雄踞东亚的中国，随着政治、经济达到鼎盛，文化也像擎天的灯塔，在丝绸之路两端交相辉映，彪炳于世。实际上，中国唐代的首都长安和阿拉伯阿拔斯朝的首府巴格达是当时世界上的两大文明的中心。中阿人民之间的交往，无疑是在世界文化史上谱写了无与伦比、光彩夺目的篇章。

当时中国文化的影响是众所周知的，不必细说。

而中世纪的阿拉伯人在学习、吸收、借鉴他者文化并融会进自己文化的同时，进行创新、发展，予以发扬光大。许多翻译家同时又是学者。他们在数学、天文学、医学、物理、化学等自然科学方面，以及地理、历史、哲学、文学、艺术等人文科学方面都取得了卓越的成就。

恩格斯说过："古代留传下欧几里得几何学和托勒密太阳系；阿拉伯留传下

十进位制、代数学的发端、现代的数字和炼金术；基督教的中世纪什么也没留下。"①阿拉伯在世界自然科学发展史上的作用由此可见一斑。

中世纪的阿拉伯人不仅在自然科学方面留下了不可磨灭的功绩，在社会科学方面也同样留下十分丰富的文化遗产，成为世界文化宝库的重要组成部分。如在哲学方面，阿拉伯人的最大贡献是使希腊的哲学思想与伊斯兰的观念熔为一炉。美国学者在评论这一点时曾说："中世纪伊斯兰教不朽的光荣，是伊斯兰教在人类思想史上初次胜利地使两件事物互相融合：一件是古代闪族世界最伟大的贡献——一神教，即单独的上帝观念；另一件是古代印度—欧罗巴世界最伟大的贡献——希腊哲学。伊斯兰教这样把基督教的欧洲引向现代的观点。"②另一位美国学者也说："用阿拉伯文写作的穆斯林们，根据亚里士多德、柏拉图和其他希腊哲学家们的学说创立了一个阿拉伯学派，这个学派对中世纪欧洲的基督教哲学家们具有深刻而明显的影响。"③

一位非阿拉伯人的东方穆斯林学者曾赞叹地说："沙漠里出生的阿拉伯人闪现出对知识的强烈渴望。黄金和宝石的财富，比起他们在学问上的成就，那是微不足道的。这无论在哲学、自然科学方面都是如此。数十年来，阿拉伯学者通过对数世纪作品的翻译成了文化巨匠。在知识领域里，他们不愧为希腊与波斯文明的真正继承人。"④

正如黎巴嫩裔的美国学者希提在其所写的《阿拉伯通史》(History of the Arabs)一书中所说："阿拉伯人所建立的，不仅是一个帝国，而且是一种文化。他们继承了在幼发拉底河、底格里斯河流域、尼罗河流域、地中海东岸上盛极一时的古代文明，又吸收了而且同化了希腊—罗马文化的主要特征。后来，他们把其中许多文化影响传到了中世纪的欧洲，遂唤醒了西方世界，而使欧洲走上了近代文艺复兴的道路。在中世纪时代，任何民族对于人类进步的贡献都比不上阿拉比亚人和说阿拉伯语的各族人民。"⑤德国女学者吉格雷德·洪克博士也在《阿拉伯的太阳照亮了西方》(*Allahs Sonne Uber Dem Abendland Unser Arabisches*

---

① [德]恩格斯：《自然辩证法》，《马克思恩格斯全集》第20卷，人民出版社，1973年，第363页。
② [美]希提：《阿拉伯简史》，马坚译，商务印书馆，1973年，第170页。
③ [美]西·内·费希尔：《中东史》上册，姚梓良译，商务印书馆，1979年，第146页。
④ [巴基斯坦]赛义德·菲亚兹·马茂德：《伊斯兰教简史》，吴云贵等译，中国社会科学出版社，1981年，第113页。
⑤ [美]希提：《阿拉伯通史》上册，马坚译，商务印书馆，1979年，第2页。

Erbe）一书中指出："西方的昌盛与复兴只是当它开始在政治、科学、贸易方面与阿拉伯人交往之后才开始的；欧洲的思想是随着阿拉伯的科学、文学、艺术的到来才从持续了几世纪的沉睡中醒来，而变得更丰富、完美、健康、充实的。"①

在阿拉伯-伊斯兰文化的影响下，西方逐渐走出了黑暗的中世纪。14—16世纪的文艺复兴是欧洲从中世纪封建社会向近代资本主义社会转变时期的一场伟大的思想解放运动，是"人类从来没有经历过的最伟大的、进步的变革"（恩格斯语）。17—18世纪"启蒙运动"是欧洲资产阶级和人民大众的又一次反封建的思想文化运动，是继文艺复兴之后的又一次思想解放。18世纪中叶至19世纪末的欧洲工业革命则以资本主义的机械的大工业代替了以手工为基础的工场手工业。它既是生产技术上的革命，又是社会生产关系的重大变革。1789年的法国的革命，欧洲1848年的革命，则为资本主义的进一步发展扫清了道路。总之，自文艺复兴后的西方经过一系列的运动变革，在自然科学方面、社会科学的研究、社会发达、物质文明诸方面已走在了世界前列。

与此同时，中古时期显赫一时的阿拉伯大帝国及其灿烂的文化则是江河日下，今非昔比。自1258年阿拉伯帝国阿拔斯王朝灭亡，至1798年拿破仑攻占开罗，这段近古时期（其间又可分为两个阶段：1. 1258—1517年，被称之为蒙古-马木鲁克时代；2. 1517—1798年，被称之为奥斯曼-土耳其时代），阿拉伯大部分地区一直处于异族统治之下，是阿拉伯-伊斯兰文化的衰微时期：1258年旭烈兀占领巴格达后，曾下令洗城40天，把书籍焚毁或投入底格里斯河。蒙古军队所到之处，文化典籍几乎荡然无存。同时，在西方，阿拉伯人被逐出安达卢西亚。只有统治埃及、叙利亚和希贾兹地区的马木鲁克王朝（1250—1517）的首都开罗仍保持其光彩，成为文人聚集的文化中心。1517年，马木鲁克王朝亡于土耳其人始建于14世纪初的奥斯曼帝国。此后，至16世纪中叶，阿拉伯各地相继落于土耳其人之手，成为奥斯曼帝国的行省。

1798年，法国拿破仑入侵埃及，为阿拉伯近现代历史揭开了序幕。

实际上，18世纪欧洲工业革命之后，欧洲国家凭借强大的经济和军事实力，开始向外大规模地进行殖民扩张。处于东西方之间的阿拉伯世界就首当其冲地成了他们的侵略目标。

西方列强对处于奥斯曼帝国统治下的阿拉伯世界采取渗透、蚕食政策。至第

---

① ［德］吉·洪克：《阿拉伯的太阳照亮了西方》（阿译本），贝鲁特世代出版社，1993年，第541页。

一次世界大战前后,西方殖民主义者已基本完成了对整个阿拉伯世界的瓜分。他们划分了各自的势力范围,使阿拉伯各国或地区沦为他们的殖民地、半殖民地:埃及、苏丹、伊拉克、约旦、巴勒斯坦、也门和海湾地区属于英国的势力范围;属于法国势力范围的殖民地是马格里布(北非)地区的阿尔及利亚、摩洛哥、突尼斯,西亚的黎巴嫩、叙利亚是其委任统治地。利比亚则是意大利侵占的殖民地。

近现代的阿拉伯历史,实际上就是西方殖民主义对阿拉伯世界进行军事侵略、政治统治、经济掠夺、文化渗透的历史。同时也是阿拉伯世界各国人民反对西方殖民主义侵略、压迫,为争取民族独立、解放而进行斗争的历史。因为正是西方帝国主义、殖民主义的侵略,他们与当地封建势力勾结起来对人民进行残酷的压迫、剥削,很自然地激起阿拉伯世界各地人民的民族觉醒,促使他们起来进行反帝、反殖、反封建,争取独立、自由、民主的斗争。阿拉伯各国、各地区的民族解放斗争,直至第二次世界大战后阿拉伯各国独立前,此起彼伏,始终未断。

第二次世界大战反法西斯的伟大胜利,极大地鼓舞了阿拉伯世界各国人民,使他们纷纷挣脱殖民主义、帝国主义的锁链而相继独立。

战前,也门、埃及、沙特阿拉伯、伊拉克和阿曼等国已处于独立或半独立的地位;第二次世界大战期间,叙利亚和黎巴嫩获得了独立;1946年3月,英国承认外约旦独立;1950年4月,外约旦将约旦河西岸并入,建立约旦哈希姆王国;1951年,利比亚宣告独立;1956年,苏丹、摩洛哥、突尼斯相继独立;20世纪60年代,毛里塔尼亚、科威特、阿尔及利亚先后获得独立;70年代获得独立的有阿拉伯联合酋长国、巴林、卡塔尔等;1988年,巴勒斯坦宣告成立国家。

中阿往来关系史简述

唐代前的中阿交往

中国和阿拉伯之间的友谊源远流长。两大民族之间的友好关系可以追溯到2000年前,即远在唐朝初年伊斯兰教创兴(622年)之前。

汉武帝时,张骞"凿空"西域时,就闻知西方有一条支国,后汉和帝永元九年(97)西域都护班超曾派甘英出使西域,到过条支。《史记·大宛列传》《汉书·西域传》《后汉书·西域传》以及《拾遗记》《通典》等书中都有关于条支的记载。如《汉书·西域传》中写道:"条支国临西海,暑湿,田稻。有大鸟,卵如瓮。人众甚多，往往有小君长，安息役属之，以为外国……"①《通典》中则写道："……后和帝永元中，班超遣掾甘英使大秦，抵条支。临大海欲渡，而安息西界船人谓英曰：'海水广大，往来者逢善风，三月乃得渡。若遇恶风雨，亦有三岁者。'英闻而止。"② 文中的安息（前247—226）为古波斯王朝，西海即波斯湾，而汉朝所称的"条支"与其后唐朝所称的"大食"，都是古代波斯人称阿拉伯人为"Ṭāzī"的音译。当时是阿拉伯的贾希利叶（蒙昧）时期，阿拉伯人分属不同部落。其中有一较大的部落，称塔伊（Ṭayyi'），原在阿拉伯半岛南部，后由也门迁徙至半岛北部，居于希贾兹（旧译"汉志"）北部及伊拉克、叙利亚荒漠地区，与安息（古波斯）为邻，波斯人称他们为"Ṭāzī"，并用以泛称阿拉伯人。我国最早是通过波斯人了解阿拉伯的，故随他们称阿拉伯为"条支"或"大食"（即"Ṭāzī"的音译）。

古代中国和阿拉伯交往的主要通道是举世闻名的"丝绸之路"和"香料之路"（亦称"海上丝绸之路"）。

唐代前，阿拉伯人曾在中国与西方的贸易中，起过重要的中介作用。中国的丝绸先运到均在巴格达东南约20英里的塞琉西亚（Seleukia）和泰西封（Ctesiphon）后，再分两路：一路经两河流域北部至安条克（Antiochia），再运往意大利等地；另一路经坐落在叙利亚沙漠中一块绿洲里的帕尔米拉（Palmyra），又称塔德木尔（Tadmor）运到大马士革，为提尔（Tyre），即推罗，今称苏尔（Sur）、西顿（Sidon，今称赛达 Saida）等地的丝绸印染业提供原料。同时，中国的丝绸等商品还通过海上丝绸之路，先运到也门，除部分供本地需要外，大部分再沿阿拉伯半岛西部海岸北上，经麦加运到罗马（大秦）所辖叙利亚和巴勒斯坦，或转运至埃及等地。这一时期，中国和阿拉伯之间除这种间接的经济关系外，可能还有直接的经济往来，如阿拉伯的史地学家麦斯欧迪（al-Mas'ūdī ？—956）就曾在其名著《黄金草原》（*Murūj adh-dhahab wa Ma'ādin al-Jawhar*）中提到中国船只早在唐代以前5世纪时，就曾航行至幼发拉底河畔的希拉城（al-Ḥillah），并与阿拉伯人进行贸易③。

唐代的中阿关系

自622年伊斯兰教创兴后，中国与阿拉伯的关系进入一个新时期。约在7世

---

① 《汉书》卷九六上，《西域传》。
② 《通典》卷一九二，《条支》。
③ ［阿拉伯］麦斯欧迪：《黄金草原》第一卷，1948年，第103页，埃及开罗版。

纪中叶，伊斯兰教传入中国，从此，伊斯兰教成为联系中阿两大民族的重要纽带。阿拉伯人开疆拓域，使周边地区伊斯兰化的结果，使大唐帝国和阿拉伯大帝国直接接壤，当时双方都有发展友好关系的愿望，加之双方经济文化的繁荣昌盛以及对外都实行开放政策，这一切都为中阿两大民族的密切交往提供了有利条件，打下坚实的基础。

据《旧唐书》《册府元龟》《资治通鉴》等典籍记载，在唐朝，自永徽二年（651）至贞元十四年（798）的148年间，阿拉伯帝国（如前所述，当时随波斯人音译称其为"大食"）曾遣使来华达40次之多。①其中四大正统哈里发时期两次，伍麦叶王朝——我国史称"白衣大食"时期18次，阿拔斯王朝——我国史称"黑衣大食"时期20次。如《旧唐书·大食传》载：

> 大食国，本在波斯之西。……永徽二年，始遣使朝贡。其姓大食氏，名噉密莫末腻。自云有国已三十四年，历三主矣。其国男儿，色黑多须，鼻大而长，似婆罗门。妇人白皙。亦有文字。出驼马，大于诸国。兵刃劲利。其俗勇于战斗，好事天神。土多沙石，不堪耕种。唯食驼马等肉……②

唐时阿拉伯（大食）来华使节频繁。使节多携宝马和方物朝贡，中国皇帝也多以厚礼回赠。来者不乏假冒使节之名以贪图中国朝廷丰厚回赠的商人，亦有行商兼使节的。

唐玄宗天宝九年（750）阿拉伯伍麦叶王朝为阿拔斯王朝取代。唐天宝十年八月（751年7月，伊历133年12月），阿拉伯阿拔斯王朝呼罗珊总督艾布·穆斯林（Abū Muslim al-Khurāsānī ?—755）应当时中亚石国（今塔什干）王子之求，派手下干将齐亚德·本·萨利赫（Ziyād bn Ṣāliḥ）率军，与唐朝的安西四镇节度使高仙芝部会战于怛罗斯（Talas，地处今哈萨克斯坦江布尔城）。结果，唐军为大食军所败。这就是历史上著名的"怛罗斯之战"。但即使这种改朝换代和两国交兵，也未能影响阿拉伯向中国遣使通好。据史料记载，"怛罗斯之战"的第二年（天宝十一年），阿拉伯阿拔斯王朝仍遣使来朝，而在天宝十二年，阿拉伯来华使节竟多达四次，且在天宝十二年七月那次，竟遣"二十五人来朝，并授中郎将，赐

---

① 江淳、郭应德：《中阿关系史》，经济日报出版社，2001年，第30页。
② 见《旧唐书》卷一九八，《西戎传》。文中"噉密莫末腻"即'amīr al-Mu'minīn之讹音，意为信士的长官，是穆斯林对哈里发的称谓，此处指第三任正统哈里发奥斯曼（'Uthmān b.'Affān 577—656）。文中谓"有国已三十四年"，与史实不符，当为三十年。

紫袍、金带、鱼袋"①。天宝年间发生安禄山之乱（755—757），阿拉伯（大食）还应中国的请求，派兵来中国协助定乱。当时中阿之间的友好关系由此可见一斑。

当然，中阿之间的交往主要体现在民间。阿拉伯人自古就以擅长经商著称。阿拉伯商人多通过著名的海陆两条"丝绸之路"来华。在中国唐德宗贞元年间（785—804）宰相兼地理学家贾耽（729—805）著录《古今郡国县道四夷述》《广州通海夷道》②，及原籍波斯的阿拉伯古代地理学家伊本·胡尔达兹比赫（Ibn Khurdādhbih？820—913）约于846年编成，于885年完成修订的《道里邦国志》（*Kitāb al-Masālik wa al-Mamālik*）③，从中阿两方面对这两条道路的路线和所经的主要地区、国家、城镇、山水、驿站、海域、岛屿、港口及里程等作了较详尽的记载和描述。如贾耽在《广州通海夷道》中详细地记录了自广州到波斯湾抵达大食的首都缚达（巴格达）沿途的航线、航程、地名，以及有关大食的情况。伊本·胡尔达兹比赫则在《道里邦国志》中，详细地介绍了沟通阿拉伯世界与中国陆上交通的著名的呼罗珊大道：从巴格达向东北延伸，经哈马丹、内沙布尔、木鹿、布哈拉、撒马尔罕和锡尔河流域，与中国境内的交通线相接。书中还列举了从中国输往阿拉伯世界的商品有素绢、彩缯、金花锦（销金缎）、瓷器、瓷器、麻醉药物、麝香、沉香木、马鞍、貂皮、肉桂、姜等。被誉为"百科全书式"的阿拉伯学者贾希兹（al-Jāḥiẓ 775—868）在其著作《商贸细察》（*Kitāb ai-Tabaṣṣur bi at-Tijārah*）一书中，曾开列出从世界各地贩运到巴格达的货物，其中提到从中国输入的货品有：丝绸、瓷器、纸、墨、鞍、剑、肉桂、孔雀等。④

8世纪以来，经陆路来华的阿拉伯人大多居住在京城长安及西域城镇。当时的长安是一个世界性的都市，南亚、中亚、西亚的宗教、语言、音乐、舞蹈、美术、医药、建筑艺术等如潮水般地涌入，使长安成为各种域外文化汇集的中心。各国使节、游客、商贾云集，住在长安的外国人数以万计，其中有不少是阿拉伯人。长安西市为商胡贸易专区。20世纪60年代在西安郊区晚唐墓中曾出土三枚

---

① 《册府元龟》卷九七一、九七五。
② 《新唐书》卷四三下，《地理志》，参见白寿彝主编《中国回回民族史》上，中华书局，2003年，第167—169页；张星烺编注：《中西交通史料汇编》第二册，《贾耽记通大食海道》，中华书局，2003年，第712—719页。
③ 可参见宋岘译注的《道里邦国志》，中华书局，1991年。
④ 参见周一良主编：《中外文化交流史》，张广达：《海舶来天方 丝路通大食》注释18，河南人民出版社，1987年，第793页。陈炎：《海上丝绸之路与中外文化交流》，《阿拉伯世界在路海丝绸之路中的特殊地位》注释14，北京大学出版社，1996年。

阿拉伯金币，分别铸造于阿拉伯伍麦叶王朝时期的702、718和746年，金币随葬约于8世纪下半叶至9世纪上半叶，应是当时中阿人民通过陆地丝绸之路往来最好的实证。①

大多数的阿拉伯商人是通过水路即"海上丝绸之路"（或称"香料之路"）来华的。据阿拉伯历史学家达尔吉尼（Abū al-'abbās Aḥmad al-Darjīnī ?—1229）在其编著的《谢赫的层次》（Tabaqāt al-Mashāyikh）一书记载，最早有名有姓来华的阿拉伯商人叫艾布·奥贝德·阿卜杜拉·本·卡赛姆（Abū 'ubayd 'abd al-Lāh bn al-Qāsim），是一个信奉伊斯兰教易巴德派（al-Ibādīyah）的阿曼谢赫。他于8世纪中叶乘木帆船来中国，买了沉香木等回国。②当然，有些阿拉伯商人可能比他来华更早，只是名不见经传罢了。据考，最早通过海路来中国经商、侨居的阿拉伯人多为来自当时以苏哈尔（唐代古籍称"没巽"，宋代古籍称"勿巡"）为都城的阿曼（我国古籍译为"甕蛮"）。③故而阿曼人认为《一千零一夜》中那个曾七次航海旅行，并到过中国的传奇航海家辛伯达的原型是他们的祖先。因此，在阿曼国庆十周年，为重温阿拉伯与中国人民之间古代的友好关系，在阿曼政府的支持与资助下，一艘仿古的木质双桅三帆船"苏哈尔号"，全凭季候风鼓帆行驶，自1980年11月23日从阿曼首都马斯喀特起航，沿古代航线，历时216天，行程5000多海里，于1981年6月29日抵达中国的广州，圆满地完成了预期的任务。④此举不仅使古航道再次把中国和阿曼联系起来，而且不啻为中国与阿拉伯人民源远流长的传统友谊又添佳话，再谱新篇。

唐时，中阿来往贸易的港口，在阿拉伯世界除上述阿曼的苏哈尔外，古籍中提到的还有巴士拉（古译末罗）、伍布莱（al-'ubllah,古译乌剌、在阿拉伯河左岸，毁于阿拔斯朝哈里发穆耳台米德在位期间870—892）、西拉夫(Sīrāf,古译尸罗夫，位于海湾东岸的商镇，现在伊朗境内，毁于977年地震）、巴林、亚丁（古译阿丹）。中国的商船可直通巴格达。巴格达有专卖中国丝绸和瓷器等货物的市场。亚丁也

---

① 见《考古》1965年第8期，夏鼐：《西安晚唐出土阿拉伯金币》，何汉南：《西安市西窑头村唐墓清理记》。

② 参见周一良主编：《中外文化交流史》第793页，张广达：《海舶来天方 丝路通大食》注释27，河南人民出版社，1987年。"谢赫"是阿拉伯文"Shaykh"的音译，原意为长者、老人，是对宗教、部落领袖或王室成员等的尊称，可根据情况意译为"教长""酋长""长老"等。

③ 参见《中国印度见闻录》，穆根来等译，中华书局，2001年，第24页。

④ 李政：《沿着〈一千零一夜〉中辛伯达开辟的航道驶向中国》，人民日报，1981年7月5日；马世琨、席林生：《现代辛伯达扬帆一万九千里》，人民日报，1981年7月7日。

有中国商品。

通过海上丝路来华的阿拉伯商人多侨居于我国沿海的广州、泉州、扬州、明州（今浙江宁波）等港口城市。唐朝重视外商来华贸易，先后在上述城市设立市舶司。市舶司兼有管理海外贸易、税收和外事机构的性质。广州节度使、岭南节度使都负有招徕蕃商、鼓励外贸的责任。当局采取优待外商政策，如唐文宗大和八年（834）曾颁布诏令，命有关节度观察使对蕃客（外商）要"常加存问。除舶脚、收市、进奉外，任其往来通流，自为交易，不得重加率税"①。唐朝政府尊重阿拉伯商人的宗教信仰、风俗习惯，有些地方还建立了清真寺，当时称"礼堂"。"唐时，在中国的礼堂，相传有两个。一个在长安，即现在大学习巷的礼拜寺。一个在广州，即怀圣寺。"②

唐朝对外商采取的种种优惠政策和有利条件，使来华经商侨居或定居于沿海商埠的阿拉伯人（包括当时阿拉伯帝国所辖的波斯人）越来越多，数以万计。据《旧唐书·邓景山传》载，唐肃宗上元元年（760）田神功讨伐刘展时，扬州"商胡大食、波斯等商旅死者数千人"③。阿拉伯文典籍《中国印度见闻录》（'akhbār aṣ-Ṣīn wa al-Hind）在记述9世纪70年代末黄巢起义攻陷广州时称："仅寄居城中经商的伊斯兰教徒、犹太教徒、基督教徒、拜火教徒，就总共有十二万人被他杀害了。"④当时在广州的阿拉伯人之多，由此可见一斑。

《中国印度见闻录》是最早较详细地报道中国情况的阿拉伯文著作。书分两卷：卷一为佚名作者根据一个来华名叫苏莱曼（Sulaymān）的阿拉伯商人归国后的叙述，于回历237年（约851—852）编写成的游记。卷二的作者是移居于巴士拉的西拉夫人阿布·赛义德（Abū Saʿīd as-Sīrāfī）。阿布·赛义德本人虽没有到过印度、中国，但他在研读该书卷一的基础上，又广泛地收集海员和来华人士的见闻，听取他们的叙述，进行整理、注释，约于916年编写成卷二。《中国印度见闻录》介绍了中国的当时的一些风土人情、生活习惯、宗教信仰、婚丧习俗、行政管理、司法诉讼、税收制度、货币制度、经贸政策以及穆斯林商旅在华的情

---

① 唐文宗：《大和八年疾愈德音》，《全唐文》卷七五。
② 白寿彝：《中国回回民族史》上，中华书局，2003年，第178页。
③ 参见《邓景山传》，《旧唐书》卷一一〇，《新唐书》卷一四一。《田神功传》，《新唐书》卷一四四。
④ 《中国印度见闻录》，穆根来等译，中华书局，2001年，第96页。《中国印度见闻录》又译《苏莱曼东游记》，刘半农、刘小蕙译，中华书局，1937年。

况等,并常将中国、印度和阿拉伯－穆斯林的一些风物、习俗进行对比。如书中说:"商人苏莱曼提到,在商人云集之地广州,中国官长委任一个穆斯林,授权他解决这个地区各穆斯林之间的纠纷;这是照中国君主的特殊旨意办的。每逢节日,总是他带领全体穆斯林做祷告,宣讲教义,并为穆斯林的苏丹祈祷。"① "据说,中国有二百个府城:每个府城有其王侯和宦官,并有其他城市隶属于它。广府就是其中一例,广府是个港口,船只在那里停泊,另有其他二十个城市归于广府管辖。""他们使用铜钱交易。他们有着其他国王所有的那样国库。但除他们外,没有别的国王占有铜币,因为这是他们的国币。他们拥有黄金、白银、珍珠、锦缎和丝绸。尽管这一切极为丰富,但仅仅是商品,而铜钱则是货币。"② "中国人比印度人好看得多,在衣着和所使用的牲畜方面更像阿拉伯人。中国人的礼服很像阿拉伯人衣着。他们穿长袍,系腰带,而印度人不分男女,一律披两块布当衣服,另戴金手镯和首饰作装饰。"③

伊斯兰教先知穆罕默德曾说:"学问即使远在中国,也应去求!" 遵照这一教导,当时从阿拉伯来华的不仅有商人,亦有而专程到来求知、游历的友好人士。在《中国印度见闻录》中提到的巴士拉人伊本·瓦哈布(Ibn al-Wahāb al-Baṣrī)就是其中一个突出的例子。这位伊本·瓦哈布与伊斯兰教先知穆罕默德同宗,都是古莱氏部族人。回历257年(870—871)巴士拉发生动乱,他离开巴士拉到西拉夫,乘商船来到中国广州,后又前往长安,于876年谒见唐僖宗。书中说:"皇帝召见了我,向我打听阿拉伯的情形,还问到阿拉伯怎样打败波斯王。"书中提到,皇帝从一个匣子中取出一些画卷,其中有诺亚(努哈)、摩西(穆萨)、耶稣(伊萨)、穆罕默德以及中国、印度等地的先知的画像,让伊本·瓦哈布一一辨认。皇帝还向他问及有关伊斯兰教规和信条方面的事情。他也向皇帝表示:"我将把亲眼所见的事实,如皇帝陛下的威严,贵国土地的广大,等等,传扬出去;把一切美好的东西,传扬出去;把(我领受的)一切盛情厚意,再三向人们诉说。"伊本·瓦哈布访华的故事,无疑又是一篇古代中阿友谊的佳话。④

阿拉伯著名的史地学家麦斯欧迪曾于回历303年(915—916),在巴士拉见

---

① 《中国印度见闻录》,穆根来等译,中华书局,2001年,第7页。
② 同上书,第14、15页。
③ 《中国印度见闻录》,穆根来等译,中华书局,2001年,第25页。
④ 伊本·瓦哈布访华的故事可参见《中国印度见闻录》,穆根来等译,中华书局,2001年,第102—107页。

到《中国印度见闻录》补编的作者阿布·赛义德，并从他那里得悉各种有关情报。因此，《中国印度见闻录》中很多有关中国的信息，我们也会在麦斯欧迪所著的《黄金草原》一书中读到。

至于中国唐代确曾到过阿拉伯地区，且对该地区做过较详细介绍的是杜环。杜环，京兆万年（今陕西西安）人。天宝十年（751），他作随军书记，随高仙芝兵败怛罗斯，被阿拉伯（大食）军俘往今伊拉克境内。他在库法（al-Kūfah）等地滞留达12年之久，于唐肃宗应宝元年（762）方搭乘一艘商船回国。他根据以前的临时笔记将自己被俘前后的亲身经历、见闻撰述成书，名《经行记》。可惜原书已佚，幸在《通典》一九二、一九三两卷的附注中留有1500余字，能反映出当时阿拉伯等地区的情况。如《通典》卷一九三引《经行记》说：

> 此处其士女瑰伟长大，衣裳鲜洁，容止闲丽。女子出门，必拥蔽其面。无问贵贱，一日五时礼天。食肉作斋，以杀生为功德。系银带，佩银刀。断饮酒，禁音乐。人相争者，不至殴击。又有礼堂，容数万人。每七日，王出礼拜，登高坐为众说法。曰："人生甚难，天道不易。奸非劫窃，细行谩言，安己危人，欺贫虐贱，有一于此，罪莫大焉。凡有征战，为敌所戮，必得升天。杀其敌人，获福无量"……
>
> ……其大食法者，以弟子亲戚而为判典，纵有微过，不至相累。不食猪狗驴马等肉，不拜国王父母之尊，不信鬼神，祀天而已。其俗每七日一假，不买卖，不出纳……
>
> 其俗礼天，不食自死肉及宿肉。

上述引文实际上是介绍了阿拉伯穆斯林的习俗、风土人情、伦理道德、价值观念。其中包括伊斯兰教（唐时称"大食法"）的基本信仰和应遵奉的一些基本规矩，如唯拜真主一神，每日做五次礼拜、每七日（星期五——聚礼日）放一次假，是日人们要到清真寺集体做礼拜，听教长（伊玛目）登坛宣教，斋月把斋，开斋时可吃肉，开斋节和宰牲节要宰牲，并与亲友、穷人分享，禁止吃猪狗驴马肉，禁食自死肉，禁饮酒，参与圣战，获福无量……。"就唐宋两代关于回教教义的汉文记录来看，《经行记》是最早的也是最好的。"① "此种记载，在唐以后

---

① 白寿彝主编：《中国回回民族史》上卷，中华书局，2003年，第177页。

中国书中言回教者，实未见有此清楚。"①

《经行记》也提及当时库法城物产丰富、经济繁荣的景象："郛郭之内，里闾之中，土地所生，无物不有。四方辐辏，万货丰贱，锦绣珠贝，满于市肆。驼马驴骡，充于街巷……"此外，我们在杜环的《经行记》中还可以看到，当时在阿拉伯的华侨中还有画师、金银匠、织丝工匠等。

阿拉伯典籍中也有关于当时中国人在阿拉伯（大食）帝国的记载。如伊本·纳迪姆（Ibn an-Nadīm al-Warrāq ?—1000）在其传世名著《书目》（al-Fihrist）中就曾提到有个中国人在阿拉伯著名医学家拉齐（ar-Rāzī 864—932）家中住了一年，学习了五个月的阿拉伯语，能讲阿拉伯语，还会书写。临别时，他还听写下拉齐及其弟子读的古罗马医学大师加伦（Galen 129—199）的医学著作。②

宋代的中阿关系

宋代中国与阿拉伯关系进一步发展。据陈垣先生统计，"由辽天赞三年（924）至南宋开禧三年（1207），凡二百八十四年，正式遣使见于记载者三十九次"。"宋与大食之通使多由海道。辽与大食之通使，多由陆路。"③而据白寿彝先生统计，"自开宝元年（968）到乾道四年（1168）200 间，大食人之进贡，有明文可考者，共四十八次，差不多平均四年总有一次朝贡"④。

宋朝政府十分重视国际贸易，继续执行对外开放政策，对外商的政策比唐朝更为宽厚，国际贸易较之唐代更趋繁荣。因此，来华的阿拉伯商人比唐朝更多，地区也更广，其势力居外国来华商人（藩商）之首位。据南宋的周去非在其撰于1178 年的《岭外代答》中称："诸藩国之富盛多宝货者，莫如大食国。"⑤据史料考证，当时大食巨商，不乏有名可指的人，如蒲希密、辛押陁罗、蒲亚里、尸罗围、蒲罗辛等。"宋时，在中国的巨商，不限于大食商人。但就巨商有名可考者之多，及其地位之重要来说，不能不说以大食商人为第一。这一点，也可以使我们看出

---

① 陈垣：《回回教入中国史略》，转引自白寿彝主编：《中国回回民族史》上卷，中华书局，2003 年，第 708 页。
② ［阿拉伯］伊本·纳迪姆：《书目》，埃及开罗版，第 25 页。
③ 陈垣：《回回教入中国史略》，转引自白寿彝主编：《中国回回民族史》上卷，中华书局，2003 年，第 711 页。
④ 白寿彝主编：《中国回回民族史》上卷，中华书局，2003 年，第 268 页。
⑤ 周去非：《岭外代答》卷三，《大食诸国》条。

大食商人在藩商中之居有领导的地位。"①

宋时，阿拉伯到中国的商船，多从也门的亚丁或阿曼的苏哈尔启航，运来的商品可分三大类：香药、犀象和珍宝。香药是指香料和药品，犀象是指犀角和象牙，珍宝则包括珍珠、珊瑚、砗磲、玻璃、琉璃等。其中尤以香药为人所重，如乳香、龙涎香、苏合香油、蔷薇水、藩栀子、木香、没药、丁香、金颜香、安息香、肉豆蔻、檀香等。宋时的香料，以乳香之用为最广。宋政府对于乳香，常为大量的收买，对于乳香贸易常作特别的奖励。而据考证，"乳香贸易几全握在大食人手中"。"我们相信大食人因乳香业之独霸，已足使他们的香料贸易在宋时南海贸易中，获得一领袖的地位。此外更加上药物和犀象珍宝，大食商人的商业地位之更为巩固，是不待言的。"②1974年8月，在我国福建泉州港东南的海底，发现了一艘古代阿拉伯沉船。船体长24.25米，宽9.15米，舱内还留有来自阿拉伯、波斯的香水、药材、檀香、水银等物。据考证学家验证，这是12世纪到13世纪阿拉伯航海、医学、商业发展鼎盛时期的一艘东渡商船。③

阿拉伯商人多聚居广州、泉州、明州（宁波）、杭州等地，仍像唐朝一样，自立藩坊。藩坊有时亦称"藩巷"或"藩人街"，有藩长，是从大食人或其他外国人中简选，由中国政府任命。他们"巾袍履笏如华人"，穿中国官服，负责管理藩坊事务，并招揽外商来华贸易。其办公的地方称藩长司。藩坊中同类相犯，由藩长按伊斯兰教法处理，官方并不过问。

为了便于进行宗教活动，穆斯林社区内建有清真寺。除据说是建于唐代（至晚也不会后于宋代）的广州的怀圣寺外，北宋真宗大中祥符二年（1009，回历400年），阿拉伯穆斯林在泉州城东南建圣友寺；南宋高宗绍兴元年（1131）西拉夫港人纳只卜·穆兹喜鲁丁（Najīb Muẓhiru ad-Dīn as-Sīrāfī）亦在泉州南城建清净寺；也门穆斯林在泉州也建有清真寺；南宋恭帝德祐元年（1275），据说是穆斯林的先知穆罕默德的第16世孙补好丁（Bahā'u ad-Dīn）在扬州建仙鹤寺。

在华的穆斯林不仅建有清真寺，而且根据穆斯林的习俗，还有他们颇为重视的归真后下葬的墓地。如从林之奇的《拙斋文集》卷一五《泉州东坂葬藩商记》、南宋方信儒的《南海百咏》、周密的《癸辛杂识》续集上《回回送终》条等可看出当时在泉州、广州、杭州都有穆斯林的公墓。此外，扬州有补好丁墓，海南三亚

---

① 参见白寿彝主编：《中国回回民族史》上卷，中华书局，2003年，第259—262页。

② 同上书，第292页。

③ 参见周年：《阿拉伯医学在中国》，《阿拉伯世界》，1985年第3期，第19页。

地方也有穆斯林古墓群。①

宋代内容述及当时海外贸易、阿拉伯等国风土民情和山川物产的最佳著作，当数前已提到的南宋孝宗隆兴元年（1163）的进士周去非的《岭外代答》与宋太宗八世孙赵汝适的《诸蕃志》。两书的问世是与宋代国际贸易的高度发展、中国同阿拉伯各地人民密切的友好往来分不开的。两书对阿拉伯诸国皆有较详细的记载，是研究中外，特别是中阿关系的重要史料。如《岭外代答》中说："大食之地甚广，其国甚多，不可悉载。"②"大食者，诸国之总名也。有国千余所，知名者特数国耳。"书中还阐述了当时优惠外商的一些措施，如"沿海州郡类有市舶。国家绥怀外夷，于泉广二州置提举市舶司。故凡蕃商急难之欲赴诉者，必提举司也。岁十月，提举司大设蕃商而遣之。其来也，当夏至之后。提举司征其商而复护焉。"③《诸蕃志》是赵汝适于南宋嘉定至宝庆年间（1208—1227）提举福建市舶司时写成的。书中在述及大食国(指阿拉伯大帝国)时写道："其国雄壮，其地广袤，民俗侈丽，甲于诸蕃。""民居屋宇与中国同。但瓦则以薄石为之。民食专仰米谷，好嗜细面蒸羊。贫者食鱼菜……"作者还分别介绍了当时帝国所辖的一些属国、首都、名城如麻嘉国（麦加）、甕蛮国（阿曼）、白达国（巴格达）、弼斯罗国（巴士拉）、勿斯离国（埃及）等的情况。

这一时期，阿拉伯文典籍中介绍中国最好的当数阿拉伯著名旅行家、地理学家伊德里西（al-Idrīsī 1100—1166）的《心驰神往浪迹四方》（*Nuzhat al-Mushtāq fī Ikhtirāq al-'āfāq*）。伊德里西生于摩洛哥的休达，曾在安达卢西亚（今西班牙）的科尔多瓦学习，精通天文、地理、医学、哲学、诗歌。他曾游历过希腊、罗马、埃及、马格里布（西北非）、英、法诸国。西西里岛诺曼王国（当时属阿拉伯帝国所辖）国王罗杰二世（Roger II of Sicily 1095—1154）邀他访问西西里，并将他置于自己的庇护下，在巴勒莫工作。《心驰神往浪迹四方》（俗称《地理书》）就是他题赠罗杰二世的，写于南宋高宗绍兴二十三至二十四年间（1153—1154）。书中有多处有关中国的叙述，称中国地域广阔，人口众多；国王号称"天子"（Baghbūgh），为人聪明谨慎，有威有势。中国的宗教与印度相同，略有差异。技艺之中，尤以绘画及制造瓷器二者为精良。有良港多处，大多位于河口。船舶欲入港者，皆须由海溯河上行若干里，才能到达。各港皆人烟稠密，商业兴隆。

---

① 杨怀中、余振贵主编：《伊斯兰与中国文化》，宁夏人民出版社，1995年，第74页。
② 周去非：《岭外代答》卷二，《海外诸蕃国》。
③ 周去非：《岭外代答》卷三，《大食诸国》条。

财产保险，至为稳妥，无丧失之虞。最大的港口称康府（Khānfū，据考，系指广州）。西方各国的贸易，以此为终点。①

元代的中阿关系

元代时，曾使阿拉伯-伊斯兰文化达到鼎盛并使其彪炳于世的阿拉伯阿拔斯王朝已被蒙古旭烈兀率军所灭，同一时期，在西方，阿拉伯人被逐出安达卢西亚。这段近古时期，阿拉伯虽已衰微，但中国与阿拉伯之间的来往关系、海陆交通并未减弱。相反，倒进一步发展，臻于极盛。这是因为蒙古人统一中国后，中国与中亚、西亚诸国已在蒙古人统治的一体之内，陆海两条丝绸之路发达，东西交往畅通，人员来往频繁，是伊斯兰教在中国进入全面发展的新阶段。正如我国著名历史学家白寿彝先生所说："1218年，成吉思汗开始西部亚细亚之远征。此在西亚诸回教国及中国回教，均为新时代之发端。在前者，为由繁华安乐转向于残酷之悲运，在后者则为由萌芽时期转入于兴盛时间。东西相映，已为一奇特之对照；而尤为奇特者，则为中国回教之发达正由于西亚回教国之残破，盖因西亚回教国之残破，遂有不可名数之回教人因被掳或降附，先后随蒙古人以东来。而蒙古人西征后，中西交通大辟，回教人之来中国经商或求仕者，其数字亦不在少。此种大量的回教人之东来，及其东来后之种种活动及遭遇，实可使中国回教有新的发展。"②文中的回教国，系指当时阿拉伯大帝国所辖的信奉伊斯兰教的诸国、诸地区；回教人系指穆斯林，而并非只是回族。如我国十个信奉伊斯兰教民族之一的撒拉族，就是已信仰了伊斯兰教的撒劳尔部落（属西突厥乌古斯部）的部分人，于元代由今土库曼斯坦撒劳尔部落地区经撒马尔罕迁来我国循化地区而形成的。③元朝初期东来的穆斯林，大部分是蒙古大军西征后被掳掠来的士兵、工匠和妇孺百姓。诚如《世界征服者史》作者所说："但在今天，许多真主的信徒已朝那边迈步，抵达极遥远的东方国家，定居下来，在那里成家，以致多不胜数。"④

---

① 见http//www.alwaraq.com网站，伊德里西（al-Idrīsī）：《心驰神往浪迹四方》（Nuzhat al-Mushtāqfī Ikhtirāq al-'āfāq）；参见《中西交通史料汇编》第二册，张星烺编注，中华书局，2003年，第795—796页。

② 白寿彝：《中国伊斯兰史存稿》，宁夏人民出版社，1983年，第170页。

③ 见《文史知识》编辑部、国务院宗教事务局宗教研究中心合编：《中国伊斯兰文化》，中华书局，1996年，第40页。

④ ［伊朗］志费尼：《世界征服者史》，何高济译，内蒙古人民出版社，1980年，第12页。

元朝政府很重视海外贸易。元世祖忽必烈承袭宋制，于广州、泉州、上海、杭州、澉浦、温州、庆元（今宁波）设市舶司。1277年，元世祖攻占南宋的闽浙沿海的商业城市后，即招降并重用在南宋任泉州市舶提举久有经验的阿拉伯大商人蒲寿庚，提升他为福建行省中书左丞，负责为元招抚海外各国与元通商。"元以寿庚有功，官其子若孙，多至显达。"① 至元十五年（1278），元世祖曾下诏让藩舶"往来互市，各从所欲。"② 此外，元朝政府还从1285年起，采取"官本船"政策推动海外贸易。所谓"官本船"，就是"官自具船，给本，选人入藩，贸易诸货。其所获之息，以十分为率，官取其七，所易人得其三"③，从而也促进了海外贸易的进一步发展。

元代及其以前来华的阿拉伯商人，以及从西亚、中亚迁到中国的阿拉伯人，有很多在中国安家落户。这些人也成为以后形成的中国回族的重要来源之一。当时西域（系指西亚、中亚地区）来华的穆斯林数量超过以往朝代。这是因为蒙元帝国对宗教采取兼容并包政策。成吉思汗曾颁布法令：杀一个穆斯林，罚黄金40巴里失。④ 元朝初期来华的穆斯林的政治地位仅次于蒙古人，"即其地位较蒙人为下，较汉人为高。……除若干极特别之情形外，每每与蒙古人享受同等之待遇"⑤。元朝政府在官方文书中，把这些穆斯林称为"回回"。在元朝时，"回回"已经成为一个新的民族，是中华民族大家庭中的一员。他们不仅居住在大城市和沿海港口，而且已遍于各地，"今回回皆以中原为家，江南尤多"⑥，以至于《明史》中有"元时回回遍天下"之说。

元代，来华的阿拉伯人中，还有一些上层人士。其中尤以咸阳王赛典赤瞻思丁（as-Sayyid Shams ad-Dīn 'ūmar 1211—1279）最为著名。他原籍布哈拉，据称是伊斯兰先知穆罕默德的后裔，元太祖成吉思汗西征时归服，任太祖帐前侍卫，随从征伐，历任要职，官至平章政事（相当于副丞相，为地方最高长官，兼管民政与军政），最后执政于云南。他是一位干练的理财家，出色的政治家，为元代

---

① 《闽书》卷一五二。
② 《元史·世祖本纪》。
③ 《元史·食货》二，"市舶"条。
④ 《多桑蒙古史》第二卷，冯承钧译，中华书局，1962年，第20页。
⑤ 李兴华、冯今源编：《中国伊斯兰教史参考资料》上册，宁夏人民出版社，1985年，第172页。
⑥ 周密：《癸辛杂识》续集上。

政权建设、经济繁荣、文化昌盛和民族和睦做出了巨大贡献。① 事实上，据《元史·宰相表》《新元史·宰相年表》记载，回回人在元朝朝廷担任重要职务者，有右丞相1人，左丞相3人，平章政事11人。又据《元行省丞相平章政事年表》及《新元史·行省宰相年表》记载，回回人在地方政府担任重要职务者，有丞相3人，平章政事23人。② 元朝穆斯林的政治地位由此可见一斑。

元时，随着阿拉伯阿拔斯王朝的覆灭，帝国的解体，大批阿拉伯穆斯林的来华，他们对中国文化的影响也功不可灭。其中最值得称道却鲜为人知的是也黑迭儿丁（Ikhtiyār ad-Dīn）。

也黑迭儿丁是著名的建筑家、元大都（今北京城）宫殿和宫城的设计者和工程的组织者。诚如著名历史学家陈垣先生所说："……今人游北京者，见城郭宫阙之美，犹辄惊其巨丽，而孰知筚路蓝缕以启之者，乃出于大食国人也。也黑迭儿虽大食国人，其建筑实汉法。"③ 也黑迭儿丁深得元世祖忽必烈的信任，于中统元年（1260）掌管茶迭尔局（即管理土木工程及其工匠的官署）。至元元年（1264）他负责修建琼华岛（今北海公园前身），至元三年，琼华岛的广寒殿竣工。同年12月，他奉命与他人同行工部尚书事，修建宫城。至元十一年（1274），元大都主体工程宫城宫殿竣工。在这一宏伟的工程中，也黑迭儿丁倾注了全部的智慧和精力。

元代，中国去阿拉伯世界访问最著名的是航海家汪大渊，阿拉伯来华的则是最著名的旅行家伊本·白图泰。

汪大渊原籍江西南昌，字焕章，约生于元武宗至大四年（1311）④，自幼喜爱旅游，约于元文宗至顺元年（1330）至元顺帝元统二年（1334）、元顺帝至元三年至五年（1337—1339），曾两度浮海远行，遍游亚、非印度洋沿岸各地，行踪所至远胜前人。据考，他曾到过沙特阿拉伯的麦加（天堂，据此可知他应为回族穆斯林）⑤、也门的亚丁（哩伽塔）、伊拉克的巴士拉（波斯离）、埃及的杜

---

① 《元史》卷一二五，《赛典赤瞻思丁传》；白寿彝主编：《中国回回民族史》下，杨怀中撰：《赛典赤瞻思丁》，中华书局，2003年，第769—812页。

② 参见杨怀中、余振贵主编：《伊斯兰与中国文化》，宁夏人民出版社，1995年，第91—93页。

③ 陈垣：《元西域人华化考》下，《燕京学报》第二期，1927年。转引自江淳、郭应德：《中阿关系史》，经济日报出版社，2001年，第94页；白寿彝主编：《中国回回民族史》下，杨怀中撰：《也黑迭儿丁》，中华书局，2003年，第816页。

④ 汪大渊：《岛夷志略校释》"叙论"，苏继顾校释，中华书局，1981年，第9页。

⑤ 括号前是现代通译名称，括号内为《岛夷志略》所写名称，下同。

姆亚特（特番里）、摩洛哥的丹吉尔（挞吉那）等阿拉伯世界各地。他于元顺帝至正九年（1349）将自己的两次远游见闻撰写成《岛夷志略》一书。全书一百条目，"涉及国家和地区达二百二十余个，为上承宋周去非《岭外代答》、赵汝适《诸藩志》，下接明马欢《瀛涯胜览》、费信《星槎胜览》等书的一部重要著作，且其重要性更超过了宋明著作，原因在于周去非、赵汝适之作，究系凭耳闻而不是亲历，汪大渊……前后两下东西洋，其游历之广远，在清代中叶以前，可居前列。他在书中写的一百条，绝大部分与其游踪有关。正如《四库全书总目》所评价的，'诸史外国列传秉笔之人，皆未尝亲历其地。即赵汝适《诸藩志》之类，亦多得于市舶之口传，大渊此书，则皆亲历而手记之，究非空谈无徵者比'"①。《岛夷志略》在描述麦加（天堂）时说："气候暖，民俗好善。男女辫发，穿细布长衫，系细布梢。地产西马，高八尺许。"②述及巴士拉（波斯离）时则说："关市之间，民比居如鱼鳞。田宜麦禾。气候常冷。风俗侈丽。男女长身，编发。穿驼褐毛衫，以软锦为茵褥。烧羊为食。"③都颇为准确。

伊本·白图泰（Ibn Baṭūṭah 1304—1377）生于摩洛哥的丹吉尔。1325年始，他曾三次出游，历时28年，旅程长达12万公里，足迹遍及北非、东非、西非、安达卢西亚、阿拉伯半岛及西亚、中亚、南亚各地。1354年，由其口述旅途经历、见闻，经摩洛哥素丹的秘书穆罕默德·伊本·朱宰（Muḥammad Ibn Juzayy）记录整理成《旅游列国奇观录》（Tuḥfaḥ an-nuẓẓār fī gharā'ib al-amṣār wa 'ajā'ib al-asfār）一书，又称《伊本·白图泰游记》（Riḥlah Ibn Baṭūṭah）。书中记述了所到各地的风土人情、社会风俗和传说。其中有真实的见闻，亦有虚构的成分。文笔生动，引人入胜。它既是一部研究当时各国史地、社会风貌的重要参考书，也是一部文学名著。伊本·白图泰于元朝末年（1345）到达中国，去过广州、泉州、杭州、北京等地，在华历时约一年之久④。伊本·白图泰在游记中对当时中国的一些风土人情多有记述。书中称赞中国地大物博，举世无与伦比。他赞扬了中国人民的聪明智慧。游记对中国的白糖、瓷器、丝绸、煤炭等的质地、制造过程，

---

① 汪大渊：《岛夷志略校释》"前言"，苏继庼校释，中华书局，1981年，第2—3页。
② 同上书，第352—353页。
③ 同上书，第300—301页。
④ 参见沈福伟：《中国与非洲——中非关系二千年》，中华书局，1990年，第406—422页。一说伊本·白图泰约于1347年（元顺帝至正七年）到达中国，且未到过北京。参见张星烺编注：《中西交通史料汇编》第二册，中华书局，2003年，第603—664页。

货币的发行与流通，船舶的类型与构造，中国与阿拉伯、印度、波斯等地的贸易，泉州、广州、杭州等地的繁荣景象，元政府对外贸、外商的组织、管理，严明的法治，社会生活的安定，乃至中国人绝妙的绘画天才，令人称奇的魔术表演等都有详细的描述。书中特别描述了他在各地见到的在华穆斯林安居乐业的生活状况，游记中提到的某些穆斯林人名，竟能在中国的一些记载中查到，足以证明游记内容的真实性。游记作者常将他在中国的见闻与埃及、摩洛哥等阿拉伯伊斯兰国家的状况进行比较，指出异同之处。游记中还不时流露出伊本·白图泰对中国官方与民间对他热情接待的感激与怀念之情。《伊本·白图泰游记》一书在阿拉伯世界妇孺皆知，是一部宝贵的传世之作。其中有关中国部分，是中阿友好的见证；对加深阿拉伯人民了解中国，增进中阿友谊，起了很大作用；是研究中阿关系史的重要文献。[1]

明朝的中阿交往

明朝初年，明太祖朱元璋（1368—1398在位）依仗强大国力，在对外关系方面实行怀柔政策，即位之初，就派遣使臣携带诏书，四处宣谕海外诸邦，令其尊事中国；还在南京建筑多处宾馆、酒楼，供外宾休息娱乐；又特设四夷馆，以培养翻译人才；建会同馆，负责接待外宾。明成祖朱棣（1403—1424在位）"锐意通四夷"，派出多批官员出使南洋各国，又于沿海省区设驿馆招待贡使；并"命浙江、福建、广东市舶提举司，凡外车朝贡往来使臣，皆宴劳之"[2]。对一些慕义远来的商人免于征税，以揽外商。

明初，政府对同外国交际的重视，种种相应的政策与措施使中阿海陆交往非常频繁。"据不完全统计，明一代，阿拉伯各国遣使中国达40次以上。有的来自伊斯兰教的圣城麦加和麦地那，有的来自更加遥远的木骨都束（摩加迪沙）和埃及。有的留居中国数年不归。"[3]

明初，统治者对以回族为主的穆斯林也采取怀柔政策。传说明太祖朱元璋曾敕建清真寺，并御书《百字赞》褒颂伊斯兰教和穆罕默德，全文如下：

---

[1] 《伊本·白图泰游记》，中文译本可参见马金鹏译《伊本·白图泰游记》，宁夏人民出版社，1985年；亦可参见张星烺编注：《中西交通史料汇编》第二册，中华书局，2003年，第603—664页。

[2] 《明成祖实录》卷四一。

[3] 江淳、郭应德：《中阿关系史》，经济日报出版社，2001年，第105页。

> 乾坤初始，天籁注名，传教大圣，降生西域，受授天经，三十部册，普化众生，亿兆君师，万圣领袖，协助天运，保庇国民，五时祈佑，默祝太平，存心真主，加志穷民，拯救患难，洞彻幽冥，超拔灵魂，脱离罪业，仁覆天下，道冠古今，降邪归一，教名清真，穆罕默德。至贵圣人。①

在扬州、福州、泉州等地的清真寺内，还有明成祖永乐五年（1407）的《敕谕碑》文：

> 谕米里哈只：朕惟人能诚心善者，必能敬天事上，劝率善类，阴翊皇度。故天赐以福，享有无穷之庆。尔米里哈只，早从马哈麻之教，笃志好善，导引善类，又能敬天事上，益效忠诚，眷兹善行，良可嘉尚。今特授尔以敕谕，护持所在。官员军民，一应人等，毋得慢侮欺凌。敢有故违朕命，慢侮欺凌者，以罪罪之。故谕。永乐五年五月十一日。②

明朝最初一百年是中阿之间海上丝绸之路的鼎盛时期。特别是郑和于1405—1433年间七下西洋，更是中国航海史上的空前盛举。

郑和原姓马，世称"三保太监"或"三宝太监"，昆阳（今云南晋宁）人，出身伊斯兰教名门望族，据考，是元朝著名的赛典赤瞻思丁的后裔。③其祖父、父亲都曾去麦加朝觐过。元洪武十五年（1382），郑和12岁，父亲病故，他投靠燕王朱棣，作了宦官。后从燕王举兵"靖难"；朱棣称帝后，他倍受赏识；永乐二年（1404），被赐姓"郑"。《明史》郑和有传，称郑和"自幼有才志"，"丰躯伟貌"，"博辩机敏"，"谦恭谨密"，"出入战阵多建奇功"。郑和历事成祖（朱棣）、仁宗（朱高炽，1424—1425在位）、宣宗（朱瞻基，1426—1435在位）三朝；从永乐三年（1405）自苏州刘家河起航，到宣德八年（1433）最后一次船队返抵南京，他七次奉使远航，船队到过印度支那半岛、马来群岛、印度半岛、阿拉伯半岛和东非沿岸，历时近三十年，行程十万余里，走访了三十余个国家、地区或城市。其中大多信仰伊斯兰教。郑和前三次出航，仅到印度半岛为止。从第四次（1413，永乐十一年）出海起，船队远至西亚、非洲，访问的阿拉伯地区、城市有沙特阿拉伯的哈萨（剌撒）④、麦加（天方）、麦地那（墨德那），阿曼的佐法尔（祖法儿）、

---

① 转引自刘智：《天方至圣实录》卷二〇。
② 转引自周燮藩、沙秋真：《伊斯兰教在中国》，华文出版社，2002年，第97页。
③ 邱树森：《赛典赤家族入华时间考》，《中国回族研究》第一期，1991年。
④ 括号前是现代通译名称，括号内为当时译名，下同。

马斯喀特（麻实吉），也门的亚丁（阿丹）及东非索马里的摩加迪沙（木骨都束）、布拉瓦（不剌哇）、朱巴（竹步）等。

郑和本人懂阿拉伯语，并随船队带有阿拉伯语翻译。这为他们访问阿拉伯世界带来很大方便。事后，随行的马欢写有《瀛涯胜览》，费信写有《星槎胜览》，巩珍写有《西洋番国志》。

马欢，字宗道，会稽（今浙江绍兴）人，回族，通阿拉伯语。曾随郑和第四次、第六次、第七次航行，任通事（翻译）。《瀛涯胜览》于1416年写成初稿，1451年完成定本。全书记20国。

费信，字公晓，江苏苏州昆山人。曾随郑和船队航行四次。其《星槎胜览》写成于1436年，分两集，共记40余国，内容"半采汪大渊岛夷志略之文"①，涉及地区虽比马欢的《瀛涯胜览》多，但不如其详赅。

巩珍，号养素生，南京人，兵士出身，宣德五年（1430）随郑和第七次下西洋，为幕僚。1434年写成《西洋番国志》，记20个国家。其先后次序与内容与马欢的《瀛涯胜览》大致相同。

三本著作是三位作者跟随郑和远航亲历各地的原始记录。根据他们留下的这些珍贵文献，我们可以知道，郑和的船队曾把大量中国特产的丝绸、瓷器、布匹、茶叶、金、银、铜铁器等运至阿拉伯各国，以换取阿拉伯地区的香药、香料和其他特产。郑和最后一次远航时，1432年（宣德七年），船队经古里（今印度西南海岸的卡利卡特港）时，内官太监洪保见当地差人去麦加，"就选派通事等七人赍带麝香瓷器等物，附本国船只到彼，往回一年买到各色奇货异宝、麒麟、狮子、驼鸡等物，并画《天堂图》真本回京。其默伽国王亦差使臣将方物跟同原去通事七人献赍于朝廷。"②马欢、费信、巩珍写的有关文献，对所到之处多有介绍。如费信描述麦加（天方国）时说："风景融和，四季皆春也。田沃稻饶，居民安业。男女穿白长衫。男子削发，以布缠头。妇女编发盘头，风俗好善。酋长无科扰于民，亦无刑罚，自然淳化。不作盗贼，上下安和……"③而马欢在提到"天方国"时也说："天方国，此国即默伽国也……奉回回教门，圣人始于此国阐扬教法，至今国人

---

① 费信：《星槎胜览》，冯承钧校注，冯承钧序，中华书局据商务印书馆原版重印，1954年。
② 马欢：《瀛涯胜览》，天方国条，冯承钧校注，中华书局，1955年；张星烺编注：《中西交通史料汇编》第二册，中华书局，2003年，第899页。
③ 费信：《星槎胜览》卷四，转引自张星烺编注：《中西交通史料汇编》第二册，中华书局，2003年，第897页。

悉遵教规行事，纤毫不敢违犯。其国人物魁伟，体貌紫棠色，男子缠头，穿长衣，足着皮鞋。妇人俱戴盖头，莫能见其面。说阿剌毕言语。国法禁酒，民风和美。无贫难之家，悉遵教规，犯法者少，诚为极乐之界。婚丧之礼，皆以教门体例而行……"① 又如介绍亚丁（阿丹）时，马欢在《瀛涯胜览》写道："阿丹国，濒海，富饶。崇回教，阿剌壁言语，性情强硬悍戾。有胜兵七八千，马步俱精，邻邦畏之。自古俚国（指印度西南海岸的卡利卡特港——引者）舟西行，一月可至。永乐九年，诏中使赐命，其国王远迎谨甚。即谕其国人就互市。王顶金冠，衣黄袍，腰宝妆金带属。礼拜日则易白缠头，以金锦为顶，衣白袍，乘车列象而行。将领等冠服有差。民间男则缠头，衣撒哈剌锦绣纻丝细布等服，有靴鞋。妇人则衣长衣，项佩珍珠缨络，耳金厢宝环，手金宝镯钏，足指亦有环，丝帨蒙首。金银器皿绝胜赤金……"② 而费信在《星槎胜览》中则写道："阿丹国，自古里国顺风二十三昼夜可至。其国傍海而居，草木不生。肥田种植，粟麦丰盛。垒石为城，砌罗股石为屋，三四层高，厨房卧室，皆在其上。风俗颇淳，民下富饶。男女拳发，穿长衫。妇女出则用青纱蔽面，布帽兜头，不露形貌，两耳垂金钱数枚，项挂缨络。地产羖羊，自胸中至尾，垂九块，名为九尾羊。千里骆驼、黑色花驴、驼蹄鸡、金钱豹。货用金、银、色缎、青白花瓷器、檀香、胡椒之属。其酋长感慕恩赐，躬以方物贡献。"③ 皆描述的生动、细致、真切。

此外，还有《郑和航海图》，是郑和最后一次下西洋的航海地图，原名《自宝船厂开船从龙江关出水直抵外国诸藩图》，载于明朝茅元仪的《武备志》（1628年成书）卷二四〇，并附有《过洋牵星图》4幅。④ 航海图上标有地名500多个。这是我国第一部远洋航海地图，是研究中西交通史难得的重要资料，也是中阿友好往来的历史见证。

据有关资料记载，郑和宝船最大的长44丈，宽18丈，九桅12帆，排水量约为14000吨，载重量在7000吨以上；船队有宝船62艘，主要人员有水手、官

---

① 马欢：《瀛涯胜览》，冯天方国条，承钧校注，中华书局，1955年；张星烺编注：《中西交通史料汇编》第二册，中华书局，2003年，第897—898页。

② 马欢：《瀛涯胜览》；张星烺编注：《中西交通史料汇编》第二册，中华书局，2003年，第936页。

③ 费信：《星槎胜览》卷四，转引自张星烺编注：《中西交通史料汇编》第二册，中华书局，2003年，第937页。

④ 1961年中华书局曾出版单行本，由向达整理校释，考释地名350个；参见江淳、郭应德：《中阿关系史》，经济日报出版社，2001年，第117—118页。

兵、采办、工匠、医生、翻译等 27800 多人。论船体之巨大，船队规模之大，航程之远，航行时间之长，装备之精良，技术之先进，都是当时世界一流的，前所未有的。比西班牙的哥伦布 1492 年发现新大陆，比葡萄牙的达·伽马 1497 年绕过非洲的好望角横渡印度洋，都要早近一个世纪。

郑和船队的远航，加深了中阿人民之间的相互了解，促进了双方的经济、文化交流，为发展中阿友好关系，做出了重大贡献，产生了深远的影响。

明代的中阿交往实际上是经历了一个由盛而衰的过程。这与明代朝廷奉行的与唐宋元的对外开放政策大相径庭的海禁、闭关锁国的政策有关。当时对阿拉伯世界的贸易基本由朝廷垄断，表现形式是朝贡贸易和郑和船队航行到阿拉伯互市。所谓朝贡贸易就是除少量"贡品"外，外国使者可以携带大量土特产同中国进行交易，商人也可随贡使来做生意。但朝贡贸易手续繁琐，有一套严格的制度规定。而震撼古今中外的郑和下西洋壮举，其主要目的不是致力于经贸发展，而是宣扬国威，怀柔藩属。海禁政策的结果是严重阻碍了中国海洋经济的发展。特别是在郑和下西洋后，印度洋上再也没有中国商船的踪迹，而葡萄牙殖民者则乘机东来，中阿的海上交通遂被葡萄牙人所操纵。

明末清初的中阿关系

明朝中阿关系虽在经贸往来方面由盛而衰，但在文化交流方面，中国的穆斯林却转而注重伊斯兰精神文化的介绍、发展、融汇，开始了中国伊斯兰史上学理的建设。这集中表现在明末清初开始建立起的经堂教育和开展的有关伊斯兰教的汉语译著。经堂教育的首创者是胡登洲，最早从事汉语译著且成绩突出的是王岱舆、张中。

胡登洲（1522—1597），字明普（又作普照），经名穆罕默德·阿卜顿拉·伊立亚色（Muḥammad 'abd al-Lāh Ilyās），陕西咸阳渭城人，回族。幼年曾学习儒书，并随明师学习伊斯兰经学。目睹"经文匮乏，学人寥落，既传译之不明，复阐扬之无自"的现状，遂慨然立志兴学，"设馆于家"，招收弟子学习经典，由他供给生活费。后来发展为各地清真寺内兴办经学，费用由教方内回民负担。他被穆斯林尊称为"胡太祖师"。[①]

[①] 参见金宜久主编：《伊斯兰教辞典》，上海辞书出版社，1997 年，第 474 页；杨怀中、余振贵主编：《伊斯兰与中国文化》，宁夏人民出版社，1995 年，第 132 页。

王岱舆（约1570—1660），别号真回老人，金陵（今南京上元）人，回族。其祖先是阿拉伯人，因精通天文历算学，于洪武年间被授以钦天监官，子孙世袭其职。岱舆幼承家学，熟悉阿拉伯文及伊斯兰教经籍。二三十岁后，攻读诸子百家，被誉为"学通四教"（指儒、道、释与伊斯兰教）的"回儒"。后专攻伊斯兰教义，立志用汉文介绍伊斯兰教。为阐明伊斯兰教理，他常与教内外人士谈论、论辩，并写成文章，后辑成用汉文写的《正教真诠》一书。约在崇祯十五年（1642）在南京刻板出书，后又有广州刊本、成都刊本。书分上下两册，共四十篇。上卷二十篇是讲宗教哲学的，下卷二十篇基本上是讲伊斯兰教法的。此外，他还遗有《清真大学》和《希真正答》两书传世。前者也是系统阐述伊斯兰教哲学的书，后者内容仍不出《正教真诠》《清真大学》两书的范围，但特点是用问答体，有时叙述得更明畅。王岱舆是我国回族穆斯林中第一位全面、系统论述伊斯兰教教理的学者。①

张中（约1584—1670），字君时、时中，自号寒山叟、寒山樵叟，江苏姑苏（今苏州）人，回族。出身经师世家。自幼学习伊斯兰教与儒家经典。曾先后执教于扬州、苏州等地。曾师从崇祯十一年（1638）来华讲学的印度经师阿世格，并根据其口授整理加工，于崇祯十三年（1640）写成《归真总义》一书。此外，传世的还有他约撰写于崇祯四年（1631）的《克理默解启蒙浅说》和《四篇要道》。他在用汉语明晰地译释"认主学"方面作出了贡献。②

清朝继续执行闭关锁国政策，中阿之间交往十分有限。但开端于明末的经堂教育与伊斯兰经学的学理建设、汉语译著却得到进一步发展。其中的代表人物和成就斐然者是马注、刘智和马德新（复初）。

马注（1640—1711），经名郁速馥，字文炳，号仲修，晚年署"指南老人"，金齿（今云南保山）人，是元咸阳王赛典赤瞻思丁的十五代世孙。幼年贫苦，早孤，师从当地名儒，16岁中秀才，18岁时在南明永历的小朝廷做了一个小官。清顺治十六年（1659）永历帝在云南失败后，马注以教书为生。当时著有《樗樵录》一书，但未传世。康熙四年（1665），到武定教书，兴趣向经世之学发展，著有《经权》二集，自信得"修治齐平"之"至理"，"期副上用"。康熙八年，马注30岁，离滇赴京。渐由喜文章、求功名，转而注意于伊斯兰教义、教理之研究。讲学之余，

---

① 参见金宜久主编：《伊斯兰教辞典》，上海辞书出版社，1997年，第476页；白寿彝主编：《中国回回民族史》下，白寿彝撰：《王岱舆》，第948—950页。

② 参见金宜久主编：《伊斯兰教辞典》，上海辞书出版社，1997年，第477页。

开始译著《清真指南》，约于康熙二十年（1681）成稿。康熙二十三年，他离京返乡，途经山东、江苏、浙江、安徽、陕西等省，历时四年，沿途结识各地著名经师、学者，与之切磋，受到敬重，被誉称"仲翁马老师"。回乡后，继续修订、增补《清真指南》。他认为"清真之与儒教无所区别，惟认、礼、斋、济、游之五常，便有些回辉气象，余则皆同。"①康熙四十九年（1710），他以圣裔名义协助当地政府查禁武定等地流行的所谓"左道"，撰写《左道通晓》，补进《清真指南》，成十卷，使该书历时近三十年而终于完成。《清真指南》传布的广远似乎还在王岱舆的《正教真诠》之上。②

刘智（约1662—约1730）字介廉，晚年自号一斋，江宁府上元（今江苏南京）人，回族。幼时从父刘三杰（字汉英）和经师袁汝琦学习《古兰经》和阿拉伯文。15岁随父读了八年的儒家书，六年的阿拉伯-伊斯兰经典，又阅读了佛道两家经籍和西洋传来的书籍。他在知识领域的广泛涉猎，使他的著述具有了超越前人的有利条件。他通晓阿拉伯文与波斯文，钻研伊斯兰教义，继承父亲遗志译著了大量有关伊斯兰教的书。其译著最著名的是三部：一部是《纂译天方性理》，简称《天方性理》；一部是《天方典礼择要解》，简称《天方典礼》；还有一部是《天方至圣实录》。他认为"圣人之教，东西同，今古一"。他自称"会通诸家而折中于天方之学，著书数百卷。"但其译著现在传世的仅五十几卷，散失的比传世的多。不过其精华，或已具备于上述三部书中。他在中国哲学、伦理学、宗教学说史上，应说有一定的贡献，也使汉文伊斯兰教译著活动达到鼎盛。③

马德新（1794—1874），字复初，经名鲁哈·丁（Rūḥ ad-Dīn），被尊为"老巴巴"，太和（今云南大理）人，回族。幼承家教，学习阿拉伯文和波斯文。因自觉"真传之未得，明师之罕遇"，遂于道光二十一年（1841）赴麦加朝觐，并到埃及、叙利亚、土耳其、新加坡等地游学考察，至1848年方归国，前后达八年。回国后用阿拉伯文写成《朝觐途记》一书，记录了沿途各地情况，后由其弟子马安礼译成中文，于1861年出版。返滇后，他设帐讲学，"四方从学之士，星列云

---

① 马注：《清真指南》卷八，宁夏人民出版社，1988年，第356页。文中所谓"五常"，即穆斯林通常所称的念、礼、斋、课、朝五功；"回辉"即通常称的"回回"。

② 参见金宜久主编：《伊斯兰教辞典》，上海辞书出版社，1997年，第482页；白寿彝主编：《中国回回民族史》下，白寿彝撰：《刘注》，中华书局，2003年，第951—955页。

③ 参见金宜久主编：《伊斯兰教辞典》，上海辞书出版社，1997年，第488页；白寿彝主编：《中国回回民族史》下，白寿彝撰：《刘智》，中华书局，2003年，第956—962页。

集，可谓盛矣"。形成中国伊斯兰教经堂教育云南派。他是一位非常博学的学者，涉猎阿拉伯文、波斯文、汉文各种经典，著述领域十分广阔，包括认主学、性命学、教义学、语言学、历史、天文历算学、文学、游记等。对阐述伊斯兰教义，沟通中阿文化做出很大贡献。他传世的著作约有37部，最著名的是《四典要会》，还有他据伊斯兰教经典重新整理编纂王岱舆、马注、刘智的译著《真诠要录》《指南要言》《天方性理注释》《至圣实录宝训》。其《宝命真经直解五卷》为《古兰经》最早的汉文节译本。①

王岱舆、马注、刘智和马德新，被誉为中国伊斯兰教四大经学家。他们的"汉文译著被中国穆斯林尊称为'汉克塔布'，即以汉文写成的伊斯兰圣典"②；是阿拉伯—伊斯兰文化与中国传统文化的融汇；是中国伊斯兰文化在思想哲学领域内的最高成就；因而也成为中国宝贵文化遗产的一部分。

近现代中阿之间的交往

1840年鸦片战争后，中国从一个独立国家逐渐降为半封建半殖民地国家。从此，清政府穷于应付殖民主义列强的侵扰，根本无暇顾及与拓展与阿拉伯国家的关系；加之清政府继续实行闭关锁国政策，而阿拉伯国家自16世纪以来，也遭受西方殖民主义者的入侵，19世纪，绝大多数阿拉伯国家又先后沦为英、法、意等列强的殖民地，中国与阿拉伯国家的关系自然难以得到正常的发展。但相似的遭遇，常使两大民族人民有同命运，共患难，同仇敌忾之感。如马德新1844年初游埃及时，就称赞锐意改革的埃及总督穆罕默德·阿里（Muḥammad 'alī 1769—1849）向西方学习各种技艺，"诸凡制造，无求于他国"。③林则徐也在《四洲志》内，赞许穆罕默德·阿里独立于奥斯曼土耳其帝国，学习西方技能后，"队伍雄甲东方"。④而当1908年摩洛哥人民对法国殖民主义者和封建统治者进行英勇斗争时，孙中山先生曾在报上著文，高度赞扬摩洛哥人民"不甘与孱王俱死，与主权同亡，乃发奋为雄，以拒外兵，以覆昏主。内外受敌，危险莫测，而摩民不畏也。"并以此为据，对当时中国保皇党提出的革命会招致瓜分之说，痛加驳斥

---

① 参见金宜久主编：《伊斯兰教辞典》，上海辞书出版社，1997年，第489—490页；白寿彝主编：《中国回回民族史》下，马维良撰：《马德新》，中华书局，2003年，第1071—1075页。
② 杨怀中、余振贵主编：《伊斯兰与中国文化》，宁夏人民出版社，1995年，第134页。
③ 马德新：《朝觐途记》，宁夏人民出版社，1988年，第33页。
④ 艾周昌编注：《中非关系史文选》，上海人民出版社，1989年，第132页。

道:"今者,近东亚病夫之土耳其瓜分问题已由革命而解决,而无名的摩洛哥干涉问题亦由革命而解决,中国岂异于是哉?"[①]

民国成立后,中国对外关系形势仍然险峻。列强仍在继续欺凌宰割中国,中国要竭力应付他们瓜分中国的阴谋,特别要对付日本帝国主义妄图独霸中国的侵略活动。所以,迟至20世纪40年代,中国才与埃及、伊拉克和沙特阿拉伯建立外交关系。在此期间,中阿之间的经贸关系也不密切。埃及向中国出口少量棉花,中国向埃及出口一些纺织品等,仅此而已。

但这一时期,阿拉伯-伊斯兰文化在中国却得到进一步的弘扬。明末清初兴起的穆斯林经堂教育,是在清真寺内办学,内容一是《古兰经》,二是阿拉伯文,这种经堂教育的传统在清末渐形衰落。而始于20世纪初的近代中国穆斯林的新文化运动却使阿拉伯-伊斯兰文化走出了清真寺,提出了改良宗教,发展教育的主张。这一运动一直持续到新中国成立前夕。运动的主要标志是建立宗教或学术社团;创办新式学校;派遣留学生;创办学术刊物;开展伊斯兰学术研究活动;造就了一批伊斯兰学者。

光绪三十二年(1906),童琮在镇江创办"穆原学堂",并发起组织"东亚清真教育会"。其宗旨是"盖欲为中国全体回教谋教育普及也。"[②]光绪三十三年(1907),留日回族学生在东京创立"留东清真教育总会"。其宗旨是联络同教情谊,提倡教育普及及宗教改良。他们创办的杂志《醒回篇》,虽仅出了一期,却是中国穆斯林所办的最早刊物。宣统元年(1909),成立"上海清真董事会",在兴办学校,培养人才,发展伊斯兰教等各方面做了大量工作。1912年,王宽等人于北平(今北京)发起成立"中国回教俱进会",宗旨是"联合国内回民,发扬回教教义,提高回民知识,增进回民福利。""兴教育,固团体,回汉亲睦"。并创办《穆声月报》《穆光》半月刊。在"俱进会"支持下,1931年成立了"回教正俗俭朴会",宗旨是"以崇教典改正礼俗,破除奢侈热风,倡导节俭美德"。1937年,王静斋等在河南成立"中国回民抗日救国协会",是民间团体,1938年春,会址迁往武汉,改组为"中国回民救国协会",1939年又改称"中国回教救国协会",会址迁往重庆,性质变为官办,其间曾出版《中国回教救国协会会刊》《回教文化》;1946年会址迁回南京,改名"中国回教协会",首任理事长为白崇禧,曾

---

① 《孙中山全集》第一卷,中华书局,1981年,第380—383页;转引自江淳、郭应德:《中阿关系史》,经济日报出版社,2001年,第200—201页。

② 周燮藩、沙秋真:《伊斯兰教在中国》,华文出版社,2002年,第157页。

通令全国各地伊斯兰教团体一律受其领导，不准再立其他名目，曾出版《中国回教协会会报》。至于学术社团，还应提到的是：1917年成立于北京的"清真学社"，宗旨"专在研究学术，阐明教理"。1925年成立于上海的"中国回教学会"，当时是中国最大的伊斯兰教学术团体，其宗旨是阐明伊斯兰教教义，提倡回民教育，联络中外穆斯林情谊，开展伊斯兰文化交流，扶助同教公益事业。曾出版《中国回教学会月刊》。1938年，由白寿彝等在桂林发起成立"中国回教文化学会"，宗旨是阐扬伊斯兰教文化，翻译或介绍伊斯兰教著作，1941年改名为"伊斯兰教文化学会"，会员多为著名的回族学者和阿訇，曾分别在一些大学开设伊斯兰教文化讲座，出版伊斯兰文化丛书十余种。

辛亥革命后，中国穆斯林中的有识之士开始创办新式教育。与传统的经堂宗教教育的不同之处在于它是学校式的科学文化知识教育，是一种造就"经书两通"的新阿訇、新师资的学校。新式教育体现了"中阿并重""爱国爱教"的思想。这类新式学校最早的是，由中国穆斯林学者、教育家王宽与达浦生等人于1907年在北京牛街清真寺创办的"回文师范学堂"；其典范是马松亭等于1925年创办于山东，1929年迁至北平的成达师范；1928年由哈德成等集资创办，由达浦生任校长的上海伊斯兰师范学校。此外，在四川、宁夏等地也都创办了类似的师范学校。与此同时，在各地穆斯林聚居区还普遍建立了与普通大众学校相同的穆斯林新式学校，如北平西北公学、北平新月女子中学、昆明明德中学、杭州穆兴中学、宁夏蒙回中学等。

辛亥革命后，中国穆斯林出外留学成为一种时尚。很多人试图到国外，特别是阿拉伯－伊斯兰世界去寻求"救国救教"的真谛。但20世纪30年代前，中国穆斯林子弟到阿拉伯国家去留学，多是非组织的个人行动。20世纪30年代后，那些在穆斯林聚居区相继建立的新式学校，开始从接受过新式教育的穆斯林青年中选拔品学兼优的学生，有组织、有计划地向阿拉伯－伊斯兰国家派遣留学生。其学习、生活等费用，均由富有的穆斯林或穆斯林社团资助，因而也有别于政府公派的留学生。自1930年至1945年，成达师范、上海伊斯兰师范、昆明明德中学及新疆曾先后向埃及开罗爱资哈尔大学派出过六届40余名留学生。他们学成归来，其中很多成为国内知名的穆斯林学者。20世纪30年代前，留学归国的知名穆斯林学者的代表人物应推王静斋；30年代后成就最大的则是马坚。

王静斋（1880—1949），名文清，静斋为其字，经名耶尔古伯天津人，回族。自幼受清真寺经堂教育，学习阿拉伯语、波斯语、伊斯兰教经典，并自学汉语。

1922年赴埃及留学，就读于爱资哈尔大学，受到埃及近代伊斯兰教改革思潮影响。1923年赴麦加朝觐，后携阿拉伯文经典数百部归国，并在天津创办中阿大学。1927年创办《伊光》月刊，任总经理兼编译宣传"遵经革俗"的主张。1937年，与他人在河南发起成立"中国回民抗日救国协会"。抗战期间，曾四易其稿，以三种版本出版《古兰经译解》。其他主要译著有《中亚字典》《阿中新字典》《回耶辨真》《真境花园》等。①

马坚（1906—1978），字子实，经名穆罕默德·麦肯，蒙自（今云南个旧）沙甸人，回族。曾先后就读于昆明的云南回教高等经书并授学校和昆明明德中学。1928年在上海伊斯兰师范学校专攻阿拉伯语和伊斯兰教经典、教义。1931年被选送赴埃及留学，先后就读于爱资哈尔大学和教育学院（Dār al-'ulūm）。留学期间，曾用阿拉伯文著《中国伊斯兰概观》，将《论语》译成阿拉伯文，在开罗出版。1939年归国后，曾任明德中学教务主任，主编《清真铎报》。1946年，应聘为北京大学东方语言系教授，开将阿拉伯语教学引进中国高等院校之先河。毕生从事阿拉伯语言和阿拉伯–伊斯兰文化的翻译、教学、研究工作。著译颇丰。所译《古兰经》除在国内出版外，还作为范本，用中阿文合璧的形式在沙特阿拉伯的麦地那出版发行。此外，还著有《中国回教概观》《穆罕默德的宝剑》《回历纲要》，主编《阿拉伯语汉语词典》，译有《回教哲学》《回教真相》《回教教育史》《回教基督教与学术文化》《伊斯兰哲学史》《教典诠释》《阿拉伯简史》《阿拉伯通史》等。②

近代新文化运动的崛起，它包含着振兴教门、振兴民族、振兴国家的几方面的内容，这几方面的内容又是紧密结合在一起的，它与近代中国的新文化运动同步前进，故可视其为近代中国新文化运动的一个分支。客观上它又与近代伊斯兰世界的改良运动步伐是一致的。③

1949年后，中国极为重视发展与阿拉伯国家的友好合作关系。中国对阿拉伯国家的基本政策是：大力支持阿拉伯国家争取和维护民族独立及领土主权完整的斗争，在它们获得独立后迅速予以承认；坚决支持阿拉伯国家反帝、反殖、反

---

① 参见金宜久主编：《伊斯兰教辞典》，上海辞书出版社，1997年，第493页；林煌天主编：《中国翻译词典》，湖北教育出版社，1997年，第686页。

② 参见金宜久主编：《伊斯兰教辞典》，上海辞书出版社，1997年，第499页；林煌天主编：《中国翻译词典》，湖北教育出版社，1997年，第461页。

③ 杨怀中、余振贵主编：《伊斯兰与中国文化》，宁夏人民出版社，1995年，第142页。

霸、反侵略及巴勒斯坦人民争取恢复合法民族权利的正义斗争；支持它们和平共处、团结合作及和平解决彼此之间的争端，而不诉诸武力和进行侵略；在和平共处五项原则的基础上，积极与阿拉伯国家建立和发展各方面的关系；对与中国建交暂有困难的予以谅解，耐心等待；不干涉阿拉伯国家的内政。

根据上述对阿拉伯国家的外交政策，中国于1956年，首先与埃及、叙利亚、也门先后建交；1958年，与伊拉克、摩洛哥、苏丹、阿尔及利亚建交；1964年、1965年分别与突尼斯、毛里塔尼亚建交；1971年，与科威特、黎巴嫩建交；1977年，与约旦建交，1978年，先后与阿曼、利比亚建交；1984年，与阿拉伯联合酋长国建交；1988年、1989年，分别与卡塔尔、巴林建交；1990年，与沙特阿拉伯建交。

我们中国和阿拉伯诸国虽然政体、经济发展、意识形态等各方面不尽相同。但我们同属第三世界，都是发展中国家；我们的人民都勤劳、勇敢，热爱和平，反对侵略战争；我们都在努力振兴，与时俱进，使国家现代化。我们在前进的道路上都并非一帆风顺，我们有胜利，有成就；但也有挫折，有困难，有问题。相似的历史进程，相似的命运，使我们中阿人民一向相互同情，相互支持、互相合作。这表现在政治、外交、经济、文化等各个领域。

这是人所共知的事实，不必赘述。

古代中阿之间的文化交流与相互影响

中国对阿拉伯文化的贡献

中国举世闻名的四大发明——造纸术、印刷术、指南针和火药，是中国对人类文化的巨大贡献。但它们都是通过阿拉伯传到西方的。因此，谈到古代中国文化对阿拉伯文化的影响，不妨就从这四大发明谈起。

造纸术

105年，蔡伦发明造纸术。751年，在前述唐朝中阿之间的怛逻斯之战中，阿拉伯人俘虏了一些擅长造纸的中国士兵，他们把造纸术传入阿拉伯。这在阿拉伯著名学者赛阿里比（Abū Manṣūr ath-Thaʻālibī an-Nīsābūrī 961—1038）的《趣闻逸事》（Laṭāʼif al-Maʻārif）和比鲁尼（Abū ar-Rīḥān al-Bīrūnī 约973—1048）所写的《印度志》(Tārīkh al-Hind)中都有记述。希提的《阿拉伯通史》则是这样表述的：穆斯林"直到回历三世纪初，书写的材料，是羊皮纸或者纸草纸。有些写在羊皮纸上的公文，在艾敏和麦蒙争夺哈里发职位的内战中，被人劫掠了去，后来洗刷干净之后，又卖到市场上来。三世纪初，有些中国纸输入伊拉克，但是，造纸工业不久就变成本国的工业了。我们在前面已经指出，某些中国战俘，在751年把用亚麻或者大麻屑造纸的方法传入撒马尔罕。……造纸术不久就从撒马尔罕传入伊拉克。794年，伯尔麦克人法德勒·伊本·叶哈雅任呼罗珊的地方长官，由于他的建议，第一所造纸厂建立于巴格达。他的弟弟哲耳法尔任哈伦的大臣时，下令政府各机关一律用纸张代替羊皮纸。其他穆斯林城市纷纷建立撒马尔罕式的造纸厂"①。从此，阿拉伯各地不仅有了大量的造纸作坊，而且有了以抄书为业的书坊。900年左右，埃及建厂造纸。1100年和1150年，摩洛哥和安达卢西亚（今西班牙）先后创办造纸厂。"在西班牙之后，造纸工业又在意大利兴盛起来（约1268—1276），也是由于穆斯林的影响，大概是从西西里岛传入的。法兰西有第一批造纸工厂，应归功于西班牙的传授，并不是像某些人所说的，应归功于十字军的归国。从这些国家，造纸工业逐渐传遍了欧洲。"②无疑，纸的应用对促进阿拉伯—伊斯兰文化的形成和发展，乃至对后来欧洲的文艺复兴都起了巨大的作用。

印刷术

与造纸术密切相关的是印刷术。印刷术也是中国的四大发明之一。中国早在唐朝就发明了雕版印刷，7世纪40年代，就曾印过佛像，后又用雕版印书。这一技术最先由新疆先后传入当时阿拉伯帝国所辖的波斯和埃及，然后经安达卢西亚（西班牙）、意大利西传入欧洲。波斯著名史学家拉希杜丁·法杜拉（Rashīdu ad-Dīn Fadl al-Lāh 约1247—1318）曾在其《史集》(Jāmi' at-Tawārīkh)一书中，详细地介绍了中国的雕版印刷术。1880年在埃及法尤姆（al-Fayūm）曾出土有50件阿拉伯文印刷品，分属10世纪到14世纪。最早的一张大致是900年的，内容是《古兰经》34章1至6节。它出现的时间正好是埃及建立本地第一所造纸厂之后。从外观上就可以看出，这些印刷品和中国内地以及新疆吐鲁番出土的

---

① [美]希提：《阿拉伯通史》上册，马坚译，商务印书馆，第491—492页。阿拉伯文增补版（1965年第四版，贝鲁特凯沙夫出版社）下册，第502、503页。

② [美]希提：《阿拉伯通史》下册，马坚译，商务印书馆，第674页。阿拉伯文增补版下册，670、671页。

许多 12 世纪蒙古统治时期的印刷品非常相似。20 世纪 50 年代，在埃及法尤姆出土了三十块镌刻阿拉伯文的木版，从采用阳刻方法和运用的版框式样上看，都显示出和中国的雕版完全相仿；连印刷的方法，也像中国的一样。[①] 中国是世界上最早印刷纸币的国家，始于 10 世纪。1294 年，蒙古在伊朗建的伊尔汗王朝（1256—1353）在其首都大不里士，曾用雕版印刷术仿照元代的"至元宝钞"，用中文与阿拉伯文印制纸币。[②] 印刷术传入欧洲后，1440 后，欧洲出现了最早用雕版印刷的书籍。15 世纪下半叶，威尼斯成了欧洲印刷业的中心。

指南针

早在前 3 世纪，中国就发明了磁铁指南仪器，称"司南"；约在 3 世纪发明"指南车"；11 世纪初，发明"指南鱼"——将磁化后的铁片放入木鱼中，用水浮起使其指示方向；同时制成世界最早的指南针，并制成罗盘针，用于航海。12 世纪末至 13 世纪初，指南针传入阿拉伯，阿拉伯人把它称为"针房"（Bayt al-'ibrah）或"针匣"（Huqq al-'ibrah）。[③] 1180 年指南针从阿拉伯传到欧洲。[④] 在阿拉伯文的著作中，最早提及指南针的是波斯人穆罕默德·奥菲（Muḥammad 'awfī ?—约 1232）约于 1230 年前后编撰的《故事荟萃》（Jawāmi' al-Ḥikāyāt wa Lawāmi' ar-Riwāyāt）。其中一个故事的叙述者是个海员，他谈及自己在航行中曾通过一条磁化了的鱼来导航。[⑤] 指南针极大地便利了阿拉伯人的航海事业，促成了航海时代的到来。实际上，指南针用于航海上，是航海技术划时代的变革。1492 年哥伦布发现美洲新大陆，16 世纪麦哲伦环航世界成功，在很大程度上应归功于指南针的使用。

火药

中国的火药发明于唐朝，是用硝、硫、炭按一定比例制成。火药发明后，便被运用于喜庆烟火和攻防战事中，北宋时代在开封就建有大规模的火器和火药

---

① 参见沈福伟：《中国与非洲——中非关系二千年》，中华书局，1990 年，第 520—521 页。
② 参见陈炎：《海上丝绸之路与中外文化交流》，北京大学出版社，1996 年，第 140 页。
③ 参见江淳、郭应德：《中阿关系史》，经济日报出版社，2001 年，第 182 页。
④ ［德］恩格斯：《自然辩证法》，《马克思恩格斯全集》第 20 卷，人民出版社，1973 年，第 532 页。
⑤ 参见［美］希提：《阿拉伯通史》下册，马坚译，商务印书馆，1979 年，第 804 页；阿拉伯文增补版下册，第 791、792 页。

制作工场。约在8—9世纪，作为火药主要原料的硝就传入当时阿拉伯大帝国所辖的波斯，约在1230年，用硝制造火药的技术经波斯传到阿拉伯。因硝洁白如雪，味咸似盐，而来自中国，波斯人就称它为"中国盐"，而阿拉伯人则称之为"中国雪"（thalj ṣīnī 或 thalj as-Sīn）。在马木鲁克朝的哈桑·赖马哈（Ḥasan ar-Rammāḥ Najm ad-Dīn al-Aḥdab ？—1294）写于13世纪末的一篇题为《马术与兵器》（al-Furūsiyah wa al-Manāṣib al-Ḥarbiyah）的论文中就曾谈到硝及制造火药的配方。① "旭烈兀西征，蒙古军攻陷巴格达（1258），火药武器起了巨大作用。蒙古人把火药武器及其制造技术带到阿拉伯。欧洲人，首先是西班牙人，又从阿拉伯人那里学会了火药和火药武器的制造和使用。"②

当然，中国传入阿拉伯世界并对其文化产生巨大影响的，远不止举世闻名的四大发明——造纸术、印刷术、指南针和火药。至少远在此前，如前所述，中国的丝绸、瓷器等就早已誉满天方。

丝绸

中国是发明蚕丝织绸的国家，丝绸是中国古代文明的象征之一，因此古代西方誉称中国为"丝国"。早在公元前500多年，中国的丝绸就传到了西方。贩运丝绸的多是波斯、阿拉伯人。他们把丝绸从中国经西域贩运到欧洲的这条商路，便是著名的"丝绸之路"。"无数铃声遥过碛，应驮白练到安西。"③ 丝绸是中国人民最早送给阿拉伯人民的最美的礼物。早在伊斯兰教兴起前，中国丝就已是古代叙利亚、埃及等地纺织业的重要原料。罗马人在地中海东岸的提尔、西顿、加沙和埃及的亚历山大等城市，利用中国生丝生产丝织品，或利用中国的缣素再加工，染织成更薄的紫花绫子，供贵族享用。阿拉伯人据有西亚和埃及后，大力发展丝织业，成为仅次于中国的世界丝绸生产大国。8世纪时，巴格达有专门销售中国丝绸的市场。751年中阿之间的怛罗斯之战后，被俘的中国丝织工人把中国的丝织技术带到了阿拉伯，进一步提高了当地的丝织业水平，叙利亚、伊拉克和波斯很快就垄断了对欧洲的丝绸贸易。阿拉伯人把丝织技术传入当时他们所辖的安达卢西亚和西西里岛。意大利人从西西里学到丝织技术，并发展了丝织业。12世

---

① 参见［美］希提：《阿拉伯通史》下册，马坚译，商务印书馆，1979年，第98页；阿拉伯文增补版下册，787页；沈福伟：《中国与非洲——中非关系二千年》中华书局，1990年，第536页。

② 江淳、郭应德：《中阿关系史》，经济日报出版社，2001年，第182页。

③ 张籍：《凉州词》，《全唐诗》卷二十七，《杂曲歌辞》。

纪下半叶，西西里岛成为向欧洲传播丝织的基地。①

瓷器

中国是最早发明瓷器的国家，被誉为"瓷器之母"。如前所述，中国瓷器很早就经由陆海丝绸之路远销至阿拉伯世界，并中转到欧洲和非洲。阿拉伯人非常喜欢中国的瓷器，亲切地将瓷器称为"绥尼"（sīnī），意为"中国的"。他们用中国瓷器作碗、盘、杯、碟等食具，还广泛用作宫殿、寺院、厅堂等的装饰。阿拉伯人把中国精瓷看作珍品，以拥有之为荣，或予以收藏，或作为高贵礼品，馈赠他人。阿拉伯人极为欣赏中国的瓷器。在前已述及的编定于851年的《中国印度见闻录》中，记载了阿拉伯商人苏莱曼对中国瓷器的赞誉，他说，中国有精美的瓷器，"碗晶莹得如同玻璃杯一样，……隔着碗可以看见碗里的水"②。伊本·白图泰也曾在其游记中介绍过中国瓷器及其烧制方法，并赞誉道："中国瓷器远销至印度等地区，直到我的家乡摩洛哥。这种瓷器真是举世无与伦比。"③中国历代销往阿拉伯世界的瓷器，在伊拉克、叙利亚、黎巴嫩、也门、阿曼、巴林、埃及、苏丹、索马里等国都不断地出土。阿拉伯国家出土的中国古瓷，有些被收藏在西方国家的博物馆，有些陈列在阿拉伯国家的博物馆。这些陈列品，作为古代中阿友好往来的历史见证，受到阿拉伯人民的珍爱。中国的造瓷技术于11世纪传入阿拉伯。11世纪上半叶，埃及的瓷器工艺已达到很高的水平，当时波斯裔的诗人、旅行家纳绥尔·胡斯鲁（Nāsir Khusrū 1003—1088）在谈到这一点时说："埃及人会造出各式各样的瓷器。埃及的瓷器精致、透明，以至于你可以很容易地透过瓷器看到它后面的把柄。"④1470年，制瓷技术又由阿拉伯传到意大利的威尼斯，从此以后欧洲才开始生产瓷器。⑤

此外，阿拉伯人还十分欣赏中国的绘画技巧。赛阿里比在他的《趣闻逸事》

---

① [比利时]萨顿：《科学史入门》第二卷，第56—57页，转引自江淳、郭应德：《中阿关系史》，经济日报出版社，2001年，第175页。
② 《中国印度见闻录》，穆根来等译，中华书局，2001年，第15页。
③ 《伊本·白图泰游记》，中文译本可参见马金鹏译《伊本·白图泰游记》，宁夏人民出版社，1985年；亦可参见张星烺编注：《中西交通史料汇编》第二册，中华书局，2003年，第627页。
④ [美]希提：《阿拉伯通史》（阿拉伯文增补版）下册，贝鲁特凯沙夫出版社，1965年，第748页。
⑤ 洪光柱：《驰名世界的中国瓷器》，见中国科学院自然科学史研究所：《中国古代科技成就》，中国青年出版社，1995年，第222页，转引自江淳、郭应德：《中阿关系史》，经济日报出版社，2001年，第178页。

中称赞中国人擅长雕塑和绘画,说中国画家的笔下的人物栩栩如生;伊本·白图泰在他的游记中称赞中国人的绘画惊绝人寰,高妙无比。751年的怛罗斯之战,被俘的中国人中有画师,他们把中国的绘画艺术传入阿拉伯。阿拔斯王朝哈里发穆耳台绥姆(al-Mu'tasim 833—842在位)于836年定都于萨马腊(Sāmmarā')时,曾从中国雇用了一批艺术家。萨马腊的壁画除受到希腊、波斯和突厥的影响外,也受到了中国绘画的影响。①

阿拉伯对中国文化的影响

天文学

由于中国境内具有众多的穆斯林,他们需要按照伊斯兰历进行宗教活动;再者,阿拉伯-伊斯兰的天文学具有独特的体系,在某些方面比中国传统天文学更先进,所以,阿拉伯天文学很早便传入中国,并在官方取得特殊地位。据考证,早在宋朝时,有一个译名叫马依泽(921—1005)的阿拉伯人,于建隆二年(961),自阿拉伯半岛的鲁穆地方,出使中国入贡经商,颇得宋太祖赵匡胤的赏识,留下他作顾问,并让他参与编撰应天历,将伊斯兰的星期制度第一次正式引入中国。马依泽不但熟知日月交食和五星方位的推算,而且精通阿拉伯天文星占,故于建隆四年(963)被授职司天监。又因他来自天方伊斯兰正宗,熟知教义,便同时任中国伊斯兰教务方面的顾问,于乾德四年(966)封为侯爵。退休后,由其长子马额继任司天监,并袭封侯爵。为了有效地进行星占,马依泽父子把黄道十二宫的方位及太阳入宫日期的推算方法引进中国天文学,这在中国天文史上也是第一次。②

元代,许多阿拉伯的天文学家来到中国,一些阿拉伯天文书籍和天文仪器也随之传入。来华的阿拉伯天文学家中最著名且贡献最大的是扎马鲁丁(Jamāl ad-Dīn)。扎马鲁丁是一位博学多才的阿拉伯学者,早在元世祖忽必烈即位前,就受到世祖任用。世祖至元四年(1267),依据伊斯兰历法,结合中国文化特点,"撰进《万年历》,世祖稍颁行之。"③所谓"稍颁行之",就是在全国范围内少量地

---

① [伊拉克]哈立德·迦底尔:《伊拉克美术简介》,纳忠译,人民美术出版社,1962年,第18—19页。转引自江淳、郭应德:《中阿关系史》,经济日报出版社,2001年,第179页。
② 参见杨怀中、余振贵主编:《伊斯兰与中国文化》,宁夏人民出版社,1995年,第144—159页。
③ 《元史·历志一》。

颁行，以适应相当数量的穆斯林宗教活动的需要。

万年历就是伊斯兰历，不但有历日的推算，而且还有推步日月交食的方法。这种万年历一直沿用到明朝初年，后被马沙亦黑译编的《回回历法》取代。两者都是伊斯兰历法，只是前者稍粗疏，后者更精密。同时，"世祖至元四年，扎马鲁丁造西域仪象"①。据记载，那是他研制的七件天文仪器。原称是阿拉伯文用汉语音译的名字：（1）咱秃哈剌吉（Dhātu al-ḥalaqi）——"浑天仪"，即"多环仪"；（2）咱秃朔八台（Dhātu al-shu'batayni）——"测验周天星曜之器"，即"方位仪"；（3）鲁哈麻亦渺凹只（Rukhāmah al-mu'wajji）——"春秋分晷影堂"，即"斜纬仪"；（4）鲁哈麻亦木思塔余（Rukhāmah al-mustawī）——"冬夏至晷影堂"，即"平纬仪"；（5）苦来亦撒麻（Kurah as-samā'）——"浑天图"，即"天球仪"；（6）苦来亦阿儿子（Kurah al-'arḍi）——"地理志"，即"地球仪"；（7）兀速都儿剌不（al-'usṭurlāb）——"昼夜时刻之器"，即"观象仪"或"星盘"。至元八年（1271），元朝政府在元上都（今内蒙古正蓝旗）建立回回司天台，任命扎马鲁丁为提点（台长）。在这个司天台里，天文学家利用上述天文仪器进行天文观测，并每年编印历书。台中还藏有大批阿拉伯文、波斯文的天文、数学书籍，其中包括托勒密的《天文学大成》、欧几里得的《几何原本》等。司天台日常从事天文占卜工作，属于国家最高机密之一；它曾是中国研究伊斯兰天文学的中心。至元十年，扎马鲁丁以回回司天台负责人的身份担任执掌收藏皇家历代图籍和阴阳禁书的秘书监官，负责皇帝特命的撰述任务。至元二十四年（1287），他升任集贤大学士，官至二品。他在元朝做官期间，尽其所能地将阿拉伯科学文化，特别是天文学知识，介绍到中国，为中阿文化的交流作出了巨大的贡献。②

明朝对回回天文学也很重视。太祖朱元璋洪武二年（1369），设回回钦天监。其组成人员，除元朝留用者外，还有从西域（阿拉伯、波斯等地）远道来的新的天文学家。其中最著名、贡献最大的是马德鲁丁父子。马德鲁丁原居在麦加以南的准带，擅长天文历数。他于明初洪武二年带领三个儿子（长子马沙亦黑、次子马哈麻、三子马哈沙）来华定居。来华后，明太祖朱元璋认为他们有真才实学，便任命马德鲁丁为回回钦天监监正，封回回太师府爵，因其是观测天文的大家，特予以嘉奖，封他为大测堂马，人称大测先生。其长子马沙亦黑也深得朱元璋喜爱，

---

① 《元史·天文志》。

② 参见杨怀中、余振贵主编：《伊斯兰与中国文化》，宁夏人民出版社，1995年，第159—182页。白寿彝主编：《中国回回民族史》下，杨怀中撰，《扎马剌丁》，中华书局，2003年，第801—812页。

被招为驸马。马德鲁丁于洪武七年（1374）去世，其长子马沙亦黑继任回回钦天监监正的职务，袭回回太师爵位，兼任四译馆教习；次子马哈麻也于洪武二十四年（1391）升任回回钦天监监副。洪武十五年（1382），他们兄弟俩受命分别翻译《天文书》和《回回历法》。两书约于洪武十六年、洪武十八年分别译完。《回回历法》其实不是单纯的翻译译本，而是马沙亦黑翻译、编撰的成果。内容包括太阴历、太阳历、日月五星行度的推算和日月食的预报四部分。它融汇了阿拉伯天文学和中国回回天文学发展的最高成就。《明译天文学》原作者为波斯天文学家阔识牙耳（970—1029），马哈麻将其译成汉语，并写有译序。值得重视的是，书中包含有许多中国人并不熟悉的阿拉伯天文知识。尤其是在《说杂星性情》一节中，第一次介绍了二十个阿拉伯星座的名称和三十颗恒星的星等和黄经，这是西方星等概念首次传入中国。[①]

医药学

医学是阿拉伯人除宗教之外最关心的学科。阿拉伯-伊斯兰医学形成于8—13世纪。它继承了古希腊医学的哲学原理和医术理论，又吸纳了地中海周沿地带诸民族的古老医药学遗产和古代印度、波斯、中国等东方诸国的医药知识。因此，阿拉伯-伊斯兰医学是中古时期较先进的医学。当时，阿拉伯大帝国的一些著名医学家用阿拉伯文写的医药学经典著作，在西方广为流传。12世纪以来，它们被译成拉丁文，成为欧洲诸医学院校的教科书。

阿拉伯的医药学对中国也有相当的影响。如前所述，香药（香料和药材）是中国古代从阿拉伯地区进口的主要商品。当时香料也是中阿贸易商品的大宗，而这种交易又多半通过海路进行，故而，海上丝绸之路也称"香料之路"。古时中国输往阿拉伯的香料有麝香、沉香木、肉桂、姜等；阿拉伯输入中国的香药则有乳香、血竭、芦荟、没药、苏合香、葫芦巴、丁香、阿魏、诃黎勒、珍珠、龙脑（冰片）、龙涎香、木香、蔷薇水等。这些香药为中国医药界广泛采用，有的名称都是阿拉伯原名的音译，如没药（Murr）、诃黎勒（Halīlaj）、葫芦巴（Hulbah）等。9—10世纪，即晚唐至北宋前期，阿拉伯-伊斯兰的医药知识已传入中国。唐朝段成式（？—863）的《酉阳杂俎》，记录了阿拉伯的本草和药用。李珣（约

[①] 陈久金：《伊斯兰天文学在中国的传播和发展》，载于《文史知识》编辑部、国务院宗教事务局宗教研究中心合编：《中国伊斯兰文化》，中华书局，1996年，第85—92页；杨怀中、余振贵主编：《伊斯兰与中国文化》，宁夏人民出版社，1995年，第182—197页。

855—约930）的《海药本草》，归纳出利用树脂类药物是阿拉伯-伊斯兰医药的一大特色。北宋年间，随着中阿之间贸易的高度发展，阿拉伯香药也开始大量输进中国，一次输入的阿拉伯乳香竟以万斤计，阿拉伯-伊斯兰医药学也随之对中国产生明显影响。传统中医自古不分科，但在北宋年间，太医院在培训医生时也如古希腊和阿拉伯医学那样，分成了内、外、妇、儿、口腔等十三科，这可能是受到阿拉伯-伊斯兰医学的横向影响。传统中医以汤药为主，但北宋的《太平圣惠方》《圣济总录》却大量增加了丸、散、膏、酊的处方，如乳香圆、阿魏圆等。究其原因，乃是使用从阿拉伯-伊斯兰国家进口的香药大量增加，而香药含有挥发性物质，若用煎汤法，其有效成分就会失掉，故只能制成丸、散、膏、酊。可见这类处方的出现，是阿拉伯-伊斯兰药理学对中医药影响的结果。①

　　元朝政府重视阿拉伯-伊斯兰医药学，采取中医学与回医学同时并举的方针。在太医院中有专门研究和使用阿拉伯-伊斯兰医药的广惠司，其职责是"掌修制御用回回药物及和剂，以疗诸宿卫士及在京孤寒者。"②在它下面还设有大都回回药物院和上都回回药物院，掌管回回药事。在元代，有很多阿拉伯-伊斯兰医师来到中国，受到朝野欢迎，被称为"回回医官"。他们对解剖学颇有研究，精通各种手术。元末明初的文学家陶宗仪的《南村辍耕录》卷二十二"西域奇术"中，就载有回回医官开刀为头痛难忍的儿童从脑中取出肿瘤，动手术治愈腹部膨胀的马等传奇故事。这些来华的医师还携带来很多阿拉伯-伊斯兰的医学书籍。元秘书监收藏的以万计的阿拉伯-伊斯兰各门科学书籍中，就有《忒毕医经十三部》。"忒毕"是阿拉伯语 Ṭibbī 的音译，原意就是"医学的""医术的"。这十三部《忒毕医经》中，很可能有伊本·西拿（Ibn Sīnā 980—1037）的《医典》(al-Qānūn fī aṭ-tibb）。

　　北京图书馆收藏有明代抄本《回回药方》。原书 36 卷，现仅存 4 卷。其基本内容多为元代传入的阿拉伯-伊斯兰医书的译本。但手抄本和小字注释工作是于明代完成的。《回回药方》体系完整。书中有大量阿拉伯文和波斯文的药物名、人名和方剂名，提到不少古希腊、罗马、阿拉伯著名医学家及其验方。经验证，《回回药方》的 117 个处方同《医典》卷五等处的方子在名称和内容上完全相同，其

---

① 宋岘：《伊斯兰医学对中国医学的影响与贡献》，载于《文史知识》编辑部、国务院宗教事务局宗教研究中心合编：《中国伊斯兰文化》，中华书局，1996 年，第 93—95 页；江淳、郭应德：《中阿关系史》，经济日报出版社，2001 年，第 165 页。

② 《元史·百官志》，太医院条。

他500余个方剂也与《医典》方多有雷同,并在所用的本草种类方面也相同。《回回药方》不仅录有不少《医典》的内容,还提到了许多《医典》上没有的古希腊医生和阿拉伯的医家和医书。这表明,这部书的编撰者已将阿拉伯-伊斯兰医学史上最优秀的几部医书的内容都编入其中。这也表明,这些医书同《医典》一起于元代传入中国,并与元秘书监所藏的《忒毕医经十三部》的内容有直接关系。《回回药方》虽然仅存四卷,但不难推论出,它的三十六卷全书不啻是诞生于中国的用汉文表述的阿拉伯-伊斯兰医学的百科全书;是阿拉伯-伊斯兰医学传入中国的历史见证;是中国医学史的瑰宝;是中阿文化交流、融汇的结晶之一。阿拉伯-伊斯兰医药学传入中国后,更加丰富了中国的医药学宝库。明代杰出的医药学家李时珍(1518—1593)在其著名的《本草纲目》中,就载有阿拉伯-伊斯兰医学的方剂、药物和治疗方法。[1]

《古兰经》的翻译

当然,阿拉伯文化对中国影响最大的方面,是伊斯兰教的传入,致使在中国56个民族的大家庭中有了10个信奉伊斯兰教的民族。他们是回、维吾尔、哈萨克、东乡、保安、撒拉、塔吉克、塔塔尔、乌兹别克、柯尔克孜族。有的学者认为:"伊斯兰教的胜利,有几分是一种语言的胜利,特别是一部经典的胜利"[2]。这话不无道理。这里所说的经典就是《古兰经》。《古兰经》的传播与伊斯兰教的传布是同步的,密不可分的。因此,在谈到伊斯兰教传入中国,并对中国文化产生影响时,我们不能不谈及《古兰经》在中国的翻译。

事实上,《古兰经》在中国长期流通的主要形式是在穆斯林中通过口耳相传而记诵经文。在译经问题上,国内外历来有一些穆斯林认为《古兰经》是安拉(真主)以阿拉伯文降谕的神圣经典,反对用其他文字予以翻译,以免亵渎圣书。然而,为使一般穆斯林理解经文的真谛奥义,译经又势在必行。明末清初(约从17世纪初到18世纪上半叶)汉文著述颇丰的伊斯兰学者王岱舆、马注、刘智等,虽

---

[1] 参见宋岘:《伊斯兰医学对中国医学的影响与贡献》,载于《文史知识》编辑部、国务院宗教事务局宗教研究中心合编:《中国伊斯兰文化》,中华书局,1996年,第96—98页;江淳、郭应德:《中阿关系史》,经济日报出版社,2001年,第166—167页;杨怀中、余振贵主编:《伊斯兰与中国文化》,第六章《伊斯兰医学的输入》,宁夏人民出版社,1995年,第251—339页。

[2] [美]希提:《阿拉伯简史》,马坚译,商务印书馆,1973年,第35页。

已深感译经的迫切性，但都不敢轻举妄动，唯恐译述走样失真。他们从事的翻译活动，主要是"抽译"或意译。马注在《清真指南》中所说的"纂辑真经，抽译切要"，"词虽粗陋，意本真经"，"言本真经，字用东土"，是这一时期译经状况的真实写照。刘智曾在《天方至圣实录》中嵌入三个短章（第1章、第110章、第111章）的译文，但亦诚惶诚恐地郑重声明："天经圣谕，皆本然文妙，无用藻饰，兹用汉译，或难符合，勉力为之，致意云尔。"①

约从18世纪下半叶到20世纪20年代，穆斯林学者们的译经活动主要是采取选译的形式。选译本多从通行的阿拉伯原文选本《赫听·古兰》(Khatm al-Qur'ān)译出，称"赫听"（或"孩听""亥听""黑听""赫帖"等），亦被泛称为"十八个索来"。"索来"(Surah)是阿拉伯文"章"的音译。其实所选内容不止十八章。这是我国流传了几百年的较定型的选本，各地所选章节大同小异。最早对《古兰经》进行通译尝试是前已提到的是清末穆斯林学者马德新（复初）。如前所述，他按顺序翻译的《古兰经》，题为《宝命真经直解》，据传已译成20卷（全经为30卷）初稿，但译稿大部分毁于火灾，仅存5卷译稿，曾于1927年刊印问世。

我国第一个完成并出版汉文通译本《古兰经》的人是铁铮（姓李）。他是一位汉族学者，也不懂阿拉伯文。他于民国16年（1927）12月由北平中华印刷厂出版发行的《可兰经》是据坂本健一的日译本并参考罗德威尔（Rod Well）的英译本转译的。虽如此，但总算填补了一项空白。

此后有姬觉弥的《汉译古兰经》(1931年3月，上海爱丽园广仓学窘)，它实际上是一个集体创作，译经过程同样参照了日、英文译本。最早问世的这两个通译本，被认为是"教外人士"所为，而不受穆斯林青睐。

第一个从阿拉伯文原文通译《古兰经》的穆斯林学者是王静斋。他的《古兰经译解》最初的译本（甲本），是以文言文和经堂语直译的，由中国回教俱进会本部1932年印行于北平。第二个译本（乙本），1942年在宁夏石印出版，线装分订为十册，文体改为白话文直译，并附以注释，译文多带经堂口语。第三个译本（丙本），1946年由上海永祥印书馆出版，除对前所译经文予以修订外，还详加注释并增加了附说，译文改为畅达易懂的白话文，偶带经堂口吻，是王静斋三种译本中最成熟，也最受欢迎的。问世后，多次被海内外翻印、影印或重排，流行极广。

通译本的第二个穆斯林的译作是刘锦标的《可兰汉译附传》，1943年由北

---

① 刘智：《天方至圣实录》卷一"凡例"，金陵袁氏启承堂初版，1778年。

平新民印书局出版。这是一个半文半白的译本。译本中的"经",是古兰经原文的直译,"传",则是译者的引证、解释和发挥,其中糅进了一些与经文无关的内容,从而影响了译本的声誉。

杨静修(仲明)通译的《古兰经大义》,1947年8月由北平伊斯兰出版公司刊行问世。译本文笔简练,颇具特色,但因采用严格的直译有些古奥、艰涩。

时子周的《古兰经国语译解》,1958年由台北中华学院回教研究所理事会出版,后又由香港伊斯兰联会重印。主要流传于台湾、香港和海外华侨穆斯林聚居较多的地区。译者虽是穆斯林,但不懂阿拉伯文。他据尤素福·阿里(Yusūf 'alī)的英译本转译,再请定中明、熊振崇、常子萱三位精通阿拉伯文的学者根据原文逐节校正。译文语言简练,尽量避免经堂口吻,但"译文仍多欠流畅"。

影响最大,流行最广的是马坚的译本。马坚于1939年从埃及留学归国后,在抗日战争时期完成通译初稿工作,20世纪50年代初,先后由北京大学出版部和商务印书馆出版了包含前8卷并带注释的《古兰经》上册。由于受形势影响,他的全部经文的注释工作未能完成。1978年,他又着手润色全部译文,并拟完成全经的注释,结果因不久去世而未能如愿。为了使体例统一,1981年由中国社会科学出版社出版的马坚所译的《古兰经》,未加任何注释。译文忠实、明白、流利,用词准确,朴实无华,文白杂糅,雅俗相间,于平淡处展现功夫。译本颇受读者推崇。因而经伊斯兰教世界联盟推荐,已作为汉译《古兰经》范本在沙特阿拉伯与阿拉伯原文合璧出版发行。

除此之外,林松的《古兰经韵译》,于1988年由中央民族学院出版社在北京同时发行阿、汉对照(上下册)和汉文单行(全一册)两种版本。用带韵散文译述,力求音韵铿锵、节奏和谐、顺口悦耳、好记易懂,是译文主要特征。但由于追求句尾押韵,偶尔亦出现因韵损意、词难尽意或译述失误之处。

定居美国的美籍华侨穆斯林仝道章先生的《〈古兰经〉中阿文对照详释本》,1989年由南京译林出版社印行。译者早年毕业于上海复旦大学,中、英文造诣很深。译本主要依据的是两种流行的英译本,前后又参照英、汉、法译本19种《圣训》4种和有关字典、书刊多种,历时17年,才最后付梓。译文后有多项附录,读者可按词目查询经文内容,同时它还对阿拉伯读音做了简介,这是该译本的一大特点。

旅居伦敦的华裔穆斯林学者周仲羲的《古兰经译释》,1990年在新加坡佳艺彩印公司出版。译者肄业于南京大学,曾留学巴基斯坦,进修阿拉伯文、乌尔都文，攻读伊斯兰教和比较宗教学课程。经文翻译用较浅显易懂的白话体，文从字顺。从全书文笔看，译者中文根底很好。但译释中散播的一些诸如否定先知穆罕默德为最后一位使者的阿赫默底亚教派的观点，令不少正统的穆斯林群众难以接受。

《古兰经》除汉译本外，在新疆地区，长期以来还有少数民族语文译本流传。其中主要的是维吾尔文和哈萨克文的译本。过去，维吾尔文译释本中最受欢迎的是维吾尔族学者、大毛拉谢木思丁（1882—1939）的《古兰经译诠》。它以通俗易懂、深入浅出著称。维文的新译本于1987年10月由民族出版社印行初版。译者买买提·赛米1962年毕业于北京的中国伊斯兰教经学院，曾任新疆伊斯兰教经学院院长。他兼通多种语言，阿拉伯文造诣尤深，加之借鉴前人的译述成果，致使译本达到较高水平。哈萨克文的《古兰经》译本由哈再孜和马哈什两位哈萨克族穆斯林学者合作译成，1990年10月由民族出版社印行初版。维吾尔文与哈萨克文的译本都与阿拉伯原文相对照，版面编排显得协调而和谐。①

阿拉伯文学在中国

阿拉伯文学是阿拉伯－伊斯兰文化的重要体现；是东方文学及世界文学的重要组成部分。古代的阿拉伯文学群星璀璨，佳作如林，是世界文学史最光辉的篇章之一。以诺贝尔奖得主纳吉布·马哈福兹及其作品为代表的阿拉伯现代文学，已在世界现代文学中占有一席重要地位；其发展历程与现状与我国的状况有很多相似之处，反映出阿拉伯近现代与当代的政治风云变化与社会现实变革。

《古兰经》既是伊斯兰教具有绝对权威的根本经典，又是阿拉伯文学史上第一部成文的最有影响的散文著作。从这个意义上讲，《古兰经》当然也是最早翻译成中文的阿拉伯文学作品。

"诗歌是阿拉伯人的文献"。如果说《古兰经》是最早译成中文的阿拉伯散文作品的话，那么《天方诗经》便是最早汉译的阿拉伯诗篇。《天方诗经》原称《斗篷颂》（al-burdah），是埃及大诗人蒲绥里（Sharaf ad-Dīn al-Būṣīrī 1212—

---

① 参见杨怀中、余振贵主编：《伊斯兰与中国文化》，第九章《〈古兰经〉的翻译》，宁夏人民出版社，1995年，第426—546页；金宜久：《〈古兰经〉在中国》，载于《文史知识》编辑部、国务院宗教事务局宗教研究中心合编：《中国伊斯兰文化》，中华书局，1996年，第73—77页。

1296）的作品。据说诗人曾患瘫痪症，夜梦先知穆罕默德前来探望，并把自己披着的斗篷给他盖上。翌晨，诗人病体霍然痊愈。诗人的《斗篷颂》就是有感于此而写出赞颂先知的。诗中概述了先知的生平、功德、业绩，颂扬了《古兰经》，叙述了先知登霄的传说及其领导的圣战，抒发了自己对先知崇拜的情感，表达了祈求真主佑助、宽宥的心声。全诗庄重、典雅而流畅，富于想象，为宗教诗中最负声誉的名篇，在阿拉伯-伊斯兰世界广为流传。很多诗人争相唱和、仿作。用阿拉伯语、波斯语、土耳其语、柏柏尔语等为该诗写成的诠释多达90余种。诗篇还被译成波斯、土耳其、拉丁、德、法、英、意等多种文字，深受穆斯林的崇敬，其中一些诗句被用作护身符和祈祷词。道光二十七年（1847），前已述及的著名回民学者马复初游学归来时便将《斗篷颂》带回国，并与其汉语功力较深的弟子马安礼合作翻译，马德新逝世后，马安礼又与"精通经籍"的马学海合作翻译。他们通过"朝夕讲论"，遂"纂译成章"。因译文仿效我国《诗经》体，故名《天方诗经》。光绪十六年（1890）刊印于成都。译本为中、阿文合璧。汉译仿诗经句式，故译称《天方诗经》。译者称蒲绥里"天方大学士也。才雄天下，学富古今，妙手蜚声，文章绝世。常以诗词称天下之俊贤，贬天下之奸佞，鸿章一出，四海流传。是以王侯卿大夫，一时显者，皆爱而畏之。"并在序中概括全诗内容："首言思慕之诚，忧伤之至；次言欲性之愚，克治之要；次言圣德之全，奇征感应之神；次言悔过归真之切；终言忧惧希望，祈祝呼告之诚。"这也是我国最早对一位阿拉伯诗人及其作品的评介。

其实，《古兰经》的汉译与《天方诗经》的问世，显然是出于宗教的目的，而不是向读者介绍阿拉伯文学。从这个意义上讲，中国读者最早认识的阿拉伯文学作品应是《一千零一夜》。《一千零一夜》是一部卷帙浩繁、优美动人的阿拉伯民间故事集，被高尔基誉为是世界民间文学史上"最壮丽的一座纪念碑"。它好似用离奇突兀的情节、神奇瑰异的想象绣织出的一幅宏伟辉煌、绚丽多彩的画卷。在世界文学史上，很难找到哪部文学作品能像它传播那样广，影响那样深，以至于家喻户晓、妇孺皆知的。我国最早有关《一千零一夜》介绍，见于林则徐在鸦片战争期间编辑的《四洲志》，其中在谈及阿拉伯的文化成就时，写道："……本国人复又著辑，论种类、论仇敌、论攻击、论游览、论女人，以至小说等书。近有小说一千零一夜，词虽粗俚，亦不能谓之无诗才。"[①] 在我国，开译《一千

---

① 转引自李长林：《清末中国对〈一千零一夜〉的译介》，《国外文学》1998年第4期，121页。

零一夜》故事之先河者是周桂笙。1900年,他在《采风报》上发表了《一千零一夜》中《国王山鲁亚尔及兄弟的故事》和《渔者》两篇译文。1903年,上海清华书局出版了他的《新庵谐译初编》,凡二卷,其第一卷为《一千零一夜》中的故事。《一千零一夜》又称《天方夜谭》。最早用这一译名的是严复。据考,他很可能是最早将《一千零一夜》的故事介绍到中国的译者之一,《大陆报》(月刊)1903年5—9月的第6—10期连载的佚名者所译的《一千一夜》多半是出自他的手笔。在该报1903年5月6日刊载的《〈一千一夜〉序》中提到:"……故名其书曰《一千一夜》,亦曰《天方夜谈》……"① 严复还在译述于1900年至1902年,正式出版于1905年的《穆勒名学》一书的一则按语中写道:"《天方夜谭》不知何人所著。其书言安息某国王,以其宠妃与奴私,杀之后,更娶他妃,御一夕,天明辄杀无赦。以是国中美人几尽,后其宰相女自言愿为王妃,父母涕泣闭距之,不可,则为具盛饰进御。夜中鸡既鸣,白王言为女弟道一故事未尽,愿得毕其说就死。王许之。为迎其女弟宫中,听姊复理前语。乃其说既吊诡新奇可喜矣,且抽绎益长,猝不可罄,则请王赐一夕之命,以褒续前语。入后转胜,王甚乐之。于是者至一千有一夜,得不死。其书为各国传译,名《一千一夜》。《天方夜谭》者诚古今绝作也,且其书多议四城回部制度、风俗、教理、民情之事,故为通人所重也。"② 寥寥数语,既简要说明了《一千零一夜》故事的来龙去脉,又介绍了其反映的社会内容及其在世界文学史上的地位。同时以《天方夜谭》为译名,最早将《一千零一夜》介绍给我国读者的还有奚若。他先是以《天方夜谭》为题,在《绣像小说》(半月刊)上,自1903年10月20日的11期起,至1905年的55期止,先后发表了《一千零一夜》中的14篇故事。后又于1906年4月,在商务印书馆出版了其所译的《天方夜谭》一书,共4册,包括50个故事。该书曾多次再版,流传颇广,影响甚大。无论是严复还是奚若,他们所读或据以翻译的都是莱恩的英译本。英译本既称 *The Arabian Nights' Entertainments*(《阿拉伯夜晚趣谈录》),汉译文又是文言文,那么《天方夜谭》这一译名无疑还是很贴切的。因为在中国(尤其是明、清学者写的)古籍中,"天方"就是指中国穆斯林"西向拜天"即朝向真主礼拜的那个方向、那片地方,即阿拉伯地区,阿拉伯世界。"夜谭"即"夜谈",当然是指书中所有的故事都是山鲁佐德在那"一千零一夜"中谈的。在20世纪

---

① 见盖双:《千夜之花谁先采?》,载《阿拉伯世界》1999年第3期。
② 严复:《穆勒名学》,商务印书馆,1981年,第31—32页。

初或清朝末年最早将《一千零一夜》的故事介绍到中国的翻译前辈中还应提到：1903年5月文明书局出版了钱楷译的《航海述奇》（即《辛迪巴德航海历险记》），1904年8月苏州《女子世界》刊登了周作人署名"萍云女士"所译的《侠女奴》（即《阿里巴巴和四十大盗》），并于1905年出了单行本。据统计，从20世纪初到20世纪末，近100年间，《一千零一夜》（《天方夜谭》）故事的各种译本或有关它的书在我国林林总总竟达四五百种。大概是外国文学作品中汉译版本最多的一部著作。鉴于《一千零一夜》在世界文学史上的地位；鉴于它是译介到我国最早的外国文学作品之一，又是译本种类最多的外国文学作品，它对我国近现代文学及作家们的影响是不言而喻的。还应提到的是，不少研究者发现，《一千零一夜》中的一些故事与我国一些古籍记载或民间流传的故事相似或类似。如：唐传奇《博异志》中《苏遏》与《一千零一夜》中的《商人阿里·密斯里的故事》，《幻异志》中《板桥三娘子》与《一千零一夜》中的《白第鲁·巴西睦太子和赵赫兰公主》；又如：维吾尔族民间故事《木马》与《一千零一夜》中的《乌木马的故事》，藏族民间故事《阿力巴巴》、哈萨克族民间故事《四十个强盗》与《一千零一夜》中的《阿里巴巴和四十大盗》，苗族民间故事《猎人老当》与《一千零一夜》中的《渔夫的故事》等等，其中有些是整个故事相似，有些则是部分情节类似。它们之间的渊源关系无疑是比较文学研究最好的课题。总体上讲，这种相似或类似的原因大概不外乎这样几种可能：它们在各自的环境中独立产生；中阿两大民族的交往源远流长，著名的"丝绸之路"与"香料之路"（"海上丝绸之路"）自古就把两大民族连在一起，因此，有些故事可能从中国传到了阿拉伯；也有些故事可能从阿拉伯传到了中国；但还应注意到：《一千零一夜》并非是纯粹的阿拉伯故事，而是如前所述，是印度、波斯、阿拉伯以及其他民族，特别是东方各民族各种文化相互撞击、融会的结果，而各种文化是呈放射状对外施加影响的，因此，有可能印度、波斯等的一些故事在传入阿拉伯构成《一千零一夜》的组成成分的同时，也传入他们的近邻中国，成为中国某些古籍或民间故事的组成成分。

中国读者最早知道的阿拉伯近现代文学家应是纪伯伦。纪伯伦及其主要作品在阿拉伯世界家喻户晓，妇孺皆知。现当代阿拉伯文坛几乎没有哪位作家、诗人未曾受过其影响。据统计，他的作品迄今至少被译成56种文字。最早将纪伯伦介绍到中国来的是茅盾先生。1923年，茅盾译介了纪伯伦的《先驱》中的五篇散文诗。随后，1931年，冰心翻译的《先知》由上海新月出版社出版。《先知》是纪伯伦呕心沥血之作。正如许多评论家所指出的，《先知》中的先知正是作者本人。他借先知之口，宣扬了他的人生观和哲学思想。《先知》一问世，就轰动了世界，被认为是"东方赠送给西方的最好的礼物"。冰心在1927年初次读到《先知》时不禁赞叹："那满含东方气息的超妙的哲理和流利的文词，予以我极深的印象！"1981年她在译本新序中，说纪伯伦的《先知》"……像一个饱经沧桑的老人，对年轻人讲一些为人处世的哲理，在平静中却流露出淡淡的悲凉！书中所讲的许多事，用的是诗一般的比喻，反复的词句，却都讲了很平易入情的道理。尤其是谈婚姻、谈孩子等篇，境界高超，眼光远大，很值得年轻读者仔细寻味的。"[①]

不过1949年之前，《一千零一夜》、纪伯伦和其他阿拉伯阿拉伯文学作品都是由英文或他种文字译出，数量少得可怜。当然，纳训先生1941年由商务印书馆出版的五册《一千零一夜》当是例外，那是由阿拉伯文直接译出的。

20世纪50年代末、60年代初，阿拉伯各国人民的反帝国主义、反殖民主义的民族解放运动风起云涌。为了配合当时中东政治形势的发展，为了表示对兄弟的阿拉伯人民正义斗争的支持，当时在我国出现了介绍阿拉伯文学的第一次高潮，翻译出版了诸如《埃及短篇小说集》《黎巴嫩短篇小说集》《阿拉伯人民的呼声》《约旦和平战士诗歌选》、伊拉克著名诗人白雅帖的《流亡诗集》等阿拉伯文学作品。但这些译作多半是从俄文转译的。直接从阿拉伯文译成中文的则是凤毛麟角，如纳训先生所译的《一千零一夜》、林兴华先生所译的《卡里来与笛木乃》等。

1966年至1976年历时十年的"文化大革命"时期，阿拉伯文学的翻译与研究自然处于停滞状态。

1978年开始的改革开放带来了阿拉伯文学的翻译与研究在中国的新兴。

为了打破"欧洲中心论"，自20世纪80年代初开始，在我国的高等院校，特别是师范院校的中文系开设了"东方文学史"课，并成立了"东方文学研究会"。从而引起教师们和学生们对阿拉伯文学的浓厚兴趣，在一定程度上促进了我国对阿拉伯文学的研究和译介。

在1987年8月正式宣布成立"中国外国文学学会阿拉伯文学研究会"。令人感到欣慰的是：中国阿拉伯文学研究工作者这支年轻的队伍为打破"欧洲中心论"作了很大的努力，并已取得不菲的成绩。在一些有关外国文学、东方文学、比较文学、文学翻译的学术会议上，已经经常可以听到阿拉伯文学研究者的声音；在

---

① [黎巴嫩]纪伯伦：《先知·沙与沫》"新译本序"，冰心译，湖南人民出版社，1982年，第3页。

一些有关文学研究的学术刊物上，亦可经常见到有关阿拉伯文学研究的文章。在一切冠有"世界文学""外国文学"类书、辞典中，有关阿拉伯文学的介绍已不再是空白与点缀，而已占有相当大的比重。如1994年出版的《东方现代文学史》，对阿拉伯现代文学的来龙去脉、重要的流派及其代表作家、诗人都有专题论述。1995年出版的《东方文学史》对古代的埃及文学、巴比伦文学，阿拉伯的古代文学、近现代文学，都按历史时期和地区、国别，对重要的作家、作品作了较详尽的介绍。2004年出版的《阿拉伯现代文学史》则是我国出版的第一部全面、系统地介绍、论述阿拉伯近20个国家现代文学的专著。内容广泛，鲜活；评论、分析比较客观、公允、全面。

当然，在此期间，大量的工作还是对阿拉伯文学的译介。据初步统计，迄今翻译成中文的阿拉伯文学作品已约有二百多种，其中绝大部分是改革开放后翻译出版的。如埃及纳吉布·马哈福兹的《宫间街》"三部曲"、《命运的戏弄》《拉杜璧姒》《忒拜之战》《新开罗》《梅达格胡同》《始与终》《汗·哈里里市场》《平民史诗》《我们街区的孩子们》《米儿玛拉公寓》《卡尔纳科咖啡馆》《贼与狗》《尊敬的阁下》《雨中的爱情》《千夜之夜》《自传的回声》以及《纳吉布·马哈福兹短篇小说选粹》，塔哈·侯赛因的《日子》《鹧鸪声声》，陶菲格·哈基姆的《灵魂归来》《乡村检察官手记》《洞中人》，尤素福·伊德里斯的《罪孽》，尤素福·西巴伊的《回来吧，我的心》《废墟之间》《人生一瞬间》，伊赫桑·阿卜杜·库杜斯的《难中英杰》(《我家有个男子汉》)、《罪恶的心》(《心思》)、《天长日久》《绝路》《亲爱的，我们都是贼》《库杜斯短篇小说选》，谢尔卡维的《土地》，穆斯塔法·艾敏的《初恋的岁月》，台木尔的《台木尔短篇小说选》，以及《埃及现代短篇小说选》；黎巴嫩纪伯伦的几乎全部作品（包括《先知》《泪与笑》《折断的翅膀》《叛逆的灵魂》《大地的神祇》等），努埃曼的《七十抒怀》《相会》《努埃曼短篇小说选》，陶菲格·阿瓦德的《大饼》，杰尔吉·宰丹的《古莱什少女》《萨拉丁》《加萨尼姑娘》《伊斯兰女王莎吉杜拉》等；叙利亚汉纳·米纳的《蓝灯》、乌勒法特·伊德丽碧的《凄楚的微笑》；巴勒斯坦格桑·卡纳法尼的《阳光下的人们》《重返海法》；利比亚苏丹塔伊布·萨里赫的《向北方迁徙的季节》；阿尔及利亚伊本·海杜卡的《南风》；利比亚易卜拉欣·法格海的《一个女人照亮的隧道》"三部曲"、《昔日恋人》《利比亚现代短篇小说选》，突尼斯沙比的诗选《生命之歌》；沙特阿拉伯赛义德·萨拉哈的《沙漠——我的天堂》；科威特苏阿德·萨巴赫的《本来就是女性》等诗集。此外,还翻译、出版了《世界短篇小说精品文库之阿拉伯卷》、以《四分之一个丈夫》为题名的"阿拉伯女作家作品选"、《阿拉伯古代诗文选》和《阿拉伯古代诗歌选》等。

  我们对"阿拉伯文学"这一宝藏只是才开始采掘,我们在这块沃土上只是才开始耕耘。目前,我们在阿拉伯文学翻译方面的数量和质量都还远不够理想。我们对阿拉伯文学的研究也需要进一步加强其深度与广度。可谓任重道远。

(原载于何芳川主编:《中外文化交流史》下卷第13章,国际文化出版公司,
  2008年。本课题荣获第六届高等学校科学研究成果一等奖。)

谈中阿文明对话

当今的时代是全球化的时代，也是多元化的时代。我们反对单边霸权，反对"西方中心论"，主张多元、对话、交流、合作。

中阿两大民族之间的文明对话、文化交流尤为重要。2004年1月30日，中华人民共和国主席胡锦涛在会见阿拉伯国家联盟秘书长阿姆鲁·穆萨时，曾就发展中国与阿拉伯国家的新型伙伴关系提出四项原则，其中之一就是：以相互借鉴为内容，扩大文化交流。由此可见这一问题的重要性。

世界上很难找出两个民族像中国与阿拉伯民族之间有那么多的相似之处。

这是因为世界上自古延续至今的文化体系主要有四个：中国文化体系、印度文化体系、阿拉伯-伊斯兰文化体系和西方文化体系。不难看出，四大文化体系中，中国和阿拉伯就占了两个。

中国与阿拉伯都有悠久的历史，古老的文明，可谓源远流长。中国的历史可以上溯五千年，自不必赘述。

美国著名学者杜兰特在其名著《文化的故事》（*The Story of Civilization*）一书中说："有资料证明，文化——此处是指种植和饲养家畜、家禽——在没有文字记载的古代就已出现于阿拉伯地区，然后由此呈文化三角形式传布至两河流域（苏美尔、巴比伦、亚述）和埃及。"①

美国的另一位学者西·内·费希尔在其所写的《中东史》（*The Middle East A History*）一书中则说：在西方"学者们至今尚在辩论，西方文明究竟是发端于尼罗河流域呢，还是发端于底格里斯-幼发拉底河沿岸的美索不达米亚。"② 由此不

---

① ［美］杜兰特：《文化的故事》第二卷（阿文版），贝鲁特世代出版社，1988年，第43页。
② ［美］西·内·费希尔：《中东史》上册，姚梓良译，商务印书馆，1979年，第10页。

难看出，西方文明的源头是在东方，而且恰恰是在当今的阿拉伯世界所在的地区。

在中世纪，横跨亚非欧三大洲的阿拉伯大帝国与雄踞东亚的中国，随着政治、经济达到鼎盛，文化也像擎天的灯塔，在丝绸之路两端交相辉映，彪炳于世。当时中国文化的影响是众所周知的：东亚和东南亚周边地区和国家（日本、朝鲜、越南等），都到中国取经求学，同时，中国又通过丝绸之路，通过阿拉伯，把著名的四大发明——造纸术、罗盘针、火药、印刷术传到西方。与此同时，正如黎巴嫩裔美籍历史学家菲利普·希提博士所说："阿拉伯人所建立的，不仅是一个帝国，而且是一种文化。他们继承了在幼发拉底河、底格里斯河流域、尼罗河流域、地中海东岸上盛极一时的古代文明，又吸收并且同化了希腊－罗马文化的主要特征。后来，他们把其中许多文化影响传到中世纪的欧洲，遂唤醒了西方世界，而使欧洲走上了近代文艺复兴的道路。在中世纪时代，任何民族对于人类进步的贡献，都比不上阿拉比人和说阿拉伯话的各族人民。"[①] 他还说："在八世纪中叶到十三世纪初这一时期，说阿拉伯话的人民，是全世界文化和文明的火炬主要的举起者。古代科学和哲学的重新发现，修订增补，承前启后，这些工作，都要归功于他们，有了他们的努力，西欧的文艺复兴才有可能。"[②] 德国女学者吉格雷德·洪克更一针见血地指出："伊斯兰教的出现及其扩张挽救了基督教会使其免于死亡，并迫使它重整旗鼓以向那些在宗教、思想、物质方面与其敌对的势力应战。在这方面，最好的证明也许就是，西方在整个使自己与伊斯兰教隔绝而不肯与其面对的期间，在文化、经济方面一直都是落后的。西方的昌盛与复兴只是当它开始在政治、科学、贸易方面与阿拉伯人交往之后才开始的；欧洲的思想是随着阿拉伯的科学、文学、艺术的到来才从持续了几世纪的沉睡中醒来，而变得更丰富、完美、健康、充实的。"[③]

当时，中国和阿拉伯帝国被认为是世界的超级大国，汉语和阿拉伯语是当时世界最通行的语言：如果我们查一下日本、朝鲜、越南等国在中世纪的古典诗文，就会发现，它们都是用汉语写道。而在西方，一个生活在9世纪（伊历3世纪初、4世纪末）名叫阿尔法鲁的西班牙在科尔多瓦的基督教主教就曾感叹道："真遗憾！聪明的年轻一代基督教徒却只懂阿拉伯文学、阿拉伯语言。他们如饥似渴地去读阿拉伯书籍，不惜用高价收集阿拉伯的书籍作为自己的藏书。他们大肆赞扬阿拉

---

① [美]希提：《阿拉伯通史》上册，马坚译，商务印书馆，1979年，第2页。
② [美]希提：《阿拉伯通史》下册，马坚译，商务印书馆，1979年，第664页。
③ [德]吉·洪克：《阿拉伯的太阳照亮了西方》（阿译本），贝鲁特世代出版社，1993年，第541页。

伯珍贵的典籍，同时对基督教徒的典籍却不屑一顾，说它们根本不值得一读。基督教徒忘记了他们自己的语言。如今用这种语言给朋友写信的人连千分之一都没有。而阿拉伯人的语言却有多少人讲的那么漂亮，那么流利！也许有许多人用这种语言作起诗来优美、恰切得竟会超过阿拉伯诗人本身！"①

被誉为"阿拉伯文学之柱"的埃及盲文豪塔哈·侯赛因（Ṭāhā Ḥusayin 1889—1973）说的好："如果我们说欧美西方尽管他们现在很优越，但他们的一切优越、一切科学都要归功于中世纪阿拉伯人传到欧洲去的那些丰富、持久的文化根底，那我们绝不是在过甚其词，也不是在吹牛胡说。我们应该毫不客气地要求欧洲人——我已经多次要求过他们——向东方还债而不要赖账，要让他们感到阿拉伯东方对他们是有恩的，对此他们应当称赞、感谢，而不应妄自尊大、胡作非为，更不应对那些向他们施过恩、让他们懂得何为恩惠、何为文明的人以怨报德！"②

但自欧洲文艺复兴后，西方经过一系列的变革，在科学技术、物质文明诸方面已走在了世界前列。与此同时，特别是近现代，中国和阿拉伯诸国遭受帝国主义、殖民主义列强的侵略，长期沦为殖民地、半殖民地。但中阿两大民族的人民并没有屈服，他们长期坚持民族解放斗争，并在第二次世界大战后，相继获得胜利，建立了独立自主的国家。我们中国和阿拉伯诸国虽然政体、经济发展、意识形态……各方面不尽相同。但我们同属第三世界，都是发展中国家；我们的人民都勤劳、勇敢，热爱和平，反对侵略战争；我们都在努力振兴，与时俱进，使国家现代化。我们在前进的道路上都并非一帆风顺，我们有胜利，有成就；但也有挫折，也有困难、问题。

相似的历史进程，相似的命运，使我们中阿人民一向相互同情，相互支持、互相合作。这表现在政治、外交、经济、文化等各个领域。在2004年1月30日在胡锦涛主席与阿盟秘书长阿姆鲁·穆萨会见后发表的《中国–阿拉伯国家合作论坛的公报上》则进一步确定了阿中合作的四个方面：政治、经济、发展和文化。

在进行中阿之间的文明对话，扩大文化交流方面，我认为应注意以下几点：

---

① ［德］吉·洪克：《阿拉伯的太阳照亮了西方》（阿译本），贝鲁特世代出版社，1993年，第529页。
② ［埃及］萨米赫·凯里姆：《塔哈·侯赛因语录》，开罗知识出版社，1979年，第7页。

一、提高对文化与文化交流重要性的认识

有些人往往只看重政治、经济的作用,而忽视文化的作用。其实,文化对一个国家、民族的发展、兴盛具有重大影响,不可等闲视之。政治、经济、文化,其实是三位一体,缺一不可。政治、经济是文化的基础,强势的政治、经济往往会造成强势的文化。反之,文化也会影响政治、经济。14—16世纪的文艺复兴是欧洲从中世纪封建社会向近代资本主义社会转变时期的一场伟大的思想解放运动,是"人类从来没有经历过的最伟大的、进步的变革"(恩格斯语)。但须知:欧洲的"文艺复兴"是一场文化运动;随后而起的是欧洲的工业革命;17—18世纪的"启蒙运动"是欧洲资产阶级和人民大众继文艺复兴之后的又一次思想解放,但它也是又一次反封建的思想文化运动;随之而起的是欧洲第二次工业革命,使以资本主义的机械的大工业代替了以手工为基础的工场手工业。反之,中国历时10年的"文化大革命"也是一场文化运动,它对中国政治、经济的负面影响也是有目共睹的。忽视或牺牲文化而片面地追求经济发展,是缺乏远见,是追求短期效应,如同"插花",虽然看起来姹紫嫣红,但没有根底。而文化则具有长期效应,是"植树造林",要下功夫,要费时间,但最终会影响气候,改变环境。一个国家、民族文化的发展程度,是先进还是落后,最终必将影响它的经济发展进程、政治地位。

在认识到文化重要性的同时,还应看到,一个国家、民族文化的繁荣、发展离不开教育的发展。只有教育的普及、提高,才会有文化的繁荣、发展。其实,文化与教育是辩证关系,是相辅相成的。文化的繁荣、发展也必定促进教育的普及、提高。对教育事业缺乏足够的认识,缺少足够的投资,势必会影响文化的繁荣与发展,迟早也会影响经济的发展。

二、要破除"西方中心论"

西方大肆鼓吹"西方中心论",是别有用心的,我们东方人何必随声附和。我们从人类文化发展史上可以看到:古代,太阳是从东方升起的,人类文明的源头是在东方,而不是在西方。印度文化、中国文化、阿拉伯-伊斯兰文化都起源于东方,西方-基督教文化的源头无非是两个:一是希腊、罗马文化,二是犹太教、基督教信奉的《圣经》。犹太教、基督教及其《圣经》,都产生在东方,具体些说,就是世人瞩目的巴勒斯坦地区,这是人所共知的常识。至于希腊、罗马文化,则

是在文化发达较早的亚洲西部国家和埃及的影响下发展起来的。无论在宗教、科学、哲学等方面都可以看到埃及、巴比伦和其他国家的影响,甚至希腊字母也是在腓尼基字母的基础上形成的。出现于两河流域的《吉尔伽米什史诗》要比荷马的《奥德赛》和《伊利亚特》早好几个世纪。中古时期,西方处于黑暗中,而东方,中国文化与阿拉伯–伊斯兰文化则灿烂辉煌,彪炳于世。这是在近现代,我们在某些方面落伍了。人们现在都在谈"全球化",但"全球化"并不等于"全盘西化",而应是多元化的世界互补、互助、互融、互利的关系。我们要反对那种"月亮也是西方的圆"的"全盘西化"的崇洋媚外思想。破除"西方中心论"可以提高我们的自信心。其实,中阿两大民族既然有那么多的相似之处,中阿学者就有更多的相互交流、共同研究、探讨的课题:我们成功的经验,我们受挫的教训,我们共同面临的困难、问题及其解决的途径,我们如何继承、弘扬我们民族的文化遗产,我们如何面对西方文化的渗透与挑战……

三、要认识传承–借鉴–创新是文化发展的规律

根据历史唯物主义的观点,每种文化的产生都是在旧有文化的基础上对旧有文化进行扬弃,并与外来文化进行撞击、融合的结果。促使一个民族、国家或地区的文化出现发展高潮,形成兴盛局面的原因,除本身内部因素外,更重要的是受外部世界、邻近民族、国家、地区文化影响,与其撞击、融合、交流的结果。两种元素原子的撞击会产生新的物质(如氢与氧化合为水);两种生物的杂交会产生新的品种(如马和驴子交配产生骡子)、泉流汇合而成大川、江河(如长江、黄河的形成)。文化的发展兴盛的道理与此极为相似。

传承–借鉴–创新,是文化发展的规律,古今中外概莫能外。古代的希腊–罗马的文化除了传承固有的爱琴文化外,还借鉴了尼罗河流域、两河流域和地中海东岸的文化,达到鼎盛;中世纪当欧洲由于神权统治而陷于黑暗时,阿拉伯帝国的统治者却由于一方面传承了阿拉伯–伊斯兰固有的文化,另一方面对其他宗教、民族的文化采取宽容、兼收并蓄,择优而取的正确政策,大量吸取、借鉴了希腊–罗马、波斯、印度乃至中国的文化精粹,而使阿拉伯–伊斯兰文化在中世纪达到鼎盛。同时,在丝绸之路的另一端,中国在传承了其固有的文化外,自汉朝起又借鉴了印度、西域文化,形成中国的儒、道、释的传统文化,于唐朝达到鼎盛。如前所述,欧洲的文艺复兴是在传承希腊–罗马文化的基础上,又受阿拉伯–伊斯兰文化影响的结果。总体来说,西方文化自欧洲文艺复兴以来,特别是

近现代，由于资本主义、殖民主义的发展，一直处于强势地位，而东方地区，由于大多数的国家、民族长期受封建主义统治，多处于殖民地或半殖民地地位，文化亦处于弱势地位，而多借鉴西方文化，受西方文化影响。

遵循"传承－借鉴－创新"这一文化发展的规律，一方面，我们应当传承我们优秀的文化遗产，传承我们优良的价值观念；另一方面，我们也应当承认，近现代欧美文化从整体看来，处于强势地位，有许多先进之处，可供我们借鉴。实际上，我们已经借鉴了许多，我们还要继续借鉴。我们要反对两种倾向：一方面，我们反对自卑，崇洋媚外，全盘西化，在学习、借鉴西方欧美文化时要头脑清醒，不要把他们的垃圾当宝贝，要警惕西方文化的负面影响。

另一方面，我国实行的"坚持四项原则，改革开放"的政策是符合这一规律的。而应当认清并发挥我们自己的优势。另一方面，我们也要反对 因陈袭旧，夜郎自大，认为本国、本民族的一切都好，祖先的教导、传统的经典就是千古不变的金科玉律，而西方欧美的一切都是垃圾，都是腐朽的，糜烂的，没落的，应当排斥、反对，予以针锋相对。

既然文化的发展规律是传承－借鉴－创新，我们就应当遵循这一规律，传承、弘扬我们传统的优秀东西，同时借鉴别人现代优秀的东西，一只手握紧——抓住我们好的东西不放，另一只手伸开来，把别人好的东西拿过来，两手合起来，创造我们美好的明天！

（2005年12月13日于港澳中心饭店大堂"中阿关系暨中阿文明对话研讨会"）

阿拉伯妇女的传统与现代化进程
——埃及妇女的面纱之争

埃及女明星的面纱风波

20世纪90年代初,埃及一批颇为活跃、颇有知名度的影视歌舞女明星相继宣布戴上面纱,告别银幕、荧屏、舞台,退隐幽居。

最初是著名女演员夏姆斯·巴鲁迪宣布息影,戴上面纱,人们以为这仅仅是一个偶然事件。不料,在阿拉伯电影史上更为知名的大明星莎迪娅也随之宣布退出演艺界,戴上面纱,以便专心拜真主、行善事。随后加入这一行列的有我国观众颇为熟悉的女演员玛迪哈·卡米勒,她主演的《走向深渊》给中国人留下深刻印象;在我国曾上演过的埃及电影《走向深渊》及《征服黑暗的人》的男主角穆罕默德·亚辛的妻子女演员夏希莱也站在了这一行列中。除影视演员之外,还有著名的歌星娅赛敏·海娅姆,舞星茜哈尔·哈姆迪、哈莱图·莎菲等。

一些著名埃及女演员重新戴上面纱、息影隐退,这新闻如一颗炸弹引起了轰动,报纸、杂志、广播、电视等新闻媒体争相报道了这一消息,同时也分析了产生这种现象的原因。众说纷纭:

支持者说:这是皈依真主,是走向正途。

反对者说:这是一种倒退,这种做法的目的是让妇女失去活力、重回黑暗的时代;说面纱是宣传的面纱,而不是伊斯兰的面纱,挑选了演员来做文章就是要造舆论,引起社会关注。

也有人说女明星宣布息影、戴面纱,实际上是要丑化那些仍在工作着的女艺术家的形象,对她们是一种伤害,因为息影的女明星们企图把她们以前的从艺看作好似一种罪过,如今她们忏悔了,若不像她们这样做则是执迷不悟。

此外,社会上还有种流行的说法是:这些明星之所以重新戴上面纱,并且退出了演艺界,乃是受了一些颇有来头的机构的指使,并且接受了他们提供的巨款,女演员们系为重金所收买;还有消息说,女明星是在受到将被杀害或毁容的恐吓之后才被迫退隐和戴面纱的。

新闻记者们的介入更使得论争趋向激烈。

在这种情况下,夏姆斯·巴鲁迪、玛迪哈·卡米勒等8位退隐的女明星发表了公开信,认为反对者的说法是谣言,应加以批驳;新闻界不负责任,凭空捏造,故意制造事端;声称:她们之所以重新披戴面纱、退出演艺界,是为了遵守真主的教导,按照伊斯兰教的规定办事。[1]

可是,就在她们的公开信发表之后不久,一个名叫纳吉娃·易卜拉欣的著名电视播音员又对新闻媒介说:现在她正在考虑是否要辞职,并且戴上面纱,因为有一个机构在劝说她辞职、戴上面纱,条件是每月付给她115万美元的款额。[2]吉娃的这个说法如同火上浇油,风波尚未平息,报上又刊载出另一个更为著名的女明星法婷·哈玛玛(我国曾放映过她主演的电影《和平的土地》《山谷的战斗》《美好的日子》等)的有关重戴面纱的消息。据说有人提出,她若辞职息影、重戴面纱,可付给她700万埃镑。百姓们听到这类消息,当然又大吃一惊,社会舆论大哗,街头巷尾一时议论纷纷。上面提到的已经戴上了面纱又写了公开信的夏姆斯·巴鲁迪等往日女明星们因此感到巨大的压力,她们还想再度向社会说明白,于是1992年10月,夏姆斯·巴鲁迪等影视明星再度联合发表公开信,参与人数也增加到了12位。她们在信中说明自己辞职、重新戴上面纱的目的仅仅是为了归顺真主,批评了纳吉娃等人言语轻率,对社会舆论造成极大混乱,强烈要求她说出愿意给她出巨款的机构和个人到底是谁,以澄清是非。[3]

围绕女明星披戴面纱从演艺界隐退的背后是否是有人指使并且出巨款,成了埃及新闻媒体1992年第四季度的热门话题。除了影视圈内的人物之外,尚有大学教授、宗教长老以及各行各业的人们卷入了这场讨论。

影视圈内不少人认为,辞职不辞职,戴不戴面纱,这是个人的自由。比如艺

---

[1] [埃及]玛吉迪·卡玛勒:《面纱后面的女明星们》,开罗旗帜出版宣传中心,1993年,第29—30页。

[2] 同上书,第30—31页。

[3] 同上书,第31—32页。

术家穆罕默德·努哈对《消息报》发表了谈话，题目为《艺术是合法的，辞职是错误的》。他指出，戴不戴面纱，纯属个人自由，但是以艺术是一种禁忌的活动为理由而退出艺术界，则是社会也是女艺术家们犯的一个严重错误。因为艺术并非是该禁忌的。只不过艺术一旦是丑恶的诲盗诲淫的，才是该受禁忌的；至于艺术若是高尚的、宣扬崇高的理想与价值观的则是合法的。① 这种看法代表了多数人的意见。同时还有更多的女演员表示将继续从事艺术事业。比如女演员莎菲娅·欧麦里在被问及这一问题时回答记者道："我不必戴面纱，也不必退出演艺界。因为艺术是一种使命和宗旨。我演出的作品和扮演的人物都是触及一些问题，表现社会存在的一些典型人物的。"② 实际上，辞职，并且重新戴上面纱的毕竟是少数，而埃及政府对此也不干预。

宗教界的人士也加入了这场讨论，如埃及共和国的穆夫提（伊斯兰教法阐释官）穆罕默德·赛义德·坦塔维长老就说："女人戴面纱是证明她是听从真主的命令，因为是真主命令谁该对什么地方予以遮蔽得分。这并不意味着女艺术家或女士戴了面纱就脱离了生活，相反，她们戴面纱是要通过起好的带头作用，通过以言行号召人们要有良好的品德，来参与社会生活。"③

其实，早在 70 年代，在很多阿拉伯、伊斯兰国家中恢复"伊斯兰传统服装"就成了一种时尚和风潮：女人重新戴上面纱、穿上不暴露身体任何部分的长袍，而男人则缠头巾、穿长袍、蓄胡须。这是 20 世纪 70 年代兴起的伊斯兰复兴运动、回归伊斯兰思潮在现实生活方式中的一种表现。90 年代初，演艺界女明星的重戴面纱、退出艺坛及由此引起的争论，只是由于明星的效应，将一场使社会生活"伊斯兰化"还是"世俗化""西方化"的争论显得更突出，更激烈，更有戏剧性。

双方争执不下，坚持传统观念的人认为穆斯林妇女应戴面纱！认为这是一个维护伊斯兰教尊严的问题，摘掉面纱是对伊斯兰的背叛，因而要继续保持这种作为穆斯林传统的习俗；坚持改革主张的人则认为要妇女戴面纱，是对妇女的一种歧视，摘掉面纱是对穆斯林妇女的解放，应该允许妇女参加到现代的社会生活中去，让妇女同男性一样享有同等的政治、经济、社会、家庭的权利。从时间上看，这场争论由来已久，不仅自 70 年代起，实际上，已经持续了一个世纪。至今，争论仍在继续，尚还没有让所有穆斯林都接受的统一定论。从空间上讲，这一思

---

① ［埃及］《消息报》，1992 年 11 月 2 日。
② ［埃及］《共和国报》，1992 年 10 月 10 日。
③ ［埃及］《消息报》，1992 年 11 月 2 日。

潮已经跨越了国界，传至中亚，甚至传到了我国的一些信奉伊斯兰教的部分民族地区，部分穆斯林妇女又已恢复戴面纱，而另外的妇女则认为，戴面纱影响正常的劳动，进而影响男女平等。一场讨论也同样在进行着。

关于阿拉伯穆斯林妇女与面纱的历史回顾

有的学者认为，阿拉伯穆斯林妇女戴面纱的历史，可以追溯到在伊斯兰教产生之前。那时阿拉伯半岛的妇女就有戴面纱的习俗，因为那时候，阿拉伯半岛的天气炎热，妇女要戴面纱遮太阳；再则，伊斯兰教产生的时候，当时的阿拉伯半岛的社会正经历着重大的变化，各部族间经济发展的不平衡引起了贫富矛盾，对绿洲和草地的争夺酿成部落战争以及随之而来的血亲复仇，战争之中抢牲畜，抢绿洲，也抢女人，于是女人戴上面纱，将自己遮盖起来，使外人不能见"庐山真面目"，形成一种保护措施。此后，伊斯兰教的创始人穆罕默德娶有多个妻子，他允许他的妻子们与他一起参加各种社交活动，让妻子们戴上面纱，也可以防止外人对他漂亮的妻子们产生非分之想。上行下效，于是穆斯林妇女戴面纱就流行开来。另外，从道德方面讲，早期的阿拉伯半岛居民们也崇尚宽容慷慨与讲究贞操，认为淫乱的人会受到惩罚，而妇女戴上面纱，遮住男人的视线，有利于妇女维护自己的贞操。

伊斯兰教学者引证《古兰经》有关妇女戴面纱的规定是："你对信士们说，叫他们降低视线，遮蔽下身，这对他们是更纯洁的。真主确是彻知他们的行为的。你对信女们说，叫她们降低视线，遮蔽下身，莫露出首饰，除非自然露出的，叫她们用面纱遮住胸膛，莫露出首饰，除非对她们的丈夫，或她们的父亲，或她们的丈夫的父亲，或她们的儿子，或她们的丈夫的儿子，或她们的兄弟，或她们弟兄的儿子，或她们的姐妹的儿子，或她们的女仆，或她们的奴婢，或无性欲的男仆，或不懂妇女之事的儿童；叫她们不要用力踏足，使人得知她们所隐藏的首饰。信士们啊！你们应全体向真主悔罪，以便你们成功。"（24：30-31）

此外，《古兰经》还有这样的经文："先知的妻子们啊！你们不像别的任何妇女，如果你们敬畏真主，就不要说温柔的话，以免心中有病的人，贪恋你们；你们应当说庄重的话。你们应当安居于你们的家中，你们不要炫露你们的美丽，如从前蒙昧时代的妇女那样。"（33：32-33）"信士们啊！你们不要进先知的家，除非邀请你们去吃饭的时候；你们不要进去等饭熟，当请你去的时候才进去；既吃之后就当告退，不要留恋闲话，因为那会使先知感到为难，他不好意思辞退你们。真主是不耻于揭示真理的。你们向先知的妻子们索取任何物品的时候，应当在帷幕外索取，那对于你们的心和她们的心是更清白的。你们不宜使使者为难，在他之后，永不宜娶他的妻子，因为在真主看来，那是一件大罪。"（33：53）

从这些经文中我们不难看出，《古兰经》以及其他训诫所主张的主要还是为了限制男女接触，反对炫耀美丽与富有，从而保护妇女，维护社会道德。

于是代代相传，穆斯林妇女戴面纱，女性与男性隔离便成为伊斯兰的传统习俗。

"冶容诲淫。"因此，伊斯兰教法规定，妇女羞体必须遮蔽，防止邪恶。面纱，又称"盖头"，就是穆斯林用以遮蔽其羞体的服饰总称。不过由于对羞体部分所包括部分的理解不同（有的认为除手足外皆为羞体，有的则认为面孔不为羞体），因地区、国家、时代、风俗习惯不同，面纱的颜色、形式也不尽相同。

阿拉伯妇女与面纱

阿拉伯穆斯林妇女所戴面纱大多为黑色，也有少部分为白色，如苏丹妇女在工作中戴白面纱，在平时却喜欢戴花头巾。有的用黑面纱包住头及脖子，另外还用一块黑布罩住鼻子、嘴巴、仅露出眼睛。有的面纱很大，呈方形，对折成三角，包住头后，两角还垂及胸。在巴勒斯坦学者穆斯塔法·穆拉德·代巴额的《阿拉伯半岛》一书中，我们可以看到对戴面纱的也门妇女及其生活的描述："在萨那，你可以看到那里的妇女从头到脚都遮盖了起来，使你一点儿也看不出她的体型，只能从她们的来去行动判断哪是她们的正面，哪是她们的后身。也门妇女好戴多种多样的首饰，她们的头、颈、耳、鼻、腕、肘、胸部，都有装饰。"[1] "她们生活的地方（尤其是她们如果是有权有势者的妻子的话）只是几层楼房，包括几个房间，她们在院内只能俯视内院和街道。妇女只能在城里互访。当她们出访的时候，要蒙上密实的黑面纱，迅速地走过大街，穿过小巷，避开拥挤的市场和公共场所，而且必须在日落之前赶回家。"[2] 现在穆斯林妇女的传统服饰是衣着露手，

---

[1] ［巴勒斯坦］穆斯塔法·穆拉德·代巴额：《阿拉伯半岛》，北京大学东语系阿拉伯语教研室译，北京人民出版社，1987年，第198页。

[2] 同上书，第198—199页。

头戴纱或布，遮盖住耳、发，直至胸口，而将面颊露在外面，所穿长袍拖地；有的则如上所述将人从头到脚都蒙起来，因面纱质地细薄，呈半透明状，故而人们不会看清戴面纱妇女的真面目，她却可以透过面纱来看外面的世界。

不过也有些学者认为，早期的穆斯林妇女享有更多的自由，面纱、幽居和两性隔离是受了拜占庭文明的影响。如美国人西·内·费希尔在《中东史》一书中说："到了10世纪，富有的中等阶级和城市的妇女在家庭和社会中所占的地位已经起了显著变化。面纱、幽居和两性隔离已被中东的穆斯林以及许多非穆斯林采用。这些做法的起源和原因不明，但从一些比较起来最能说明问题的迹象来看，似乎主要是受到拜占庭文明的影响。由于纳妾（多妻）得到普遍而广泛的承认和过多的纳妾，正妻的地位大为提高，女奴们可以唱歌跳舞、十分公开而自由地招待他们主人的宾客；而正妻却决然不能。这样，面纱和幽居就起了一种保护的作用，并成为高贵的标志。可是，像阿以涉（613—678，先知穆罕默德的妻子）、赫祖兰（？—798，阿拔斯朝哈里发麦海迪的妻子，是著名哈里发哈伦·赖世德的母亲）和左拜德（？—831，哈伦·赖世德的妻、堂妹、艾敏的母亲）等人所享受过的妇女自由和公共生活消失了，直到20世纪才重新出现于伊斯兰世界。"①

卡西姆·艾敏与《解放妇女》《新女性》

早在一百年前，在阿拉伯世界，特别是在埃及，就有人提出摘掉面纱、解放妇女，其代人物是卡西姆·艾敏。

卡西姆·艾敏（1863—1908）生于开罗郊区一个库尔德籍穆斯林军官家庭。他曾入爱资哈尔大学学习伊斯兰教教法和教义，结识了著名的伊斯兰教改革家穆罕默德·阿布笃和萨阿德·扎格鲁勒，并深受他们革新思想的影响，后赴法国留学，在蒙彼利埃大学专攻法律。回国后，曾在埃及司法部门任职，官至全国上诉法院顾问。

当时，即19世纪末，穆斯林妇女是否必须戴面纱是埃及社会最敏感的问题。那时埃及的面纱是连头带脸全蒙住的，女人是不能抛头露面、接触男人的。一些进步思想家早就认为妇女应该摘除面纱，取得与男子平等的地位，只是慑于传统势力的压力，不敢公开表达自己的见解。这时卡西姆·艾敏挺身而出，于1899

---

① ［美］西·内·费希尔：《中东史》上册，姚梓良译，商务印书馆，1979年，第168—169页。

年撰写了《解放妇女》一书。他在书中指出:"妇女照现在这种样子戴面纱,并非出自伊斯兰教的要求,让她们抛头露面也并非离经叛道。"

他在书中涉及解放妇女的四个问题:面纱、参加工作和社会活动、多妻制、休妻或离婚。他认为在这些方面都应该向西方学习,认为那样做是同伊斯兰精神相一致的。他写道:"有些人会说我今天发表的这些意见是标新立异。我要说,对!我就是标新立异来了,不过这不是对伊斯兰教的标新立异,而是对那些早就该改良的陈规陋习的标新立异。"[①] 他认为戴面纱"是一种要遵循的礼制,但要求这种礼制要符合伊斯兰教法"[②]。但他随后写道,"教法并没有明文规定必须照人们所知的这种方式戴面纱",并说:"这只是他们(指古代阿拉伯穆斯林)在与一些民族融合时遇到的一些风俗习惯,他们认为好,就吸收过来,加以渲染,把它披上宗教的外衣,如同其他一些以宗教的名义得以在人们中流行,其实宗教却与其并无干系一样。"[③]

卡西姆·艾敏亦印证了《古兰经》那两节经文:"你对信士们说,叫他们降低视线,遮蔽下身,这对于他们是更纯洁的……你对信女们说,叫她们降低视线,遮蔽下身,莫露出首饰,除非自然露出的,叫她们用面纱遮蔽胸膛……"(24:30-31)然后说道:"经文是允许妇女在外人面前露出身体的某些部位的,但未指明是哪些部位。学者们说对这些部位的理解和确定在当时依照习惯是众所周知的。伊玛目们一致认为经文中所指定不必遮蔽的部位包括脸和手掌。其他一些部位如双臂和两脚是否需遮蔽,他们之间则有分歧。"[④]

在谈到妇女必须幽居在家,不得与男子接触、交往时,卡西姆·艾敏说:"这种意义的隔绝,是专为先知的妻子立的法规。"为此他引证了《古兰经》的经文:"你们向先知的妻子们索取任何物品的时候,应当在帷幕外索取……"(33:53)"先知的妻子们啊!你们不像别的任何妇女……"(33:32)至于一般的穆斯林妇女,他认为,则只是禁止她们与外来的男子单独相处。

《解放妇女》发表后,引起了强烈反向。反对者说这本书是"胡言乱语",说卡西姆·艾敏是"被西方文明的五光十色晃花了眼,使他只看到它的优点,看不到它的缺点"。一些宗教人士、教法学家认为这是"离经叛道",有些人认为这

---

① [埃及]卡西姆·艾敏:《解放妇女》,伊历1347年开罗版,第5页。
② 同上书,第54页。
③ 同上书,第57—58页。
④ 同上书,第58页。

是"对西方过分的效仿",还有些人认为《解放妇女》的主张"是对伊斯兰教,也是对民族的犯罪"①。当然《解放妇女》的支持者大有人在。很多人认为这本书是在近现代阿拉伯宗教改革家、伊斯兰现代主义先驱穆罕默德·阿布笃和萨阿德·扎格鲁勒的积极支持与参与下写出的,甚至有人认为书中的有些章节可能就是出自学识渊博的穆罕默德·阿布笃的手笔。②

面对着反对派的攻击,卡西姆·艾敏没有退却,1906年,他又撰写并出版了另一部重要著作——《新女性》。在这部作品中,他再次强调"戴面纱、妇女幽居是当代一种不宜实行的风气。"③他极力反对抱残守缺,而积极主张穆斯林妇女应当向西方妇女学习,以适应时代。

卡西姆·艾敏的这些主张在阿拉伯各国得到了积极的响应。如伊拉克著名诗人马卢夫·鲁萨菲(1875—1945)在一首题为《东方妇女》的诗中,就抨击了压迫、歧视妇女的现象:

> 他们蔑视妇女的权利,
> 而把她们囚禁在家里。
> 他们强迫她们戴上面罩,
> 出门不遮脸就是大逆不道。
> 他们把她们关在狭小的天地,
> 好像怕她们争享阳光和空气……

诗人在另一首诗中写道:

> 妇女的境况可真可怜,
> 人们竟自私得让她们蒙住脸。
> 试问那些要妇女戴面纱的人,
> 你们可知斗篷下长的是什么心?
> 知书达理就是女子的贞淑。
> 文化教育可将她们防护。
> 假如姑娘知道廉耻、羞臊,

---

① [埃及]穆罕默德·易斯马仪:《面纱的回归》,利雅得忒拜出版社,伊历1406年,第50页。
② 同上书,第44—47页。
③ [埃及]卡西姆·艾敏:《新女性》,埃及人民出版社,1911年,第183页。

岂不胜过让她们戴上面罩。
如果妇女落后，却说男子先进，
那不过是撒谎骗人。
如果一个人半身不遂，
他又如何能昂首挺立！

伊拉克另一位大诗人杰米勒·绥德基·宰哈维（1863—1936）则在一首题为《面纱与裸面》的诗中，以激烈的言辞写道：

伊拉克的姑娘！把面纱撕烂！
露出脸来，生活就是寻求改变。
毫不迟疑地把面纱撕烂，烧掉！
因为它并非维护你，而只是欺骗！

在这首诗中，诗人在指出保守者与维新者有关面纱的争论时，明确地表示支持后者，反对前者：

若说这种面纱会令老头子们满意，
今天，它却不会让年轻人喜欢！
有人说：女人抛头露面是堕落，
是伤风败俗，会引起混乱。
不对！裸露面孔是纯洁的标志，
不该受到怀疑，受人责难。

阿拉伯著名学者艾尼斯·穆格黛西对卡西姆·艾敏作过这样的评价：

20世纪刚一破晓，在埃及就响起了一个声音，震动了整个伊斯兰世界，那就是卡西姆·艾敏的声音，他呼吁他的同胞以及穆斯林兄弟，必须让女孩子受教育，减轻面纱的束缚或是取消它，要对结婚和离婚定出法规，给妇女以社会权利与天赋的自由。他在呼吁这一切方面是依据了《古兰经》和《圣训》的原文；他试图以符合时代精神的方式去诠释这些经文。当卡西姆·艾敏将他的理由呈现于阿拉伯东方时，保守派对他进行了反击。他像每一个改良者一样遭到了保守者们的种种攻击，公众舆论对他的话也不赞赏。

天方探幽

对此，尼罗河诗人哈菲兹·易卜拉欣曾有诗曰：

啊，卡西姆！人们的心都死啦！
他们不理解你写的是什么。
直到今天他们迷途的面纱并未扯掉，
因此，你在呼吁谁，又在责备谁呀！

"不过，卡西姆·艾敏并没有白费劲。他的呼吁还是鼓动了喜欢革新和自由的人们的心灵，于是他们在报刊，在家里，在集会时不断地谈起这个问题。"[①]

埃及妇女解放运动的进程

其实，在埃及最早提出妇女解放、反对戴面纱的并不是卡西姆·艾敏，而是雷法阿·塔哈塔维（1801—1873）。

雷法阿·塔哈塔维是19世纪在阿拉伯和伊斯兰世界第一个提出妇女解放的人物。他信仰伊斯兰教，但主张文化可以互相借鉴，主张吸收西方文化之中进步的、与伊斯兰传统文化不相矛盾的东西。在法国学习期间，他研究了法国妇女的生活状况，回国后就向穆斯林妇女宣传介绍。在《披沙拣金记巴黎》一书中，他谈到要让年轻妇女接受教育，认为妇女在接受教育之后，是可以和男子负担同等工作的；他还谈到多妻制的问题、限制休妻、离婚问题、主张取消男女隔离问题等。他说道："不戴面纱，男女交往不会导致道德败坏。"他主张要"仿效法国人，因为照欧洲人的方式跳舞一点儿都不淫荡，倒很优雅、潇洒。"[②]

此后，律师穆尔卡斯·法赫米于1894年出版了《东方妇女》一书，在穆斯林妇女历史上第一次提出要实现5个具体目标：

——取消穆斯林妇女的面纱；
——允许穆斯林妇女同外人公开相处、交往；
——限制休妻、离婚，休妻、离婚需在法官面前阐述理由；
——禁止一夫多妻；

---

① ［黎巴嫩］艾尼斯·穆格戴斯：《现代阿拉伯世界的文学倾向》，贝鲁特万众知识出版社，1977年，第204—255页。

② 转引自［埃及］穆罕默德·易斯马仪：《面纱的回归》，利雅得忒拜出版社，伊历1406年，第25—26页。

——允许穆斯林妇女同科卜特人结婚。

由此书的内容可以看出，有关妇女解放的热点问题乃为戴不戴面纱、婚姻生活、妇女参与公众生活等内容。此书当时亦曾掀起轩然大波，当然没有像后来卡西姆·艾敏的两本书反应那样强烈。

卡西姆·艾敏逝世后，在第一次世界大战期间，妇女运动的支持者们曾发行了一份名为《露脸》的杂志，肩负起宣传不戴面纱、反对一些陈规陋习的任务。不过当时反对戴面纱、解放妇女还只是停留在造舆论、做宣传的小规模阶段，真正大规模付诸实践则是在埃及 1919 年的反英的示威游行中。

在那之前，埃及妇女都是"大门不出，二门不迈"，幽居在家的，但在 1919 年 3 月 20 日，妇女却走出了家门，走在街上，参加了游行示威。这可以认为是埃及妇女运动的一大跃进。不过当时的妇女还是带着白色的面纱的，也未同男子的队伍混在一起。

应当说，在埃及的妇女解放运动中，萨阿德·宰格鲁勒（1857—1927）起了很大的作用，他亦在爱资哈尔受教育，是 1919 年埃及革命的领袖、民族英雄；1924 年曾任首相，并创建了华夫脱党。1920 年他携妻子去巴黎参加和会，其妻子一直戴着面纱，但他们乘船回到亚历山大时，他却让妻子撩起面纱，并说："妇女是带着面罩参加革命的，她们今天应该撩起面纱了。"据说他在演讲时，向到场听他讲话的妇女提出的一个条件就是摘下面纱。还有的说，是埃及妇女领袖胡达·夏拉维在亚历山大欢迎萨阿德·宰格鲁勒从流放地塞舌尔归国的集会上率先摘下面纱，并扔进地中海去，在场的妇女则仿而效之的。总之，就是从那时起，埃及妇女摘下了面纱。

摘下面纱，是埃及妇女解放运动进程中的一个重要标志。这一运动的成就远不止于此。1914 年，埃及一些妇女组织成立，这些组织成为妇女参加社会事务的主要渠道。1923 年 3 月 16 日，在胡达·夏拉维女士的领导下，创建了第一个埃及妇女联合会，它是国际保护妇女地位与政治权利联合会的一个分支机构。

妇女受教育是妇女运动的又一个成果，反过来，妇女受教育又进一步促进了妇女解放运动。20 世纪初，埃及妇女开始接受初等和高等教育：1910 年埃及女孩子获准到刚成立的埃及大学听课或听专题报告。主要科目为教育学、卫生知识、道德伦理学，从伊斯兰教的观点来研究家庭结构和伦理道德以及家庭生活。以后逐步发展到研究妇女的权利与义务以及从伊斯兰教的观点来解释妇女的权利与义务。到 1929 年，埃及女大学生的人数是 17 名。

天方探幽

40年代国际妇女运动蓬勃发展的时候，阿拉伯妇女运动也发展了起来，阿拉伯妇女联合会在埃及开始了它的活动，埃及也就成了阿拉伯妇女运动的中心地区。

1952年"7·23革命"，自由军官组织推翻了法鲁克国王，夺取了政权。纳赛尔（1918—1970）执政时期，积极主张妇女解放，并将男女平等写入了法律条文；1956年的埃及宪法规定所有埃及人都有选举权和被选举权。1962年《国民宪章》亦规定："男女平等，一定要取消妨碍妇女自由行动的枷锁残余，使她们能同男子一道深入、积极地创造新生活。"①并以法律形式规定："人民议会至少要有30名女议员，地方各级人民委员会妇女成员的比例不得少于25%，""年满18岁的女公民必须参加选举与投票。"

纳赛尔在1957年1月6日发表的介绍《宪法》的讲话中首次宣布给妇女以政治权利："因为人民通过革命取得的权利，妇女同男子一样也有份。在整个艰苦的斗争中他们曾同男子肩并肩地站在一起，在为争取自由和幸福生活的共同斗争中，我们有些妇女还献出了生命。妇女曾为获得人民的权利而斗争过，因此她们有权取得她们的全部权利。"1959年8月4日，他在亚历山大郊区的一座女青年军事训练营发表讲话时，说他感到自豪，"因为今天的阿拉伯妇女是半个社会，她们肩负巨大的责任，同男子一道来建设这个祖国，建设工厂，接受技术教育和军事训练。"

纳赛尔认为，妇女从肉体到精神都要获得全部解放。1962年5月28日晚，在一次群众集会上，有人要他以总统身份提请人民注意妇女戴面纱的重要性时，他当场拒绝了。他说：他"不想投入一场巨大的斗争而同两千五百万（当时埃及的人口数）或至少是其中的一半的公民为敌。"

重戴面纱之争

1970年纳赛尔逝世，萨达特（1918—1981）继任埃及总统。由于1967年的第三次阿以战争中阿拉伯国家遭到了失地辱国的惨败，适值埃及与其他一些阿拉伯国家在现代化经济建设中遇到了一些挫折，陷入了困境。宗教激进主义者们认为，其根本的原因在于伊斯兰社会的世俗化、西方化，鼓吹摆脱逆境的唯一出路

---

① 《国民宪章》第7章：生产与社会。

是"全面伊斯兰化","回归伊斯兰",恢复伊斯兰教"正道"与法制。1979年伊朗"伊斯兰革命"的胜利,更助长了宗教激进主义的气焰,故自70年代起,在埃及与其他一些阿拉伯、伊斯兰国家再次兴起伊斯兰复兴运动。

恢复伊斯兰传统服饰,让穆斯林妇女重新戴上面纱,穿起不暴露身体任何部分的长袍,成了伊斯兰复兴运动的一道风景线。而且,令人感到惊奇的是,往往一些女大学生和城里一些受过现代教育的年轻妇女对恢复这种穿戴更为热心。一些西方记者见到这种情况,困惑不解地说:这些穿长袍戴面纱的姑娘母亲或祖母曾为摆脱这样的装饰而斗争过。一位女中学生说,她上小学时,父母不让她穿这种传统的伊斯兰长袍,但现在她的母亲与姐姐都穿上了这种长袍子。在街上,也出现了专门出售这种服装的商店,一些服装还缀有金属饰片。伊斯兰的妇女组织提供的服装更为便宜。

对于在埃及出现重戴面纱的现象及其产生的原因,埃及国家社会研究中心宗教研究室主任泽娜布·雷杜婉博士曾做过专题研究,她说:

> 这种现象是我们研究中心一直注意观察、分析的重要现象之一。因此,我们对有关产生这种现象的原因及与其相关的社会影响以及面纱与同社会发展有关的经济、文化、宗教之间的关系作了问卷调查。
>
> 调查的对象是两类妇女:学生和职业妇女,共800人,其中有戴面纱的,也有不戴面纱的。问题主要是戴还是不戴面纱的主要动机是什么?是一种动机还是多种不同的动机?这些动机是宗教原因还是其他原因?

泽娜布·雷杜婉博士接着说:"我们应当记下一条重要的注释,那就是人们的行为是按照他认为是正确的,而不是按照实际上是正确的去做,因此,有些戴面纱的妇女引用《古兰经》的经文'男子是妇女的保护者',因而拒绝与男子平等,这是我们不能苟同的。戴面纱不仅是一种现象,而且是一种伊斯兰文化行为。"

她在谈到重戴面纱的原因时说道:

> 我们如果要把这种现象放在一定的框架中进行解释的话,那么我们会发现有三种不同的解释:
>
> 第一种解释:认为戴面纱是1967年以来产生的一系列现象的一种,它表明这个社会正在寻找一种"替代品",以替代我们社会从西方搬来的世俗的思想、价值观和行为准则。因此这种现象事实上是"替代"思想的一部分,

那就是宗教的替代品。

第二种解释：是企图超越过埃及的现实，而扩及整个伊斯兰现实中，认为戴面纱就是一种复兴伊斯兰文明和文化行为……

第三种解释：是认为戴面纱是对目前我们社会消费现象的一种自发的抵制，这种消费现象正在把这个社会变为西方资本主义文明的消费市场；而戴面纱则是一种醒悟，企图针对消费的奢侈保护民族自身的淳朴。①

70年代在埃及兴起的伊斯兰复兴运动及伴随而来的戴面纱热潮，正值萨达特执政时期。萨达特一改纳赛尔时期对宗教激进主义组织——穆斯林兄弟会采取镇压的态度，而提出"信仰与科学"的口号，逐步取消对兄弟会的各种限制。但当宗教激进主义的崛起，已日益构成对埃及的政权一大威胁时，他意识到了问题的严重性，强调宗教要与政治相分离，必须区分宗教自由与宗教狂热。他对妇女戴面纱采取否定的态度。他公开嘲笑戴面纱的举动，把面纱形容成一顶帐篷。一位访问埃及的法国女记者曾向萨达特的妻子问道：

姬罕·萨达特女士，埃及流行了戴面纱的风习，你对这一现象有何看法？

萨达特夫人答道：

我反对戴面纱。因为戴上面纱的姑娘那种怪模怪样，孩子看了都害怕。我作为一个大学讲师，决定，哪个女生戴着面纱来上我的课，我就把她赶出去。我会拉着她的手对她说："出去！"在我看来，责任在大学的教师们，他们是这种现象风行的原因。如果一位先生有一两次把一位姑娘赶出他的课堂，姑娘就再也不会戴面纱了。②

事实上70年代兴起的戴面纱热，引起了具有现代意识的埃及妇女界和知识分子的不安和不满。

《夏娃》杂志的主编艾米娜·赛义德就是这种服饰的激烈反对者。她说："这种令人不堪入目的衣服只是外表的一层皮，光是靠它是打不开天堂之门或是赢得真主的欢心的。一些姑娘穿着样子难看却说是'伊斯兰教服装'的衣服走上街头

---

① 转引自[埃]穆罕默德·易斯马仪：《面纱的回归》，利雅得忒拜出版社，伊历1406年，第235—237页。

② [埃]《火种报》，1980年10月6日第2625期副刊。

或进入大学的校园。我无法理解受过上述教育的姑娘怎么会把自己用块'克凡'（裹尸布）一样的布把自己的身体从头到脚都裹起来。"①

她还说："难道姑娘们在大学里穿着把自己完全遮盖起来的服装，使她们像鬼一样，这就合乎伊斯兰教？难道姑娘们用'克凡'一样的衣服裹身，走在大街上，让人看不到她身上的任何东西这才叫好？"②

她在分析面纱回潮的原因时说：

> 开放使得一些女孩有机会穿戴昂贵的服饰，追求各种时髦，从而造成一种社会问题，在我看来，戴面纱、穿伊斯兰服装的问题即由此而来。这在很大程度上不是虔诚，而是一种逃避，是面对大学里在各种价格昂贵的服饰与无力负担的姑娘之间可怕的比较的一种逃避。当一个女孩子穿上人们称之为'伊斯兰服装'时，她就可从一种自己无法负担的金钱危机中把自己解救出来了。③

开罗北区阿拉伯语首席督学艾扎里·哈尔布对面纱的回潮很不安，曾多次在《金字塔报》上撰文，要求有关方面对女学生和女教师的服饰做出合适的决定。他在一篇文章中写道："这种把面孔全蒙起来的服饰只不过纯粹是早已过了时的过去蒙昧时期的打扮。如今除了在一些落后的或是发展中的国家外，它早已没有了地位。即使在这些国家，在突飞猛进的发展面前，它也不会存在很久了。这种发展证实了在埃及和阿拉伯东方最早号召解放妇女的人——卡西姆·艾敏所说的，那种奇装异服不过扮演了世界妇女生活的一个历史角色。一些女教师或女学生在这方面硬要把它同伊斯兰教搅在一起是徒劳无益的，因为毫无疑问，伊斯兰教要求妇女循规蹈矩，是指那些合情合理、符合健康审美的规矩，而不是那种令人感到可疑的陈规陋习，特别是让人怀疑那是企图要把个人身份遮掩起来。"他在文章最后呼吁道："真主啊，请从我们的学校、学院、大学、路上和其他的场所，把那些僵化、死亡的怪影、那些病态现象的怪影赶开吧！它们只会引起骚乱、纠纷和分裂。"④

当代埃及哲学界的元老、也是阿拉伯世界最有实力和影响力最大的哲学家之

---

① ［埃及］《夏娃》杂志，1972年9月18日。
② ［埃及］《画报》杂志，1982年1月12日，第75页。
③ ［埃及］《画报》杂志，1984年12月7日，第74页。
④ ［埃及］《金字塔报》，1981年2月2日。

一扎基·纳吉布·迈哈穆德则在《金字塔报》以《妇女界的复辟》为题发表长篇文章，指出埃及一些妇女戴面纱是一种倒退、回潮、复辟的悲剧。他写道："今天的妇女——在她们上一代的姐妹们为了挣脱屈辱的桎梏而做出的一切之后——不等父亲和丈夫命令她们戴上面纱，就自己自愿地戴上了面纱，就好像是驯顺地戴上这种面纱站在宣礼塔上向人们吆喝：'这可是后宫深闺时代的货物，快来买吧！'"

他在文章中还说："埃及妇女的今昔相差何其大！昨天，她们在亚历山大的海岸边把面纱扔进了海里，宣告她们进入了一个光明的新时代；今夜，她们却主动地要求黑暗的魔鬼为他们编织面纱，来为她们挡住白昼的阳光。"①

这位哲学家在另一篇文章中对信奉宗教激进主义的青年过激行为不无感慨地评论道："别的国家造反的青年都是对当前的生活状况以及它向新的理想的未来进展缓慢而表示不满，与此同时，我们则可以看到我们的青年造反也是对当前的生活状况不满，不过他们是号召把它退回到祖先的模式中去。"②

1985年6月17日出版的《鲁兹·尤素夫》杂志以《伊斯兰思想家侯赛因·艾敏挑战：〈古兰经〉中没有一节经文规定要戴面纱》为题，发表了这位思想家的见解："我看到了一种现象正在我们的社会蔓延开来，那就是戴面纱的现象。我听到了支持这种现象的人把它与伊斯兰教联系起来，我曾亲自查证了《古兰经》是否下令这样做，我得到的结论是：女人戴面纱并非是出自伊斯兰教的规定。"

依照他的说法，这种打扮出自波斯，他说："众所周知，最早诠释《古兰经》的人都是波斯人，诠释者受到他们出身的那些传统和价值观的影响，是很自然的。"

著名的女作家、心理学医生娜娃勒·沙达维也说："那些主张妇女戴面纱的人并不了解穆斯林妇女，他们没有研究过《圣训》，没有正确地读过《古兰经》，也不懂历史。只是搬用了一些对于真正的伊斯兰教、真正的埃及和阿拉伯文明来说都是外来的东西。我花了25年的时间对于伊斯兰教做过研究，进行比较。我发现没有一节《古兰经》经文明文写着要让妇女戴面纱。任何一个人若是说例如赫蒂彻是戴面纱的或是说我们的先知穆罕默德是规定她戴面纱的，我都可以向他挑战。从历史上说，戴面纱是开始于犹太教的。他们认为夏娃（哈娲）象征原罪，她只是一个肉体，相反，亚当（阿丹）则象征理智。因此，她应该感到自己天生

---

① ［埃及］《金字塔报》，1984年4月9日。
② ［埃及］《金字塔报》，1984年5月7日。

有缺点，而由于羞耻把自己的头蒙盖起来。"①

总之，这场百年前就开始了的有关"面纱"的论争，在 70 年代后又重新开战了。双方都引经据典，据理力争，各不相让。一方认为是复旧、倒退、回潮，认为糟得很；一方则认为这是伊斯兰教的复兴，是向真主正途的回归，好得很。争论在继续，恐怕直至下一个世纪还会继续下去。因为正如扎基·纳吉布·迈哈穆德所说，面纱只是一种别有意义的象征："本来，一个人不该对一个女人的一件衣服说三道四，她可以像任何一个人一样按照自己的口味，爱穿什么，就穿什么。但如果要用某种衣服作为一种别有意义的象征，那就另当别论了。"②

面纱之争，不仅表现了埃及阿拉伯妇女解放运动曲折坎坷的发展道路，同时也代表了目前正在埃及、阿拉伯乃至整个伊斯兰世界发生的两条有关复兴、现代化道路的斗争。

历史在发展，世界是多元化的。在今日的埃及和阿拉伯世界，你会看到有的妇女穿着蒙着头遮着脸的面纱和拖地长袍，也会看到有的妇女袒胸露背，穿着超短裙和三点式泳装。这在某种意义上讲，正是面临 21 世纪阿拉伯世界文化的一种象征。

（本文原与刘光敏合写，原载于《第一千零二夜》，吉林摄影出版社，2000 年）

---

① ［埃及］《民众报》，1983 年 10 月 5 日第 3 版。
② ［埃及］《金字塔报》，1984 年 4 月 9 日。

我与阿拉伯语是"金婚"

——访谈录

采访人(问):仲老师,今年是北京大学阿拉伯语系成立60周年,请您先谈谈阿语系当年刚成立时候的一些状况。

仲跻昆教授(答):阿语系原来是属于东语系的一个教研室,一个专业,最早建立于1946年,所以今年是原东语系建立的60周年,也是现在的阿拉伯语系建立的60周年。当年建立东语系的时候,阿拉伯语方面需要请一个人来主持。请谁呢?就请了马坚先生来。

问:请您谈一谈马坚先生。

答:马坚先生原来是穆斯林派到埃及爱资哈尔大学那儿学习《古兰经》,准备让他回国后去翻译《古兰经》的。他在学习的时候是很用功的。他应当说是当年去埃及留学的穆斯林中学有所成、成就最好的,因为他比较用功。后来他曾跟我说过,他这个人呢,先天不足。他先天不足有两方面意思:一个意思是说他是早产儿,他妈妈生他时不足月;再一点就是从知识结构来讲,没有上过高等学校就出去留学,之前学的是一些伊斯兰宗教,中文学的是古文,英文也是自学的。所以他比较刻苦用功。他用功到什么程度呢?据说不论天多冷,早上5点钟闹钟一响,就用脚蹬开被子,因为天很冷,这样就迫使自己起来用功。还有,就是国外的假期比较长,有三个月,他就利用假期钻图书馆,每个假期能翻译一部书出来,所以他那个时候就把《论语》翻成阿拉伯文,还好像是用阿拉伯文写了一本中国穆斯林的概况,向阿拉伯人介绍。回国后还从阿拉伯文翻译了回教哲学、回教教义这一类书,向中国人介绍。所以他在学术上是比较有成就的。他的成就一方面是因为阿文钻得比较深,古文也不错,还有就是他英文也不错,后来他还从英文翻译了《阿拉伯通史》等一些书。所以我觉得老先生的确是我们一个学习典范。

他是阿语系的创始人，他的功绩在于把阿拉伯语的教学引进了中国的高等教育系统。从这个角度来讲，他应当算是我们这些高校阿拉伯语师生的"祖师爷"。所以我说他是一"马"当先，"马"到成功，因为马坚姓马。由于他的作用，在我们中国、在北京大学才有了阿拉伯语系。

问：请您谈一谈您自己的一些情况。

答：我是1956年入学的，所以今年是东语系、阿语系系庆60周年，还赶上马坚先生100周年诞辰，而我个人和阿拉伯语的结合今年也整整50年，应当算是"金婚"了。

那个时候我为什么要学阿拉伯语呢？当然小时候也读《一千零一夜》等一些书，但开始我不是想学阿拉伯语。我过去在中学演过戏，在大连话剧团做儿童演员，而且我对文学比较爱好，所以在这之前也有过做演员、当作家这些理想。但后来到东语系后就面临一个选专业的问题。当时1956年的形势是纳赛尔把苏伊士运河收归国有，这就引起了英、法、以三国侵略埃及，所以那个时候中东地区比较热闹，学阿拉伯语自然是个热门。日语当然也是个热门，大家都去报。但是我从个人的好恶来讲，就觉得别的可以学，但日语坚决不学。因为我是大连人，大连在日本统治的时候叫"关东州"，当时的地位相当于中国台湾，完全是殖民地，比伪伪满洲国还要日本化，所以亡国奴的程度更厉害一些。我那时候虽然很小（因为我是1938年生的，所以还比较小），但是也还是尝尽什么叫亡国奴的滋味。所以从感情上来讲，绝对不学日语。那时候的想法就是，我可以学别的，但是不学日语。现在看来，这样当然也不对，但那时候年轻人就是有这样一个思想。至于其他一些专业，我有时候又觉得太小，不想学。所以就使了一个"招"，就是把日语放在第三志愿，第一二志愿是印地语和阿拉伯语，因为日语很热门，所以这样就肯定不会把我录取为日语，而只能把我录为前两个专业之一。就这样，我学了阿拉伯语。

问：我们都知道阿拉伯语很难学，您是怎么解决这个难题的？

答：阿拉伯语的确很难。当时我也听说是比较难学，现在这一点也是大家公认的。为什么说难学？过去我看过一个材料，说原来东欧国家的外交官，如果懂一门外语，工资可以加百分之十，但是如果懂汉语或阿拉伯语的话，工资就加20%，从这点来看，阿语和汉语就是世界上最难的语言了。那时候我们去访问马坚先生，马先生就说，你要说它难，也难；说它不难，也不难。要说它难，俄语有六个格，阿语只有三个格，这样一比，阿语也不过如此。马坚先生还说，"难能可贵"，只有难，学出来才算有本事。所以我那时候的想法就有点"明知山有虎、偏向虎山行"的劲头，觉得还是应当把它学好的。而且那个时候，二十世纪五六十年代，正是阿拉伯国家和中东形势、民族解放运动风起云涌的情况，所以我们的学习劲头还是比较大的。那时候也常有阿拉伯代表团访华什么的，所以也觉得阿拉伯语用处比较大。

问：那您是什么时候当老师的呢？

答：我是1961年留校的。开始，没有我当老师这个名额。那个时候我记得同学分配有去总参的、中调（安全部）的、也有新华社等部门的，还有一个名额是北大研究生，我就想报这个研究生。因为我觉得军队纪律严，当时的我有点吊儿郎当的，不太适合。再一个，我觉得阿拉伯文这么难，这么深，好像自己还学得不够，还想再学点儿，所以就报了阿拉伯语研究生。然后我就回家等信儿了，因为那时候我们都是填个表，然后等上面统一分配。后来我接到通知，让我留校当老师。

问：从您当老师到现在有45年了，在这么长的时间中，您当老师的体会是什么呢？

答：我当教师的体会就是，一个人，你可以不当教师，按现在的说法，你可以自己选择，你可以觉得哪儿挣钱多，去当"大款"；也可以觉得哪儿可以官运亨通，去从政当"官"。但是你要是做教师，在我看来就是，你要么不要做教师，要做，就必须要做好。为什么？因为搞别的，好坏很大程度是关系到你自己。但是你做教师，面对的是一些学生，是活的人，教好了，这些人就是国家的栋梁，教不好，你就是误人子弟。所以做教师是必须有责任心的。因此，我觉得做教师必须要做好，道理就在这儿。当教师必须要投入，因为如果不投入就做不好。误人子弟，从某种意义来讲等于犯罪。另外，过去中国的传统是"天地君亲师"，这么个排列顺序。天、地、皇帝、父母，再往下就是老师了。实际上从接触来讲，老师是学生的一个样板，他对于一个人的影响很大。从我个人体会来讲，我因为过去演过戏，在中学演过，后来大学时在北大也演过戏，红过一时，后来到干校也演过。我就感觉，教师实际上也是在演戏。一个人大概总有些表演欲的，所以为什么有那么多人想当歌星，想当明星，他就是有一种表演欲，希望能够向人展示自己。教师呢，实际上也是整天在演戏，也是向学生在展示你自己。展示什么？一个是你的学问，一个是你的人品。演艺界有个说法叫做"德艺双馨"。作教师恐怕就必须要做到这个"德艺双馨"。从业务来讲,你得是拔尖的,从人品来讲,也应当是为人师表。演戏,可以演正面人物,也可以演反派人物,无论正反,只要演得好,都会令人叫绝,为你捧场。但是做教师不行,教师是只许演正面人物,不许演反面人物的。要是有什么事做得让学生和别人在背后飞短流长、说三道四,那这个教师是绝对不成功的。这就是我做教师的体会。

我做教师还有一个很深的体会就是,马坚先生有一句话对我影响比较深,他说:"教师啊,就像一口井,只有把自己挖得更深一些,水才会源源不断,才会出清水。如果这口井挖得不深,打上来的往往就是泥汤子,给学生喝的就是泥汤子了。"所以做教师就必须不断把自己往深里挖。否则的话,以其昏昏使人昭昭是不可能的。你要想在课堂上让人家问不倒,就必须要好好备课。所以我过去的备课,自己觉得还是很认真的。

问:听说那时候阿语系的发展应该说是很不错的,招生也很多,学生出路也很好,学术方面的成果也很多。

答:是的,那个时候我们三个年级,当时的形势逼着大家去好好学习。之前我也提到,不仅苏伊士运河战争打响,后来黎巴嫩美军登陆、伊拉克"7·14革命"、埃及和叙利亚搞合并后来又破裂,还有阿尔及利亚反法殖民主义斗争等等,中东地区很热闹,这就迫使我们努力学习。从国内来讲,正赶上大跃进热潮,每个年级都报名,翻译多少本小说或是搞字典。现在看来,包括亩产多少斤什么的,那时候有很多浮夸的东西,但当时身临其境,在那个热潮中,大家的热乎劲儿还是很高的,晚上大家一起在一个小屋子里搞科研到十一二点,然后到勺园去吃夜宵,吃馄饨,挺热闹的。我觉得那样的搞法对学习还是有一定的促进的,而且有一种互相推动,大家合作的精神。还有1959年国庆十周年,大请外国代表团、党派代表团、政治代表团,阿拉伯这么多国家,建交的请政府代表团、民间代表团,没建交的就请党派代表团。那时候我还三年级不到一点,就拉出去短期集训,然后就去翻译。那时候我被派到沈阳去,所有阿拉伯代表团到辽宁参观访问时,我都得参加接待。这样也有促进作用。三年级学生常常就被借出去为代表团翻译,这样就促使大家不断地搞好学习。

问:然后就是"文化大革命"了。那时学习情况怎么样?阿拉伯语系还招收新生吗?

答:开始的时候没有招生,后来就招了工农兵学员。那个时候我在干校劳动。劳动开始是很苦的,在江西南昌鲤鱼洲,是鄱阳湖围堤屯田的一个小岛,发大水就很可能把整个岛淹没。后来有的专业在那儿也招过工农兵学员，不过阿拉伯语专业没在那里招过。那个地方原来是劳改农场，是血吸虫疫区，北大、清华有不少人在那儿得了血吸虫病。我们在那儿种稻子。

问：那时还学习阿拉伯语吗？

答：不能搞专业。那时候，生活上很苦，但从当时的心理来讲，甘于吃苦，好像就是要锻炼。而且那时候我们都比较年轻，要求进步，要求在"风口浪尖"里摸爬滚打，"一颗红心献给党"。那时候西语、东语、俄语系，也就是现在的外院被编为九连，这就是为什么现在外院一些老教授互相都很熟，因为那时候大家都住在一个大草棚里，同吃一锅饭。有一些老教授，家里怕他们生活过不惯，还从北京家里寄些罐头、糖果、饼干什么的。结果不行，发现这些东西，就要统统没收，大家还开会进行批判，说"这是改造么？"，收到东西的人就低着头接受批判，然后就把这些东西送到幼儿园去。

问：听说您特别喜欢编剧，您都编过什么戏？

答：我编了一个剧，叫《传家宝》，也叫《一根扁担》，是个对口诗剧，两个人来演三个角色，我一个人演两个角色，还有个梵语专业的张保胜演另外一个角色。那时候北大的人都知道。这是一个批判剧，批判所谓"修正主义教育路线"，是讲一个贫下中农的孩子上了大学，说"北大是个大染缸，过了多少年不认爹和娘"，变得讲究吃穿，后来经过干校的劳动锻炼，再重新把贫下中农的品质又捡回来了的故事。这个剧现在看来，批判"修正主义教育路线"什么的是不太对，但这个现象，就是有些山沟旮旯来的孩子上了大学之后变得好逸恶劳、贪图享受、忘了本、丢了本色这类事情，依然存在。所以这个剧也可以一分为二地看。这个剧在当时很轰动，不仅在江西干校演，还演到了北京总校，又演到了汉中分校；不仅在学校里演，还到社会、工厂、农村、别的干校等地方去演。演戏的好处，老实说，就是我在一定程度上可以逃避艰苦的劳动，少吃了不少苦。后来他们又调我回北京来参加北大的文艺小分队。当时北大的毛泽东思想文艺宣传队是搞得很有名的，我们演一些剧、说相声、对口词，也唱歌、跳舞、唱样板戏……什么都有。我是演员兼创作组的。

后来搞复课闹革命，我就忍不住想搞业务了，在小分队里就有点"消极怠工"，说我写不出来，没生活。后来他们就把我放回来了。放回来以后，开始时教研室接了上面布置下来的任务，要出两本书，让我校译，一本是《阿拉伯半岛史》，一本是《科威特简史》。再后来正好外边要人，我就到苏丹打井队去了。

问：到苏丹打井是怎么回事？

答：当时我们给苏丹修公路，是江苏省的援外项目，要求北京地质队水源队去为修公路找水源，需要翻译，就让我去了。那是我第一次出国。我也知道苏丹很苦，但是我从来没出过国，很想出国，因为觉得我学阿拉伯语应当在外边见识见识。能出国简直就是一种政治待遇，因为当时我们都算资产阶级知识分子，"臭老九"，能出国就好像在政治上合格了。出去的确是很苦，但是从生活来讲那时候在国内也不富裕。苏丹是世界三大火炉之一，非常热。洗完一件衣服晾在那儿，等下一件洗完再看这件就已经干了；坐汽车的时候也没觉得出汗，但下车之后屁股上是个白圈——盐圈；日本的体温计挺好，想买几个带回来，没注意，回来一看，已经顶爆了。我们虽然是专家，但似乎是把"五七道路"走到了国外，每天穿着工作服，背着大水壶，戴着大草帽，顶着大太阳，在荒郊野地里测量、奔波，住的是简易的活动房，热的要命。那时候虽然生活很苦，但是两年下来，对自己的口语、口译水平都有所提高，对他们的生活状况、风俗习惯，也有所了解。所以能有机会出去，还是很好的。现在有些年轻人，给一千美元或者几百美元，也不肯出去。我们那时候不行，在我看来只要能让我出去，给的钱能够生活就行。当然不出去也能学好。出去有出去的学法，不出去有不出去的学法；出去有出去的好处，不出去有不出去的好处。这不是绝对的。像我第二次出国到埃及进修的时候已经四十多岁了，已经不是很想出去了。所以我的学习积累的很大一部分还是在国内完成的。

问：那您是什么时候从苏丹回国的？

答：1972—1974年我在苏丹，然后回国就是教他们倒数第二届的工农兵学员，75年入学的那批，到昌平太平庄搞"开门办学"。开门办学的意思就是，走出课堂去办学，把学生带到社会上去，走出校门。开的门是北大的校门。

开门办学的时候我还是希望能把学生教好的，因为我跟你们说过，既然是个教员，不论在什么场合都是应当尽好自己责任的。

问：后来您还出国留学过吗？

答：到"文化大革命"以后，1978年我就到埃及开罗大学去进修两年。因为我觉得人家好像都镀过金了，我还没有，一直都是在国内学。在苏丹走了两年"五七"道路，好像也不算数。所以有这么个机会就出去了。我在埃及的时候，把当时的文化参赞得罪了。

问：您一个留学生怎么敢得罪文化参赞呢？

答：埃及每年有一个定期的书展，往往都是12月底到1月之间，书展上各个国家、各个书店的书都集中在那儿，书价很便宜，至少打七五折。我看着这些书很眼馋，我知道北大的书很老，因为我在学校的时候是整天钻图书馆的，所以哪本书放在哪儿，图书室里有哪些书，我还是比较清楚的。当时国内的国际书店派了两个人去，他们说，如果回国后北大认账，付给他们人民币，他们是可以帮忙买这些书的。北外是事先就有这样的约定，但北大没有。当时我就说没问题。但是这个参赞向我们索要国内的照会、证明或者委托书。我说我没有，书展就快就要闭幕，现弄也来不及了。那个参赞就怎么也不答应，就是刁难我们。正好那个时候过年，我们就去看望大使，然后聊天，大使姓姚，人很好，也很有学问。大使问我们还有什么困难。我就谈起了这个事。我说书展马上就要闭幕了，我想给学校买一批书，这批书这样买最便宜，我想学校一定会付这个钱的，但是参赞不答应。大使一听，当夜，那时候都12点多了，就打电话把使馆的会计和这个文化参赞叫去了，当着我们面批评了他。然后拨了一些钱，让我们给学校挑了一些书。我就跟顾巧巧（原阿拉伯语系教师）挑了好多书。所以你看现在好多书都是当时我们挑的，装箱海运，给学校买了这批书。回来以后，图书馆那时候老袁（原东语系图书馆工作人员）说："啊呀，你们这批书买得太好了！"但他不知道我们买这批书是多么艰难。

留学的头一年，旧章未废，新章未立，除了吃住，我们的生活费每月仅有10块人民币。过了一年，生活费才提到了每月40块人民币。因为这样，我们在国外要买书什么的都很难。我们那时候应该算是访问学者，但是其实就像个穷学生。六七个人甚至没有一架照相机，也没留什么照片。那时候光知道肯德基、麦当劳，埃及也有，但我们从来不敢问津，我们没在外边吃过一顿饭，没在外边喝过一瓶汽水。那时候我就觉得，像我这样去进修没意思。因为在国内，图书馆有多少书我可以随便看，而在外面我买不到书，没有钱买书。而且我和外国教授总要有些交往，但我没有礼品，不能请人吃饭。那时候作为一个中国知识分子在某种程度上我感到有些屈辱。

老实讲，那时候论学问我不会比谁差。有个外国人，说是要搞博士论文研究，连一句完整的阿拉伯语都讲不好，书却能买一大堆。可是我没有这个条件。如果早一点让我出去，如果条件能更好一些，我也许会做出更多的成绩的。现在，年纪大了。

问：但是您在阿拉伯文学方面、翻译方面的学术成果还是很丰硕的。

答：是，我还是做了一些事情。我翻译了一本《阿拉伯古代诗歌选》，这样呢，我等于把阿拉伯的一百三十多个古代诗人，大概有四五百首诗歌（不一定是整诗），断断续续地翻译了过来。因为我觉得阿拉伯的文学还是很有研究价值的，它的文化和文学都是很深厚的，可谓源远流长。因为上古时期两河流域、古埃及文明都在现在的阿拉伯地区。中古时期的阿拉伯文化和文学，可以和中国相媲美。中古时期，相当于伊斯兰教创立之后，阿拔斯朝时期，那时候世界只有"两霸"，一个是丝绸之路这边的中国，另一个就是阿拉伯大帝国，它横跨了亚非欧。它为什么会有那么好的文化呢，因为那个时候，欧洲是处于神权统治的黑暗时期，罗马帝国是讲究一神教的，而过去希腊的时候是多神教，所以罗马就把希腊的很多东西毁了。但是阿拉伯这个时候是大量地吸收，而且在宗教上它采取了宽容的态度。它把希腊、罗马、波斯、印度，还有中国的东西都吸收进去。它的"智慧馆"（Bayt al-Ḥikmah）相当于它的一个编译局、社科院、国家图书馆和科学院。而且它不单纯是翻译，还有加工创造，所以在哲学等各方面都很好。甚至在语言方面，阿拉伯语，就像现在的英语，是一种国际通用语言。当时中亚、波斯、西班牙……都可以不用别的语言而用阿拉伯语。这边呢，就是以长安为中心的中国，当时的日本、越南、朝鲜，都跑到长安来学习。所以阿拉伯的文化、文学、历史，很多东西都有待于我们作更深入地研究。

阿拔斯朝的诗歌，绝对不会比我们《全唐诗》的诗歌少。才逝世不久的绍基·戴伊夫（Shawqī Ḍayf），算是阿拉伯文学史方面的权威，他写的阿拉伯古代文学史，有8卷，《一千零一夜》才占那么一页或是一页半。阿拉伯文学史中很大部分是介绍它的诗歌。所以我翻译的《阿拉伯古代诗选》，也只是其中很少一部分。它的诗歌是很好的，格律很严谨，而且是抒情诗为主，他们没有大段史诗。所以它跟中国有很多相似的地方。阿拉伯诗歌虽然好，但是那些不懂阿拉伯文的人怎么办？所以就要翻译，翻译出来后还要让人家看得出来是诗，读起来有诗的味道。

都说译事难，译诗更难。有的人认为诗不能翻译，但是我认为还是应当努力去翻译，所以在这方面作了些努力。我有些诗翻的还是不错的。像我那本《阿拉伯古代诗选》里面有两首《悬诗》，一首是乌姆鲁勒·盖斯的，另一首是祖海尔的，这两首诗是《悬诗》中最有名的。每首悬诗相当于一百个"贝特"（bait）左右，每个"贝特"相当于汉语的两句，所以一首悬诗译成中文就相当于二百句左右，要一韵到底。我的翻译就是一韵到底的。我翻译过诗歌、小说、散文，其中有纪伯伦的《泪与笑》，我觉得翻得也还可以，有的还被中学课本给选进去了。我的翻译原则就是：那边要对得起原作者，这边要对得起读者。就是说意思要忠实于原文，这边中国人读了还得像那么回事。这就既要求阿语水平，又要求中文水平。你们这些学外语的，将来就是一方面阿拉伯语要学深学透，另一方面就是汉语也要好。特别是越到高年级，越往深里学，在很大程度上要拼汉语。

再一个就是，我写了一部《阿拉伯现代文学史》。我觉得它的特点在于：这样一部文学史，阿拉伯世界都没有。为什么？我在这本书里把阿拉伯现代所有国家（除了毛里塔尼亚、吉布提、索马里以外）的文学全都作了介绍。阿拉伯出的文学史还没有一本把这些国家全都包括在内的。最多是埃及、叙利亚、黎巴嫩、伊拉克等，各写各的；综合一下的也不过是把突尼斯的沙比、伊拉克的鲁萨菲、宰哈维等著名诗人包括进去。至于也门、巴林、卡塔尔、阿曼、科威特、阿联酋，甚至沙特、苏丹、利比亚、摩洛哥、阿尔及利亚……都没有写进去。而我的书是综合的，每个地区、每个国家的都有。这应当算一个特点。还有就是他们的阿拉伯现代文学史，一般都写到第二次世界大战就结束了，连获诺贝尔奖的纳吉布·马哈福兹都没提到。而我从19世纪初写到了2004年。这也是别人没有的。就是说从时间上来讲，我这部文学史跨度大、内容新、鲜活。再一个，黎巴嫩或西方，信基督教的人往往对伊斯兰教有偏见，而信伊斯兰教的阿拉伯人写的又往往受宗教信仰或民族主义的影响，有一定的局限。我两边都不是，我有我的观点，我觉得哪个说得更合理就采取哪个，所以我写的可能更公平、更客观些。这也应当是一个特点。再一个就是我书里引用的诗歌，在翻译上还是比较认真、比较讲究的，不像现在有些诗歌翻译，读起来让人感到别扭，不太像诗。我的这本书虽然并非完美，但至少还有以上这些特点吧。这本书好像也是中国第一部比较全面、系统的阿拉伯现代文学史。

我现在正在搞的国家课题是《阿拉伯文学通史》。那就要把古代的部分再写进去。这部分，讲义什么的我也有一些了，还有一本《阿拉伯古代诗选》，另外编《东方文学词典》时，我把阿拉伯一些古代诗人、文人的简介也都整理出来了，所以将来拼拼凑凑，写《通史》也不会是一件特别困难的事情。

这么多年来，我还是做了些事的。所以到我退休的时候，埃及高教部给了我一个表彰奖。其实也就是一张纸，但我觉得挺舒服的，这至少证明外国人承认我还是有一定成就的。自己良心上过得去，总算做了一些事，而且我感到欣慰的是，自己还教了这么多学生。做教师有个好处，叫"桃李满天下"。其实古人说的"天下"哪儿有那么大，最多有几个省大；孔子的弟子三千，有七十二个成贤好像就很了不起了。我们这个"桃李满天下",是确确实实的。到国外去,看到使馆、学校、工地……好多人,都是我们的学生。虽然有些人我不大认识,叫不出名字,但他们认识我,说起仲老师,大家还都知道。仅是这一点,也让我感到很欣慰,觉得这一生没有白活,还是做了一些事,而且到临死之前,还可以继续再做一些事。

今年正好赶上我们阿语系创立60周年,也就是全国的阿语进入高校的60周年,所以我认为全国的阿语界应当总结一下,坐下来展望一下前途,好好谈一谈,我们怎么样共同做些事情,把中国的阿语真正搞上去。中国的阿语人才不是太多了,而是太少了。我们的阿拉伯语教学要深,要高,要精,要尖,要用更少的时间培养出更多高深精尖的人才。所以每个人应当负起责任来,站好自己的岗,把好自己的关,无论教学的、行政的、学的、教的,应当各司其职,完成好自己的任务。这就叫任重道远,也是我们责无旁贷的事。

访谈整理:徐文、付志明(原载于《国外文学》2007年第1期;又载于《学路回望——北京大学外国语言文学学科史访谈录》,北京大学外国语言文学学科史项目组采访王东亮主编,北京大学出版社,2008年)

文化探析

阿拉伯文学概略

阿拉伯文学的分期

阿拉伯文学在不同的历史时期有不同的地理范畴和不同的涵义：在伊斯兰教创兴前和创兴初期是指阿拉伯半岛人民的文学；此后是指阿拉伯帝国的文学；在现代则是指阿拉伯世界各国的文学。

一般说来，阿拉伯文学史可以1798年拿破仑入侵埃及为界，分古代与现代两大部分。即19世纪前为古代，19世纪后即为现代（包括通常所说的近代、现代与当代）。

依照传统，阿拉伯古代文学史基本上分五个时期：

（一）贾希利叶时期（475—622，亦称蒙昧时期）

这一时期是指伊斯兰教创立前的150年左右期间。"贾希利叶"（al-Jāhiliyah）一词原为蒙昧、愚妄、无知的意思，源于《古兰经》。因为从伊斯兰教的观点看，当时半岛大部分游牧民桀骜不驯，信奉原始宗教，即信仰多神，崇拜偶像，而未认识真主，因而被认为是蒙昧阶段。当时人们多以氏族部落为单位，放牧驼、羊，逐水草而居，过着游牧生活。因生产力低下，部落间常因争夺水草而发生冲突或战争，盛行相互劫掠和血亲复仇。居住于阿拉伯半岛的阿拉伯人在这一时期才逐渐有了统一的标准的阿拉伯语言和文字，并日臻完美；而流传至今诸如世界文坛奇葩的《悬诗》等最古的阿拉伯文学作品，也产生于这一时期。

（二）伊斯兰时期（622—750）

即自穆罕默德创兴伊斯兰教至伍麦叶王朝灭亡。这一时期又分为两个时期：

先知穆罕默德和四大哈里发在位的伊斯兰初兴时期（622—661）和伍麦叶王朝（亦译"倭马亚王朝"，661—750）时期。

穆罕默德（Muḥammad 570—632）实现了整个阿拉伯半岛的伊斯兰化，完成了阿拉伯半岛的统一。穆罕默德逝世后，由艾卜·伯克尔（Abū Bakr 632—634）、欧麦尔（'umar bn al-Khaṭṭāb 634—644）、奥斯曼（'uthmān bn 'affān 644—655）、阿里（'alī 655—661）先后继位，称四大哈里发（al-Khalīfah 意为后继者、接班人）。661 年，伍麦叶家族从阿里手中篡权，自立哈里发，并从此改政体为世袭帝制，遂名伍麦叶王朝，迁都于大马士革。伍麦叶朝旗帜尚白，我国古书称之为"白衣大食"。在这一时期，由于不断征战，开疆拓域，自 8 世纪上半叶，阿拉伯帝国最后形成。其疆域西起大西洋的比斯开湾，东至印度河和中国边境，跨有亚、非、欧三洲（即中亚、西亚、南亚、北非以及南欧的伊比利亚半岛和西西里岛）的土地。

（三）阿拔斯王朝时期（750—1258）

750 年，先知穆罕默德叔父阿拔斯的玄孙艾卜·阿拔斯（Abū al-'abbās 750—754 在位）从伍麦叶人手中夺得政权，建阿拔斯王朝，因旗帜尚黑，中国史书称"黑衣大食"，1258 年，蒙古人旭烈兀攻克巴格达，杀死阿拔斯朝最后一位哈里发，王朝遂亡。

学者又往往依照各自的观点，将阿拔斯朝再细分成几个时期：有的将其分为前后两个时期，其分法又有两种：一种是波斯布韦希人在巴格达掌权（945 年）为界，将前约 200 年称为阿拔斯前期（750—945），后约 300 年称为后期（945—1258）；另一种分法是以哈里发穆台瓦基勒上台（874 年）为界，认为此前约 100 年为阿拔斯朝的鼎盛时代，称为前期（750—847），往后则渐大权旁落，走下坡路，称后期（847—1258）。有的学者将阿拔斯朝分为三个时期：将前约 100 年称为前期（750—1258），第二个约 100 年称中期（847—945），余者为后期（945—1258）。亦有学者将这后一时期再以 1055 年塞尔柱人进入巴格达为界，再分成两个时期（945—1055，1055—1258），共成四个时期。

阿拉伯帝国版图建立在多种文明的积淀上；各族混居通婚；统治者奉行文化"广采博收""择优而取"思想自由、宗教宽松政策；对文人墨客又多方奖励；许多印度、波斯、希腊-罗马的文学、哲学、科学著作被译成阿拉伯文，故这一时期的阿拉伯文化呈多元、多彩、繁荣、昌盛的状况，特别是在开国初的一百年间更是如此，被认为是阿拉伯文化的黄金时代。王朝后期，虽是地方割据，王国群立，但很多王公贵族文化素质很高，有的本身就是文人、学者，同时，他们为自身利益也往往招徕力量，笼络各方文人、学者为他们服务，这就使得这一时期的文化仍相当繁荣，且形成巴格达、开罗、阿勒颇、科尔多瓦等几个文化中心。

值得注意的是8世纪初叶伍麦叶朝时代西班牙地区已被阿拉伯人征服，称安达卢西亚。自8世纪初，至15世纪末，阿拉伯人在安达卢西亚地区统治长达近8个世纪之久。这一地区自然环境与民风与东阿拉伯迥然不同，故而安达卢西亚的文化、文学有许多特点，产生了许多著名诗人、学者。

（四）近古时期（1258—1798）

1258年旭烈兀占领巴格达后，曾下令洗城40天，把书籍焚毁或投入底格里斯河。蒙古军队所到之处，文化典籍几乎荡然无存，文化遭到破坏，文学难免停滞。同一时期，在西方，阿拉伯人被逐出安达卢西亚。只有统治埃及、叙利亚和希贾兹地区的马木鲁克王朝（1250—1517）的首都开罗仍保持其光彩，成为文人聚集的文化中心，文学活动相对比较活跃。1517年，马木鲁克王朝亡于土耳其人始建于14世纪初的奥斯曼帝国。此后，至16世纪中叶，阿拉伯各地相继落于土耳其人之手，成为奥斯曼帝国的行省。

在阿拉伯文学史上，这段始于1258年旭烈兀占领巴格达，止于1798年拿破仑侵占开罗的近古时期，又被称之为"衰微时期"。其中又可分为两个阶段：1.1258—1517，被称之为蒙古-马木鲁克时代；2.1517—1798，被称之为奥斯曼-土耳其时代。

马木鲁克朝的统治者毕竟是异族人，大多文化素养、文学鉴赏力都不高，使他们对诗人、作家缺乏热情的奖掖和鼓励；人们又多在贫穷困苦中挣扎，难得有闲情逸致去舞文弄墨。因此，与中古时期相比，文学显得中衰是不难理解的。在奥斯曼-土耳其人统治时期，阿拉伯文学进一步衰落，处于最低潮。这是因为掌权的土耳其人对阿拉伯人横征暴敛，实行种族歧视和愚民政策，规定土耳其语为国语，人们的文化水平和文学修养普遍下降。阿拉伯的诗人、墨客难以受到那些不懂或不精通阿拉伯语的土耳其统治者的赏识，仅靠诗文他们往往难以生存。

有些阿拉伯学者不同意将这一时期称为"衰微时期"，认为这一时期的文学并未衰微。其实，衰微与否只是相对的。如果与这之前比较，无疑，阿拉伯文学这一时期在异族统治下是有所衰微，否则为什么把此后的近现代称为复兴时期呢？若无衰微，何必复兴！

以上是阿拉伯文学史传统的分期。西方学者这样分，阿拉伯各国多数学者也都这样分。只是近年来，埃及著名学者邵基·戴伊夫（Shawqī Ḍayf 1910—2005）在其巨著《阿拉伯文学史》中提出一种新的分法：即把阿拔斯朝时期限定于在945年布韦希占领巴格达前，并把它以847年为界，分成前后两个时期，而把自945年直至1798年这整个一段时间称为"诸朝列国时期（'aṣr ad-Duwal wa al-Imārāt）"。邵基·戴伊夫教授是当代在埃及乃至整个阿拉伯世界都颇有影响的阿拉伯文学评论家；其专著《阿拉伯文学史》是一部史料翔实、观点新颖的鸿篇巨著。这位教授及其文学史都颇有权威性。他的这一标新立异的分期理由似乎也很充分：945年后，原阿拔斯王朝实质上已名存实亡，阿拔斯的哈里发已不掌握实权，各地区纷纷独立，建立各自的小王国。但仔细分析一下，让人对邵基·戴伊夫先生的分期法实难苟同：首先，直至1258年，后期的阿拔斯王朝虽然名存实亡，有名无实，但毕竟是"名存""有名"，阿拔斯的哈里发毕竟还是正统的名义上的宗教领袖；其次，传统毕竟是传统，阿拉伯与外国的古今史学家都将阿拔斯朝划至1258年，文学史的分期，应依据传统的历史分期，约定俗成，这种划分已在人们头脑中形成一个传统的概念，将一个所谓"诸朝列国时期"的概念强加于人们的头脑中，并要让人们改变固有的概念，把阿拔斯朝诗坛巨子穆太奈比（915—965）、艾布·菲拉斯（932—968）、麦阿里（973—1057），把赫迈扎尼（969—1007）和哈里里（1054—1122）的《玛卡梅集》和伊斯法哈尼（897—967）的《诗歌集成》等名著不说成是阿拔斯朝时期的诗人、作家、作品，而是属于一个所谓"诸朝列国时期"，其结果必然造成人们思想观念的混乱，是令人难以接受的。再者，如果以阿拔斯朝自945年名存实亡，阿拔斯的哈里发有职无权、有名无实，诸王列国相继独立为理由，而否定其后至1258年的属阿拔斯王朝的话，那么阿拔斯朝与所谓"诸侯列国时期"似乎还应往前提，因为早在847年以后，阿拔斯朝的哈里发们就已大权旁落，成为被玩弄于突厥近卫军股掌中的傀儡，而早在945年之前，各地的大封建主已割据称雄：在东方有塔希尔朝（820—872）、萨法尔朝（867—903）、萨曼朝（874—999）、布韦希朝（925—1055）、哈木丹王朝（929—991）等；在西方，在埃及有土伦朝（868—905）、伊赫希德朝（935—969）、法特梅朝（909—1171），在北非则有伊德里斯（788—974）、艾格莱卜朝（800—909），而西班牙（安达卢西亚）自714年被占领后，就一直掌握在伍麦叶人手里，阿拔斯朝建立后，史称后伍麦叶朝

（750—1031）。上述诸朝列国都建在945年前。按照邵基·戴伊夫先生的逻辑，阿拔斯朝只有100年的历史，甚至应是根本不存在的（因为从某种意义上讲，阿拔斯朝从未是一个统一的政权或王朝），这种推论的结果岂非荒谬！可见文学史或历史的分期，不能完全凭个人主观去标新立异，而应尊重传统习惯的分法。

在按照传统划分的阿拉伯文学史的这五个时期中，我们还可以把它们归纳成阿拉伯文学三个兴盛时期：

（一）贾希利叶（蒙昧）– 伍麦叶朝，为阿拉伯文学的第一次兴盛时期。

（二）整个阿拔斯朝为第二次兴盛期。

（三）近现代为第三次兴盛时期。

一个民族或国家、地区文化发展、文学兴盛，都要遵循"传承 – 借鉴 – 创新"这一规律，古今中外，概莫能外。阿拉伯文学的三次兴盛也不例外。纵观这三次兴盛，我们可以看到，它们正是在传承、弘扬本民族文化、文学的基础上，与他者撞击、融汇，向他者借鉴并加以创新、发展的结果。每次的撞击与融汇，一方面影响了阿拉伯文学，促其振兴；另一方面也同时影响了世界其他很多民族文学的发展。

古代阿拉伯文学简述

阿拉伯是一个诗歌的民族。诗歌被认为是阿拉伯人的史册与文献。它像一面镜子，真实而生动地反映了阿拉伯民族的历史与社会现实。诗歌是阿拉伯文学，特别是阿拉伯古代文学的主要表现形式。

阿拉伯流传至今的最古老的诗歌可追溯至5世纪下半叶，即贾希利叶时期。当时的诗歌已显得成熟而完美。那时虽已有了书面文字，但识字人很少，诗歌主要靠口耳相传。诗人在人们心目中享有很高的地位，受到人们的尊崇。他们在党同伐异的部族之争中，是本部族的代言人；在战争中，他们似鼓号手，激励人们去战斗；在日常生活中，他们又是贤哲，启迪人生的真谛。

贾希利叶时期最著名的诗和诗人是《悬诗》(al-Muʻallaqāt) 及其作者。《悬诗》是贾希利叶时期7篇或10篇著名长诗的总称，被认为是这一时期诗作的精华和代表，从而被列入世界文学名著之列。此外，还有一类"侠寇诗人"(aṣ-Ṣaʻlīk) 也很著名。这些人往往一贫如洗，劫富济贫、行侠仗义。他们的很多诗歌真实地描绘了当时下层贫民百姓啼饥号寒的穷苦生活，反映了他们对贫富悬殊、社会不公的强烈不满，对自由、平等和幸福社会的追求与向往。

这一时期传世的散文不多。这是因为当时阿拉伯人多为文盲，一切作品都是口耳相传的口头文学。诗歌因为合辙押韵，便于记忆，而散文作品则往往不易被完整传述下来而保持原貌。流传下来的只有一些演说辞、箴言、成语、格言、卜辞和故事等。

《古兰经》既是伊斯兰教具有绝对权威的根本经典，又是阿拉伯文学史上第一部成文的最有影响的散文著作。作为伊斯兰教的经典，《古兰经》不仅在政治、宗教方面起到了统一阿拉伯民族，传播伊斯兰教等的绝对作用，而且对阿拉伯语言、文学乃至整个伊斯兰文化方面都产生了深远的影响和巨大的作用。它使阿拉伯语得到统一和保存，被认为是阿拉伯文学修辞的典范。它的问世带动了伊斯兰–阿拉伯哲学、历史等学科的研究，促进了伊斯兰–阿拉伯文化的发展。

伊斯兰初创时期，诗坛一度显得有些沉寂，只有一些为先知穆罕默德和伊斯兰教歌功颂德以及为伊斯兰开疆拓土鼓吹的"宗教诗"和"征战诗"。

如果说在伊斯兰初期诗坛曾一度显得有些沉寂、萧条的话，那么，在伍麦叶朝，则又恢复了喧腾、繁荣的局面，出现了大量的政治诗和情诗。

在这一时期，随着错综复杂的社会矛盾的发展，形成了许多政治与宗教派别，反映在诗坛上，就产生了政治诗。诗人实际上成了各派的发言人，利用诗歌的形式阐述本派的主张，进行斗争。伍麦叶朝的统治者为维护并巩固自己的统治，实际上纵容、鼓励诗人们相互舌战，并替他们歌功颂德。在这种奖掖下，"对驳诗"（an-naqā'iḍ）兴盛起来。艾赫泰勒（al-Akhtal 640—710）、法拉兹达格（al-Farazdaq 641—732）与哲利尔（Jarīr 653—733）之间的对驳诗战长达50年之久。他们三人被认为是"伍麦叶朝三诗雄"。

情诗（al-Ghazal）在贾希利叶时期只是长诗（盖绥达 al-Qaṣīdah）的一个组成部分，在伍麦叶朝时期情诗往往独立成篇。其内容又可分为"艳情诗"和"贞情诗"。

艳情诗（al-Ghazal al-'ibāḥī）主要盛行于希贾兹地区的麦加、麦地那等城市。代表诗人是欧麦尔·本·艾比·赖比阿（'umar bn Abī Rabī'ah 644—712）。

与"艳情诗"相对的是"贞情诗"（al-Ghazal al-'fīf），即"纯情诗"，多产生并流行于希贾兹地区游牧民中。著名的贞情诗诗人有哲米勒（Jamīl bn Ma'mar ?—701）、盖斯·本·穆劳瓦哈（Gays bn al-Mulawwaḥ ?—约688）等。

阿拔斯王朝前期（750—945），阿拉伯大帝国横跨亚、非、欧三大洲，空前鼎盛。由于波斯、印度、希腊－罗马等多元文化的影响，加之统治者在文化上采取"兼收并蓄、择优而用"的政策，宗教方面亦有较宽松的氛围，故这一时期诗坛分外繁荣、活跃，是阿拉伯诗歌的黄金时代。一些具有异族（特别是波斯）血统的诗人从一开始就在诗歌内容、形式上进行创新，被称为"维新派"。其先驱是盲诗人白沙尔·本·布尔德（Bashshār bn Burd 714—784）。最杰出的代表是艾布·努瓦斯（Abū Nu'ās 762—813）和艾布·阿塔希叶（Abū al-'atāhiyah 748—825）。继艾布·努瓦斯、艾布·阿塔希叶之后，先后称雄于诗坛的是艾布·泰马姆（Abū Tammām 788—846）和布赫图里（al-Buḥturī 820—897）。而以善于刻画市井、世相著称的诗人是则伊本·鲁米（Ibn ar-Rūmī 836—896）。著名诗人还有穆斯林·本·瓦利德（Muslim bn al-Walīd 757—823），其诗作刻意追求辞藻华丽、典雅，是"藻饰派"的创始人。情诗写得最好的当数阿巴斯·本·艾哈奈夫（al-'abbās bn al-Aḥnaf ?—808）。还应当特别提及的是一些民间诗人。他们多为平民百姓，生活在社会最下层，他们往往会在自己的诗中用幽默、诙谐的话语揭示社会之不公、生活之艰辛。

散文在阿拔斯朝亦得到空前的发展，呈现出繁荣、昌盛的局面，其成就并不亚于诗歌。

在阿拔斯朝初期，波斯人握有军政大权。非阿拉伯（主要是波斯的）学者、文人多奉"舒欧比主义"（ash-Shu'ūbiyah），即竭力贬抑来自沙漠荒原的阿拉伯人及其文化，而褒扬波斯和其他具有古老文明的民族及其文化。为此他们吟诗作文，著书立说，宣扬这一观点。同时，阿拉伯民族主义学者、文人也不示弱，亦以大量的诗文、论著进行反击。双方的论争，客观上不仅推动了诗歌的发展，也推动了散文的发展。一场在哈里发麦蒙（813—833 年在位）时代达到顶峰的百年翻译运动及其成果，无疑对阿拔斯朝散文的发展与繁荣起了很大作用。一大批翻译家不仅引进了学术、文化，开阔了阿拉伯人的眼界，同时也引进了大量的外来语和科学术语，丰富了阿拉伯语的词汇和表达方法，并拓宽了阿拉伯散文的领域，使它的文体形式多种多样，多姿多彩。

阿拔斯王朝前期最著名的散文大师是伊本·穆格法（Ibn al-Mugaffa' 724—759）和贾希兹（al-Jāḥiẓ 775—868）。伊本·穆格法，祖籍波斯。自幼受过良好的教育，精通波斯与阿拉伯两种语文。其著译颇丰。其中最著名的是《卡里来和笛木乃》。贾希兹被誉为百科全书式的作家。传世的代表作有《动物书》《吝人传》《修辞达意书》等在阿拔斯王朝后期（945—1258），诸侯割据，建立了形形色色的小王朝。文风日趋追求词句的华丽与雕琢。期间最著名的诗人是穆太奈比（Abū aṭ-Ṭayyib al-Mutanabbī 915—965）、麦阿里（Abū al-'alā' al-Ma'arrī 973—1057）和伊本·法里德（Ibn al-Fāriḍ 1181—1234）等。穆太奈比被认为是阿拉伯古代语言妙天下之最伟大的诗人之一。麦阿里双目失明。其作品带有浓烈的哲理色彩。他被称之为"诗人中的哲人，哲人中的诗人"。他崇尚理智，反对迷信和奴性，对宗教持怀疑态度。伊本·法里德是苏菲派的代表诗人，被尊为"圣徒"。

这一时期著名的诗人还有艾布·菲拉斯（Abū Firās al-Ḥamdānī 932—968）、谢里夫·赖迪（ash-Sharīf ar-Raḍī 970—1016）、白哈伍丁·祖海尔（al-Bahā'u ad-Dīn 1186—1258）等。

始于伍麦叶朝阿卜杜·哈米德（'bdu al-Hamīd al-Kātib ?—750）的官府书牍体散文在阿拔斯朝得到一步发展。至阿拔斯朝后期，文章倾向雕凿堆砌、讲究对偶、追求文采之风越演越烈，文章已成为人们显示文才、卖弄文字的工具。麦阿里不仅是一位著名的诗人，也是一位很有影响的散文大师。其散文作品同其诗一样，在艺术形式上讲究雕饰，复杂而艰深。其主要散文作品有《章节书》与《宽恕书》等。阿拔斯朝后期散文，还有一项突出成就，就是产生了《玛卡梅集》(*Maqāmah*) 及其两位著名的作家赫迈扎尼（Badī' az-Zamān al-Hamadhānī 969—1007）与哈里里哈里里（al-Harīrī 1054—1122）。

与此同时，在西部，在相对独立于阿拔斯王朝的后伍麦叶王朝（756—1031）所在的安达卢西亚（al-Andalus，即相当于现在的西班牙与葡萄牙地区），由于它得天独厚的自然条件和处于东西方枢纽的地理位置，又由于不同的民族、宗教及其文化的撞击、融汇，阿拉伯诗歌在此异军突起，别树一帜。安达卢西亚的诗人长于描状秀丽多彩的自然景物，也善于写男欢女爱、火炽热烈的情诗。诗风倾向明快、晓畅、婉丽、轻柔。安达卢西亚最著名的诗人是伊本·宰敦（Ibn Zaydūn 1003—1071）和穆阿台米德·本·阿巴德（al-Mu'tamid bn 'abbād 1040—1095）。

还应当提到的是，安达卢西亚的诗人除了袭用了阿拉伯诗歌原有的十六种格律外，还创造了"彩诗"和"俚谣"。

安达卢西亚的作家多半既是诗人，又是散文作家。伊本·阿卜迪·拉比（Ibn 'abdi Rabbih 860—940）的《罕世璎珞》（*al-'agd al-farīd*）共 25 卷，是一种百科全书式的类书。伊本·哈兹姆（Ibn Ḥazm 994—1064）的《鹁鸽的项圈》（*Tawg* al-ḥamāmah）颂扬了坚贞不屈的精神恋爱，是一部最早论述"爱情艺术"的专著。伊本·图菲勒（Ibn Tufayl 约 1100—1185）试图以其哲理故事《哈伊·本·耶格赞的故事》(Giṣṣah Ḥayyī bn Yagẓān）反映他的哲学思想：人无须借助外力的帮助，仅通过冥思苦想、潜心苦修，亦可认识世界，认识真理，认识真主——上帝。故事结论虽是唯心的，但亦不无唯物辩证的成分。

始于 1258 年旭烈兀占领巴格达，止于 1798 年拿破仑侵占开罗的近古时期，又被称之为"衰替时期"。这一时期诗歌的主要特点是向文野两个极端发展。诗人多缺乏创新精神，只知一味地在形式上因袭、仿效古人。当时盛行"颂圣诗"（al-madā'iḥ an-nabawiyah），内容主要是歌颂先知穆罕默德，并向先知、圣贤祈求佑助。还有一种"修辞诗"（al-badī'iyāt），要求每一行诗歌都是一种修辞格式，矫揉造作，难免以词害义。这一时期诗歌的另一走向是向民间、通俗发展。诗人多为来自民间的商贾、匠人。他们的诗歌内容多半贴近生活，在很大程度上反映了社会现实。最著名的诗人是蒲绥里（al-Būṣīrī 1212—1296）和沙布·翟里夫（ash-Shābb aẓ-Ẓarīf 1263—1289）。其他著名诗人还有伊本·瓦尔迪（Ibn al-Wardī 1290—1348）、赛斐尤丁·希里（Ṣafīyu ad-Dīn al-Ḥillī 1278—1349）、伊本·努巴台·米苏里（Ibn Nubātah al-Miṣrī 1287—1366）等。至于民间诗人则可以艾布·侯赛因·杰扎尔（Abū Ḥusayin al-Jazzār 1204—1281）为代表。他是一个屠户。其诗浅白如话，诙谐、幽默。

这一时期的散文继承了阿拔斯朝后期崇尚雕饰、骈偶的文风。文章内容显得浅薄、贫乏、无聊，缺乏真情实感，也缺少创新精神和想象力。文人们往往卖弄文字，对词语文字的重视远胜过对思想内容本身的重视，以至于有时不惜以词害义。还有一种倾向，就是很多文人、学者致力于编纂词典、类书，编写各种有关历史、地理、语文、宗教、民俗等著作；到后期，则多为对前人留下的诗作、经典古籍进行诠释、评注和缩写、补充。但生于北非的两位作家——伊本·白图泰（Ibn Baṭūṭah 1313—1374）和伊本·赫勒敦（Ibn Khaldūn 1332—1406）及其作品却另当别论。前者的代表作是《旅游列国奇观录》(Tuḥfah an-nuzzār fī gharā'ib al-amṣār wa 'ajā'ib al-asfār)，又称《伊本·白图泰游记》(Riḥlah Ibn Baṭūṭah)；后者的代表作是《阿拉伯、波斯、柏柏尔人及其同代当局的历史殷鉴及原委》(Kitāb al-'ibar wa Dīwān al-mubtada' wa al-khabar fī ayyām al-'arab wa al-'ajam wa al-barbar wa man 'āṣarahum min dhawī as-sulṭān al-akbar)。他们不去卖弄文字技巧哗众取宠，而以作品内容本身取胜。因此，这些作品不仅具有学术、认识价值,且有较高的文学价值。

与此同时,另一类文学则由阿拔斯后期开始走向民间,在马木鲁克朝进一步繁荣、发展。如影戏、民间故事、民间传奇等。其中最著名、影响最大的是《安塔拉传奇》和《一千零一夜》。

《安塔拉传奇》是一部散韵集合的长篇民间传奇故事,在阿拉伯地区家喻户晓,妇孺皆知,流传程度甚至胜过《一千零一夜》。它系根据伊斯兰教创立前(即贾希利叶时期)的著名《悬诗》诗人之一安塔拉生平衍变而成,以战争与爱情为经纬,编织出一篇篇美丽动人的故事。被西方的某些东方学者称作《阿拉伯的伊利亚特》。

《一千零一夜》是一部卷帙浩繁、优美动人的阿拉伯民间故事集,被高尔基誉为是世界民间文学史上"最壮丽的一座纪念碑"。它好似用离奇突兀的情节、神奇瑰异的想象绣织出的一幅宏伟辉煌、绚丽多彩的画卷。它实际上是古代中近东各国、阿拉伯地区的民间说唱艺人与文人学士历经几世纪共同创作的结果。这些故事或直接或间接地反映了中古时期阿拉伯的社会风貌、价值观念,表达了他们美好的愿望。

阿拉伯古代文学与世界文学

如前所述,源远流长的阿拉伯-伊斯兰文化在中古时期曾以其辉煌的成就彪炳于世,在世界文化史上起了承前启后、融贯东西的作用,为欧洲的文艺复兴铺平了道路。而古代的阿拉伯文学群星璀璨,佳作如林,既是这一文化的重要组成部分,无疑是世界文学史最光辉的篇章之一。中古时期的阿拉伯文学,无论是诗歌还是散文,对世界文学也都有很大影响。

在诗歌方面,产生于9世纪,兴盛于11—12世纪安达卢西亚的"彩诗"和"俚谣"后来发展成为西班牙的民歌体裁"维良西科"(Villancico)。此外,学者多认为,11世纪晚期至13世纪晚期活跃在西班牙、法国南方及意大利北方的罗旺斯游吟诗人(Troubadour)是受安达卢西亚出现的"彩诗""俚谣"的影响,而与阿拉伯诗歌有渊源关系。正如美国历史学家费希尔指出的:"西班牙、意大利和法兰西之所以能够出现一个吟游诗人的时代,主要是因为有了这些俗曲和民歌(即"彩诗""俚谣"——引者);那些游吟诗中对妇女和爱情的理想化不过是基督教世界对伊斯兰世界的阿拉伯抒情诗题材的翻版而已"。① 此外，学者们还提到欧洲文艺复兴的先驱、意大利大诗人但丁和彼特拉克曾受阿拉伯文化和文学影响的情况。如德国女学者吉格雷德·洪克博士在《阿拉伯的太阳照亮了西方》一书中就说："意大利的诗人但丁、彼特拉克确实是受了阿拉伯诗歌的影响。彼特拉克是无意的，但丁则是因为他个人关注阿拉伯诗歌、苏菲主义和安达卢西亚的哲学和伊本·鲁世德的结果。我们在彼特拉克的诗中会发现阿拉伯的间接影响，与此同时，却会在但丁诗歌中发现伊本·阿拉比及其著作十分明显的影响。"②

一些西方的东方学学者和阿拉伯学者，特别是西班牙的研究员阿辛·帕拉修斯（Asin Palacios）还曾指出，但丁的代表作《神曲》曾深受阿拉伯的《穆罕默德神秘的夜行与登霄故事》及麦阿里的《宽恕书》的影响。

在散文方面，阿拉伯文学作品对西方文学影响最大的莫过于《卡里来和笛木乃》和《一千零一夜》。

《卡里来和笛木乃》一书正如我国著名学者季羡林先生所说："在阿拉伯文学史上，是一本重要的作品。但是它的重要意义还不仅仅限于这一点，它在世界文学上，也发生了巨大的影响"，"从亚洲到欧洲，又从欧洲到非洲，不管是热带、寒带，不管当地是什么种族，说的是什么语言，它到处都留下了痕迹。这些寓言和童话，一方面在民间流行；另一方面，又进入欧洲的许多杰作里去，像意大利薄伽丘的《十日谈》、法国拉芳丹的《寓言》、德国格林的《童话》、英国乔叟的《坎特伯雷故事》等等。"③"除了《圣经》以外，这部书要算译成全世界语言最多的了。"④

《一千零一夜》被高尔基誉为是世界民间文学史上"最壮丽的一座纪念碑"。它的许多故事通过安达卢西亚、西西里岛，通过十字军东侵和其他接触与交流的途径，传到了西方，而对西方的文化、文学乃至欧洲的文艺复兴运动产生过巨大的影响，如意大利薄伽丘的《十日谈》就是仿照了《一千零一夜》的框架式故事结构和某些内容。乔叟创作的《坎特伯雷故事集》也是出自同一机杼。两部作品体现的人文主义也是受了《一千零一夜》的影响。西班牙的塞万提斯曾在阿尔及

---

① ［美］西·内·费希尔《中东史》上册，姚梓良译，商务印书馆，1979年，第160页。
② ［德］吉·洪克：《阿拉伯的太阳照亮了西方》（阿译本），贝鲁特世代出版社，1993年，第534页。
③ ［阿拉伯］伊本·穆加发：《卡里来和笛木乃》"前言"，林兴华译，人民文学出版社，1959年。
④ 语出《卡里来和笛木乃》德文译者佛尔夫，见温德尼兹：《印度文学和世界文学》，金克木译，载《外国文学研究》1981年第2期。

利亚生活过几年，他的小说《堂吉诃德》充满了阿拉伯式的幽默、笑话，还嵌有不少阿拉伯的成语、格言，从而可以说明该书所受的阿拉伯影响成分。英国莎士比亚的《终成眷属》、斯威夫特的寓言小说《格利佛游记》、德国莱辛的诗剧《智者纳旦》，直至美国朗费罗的叙事诗集《路畔旅舍的故事》等名著，都在取材、写法和风格上，或多或少地受到《一千零一夜》直接或间接的影响。近现代和当代的西方著名作家、诗人，如伏尔泰、司汤达、大仲马、歌德、普希金、托尔斯泰、狄更斯、安徒生、爱伦·坡、卡夫卡、莫拉维亚、杜伦马特、加西亚·马尔克斯……几乎没有哪一个没读过这部神奇美妙的故事集，被其吸引，受其影响的。从西欧的文艺复兴、浪漫主义的兴起，直到拉美魔幻现实主义的出现，《一千零一夜》在其中的影响和作用可谓大矣！

还有，中世纪法国的韵文小故事（Fableau）和欧洲的骑士传奇与阿拉伯文学亦有渊源关系；阿拉伯的"玛卡梅"体故事影响并引起西班亚"流浪汉小说"（Picaresca）的产生。

阿拉伯阿拔斯朝著名作家赫迈扎尼（Badī' az-Zamān al-Hamadhānī 969—1007）和哈里里（al-Ḥarīrī 1054—1122)曾创造出"玛卡梅"（al-Maqāmah）韵文故事这一文体。主人公为萍踪浪迹、游历四方、足智多谋、文才过人的乞丐。书的内容多为叙述人讲述主人公依靠文才和计谋骗取钱财谋生的故事。故事情节轻松、幽默，文字典雅、骈俪。哈里里的《玛卡梅集》"在700多年内，被认为是文学宝库中仅次于《古兰经》的著作。"[①]12世纪末与13世纪初，哈里里的《玛卡梅集》两次被译成希伯来语，后又被译成拉丁文、德文、英文等西方文字，从而在犹太教徒与基督教徒中流传开来，受到西方的东方学者广泛重视。学者们一般认为兴起于16、17世纪的西班牙的"流浪汉小说"（Picaresca）是受阿拉伯"玛卡梅"的影响产生的。

中古时期阿拉伯文学对西欧骑士文学兴起的影响，是又一例。

西欧的骑士文学繁荣于12—13世纪，以法国为最盛。11世纪90年代开始的十字军东侵使从东方回来的骑士把东方文化带到了当时还处于野蛮状态的西欧国家。在骑士社会全盛时期产生了一种新的优雅的文学，这种文学把贵族的精神气质和对爱情的崇拜结合在一起，这就是骑士文学。学者们告诉我们："中世纪是妇女的牢狱。她们的地位远不如希腊时代的女性，更不用说罗马社会了。男性

---

① ［美］希提：《阿拉伯通史》上册，马坚译，商务印书馆，1979年，第477—478页。

是优越的，它是占统治地位的性别，女人不过是丈夫的附属品，是他的财产。"①由此可见，西欧中世纪反映骑士精神的骑士文学很难从希腊、罗马文学中去寻找渊源，也很难说是当时社会现实的反映。相反，最早把柏拉图式的爱情和为情人不惜牺牲一切的骑士精神贯彻实践于现实生活中的是中古时期的阿拉伯人。这一点见诸中古时期的阿拉伯诗歌、传奇故事和有关的论著中。如黑奴出身的《悬诗》诗人、阿拉伯骑士之父——安塔拉就被认为是阿拉伯古代最完美的英雄骑士和诗人。在《一千零一夜》中，有关骑士及其情人的传奇故事也是该书一大重要内容。此外在伍麦叶王朝时期（661—750）还广为流传一批贞情诗人与恋人的纯真的爱情故事及诗歌。这类贞情诗人的爱情故事及有关的诗歌自然也传到了当时阿拉伯在欧洲的领地安达卢西亚。

中世纪的阿拉伯人不仅有反映他们现实生活的英雄传奇、贞情诗，而且还有有关这类爱情的理论著作。其中最著名的是伊斯法哈尼·扎希里（Muḥammad bn Dāwūd al-Iṣfahānī az-Zahirī 898—909）的《花》（az-Zahrah）和安达卢西亚著名学者、作家伊本·哈兹姆（Ibn Ḥazm 994—1064）的《鹁鸰的项圈》（Ṭawq al-Hamāmah）。他们将贞情诗诗人们的言行、诗歌、轶闻编纂在一起，并加上自己的诗歌和评论。而在欧洲，直至11世纪，妇女无论是在社会生活还是文学作品中都没有受到关注。将情场与战场一体化的骑士精神是在这以后产生的。开山祖师当推安德烈勒夏普兰（Andre la Chapelain），他约在1185年间发表了用拉丁文写的三卷论文《纯真爱情的艺术》（Art Honeste Amadnde）。这一论著奠定了骑士文学的理论基础。这种对爱情的新见解则源自西方与东方的接触，是向阿拉伯人学习的结果。其途径是通过十字东征和安达卢西亚。"十字军东侵对西欧文化的发展起了促进的作用，表现在文学方面就是东方故事、爱情诗歌、东方史诗以及华丽的风格被吸收到欧洲文学中来。"②

中世纪的欧洲文学受阿拉伯文学的影响是很自然的事。因为当时阿拉伯语在西半球，汉语在东半球，就像当今的英语一样，是最通行的国际语言。例如在当时被认为是连通阿拉伯与西方的桥梁的安达卢西亚，所有的西班牙人便不能不用阿拉伯语，它成了知识阶层的语言。阿拉伯文学成了西班牙人的思想、精神食粮。一个生活在9世纪（伊历3世纪末、4世纪初）名叫阿尔法鲁的科尔多瓦基督教

---

① ［美］L.H.詹达，K.E.哈梅尔：《人类性文化史》，张铭译，中国妇女出版社，1988年，第39页。
② 杨周翰等：《欧洲文学史》上卷，人民文学出版社，1982年，第83页。

主教就曾感叹道:"真遗憾!聪明的年轻一代基督教徒却只懂阿拉伯文学、阿拉伯语言。他们如饥似渴地去读阿拉伯书籍,不惜用高价收集阿拉伯的书籍作为自己的藏书。他们大肆赞扬阿拉伯珍贵的典籍,同时对基督教徒的典籍却不屑一顾,说它们根本不值得一读。基督教徒忘记了他们自己的语言。如今用这种语言给朋友写信的人连千分之一都没有。而阿拉伯人的语言却有多少人讲的那么漂亮,那么流利!也许有许多人用这种语言作起诗来优美、恰切得竟会超过阿拉伯诗人本身!"①

阿拉伯文学对西方文学的影响一直未间断。正如埃及学者阿巴斯·阿卡德('abbās Maḥmūd al-'aqqād 1889—1964)先生所说:"从17世纪至今,阿拉伯文学——或者整个伊斯兰文学——与近现代欧洲文学的关系一直未断。我们找不到哪个欧洲的文豪其诗文中没有伊斯兰的英雄和伊斯兰逸事。这就足以概括地说明阿拉伯—伊斯兰文学对欧洲文学的影响。在那些文豪中有英国的莎士比亚、艾迪生、拜伦、骚塞、雪莱,有德国的歌德、赫尔德、莱辛和海涅,法国的伏尔泰、孟德斯鸠、雨果,而法国的拉封丹则声称他的寓言诗就是仿效了欧洲人通过穆斯林而知道的《卡里来和笛木乃》一书。"②

被誉为"阿拉伯文学之柱"的埃及盲文豪塔哈·侯赛因(Ṭāhā Ḥusayin 1889—1973)说得好:"如果我们说欧美西方尽管他们现在很优越,但他们的一切优越、一切科学都要归功于中世纪阿拉伯人传到欧洲去的那些丰富、持久的文化根底,那我们绝不是在过甚其词,也不是在吹牛胡说。我们应该毫不客气地要求欧洲人——我已经多次要求过他们——向东方还债而不要赖账,要让他们感到阿拉伯东方对他们是有恩的,对此他们应当称赞、感谢,而不应妄自尊大、胡作非为,更不应对那些向他们施过恩、让他们懂得何为恩惠、何为文明的人以怨报德!"③

阿拉伯近现代文学与西方

自1258年阿拉伯阿拔斯王朝灭亡于蒙古旭烈兀之手后,由于异族的统治及

---

① 转引自[德]吉·洪克:《阿拉伯太阳照亮西方》(阿译本),贝鲁特世代出版社,1993年,第529页。
② [埃及]阿卡德:《阿拉伯文化对欧洲的影响》,埃及知识出版社,1946年,第67页。
③ 转引自[埃及]萨米赫·凯里姆:《塔哈·侯赛因语录》,开罗知识出版社,1979年,第7页。

其他原因，近古时期的阿拉伯文学一直处于衰滞状态。

1798年，法国拿破仑入侵埃及为阿拉伯近现代历史揭开了序幕。

西方的侵入给阿拉伯世界带来了西方资产阶级文化，在客观上引起了近现代已占上风的西方资产阶级文化与已处于下风的阿拉伯－伊斯兰文化的再次撞击。面对西方的挑战，阿拉伯一些有胆识的政治家、思想家意识到必须进行改革复兴。走在这场复兴运动前列的是埃及和黎巴嫩。

法军侵埃（1798—1801）的同时，拿破仑还带去了一批学者。他们在埃及成立学会，对埃及各方面进行研究；并在埃及建立实验室、图书馆、印刷厂等，使埃及人民首次接触到西方文明，注意到西方科学的进步。1805年，阿尔巴尼亚籍军官穆罕默德·阿里（Muḥammad 'alī）利用人民的力量夺取政权，成为埃及的总督（1805—1849）后，力图把埃及变成一个独立的强国。他竭力主张学习西方科学技术，一方面向西方派了大量留学生，另一方面也创办了一些军事、技术学校，聘请了不少西方学者在埃及执教讲学，从而为埃及接触与传播西方文化打通了渠道。伊斯梅尔（Ismā'īl Bāshā 1863—1879在位）上台后，进一步向西方开放；同时许多在黎巴嫩、叙利亚遭受迫害的知识分子纷纷逃至埃及定居，从而使埃及在近现代的复兴运动中处于领先地位。

黎巴嫩接触西方文化可以追溯得更早一些。先后曾一度使黎巴嫩取得半独立于奥斯曼政府地位的法赫鲁丁二世（Fakhr ad-Dīn II 1572—1635）和巴希尔二世（Bashīr II 1768—1850）两位埃米尔曾提倡、鼓励与西方接触，更多地接受西方教育、西方文明的影响，企图以此促进这一地区的现代化。而西方则利用这一地区很多居民是基督教徒这一特点，通过教会，积极进行文化渗透。早自16世纪末，西方人就在罗马、巴黎等欧洲大城市建有专为东方人，特别是为黎巴嫩人培养教士的学校。

阿拉伯许多有识之士曾指出，当时正处于长期停滞、落后的阿拉伯世界，"它本身不具有赖以复兴的条件，必须借助外来的火光照亮思想，并把它提高到世界思想和文化发展的水平。像在欧洲的黑暗时期东方曾把它照亮一样，东方在自己的衰沉时期也要借助欧洲，以建造自己的复兴基础。东西方交流所产生的火光将在阿拉伯世界大放光明，将照亮通向思想、文化、文学广泛进步的智慧之路……东西方交流是复兴的最重要和最有影响的前提。它在黎巴嫩和埃及表现得比其他阿拉伯国家更为突出，更有影响，更普遍有效。"①

　　古今中外一切文化、文学都是沿着传承－借鉴－创新这条轨迹向前发展的。近现代阿拉伯文化、文学的复兴也不例外。运动的先声是始于19世纪初的翻译运动。至19世纪末、20世纪初，西方莎士比亚、莫里哀、拉辛的一些剧本，大仲马的《三剑客》、雨果的《悲惨世界》等小说都陆续被译成阿拉伯文。其间，埃及作家穆斯塔法·曼法鲁蒂（Muṣṭafā al-Manfalūṭī 1876—1924）等人还另辟蹊径：虽不懂外文，却请别人初译，自己再用优美、典雅的阿拉伯文改写了许多西方名著，颇似我国的近代著名文学家、翻译家林纾（1852—1924）。

　　随着对西方文学作品的翻译，西方的文学形式和各种流派被引进了阿拉伯。

　　谈起西方文学对阿拉伯文学的影响，还应看到这样一些事实：至第一次世界大战前后，西方殖民主义者已基本完成了对整个阿拉伯世界瓜分。他们划分了各自的势力范围，使阿拉伯各国或地区沦为他们的殖民地、半殖民地：埃及、苏丹、伊拉克、约旦、巴勒斯坦、也门和海湾地区属于英国的势力范围；属于法国势力范围的殖民地是马格里布（西北非）地区的阿尔及利亚、摩洛哥、突尼斯，西亚的黎巴嫩、叙利亚是其委任统治地；利比亚则是意大利侵占的殖民地。这些国家在第二次世界大战后，乃至20世纪六七十年代才取得独立。既然当时为西方的殖民地或半殖民地，其文学受西方文学的影响是很自然的事。其主要表现为对新的文学形式和文学流派的引进。不过在殖民主义时期，主要是接受了西方传统的古典主义、浪漫主义和现实主义的影响。后殖民主义时期，即第二次世界大战后，特别是20世纪六七十年代后，主要是受西方的现代主义和后现代主义影响。

　　阿拉伯是一个诗歌的民族。诗歌被认为是阿拉伯人的史册与文献，在古代阿拉伯文学中一直处于中心位置。阿拉伯现代诗歌的发展大体经过三个阶段：

　　始于19世纪末的复兴派，亦称传统派、新古典主义派。这一流派的主要特点是：在表现形式上严格地遵循古典诗歌的格律，讲究词语典雅——语言美，音韵和谐——音乐美。而在内容上，则极力反映时代脉搏、政治风云、社会情态和民间疾苦。其先驱是埃及的巴鲁迪（Maḥmūd Sāmī al-Bārūdī 1838—1904）、黎巴嫩的纳绥夫·雅齐吉（Nāṣīf al-Yāzijī 1800—1871）等；代表诗人有埃及的"诗王"绍基（Aḥmad Shawqī 1868—1932）、"尼罗河诗人"哈菲兹·易卜拉欣（Ḥāfiẓ Ibrāhīm 1871—1932）、伊拉克的鲁萨菲（Ma'rūf ar-Ruṣāfī 1875—1945）、宰哈维

---

① ［黎巴嫩］汉纳·法胡里：《阿拉伯文学史》，郅溥浩译，人民文学出版社，1990年，第537—538页。

（Jamīl Sidqī az-Zahāwī 1863—1936）、贾瓦希里（Muḥammad Mahdī al-Jawāhirī 1900—1998），黎巴嫩的穆特朗（Khalīl al-Muṭrān 1872—1949），叙利亚的白戴维·杰拜勒（Badawī al-Jabal 1900—1981）等。

  随着时代的发展，政治风云、社会情态、思想意识的变化，随着阿拉伯诗人大量接触西方特别是英法浪漫派诗人的作品并深受其影响，一些诗人认为新古典派诗人所遵循的诗歌传统模式，无论思想内容还是所用语言、表现形式，对创作都是一种束缚。他们强调创作自由，强调诗歌创作的主观性。他们由于对现实的强烈不满，把精神生活看作是同鄙俗的物质实践活动相对抗的唯一崇高价值，因而主张在反映客观现实方面应侧重从主观内心世界出发，描述对外界和大自然景物的内心反应和感受；抒发对理想世界的热烈追求；认为诗歌是强烈情感的自然流露，诗歌是想象和激情的语言。在表现形式上，他们也尝试打破传统格律，加以创新，颇似闻一多提倡的新格律诗。于是，在阿拉伯诗坛出现了浪漫主义－创新派。早在20世纪初叶，在黎巴嫩籍旅居埃及被称之为"两国诗人"的穆特朗作品中，浪漫主义倾向已初露端倪；此后在20世纪二三十年代先后在埃及出现的"笛旺诗社"和"阿波罗诗社"，以及在北美（"笔会"）、南美（"安达卢西亚社"）产生的"旅美派"，更使浪漫主义在阿拉伯现代诗坛形成一股强大的势力。代表诗人有埃及的阿卡德（'abbās Maḥmūd al-'aqqād 1889—1964）、易卜拉欣·纳吉（Ibrāhīm Nājī 1898—1953）、阿里·迈哈穆德·塔哈（'alī Maḥmūd Ṭāhā 1902—1949），突尼斯的沙比（Abū al-Qāsim ash-Shābī 1909—1934），叙利亚的欧麦尔·艾布·雷沙（'umar Abū Rīshah 1910—1990），黎巴嫩本土的伊勒亚斯·艾布·舍伯凯（Ilyās Abū Shabakah 1903—1947），旅美的纪伯伦（Jubrān Khalīl Jubrān 1883—1931）、艾布·马迪（'īliyā Abū Māḍī 1889—1957）、赖希德·赛里姆·胡利（Rashīd Salīm al-Khūrī 1887—1954），苏丹的提加尼·尤素福·白希尔（at-Tijānī Yūsuf Bashīr 1912—1937）等。

  第二次世界大战后，整个世界形势起了很大变化，阿拉伯世界、亚非拉美地区民族解放运动风起云涌；阿拉伯人民经历了种种重大的变革和考验。这一切使诗人无法把自己关在象牙塔里去咬文嚼字、雕词凿句，或吟风弄月，自我陶醉。年轻一代诗人反对"为艺术而艺术"，而对民族、历史、社会负有一种使命感，去投入战斗，干预生活。同时，他们在很大程度上又受西方现当代诗潮的影响，希望进一步打破旧体诗格律传统的束缚，以便更充分、更自由地表达个人的思想感情，反映现实，表现新的意境。于是，在浪漫－创新派和古典"彩诗"的基础上，在20世纪40年代末，首先在伊拉克，新诗——"自由体诗"便应运而生。这种诗歌，不再以联句为单位，讲究格式规整；而是每行长短不一，参差不齐，讲究音步，韵律宽松，富于变化，节奏明快。内容以反映现实为主，自由，奔放，富有战斗性，内涵丰富而深邃，具有强烈的个性。但随着西方现代主义与后现代主义诗潮的影响和国内政治、社会形势的发展变化，新诗的内容和形式也有所发展，有所变化。特别是20世纪60年代开始阿拉伯一些国家当局对思想意识的控制和1967年对以战争失败，使一些有左倾思想的诗人更趋向于用象征、隐晦、朦胧乃至荒诞的手法，在诗中表达自己的思想感情，曲折地反映现实。新诗——"自由体诗"代表诗人有伊拉克的娜齐克·梅拉伊卡（Nāzik al-Malā'ikah 1923—   ）、沙基尔·赛亚卜（Badar Shākir as-Sayyāb 1926—1964）、白雅帖（'abd al-wahāb al-Bayātī 1926—1999），埃及的阿卜杜·萨布尔（Ṣalāḥ 'bd aṣ-Ṣabūr 1931—1981）、艾哈迈德·希贾齐（Aḥmad 'abd al-Mu'ṭī Ḥijāzī 1935—   ），叙利亚的尼扎尔·格巴尼（Nizār Qabānī 1923—1998），黎巴嫩的艾杜尼斯（Adūnīs 1930—   ）、尤素福·哈勒（Yūsuf al-Ḥāl 1916—1987），也门的阿卜杜·阿齐兹·麦卡里赫（'abd 'azīz al-Maqālih 1939—   ）等。

阿拉伯古代文学史上，叙事文学虽然也是其辉煌的篇章。但现代形式的新小说却是20世纪初从西方文学引进的。最初是前面所说的翻译小说，然后是历史小说，其中成绩最突出的是旅居埃及的黎巴嫩籍作家杰尔吉·宰丹（Jarjī Zaydānī 1861—1914），他受英国作家司各特的影响，善写历史小说。他自30岁至死，几乎一年写一部，共写有22部历史小说，内容多讲述相爱的男女主人公在一定的历史环境中的种种遭遇，既有史实，又有故事，通俗有趣，风靡一时。但若从文学角度看，无论是人物刻画，还是情节安排，都显得有些浅薄。叙利亚的迈阿鲁夫·爱纳乌特（Ma'rūf al-Arnā'ūṭ 1892—1948）企图用小说的形式写成一部伊斯兰史诗式的巨著，通过已写或拟写的七八十个著名的历史人物及其事迹，为阿拉伯人民的祖先歌功颂德，唤醒阿拉伯人民的民族意识，振奋精神，进行斗争。但他的历史小说多为事件的堆砌，没有一条情节主线贯穿于其中，显得庞杂。

还有些作家试图利用阿拉伯民族传统模式创作小说（颇似我国近代的章回体小说）。其中具有相当影响的是埃及的穆罕默德·穆维利希（Muḥammad al-Muwayliḥī 1868—1930）和他的代表作《伊萨·本·希沙姆叙事录》（1906）。这部作品在内容上是反映了本民族传统的和西方当代的两种文明、两种道德价值观念在相互撞击过程中所表现出的种种差异和矛盾；在艺术形式上则是将西方小说形式同阿拉伯古典的"玛卡梅"形式嫁接起来，是一次大胆而不太成功的尝试。

西方的浪漫主义和现实主义被先后引进阿拉伯现代文学。黎巴嫩旅美派主帅纪伯伦的《折断的翅膀》(1911)、埃及穆罕默德·侯赛因·海卡尔（Muḥammad Ḥusayn Haykal 1888—1956）的《宰娜布》(1912)，被认为是阿拉伯文学史上最早出现的现代模式的中长篇小说。前者旅居美国，后者是留学法国的博士，两部作品都是在国外创作出来的，作品受西方文学的影响是自然的，也是明显的。不过比起诗歌，小说在现代阿拉伯早期的文坛还是处于边缘的另类。穆罕默德·侯赛因·海卡尔在最初发表《宰娜布》时不敢署真名，或羞于用真名，而以"埃及一农夫"的笔名发表，便是证明。

现代阿拉伯文学受西方文学的影响来自两方面：一方面，阿拉伯国家作为殖民地或半殖民地，受西方英、法等宗主国文学各种流派的影响，有些作家直接用英文、法文等外文创作，甚至获奖；另一方面，1917年苏联"十月革命"的成功，推动了阿拉伯世界社会主义运动的发展，阿拉伯各国共产党相继成立，许多左翼作家信奉马克思主义或加入了共产党，在创作中深受苏俄等社会主义现实主义文学理论的影响。如在1951年成立的"叙利亚作家协会"，针对"为艺术而艺术"，就明确提出"艺术为人民、为人生、为社会服务"的口号。

如果说现代阿拉伯文学在艺术形式上是借鉴西方文学，深受其影响的话，那么在内容方面，独立前，是以反殖民侵略、反封建礼教，争取民族解放、独立，要求民主、科学为主旋律。独立后，上述题材仍是许多作家在创作中关注的主题，此外，20余个阿拉伯国家，政体不同，经济状况不同，甚至所奉的宗教教派信仰也不尽相同，在斗争、建设的道路上有不同的经历，面临不同的问题。因此，后殖民主义时期的阿拉伯文学，无论在艺术形式上，还是思想内容上，都呈现出多元多彩、五光十色、百花齐放的局面。

埃及著名文学家、1988年诺贝尔文学奖得主纳吉布·马哈福兹（Najīb Maḥfūẓ 1911—2006）的创作道路较集中地体现了阿拉伯现代小说发展的历程。在20世纪30年代至40年代初，他写了大量短篇小说，揭露当时社会的种种黑暗、腐朽、丑恶现象的。其中很多是作家日后创作的中长篇小说或其中某些情节的雏形。曾任埃及文化部长的著名文艺批评家艾哈迈德·海卡尔（Aḥmad Haykal）曾对这些小说给予过很高的评价："事实上，由于这些抨击帕夏、贝克和王公大臣的小说，纳吉布·马哈福兹被认为是对当时旧时代的腐败表示愤怒谴责的革命文学先驱之一；同时，由于他在小说中体现了阶级社会的弊端，表明了对穷人和劳动人民的同情，及对封建主和资本家的抨击，他被认为是在埃及文学中最早为社会主义现实主义铺路的人之一。"他的中长篇小说发轫之作是三部以法老时代的埃及为题材的历史小说：《命运的戏弄》（1939）、《拉杜璧姒》（1943）、《忒拜之战》（1944）。这一阶段被认为是纳吉布·马哈福兹的浪漫主义历史小说阶段。作家实际上是用春秋笔法借古讽今地对当时英国殖民主义和土耳其王室这些外来的侵略者及其统治进行抨击，并表达了人民追求自由、独立、民主、幸福的理想。此后，作家进入了一个新的文学创作阶段：现实主义社会小说的阶段。他先后发表了《新开罗》（1945）、《汗·哈里里市场》（1947）、《梅达格胡同》（1947）、《始与终》（1949）和著名的《宫间街》《思宫街》《甘露街》"三部曲"（1956—1957）等。这些小说主要反映了半封建、半殖民地的开罗中产阶级即小资产阶级的生活。作家往往通过一个街区、一个家庭和一个人的悲惨遭遇，表现当时整整一代人的悲剧；对当时社会的种种弊病及其制造者进行了无情的揭露和批判。1959年发表的《我们街区的孩子们》标志着作家又进入了一个新的阶段。作家本人将这一阶段称之为"新现实主义"阶段，以别于传统的现实主义，并说明两者的区别是"传统的现实主义的基础是生活：要描述生活，说明生活的进程，从中找出其方向和可能包含的使命：故事从头到尾都要倚赖生活、活生生的人以及详尽的活动场景。至于新现实主义，其写作的动机则是某些思想和感受，面向现实，使其成为表达这些思想和感受的手段。我完全是用一种现实的外表形式表达内容的。"在这一阶段中，作家借鉴了许多西方现代主义、后现代主义的表现手法，如内心独白、联想、意识流、时空交错、怪诞的卡夫卡式的故事、复调多声部的叙事形式等。《我们街区的孩子们》是一部现代寓言小说，也是纳吉布·马哈福兹的重要代表作之一。小说以象征主义的手法，以一个街区的故事，寓意整个人类社会历史的演进过程，反映了以摩西、耶稣、穆罕默德为代表的先知时代直至此后的科学时代，人类为追求幸福、实现理想而坚持不断的努力；表现出在此过程中善与恶、光明与黑暗、知识与愚昧的斗争。作者借书中人之口，指出象征创世主的老祖宗杰巴拉维早就与世隔绝，不管他的子孙——人间事了；又写出象征科学的阿拉法特闯进了杰巴拉维——创世主隐居的所在，造成了这位老祖宗的死亡。这一切无疑激怒了宗教界的头面人物，于是《我们街区的孩子们》在埃及成为禁书，1969年才得以在黎巴嫩贝鲁特出版。这一阶段其他主要作品还有《盗贼与狗》（1961）、《鹌鹑与秋天》（1963）、《道路》（1964）、《乞丐》（1965）、《尼罗河上的絮语》（1966）、

《镜子》(1971)、《雨中的爱情》(1973)、《卡尔纳克咖啡馆》(1974)、《我们街区的故事》《深夜》《尊敬的先生》(1975)、《平民史诗》(1977)、《爱的时代》(1980)、《千夜之夜》(1982)、《王座前》《伊本·法图玛游记》(1983)《生活在真理之中》(1985)、《日夜谈》(1986)等等。纳吉布·马哈福兹具有鲜明的立场和观点,是一个负有历史使命感的作家,是一位思想家,社会批评家。他追求公正、合理、幸福美好的社会,尽情地揭露、批判、鞭挞人世间一切暴虐、不义、邪恶、黑暗的势力。但由于政治和社会现实的复杂性,他往往利用不同的表现手法、不同的艺术表现形式表达自己的种种见解。作家在其著名的"三部曲"中,曾借年轻的女革命者苏珊之口说过这样一句意味深长的话:"写文章,清楚、明白、直截了当,因此是危险的,至于小说则有数不清的花招,这是一门富有策略的艺术。"这句话可以看作是了解这位作家每部作品深层中的政治内涵和哲理寓意的钥匙。在艺术手法方面,由于作家博览群书、学贯东西,并随时代前进,具有变革创新意识,因而我们可以看到,他既继承发扬了埃及、阿拉伯民族古典文学传统的各种表现手法,也借鉴了西方的浪漫主义、自然主义、现实主义,以及包括诸如表现主义、结构主义、意识流、荒诞派,乃至拉美的魔幻现实主义在内的各种表现手法。正如作家自己所说:"通过这些作品,我可以说,自己是烩诸家技巧于一鼎的。我不出于一个作家的门下,也不只用一种技巧。"借鉴、继承、创新,贯穿于纳吉布·马哈福兹的整个文学创作历程中。作家晚年为创作民族化的小说所作的努力是值得称道的。正是这样,纳吉布·马哈福兹的作品是现实主义、现代主义及本民族传统文学融会在一起,共同孕育的产物。因此,它既有民族性,又有世界性,最能体现现当代文学的风采。

当代的阿拉伯作家一方面借鉴西方的现代主义、后现代主义的表现手法,另一方面,也在民族的文化遗产中挖掘、探索,以开辟自己的道路。这就是阿拉伯文学的现状。

阿拉伯文学研究在中国

众所周知,阿拉伯文化、文学源远流长:正是在当今被称作阿拉伯世界的这片土地上,产生过人类最古老的文明:尼罗河文明、两河流域文明、地中海东岸—迦南文明;正是在这片土地上,产生过人类最早的史诗——远比希腊荷马《奥德赛》和《伊利亚特》还早好几个世纪的《吉尔加美什》,产生过神奇的《亡灵书》。如果我们说,西方文化和文学的源头就在这片土地上,也许我们并没有过甚其词。

中古时期的阿拉伯文学在世界文学史上起了承先启后、连贯东西的作用,而近现代的阿拉伯文学则与世界文学同步,诸如纪伯伦、纳吉布·马哈福兹等文豪不仅是阿拉伯文坛的明星,也是世界文学的巨匠。

但由于种种历史原因,在我国,长期以来,因受"欧洲中心论"的影响,对东方文学的研究、介绍远不及对西方文学的研究、介绍。正如50年前季羡林先生所说:"在整个科学领域中,东方学是一门极为薄弱的学科。我们在这方面的研究工作同人民的需要有极大距离,和新中国的蒸蒸日上的国际地位比起来极不相称。从语言、文学、历史各方面的研究来说,我们都几乎毫无基础,都须要大力开展。"[①] 而且,即使在东方文学中,对阿拉伯文学的研究、介绍也远不及对日本、印度文学的研究、介绍。

从阿拉伯文译成中文的工作虽早在19世纪就已开始,但那时只是有些回民出自宗教的目的翻译了《古兰经》部分章节和蒲绥里的《天方诗经》等。

至于纯文学作品的介绍,1949年以前,绝大多数的中国读者对阿拉伯文学的了解仅限于《一千零一夜》(《天方夜谭》)的片段故事,那是部分学者在20

[①] 北大东语系《翻译习作》1956年3月创刊号。

世纪初从英文译本转译过来的。

中国著名的文学家茅盾先生于1923年从英文译的纪伯伦的5篇散文诗,冰心先生于1932年译的纪伯伦的《先知》,是我国对近现代阿拉伯文学最早的介绍。

1949年以后,情况有所好转。20世纪50年代末、60年代初,阿拉伯各国人民的反帝国主义、反殖民主义的民族解放运动风起云涌。为了配合当时中东政治形势的发展,为了表示对兄弟的阿拉伯人民正义斗争的支持,当时在我国出现了介绍阿拉伯文学的第一次高潮,翻译出版了诸如《埃及短篇小说集》《黎巴嫩短篇小说集》《阿拉伯人民的呼声》《约旦和平战士诗歌选》《流亡诗集》等阿拉伯文学作品。但这些译作多半是从俄文转译的。直接从阿拉伯文译成中文的则是凤毛麟角,如纳训先生所译的《一千零一夜》、林兴华先生所译的《卡里来与笛木乃》等。

1966年至1976年历时十年的"文化大革命",阿拉伯文学的翻译与研究自然处于停滞状态。

20世纪80年代初开始的改革开放带来了阿拉伯文学的翻译与研究在中国的新兴。

为了打破"欧洲中心论",自20世纪80年代初开始,在我国的高等院校,特别是师范院校的中文系开设了"东方文学史"课(而在这之前,所设的"外国文学史"课则只讲西方文学),并成立了"东方文学研究会"。众所周知,阿拉伯文学是东方文学的重要组成部分,"东方文学史"课的开设,引起教的人和学的人对阿拉伯文学的浓厚兴趣,在一定程度上促进了我国对阿拉伯文学的研究和译介。

在中国至今有几十所高等院校设有阿拉伯语专业。过去这些专业多半仅限于学习阿拉伯语言。为了扩大学生的知识面,培养学生对阿拉伯文学的审美情趣,提高阿拉伯语专业毕业生的质量,自20世纪80年代开始,一些院校相继开设了"阿拉伯文学史"和各种有关阿拉伯文学的课程。部分院校还培养阿拉伯文学专业的研究生,以攻读硕士、博士学位。这一切无疑也促进、推动了我国对阿拉伯文学的研究和译介。

更重要的是自20世纪80年代开始,在中国,一支研究阿拉伯文学的队伍已经形成,并日益发展壮大,发挥了自己应有的作用。

1983年10月,在首都北京举行了以"阿拉伯文学的今昔"为题的第一届阿拉伯文学研讨会,并开始筹备成立阿拉伯文学研究会。应当提及的是会议收到冰

心先生的来信,使与会者深受鼓舞。信的全文如下:

> 获悉阿拉伯文学讨论会将于十月十八日在香山别墅开幕的消息,我十分高兴。但我自己却因行动不便,不能躬与其盛,我又十分歉疚。
>
> 我不懂阿拉伯文,阿拉伯世界我也只到过埃及,所以知道的很少。我曾翻译过黎巴嫩哲人纪伯伦自己用英文写的《先知》,因为我从英文中读到那本充满了东方气息的超妙的哲理和流丽的文辞的散文诗时,就引起了我的喜爱,感到有移译出来公诸同好的必要,虽然我还不知道这本书在美国出版时受到那么热烈的欢迎!
>
> 我希望懂得阿拉伯文的学者,多多翻译一些阿拉伯的文学名著,因为我感到我们东方人更能欣赏东方人的作品。同时我也感到译者除了必须比较精通外国文字外,还必须刻苦学习本国的文学作品。这样才能用比较适宜的文字来移译外国的文学作品。正因为我自己没能做到这一点,我就更希望年轻的译者同志们多多努力!
>
> 冰心

在1987年8月举行的第二届阿拉伯文学研讨会上,讨论了"一千零一夜"与"纳吉布·马哈福兹及其创作",并正式宣布成立"中国外国文学学会阿拉伯文学研究会"。迄今为止,这一组织已有100多名会员。在这支从事阿拉伯文学研究的队伍中既有专业人员(如"中国社会科学院外国文学研究所东方文学部"、设于北京大学的"东方文学研究中心"的研究人员等),也有业余爱好者;既有高等院校的师生,也有工作在社会不同岗位上的同行;既有通过阿拉伯原文进行研究的,也有通过译文或借助其他文字进行研究的。

阿拉伯文学研究会自成立以来,举行了一系列不同规模的学术或纪念活动,其中有些活动是与一些阿拉伯驻华使馆联合举办的。如:"阿拉伯大旅行家伊本·白图泰纪念会""阿拉伯文学翻译研讨会""诺贝尔文学奖得主、埃及著名作家纳吉布·马哈福兹及其创作报告会""纪念黎巴嫩伟大作家努埃曼一百周年诞辰、逝世一周年文学研讨会""青年阿拉伯文学研究者成果研讨会""纪念阿拉伯伟大思想家塔哈·侯赛因与阿卡德诞生一百周年研讨会""阿拉伯文学与世界——继承与创新研讨会""阿拉伯文学在中国高校研讨会""阿拉伯文学与伊斯兰文化研讨会""阿拉伯文学中的妇女与阿拉伯妇女文学研讨会""再议《一千零一夜》研讨会""世纪之交的阿拉伯文学"等。

研究会还利用阿拉伯国家作家代表团或著名作家、诗人访华的机会，组织与他们见面与座谈，如埃及诗人法鲁格·舒舍、作家赛尔沃特·阿巴扎、阿卜杜·阿勒·哈马米绥、尤素夫·沙鲁尼、伊赫桑·卡玛勒、伊格芭勒·芭莱卡、艾哈迈德·谢赫、福阿德·根迪勒、雷福吉·白戴维，叙利亚女作家乌勒法特·伊德丽碧、盖麦尔·凯妮妮，突尼斯作家穆斯塔法·法里斯，伊拉克作家阿卜杜拉·尼亚兹，利比亚作家易卜拉欣·法基，也门诗人穆罕默德·谢莱菲等。此外，研究会还听取了一些阿拉伯国家的驻华大使、参赞、专家对阿拉伯文学现状的介绍。

令人感到欣慰的是：中国阿拉伯文学研究工作者这支年轻的队伍为打破"欧洲中心论"作了很大的努力，并已取得不菲的成绩。在一切冠有"世界文学""外国文学"类书、辞典中，有关阿拉伯文学的介绍已不再是空白与点缀。如《中国大百科全书·外国文学卷》《外国文学名著辞典》《外国名作家大辞典》《外国妇女文学辞典》《世界诗学辞典》《世界名诗鉴赏辞典》《东方文学辞典》；《外国文学史》《外国文学简编》《世界文学发展比较史》《简明东方文学史》《东方文学史》《东方现代文学史》等，有关阿拉伯文学的内容都占有相当大的比重。如1994年出版的《东方现代文学史》，对阿拉伯现代文学的来龙去脉、重要的流派及其代表作家、诗人都有专题论述。1995年出版的《东方文学史》对阿拉伯的古代文学和近现代文学都作了较详尽的介绍。2004年出版的《阿拉伯现代文学史》，在空间方面涵盖了阿拉伯世界各地区、各个国家；在时间方面涵盖了通常所说的近代、现代与当代，直至当今现状。目前，包括阿拉伯世界在内，还没有一部对近20个阿拉伯国家的现代文学既有总体论述，又分国别论述的文学史，更没有一部时间跨度这样大，资料这样鲜活的阿拉伯现代文学史。

在一些有关外国文学、东方文学、比较文学、文学翻译的学术会议上，已经经常可以听到阿拉伯文学研究者的声音；在一些有关文学研究的学术刊物，如：《世界文学》《国外文学》《外国文学评论》《文艺报》《东方研究》《阿拉伯世界》等，亦可经常见到有关阿拉伯文学研究的文章。这些研究涉及古今重要的文学流派、作家、诗人、作品，以及阿拉伯文学与世界他国文学的相互影响与比较等。其中对作品《一千零一夜》、作家纳吉布·马哈福兹、纪伯伦的研究尤为集中。

在近十几年的时间里，一些高校——北京大学、北京外国语大学、上海外国语大学从事阿拉伯文学研究的研究生们，已有十几人相继获得硕士学位、博士学位。他们论文的课题也多为对阿拉伯古今著名作家、作品，如麦阿里、纳吉布·

马哈福兹、纪伯伦、塔哈·侯赛因、曼法鲁蒂、哈纳·米钠、伊赫桑·阿卜杜·库杜斯、苏阿德·萨巴赫及其作品的研究，或将其与中国作家、作品进行比较的研究。

应当指出的是，近几年来，还出版了几本有关阿拉伯文学的专著。如伊宏的《东方冲击波——纪伯伦评传》、郅溥浩的《神话与现实——〈一千零一夜〉论》、李琛的《阿拉伯现代文学与神秘主义》、林丰民的《为爱而歌——科威特女诗人苏阿德·萨巴赫研究》等。这些专著的问世，表明我国对阿拉伯文学的研究正在向纵深发展。

当然，在此期间，大量的工作还是对阿拉伯文学的译介。据初步统计，迄今翻译成中文的阿拉伯文学作品已约有二百多种，其中绝大部分是20世纪80年代翻译出版的。如埃及纳吉布·马哈福兹的《宫间街》"三部曲"、《命运的戏弄》《拉杜壁姒》《忒拜之战》《新开罗》《梅达格胡同》《始与终》《汗·哈里里市场》《平民史诗》《我们街区的孩子们》《米儿玛拉公寓》《卡尔纳科咖啡馆》《贼与狗》《尊敬的阁下》《雨中的爱情》《千夜之夜》《自传的回声》以及《纳吉布·马哈福兹短篇小说选粹》，塔哈·侯赛因的《日子》《鹡鸰声声》，陶菲格·哈基姆的《灵魂归来》《乡村检察官手记》《洞中人》，尤素福·伊德里斯的《罪孽》，尤素福·西巴伊的《回来吧，我的心》《废墟之间》《人生一瞬间》，伊赫桑·阿卜杜·库杜斯的《难中英杰》(《我家有个男子汉》)、《罪恶的心》(《心思》)、《天长日久》《绝路》《亲爱的，我们都是贼》《库杜斯短篇小说选》，谢尔卡维的《土地》，穆斯塔法·艾敏的《初恋的岁月》，台木尔的《台木尔短篇小说选》，以及《埃及现代短篇小说选》；黎巴嫩纪伯伦的几乎全部作品（包括《先知》《泪与笑》《折断的翅膀》《叛逆的灵魂》《大地的神祇》等），努埃曼的《七十抒怀》《相会》《努埃曼短篇小说选》，陶菲格·阿瓦德的《大饼》，杰尔吉·宰丹的《古莱什少女》《萨拉丁》《加萨尼姑娘》《伊斯兰女王莎吉杜拉》等；叙利亚汉纳·米纳的《蓝灯》、乌勒法特·伊德丽碧的《凄楚的微笑》；巴勒斯坦格桑·卡纳法尼的《阳光下的人们》《重返海法》；利比亚苏丹塔伊布·萨里赫的《向北方迁徙的季节》；阿尔及利亚伊本·海杜卡的《南风》；利比亚易卜拉欣·法格海的《一个女人照亮的隧道》"三部曲"、《昔日恋人》《利比亚现代短篇小说选》，突尼斯沙比的诗选《生命之歌》；沙特阿拉伯赛义德·萨拉哈的《沙漠——我的天堂》；科威特苏阿德·萨巴赫的《本来就是女性》等诗集。此外，还翻译、出版了《世界短篇小说精品文库之阿拉伯卷》、以《四分之一个丈夫》为题名的阿拉伯女作家作品选、《阿拉伯古代诗文选》和《阿拉伯古代诗歌选》等。此外，阿拉伯作家协会还要求我们将他们评选出的105部20世纪阿拉伯最佳中长篇小说译介到中国，据统计，我们已翻译、出版了其中的四分之一，约20多部。

回顾阿拉伯文学在中国的译介、研究的发展过程，总结中国阿拉伯文学研究会十多年来的工作，检阅一下我们所取得的成果，我们感到，在中外有关朋友们的关怀和支持下，我们的确是做了不少有益的工作，取得了一定的成绩。但这一切远不足以让我们洋洋自得、自我陶醉。我们应当清醒地看到，我们对"阿拉伯文学"这一宝藏只是开始在采掘，我们在这块沃土上只是在开始耕耘。目前，我们在阿拉伯文学翻译方面的数量和质量都还远不够理想。我们对阿拉伯文学的研究也需要进一步加强其深度与广度。

我们仍面临着不少困难：在主观方面，我国的阿拉伯文学译介、研究者的队伍仍很稚嫩，从数量上、质量上都很难满足需要；在客观方面，"欧洲中心论"的影响在我国仍很大，而出版事业则受市场经济规律的制约，加之版权也是一个问题，因此，阿拉伯文学在中国的推广仍需时间和努力。

但我深信，经过我们的共同努力，在我们已经取得的成就的基础上，中国的阿拉伯文学译介、研究这块园地必将更加繁花似锦，春色满园。

毫无疑问，我们有一个美好的今天，还将会有一个更加美好的明天！

（原载于王邦维主编：《东方文学研究集刊（3）东方文学学科：建设与发展》，北京文艺出版社，2007年）

阿拉伯文学与西欧骑士文学的渊源

阿拉伯文豪塔哈·侯赛因（Ṭāhā Ḥusayin 1889—1973）博士曾说过："如果我们说，欧美西方尽管现在优越，但他们的一切优越、一切科学都要归功于中世纪阿拉伯人传到欧洲去的那些丰富、持久的文化根底，那我们绝不是在过甚其词，也不是在吹牛胡说。"[①]美国学者希提在其《阿拉伯通史》一书中也说："在8世纪中叶到13世纪初这一时期，说阿拉伯语的人民，是全世界文化和文明的火炬主要的举起者。……有了他们的努力，西欧的文艺复兴才有可能。"[②]

尽管由于"欧洲中心论"的思想作祟，人们大多对西方文化、文学受古代阿拉伯文化、文学影响一事，不是一无所知，就是所知甚少，但这种影响的存在却是一个不容否认、不可忽视的事实。中古时期阿拉伯文学对西欧骑士文学兴起的影响，即是一例。

西欧的骑士文学繁荣于12—13世纪，以法国为最盛。最早的骑士来自中小地主和富裕农民。他们替大封建主打仗，住在堡垒里，剥削农奴。"后来骑士土地成为世袭，于是形成了固定的骑士阶层。11世纪90年代开始的十字军东侵提高了骑士的社会地位，使他们接触到东方生活和文化。骑士精神逐渐形成了。爱情在他们生活中占主要地位，表现为对贵妇人的爱慕和崇拜，并为它们服务。他们常常为了爱情去冒险。在他们看来，能取得贵妇人的欢心，能在历险中取得胜利，便是骑士的最高荣誉。由于他们处在封建统治阶级的低层，他们中间有些人也有锄强扶弱的一面，从东方回来的骑士把东方文化带到了当时还处于野蛮状态

[①] 转引自［埃及］萨米赫·凯里姆：《塔哈·侯赛因语录》，开罗知识出版社，1979年，第7页。
[②] ［美］希提：《阿拉伯通史》下册，马坚译，商务印书馆，1979年，第664页。

的西欧国家。"①"在骑士社会全盛时期产生了一种新的优雅的文学,这种文学把贵族的精神气质和对爱情的崇拜结合在一起"②这就是"骑士文学"。在这一过程中,我们应当特别注意到两点:以爱情占主导地位的骑士精神的形成;骑士文学是十字军东侵后,骑士把东方文化带回西欧的结果。我们正是试从这方面说明中古时期阿拉伯文学对西欧骑士文学形成与发展的影响。

尽管在古希腊的一些有关爱情的故事、传说中不乏纯情的特点,但其中的妇女远没有享有像上述骑士文学中那种可令爱者为之肝脑涂地的地位。所谓柏拉图在其《理想国》中有关爱情价值的观念也尽属于哲学范畴,而并未体现在当时的文学作品中。"有些学者认为,古代雅典城的妇女,它们的政治和法律权利并不比奴隶来得多。在漫长的一生中,它们都被笼罩在身旁男人的绝对权威之下……"③

在古罗马文学中,奥维德(Ovid,前43—18)这位大诗人曾写过《爱的艺术》,但描写的都是引诱与私通之术,以致对当时奥古斯都推行的道德改革起了破坏作用,导致了他后来的被流放。尽管他后来又写了《爱的医疗》,以平息一些人对前一书的指责,但总的来讲,两书描写的女性都显得轻佻、放荡,并未提出妇女的地位问题。因为"如同在希腊一样,早期的罗马共和国同后期的罗马帝国基本上是男人统治的社会。人们把妇女看成是家庭中男性家长的财产,所以她们的法定权力十分有限。"④

那么,在骑士文学产生的中世纪西欧的社会显示又是怎样的呢? 学者们告诉我们:"中世纪是妇女的牢狱。她们的地位远不如希腊时代的女性,更不用说罗马社会了。男性是优越的,它是占统治地位的性别,女人不过是丈夫的附属品,是他的财产。"⑤

由此可见,西欧中世纪反映骑士精神的骑士文学很难从希腊、罗马文学中去寻找渊源,也很难说是当时社会现实的反映。相反,最早把柏拉图式的爱情和为情人不惜牺牲一切的骑士精神贯彻实践于现实生活中的是中古时期的阿拉伯人。这一点见诸中古时期的阿拉伯诗歌、传奇故事和有关的论著中。

这种英雄拜倒在美人的石榴裙下,并可为之上刀山、下火海,冲锋陷阵、万

---

① 杨周翰等:《欧洲文学史》上卷,人民文学出版社,1982年,第98、151、152页。
② [美]杰拉德·古列斯比:《欧洲小说的演化》,胡家峦等译,三联书店,1987年,第7页。
③ [美]蕾伊·唐娜希尔:《人类性爱史话》,李意马译,中国文联出版公司,1988年,第45页。
④ [美]L.H.詹达、K.E.哈梅尔:《人类性文化史》,张铭译,中国妇女出版社,1988年,第33页。
⑤ 同上书,第39页。

死不辞的骑士精神最早也最典型的体现者,恐怕应是那位黑奴出身的《悬诗》诗人之一、阿拉伯骑士之父——安塔拉('antarah bn Shaddād 525—615)。学过阿拉伯语言文学的人几乎没有谁不知道这位被认为是阿拉伯古代文武双全的最完美的英雄骑士和诗人的。他在《悬诗》中矜夸自己如何建功立业,横刀立马,所向无敌,同时,也表达了自己对堂妹阿卜莱真挚的热恋与一片痴情:

> 浴血枪林刀丛中,
> 时时念你唤芳名;
> 几欲亲吻闪光剑,
> 似你启齿露笑容……

附会于这位骑士的民间故事《安塔拉传奇》(*Sīrah 'antarah bn Shaddād*)更是在阿拉伯世界广为流传,家喻户晓。事实上,安塔拉的故事远从伊斯兰教创立前的贾希利叶(蒙昧)时期就开始在民间流传,在传述过程中又被人们添枝加叶,不断地丰富、扩充。在伊斯兰初期开疆拓域的征战中,这些故事在为离乡远征的战士们鼓舞斗志、消减乡思方面起了很大的作用;在阿拔斯朝时期,这些故事成了上自王公贵族下至市井平民饭后茶余、暑夜纳凉消遣助兴的谈资和民间艺人说唱的"拿手好戏";在十字军东侵和在异族统治下的阿拉伯人更是不断地重温这些古代英雄传奇,借以振奋精神,提高士气。学者们一般认为《安塔拉传奇》早在10世纪就在埃及由一个名叫尤素福·本·易司马仪(Yūsuf bn ismā'īl)的人整理成书。在《传奇》中,安塔拉被描绘成一个神奇颖异、力大无穷、有勇有谋的超人。《传奇》将历史上的诗人、骑士、英雄安塔拉对其堂妹阿卜莱('ablah)坚贞不渝的爱情浓墨重彩地加以渲染,以英雄与美人、战争与爱情为经纬,编织出一篇篇美丽、动人的故事。在这些故事中,安塔拉为了获得堂妹阿卜莱纯真的爱情,战胜了叔父马利克的种种刁难。他履险如夷,叱咤风云,纵横驰骋,万夫莫挡,南征北战,威震天下。

值得注意的是,当时阿拉伯的英雄传奇故事远不止这部被誉为"阿拉伯的伊里亚特"的《安塔拉传奇》。类似的还有《赛弗·本·齐耶赞传奇》(*Sīrah Sayf bn Thī Yazin*)、《希拉勒族人传奇》(*Sīrah Banī Hilāl*)等。此外,《一千零一夜》中,有关骑士及其情人的故事也是该书的一个重要内容。

除这类英雄传奇外,阿拉伯在伍麦叶王朝(661—750)时期还广为流传一批贞情诗人与恋人的爱情故事及诗歌。当时一些青年男女真诚相爱,但由于传统习俗和礼教，他们遭到家长和社会反对，不能结合，酿成悲剧；不少人为此失去神智，甚至殉情。他们通过诗歌歌咏自己纯真的柏拉图式的爱情、苦恋、相思，感情真挚，凄婉感人。如著名的贞情诗人哲米勒（Jamīl bn Ma'mar ？—701）在为其恋人布赛娜（Buthaynah）写的诗中有这样的句子：

> 如果布赛娜派人来要我的右手，
> 尽管右手对于我来说珍贵无比，
> 我也会给她，使她称心如意，
> 然后说："还有什么要求，你再提！"

而以《马季农·莱伊拉》（*Majnūn Laylā*，意为"莱伊拉的情痴"）著称的贞情诗人盖斯·本·穆劳瓦哈（Qays bn al-Mulawwaḥ ？—约688）与其恋人莱伊拉由苦恋到因痴情而死的悲剧则被后世衍化成传奇故事，广为流传。波斯诗人内扎米（Jamalddin Ilyas Nezami 1141—1209）、贾米（Nuroddin Abdorrahmman Jami 1414—1492）和突厥语诗人纳沃伊（Nawoi 1441—1501）、富祖里（Fuzuli 1495—1556）等都曾以此题材写有长篇叙事诗，足见其流传之广，影响之大。

这类贞情诗人的爱情轶事及有关的诗歌显然也传到了位于欧洲的安达卢西亚（今之西班牙、葡萄牙）。如安达卢西亚著名的女诗人哈芙莎（Ḥafṣah ar-Rukūniyah ？—1190）就曾在一首情诗中写道：

> 是我看望你，还是你来把我探询？
> 你所喜爱的事，我也总是倾心。
> 我的嘴是甘美、清澈的泉源，
> 我的额发是一片浓密的绿荫。
> 一旦梦中同你邂逅相遇，
> 我曾希望你会干渴，受烈日蒸熏。
> 哲米勒，快答应布赛娜吧！
> 何必推三阻四。显得那么骄矜！

诗中，女诗人把自己与情人比成布赛娜与哲米勒。可见12世纪，哲米勒与布赛娜的轶事与情诗在安达卢西亚已是妇孺皆知了。

此外，还有产生于7世纪末，盛行于阿拔斯朝后期的苏非派诗人。他们继承了伍麦叶朝贞情诗的传统，并与劝世诗相融合，用象征的手法描述自己在出世苦修以求与真主神交过程中那种苦恋、相思、失眠、憔悴的状况。黑格尔在其《美学》一书中，谈到"骑士风"时，曾写道："在东方，特别是阿拉伯人，他们像一个点，起初摆在他面前的只有干燥的沙漠和天空，他以强旺的生命力跨进世俗生活的光辉和原始的广阔面积里，却永远保持住他的内心的自由。在东方开阔道路的首先是伊斯兰教，它废除对有限事物的偶像崇拜和关心，使心灵具有主体的自由，完全为这种自由所占领住，所以世俗生活并不形成另外一个领域，而是和一般的无限世界打成一片，在这里心和精神（感情和理智）并没有使神具有客观形象，却在生动活泼的生活里和神达到和解，就像一个乞丐，在幻想中夸大自己周围事物的价值，欣赏，爱着，心满意足，过着幸福的生活。"[①] 这段话也许可以用作这种苏非诗的注解。阿拉伯人不仅有英雄传奇、贞情诗、苏非诗，而且还有关于这类爱情的理论著作。其中最著名的是伊斯法哈尼·扎希里（Muḥammad bn Dawūd al-Iṣfahānī az-Zahirī 868—909）的《花》（az-Zahrah）和安达卢西亚著名学者、作家伊本·哈兹姆（Ibn Ḥazm 994—1064）的《鹐鸽的项圈》（Ṭawq al-Ḥamāmah）。《花》是伊斯法哈尼·扎希里在青年时代编著的，他将贞情诗诗人的言行、诗歌、轶闻编纂在一起，并加上自己的诗歌和评论，共50章。他在书中按照《圣训》所示："谁爱又把爱藏在心中，纯真地殉情，那他就是烈士"，并依据柏拉图式的爱情理论来诠释纯真爱情的性质、规律、影响及其表达方式。而伊本·哈兹姆，据考证，其祖辈是由基督教改信伊斯兰教的西班牙人，他在青年时代爱上了一位名叫努阿姆（Nu'am）的使女，不到20岁便娶她为妻。努阿姆不幸早逝，作家极为悲伤，曾7个月未换衣服。他受柏拉图理论影响，在《鹐鸽的项圈》一书中，通过本人和当代人的生活实例对爱情的心理和社会因素进行分析、探讨，颂扬了坚贞不渝的精神恋爱。全书分30章，其中10章阐述爱情的原则，12章谈爱情的表现特征及其优劣，6章谈影响爱情的灾难，如遗弃、分离，最后两章则是论述贞节之美与苟合之丑。书中引用了大量诗歌、事例来阐明自己的观点。

　　一般来说，在欧洲，直至11世纪，妇女无论是在社会生活中还是在文学作品中，都没有受到关注。将情场与战场一体化的骑士精神是在这以后产生的。开山祖师当推法国的安德烈·勒·夏普兰（Andre la Chapelain），他约在1185年间发表了用拉丁文写的3卷本的论文《纯真爱情的艺术》（Ars Honeste Amande）。

---

① ［德］黑格尔：《美学》第2卷，朱光潜译，商务印书馆，1986年，第320页。

作者在这部书中收有关于典雅爱情的全部说法，实际上包含着有关爱情崇拜的全部因素。作者在书中对爱情提出了当时欧洲文学中从未有过的崭新看法，把妇女地位提到一个在欧洲从未有过的高度：骑士对情人要像当时奴仆对封建主那样服从，要肯为爱情牺牲一切，为爱情敢于赴汤蹈火，对情人示弱是高尚的美德而不是屈辱，认为纯真、羞赧、忠贞不渝、牺牲是高尚爱情的要素。这一论著奠定了骑士文学的理论基础。但这种对爱情的新看法远远超出了当时西欧的现实状况及传统习俗。理论来自实践，西方当时既然没有这种现状，那么可以断言，这种对爱情的新见解是源自西方与东方的接触，是向阿拉伯人学习的结果，其途径是通过十字军东侵和安达卢西亚这一联通阿拉伯、东方与西方的桥梁，须知，伊本·哈兹姆的《鹁鸽的项圈》比安德烈勒夏普兰的《纯真爱情的艺术》要早一世纪还多!

安德烈·勒·夏普兰曾在法国香槟的女伯爵玛丽的宫中任经师，他的《纯真爱情的艺术》就是应玛丽要求写成的。而这位玛丽虽出生在法国，但长期生活在英国国王亨利二世的宫廷，被英国人称为"玛丽·德·法兰西"（Marie de France 约1140—1200），即"法国的玛丽"。她的祖父是普瓦捷的郡主、阿基坦和斯科涅公爵，即著名的威廉九世（Willian IX 1070—1127）；她的曾祖父威廉八世，1064年曾追随教皇亚历山大二世，从安达卢西亚掳走几百个女婢与歌女，威廉九世年轻时就在他父亲的宫殿里与这些女婢和歌女厮混，从她们那里学会了阿拉伯歌曲艺术，他还参加过十字军东侵，因而对安达卢西亚和东部阿拉伯文化有广泛的了解，是第一个用普罗旺斯语写作的游吟诗人。而玛丽·德·法兰西本身也是一位知名的诗人。她首创了中世纪八音节押韵对句的叙事小诗——"籁歌"，亦称"布列塔尼籁歌"（Breton Lay）。

这种籁歌往往是叙述一则恋爱故事，明显地带有骑士故事色彩。如《朗瓦尔》描述了一位骑士和一位姑娘之间的爱情故事；《金银花》描写的是法国传说特里斯丹与绮瑟的爱情故事。诗中叙述特里斯丹被国王马克赶出宫廷，藏身于森林中，得知恋人绮瑟要出宫散步，便将刻有自己名字的胡桃枝掷于她必经之路。被迫嫁给国王马克的绮瑟得知后，遣开随从，逃进森林，与特里斯丹相会。诗中还描述特里斯丹死后，坟上生出一株金银花，其根在土中蔓延到绮瑟的坟中，紧紧缠绕了后者，歌颂了生死与共、忠贞不渝的纯真爱情。

玛丽还曾将当时著名的法国叙事诗人克雷蒂安·德·特罗亚（Chretien de Troyes 1135—约1191）置于自己的管照之下。正是这位被但丁誉为使法兰西成为主要的叙事诗之王国的诗人，从1164年起于玛丽·德·法兰西在香槟的宫廷中，根据安德烈勒夏普兰的《纯真爱情的艺术》一书所述的原则，为玛丽写下了一系列表现这种纯真爱情的骑士传奇。在此之前，他曾随英国王后埃莱奥诺遍游法国西部、布列塔尼和英国。此行为他提供了有关布列塔尼民间传说的题材。他约于1160年写过一部叙事诗《特里斯丹和绮瑟》，但已失传。他以五部叙事长诗著称于世：《艾莱克与艾尼克》(1162)、《克里赛》(1164)、《朗斯罗或小车骑士》(约1168)、《依凡或狮骑士》(约1170)和《伯斯华，或圣杯的故事》(约1182—1190)。这些故事都受布列塔尼籁歌体影响，用八音节押韵写成，其中有一个贯穿全诗但不是中心的人物，即传说中的大不列颠国王亚瑟王。诗中着力塑造的是依凡和朗斯罗两位体现骑士精神的典型形象。如《朗斯罗》是写亚瑟王的骑士朗斯罗和王后耶尼爱佛的恋爱。为了寻找耶尼爱佛，朗斯罗不惜牺牲骑士荣誉，不骑马而甘坐小车当众受辱，随后为救恋人又冒生命危险在魔鬼河上爬过一道像剑一样锋利的桥。在与巨人米拉甘搏斗的比武场上，不论耶尼爱佛命令他退让或还击，他都唯命是从。而在《依凡》中，依凡这位带狮子的骑士，为博得贵妇人的爱情，更是出生入死，历尽艰险。这一切都集中体现了骑士精神和他们的爱情观点。安德烈勒夏普兰在《纯真爱情的艺术》中宣扬的所谓纯真、典雅的爱情和骑士的道德精神被渲染得淋漓尽致。

综上所述，不难看出，安德烈勒夏普兰的《纯真爱情的艺术》一书是这种骑士文学的理论基础，这种理论又受了比它早一二百年的阿拉伯学者伊斯法哈尼·扎希里的《花》与伊本·哈兹姆的《鹁鸽的项圈》的影响。而阿拉伯人的这两本有关纯真爱情的理论著作，又是在总结阿拉伯古代种种有关纯真爱情的骑士、诗人的轶闻故事的基础上，并受希腊的柏拉图与罗马的柏罗丁（又译普罗提诺Plotinus 205—270）的哲学思想的影响写成的。

此外，我们还可以看到，开这类骑士传奇文学创作先河的玛丽·德·法兰西和克雷蒂安·德·特罗亚的确与十字军东侵及安达卢西亚文学有关。如前所述，玛丽的祖父威廉九世就参加过十字军东侵，熟谙阿拉伯歌曲艺术，并且是第一个普罗旺斯游吟诗人。玛丽与克雷蒂安有关骑士的传奇诗又与布列塔尼籁歌有着渊源关系。我们知道，布列塔尼是由法国西北部的半岛构成，布列塔尼人兼有冒险和守旧精神，许多人长于航海，充当海军。在宗教战争期间，有许多西班牙部队驻布列塔尼。这就使我们为布列塔尼地区受安达卢西亚文学（特别是民间口头文学）的影响找到了根据。

这种骑士传奇随玛丽与克雷蒂安的行迹，并由于传奇是附会于不列颠亚瑟王的故事，故传入英国是很自然的。又有德国诗人哈特曼·封·奥埃（Hartmam von Aue 1165—1215），本人即是骑士，并参加过十字军东侵，他曾将克雷蒂安的有关骑士的传奇移植成为德文的《艾莱克》（约1185）和《依凡》（约1202）；沃尔夫拉姆·封·埃申巴赫（Wolfram von Eschenbach 约1170—1220）、戈特里德·封·斯特拉斯堡（Gottfried von Strassburg 约1170—1220）等也都是以法文作品为蓝本，写出不列颠系统的亚瑟王的骑士传奇。

这些传奇肯定了骑士爱情，把爱情描写成不可抗拒的力量，就这一点说，是和基督教把爱情看成是邪恶的那种观点相抵触的。因此，可以把它看作是反教会、反封建、主张一切以"人"为本的人文主义思想的先声，是文艺复兴的前奏。

顺便提一下，也许有人认为阿拉伯社会封建、保守，妇女社会地位低下，怎么会享有骑士文学中那么崇高的地位呢？其实，读一下一位美国学者的这段话，也许有助于我们解开这一疑窦："到了10世纪，富有的、中等阶级和城市的妇女在家庭和社会中所占地位已经起了显著变化。面纱、幽居和两性隔离已被中东的穆斯林及许多非穆斯林所采用。这些做法的起源和原因不明，但从一些比较起来最能说明问题的迹象来看，似乎主要是受到拜占庭文明的影响。"这样一来，"像阿以涉、赫祖兰和左拜德等人所享受过的妇女的自由和公共生活都消失了，直到20世纪才重新出现在伊斯兰世界。"①

最后，既然说到西欧的骑士文学，就应也谈谈西班牙的骑士小说。西班牙最早的骑士小说《西法尔骑士》约出现于1321年，但骑士小说在西班牙形成高潮则是在15世纪末、16世纪初。当时最为流行的骑士小说有《阿马迪·德·高拉》（1508）、《埃斯普兰迪安的英雄业绩》（1510）和《帕尔梅林·德·奥利瓦》（1511）等。这类小说的主题反映了封建骑士阶层的生活理想，即为捍卫爱情、荣誉或宗教而显示出的冒险游侠精神。作为小说主人公的游侠骑士，往往被写成见义勇为、抑强扶弱、除暴安良、英勇善战、举世无双。而一切南征北战、出生入死、建功立业的动力均来源于爱情；故事情节亦不外乎是：为取得贵妇人的欢心，骑士历尽千难万险，赢得荣誉，胜利归来，登上王座，与恋人成亲，以大团圆为结尾。这就不难使我们联想起早在这之前产生，并肯定会在这一地区流传的《安塔拉传奇》《希拉勒族人传奇》以及《一千零一夜》中的许多骑士传奇故事。如果我们

---

① ［美］西·内·费尔希：《中东史》上卷，姚梓良译，商务印书馆，1979年，第168—169页。阿以涉是穆斯林先知穆罕默德的妻子；赫祖兰是阿拔斯朝哈里发麦海迪的妻子，哈伦·赖世德的母亲；左拜德是哈伦·赖世德的妻子，艾敏的母亲。

不懂原文，又无译本，无法了解当年西班牙骑士小说究竟是什么模样的话，我们不妨再读读塞万提斯那举世闻名的《堂吉诃德》。这部小说就是模拟骑士小说，用反讽的手法揭露了骑士小说的荒唐和危害。哈哈镜照出的样子虽然有些走形，显得可笑，但它毕竟是面镜子，照出来的人还是有鼻子有眼，能让人看出被照的大体是怎么一个模样。美国学者希提在谈到这部书时曾写道："从西班牙文学丰富的幻想，可以看出阿拉伯文学的楷模作用。塞万提斯所著的《堂吉诃德》一书里的才华，就是最好的例证。作者一度被俘虏到阿尔及利亚去，曾经诙谐地说过，这部书是以阿拉伯语的著作为蓝本的。"①而杨周翰等先生编写的《欧洲文学史》在评论这本书时则写道："《堂吉诃德》标志着欧洲长篇小说一个新的发展阶段。""《堂吉诃德》是文艺复兴时期欧洲最重要的长篇小说之一，它对于欧洲近代长篇小说的发展具有重大的影响。"②把这两段引言放在一起，可以说，我们为阿拉伯文学对欧洲文艺复兴的重要影响又找到了一个例证。

也许有人会问：西班牙的文学应是最早受阿拉伯文学影响的，但为什么以法国为中心的骑士文学繁荣、兴盛于12—13世纪，而西班牙的骑士小说在14世纪初才出现，在15世纪末、16世纪初才达鼎盛时期呢？这个问题，略加考虑，便不难回答。西班牙就是阿拉伯古代的安达卢西亚，13世纪末，西班牙收复失地运动才大体完成，直至1492年，西班牙攻陷了格拉纳达，阿拉伯人才完全结束了对这一地区长达8个世纪的统治。无疑，骑士文学在西班牙的出现要比西欧其他地区早，远不止是在14—15世纪，不过，那时它并不属于西班牙文学的范畴，而应属于阿拉伯文学的范畴了。

---

① ［美］希提：《阿拉伯通史》下卷，马坚译，商务印书馆，1979年，第667页。《堂吉诃德》第9章里曾说，作者在托莱多市场买到一捆阿拉伯语的旧字纸，请人译出来是：《堂吉诃德·台·拉曼却》，阿拉伯历史家熙德·哈默德·本·因基里撰。

② 杨周翰、吴达元、赵罗蕤主编：《欧洲文学史》上卷，人民出版社，1982年，第151、152页。

任重道远，责无旁贷
——在阿拉伯文学研究会第四届代表会议暨"世纪之交的阿拉伯文学"研讨会开幕式上的讲话

我们中国外国文学学会阿拉伯文学研究会自1987年正式成立，至今已有14年了；研究会自1995年召开的第四届代表会议暨"阿拉伯的女性文学与阿拉伯文学中的女性研讨会"，至今也已届6年。回想当年，那已经是上一世纪的事了，如今我们是站在21世纪的起点上。所以我们可以骄傲地说，我们今天集会是跨世纪的中国阿拉伯文学研究会在研讨跨世纪的阿拉伯文学。

斗转星移，这十多年来日新月异，我们的祖国长高了，长壮了，变强了。我们阿拉伯文学研究会这支年轻的队伍也从无到有，由呱呱坠地，牙牙学语，蹒跚举步，而日渐成长、成熟起来。昔日在我国几近空白、荒芜的阿拉伯文学译介、研究园地，在我们的共同努力、苦心经营下已日渐繁荣起来。我们同从事东方文学研究的同人们一道为打破"欧洲中心论"做了很大的努力，在一切冠有"世界文学""外国文学"名称的类书、典籍中，有关阿拉伯文学的介绍已不再是空白与点缀。我们这支稚嫩的队伍已经开始在我国对外国文学的译介和研究工作中，日渐发挥自己的作用，并有了一定的影响。这不仅表现在我们在相关的院校开设了各门有关阿拉伯文学的课程，在一些院校相继创立了硕士点、博士点，并培养了一批对阿拉伯文学具有相当研究能力的硕士、博士专门人才；在书店、图书馆的书架上不难看到我们译介、研究阿拉伯文学的图书，在有关外国文学的报刊、杂志上也经常可以看到我们有关阿拉伯文学的译文和论文。在各种有关外国文学、比较文学和文学翻译的研讨会上也都可以看到我们的身影，听到我们的声音。

如果总结一下我们近几年来，即自1995年上届会议至今6年来的工作和成绩，我认为我们这一阶段对阿拉伯文学的译介和研究是更深了，更广了，更专了。在译介方面，配合1995年在北京召开的世界妇女代表大会，我们除了在当年举办了"阿拉伯的女性文学与阿拉伯文学的女性研讨会"外，还出版了由李琛同志选编的有十余人参加翻译的阿拉伯女作家作品选《四分之一个丈夫》（河北教育出版社，1995），其中选有阿拉伯各国三十多个著名女作家的短篇小说或诗歌。比这更广泛的是由郅溥浩同志编选有四十多人参与翻译的《世界短篇小说精品文库·阿拉伯卷》（海峡文艺出版社，1996），其中共选有自古至今16个阿拉伯国家小说82篇。最近还出版了伊宏同志选编的非洲散文选《思想的金字塔》（百花文艺出版社，2001）其中包括非洲阿拉伯各国作家的散文40余篇。阿拉伯诗歌方面的选集则相继有杨孝柏同志所译的《阿拉伯古代诗文选》（北京语言文化大学出版社，1997），郭黎同志选译的《阿拉伯现代诗选》（湖南文艺出版社，2000），集有阿拉伯各国40位著名诗人的100余首诗。另有拙译《阿拉伯古代诗选》（人民文学出版社，2001），集有包括乌姆鲁勒·盖斯的《悬诗》在内的130余位诗人的430余首诗。过去翻译的阿拉伯文学作品的地域方面主要集中在埃及，其次是黎巴嫩、叙利亚、伊拉克，对其他阿拉伯国家却鲜有译介；体裁则多为现代小说。现在，我们的译介已开始向海湾，向马格里布，向诗歌、散文，向古代进军。这不能不说我们对阿拉伯文学的译介在空间和时间两方面都在向纵深发展。这一点除了在这些选集上可以看出外，还表现在其他方面，如在这一期间，李荣建、李琛翻译出版了利比亚作家法格海颇为著名的《一个女人照亮的隧道》"三部曲"（长江文艺出版社，2000）；林丰民翻译了科威特女诗人苏阿德·萨巴赫的《爱的诗篇》等诗集（中国华侨出版社，2000）；薛庆国则翻译了埃及著名作家、诺贝尔文学奖得主纳吉布·马哈福兹《自传的回声》（光明日报出版社，2001），还有拙译《库杜斯短篇小说选》（湖南文艺出版社，1998）等。此外，谈起这一时期对阿拉伯文学译介方面的"专"，不能不提到先后掀起的两次热潮：一是"纪伯伦热"：据我所知，至今仅《纪伯伦全集》就有三四种，冠以各种名字的选集则有十多种；再是"《一千零一夜》热"：各种冠以《一千零一夜》和《天方夜谭》书名的全译本、选译本，以及由其派生、克隆、改写、化零为整、化整为零的版本林林总总至少有几十种，上百种。我们研究会很大一部分会员理所当然地投入到了这两股热潮中去，或译，或评，在其中发挥了积极作用。细究这两股热潮兴起的原因，大概除了广大读者对纪伯伦和《一千零一夜》的热爱外，恐怕还有面对市场经济规律和版权法，出版社和译者无奈的选择吧。但无论如何，热潮积淀的结果应当是积极的，会有深远的意义。

在此期间，我们在阿拉伯文学研究方面也是更广，更深，更专了。继由伊宏、李琛同志在前一阶段编写的《东方现代文学史》（海峡文艺出版社，1994）之后，出版了我本人参加编撰的《东方文学史》（吉林教育出版社，1995）。在全书约130万字的篇幅中，有关阿拉伯古今文学的介绍约占五分之一。此后出版了蔡伟良、周顺贤编著的《阿拉伯文学史》（上海外语教育出版社，1998）。此外，我们的一些同志还参与编写了《外国文学简编[亚非部分·修订本]》、《亚非文学作品选读》（中国人民大学出版社，1998）、《东方文论选》（四川人民出版社，1996）、《世界文学发展比较史》（北京师范大学出版社，2001）、《外国文学名著鉴赏》（吉林文史出版社，2001）等。其中都或简或繁、或详或略、或整体或部分地研究、介绍了阿拉伯文学。尤为可喜的是，在这一阶段，我们的一些同志发表了一些专论某些阿拉伯文学名家、名著以及著名流派的专著。如郅溥浩同志的《神话与现实——〈一千零一夜〉论》（社会科学文献出版社，1997），是我国第一部关于《一千零一夜》的论著。在参考西方和阿拉伯国家对《一千零一夜》研究成果的基础上，还旁征博引，提出了许多自己新颖的观点。李琛同志的《阿拉伯现代文学与神秘主义》（社会科学文献出版社，2000），通过对诸如纪伯伦、努埃曼、马哈福兹、白雅帖等一些阿拉伯现代著名作家、诗人及其作品的分析，揭示了神秘主义（苏菲主义）对他们的心灵及其创作的深刻影响，颇有深度。林丰民同志的《为爱而歌——科威特女诗人苏阿德·萨巴赫研究》（中国华侨出版社，2000），是作者在读博于科威特进修期间，得到诗人本人的协助，写出的博士论文，也是我国发表的第一部研究阿拉伯一位诗人，特别是女诗人的专著。此外，在此期间，相关院校的读硕、读博的研究生们在国外进修、访学期间，都亲受所论的作家、诗人或相关人士的帮助，收集到第一手丰富、翔实的资料，从而写出较有新意及创见的论文，除了上述的林丰民的博士论文外，如陈冬云有关阿拉伯戏剧文学的博士论文，张洪仪题为《法鲁克·朱威戴的创作与阿拉伯现代诗歌的转型》的博士论文，在答辩会上也都受到了有关专家的首肯与好评。

在此期间，我们还举办了"再论《一千零一夜》"的研讨会，邀集了我国有关的外国文学学者，特别是东方文学的学者同我们一道深入、广泛地讨论了有关这一世界民间文学的丰碑的诸多问题。此外，我们还通过参加各种有关外国文学、东方文学、比较文学、文学翻译等学术会议、研讨会，与我国研究外国文学特别是东方文学的学者们进行了广泛的接触、对话和学术交流，使他们真切地认识到阿拉伯文学是世界文学极其重要的不可或缺的组成部分；我国的阿拉伯文学研究者们则是我国的外国文学研究者的队伍中一支不可或缺的小分队。

与此同时，我们还一如既往，通过与阿拉伯各国驻华使馆、阿盟驻华办事处联合举办的中阿文化交流研讨会，通过种种互访、工作的机会，通过"请进来、走出去"的种种形式，我们已经开始与阿拉伯有关的作家、诗人、文学评论家、作家协会建立了联系，进行了面对面的对话和交流。从而使我们中国阿拉伯文学研究者的身影也出现在国外，我们的声音也传到了阿拉伯世界。

回顾往昔，总的说来，我们是做了不少工作，也取得了不少的成绩。但这一切远不足以让我们洋洋自得、自我陶醉。我们应当清醒地看到，我们对阿拉伯文学这一宝藏只是开始在采掘，我们在这块沃土上只是在开始耕耘。目前，我们在阿拉伯文学翻译方面的数量和质量都还远不够理想。我们对阿拉伯文学的研究也需要进一步加强其深度与广度。我们——中国阿拉伯文学的翻译、研究者肩负着重大的历史使命，正可谓任重道远：我们必须尽力让有13亿人口的中国读者能更好、更全面地了解灿烂辉煌、丰富多彩的阿拉伯古今文学。中世纪的阿拉伯帝国曾横跨亚非欧三大洲，今天的阿拉伯世界有20多个国家，两亿多人口，阿拉伯世界及其所在的中东地区日益成为世人瞩目的焦点、热点，"9·11"事件后，这一点尤为明显。如今是信息化的时代，是全球化的时代地球转得越来越快，地球变得越来越小，越来越圆。但全球化绝对不应是西方化。毋庸置疑，在21世纪，在全球多元化的时代里，阿拉伯—伊斯兰文化同中国文化一道将在世界上负起越来越重要的作用。将源远流长、绚丽多彩的阿拉伯文化、文学介绍到中国来是我们这一代人义不容辞、责无旁贷的事。

阿拉伯文学史上有千百个著名的诗人、作家，写下了成千上万部优秀的、不朽的文学作品，要将这样博大精深的阿拉伯文学系统地、完整地介绍到中国来，绝非一件易事：阿拉伯语言是公认的世界最难学的语言，阿拉伯文学研究的队伍还处于青黄不接的阶段，受欧洲中心论的影响，受市场经济规律的限制，以及版权法的制约，我们译介、出版阿拉伯文学作品还会面临种种困难。

但是事在人为。我们并不害怕困难。我们相信我们必将克服种种困难，再接再厉，培养好我们的新生力量，在阿拉伯文学的译介、研究领域中深耕细作，精雕细刻，保质保量地做好我们的工作。把我们的译介、研究搞得更深、更广、更高、更精，搞出精品来。切忌急功近利、粗制滥造，砸了牌子。我深信任重道远、责无旁贷的我们，既有一个美好的昨天和今天，也必将有一个更加美好的明天！

我为自己的工作骄傲、自豪!
——在"中阿文学与出版论坛"的讲话

各位尊敬的贵宾,各位来宾,同行的姐妹、兄弟姐妹们:

晚上好!

我喝过尼罗河的水,我又来到了埃及。我曾在开罗大学进修过两年,并多次来过这里。每次踏上这片土地我都感到异常亲切,仿佛置身于亲人中间,因为我与这片土地有不解的情缘,因为我同这里的人们有共同的语言。

我们的老师们——中国阿拉伯学的前辈、先驱——其中有最早将阿拉伯语教学引进中国高等学府,于1946年在北京大学建立了阿拉伯语专业,将孔子《论语》译成阿文,将《古兰经》译成汉语范本,我的老师马坚先生;有曾为纳赛尔总统、周恩来总理在万隆会议作过翻译、我们中国阿拉伯文学研究会的首任会长、将中国文坛巨擘茅盾先生的名著《子夜》译成阿拉伯文、将埃及著名作家谢尔卡维的《土地》译成中文,我的老师刘麟瑞先生;有北京外国语大学阿拉伯语系的首任系主任、著有《阿拉伯通史》、将埃及著名学者艾哈迈德·艾敏的《阿拉伯-伊斯兰文化史——黎明时期》译成中文的历史学家纳忠先生;有最早将《一千零一夜》从阿拉伯文直接全译为中文的翻译家纳训先生……他们都是20世纪30年代在埃及开罗爱资哈尔大学或教育学院培养出来的穆斯林学者。他们是前辈、先驱,我们是后来人、继承者。因此,追根溯源,我们当代中国的阿拉伯学学者、翻译家首先应该感谢这片古老的沃土。

至于我本人,是在1956年开始学习阿拉伯语的。我永远不会忘记那一年。正是那一年,纳赛尔总统宣布将苏伊士运河收归国有,随之是三国侵略埃及。因此,我记得很清楚,我学的第一句阿拉伯语,也是我平生第一次将一句汉语译成阿拉伯语的句子就是"我们支持埃及！"那是我们游行队伍到埃及驻华使馆前用阿拉伯语喊的口号。我还记得哈桑·拉加布大使微笑着向我们招手，表示感谢。

从20世纪50年代开始学习阿拉伯语，60年代开始教阿拉伯语，并从事对阿拉伯文学的翻译、研究工作，如今已有半个多世纪了。其间，我曾翻译了阿拉伯古今一些诗文作品，著有《阿拉伯现代文学史》《阿拉伯文学通史》等。其中值得一提的是：《阿拉伯古代诗选》中选译了阿拉伯古代时期130多位诗人的400余首诗。《阿拉伯文学通史》上卷，是按照历史时期（贾希利叶时期、伊斯兰时期、阿拔斯朝时期以及安达卢西亚与近古时期）介绍了阿拉伯古代文学。下卷介绍了阿拉伯现代文学。除了总体介绍外，还对18个阿拉伯国家的主要作家、诗人及其作品、流派等做了详略有致的评介。

半个多世纪，作为一个从事阿拉伯语言、文学、文化教学、研究、翻译工作的人，作为中国阿拉伯文学研究会的负责人，我喜爱我的工作。因为我喜爱阿拉伯世界，喜爱阿拉伯民族，喜爱阿拉伯语言，喜爱阿拉伯文学，喜爱阿拉伯－伊斯兰文化。

我同我的中国同行翻译阿拉伯诗歌，因为"诗歌是阿拉伯的史册"。我喜爱祖海尔（520—609），他反对战争，呼吁和平，在其《悬诗》中说：

> 战争的苦果你们尝过，你们熟悉，
> 谈起来绝非主观臆测，胡言乱语。
> 一旦你们挑起战端，就是严重的作孽，
> 那是挑逗起凶恶的狮子，把战火燃起。
> 战磨转动，将把你们碾成齑粉，
> 兵连祸结，如多产的母驼连生灾难的子息。
> 战争中生下的孩子也将终生不幸，
> 他们将把父兄种下的恶果承继。
> 伊拉克的乡镇会让人们获得金钱银币，
> 战争带来的只有祸患，使你们一贫如洗。

我喜爱穆太奈比（915—965），他说：

> 你若不惜生命去追求荣耀，
> 那就应当把星星当做目标。

因为碌碌无为或建功立业，
到头来死都是一样的味道。

我喜爱诗人中的哲人，哲人中的诗人——盲诗人麦阿里（973—1057），他说：

即使恩准我进入天堂，
我也不愿将永生独享。
云雨若不能泽遍祖国，
就不必落在我的地上！

我喜爱巴鲁迪（1838—1904），他说：

我别无缺点，只是自由驾驭我，
使我不肯接受收买，忍受屈辱。
我追随我的祖先，走他们的路，
时刻不离自由，无论是文是武。

我喜爱伊拉克诗人宰哈维（1863—1936），他有诗云：

他们要受伤者不要再呻吟声声，
他们要有理者不要再据理力争。
可我还是要求我的权利，
直至死神堵住我的喉咙。

我喜爱约旦诗人穆斯塔法·瓦赫比·坦勒·阿拉尔（1899—1949），他曾说过：

当我看到讲假话
　　使一些权贵步步高升，
当我看到讲真话者
　　如何为讲真话牺牲，
当我看到素餐尸位者
　　如何当头，霸道横行，
我就深信：所谓"英才"
　　是对英才的嘲弄。

我为自己的工作骄傲、自豪——在"中阿文学与出版论坛"的讲话

我不会忘记苏丹诗人法图理（1930— ）的呼喊：

> 我已经撕破了黑暗的尸衣，
> 我已经摧毁了懦弱的墙壁。
> 我傲视死亡，将永生在世，
> 不怕时间的藩篱，我自由无羁。

我喜爱突尼斯诗人沙比（1909—1934），他说过：

> 我写诗，并不指望
> 让王公贵族欣赏；
> 也不把颂歌、诔词
> 奉献给君主帝王。
> 如果我的诗对得起良心
> 就足以让我如愿以偿……

我喜爱巴勒斯坦诗人迈哈穆德·达尔维什（1941—2008），他说得对：

> 如果我们的诗歌
> 　　不能像明灯高照，
> 不能传遍千家万户
> 　　让人人知晓，
> 那它就不是诗，只是无声无息，
> 　　既没有颜色，也没有味道。
> 如果平民百姓
> 　　对我们的诗歌看不懂，
> 那就应当把它撕碎，
> 　　让风吹得干干净净，
> 然后闭紧嘴巴，
> 　　别再作声！

我佩服阿多尼斯（1930— ）的勇敢，他说：

> 先生，我知道断头台

> 在等待着我,
> 但我是诗人,我喜欢髑髅地,
> 我崇拜火……

我还想起也门盲诗人阿卜杜拉·白勒杜尼(1925—1999)的几句诗,他告诫西方殖民主义者:

> 就此为止吧!阿拉伯黎明已从床榻跃起,
> 阿拉伯人血液中怒吼的是英雄主义。
> 共同的战场把他们聚集在自由的圣战中,
> 创伤和呻吟让他们结成一个整体。
> 阿拉伯有着永恒的光荣业绩,
> 它们好似在历史山峰上飘扬的大旗……

我同我的中国阿拉伯文学研究会的同行们还翻译了埃及与其他阿拉伯国家的一些小说名家名著。如埃及,除了纳吉布·马哈福兹的作品外,还有塔哈·侯赛因、陶菲格·哈基姆、台木尔、叶海亚·哈基、谢尔卡维、优素福·西巴伊、优素福·伊德里斯、优素福·沙鲁尼、库都斯、杰马勒·黑塔尼、白哈·塔希尔等人的作品;至于其他阿拉伯国家,例如,黎巴嫩,除了纪伯伦,还译有努埃曼、陶菲格·阿瓦德的作品,苏丹的塔伊布·萨利赫,叙利亚的哈纳·米纳、阿卜杜勒·凯里姆·纳绥夫,巴勒斯坦的格桑·卡纳法尼,伊拉克的福阿德·泰克里利,还有利比亚的易卜拉欣·库尼、艾哈迈德·法基赫,还有……,有限的时间不容许我继续举例下去了。

总而言之,这些小说生动地反映了阿拉伯世界的政治风云,社会变迁,反映了阿拉伯民族的斗争历程,反映了阿拉伯人民的社会现实生活,表达了他们的喜怒哀乐。我们在阅读与翻译这些作品时,仿佛我们是在同阿拉伯兄弟同仇敌忾,同舟共济,同甘共苦。

老实讲,我与我的同行伙伴为自己的工作——翻译而骄傲、自豪。因为可以毫不夸张地说,人类文化发展史实际上就是一部翻译史。

当今的时代是全球化的时代,多元化的时代,是各种不同的文化、文明对话的时代。通过文明交融、文化交流,使各个国家民族共同生活在和平、和谐的世界中。

我为自己的工作骄傲、自豪——在"中阿文学与出版论坛"的讲话

但任何文化、文明的产生、发展，各种文明、文化之间的对话、交融都离不开翻译；一个人的教育、成长也离不开翻译。因为从某种意义上讲，没有翻译，人们就几乎是又聋又哑又瞎，像文盲。设想一下，如果没有翻译，联合国大会或是各种峰会会是什么样子；再请你们告诉我：哪个知识分子、学者或是国家领导人敢说，他从来没读过从外文翻译过来的东西！

传承-借鉴-创新，是文化发展的规律，古今中外概莫能外。我国如今贯彻、实行的"改革开放政策"正是符合了这一规律。而借鉴、开放就势必要靠翻译。

更让我们为自己的工作骄傲、自豪的是我们是中国从事阿拉伯语的翻译。汉语与阿语是世界公认的最难的语言；中国与阿拉伯都有悠久的历史，古老的文明，可谓源远流长。中国与阿拉伯的古今文学都极其丰富、绚丽多彩。特别是在中世纪，横跨亚非欧三大洲的阿拉伯大帝国与雄踞东亚的中国，文化像擎天的灯塔，在丝绸之路两端交相辉映，彪炳于世。当今中阿两大民族的文学绝不逊于西方。作为翻译工作者，我们仿佛阿里巴巴置身于那个藏宝的山洞前，让我们一起念："胡麻，胡麻，快开门！"

谢谢！

（2011年1月26日于开罗"中阿文学与出版论坛"）

谈阿拉伯文学经典

当今是全球化的时代，也是多元化的时代。全球化不等于西方化，我们在文学、文化方面要反对"西方中心论"。这在我国的世界文学、比较文学研究方面是极须重视的一个问题。需加强对东方文学，特别是东方经典文学的研究。

经典文学研究应包括经典文学作家与经典文学作品两方面。此外，还应注意到经典翻译家与经典译著。

阿拉伯文学是阿拉伯－伊斯兰文化的重要组成部分。而阿拉伯－伊斯兰文化，毋庸置疑，是世界最主要的文化体系之一。中古时期灿烂辉煌的阿拉伯－伊斯兰文化曾彪炳于世，在世界文化史上起到了承前启后、连贯东西的作用。正如美国学者希提所说："阿拉伯人所建立的，不仅是一个帝国，而且是一种文化。他们继承了在幼法拉底河、底格里斯河流域、尼罗河流域、地中海东岸上盛极一时的古代文明，又吸收了而且同化了希腊－罗马文化的主要特征。后来，他们把其中许多文化影响传到了中世纪的欧洲，遂唤醒了西方世界，而使欧洲走上了近代文艺复兴的道路。"[①]

当代的阿拉伯文学与世界文学同步，是世界文学的重要组成部分。

阿拉伯文学经典，在古代可以《古兰经》《卡里来和笛木乃》《一千零一夜》为代表，现当代则以纪伯伦、纳吉布·马哈福兹为代表。

《古兰经》

有的学者认为："伊斯兰教的胜利，有几分是一种语言的胜利，特别是一部

---

① ［美］希提：《阿拉伯通史》上册，马坚译，商务印书馆，1979年，第2页。

经典的胜利"[①]。这话不无道理。这里所说的经典就是《古兰经》。《古兰经》的问世与传播和伊斯兰教的问世与传播是同步的，密不可分的。

从宗教角度看，《古兰经》是穆斯林在宗教与世俗生活各方面引以为据、具有绝对权威的根本经典。从文学角度看，它又是阿拉伯文学史上第一部最有影响的散文巨著。《古兰经》不仅是20多个阿拉伯国家与地区约两亿阿拉伯穆斯林的经典，而且也是全世界约9亿穆斯林的经典。至今它已被译成了40多种文字。因此它对伊斯兰世界各国的文学、文化也理所当然地产生了相当大的影响。

穆斯林认为《古兰经》是真主的启示，是由天使吉卜利勒（迦伯利）依照保存在第七层天上的原形口授给先知穆罕默德，再由他宣谕出来的。但若据历史唯物主义的观点分析，《古兰经》的产生，应是阿拉伯文化承前启后，与周围地区文化撞击、交融的结果。

首先从词汇上可看出这一点：《古兰经》是以古来氏族语为标准语的。古来氏族是产生穆斯林先知穆罕默德的部族，它在麦加，以经商为主。麦加是南北商道的中转站。当时古来氏族语言由于它所处的地位，确已成了阿拉伯半岛诸部落公认的标准的共同交际语言。但也正因为商业交往、宗教影响等原因，我们可以看到，《古兰经》所采用的阿拉伯语中，除其固有的基本词汇外，还吸收了不少波斯语、希腊语、希伯来语、阿拉米语、拉丁语，乃至印度的梵文等词汇。这些词汇无疑是阿拉伯文化与其他文化长期撞击与交融的结果。

我们还可以看到，《古兰经》所述的历史故事与宗教传说，几乎在《圣经》中都可以找到类似的内容。如《旧约》中亚当（阿丹）与夏娃（哈娲）的故事，诺亚（努哈）方舟、洪水的故事，约瑟（优素福）生平的故事，有关亚伯拉罕（易卜拉欣）、摩西（穆萨）、大卫（达伍德）、所罗门（苏莱曼）等先知的故事，以及《新约》中的撒迦利亚（宰凯里雅）、施洗礼的约翰（亚哈雅）、耶稣（伊萨）、玛利亚（麦尔彦）等的故事，在《古兰经》中都或详或略地反复多次提及。恩格斯曾一针见血地指出："现在我已经完全弄清楚，犹太人的所谓圣书不过是古代阿拉伯的宗教传说和部落传说的记载，只是这些传说由于犹太人和与他们同一族系但从事游牧的邻族早已分离而有了改变。巴勒斯坦在靠阿拉伯的一面完全被沙漠、即贝都英人的土地环绕着，这种情况是叙述独特的原因。但是，古代阿拉伯的碑文、传说和可兰经，以及一切系谱等等的易于解释，都证明主要内容是

---

① ［美］希提：《阿拉伯简史》，马坚译，商务印书馆，1973年，第35页。

关于阿拉伯人的，或者更确切些说，是关于一般闪族的，就象我们这里的《艾达》和德国的英雄传说一样。"[1]

《古兰经》中也再三强调，说它是："一本在穆萨之后降示的经典，它能证实以前的天经……"（46:30），它"不是伪造的训辞，却是证实前经，详解万事，向导信士，并施以慈恩的"（12:111），它"不是可以舍真主而伪造的，却是真主降示来证实以前的天经，并详述真主所制定的律例的。"（10:37）这里所说的"天经"，正是指犹太教奉行的《旧约》与基督教奉行的《圣经》，所谓"证实"，从某种角度看，正说明了《古兰经》与《圣经》一脉相承的关系。

《卡里来和笛木乃》

《卡里来和笛木乃》是一本寓言童话故事集，最早源于印度梵文《五卷书》等。伊本·穆格法（Ibn Muqaffa' 724—759）在750年左右，据古波斯巴列维文译本将其译成阿拉伯文。但在移植过程中，无论在故事编排方面，还是在论述行文方面，都再度进行了大胆地增删和改动，是一部再创作的译著并重的作品。《卡里来和笛木乃》与《一千零一夜》一样，是印度、波斯、阿拉伯等东方民族的平民百姓与文人学士共同创作的产物，而最后完成于伊本·穆格法之手。它集中地体现出东方乃至世界各主要文化及宗教源流的交汇、融合和相互影响。印度–婆罗门教–佛教文化、波斯–祆教文化以及阿拉伯–伊斯兰教文化的影响及其在书中的反映自不必说，中国–儒家文化思想在书中也不无反映。此外，希腊的哲学、逻辑学、寓言故事……即希腊–罗马文化的影响在书中亦不难看出。

《卡里来和笛木乃》"在阿拉伯文学史上，是一本重要的作品。但是它的重要意义还不仅仅限于这一点，它在世界文学上，也发生了巨大的影响"[2]《五卷书》原本及其巴列维文译本以及据巴列维文译本转译的古叙利亚文译本（约570年）皆已失传，因而《五卷书》的主要内容，加之波斯译者和伊本·穆格法本人创作的一些寓言故事，便借《卡里来和笛木乃》一书的各种译本而传播于世。"从亚洲到欧洲，又从欧洲到非洲，不管是热带、寒带，不管当地是什么种族，说的是

---

[1] ［德］恩格斯：《恩格斯致马克思》（1853年5月26日左右），《马克思恩格斯全集》第28卷，人民出版社，1973年，第250—251页。

[2] ［阿拉伯］伊本·穆加发：《卡里来和笛木乃》"前言"，林兴华译，人民文学出版社，1959年。

什么语言，它到处都留下了痕迹。这些寓言和童话，一方面在民间流行；另一方面，又进入欧洲的许多杰作里去，像意大利薄伽丘的《十日谈》、法国拉芳丹的《寓言》、德国格林的《童话》、英国乔叟的《坎特伯雷故事》等等……"[①] "除了《圣经》以外，这部书要算译成全世界语言最多的了。"[②] 可以认为：《卡里来和笛木乃》同《一千零一夜》两部作品，集中地体现了阿拉伯文学的"承前启后、贯通东西"的特点。

《一千零一夜》

《一千零一夜》被高尔基誉为是世界民间文学史上"最壮丽的一座纪念碑"。在世界文学史上，很难找到哪部文学作品能像它传播那样广，影响那样深，以至于家喻户晓、妇孺皆知的。它实际上是古代中近东各国、阿拉伯地区的民间说唱艺人与文人学士历经几世纪共同创作的结果。值得注意是《一千零一夜》发源、流传、成书、定型过程的空间与时间。须知，《一千零一夜》的故事集中地产生于印度、波斯、伊拉克、埃及。这些地区有人类最古老的文明——古埃及文明、两河流域文明、古印度文明、古波斯文明以及希腊—罗马文明的积淀，而且由于伊斯兰初期的开疆拓域、阿拉伯帝国的建立，通过战争、占领、混居、通婚、商业贸易、作品的译介……，阿拉伯、印度、波斯、希腊-罗马、希伯来、柏柏尔……乃至中国等各国、各民族的文化，以及印度教、祆教、犹太教、基督教等各种宗教文化，都在这一空间，这一时间，相互撞击而融汇于阿拉伯-伊斯兰文化一体中。所以，《一千零一夜》同《卡里来和笛木乃》一样，是多种文化撞击、融合的结果；都是具有承前启后、贯通东西特点的阿拉伯-伊斯兰文化的代表作。两者的区别仅在于文野、雅俗不同。《卡里来和笛木乃》是雅文学的代表作，《一千零一夜》则是俗文学的代表作。

"这部故事是在西方各国最普及的阿拉伯文学作品，甚至比在穆斯林东方本地还要普及些。"[③]

《一千零一夜》虽在1704—1717年间才由法国人加朗（Antoine Galland）

---

① ［阿拉伯］伊本·穆加发：《卡里来和笛木乃》"前言"，林兴华译，人民文学出版社，1959年。

② 语出《卡里来和笛木乃》德文译者佛尔夫，见温德尼兹：《印度文学和世界文学》，金克木译，载《外国文学研究》，1981年第2期。

③ ［美］希提：《阿拉伯通史》上册，马坚译，商务印书馆，1979年，第479页。

首次在西方翻译出版，并立即在西方引起轰动，掀起了一股"东方热"，但《一千零一夜》的许多故事早在中世纪就通过各种渠道传到了西方，而对西方的文化、文学乃至欧洲的文艺复兴运动产生过巨大的影响。如意大利薄伽丘的《十日谈》、英国乔叟的《坎特伯雷故事集》两本书的框架式的结构、许多故事的题材内容及其体现的人文主义思想，都反映出《一千零一夜》的影响。再如法国拉封丹的《寓言诗》、西班牙塞万提斯的《堂吉诃德》、英国莎士比亚的《终成眷属》、斯威夫特的寓言小说《格利佛游记》、德国莱辛的诗剧《智者纳旦》，直至美国朗费罗的叙事诗集《路畔旅舍的故事》等名著，都在取材、写法和风格上，或多或少地受到《一千零一夜》直接或间接的影响。近现代和当代的西方著名作家、诗人，如伏尔泰、司汤达、大仲马、歌德、普希金、托尔斯泰、狄更斯、安徒生、爱伦·坡、卡夫卡、莫拉维亚、杜伦马特、加西亚·马尔克斯……几乎没有哪一个没读过这部神奇美妙的故事集，被其吸引，受其影响的。从西欧的文艺复兴、浪漫主义的兴起，直到拉美魔幻现实主义的出现，《一千零一夜》在其中的影响和作用可谓大矣！

纪伯伦

黎巴嫩旅美派作家纪伯伦（Jubrān Khalīl Jubrān 1883—1931）曾苦读阿拉伯古代大诗人穆太奈比（al-Mutanabbī 915—965）、麦阿里（Abū al-'alā' al-Ma'arrī 973—1057）、伊本·法里德（Ibn al-Fāriḍ 1181—1234）和著名哲学家伊本·西拿（Ibn Sīnā 980—1037）、伊本·赫勒敦（Ibn Khaldūn 1332—1406）等人的作品，并如饥似渴地阅读了但丁、伏尔泰、卢梭、巴尔扎克等人的作品，极大地开阔了眼界。其间，他受尼采的哲学思想和威廉·布莱克的文艺思想影响尤深。他既受到阿拉伯传统文化的熏陶，又受到西方现代文化的影响，他能融东西方文化于一炉，烩阿拉伯民族传统文学与欧美现代文学技巧、手法于一鼎，故而在文学创作上能别树一帜，独具一格。

纪伯伦首先是一个爱国主义者、民族主义者、人道主义者。他常在自己的文艺作品中表现出满腔忧国忧民的情怀，对祖国人民是哀其不幸，怒其不争。他歌颂真善美，追求自由、平等，向往幸福、正义、理想的世界，对祖国、对人类、对大自然都怀有深情。同时，他还具有强烈的叛逆、革新精神，针对西方城市文明的弊端，资本主义的"金钱万能"，殖民主义的侵略本性，以及东方、本国、本民族的封建礼教、宗法制度的诸多腐朽、阴暗的假恶丑的现象，以及文学方面因陈袭旧的风气，他无不进行无情的抨击和嘲讽。

纪伯伦不仅属于黎巴嫩、阿拉伯民族，也属于全世界。据统计，他的作品迄今至少被译成56种文字。美国前总统罗斯福曾对纪伯伦说："你是最早从东方吹来的风暴，横扫了西方，但它带给我们海岸的全是香花。"1984年10月，美国总统里根根据美国国会的决定，签署了在华盛顿建立纪伯伦纪念碑和博物馆的法令。在纪伯伦逝世50周年和100周年诞辰时，联合国教科文组织宣布把他列为世界文化名人，以兹纪念。

长篇哲理散文诗《先知》被认为是纪伯伦的代表作。在书中，他对于有关人生与社会诸方面的问题阐述了自己的看法。其中包含了许多东方深邃、隽永的哲理，处处闪烁着智慧的光辉。《先知》是纪伯伦呕心沥血之作。正如许多评论家所指出的，《先知》中的先知正是作者本人。他借先知之口，宣扬了他的人生观和哲学思想。《先知》一问世，就轰动了世界，至今发行量已愈七百万册，被认为是"东方赠送给西方的最好的礼物"。

纳吉布·马哈福兹

埃及作家、1988年诺贝尔文学奖得主纳吉布·马哈福兹（Najīb Maḥfūẓ 1911—2006）"作为阿拉伯散文的一代宗师的地位无可争议，由于在他所属的文化领域的耕耘，中长篇小说和短篇小说的艺术技巧均已达到国际优秀标准。这是他融会贯通阿拉伯古典文学传统、欧洲文学的灵感和个人艺术才能的结果。""他通过大量刻画入微的作品——洞察一切的现实主义，唤起人们树立雄心——形成了全人类所欣赏的阿拉伯语言艺术。"[①]

2006年8月30日，作家逝世后，获得极高的评价。埃及总统穆巴拉克说："纳吉布·马哈福兹用他的笔表述了他对埃及人民及其历史、事业的热爱，用他的创作表达了人类的共同价值，并用他的作品宣扬了不要执迷、偏激而要教化、宽容的价值，他荣获诺贝尔文学奖表明了一种承认，承认阿拉伯思想对人类文明及其现代遗产作出的贡献。"他"是思想、文化的一面旗帜，是一位卓越的小说家，一位启蒙的思想家，是一位标新立异的笔杆子，是一位让阿拉伯文化、文学走上

---

① ［瑞典］斯·艾伦：《诺贝尔文学颁奖词》，郁葱译，载《世界文学》1989年第2期。

了世界的作家"。美国总统布什认为马哈福兹是"一位不凡的艺术家,他成功地将丰富多彩的埃及历史、社会摆到了世界面前"。法国总统希拉克说:"纳吉布·马哈福兹非常认真、仔细、现实主义地描绘了埃及社会,他是第一个于1988年获得诺贝尔文学奖的阿拉伯作家,为埃及文学和古老的埃及天地赢得了世界性的声誉……"是一位"和平、对话和宽容的人"。约旦国王阿卜杜拉二世则认为"他在阿拉伯现代文学史上已构成一个里程碑"。说"马哈福兹的文学杰作丰富了阿拉伯和世界的文库,表达了人类社会的忧患,获得了世界各国文化界的赞赏"。

埃及著名文学评论家赖佳·纳加什(Rajā' an-Naqqāsh 1934—2008)早在1970年就曾这样评论过纳吉布·马哈福兹:"纳吉布·马哈福兹是一个伟大的民族主义作家。他对于我们阿拉伯人来说,犹如狄更斯之对于英国人,托尔斯泰之对于俄国人,巴尔扎克之对于法国人一样。"①

纳吉布·马哈福兹自己则说:"我是两种文明的儿子。在历史上的一个时期里,这两种文明结下了美满姻缘。第一种是已有七千年历史的法老文明;第二种是已有一千四百年历史的伊斯兰文明。"②

作家从小是在宗教和传统文化的氛围中成长的。法老时代就流传下来的《亡灵书》、各种优美的神话、传说、故事、《古兰经》《卡里来和笛木乃》《一千零一夜》、玛卡梅体故事、各种传奇,还有阿拉伯人引以为荣的诗歌,使自幼就喜好文学的纳吉布·马哈福兹从民族传统文学的土壤中吸取了充足的养料,为他打下了坚实、深厚的语言、文学功底;培养了他熟练地驾驭阿拉伯语言的能力。

纳吉布·马哈福兹的作品在思想内容方面的共同特点是:

首先,作家紧随时代前进,其作品紧随时代脉搏跳动。作家曾说:"记得有人把文学家分成过去式、现代式和将来式。我细想一下自己,我发现自己是现代式作家,是当代的作家。我不喜欢写过去,对预言未来也不感兴趣。"③

再者,作品表现出作家对政治的强烈参与意识。他曾说:"在我写的所有作品中,你都会发现政治。你可能会发现有一篇小说没有写爱情,或是别的什么,但却不会没有政治,因为它是我们思想的轴心。政治斗争总是存在的。甚至就是在你可以把它称之为形而上学小说的《我们街区的孩子们》中,你也会发现斗争

---

① [埃及]《新月》月刊,1970年2月号,第5页。
② [埃及]纳吉布·马哈福兹:《在诺贝尔奖授予式上的讲话》,郁葱译,载《世界文学》1989年第2期。
③ [埃及]纳吉布·马哈福兹:《我对你们谈》,贝鲁特回归出版社,1977年,第92页。

是存在的。1952年7月革命后,我曾涉及很多非常敏感的题材,如:《米勒玛尔公寓》《尼罗河上的絮语》……"[1] 他还说过:"政治情绪与反应是我的艺术经历的基本根源。你甚至可以说,政治、信仰和性是我的作品围绕的三个轴心,而政治则是这三个轴心中的根本轴心。我的每部小说都少不了政治。"[2] 一个作家心目中的政治,当然首先关心的是国家、民族的命运。文学评论家赖佳·纳加什在评论这一点时,曾说道:"纳吉布·马哈福兹所写的作品从始至终都是着眼于埃及。他一直倾听着埃及的脉搏,写它的历史,它的现实。他的文学作品与这个历史、现实从没有任何隔阂。纳吉布所写的一切都是与埃及及其历史、它的人民,以及它的未来息息相关的。他的文学——从这个意义上讲——是带有崇高的政治文学色彩的。这个有力的基点,把他同我们民族的历史牢牢地联系在一起,并使他跻身于真正的埃及阿拉伯民族感缔造者的行列中。"[3]

第三,作家虽关心政治,但其作品不取媚于政治,作家始终不渝地和他作品的主人公一道为追求真理、宣扬科学而斗争。他是一位思想家、一位社会批判家,对国家、民族,对世界、人类的命运有强烈的忧患意识。他曾说"我并非故意伤感,但我们确是伤感的。我是属于这样一代人:即使是在欢乐的时刻,也往往是忧心忡忡。这一代人中,只有玩世不恭或是脱离人民的上层人物才会感到幸福。我们写忧伤小说,这并不奇怪,相反,若写欢乐故事倒是一件怪事了。"[4]

第四,纳吉布·马哈福兹具有鲜明的立场和观点,是一个负有历史使命感的作家。他追求公正、合理、幸福美好的社会,尽情地揭露、批判、鞭挞人世间一切暴虐、不义、邪恶、黑暗的势力。但由于政治和社会现实的复杂性,他往往利用不同的表现手法、不同的艺术表现形式表达自己的种种见解。作家在其著名的《宫间街》"三部曲"中,曾借年轻的女革命者苏珊之口说过这样一句意味深长的话:"写文章,清楚、明白、直截了当,因此是危险的,至于小说则有数不清的花招,这是一门富有策略的艺术。"这句话可以看作是了解这位作家每部作品深层中的政治内涵和哲理寓意的钥匙。

在艺术手法方面,由于作家博览群书、学贯东西,并随时代前进,具有变革

---

[1] [埃及]杰马勒·黑塔尼编:《纳吉布·马哈福兹回忆录》,贝鲁特迈西莱出版社,1980年,第78页。
[2] [埃及]纳吉布·马哈福兹:《我对你们谈》,贝鲁特回归出版社,1977年,第92页。
[3] [埃及]《新月》月刊,1970年2月号。
[4] [埃及]纳吉布·马哈福兹:《我对你们谈》,贝鲁特回归出版社,1977年,第45页。

创新意识,因而我们可以看到,他既继承发扬了埃及、阿拉伯民族古典文学传统的各种表现手法,也借鉴了西方的浪漫主义、自然主义、现实主义,以及包括诸如表现主义、结构主义、解构主义、意识流、荒诞派,乃至拉美的魔幻现实主义在内的各种表现手法。正如作家自己所说:"通过这些作品,我可以说,自己是烩诸家技巧于一鼎的。我不出于一个作家的门下,也不只用一种技巧。"[①]借鉴、继承、创新,贯穿于纳吉布·马哈福兹的整个文学创作历程中。作家晚年为创作民族化的小说所作的努力是值得称道的。正是这样,纳吉布·马哈福兹的作品是将现实主义、现代主义及本民族传统文学融会在一起,共同孕育的产物。因此,它既有民族性,又有世界性,最能体现现当代文学的风采。

文化、文学的发展遵循的规律是"传承 – 借鉴 – 创新",古今中外概莫能外。文学经典亦是如此:既借鉴他者,又被他者借鉴,是多元文化的产物。

文学经典既有民族性,又有世界性。内容往往关注人类共同的问题,应为全人类共欣赏。

经典文学家应具有思想家、哲学家、社会批评家的品位,对民族、社会、人类世界应有忧患意识,宣扬真善美,贬斥假恶丑。

阿拉伯古今的经典文学作品正体现了这些特点。

(原载于王邦维主编:《东方文学经典:翻译与研究》——东方文学研究集刊 4,北岳文艺出版社,2008 年,第 11—22 页)

[①] [埃及] 纳吉布·马哈福兹:《我对你们谈》,贝鲁特回归出版社,1977 年,第 95 页。

不凡的诗人　不凡的诗篇

——麦阿里及其诗集《鲁祖米亚特》

黎巴嫩当代著名学者哈纳·法胡里在论述阿拉伯古代著名的大诗人艾布·阿拉·麦阿里时曾写道:"研究这个人,仅写一部专著远远不够,因为他是世界级的天才之一。这些天才的影响跨越了空间和时间的界限,他们是人类永垂青史的遗产。"[①] 凡研究过麦阿里并认真读过其诗篇的人,都会觉得这一评价确实不失公道。

麦阿里(Abū al-'alā'a1-Ma'arrī 973—1059)生于叙利亚阿勒颇与霍姆斯之间的马阿雷特努曼镇,出身名门望族。幼年因患天花而双目失明。但这并未影响他对知识、学问的追求。他童年时曾在父亲手下受到启蒙教育,后负笈出游至阿勒颇、安塔基亚、拉塔基亚和的黎波里等地,求贤问业,博及群书,了解社会。1007年,诗人在其父逝世约两年后去巴格达。虽曾在文坛学林名噪一时,但遭人妒忌,仕进无门;又闻母病而返故里。归途中得知慈母病逝,倍加伤感。返里后,他杜门谢客,潜心治学,仅向部分弟子讲学授业。诗人因失明居家,与世隔绝,自嘲为"双料囚徒",有时亦称"三重囚徒":

> 我被囚禁在三重监狱,
> 因此你别再问那隐秘:
> 双目失明,在家蜗居,
> 又将心灵藏在丑恶的躯体。

[①] [黎巴嫩]哈纳·法胡里:《阿拉伯古代文学史集成》,贝鲁特居勒出版社,1986年,第857页。

当时正是阿拉伯阿拔斯王朝（750—1258）处于分裂解体状态，政局动荡不安，群雄争强称霸，上层贵族穷奢极欲，下层百姓民不聊生。同时，横跨亚、非、欧三大洲的阿拉伯帝国在统一、建立的过程中，将印度-佛教文化、波斯-袄教文化以及希腊-罗马-基督教文化等各种文化融汇在一起，结果，学派如林，思想空前活跃。这一切都对麦阿里的思想和创作产生了深刻的影响。

麦阿里是位多才多艺多产的作家。其著作达70余种，但多已散失。他既是当时诗坛泰斗，又是一位散文大家。其散文代表作是《宽恕书》和《章节书》。其诗则多被集于《燧火集》与《鲁祖米亚特》两诗集中。

《燧火集》是麦阿里青少年时代的作品。全集共收113首诗，达3000余行。诗风师承穆太奈比（915—965）。诗人抒情咏怀，常显出愤世嫉俗、不畏艰险、淡泊宁志、遗世独立的精神。有些诗表现出诗人伤时嗟世，感叹命途坎坷，时运不公。有些诗句显示出诗人已具有朴素的辩证思想，认为事物是发展的，变化的，含有隽永、深邃的哲理。诗人后期所写的《鲁祖米亚特》则表明诗人的思考更为深刻，思想更臻成熟，其诗也更加闪耀着理性的光芒。

《鲁祖米亚特》是诗人自1009年从巴格达返归故里后，离群索居、潜心治学时期写成的。全集约11000余行（每行相当汉诗的一联句），按其韵尾的字母及4种音符顺序排列。集中所收的诗长短不一，短者仅两行，长者达96行。阿拉伯传统诗歌韵律规定，每行诗韵尾只需一个字母相同即可，但麦阿里却为自己的诗歌规定：韵脚须两个乃至三个字母相同方可。这颇似作茧自缚，自己给自己出难题，以显示其才华卓尔不群。《鲁祖米亚特》（又译《作茧集》）题意亦源于此。

这些诗歌无疑是诗人在阿拉伯-伊斯兰、波斯、印度、希腊-罗马文化影响下的产物。尤其是希腊哲学的引进与传播，更促使诗人对社会、人生、宗教，乃至宇宙万物进行深刻的探索与理性的思考、分析，从而使其诗作带有浓烈的哲理色彩。因此，麦阿里向有"诗人中的哲人，哲人中的诗人"之称。

从诗中我们不难看出，诗人反对因陈袭旧，主张独立思考，对传统观念勇敢地挑战：

年轻一代成长、定型，
是靠先辈的训育、塑造。
青年信教并非出自理智，
而是由于亲属的教导。

不凡的诗人　不凡的诗篇——麦阿里及其诗集《鲁祖米亚特》

世上的种种清规戒律
无非是陈陈相因的教条。
一些人改变了另一些人的说法，
理智宣告前人的规定无效。

麦阿里崇尚理智，反对迷信和奴性，清楚地指出人们是如何受传统的束缚，昏庸、愚昧而不自知：

他们像祖先一样生活、存在，
继承传统，一代传向一代，
从不考虑前人的话语是对是错，
稀里糊涂，不管是谁都顶礼膜拜。

他对传统的正统观念的大胆挑战，尤其表现在他反对迷信，对宗教持怀疑态度方面：

清醒，快清醒！莫痴迷！
你们的宗教不过是古人的骗局。
要知道，他们以此敛聚钱财，
小人的手法有多么卑鄙。

麦阿里看到了当时社会上一些政治家、宗教领袖利用宗教为他们个人谋私利，因而，他对宗教的怀疑是同他对时政的针砭与抨击分不开的。他在一首诗中对统治者的评论是：

伊拉克和叙利亚
早就没有治国的素丹。
统治人们的是魔鬼掌权，
各地总督都是恶魔再现。
他们花天酒地，大腹便便，
从不过问人们在啼饥号寒……

在他看来，统治者"本是老百姓的雇工"，然而他们"却违背人们的利益，将他们欺哄"。他指出，自己同人们一样，不得不向这些本无头脑却又要以政治家自居的当局俯首听命，这无疑是个悲剧。

对于那些言行不一的宗教领袖，麦阿里毫不留情地揭露他们的两面派嘴脸，在人们面前剥落他们骗人的假面具：

> 一个说得天花乱坠的骗子，
> 你上了他的当！千万留神！
> 他早晨禁止你们喝酒，
> 晚上自己却狂喝滥饮。
> 他说自己抛弃了功名利禄，
> 实际上他声色犬马总挂在心。
> 一个人若是言行不一，
> 他就是双料的坏人。

诗人常怀着忧国忧民的思想。强烈的忧患意识使他愿与祖国、人民同患难，共命运。他说：

> 云雨若不能泽遍祖国，
> 就不必落在我的地上！

但诗人过多地看到了当时社会的阴暗面：虚情假意、沽名钓誉、尔虞我诈、争权夺利……因而他对一切人都抱着怀疑、悲观、绝望的态度：

> 什么善人，什么僧侣，
> 个个都为个人利益着想。
> 一块石头都比他们中最好的人强：
> 它不会欺负人，也不会骗人撒谎！

> 什么良朋好友，全是假的！
> 世间根本没有正人君子！
> 当官的靠无耻谰言上台，
> 清教徒靠祈祷沽名钓誉。

他对人生、对世界看得十分灰暗，甚至于认为尘世社会就是罪恶之所，认为人之初性本恶,降生在世就是罪恶,且必然继续作恶,而解决的方法就是禁绝生育、繁衍。他对妇女的看法也很偏颇,认为妇女是奸狡的祸根。

此外还应指出,麦阿里的许多哲学观点有时是相互矛盾的。如他奉无神论、唯物主义观点,但有时又奉一神论、唯心主义观点。但这并不奇怪。因为一方面,他的《鲁祖米亚特》是在20余年间写的,思想变化有个过程,前后思想矛盾是可以理解的;另一方面,囿于当时的环境,各种宗教派别、哲学派别同时并存,这些不同学派不同观点的影响,使诗人有时莫衷一是;还有政治、宗教环境的影响和压力,有时也会使人难以心口如一。因而表现出思想矛盾也是不难理解的。

从诗歌艺术性看,麦阿里前期诗歌较为朴实、通俗、自然,而后期在《鲁祖米亚特》中,则追求雕凿、修辞,十分注重语言文字技巧,这也是受当时文风影响的结果。

(《国外文学》1993年第3期)

谈《一千零一夜》

《一千零一夜》是一部卷帙浩繁、优美动人的阿拉伯民间故事集,它好似用离奇突兀的情节、神奇瑰异的想象绣织出的一幅宏伟辉煌、绚丽多彩的画卷。在世界文学史上,很难找到哪部文学作品能像它传播那样广,影响那样深,以至于家喻户晓、妇孺皆知的。

《一千零一夜》的书名是来自主线故事:相传古代在中国与印度之间有一个萨桑国。国王山鲁亚尔发现王后不忠,一怒之下,除将她及与其私通的奴仆杀死外,还存心向所有的女人报复:每娶一个处女,枕宿一夜之后,翌晨便将其杀掉再娶。如此三年,致使当时妇女不是死于国王刀下,便是逃之夭夭,弄得十室九空,全国一片恐怖。聪慧、美丽的宰相女儿山鲁佐德得知情由,为使姊妹们不再惨遭虐杀,她毅然挺身而出,让父亲将自己送进宫去。她请国王允许将其妹敦娅佐德召进宫,以求死别。其妹按照事先约定,要求姐姐讲个故事以消遣一夜。于是山鲁佐德便征得国王同意,开始讲起故事。翌晨天刚亮,那引人入胜的故事却正值精彩之处,留下悬念而未完结。国王受兴趣和好奇心驱使,想知道故事结局,只好免山鲁佐德一死,让她第二夜接着讲。就这样,故事接故事,故事套故事,每到夜尽天亮时,正是故事兴味正浓处,"欲知后事如何,且听下回分解",一直讲了一千零一夜。其间,山鲁佐德还为国王生了孩子。最后,国王受到那些神奇迷人的故事感化,幡然悔悟,弃恶从善,决心与聪明、美丽的山鲁佐德白头偕老。

这部鸿篇巨制的民间故事集并非一时一地一人所作,它实际上是古代中近东各国、阿拉伯地区的民间说唱艺人与文人学士历经几世纪共同创作的结果。

众所周知,阿拔斯朝建国初期,即8世纪中叶到9世纪中叶,有长达百年的"翻译运动",大批外文书籍被译成阿拉伯文。据阿拉伯学者迈斯欧迪(al-Mas'ūdī？一

957）在《黄金草原》（*Murūj ath-thahab*）一书称："在从波斯、印度、罗马语文翻译过来并传到我们手中的群书中，有《希扎尔·艾夫萨乃》（*Hizār afsānah*）一书，由波斯文译为阿拉伯文的意思就是'一千个故事'。故事一词的波斯文就叫'艾夫萨乃'。人们称这部书叫《一千零一夜》"。①另一位学者伊本·奈迪姆（Ibn an-Nadīm 890—989）在《索引》（*al-Fihrist*）一书中则说："最早将故事编撰成书，并将其保存于文库（其中有些是动物寓言）的是古代的波斯人……这些故事在萨珊王朝时期数量更多，面也更广。阿拉伯人将它们译成了阿拉伯文。一些善于言词、长于修辞的人们把它们拿过来，进行修饰润色，并按其类似内容进行整理。在这类内容方面搞的第一本书就是《希扎尔·艾夫萨乃》，意为一千个故事。书的成因是：有一个国王，一旦娶一个女人，枕宿一夜后，翌日便将她杀死。后来，他娶了一个王家的女婢，是个有头脑有知识的人，名叫山鲁佐德。她同他在一起时，她便向他讲故事，夜尽时，故事正讲到有趣处，国王只好让她留下，要求她第二天接着讲。就这样，直同她过了一千夜。与此同时，他还同她交欢，以至于她同他生了一个孩子。她告知了国王自己对他使的计谋。国王认为她很聪明，便倾心于她，让她留在宫中。当时国王有位女管家，名叫敦娅佐德，在这件事上与山鲁佐德相互配合。"伊本·奈迪姆并随之加以评论道："事实是——如蒙天佑——最早在夜晚进行夜谈的是亚历山大。他有一伙人逗他笑，向他讲故事。他这样做倒不是为了取乐，而是为了记下，作为殷鉴。此后，国王也都因此而利用《希扎尔·艾夫萨乃》一书。全书有一千夜，却不到二百个故事。因为一个故事也许要讲几夜。我曾分几次读完全书。事实上，这是一本粗俗无聊的书。"②

从上述引文中，我们不难看出，《一千零一夜》的雏形是译自波斯的名为《希扎尔·艾夫萨乃》一书。将《一千零一夜》的故事串联起来的主线（引子）故事的基本情节连同这个故事的女主人公山鲁佐德的名字都是来自这本《希扎尔·艾夫萨乃》。学者们又多认为，波斯的《希扎尔·艾夫萨乃》又可能来源于印度。

《希扎尔·艾夫萨乃》原书已佚，原貌已不得而知。但显而易见，它与现在所见的《一千零一夜》大不相同。因为它在当时还只是一只"丑小鸭"，远没有成为羽翼丰满、令人赞叹的"天鹅"。事实上，《希扎尔·艾夫萨乃》只是为日后

---

① ［阿拉伯］迈斯欧迪：《黄金草原》第4卷，埃及希望出版社，第89—90页。
② ［阿拉伯］伊本·奈迪姆：《索引》（阿文版），第436页。

的《一千零一夜》提供了一个主线故事,一个伸缩性很大的故事框架——山鲁佐德为国王讲了一千或一千零一夜的故事。

据学者考证《一千零一夜》定型于1517—1535年之间的埃及。① 从8—9世纪《希扎尔·艾夫萨乃》的译出,即《一千零一夜》中的一些故事开始在阿拉伯人中间流传,到16世纪定型,这七八个世纪就是《一千零一夜》由"丑小鸭"变"天鹅"的成长过程,即成书过程。而在定型成书前,"它是一些故事集。编写出来不是为了阅读,也不是为了保存于图书馆的,而是一种散乱的故事集子。将它们写下来的目的在于要通过讲述它以娱乐公众。几百年间,说书人带着这本书的各自抄本,可以随意抻长,随意增删。直到后来的时代,人们用赞赏的目光来看待这些故事,于是要么通过印刷,要么通过图书馆对那些抄本的保存,这些故事便被限定下来"②。即可以认为,在16世纪《一千零一夜》定型前的各种手抄本,实际上多是说书人备忘的"底本"。

《一千零一夜》除了主要源自《希扎尔·艾夫萨乃》的印度、波斯故事外,还有两大组成部分:一是出自阿拔斯朝的伊拉克;一是出自马木鲁克朝的埃及。

阿拉伯人自古就有讲故事的传统。到阿拔斯朝,随着阿拉伯帝国的形成、稳定,政治、军事的强盛,经济、文化的发展,特别是商业的发达,促进了城市的昌盛和市民阶层的成长,于是以说书、讲故事为主要形式的市井文学便应运而生。《一千零一夜》正是这种市井文学的代表作。

说书,不仅是当时市民阶层即民间文化娱乐的需要,而且也受到宫廷哈里发及贵族们的青睐。许多说书人不仅在街头巷尾、茶馆、集市上为平民百姓说书,而且有时还要被召进王宫、官府向哈里发和大臣们讲故事,供他们消遣。哈里发、权贵们有时为故事内容新奇颖异、说书人讲的生动感人而不惜赐予重金。群众的喜爱,上层统治阶级的奖掖、鼓励,促使说书这一类民间市井文学在阿拔斯朝一直长盛不衰。

阿拔斯王朝衰亡后,马木鲁克王朝依靠人民的积极支援和英勇战斗,打退了蒙古人的进犯,清除了十字军在东方的侵略势力。这一时期的埃及在东方经济中居于非常重要的地位。13—15世纪,埃及的商业,特别是与欧洲、印度的转口

---

① [埃及] 艾哈迈德·哈桑·宰亚特:《〈一千零一夜〉及其成书史》(阿文版),第37页; [埃及] 穆罕默德·阿卜杜·蒙伊姆·海法吉:《自巴格达陷落至近现代的文学生活》(阿文版),第37页。

② [埃及] 苏海尔·盖勒玛薇:《论〈一千零一夜〉》(阿文版),第12页。

贸易十分兴旺。蒙古人西侵和安达卢西亚失陷后，西亚地区和安达卢西亚、西西里岛的阿拉伯文人学士多集结于埃及。因此，阿拔斯朝灭亡后，马木鲁克朝的埃及实际上成了当时阿拉伯的经济、文化中心。自阿拔斯朝后期开始出现的文学作品向文野两个方向发展的趋势，在这一时期显得益甚。那些以雕词凿句、浮文巧语为特色的所谓高雅诗文很难为普通百姓所接受，倒是民间艺人的说唱——市井文学使以商人为主的市民感到更为亲切。马木鲁克王朝的统治者原是突厥、塞加西亚等异族人。他们由于自己的文化修养和语言水平较低，自然也更喜欢通俗的市井文学。而且，由于埃及所处的地理位置，以及当时它的政治、经济、文化地位，使兴起于阿拔斯朝初期伊拉克的市井文学，在马木鲁克王朝的埃及再次繁荣。《一千零一夜》在此时此地又注入新的血液，而最后定型，也就不难理解了。

《一千零一夜》的成书、定型过程，实际上是说书人在《希扎尔·艾夫沙乃》这一粗俗、松散的底本上，在内容方面不断增加、扩充，使其更加丰富多彩，在艺术性方面不断修饰、润色，使其臻于完美的过程。这一过程是由文人学士和民间艺人共同完成的。其方式方法大约有三种：一是将现成的书面故事塞进或揉进这本故事集中；二是将民间口头流传的传说、故事加工整理出来，补进书中；三是将书中原有的故事修补、抻长。如在迈斯欧迪的《黄金草原》与伊本·奈迪姆的《索引》书中，在提到从印度、波斯等引进的书中有《辛迪巴德》《舍玛斯》等书，独立地与《希扎尔·艾夫萨乃》并列陈述，但现今的《一千零一夜》却包含了这些书中的故事。移植进《一千零一夜》后，《辛迪巴德》成了《国王太子和将相和嫔妃的故事》，《舍玛斯》则演变成《国王赫理尔德和太子瓦尔德·汗的故事》。此外，伊本·奈迪姆在《索引》一书中还提到阿拔斯朝曾写过《大臣和书记传》一书的著名作家杰赫希亚里（al-Jahshiyārī ？—942）曾搜集了阿拉伯、波斯、印度、罗马等各国、各族人的故事，企图加工成一千个故事，称《千夜谈》。每篇故事约50页。但他只写了480篇就因逝世而中断。杰赫希亚里的《千夜谈》可能是阿拉伯文人编写《一千零一夜》之类故事较早的一次尝试。书虽未成，稿亦散失，但其中的一些故事肯定也被融进了现今的《一千零一夜》中而得以流传。

值得注意是《一千零一夜》发源、流传、成书、定型过程的空间与时间。须知，《一千零一夜》的故事集中地产生于印度、波斯、伊拉克、埃及。这些地区有人类最古老的文明——古埃及文明、两河流域文明、古印度文明和古波斯文明的积淀，而且由于伊斯兰初期的开疆拓域、阿拉伯帝国的建立，通过战争、占领、混居、通婚、商业贸易、作品的译介，阿拉伯、印度、波斯、希腊－罗马、希伯来、柏柏尔乃至中国等各国、各民族的文化，以及印度教、祆教、犹太教、基督教等各种宗教文化，都在这一空间，这一时间，相互撞击而融汇于阿拉伯－伊斯兰文化一体中。所以，《一千零一夜》同《卡里来和笛木乃》一样，是多种文化撞击、融合的结果；都是具有承前启后、贯通东西特点的阿拉伯－伊斯兰文化的代表作。两者的区别仅在于文野、雅俗不同。《卡里来和笛木乃》是雅文学的代表作，《一千零一夜》则是俗文学的代表作。

《一千零一夜》中的故事既然产生于不同的民族、地区，就难免带有不同的胎痣，可供识别。如印度成分的故事多为故事套故事的框架式结构，即树状结构，在"节外生枝"时，多以"那是怎么回事儿？"的问句导引出另一个故事。有关动物的寓言故事也多半来源于印度，这可能与印度教－佛教关于轮回转世投胎的信仰有关。源于波斯的故事多是一些有关风流才子聪明、机智的单篇故事。有关阿拔斯朝的伊拉克和马木鲁克朝的埃及故事则有着较浓厚的地方色彩与时代特征，表现出当地的风土人情。如写巴格达王宫的豪华，哈里发哈伦·赖世德的微服私访，这些自然是源于阿拔斯朝的伊拉克；而有关魔法、巫术、符咒之类的故事则多半源于埃及，因为那是这一地区的传统习俗。

《一千零一夜》全书包括有大小近300个故事。其中有神话传说、爱情传奇、寓言童话、宫廷奇闻、名人逸事、冒险奇遇不一而足。故事发生的时间自开天辟地直到成书当时；故事发生的空间是阳世阴间、山南海北、宇宙太空、世界各地，更多的则是巴格达、巴士拉、开罗、大马士革等阿拉伯的都会名城，无所不包。故事的主公则是上自仙魔精灵、帝王将相、王子公主、才子佳人，下至商贾、僧侣、工匠、渔翁、农夫、童仆奴婢、三教九流、五行八作，乃至飞禽走兽、鱼鳖虾蟹应有尽有。这些故事或直接或间接地反映了中古时期阿拉伯的社会风貌、价值观念；贯穿于全书的主旋律是真善美与假恶丑的斗争。

中世纪的伊斯兰阿拉伯帝国商业的发展，城市的昌盛，使市井商人、工匠的故事在《一千零一夜》中占了很大的比重。从书中，我们可以看到富商巨贾在社会上享有很高的地位，连哈里发都愿意与他们结交，常委以重任，封以高官，招为驸马。有的商贾竟成了宰相，乃至国王。这种重钱财、商贾的价值观念显然与古代中国的"学而优则仕"的"重学轻商"的传统大不相同。

这类以商人为主角，描写他们背井离乡，远涉重洋，出生入死，不畏艰险而发财致富,衣锦还乡,成为权贵的代表作,无疑是《辛伯达航海旅行的故事》。故事的主人公辛伯达原为巴格达城市的一个纨绔子弟,在将巨额遗产挥霍一空后,痛下决心去海外经商发财,以求重振家业。他前后进行了7次远航,每次都是惊心动魄的冒险,都是死里逃生;在经历了千难万险之后成为巴格达成首屈一指的富商巨贾。

关于爱情的故事在书中占有重要的地位。这些故事往往歌颂了真正忠贞不渝的爱情是不畏艰难险阻的;宣扬了尽管爱情的道路是崎岖不平、坎坷曲折的,但有情人终成眷属的美好思想。如《巴士拉银匠哈桑的故事》就是其中颇具代表性的一个。故事的主人公敢于冲破天上与人间的重重阻挠,经历了生与死的重重考验,越过了七道深谷、七重大海、七座高山而终于找到了妻子,阖家团圆。故事中的神魔世界,实际上是现实生活的折射。诸如此类的故事反映了广大男女要求恋爱自由、婚姻自主、追求幸福生活的美好愿望,具有明显的反封建专制、反传统礼教的倾向。

《一千零一夜》既然是一部民间故事集,很多故事就很自然地站在人民群众的立场上,爱憎鲜明地描述了百姓的苦难和不幸;表达了人民对现实生活的不满与控诉;歌颂了劳苦大众的勤劳、勇敢、聪明、善良的美德,他们忠于爱情,不畏强暴,不怕艰险,嫉恶如仇,执着地追求幸福、正义,憧憬美好的生活。与此同时,很多故事也揭露了统治阶级的荒淫、残暴、穷奢极欲;斥责了社会的黑暗不公;嘲笑了上层权贵的昏聩、贪婪。书中在每一场善与恶、美与丑、正义与黑暗的斗争中,总是让前者战胜了后者,从而鲜明地表达了劳动群众的感情与倾向。如在《女人和她的五个追求者的故事》中,我们可以看到聪明、美丽的女主人公如何机智地将企图利用职权调戏、占有她的国王、宰相、省长、法官……分别锁进五层的橱柜里,使他们整整三天没吃喝,又被迫在橱柜里面便溺,结果,每个人都淋得满头满身的粪尿,狼狈不堪。

由于说书艺人不仅在民间市井中讲述故事,有时也要进入王宫、官府中为君王、权贵们说书消遣,又由于很多平民百姓往往把改变丑恶现实的希望寄托于"明君""清官"身上,因此,我们也会看到一些描述哈里发微服私访、惩恶扬善的故事,起到了粉饰太平,美化统治者的消极作用。

《一千零一夜》一书既然是中古时期世界各种文化,尤其是东方各民族文化相互撞击、融会的产物,我们从中自然不难看到古埃及、两河流域、印度-佛教、波斯－祆教、希伯来－犹太教、希腊－罗马、基督教……诸种文化的影响。当时中国文化通过丝绸之路与香料之路（亦称"海上丝绸之路"）对阿拉伯世界的影响，从书中亦可看到。如很多故事都提到中国和中国人，其中有些著名的故事（如《驼背的故事》《阿拉丁和神灯的》故事等）还以中国为主人公活动的舞台。

如前所述，《一千零一夜》是在印度－波斯的《希扎尔·艾夫沙乃》的基础上，不断地丰富、扩充、完善而成。它不仅增添了反映当时阿拔斯朝、马木鲁克朝社会现实的内容，同时也吸收、消化了很多古代和当时其他民族、其他宗教的一些故事。虽然如此，但不能认为《一千零一夜》是一种集各民族、宗教的一些故事的"大杂烩"。这是因为它实际上一方面是伴随阿拉伯－伊斯兰文化形成而形成的产物，另一方面又是反映这一文化的镜子。它在对外来故事的取舍、消化过程中，是以阿拉伯民族和伊斯兰教的道德价值观念为准则的。因此，我们可以看到，书中对拜火教（祆教），对犹太人，对拜物教……都是持丑化、贬斥、否定的态度，认为是异教徒，是邪恶势力或反面形象。与此同时，全书却宣扬真主无时无处不在，是世上一切唯一的主宰，具有无穷的威力；敬畏真主、虔诚笃信，就会遇难呈祥，化险为夷。

当然，书中也有一些对违背伊斯兰教戒律事物的描述。如有些故事写到了人们纵酒狂饮的场面；原书中亦有一些富于感官刺激的色情场面和词语，致使埃及宗教界曾于1985年通过由其控制的宗教法庭指控《一千零一夜》为淫书，勒令对其禁售、查收、销毁，并对出版商课以罚款。应当指出，那些有关酒色的描述，正是当时社会现实的反映。作为市井文学，为吸引听众，有些色情的描述和词语，也不难理解。还应看到，文学本来就是"人学"，《一千零一夜》的人文思想的反映，可以认为是欧洲文艺复兴运动所提倡的人文主义的先声。

《一千零一夜》作为一部民间故事集，一部世界名著，其艺术特色也是非常突出的。

该书一个重要特点在于它在结构上采取了大故事套小故事，小故事中又套更小的故事的框架式结构，亦称树状结构或连串插入式结构。这种结构源于古代的印度。印度的《五卷书》《故事海》《鹦鹉故事七十则》等都是这种结构。《一千零一夜》不仅整部书是一个有头有尾包含了几百个故事的大故事，是框架结构，而且，书中有些故事，如《脚夫和巴格达三个女人的故事》《驼背的故事》《商人和魔鬼的故事》《渔翁和魔鬼的故事》等，也都是故事中套故事的框架式结构。

这种框架式结构的最大优点就在于使当年的说书艺人和后来整理、编写全书的文人有相当大的自由，可把不同时代、地点流传的，以不同时间、空间为背景的故事编织在一起；故事可多可少，可伸可缩，编排起来，一个个故事可前可后，可分可合；讲起来，忽而天南，忽而海北，忽而是神话传说，忽而是故事逸闻，机动灵活，变幻莫测。

亦幻亦真，幻想与现实交织，浪漫主义与现实主义相结合，是《一千零一夜》艺术手法的一大特色。时而，大胆的夸张、非凡的想象，带领我们走进一个奇妙的神话世界：法力无边的神灯、魔戒指、魔杖，可在天上自由飞行的乌木马、飞毯、仙魔、精灵、鬼怪，使我们觉得一切都神奇无比，妙不可言；时而，真实的描写，细致的刻画又把我们领进中古阿拉伯现实生活中：在巴格达、巴士拉、大马士革、开罗，平民百姓在凄风苦雨中辛劳奔波，王公贵族在花天酒地中淫逸骄奢，富商巨贾在尔虞我诈中贪婪牟利。许多故事又似一幅幅色彩绚丽的风俗画，真实地勾勒出中古阿拉伯的风土人情。不管是幻想的虚构，还是真实的写照，都反映或折射出中古阿拉伯人民的现实生活和他们美好的愿望。

《一千零一夜》的再一个特点就是运用了鲜明的对比方法。在一个个故事中，把代表真善美的人物与代表假恶丑的势力进行强烈的对照，使人物形象、性格特征和思想意识显得更加突出。如把山鲁佐德与山鲁亚尔、渔夫与妖魔、阿拉丁与魔法师放在同一个故事中对比，在对比中，我们可以看到故事的创作者们爱憎分明，褒贬清楚，体现了人民大众传统的惩恶扬善的美学观。同时，在对比中，也会使读者（或听众）深切地感到，那些代表真善美者越发可亲可爱，那些代表假恶丑者越发可鄙可憎。这种对比的写法，也往往是古今中外民间文学的一大特点。

作为民间文学的代表作，《一千零一夜》在语言上亦有其特色：文白相间，散韵结合，诗文并茂，相得益彰。书中穿插、引用了大量的诗句、格言、谚语、成语、警句；叙事、写景、状物时，语言通俗流畅，词汇丰富，善用比喻，富有浓郁的生活气息。但同时它也具有民间创作的一些通病：有些描写、比喻显得程式化，如提到女人的美丽，往往都是把她们比喻成月亮、羚羊……犹如中国民间文学一提到美女就用"闭月羞花""沉鱼落雁""倾国倾城"来形容一样，有时让人感到单调、刻板；有些语言也还不够精练，显得粗俗。

《一千零一夜》在自8—9世纪至16世纪的流传、成书过程中，形成了各种手抄本。至今发现的手抄本多为残篇。这些手抄本虽然基本框架故事相同，但其中所包括故事篇什的数量、内容或次序却都不尽相同。阿拉伯原文的《一千零一夜》1818年于印度的加尔各答首次印行，称"加尔各答头版本"，不过它仍是一个残本，只有约200夜的故事。1833年，出版了"加尔各答再版本"，那是据来自埃及的一部内容完整的手抄本印行的。1835年依据这一版本于开罗出版的"布拉哥版"被认为是阿拉伯原文的善本。1888—1890年于贝鲁特出版的"萨里哈尼神父版"的《一千零一夜》则是据"布拉哥再版本"删改的"洁本"，删去的主要是一些迎合小市民口味的色情描写和淫词秽语。现在出版的各种阿拉伯文本子和外文译本，多是依据这两种版本。其实，这两种版本虽是按"夜"分的，全书共有1001夜的故事，但从某种意义上讲，也并不全，因为法国东方学者左登堡（Zotenberg）据一个巴格达手抄本于1888年于巴黎发表的《阿拉丁与神灯》的故事，和另一东方学者麦克唐纳（D. B. Macdonald）据他自己发现的一个手抄本而于1910年发表的《阿里巴巴与四十大盗》的故事，都没包括在内。

《一千零一夜》"这部故事是在西方各国最普及的阿拉伯文学作品，甚至比在穆斯林东方本地还要普及些。"①

1704—1717年间，法国人加朗（Antoine Galland）首次在西方翻译出版了《一千零一夜》。这一译本虽说是依据四册来自叙利亚阿勒颇的手抄本，但译文并不忠实于原文，很多故事是加朗在听了一个来自阿勒颇的名叫哈纳的天主教马龙派的教徒口述后，根据笔记再创作的。加朗是个颇具讲故事天才的人，他在翻译过程中，对原著进行了大量的增删、改写，以迎合欧洲人的口味。这一译本一出，立即在西方引起轰动，掀起了一股"东方热"。整个18世纪和19世纪初，依据加朗的译本，《一千零一夜》被重译成欧洲几乎全部文字。自阿拉伯原文的"加尔各答再版本"和"布拉哥版本"于19世纪30年代问世后，英国的东方学者们开始努力从阿拉伯原文直接翻译。其中最著名的是莱恩（Edward William Lane）于1839—1841年出版的译本。

但《一千零一夜》的许多故事早在中世纪就通过当时属于阿拉伯帝国版图的安达卢西亚、西西里岛，通过十字军东侵和其他接触与交流的途径，传到了西方，而对西方的文化、文学乃至欧洲的文艺复兴运动产生过巨大的影响。如意大利薄伽丘的《十日谈》，叙述10名青年男女在10天的避难期间，每人每天讲一个故

---

① ［美］希提：《阿拉伯通史》上册，马坚译，商务印书馆，1979年，第479页。

事，10 天共讲了 100 个故事；英国乔叟的《坎特伯雷故事集》，写一群要去坎特伯雷朝圣的香客聚会在一家小旅店里，旅店老板建议他们在去朝圣的路上每人各讲两个故事，讲的最好者，可以白吃一顿好饭，全书共有 20 多个故事。学者们多认为，这两本书的框架式的结构、许多故事的题材内容及其体现的人文主义思想，都反映出《一千零一夜》的影响。再如法国拉封丹的《寓言诗》、西班牙塞万提斯的《堂吉诃德》、英国莎士比亚的《终成眷属》、斯威夫特的寓言小说《格利佛游记》、德国莱辛的诗剧《智者纳旦》，直至美国朗费罗的叙事诗集《路畔旅舍的故事》等名著，都在取材、写法和风格上，或多或少地受到《一千零一夜》直接或间接的影响。近现代和当代的西方著名作家、诗人，如伏尔泰、司汤达、大仲马、歌德、普希金、托尔斯泰、狄更斯、安徒生、爱伦·坡、卡夫卡、莫拉维亚、杜伦马特、加西亚·马尔克斯……几乎没有哪一个没读过这部神奇美妙的故事集，被其吸引，受其影响的。从西欧的文艺复兴、浪漫主义的兴起，直到拉美魔幻现实主义的出现，《一千零一夜》在其中的影响和作用可谓大矣！

谈《安塔拉传奇》

《安塔拉传奇》是一部散韵结合的长篇民间传奇故事,在阿拉伯地区家喻户晓,妇孺皆知,其流传程度远胜过《一千零一夜》。因为在阿拉伯人看来,《一千零一夜》有很多故事源于印度、波斯等国,即杂有很大舶来品的成分,而《安塔拉传奇》则是一部土生土长的纯粹歌颂阿拉伯本民族英雄的史诗式作品。

《安塔拉传奇》系根据伊斯兰教创立前(即贾希利叶时期475—622)的著名《悬诗》诗人之一安塔拉('antarah bn Shaddād 525—615)生平衍变而成的。据阿拉伯古籍记载,安塔拉为阿布斯部落人,其父舍达德为部落头领之一,其母泽比芭(意为"葡萄干")则为部落战争中被掳掠来的埃塞俄比亚籍的黑奴。据当时阿拉伯人的传统,女奴生的孩子仍为奴隶,而不为生父承认为子。安塔拉虽自幼随母为奴,牧驼放马,但他聪明好学,勇敢健壮,在阿布斯与祖卜延两部落前后延续约40年的"赛马之争"(568—608)中,骁勇善战,常拯救本部落于危难中,因而得到其父承认,被称为"安塔拉·本·舍达德"(意为舍达德之子安塔拉)。安塔拉爱上了堂妹阿卜莱,并对这一爱情忠贞不渝。安塔拉不仅善武,而且能文,是当时著名的骑士诗人,其代表诗作就是他的《悬诗》。

作为一部民间文学作品,《安塔拉传奇》同《一千零一夜》一样,是经由群众、民间艺人长期的口头传述、演唱,又有若干文人在此基础上进行综合加工再创作,最后才定型成书的。它是长期集体创作的成果。

事实上,安塔拉的故事从贾希利叶时期就开始在民间流传,在传述过程中,又被人们添枝加叶,不断地丰富、扩充。在伊斯兰教初期(622—750)开疆拓域的征战中,这些故事在为离乡远征的战士们鼓舞斗志、消除乡思方面起了很大作用。在阿拔斯朝(750—1258)前期,这些故事成了上至王公贵族下至市井平民

谈《安塔拉传奇》

饭后茶余、暑夜纳凉消遣助兴的谈资；而在阿拔斯朝后期及其后，当阿拉伯人日渐失势于异族统治之下，特别是十字军东侵，加之蒙古人侵入后，他们更希望重温那些古代的民族英雄传奇故事，借以振奋精神，提高士气。因此，《安塔拉传奇》及其他有关阿拉伯古代英雄的传奇故事在阿拉伯历史上就长盛不衰，越传越广。

在《安塔拉传奇》中，安塔拉被描绘成一个神奇颖异、力大无穷、有勇有谋的超人。《安塔拉传奇》以战争与爱情为经纬，编织出一篇篇美丽动人的故事。在这些故事中，安塔拉叱咤风云，威震天下，南正北战，所向披靡，纵横驰骋，万夫莫挡。《安塔拉传奇》虽是群众、民间艺人与文人集体创作的成果，但作品却明显地反映了创作者们强烈的民族主义情感和对伊斯兰教的热忱。《安塔拉传奇》虽从表面上看写的是伊斯兰教前安塔拉的一生，但实际上却折射出自贾希利叶时期群雄争强至阿拔斯朝后期十字军东侵的500多年的历史。凭借虚构、想象而具有浓厚的神话色彩的这部传奇，让安塔拉由一个黑奴变成阿布斯部落的英雄骑士，继而成为整个阿拉伯民族的英雄骑士，后又征服了苏丹、埃塞俄比亚、印度、埃及、北非直至安达卢西亚（今西班牙、葡萄牙地区）。这仿佛是伊斯兰教先知穆罕默德统一阿拉伯半岛，阿拉伯穆斯林在开疆拓域之后达到鼎盛，创建横跨亚非欧三洲的阿拉伯大帝国的预演。在安塔拉所战胜的异族、异教的豪强中，有不少是影射西方十字军东侵的首领。这就使得传奇中的安塔拉在阿拉伯人的心目中成为民族魂的化身，因而在阿拉伯民族对外斗争中，《安塔拉传奇》使人们在顺利时倍受鼓舞，在受挫折时则是一种心理补偿。

据说，当年有一个霍姆斯人每天晚上都要到书场上听一回安塔拉的故事。一个晚上，他在铺子里忙得太晚，直到黄昏过后，也没有吃饭就赶到了书场。那天晚上正讲到安塔拉大战波斯王。说书人说到安塔拉被波斯人捉住，关了起来，还给他脚上戴了镣链，就打住话头，人们也都散了场。那位听书的人却似大难临头，觉得眼前天昏地暗，就忧心忡忡地走回家，妻子给他端来饭菜，他一脚踢翻了桌子，盘子碗儿摔了个稀烂，饭菜溅得满地都是。他把妻子臭骂了一通，妻子还嘴，他又把她狠狠地揍了一顿。他出门在市场上六神无主地转悠，最后实在无法，就找到了说书人的家，发现说书人正在睡觉，就喊醒了他，对他说："你把人家戴镣关在监狱里，自己却像没事儿似的！我希望你为我把这故事讲下去，直到让他出狱为止。因为照这情况，我是睡不着觉，也吃不下饭的。你算算，说一晚上书，能从大家伙那里收到多少钱，我现在照付给你。"说书人就拿起话本，为他往下念，直至安塔拉出狱。于是他对说书人说："愿真主保佑你万事如意！我现在才心里痛快，不再愁了。这些钱给你！谢谢你。"然后他高高兴兴地回家吃饭，并向妻子道歉说，说书人说安塔拉脚上戴着镣链，被关在监狱里，她却给他端来饭菜让他吃，他怎么能咽得下饭去？他说："刚才我去了说书人的家，他为我把那故事读到让安塔拉出狱了。感谢真主，现在我心里舒坦了。把饭菜端上来吧！我刚才有些不像话，还请你包涵点！"

《安塔拉传奇》在阿拉伯世界人民群众中的影响由此可见一斑。

《安塔拉传奇》最大的艺术特点是虚中有实，亦真亦幻，把史实、演义、传说、神话揉为一体，是一部积极浪漫主义的优秀作品。仔细研读这部传奇，不难看出，作者熟谙阿拉伯历史，并熟知贾希利叶时期的诗文，掌握各种逸闻、传说；作者利用《悬诗》诗人安塔拉的生平为线索，将当时历史或传说中著名的骑士、诗人、贤哲、义士和重大的历史事件都编织在一起，在大量想象、虚构中又时时现出真实的有据可查的地名、人名和事件，造成一种亦真亦幻、扑朔迷离的效果。这一特点颇与我国的《三国演义》《水浒传》《西游记》《封神榜》等演义小说相似。

《安塔拉传奇》被西方的某些东方学者称作《阿拉伯的伊利亚特》。实际上，这部传奇也的确具有史诗的特点。它在文体上是一部话本：散韵结合，嵌有不少诗歌，可供民间艺人说唱；它以历史事件和传说为内容，塑造了一位著名英雄的形象；全书结构宏大，充满着幻想和神话色彩；又比较全面地反映了一个历史时期的社会风貌和一个民族当时诸多方面的生活。这些正是史诗的特点。而史诗不仅是民间文化的宝库，是民族精神的标本，更是一个民族的心灵记忆，是认读这个民族的百科全书。

《安塔拉传奇》创造了安塔拉这样一个完美的骑士形象，写出了他对阿卜莱贞洁、笃诚、生死不渝的爱情；同时，也写出了阿卜莱这样一位对爱情同样忠贞不渝，但有时却不免撒娇使性的美女形象；还创造了安塔拉的兄弟谢布卜这样一个忠心不二的谋士兼随从的形象。这类的故事，这类的典型人物形象，让人们很容易联想到盛行于12—13世纪的西欧骑士传奇小说。事实上，《安塔拉传奇》之类的故事在11世纪十字军东侵时被带到西方，因而欧洲骑士传奇小说确与其有一定的渊源关系。法国的东方学者勒邦（Gustave Le Bon 1841—1931）在他的《阿拉伯文明》一书中就曾指出："是阿拉伯人首创出骑士小说。"据此，亦不难看出著名的西班牙文豪塞万提斯的《堂吉诃德》与阿拉伯的《安塔拉传奇》的渊源。

《安塔拉传奇》篇幅很长，结构显得松散而不严密；故事性虽很强，但多借大量的巧合和过分的夸张来编造故事情节，吸引读者；许多故事又往往显得相似、重复、冗长；语言虽是散韵结合、诗文相间，但往往缺乏推敲，不够精彩，这些可谓是这部巨著之白璧微瑕。

爱挖苦人的诗人

——伊本·鲁米

阿拉伯的阿拔斯朝（750—1258）是诗歌的黄金时代，堪与我国的唐宋媲美，真可谓群星璀璨。其中，伊本·鲁米可算是一颗辉煌巨星。

伊本·鲁米生于巴格达，父亲为希腊血统，母亲为波斯血统，故诗人不无骄矜地吟道：

> 我岂能在人前低三下四，忍辱含垢，
> 罗马人是我叔伯，波斯人是我舅舅……

父亲早逝，诗人随母亲和哥哥靠父亲的遗产维持生活。他少年时代在经塾、清真寺中学习阿拉伯诗文和宗教知识，并受波斯和希腊文化影响。诗人一生道路艰难坎坷：亲人相继去世，住处遭火灾，房屋被侵占，仕进无门，官府冷遇，朋友弃绝，这一切使诗人早衰、悲观、敏感、多疑，喜怒无常，有些神经质。

所谓敏感、多疑，说白了，就是他很迷信。这一点有点像赵树理笔下的那个小二黑的父亲——二诸葛，做什么事动辄都要预卜一下吉凶福祸。古书上有不少有关他这方面的逸闻：如有一次，他把自己关在家里三天没出门。等他穿上外衣想开门出去时，从木板缝里朝外一瞅，看到对门一个驼背的邻居坐在门口，他认为这不吉利，遂打消了出门的念头，脱下外衣，并叮嘱家人，谁也不许开门。另一次，一个当官的想他了，知道他讲究迷信，就专门打发一个名叫伊格巴尔（إقبال，意为"前进""顺遂"）的小厮去请他。谁知他刚想随那小厮走，冷丁一想，伊格巴尔这个名字的阿文字母若倒过来念，则会变成"不留"（لابقاء）的意思，不吉利！于是他又改变了主意，并让小厮回去告诉主人他的想法。还有一次，一个

爱挖苦人的诗人——伊本·鲁米

朋友派了个名叫哈桑（حسن，意为"美好"）长得也很英俊的小伙子去请他。他已经随那个小伙子出了门，但在附近一家裁缝铺前看到两扇门板排成了个阿文字的"لا"（意为"不"）形，又发现在门板下面有椰枣核。阿文中的"椰枣"（تمر）与"你过去（تمرّ）"两个字形一样。于是这位讲究迷信的诗人又自作聪明起来，说："这是指示我：不要过去！"说罢便打道回府了。

伊本·鲁米是位多产的诗人。不仅数量多，且多为长篇。他的诗包括各种题旨，但他最擅长的是讽刺诗，专门爱挖苦人。

其讽刺诗往往抓住讽刺对象的特征，以漫画式手法，不遗余力地加以夸张、丑化。往往写的尖刻、辛辣。如他在讽刺一位名叫伊萨·本·曼苏尔的人悭吝时，写道：

  伊萨对自己也刻薄、小气，
    纵然他不会长生不死。
  为了节约，若有可能，
    他会只用一只鼻孔呼吸。

节俭到连呼吸都企望只用一个鼻孔，以便省下一个，挖苦得这么狠，亏他想得出！

有一次伊本·鲁米应邀到一个名叫苏莱曼的人家去参加婚礼喜宴。主人大概比较抠门儿，对客人招待得很吝啬，引起诗人的不满，于是他又吟诗讽刺这场喜宴道：

  在苏莱曼的喜筵上，
  一些人因饥饿把命丧。
  有的人由此学会了何为知足，
  多数人却难免身亡。
  那不是一场喜筵，
  而纯粹是一场饥荒。

伊本·鲁米曾写诗为一个官员歌功颂德，以求能得到些赏赐。不料，这位官老爷听了后竟装聋作哑，一毛不拔。这一下可惹恼了诗人，于是他转而写诗攻击那位官员道：

>   如果你不知我的价值，
>   又不道歉；
>   如果你回绝我的赞颂，
>   毫不羞惭；
>   那就还给我写诗的
>   羊皮纸钱；
>   否则就替我付赎罪金，
>   ——为我的谎言。

最后一句的"赎罪金"，是指犯有罪过的人付出的宗教性献金或祭品，以消孽赎罪。诗人这么一说，显然是声明他前面为那官员写在羊皮纸上的颂诗完全是违心的谎言，是一种罪过。

这种讽刺比较起来还算客气的。有一个叫阿慕鲁的人，长着一副长脸，为人悭吝。伊本·鲁米曾求他帮助而未能遂愿，于是诗人对他的讽刺、挖苦就凶狠多了，竟把他说得还不如狗，责怪自己不该蠢到去向他求助：

>   阿慕鲁！你的脸是长的，
>   长得同狗脸很相似。
>   狗的丑恶你全有，
>   狗能去掉，你却不能去。
>   狗身上有很多好习气，
>   真主与先知却未能赐予你。
>   狗忠诚，而你不义，
>   你比狗要更卑鄙。
>   狗能看家护院保牲畜，
>   你却既不能守卫也不能出击。
>   你出身不正根子坏，
>   说来话长怕揭老底。
>   你家表面道貌岸然讲仁义，
>   脊背却似鼓面遭人抨击。
>   请求真主饶恕我们，
>   不该像傻瓜做蠢事。

> 求人帮助求到你，
> 如同举手求废墟。
> 又聋又哑又无能，
> 不言不语无信息。
> 嘀嘀哒哒嘀嘀哒，
> 哒哒嘀哒哒嘀嘀。
> 这两行诗没意义，
> 同你一样是多余。

伊本·鲁米还有些讽刺诗是针对有些人的生理缺陷、外表形象的某些特点加以夸张、丑化而写的。这类诗往往写的生动、形象、诙谐、幽默，令人读后忍俊不禁。如一个名叫艾卜·哈福赛的书商是个秃顶。诗人针对这一特点，在诗中对他调侃道：

> 啊！艾布·哈福赛一毛没有的秃头顶，
> 又光，又滑，又亮，好似一面明镜。
> 人们用手敲敲，它会响声咚咚，
> 整个巴格达四郊都会传出回声。

头顶脱发，变得又光又滑又亮，诗人看了不顺眼。下巴上胡子长得太多太长，诗人看了照样不顺眼。他曾写有长诗嘲笑这种大胡子，把它比作喂牲口吃料的口袋，并说：

> 他一脸胡子迎风而立，
> 就会寸步难移；
> 他若潜进海里，
> 用胡子可捕尽所有的鱼……

他在嘲谑一个驼背者时，写得更刻薄，好像用诗句为这个可怜的人画了幅漫画像：

> 颈上筋变短，
> 脖子变得看不见，
> 好像在等着

>   挨人家把耳光扇。
>   又像挨了一下，
>   打在脖子后面，
>   感到又要挨打，
>   赶忙缩成一团。

不过，伊本·鲁米不仅嘲笑别人，他也常自嘲。他在诗中好发牢骚，报怨命运弄人：一些蠢材、庸人竟会直上青云，步步高升，人模狗样儿地发号施令：

>   命运魔力如神，
>   竟能点狗成人……

他又感叹世道不公，自己时乖命蹇，怀才不遇，像俗话所说的："喝口凉水都塞牙。"

>   我穿千疮百孔的鞋子，
>   奴隶却有良驹快马骑。
>   与我交谈的只是苦闷与忧虑，
>   我的园子没有果子只有荆棘。
>   命运总是同我过不去：
>   母羊不下羔，奶羊是公的……

伊本·鲁米这个人大概是其貌不扬，命途多舛又使他早生白发，所以尽管富有诗才，在诗坛是颗明星，有时写出的情诗也很优美、冶艳、动人，如：

>   我与她拥抱，还在渴望，这颗心，
>   拥抱之后，是否可以更加亲近？
>   我吻着她，以便让自己降温，
>   情炽似火，燃烧着我的心。
>   爱情给我带来如此大的痛苦，
>   岂能治愈——仅仅双唇一吻？
>   我的心病实在难愈，
>   除非合为一体，两个灵魂……

但诗人颇有自知之明，他知道自己远不是那些会招惹"追星族""发烧友"们动心的帅哥。于是，也许是本着自我批评的原则吧，他在一首诗中活画出一个可怜巴巴的自己：

> 若有人为逝去的青春痛哭失声，
> 我却不会为青春逝去而哭泣、悲痛。
> 我的那张面孔一副丑陋样子，
> 使我总是像个白发老人，而且秃顶。
> 我长大成人就是衰老的过程，
> 赞美真主，会有这样的神功。
> 一旦我拿起镜子照一照，
> 那死人般的脸令我感到惊恐。
> 我也喜爱妙龄少女倾国倾城，
> 可我这张脸只适宜于作苦行僧。
> 以便在荒郊野外膜拜真主，
> 在聚礼的清真寺露面还是不行。

（《阿拉伯世界》1993年第4期）

"玛卡麦"与赫迈扎尼

"玛卡麦"(مقامة)原意为"集会""聚会",后引申为集会中的"讲话""说教"。自赫迈扎尼的《玛卡麦集》(المقامات)问世后,"玛卡麦"遂成为一种在阿拉伯文学史上颇有影响的文体术语。

"玛卡麦"的内容和形式具有一定的模式与特点。它往往有一个"叙述人",讲述主人公的种种趣闻轶事,主人公则往往是一个聪明机智、能诗善文、浪迹江湖的乞丐。每一篇"玛卡麦"就是"叙述人"讲述这位文丐在不同地点、场合如何依靠自己的文才和诡计赢得或骗取钱财的故事。这些故事可以独立成篇。一个作家的《玛卡麦集》则似同一主人公的系列故事集。

"玛卡麦"产生于10世纪末,即阿拔斯朝的后期(亦称"诸朝列国时代")。当时文坛崇尚文藻华赡、文辞奥博,骚人墨客竞相卖弄文字,炫耀文才。"玛卡麦"文体则集中体现了这种文风:文字讲究音韵和谐,文采骈俪,每篇"玛卡麦"还往往运用一些冷僻的词语与典故,引用《古兰经》经文或《圣训》,嵌有诗歌等。"玛卡麦"颇似我国古代的"话本",现代的"鼓词""评书",又有些像韵文体的短篇小说系列。但它并不注重故事情节、悬念,也没有人物心理刻画等,而把更多的注意力放在显示文字技巧、语法、修辞上。这是因为最初编写"玛卡麦"的目的是用以教学,故事形式只是为了使这种"教材"生动有趣、引人入胜罢了。但作者通过贯穿于全书的主人公——流浪文丐的种种趣闻轶事,往往有意无意地反映了当时社会种种风情,揭露了某些社会弊端,因而,这种"玛卡麦"也就有了反映现实,批判现实的文学价值。

阿拔斯朝后期,"玛卡麦"文体的出现与兴盛是与赫迈扎尼及哈里里的名字分不开的。

"玛卡麦"与赫迈扎尼

赫迈扎尼（بديع الزمان الهمذاني 969—1007，一说 1008）号称"白迪耳·宰曼"（意为"时代奇才"），生于伊朗山城哈马丹，祖先是阿拉伯的名门望族。幼年时，其父颇为重视对他的教育，让他拜师求教于当地的文人、学者门下，学习宗教、语言、文学知识。他性喜漫游，22岁时离乡去拉伊，投靠当时布韦希朝首相、著名学者沙希布·本·阿巴德（الصاحب بن عباد ？—995），受到赏识。后又去戈尔甘、内沙布尔。他曾与当时著名学者、诗人艾布·伯克尔·花拉子密（928—993）论战，并大获全胜，因此，声誉鹊起。在此期间，他曾编写出40余篇"玛卡麦"作为他授课的教材，得到学生们极大赞赏。他在内沙布尔住了一年多，994年离开该城而在呼罗珊各地游历，后抵伊朗东端的锡斯坦，曾为其东道主——锡斯坦王海勒夫·本·艾哈迈德写有6篇"玛卡麦"，为其歌功倾德，以示答谢。后又去阿富汗的赫拉特城，在那里娶亲定居，生活颇为优裕。于1007一说1008年在那里逝世，年仅四十。

赫迈扎尼才思敏捷，才略过人，辩才无碍，出口成章。他不仅熟谙阿拉伯语言、文学，且精通波斯文。他能诗善文，有诗集和文集传世，但最著名的代表作自然是他的《玛卡麦集》。

如上所述，赫迈扎尼的"玛卡麦"最初创作于其居住内沙布尔期间（992—994）。他在那里给学生讲课，受前辈语言学家、文学家伊本·杜赖伊德（ابن دريد 837—933）的《四十讲》（(أحاديث ابن دريد)）启发而创作出最初40篇"玛卡麦"。当年，伊本·杜赖伊德的《四十讲》是用于讲授语文知识的教材，故而赫迈扎尼效仿他，写出40篇"玛卡麦"与之匹敌，亦用作教材（后人传说他曾写400篇"玛卡麦"，可能系抄书者笔误而以讹传讹），加之他颂扬锡斯坦的6篇，其《玛卡麦集》共有51或52篇"玛卡麦"。

除受伊本·杜赖伊德的《四十讲》及当时文坛讲究浮文巧语、雕砌文字的风气影响外，阿拔斯朝著名的百科全书式的大文豪贾希兹（الجاحظ 775—868）书中关于许多乞丐以智骗钱的趣闻轶事，以及与赫迈扎尼同代的丐帮诗人的事迹，对他的《玛卡麦集》创作的影响也很大。

所谓"丐帮诗人"是指一群浪迹江湖的乞丐。他们自称是古波斯萨珊王室的后裔，故也称"萨珊汉"。他们能诗善文，能言善辩，常靠文才和智谋骗人钱财谋生。其中最著名的有艾哈奈夫·欧克伯利(الأحنف العكبري ？—约996)、艾布·杜赖夫(أبو دلف ？—约1000)。正是这些丐帮诗人以才智行骗谋生的故事和伊本·杜赖伊德通过训诫、故事教授人以语言、文学等知识的《四十讲》，启发了赫迈扎尼创作出"玛卡麦"这种文体和模式。

赫迈扎尼的《玛卡麦集》的传述人是伊萨·本·希沙姆，主人公则是一个名叫艾布·法塔赫的乞丐。

《玛卡麦集》的内容题材多种多样，随篇而异。其中多数篇章是写艾布·法塔赫以口才、文采和智谋向人们乞讨或骗取钱财的故事。他在各地所用手法不同，"玛卡麦"也多以他所到的地名为篇名，如《内沙布尔篇》《伊斯法罕篇》《巴格达篇》《巴士拉篇》等。除以地名命篇外，还有以动物（如《狮子篇》）、食物（如《酸奶糕篇》）或内容（如《训诫篇》《诗歌篇》《魔鬼篇》《君王篇》）作为篇名的。五花八门的篇名也许正可以说明《玛卡麦集》的内容题材的多式多样。

其中有的篇章，如前所述，是为王公贵族，特别是为锡斯坦王歌功颂德的，如《君王篇》，有的是谈诗论文的，如《诗歌篇》《伊拉克篇》《贾希兹篇》等，实际上是作者借对前辈诗人、作家及其作品进行文学批评，表明自己的文学观点：如他赞扬贾希利叶（蒙昧）时期大诗人乌姆鲁勒·盖斯（500—540）的创新精神，对伍麦叶朝诗坛三雄——艾赫泰勒（الأخطل 640—710），哲利尔（جرير 653—733）和法拉兹达格（الفرزدق 641—732）进行比较。但他在《贾希兹篇》中却批评贾希兹能文不善诗，又说他文章简练，通俗而不深奥、繁杂，缺少冷词僻典。这些本来被人们公认为是贾希兹文章的优点，在赫迈扎尼眼中却成了缺点。这不能不说是时代不同，文风不同，批评标准也随之不尽相同的道理。《魔鬼篇》的内容是说伊萨·本·希沙姆因寻找丢失的骆驼而进入一条精灵鬼怪居住的谷地，并遇见一鬼而与之谈论并吟诵前人的诗歌。有的学者认为，安达卢西亚诗人、作家伊本·舒海德（ابن الشهيد 992—1034）的《精灵与魔鬼》（(رسالة التوابع والزوابع)）和麦阿里（أبو العلاء المعري 973—1057）的《宽恕书》（(رسالة الغفران)）很可能是受了这篇"玛卡麦"的启发和影响而写出的。

《玛卡麦集》主要目的是用于教学，故事只是汇集、串连种种词汇、语法、修辞、文学和各种知识的载体。但这些故事却在一定程度上反映了当时的风土人情、社会状况，因而具有相当的认识价值。如在很多篇章中，描写了当时贫富悬殊，上层权贵花天酒地，下层穷人挣扎于凄风苦雨中。如在《贾希兹篇》中，我们可以看到：

> 我们走进一家，只见
> 陈设豪华，应有尽有，

> 琳琅满目，美不胜收；
> 古董玩物，玲珑剔透，
> 人间罕见，举世难求。

地上铺着华丽的地毡，床上蒙着锦绣罩单，古玩、摆设在四处装点。一些人在此消磨时间：周围花色迷人，千姿百态，流光溢彩，芳香扑鼻来，启封美酒面前摆，丝竹管弦多自在。我们朝他们走去，他们也向我们走来。于是我们聚集于一桌；桌上摆满盏盘碗碟，皆是美馔佳肴、山珍海错，好似花开满园，五光十色……

而在《巴士拉篇》中，我们却可以看到穷苦人又是如何生活的：

这就是巴士拉：它的水助消化，它的穷人受欺压。人都忙着挣口饭，养活自己都很难，更何况是那种人：

> 他是成日奔波到处转，
> 回家一群小雏瞪着眼；
> 他们骨瘦如柴无人管，
> 个个啼饥号寒受煞煎。

他们一早醒来四处看，街区静寂如死人般，家家不似自己家，伸出小手求人怜。令人见状心欲碎，让人不禁泪涟涟。他们忍饥挨饿，叫苦连天：

> 这时代是小人横行霸道，
> 穷成了君子的象征符号，
> 君子要向小人乞求哀告，
> 这标志着世界末日将到。

有些篇章则描绘出一些上层权贵和某些宗教人士营私舞弊、欺世盗名、寡廉鲜耻、贪贿无艺的丑恶嘴脸。如在《内沙布尔篇》中，作者借他人之口介绍一位宗教法官时说道：

他是条蛀虫，专钻在孤儿的毛料中蛀蚀；他是只蝗虫，专落在受保护的庄稼上啃噬；他是个贼，专打宗教基金的主意；他是个库尔德人，专把弱者欺；他是个强盗，专在信约与证人间夺取真主的财产；他戴上了法官的冠冕，却脱去了虔诚一片；他把自己的礼服弄齐整，双手和舌头却不正；他把上髭剪短，却放长线，耍手腕；他白了胡子，黑了心肝；他装作谦恭，却掩饰自己的贪婪……

作者运用种种借喻，把一个两面三刀、阴险狡猾、贪得无厌、利欲熏心、披着宗教法官外衣尽干伤天害理事的小人形象刻画得淋漓尽致。

又如在《萨珊汉篇》中，作者借化装为丐帮诗人的艾布·法塔赫之口，指出：

> 这个时代多灾难，
> 处处不公真凶残，
> 愚蠢为美受称赞，
> 理智成丑被责难，
> 金钱好似幽灵般，
> 但总围着小人转。

类似的描述，俯拾皆是。这些描述，一方面反映了客观社会现实；另一方面，也表达了作者对这种社会及其种种弊端的强烈不满。这正是赫迈扎尼的《玛卡麦集》在思想内容方面的价值所在。但由于反映社会现实并非这部作品的宗旨，作者用"玛卡麦"文体主要目的是显示其文才，过多地追求生词僻典的声韵、骈俪，使得原文有时显得艰深难解，从而影响了作品思想内容的深度及其传播的广度。

（《阿拉伯世界》1994年第3期）

哈里里与"玛卡麦"

谈起"玛卡麦"这种文体，除赫迈扎尼之外，还不能不谈及它的另一位宗师——哈里里。

哈里里（1054—1122）生于伊拉克巴士拉郊区的迈山村，原名艾布·穆罕默德·卡西姆·本·阿里。哈里里原为姓，阿拉伯文意为丝绸商，可能与其祖业有关。据说，他在家乡拥有18000株枣椰树，可谓家境富裕。但他志在诗文，故负笈离乡，投师问业于巴士拉，后去巴格达。他曾潜心钻研过文学、宗教、语法、修辞等学问。他虽其貌不扬，又不拘小节，但聪慧过人，博闻强记，且能言善辩，常妙语珠联，语惊四座，故而声誉鹊起，名扬遐迩。他亦曾步入仕途，做过巴士拉的情报官。当时哈里发穆斯台兹希尔（1094—1118在位）颇重文才，哈里里受其鼓励，自1101至1110年间，效法赫迈扎尼，创作出《玛卡麦集》，集有"玛卡麦"50篇，献与哈里发，受到极高的赏赐。穆斯台兹希尔死后，哈里里与当时重臣、名士交往甚笃，并把其《玛卡麦集》抄本赠予他们。哈里里晚年离巴格达返巴士拉，除任情报官外，还在当地清真寺讲学，生徒趋之若鹜。据说，他曾批准700名学生可以传诵其《玛卡麦集》，其当时的地位与影响由此可见一斑。

哈里里遗有《诗集》和《论集》，写有歌谣体的《语法分析妙语》，还有《探臆得珠》，那是一本批评当时一些文人词语、章法失误的书。哈里里传世的代表作则是他的《玛卡麦集》。

哈里里既然师法赫迈扎尼，两人的《玛卡麦集》自然有许多共同点和相似之处。哈里里的《玛卡麦集》的传述人名叫哈里斯·本·海马姆，是一个萍踪浪迹、游历四方的文人。主人公名叫艾布·宰德、同赫迈扎尼《玛卡麦集》的主人公艾布·法塔赫一样，也是一个足智多谋、文才过人的乞丐。哈里里所处的时代兵连祸结，战乱不休；与赫迈扎尼所处的时代相比，国势更加衰弱，人民更加贫苦。因此，更多的人苦行修身，笃信宗教，用对来世的企望、幻想来解脱今世的苦恼，故苏菲派更为流行。文坛上华而不实的雕饰之风益盛。这些风气在哈里里的《玛卡麦集》中都有充分的反映。如劝世、宣教、训诫的内容在赫迈扎尼的《玛卡麦集》中只有两篇，而在哈里里的《玛卡麦集》中则至少有10篇。在炫耀文才、卖弄文采方面，哈里里比起赫迈扎尼的《玛卡麦集》更是有过之无不及。他通过主人公艾布·宰德显示的文字、修辞技巧达到令人拍案叫绝、叹为观止的程度。如既可顺着读又可倒着读的回文体诗文，又如：阿拉伯文28个字母中有14个带点的，14个不带点的，他通过艾布·宰德作出的诗文则可以要求每个字母都带点，或每个字母都不带点，或带点与不带点的字母间插起来；或限定散文所用的每个词的词尾必须是某一个字母，还有的篇章巧用双关语制成谜语；利用同义词或一词多义巧解教法，几近文字游戏。

与赫迈扎尼的《玛卡麦集》相比，哈里里的《玛卡麦集》结构显得有头有尾，比较严谨、完整。每篇"麦卡麦"虽也可以独立成章，但从整体上看，50篇"玛卡麦"构成一体，每篇除篇名外，还有序号。如第1篇《萨那篇》，是传述人哈里斯·本·海马姆与主人公艾布·宰德初次相识的经过。从第1篇到第48篇，都是哈里斯与艾布·宰德在各地、各种场合戏剧性的邂逅，每篇都是一个艾布·宰德设计行骗的故事。而第49篇即《萨珊篇》，则是艾布·宰德自知自己已年迈体衰，而向自己的儿子传授自己以智行乞谋生的经验，嘱咐他继承父业。这一篇显然已宣告主人公即将退出舞台。而第50篇，即全书最后一篇，则是艾布·宰德向真主表示自己对以前所作所为的真诚忏悔，在他向自己的朋友哈里斯宣布这一忏悔后，便离他而去。从此，哈里斯长期未再见到他，后来才探知他回到了家乡潜心苦修。哈里斯再去看他时，他已绝口不提往事，成了一个安贫乐道、克己苦行、虔诚的苏菲教徒。

与赫迈扎尼相比，哈里里的每篇"玛卡麦"篇幅更长，故事性更强，更加生动有趣。在这些故事中，主人公艾布·宰德在不同的场合不断地改变穿戴打扮，变更角色、身份，变换自己的手法、圈套，凭借自己的聪明才智，或独自，或与妻儿、徒弟等合谋，骗取人们的钱财。而哈里斯·本·海马姆则不仅是艾布·宰德的故事传述人，而且也成了他故事中一个重要的角色。如在《瓦西特篇》中，我们可以看到艾布·宰德积极为哈里斯筹办娶亲，而在婚礼上，他却用蒙汗药使人们失去知觉，然后将别人家中细软卷逃而去。其中不少故事从不同的角度，不同程度地反映了社会现实。如在第1篇《萨那篇》中，哈里斯见到一位教长"一副苦修的模样，讲话带着哭腔。他字字珠玑，韵味无穷，训诫的词语悦耳动听……只听他讲得天花乱坠，好似行云流水，'执迷不悟的人！你自负而骄矜，刚愎而愚蠢，醉心于迷信！你迷途何时返？你游手好闲，傲气冲天，目中无人，无法无天，胡思乱想，胆大包天，老天有眼，你却想过海瞒天，真主洞察秋毫，你却想一手遮天。这一切都到何时才算完？你以为到了大限，你这样就会幸免？你以为你作恶多端，钱财会将你救援？你以为一旦失足，悔恨一通就算完？你以为你死的那天，族人会对你垂怜？还不快快克制那些私心杂念……'"那教长指责人们："……你喜欢随心所欲，不肯布施，对人周济；礼拜的时间你会忘记，心中只有灯红酒绿、纸醉金迷；你不愿出钱布施，却将聘礼铺张，大摆阔气，在你看来，种种菜饭，胜过宗教经卷，你宁愿与同伴嬉戏、聊天，也不肯把《古兰经》诵念；你让别人行善，自己却从不照办；你让别人不要胡作非为，自己却总是作恶多端。"然后他吟诗道：

　　真该死，追名逐利的人！
　　你一心迷恋红尘，
　　终日执迷不悟，
　　概因利欲熏心。
　　如果能够大彻大悟，
　　定能乐天知命，寡欲清心。

听这位教长宣教、训诫的人"见他打算离位动身，望着他真是难舍难分。他们个个倾囊为他捐赠，并对他说：'这钱供你花用！'"可是这位教长宣教之后，却避开众人，躲进一山洞中。哈里斯偷偷尾随进去，只见那里是"纯白的面包、烤熟的羊羔，还有葡萄酒一坛，真是佳酿美肴。"当哈里斯问他："你为何两面三刀，说的是一套，做的又是一套"时，他却吟诗答道：

　　我穿上黑袍，把甜头寻找，
　　我支起钓钩，把鱼来钓，
　　我把训诫当成圈套，
　　让大小猎物昏头昏脑
　　老天若裁判公平，

恶棍们岂能横行霸道。

这故事虽是主人公艾布·宰德骗钱的把戏之一，但不能不看到，作者正是借此讽刺、抨击了当时一些宗教人士外表道貌岸然，讲经传道，巧舌如簧，劝人为善，背后却声色犬马、胡作非为的行径。有的故事讽刺了一些贪官污吏昏庸无能、寡廉鲜耻。还有些故事从侧面反映了人民在兵连祸结中艰难竭蹶的生活，表明了作者对统治当局的不满与对下层穷苦人民深切的同情。

故事情节轻松、幽默，文字艰深、玄妙，是哈里里《玛卡麦集》的特点。哈里里的《玛卡麦集》"在七百多年内，被认为是阿拉伯文学宝藏中仅次于《古兰经》的著作。"[1] 哈里里的《玛卡麦集》被认为是"玛卡麦"的登峰造极之作。与哈里里同代或后代乃至近现代作家，创作"玛卡麦"的虽不乏其人，但他们的艺术成就和声誉都远不及赫迈扎尼和哈里里。

"玛卡麦"体最早传入波斯文坛。波斯文人哈米杜丁（?—1164）曾仿效赫迈扎尼与哈里里，写有23篇波斯文的"玛卡麦"。与阿拉伯"玛卡麦"不同的是，他的《玛卡麦》没有虚构出的"传述人"，而是作者本人讲述故事。故事的主人公也不是固定的一个人，而是每篇"玛卡麦"有一个主人公，他们都是作者姑隐其名的朋友。一篇故事结束了，主人公的使命就算完成了，名字、命运，也都不提了。在哈米杜丁的《玛卡麦集》中，很多内容是论争，且带有浓厚的苏菲派色彩。

同时，"玛卡麦"传入安达卢西亚。那里的一些阿拉伯文人也起来仿作，如艾布·塔希尔·穆罕默德·萨拉戈斯蒂（?—1144）就曾创作过50篇"玛卡麦"。注释哈里里《玛卡麦集》的安达卢西亚的阿拉伯文人、学者则有欧盖勒·本·阿蒂叶（?—1211）、艾哈迈德·舍里西（1161—1222）等。12世纪至13世纪初，哈里里的《玛卡麦集》两次被译成希伯来语，后又被译成拉丁文、德文、英文等西方文字，从而在犹太教徒与基督教徒中流传开来，受到西方的东方学者的广泛重视。

学者们一般认为兴起于16—17世纪的西班牙的"流浪汉小说"（Picavesca）是受阿拉伯"玛卡麦"的影响产生的。所谓"流浪汉小说"，大多以第一人称叙述一个流浪汉的遭遇：他漂泊不定，笃信天命，却玩世不恭，以自己的才智靠欺骗、偷窃等手段求生存。小说往往反映当时严峻的社会现实，讽刺和抨击没落贵族，教士和唯利是图的富翁、财主，令人读后忍俊不禁之余，慨叹世道的不公和人生

---

[1] ［美］希提：《阿拉伯通史》上册，马坚译，商务印书馆，1979年，第477—478页。

的艰辛。"流浪汉小说"的主人公、其模式、题材内容，若与赫迈扎尼、哈里里的《玛卡麦集》比较，不难发现它们之间有许多惊人的相似之处，这正是两者渊源关系之所在。最早的"流浪汉小说"是出版于要僾年西班牙的《托梅斯河上的小拉撒路》（*La Vida de La zarillo de Toymesy desus forlunas advsidades*，作者不详，中译本名《小癞子》）。我国60年代初，曾放映过一部西班牙的译制影片，叫《瞎子的领路人》，就是根据这部小说改编的。

"流浪汉小说"在西方叙事文学、小说发展史上占有重要的地位。因此，也可以说，阿拉伯古代文学的"玛卡麦"对西方文学，特别是小说的发展产生过一定的影响。只是因为"玛卡麦"的主要目的不在于讲故事，而在于炫耀文才、文采，在于作"教材"使用，故而它不像《卡里来和笛木乃》特别是《一千零一夜》对西方文学影响那么大。

"玛卡麦"对阿拉伯本民族近现代的文学复兴、现代模式新小说的产生与发展有极大的影响。许多近现代文学复兴运动的先驱都曾用"玛卡麦"的文体写出过颇有影响的作品。如黎巴嫩纳绥夫·雅齐吉（1800—1871）的《两海集》(1856)、艾哈迈德·法里斯·希德雅格（1804—1888）的《法里雅格谈天录》(1855)都用的是"玛卡麦"文体。特别是埃及作家穆罕默德·穆维利希（1868—1930）出版于1906年的《伊萨·本·希沙姆叙事录》，被认为是用"玛卡麦"旧文体表现新的社会内容的重要的尝试，是使阿拉伯文学传统的叙事体迈向具有现代新小说模式的重要的成功的一步，具有承前启后的作用。"玛卡麦"的影响，即使在当代的阿拉伯小说中，如在纳吉布·马哈福兹的《我们街区的孩子们》(1957)、《平民史诗》(1977)、《爱的时代》(1980)中，都不难找到。

在阿拉伯文学史上，新小说与"玛卡麦"的渊源，大约相当于中国现当小说与古典文学的话本、变文、章回小说的渊源关系相似。

（《阿拉伯世界》1994年第4期）

弹冬不拉的民间诗人杰哈翟

众所周知，阿拔斯朝（750—1258）的前期是阿拉伯帝国的鼎盛时代。当时帝国的版图横跨亚非欧三大洲，政治上实行阿拉伯贵族与非阿拉伯贵族的联合统治：最初一个世纪，哈里发重用建立王朝有功的波斯人，哈里发穆耳台绥木（833—842在位）袭位后，又多用突厥人，以抑制波斯人的势力。文化上则是广采博收，兼容并蓄；"杂交""混血"的结果，使孕育于伍麦叶朝的阿拉伯-伊斯兰文化这时达到了登峰造极的地步，足可与中国盛唐文化相匹。

这一时期掌权的统治者，自然已彻底地改变了他们在游牧时代传统的简朴生活方式。他们不仅在军、政体制上照搬波斯的一套，并在文化、物质生活诸方面也处处仿效波斯人：皇宫御苑里亭台楼阁，金碧辉煌，雕梁画栋，极尽富丽；王公贵族常置教法于不顾，整日沉湎于声色犬马之中，竞相奢靡：伴随娈童，进出歌厅舞榭，狂饮纵欲，通宵达旦。但另一方面则是穷苦百姓啼饥号寒，怨声载道，愁云惨雾，哀鸿遍野。

这一时期的诗人已不再像贾希利叶时期和伍麦叶朝时期那样是部族或宗派的代言人，享有颇高的政治地位，而是有的以弄臣、清客、酒友、幕宾的身份，成了宫廷和官府的点缀与装饰，多以华辞丽句为王公贵族歌功颂德，献媚取宠，以求奖赏或俸禄；有的则或因本身家境贫苦，生计窘迫，或因生性耿直狷介，不愿攀附权贵，而同情苦难中的平民百姓，故而通过自己的诗歌，反映下层人民的疾苦和他们的意愿。这些诗人中有许多是民间诗人，他们的诗歌当时多在民间流传，而很少被历代正统的文学史所注意。但正是这些诗往往更能正确地反映出当时贫富悬殊、阶级矛盾尖锐的另一个侧面。

杰哈翟就是阿拔斯朝一位著名的民间诗人。

杰哈翟，原意是眼珠外凸，就是咱们俗称的"金鱼眼"。这个外号据说是那个仅作过一天哈里发就在权势之争中惨遭杀害的著名诗人兼文学评论家的伊本·穆阿台兹（861—908）给起的。这个绰号使我们很容易联想起另一个因具有相似的"尊容"而获取相近的"美称"、也更为著名的百科全书式的大作家贾希兹（775—868）。杰哈翟原名叫艾哈迈德·本·加法尔，原是著名的巴尔马克家族的后裔。巴尔马克家族是祖籍呼罗珊的一个波斯血统的家族，在著名的哈里发哈伦·赖世德（786—809在位）时代曾权倾朝野，显赫一时，后因其权势威胁到哈里发的地位，而被借故削除，从而衰败下来。

杰哈翟能诗善歌，一把冬不拉，伴他走天下，边弹边唱，算是他的绝活。此外，他还擅长烹饪、占星等可谓多才多艺。他曾写有一本专著，为一些弹奏冬不拉的艺人树碑立传，此外还写有一些其他有关技艺的书籍。这个人长相可能不仅是"其貌不扬"，而且简直是有些令人"惨不忍睹"。为此，他同时代的大诗人伊本·鲁米（836—896）曾写有这样的诗句：

哇！好可怜哪，
　　谁若与他相聚一处，
为了耳朵享福，
　　不得不让眼睛受苦……

"为了耳朵享福"，自然是指听他吟诗弹唱，但竟要"让眼睛受苦"，这固然是那位著名的讽刺诗人故作惊人之语，过甚之词，但我们要谈的这位诗人之"丑度"倒也的确由此可想而知了。

杰哈翟大约生于839年，卒于938年，差不多活了整整一个世纪，可算是一位老寿星。诗人晚年境遇颇凄苦。他在一首记述一位旧日相识的女人重见她时不禁愕然的诗中，感慨万分地吟道：

她见我时不禁愕然，
　　我竟骑在一头瘸驴上面，
那驴背上生疮，
　　遍体瘦弱不堪。

过去总是高头大马，
　　每匹都雄壮、矫健，

> 奔跑起来轻盈如飞,
> 　　令人看来如画一般。
>
> 我说：你何必惊奇——
> 　　对我,对这岁月流年,
> 纵然它对我不公,
> 　　使我生计多艰。
>
> 倒是那一群狗,
> 　　应当令你惊叹,
> 用诗歌和冬不拉
> 　　我侍候了他们九十年!

　　从诗中我们不难看出,这位破落贵族出身的老爷子,像当年我国的"八旗子弟"似的,早年确实过过好日子。据说,哈里发穆耳台米德(870—892在位)还宠幸过他,此后,哈里发的宫门便未向他敞开过。哈里发穆克台菲(902—908在位)和穆格台迪尔(908—932在位)的个别大臣的家门虽曾一度向他开放,不过这位诗人一生的大多时日是受到官府冷遇的。因此,他愤慨地把这些权贵称为"用诗歌和冬不拉我侍候了他们九十年"的"一群狗"。王公贵族之所以不喜欢他,一方面是因为他长得丑陋,又不拘小节,衣服总是脏得一塌糊涂,另一方面则因为他信奉什叶派：认为只有先知穆罕默德的堂弟、女婿阿里及其后代这些"圣裔"才有资格袭位掌权,这自然是有些不识时务,难讨阿拔斯朝统治者们的欢心。统治者的冷漠、白眼促使诗人更加坚定地与平民百姓打成一片。据说他每吟唱出一首诗歌,很快便会在首都巴格达传唱开来。

　　诗人在一首诗中为自己画像,说出自己清贫、不幸的生活及其原因：

> 我是这样一个人：
> 　　能救济其乞求的唯有他的宗教,
> 灾祸、苦难和贫穷
> 　　都对他熟悉,是他的至交。
> 我是这样一个人：
> 　　对圣裔的爱使他贫困潦倒；

正义不禁为他垂泪，

　　暴虐、不公则总对他微笑。

不过这位老先生似乎也很达观：觉得清贫生活也有好处，使自己可以免除很多麻烦，少操不少心。于是他不禁带着自嘲的口吻赞美起真主来：

赞美真主！我从没有

　　男奴女婢供我驱唤

我从来没有粮食

　　要找杆秤称称算算；

从没有人对我说过：

　　"你地里的大麦、小麦丰产。"

我既没有奴仆又无财产，

　　只有挺着腰杆忍受灾难。

有的只是一口水，一口饭，

　　身上一件破衣衫……

诗人在另一首诗中也表达了同样的意思：

赞美真主！没有文书围着我转，

　　也没有侍卫在我家门口站。

没有一头驴子可供我骑

　　——一旦我出门要把事办；

没有一件像样的衣衫

　　让我能把身上那件破衣换。

为了缴那催命的房租，

　　急得我哭肿了双眼。

如果有一个朋友登门来访，

　　我只好卖书供他一顿饱餐。

从所引的两首诗中可以看出，诗人既不像拥有自己庄园的财主那样，有男奴女婢前呼后拥，要为地里收获的庄稼操心劳神；也不像当官的那样，身边有文书，门口有警卫，出门有坐骑。"一口水，一口饭，身上一件破衣衫"似乎也可以让人潇洒地活下去,但毕竟还有那让人急得哭肿了眼的催命的房租要缴,来了朋友吃顿饭要靠卖书才能请得起,这日子过得真也够狼狈的了。让人再怎么也难潇洒得起来,简直要斯文扫地了!

说起"斯文",诗人本是书香门第出身,惯于舞文弄墨,诗歌也写得确实是好,如他有两句情诗就写得很够意思:

> 我对她说:
> 　　你醒着时对我吝啬,
> 那在梦乡里
> 　　请对痴情人多加施舍!
> 她对我言:
> 　　你竟变得如此贪婪,
> 闭上了睡眼
> 　　也企望我在梦中与你相见!

不过,诗人觉得自己倒霉就倒霉在"斯文"——钻进书堆里去搞什么文学:又是咬文嚼字,字斟句酌,又是背诵古人的演讲辞,还珍藏着伍麦叶朝大诗人哲利尔(653—733)与法拉兹达格(641—732)的《对驳诗集》。到头来,这一切又有什么用呢?!贫苦、不公使他对自己从事的文学事业产生了怀疑,他气恼地大声呼喊:

> 够了!文学已经让我烦透,
> 　　我看它是倒霉的根由。
> 我不再去咬文嚼字,
> 　　背记的讲演辞也置诸脑后,
> 我把《对驳诗集》送进当铺,
> 　　从今不必再把烦恼寻求。

把贫困、凄苦的生活归罪于文学,这自然是诗人的气话。事实上,凭着诗人的悟性与敏感,他自然知道,王公贵族花天酒地、穷奢极欲,穷苦百姓缺衣少食、一贫如洗,这种不公正是由于当时政治的极端腐败。因此,他同人民大众站在一起,对那些巧取豪夺、敲骨吸髓、残酷地榨取民脂民膏的官老爷们万分憎恶。据说,在哈里发穆格台迪尔时代,诗人的一个朋友去看望他,问他:"你有什么愿望?"

诗人马上答道:"我只有一个愿望,就是让那些大臣们倒霉遭殃!"当朋友告诉他一个名叫伊本·福拉特的大臣确已倒霉遭殃时,诗人竟情不自禁地即席吟诗,表达自己闻讯后的欣喜心情:

比饮陈酒佳酿还要美
　　——那酒在瓶中似金水,
窈窕淑女手中端,
　　秋波送来令人醉。
一些人享乐众人苦,
　　天命灭除此状合公理。

杰哈翟为人机智、诙谐、幽默、风趣,爱开玩笑,爱讽刺挖苦人。不管是平民百姓还是达官贵人,往往都难逃他那伶牙俐齿的讥刺。有一位朋友答应给他找一个女婢,并说女孩长得如何身材苗条,貌若天仙。可是见面一看,全然不是那么回事,女孩是又丑又矮。于是,待那女孩怀抱琵琶唱歌时,我们这位诗人竟这样挖苦人家:

他请我们来欣赏,
　　琵琶后是只屎壳郎,
她站着唱还是坐着唱,
　　高矮反正都是一个样。

他的诗因为大都像民谣一样,被孩子们在街头巷尾广为传唱,所以很多人都怕他,特别是那些身上有毛病,或是做了亏心事的人。阿拉伯人特别看不起那些小气、吝啬的人;也瞧不上那些到别人家作客,也不管主人是否欢迎,是否愿意继续款待他,却长坐不起,长住不去的人。中国人称这种客人是"屁股沉",阿拉伯人更认为这种人不仅脸皮厚,而且让人感到压抑,太"沉重",称之谓"赛鸡肋"(ثقيل)。杰哈翟在形容一个这种人给人的沉重感时说:

像报丧者说死了亲朋,
　　像身负重物停下送行,
像抬着棺材始移动,
　　像一户人家人去室空,

> 像死前的回光返照，
> 　　像痊愈后复发的旧病……

诗人用一连串的比喻和意象，把人们心中对这种人的沉重感表达得淋漓尽致。又如，有一次，诗人的一个朋友逢场作戏要请诗人吃馅饼。诗人当时大概也是饿极了，馅饼似乎又很可口，于是就毫不客气地狼吞虎咽起来，直吃得那位本来就有些小气的朋友对他直翻白眼，还劝他说，吃多了会消化不良，弄不好还会撑死送命，于是诗人反唇相讥道：

> 一位朋友请我吃馅饼，
> 　　我坦然自若吃个不停。
> 我吃得让他感到心痛，
> 　　忙说："慢点，吃多了会要命！"
> 我对他说："我从未听说
> 　　馅饼曾使哪个人丧生！"

诗人有位朋友最爱听他边弹冬不拉边唱歌。诗人一唱起来他就挤到跟前，每唱完一曲他还大声喊好，叫再来一个。可是不知这位仁兄是有意还是无心，竟忘记了我们这位老诗人原是靠这种弹唱演出赚钱糊口的，就像我国旧社会卖唱的艺人，或是西方那种站在广场、路边演奏，帽子放在地上希望人们往里丢钱的乞丐一样。这位朋友只是叫好，就是不伸手赞助，于是诗人无奈地揶揄道：

> 我有一个朋友
> 　　爱听我唱歌，爱靠我跟前，
> 他在这一方面
> 　　可真是极不要脸。
> "好！再来一个！"
> 　　我一唱，他就会大喊。
> 可是只靠叫好，
> 　　到哪儿也买不到白面。

杰哈翟抱着冬不拉，骑着瘸腿的瘦驴到处吟唱，到处引起人们的欢乐和笑声，在当时可谓是一颗亮度不弱的"笑星"，加上他一副丑得惊人的长相，又可算是一颗颇为刺眼的"丑星"。可倒霉的是他生不逢时,而且生的地方也不对头,否则,若在我们当今的中国,像那些又演小品又说相声的"笑星""丑星"们,在给人们带来欢笑之余,也给自己带来了名利双收,成千上万的出场费,既可买汽车,又可买房子,还可以漂洋出国,何至于像他杰哈翟那样穷困潦倒,卖艺行乞,连多吃几个馅饼都要看人家翻白眼,听人家讲怪话呢?唉,可怜的杰哈翟!

(《阿拉伯世界》1995年第1期)

谈慷慨与诗人哈帖姆

说起"慷慨",我们中华民族固然也把它看成是一种美德,但比较起来,绝对没有像阿拉伯民族看得那么重。阿拉伯民族简直是把"慷慨"看成是人类的首要美德。在阿拉伯语辞典上,"慷慨的人"(الكريم)就是"尊贵的人",就是"君子";与此相反,"悭吝的人"(اللئيم),则是"卑鄙的人"就是"小人"。

这种道德观念的差异,大概与两个民族的史地社会背景有关。中国自古以来就以农为本,人们多依靠田园,一家一户,强调自力更生,自给自足,勤俭节约,不太依靠别人的施舍、帮助,因此,对别人是慷慨还是吝啬,并不那么在意。阿拉伯人则不然。最早生活于阿拉伯半岛的阿拉伯人多半过的是逐水草而居的游牧生活,还有不少人以驼队商旅为业。不论是游牧,还是商旅,生活都不安定。加之恶劣的自然条件:沙漠荒凉,干旱缺水,烈日似火,狂风肆虐,野兽出没,人们往往会在荒漠中迷失方向,前不着村,后不着店,举目无亲,也可能一连几日又饥又渴,即使到了有人烟的地方,也不像我们今天这样有饭店、旅馆或招待所之类的地方,可供落脚、吃喝、歇息。试想:一个人在这种情况下,突然遇到人家,受到盛情款待,那该会是一种什么感觉?主人的慷慨简直是雪中送炭,等于救命。相反,若是主人把客人拒之门外,声称概不招待,那又会给人留下什么印象?而且,如果那地方只有这一户人家,再往前走,吉凶难卜,那么,主人的这种悭吝无异于伤天害理,是置人于死地。故此,慷慨或吝啬会成为"君子"或"小人"的同义词也就不难理解了。还有,伊斯兰教创始前的阿拉伯半岛,由于自然条件恶劣,生产方式落后,生产力低下和生活资料匮乏是可想而知的。部族之间争斗不断,劫掠成风的后果,往往会产生不少生活困难的孤儿寡妇。遇到灾年,就会有更多的人啼饥号寒,挣扎在死亡线上。在那样的一个社会,自然没有什么

谈慷慨与诗人哈帖姆

正确的思想引导大家去走共同富裕的道路，也没有政府组织安排去"赈灾、扶贫"，只能靠当时一些仁人君子、贤者义士仗义疏财、博施济众。在那时的条件下，这种救苦救难、匡贫活命的行为和克己为人、助人为乐的精神便很自然地成为人们为之称赞、传颂的最好的义举与美德。因此，阿拉伯文学中无论是赞美活人的"颂诗"（المدح）还是歌颂死人的"悼亡诗"（الرثاء）或者是自我炫耀的"矜夸诗"（الفخر），在颂扬别人或自我标榜时，都免不了大谈"慷慨"美德，把它说成像"大海"，像"及时雨"，像"惠风"，像"荫影"等。

古代阿拉伯人慷慨的典范是哈帖姆·塔伊，以致流传下成语："比哈帖姆还慷慨"（أكرم من حاتم الطائي）。这就像我们中国人把雷锋当成助人为乐的典范，把克己为人做好事的人称"活雷锋"是一个道理。

哈帖姆（حاتم بن عبد الله）是贾希利叶时期人，生年不详，约卒于605年前后，在世约60年。他是塔伊族人。这个部族很大，以致古代的波斯人竟用这个部族的名字指称整个阿拉伯民族，谓之"塔只"（Tazhī）。古代中国人也随波斯人这样称呼阿拉伯人，阴差阳错，阿拉伯在中国的古称就成了"大食"。

哈帖姆小时候父亲就死了，留下颇为可观的遗产。他的母亲安白·宾特·阿菲芙也是塔伊族人，为人乐善好施，非常慷慨大方。她的弟兄们怕她过于大手大脚，把钱用光，孤儿寡母将来要受苦，就把她的钱财整整管了一年，不许她随便花用，想让她尝尝穷苦是个啥滋味，体会财富的好处。可是当弟兄们对她解禁，并把一块钱交由她花用时，正遇到别的部落一个女人向她求乞，她就把那块钱给了那个女丐，并说："我挨过饿，正因为如此，我发誓，别人来向我乞讨什么，我绝不会拒绝！"

也许正是来自母亲的这种基因，加上耳濡目染，受母亲的教导、熏陶，哈帖姆从小便养成了慷慨好客的品德。他大方得有时让人感到是在冒傻气。据说，他小时候住在祖父沙德家，常把吃的东西带出去，如果找到人与他同吃，他便吃，否则就把吃的丢掉。祖父看到他这样大手大脚不会过日子，很不满意，就交给他一群骆驼，让他放牧。有一天，他在荒野遇到3个人前往希赖王国，去见国王努耳曼。他们是阿比德·本·艾卜赖斯、纳比额·祖卜雅尼和毕什尔·本·艾比·哈齐姆。他们都是贾希利叶时期的著名诗人，特别是前两个人，还排在10位《悬诗》诗人之列呢。三位诗人要求哈帖姆款待。哈帖姆在不认识他们的情况下就为他们各宰了一峰骆驼。待到三人报出姓名，他得知他们竟是心仪已久的大诗人时，不禁把那群近300峰的骆驼全分给了他们，并兴高采烈地跑回家对祖父说："这下子我可为你赢得了永恒的光荣！"随之便把自己的所作所为原原本本地告诉了祖父。祖父一听气得要命，便对他说："这样一来，我可不能再跟你过下去了！"哈帖姆却说："我不在意！"并吟诗道：

贫则洁身自好，富则与人共享，
我行我素，岂肯改变自身模样！
我用钱财维护自家的体面，
别无他求，只要品德高尚。
沙德带着亲人离家而去，
剩我孑然一身又有何妨？

贾希利叶时期，回历七月（رجب）又称"聋月"（الشهر الأصم），因为按照规矩，在这个月里，各部族全面停战，听不到刀枪铿锵，也听不到求援呼救声，人们把这个月当成节日庆祝。每到聋月，哈帖姆每天都宰10峰骆驼，招待人们。

游牧的阿拉伯人家中都养狗。人们往往可以根据狗的表现看出主人对客人的态度：吝啬人家的狗往往是狗仗人势，对陌生的来客穷凶极恶地狂吠，而好客人家的狗，由于常见到主人对来客笑脸相迎，就会习惯成自然地不敢同主人唱对台戏，以免得罪客人，让主人不高兴，两头不落好。因此，哈帖姆在诗中谈起自家的狗时，不无骄傲地吟道：

如果说吝啬鬼家的狗总是狂吠猖猖，
穷凶极恶，使异乡的客人不敢靠近，
那么我们家的狗则是一向胆小如鼠，
慷慨使我总是敞开大门，欢迎客人。

阿拉伯人常喜欢聚餐，特别是出门在外，人们要么搭伙做饭，要么把各自带的干粮放在一起，围成一圈，席地而坐，共同动手抓吃。在这种场合，人的某些品质也会显露出来。有些人什么都吃，就是不肯吃亏。哈帖姆很喜欢与人聚餐，但却与众不同。他在诗中吟道：

大家饿了，坐下聚餐，
我缩着手，从不争先。
我宁愿饿着肚皮过夜，

也不肯大腹便便让人褒贬。
膳友若见到我手边食物吃完，
我会为此感到羞惭。
食欲本来就性喜贪得无厌，
若随其便，会遭人骂，丢尽脸面。

哈帖姆娶过两个妻子。头一个妻子叫娜娃尔，她似乎对哈帖姆的那种慷慨不以为然，常为此责备他。他以后又娶了一位也门的公主，叫玛维娅，生有两男一女，哈帖姆在不少的诗歌中，针对妻子对他的行为不理解，而对她们做思想工作：

有时，为了我的慷慨，
夜晚妻子不禁将我责怪，
好像我如此大手大脚，
就是对她的不公、伤害。
责怪我的人啊！须知
慷慨绝不会使我身败，
吝啬也不会使那些
狗肚鸡肠者永世存在。
高尚人的美德
会在世上流芳万代，
哪怕他的尸骨朽烂，
在泥土中深埋。
人的品德是天生的，
想改也无法更改；
谁想要装模作样，
本性总会暴露出来。

他曾在诗中对妻子玛维娅说：

玛维娅！钱财会来又会去，
唯有声名传于世。
玛维娅！一旦有人来求乞，
我不会说：我们钱也不宽裕。

玛维娅！一旦临死快咽气，
人要钱财有何益？
玛维娅！一旦身处荒野地，
没有人烟没饮食，
昔日手敞有何妨？
两手再紧亦无益。

诗中阐释了他的人生哲学，说明了指导他慷慨行为的理论基础：正如人们常说的："钱财这东西，生不带来，死不带去，何必太抠门儿！"

哈帖姆还经常让自己的仆人叶沙尔寒夜在山上燃起篝火，主动地招徕行旅客人上门，并应许仆人，若招来客人，便可获得自由：

燃着篝火吧！夜间很寒冷，
仆人啊！寒风在呼啸悲鸣；
过路人或许看见火光而欢欣，
你若招来客人，便可成为自由人。

哈帖姆的女儿赛法娜生性也像祖母和父亲一样慷慨大方。哈帖姆送她骆驼，她却转送给人们。哈帖姆曾对她说：

孩子！两个慷慨的人如果碰在一起花费，那就会什么财产都剩不下。要么我大方，你抠着点儿，要么我抠着点儿，你大方。

女儿说："我发誓，我绝不小气！"

父亲也说："我也发誓，我绝不小气！"

女儿说："那么咱们别在一起过了！"于是哈帖姆分了一些财产给女儿，两人分开过日子。

哈帖姆的财产终究不是取之不尽用之不竭的。慷慨的结果，他的生活也时有窘迫。但即使是自己饿着肚子，他也要慷慨待客：

向神发誓——一切秘密唯他晓得，
腐烂的白骨他亦能使其复活：
我常饿着肚子而慷慨待客，
免得人家说我小气、吝啬。

我羞于在黑暗中独自吃饭,
而不点火招徕过往旅客。

有关哈帖姆慷慨好客的轶事很多。我们不妨听听他自己在诗中是如何叙述这类事的:

空旷的沙漠,人静夜阑,
忽然传来阵阵呼喊。
那喊声好像绝望的疯癫,
不!那不是疯癫,是在求援。
听到喊声,我忙朝他招呼,
慷慨好客,是我家遗风祖传。
我忙把熊熊篝火点燃,
又放出狗,让犬吠使夜行人听见。
"欢迎,欢迎!你算找对了门。"
我对他说,但没坐下再问长问短。
我忙朝肥壮的驼群走去,
那是我为过往客人专备的美餐。
我走过去,身佩着一柄利剑,
剑尾拖在地,剑带却不抖颤。
群驼望着我,个个惊恐不安,
想护着最好的公驼——膘肥体健。
它那蹄子连同半截小腿被一刀斩断,
好似被人拴上了永解不开的羁绊。
我的父辈教我要这样行事,
而教他传统的则是他的祖先。

据说,哈帖姆的女儿赛法娜曾在伊斯兰教先知穆罕默德面前谈起自己的父亲:
我的父亲一向仗义疏财,慷慨好客,解衣推食,扶危济困,有求必应……
穆罕默德对她说:
姑娘,这正是穆民的品德。你的父亲若是赶上了伊斯兰时代;我们一定会祈求真主怜悯他的。

天方探幽

　　哈帖姆是位文武双全的骑士诗人。他的诗集于 1872 年在伦敦首次出版。其轶闻多散见于阿拉伯古代典籍中。不过，由于他是阿拉伯人推崇的慷慨典型，故其诗歌及有关他的轶闻，有不少也可能是后人附会伪托的。

（《阿拉伯世界》1995 年第 2 期）

穷诗人,穷人的诗人
——艾布·舍迈格迈格

阿拉伯阿拔斯朝最初的大约 100 年(自王朝创建的 750 年起,至哈里发瓦西格统治结束的 847 年止),被公认为是阿拉伯大帝国政治、经济发展的鼎盛时期,也是阿拉伯文学,特别是阿拉伯诗歌的黄金时代。

据历史记载,阿拔斯朝开国的两位哈里发赛法哈(750—754 在位)和曼苏尔(754—775 在位)执政时,还崇尚简朴,生活也还比较严肃。哈里发麦海迪(775—785 在位)继位后,王公贵族开始竞相奢靡,到了哈里发哈伦·赖世德(786—809 在位)和他的儿子艾敏(809—813 在位)、麦蒙(813—833 在位)时代,皇族显贵的声色犬马、穷奢极欲几乎达到无以复加的程度。巴格达皇宫凤阁龙楼,雕梁画栋,俨如玉阙,极尽富丽。有一天,哈伦·赖世德听了一位名叫穆哈里格的歌手的歌唱,非常开心,竟一下子就赏了他一处田庄、一座宅院,外加 3000 第纳尔(金币)。这位哈里发最宠爱的歌星易卜拉欣·摩苏里前后得到的赏金加起来,可超过 20 万第纳尔。哈里发艾敏花起钱来,出手似乎也不比他父亲逊色:一天晚上,他竟因为歌手伊斯哈格·摩苏里歌儿唱得好,一下子就奖赏了他 100 万迪尔汗(银币)。而哈里发麦蒙,据说仅仅一个钟头的时间,他分发给手下的"红包"就达 24 亿迪尔汗。这些哈里发手下的大臣们也争相效法,不甘示弱。据说,825 年,宰相哈桑·本·赛赫尔把自己的千金布兰小姐嫁给哈里发麦蒙时,这位国丈大人分送给参加婚礼者的礼物是一处处田庄或每包 10000 第纳尔或迪尔汗的钱袋;新郎送给新娘的礼物是 1000 颗红宝石;婚礼之夜,龙涎香烛把黑夜照耀得如同白昼;地上铺的是金丝编织成的席子,上面缀满了珍珠与宝石;婚礼上,向新娘头上撒的不是彩纸屑,而是上千颗珍珠……这次婚礼耗费的第纳尔,数以亿计，相当于全国一年的税收。

比起这种排场，这种挥霍，如今我们所见所闻的某些结婚汽车排长龙，婚宴招待上百桌，甚至"富极无聊"到在五星级饭店里相互比着烧大额人民币、美元的款爷、款奶奶们，或是为了摆阔，大慷国家之慨，糟蹋起公款来从不心疼、从不脸红的诸公诸婆们，大概也只能算是小巫见大巫或是见老巫，甘拜下风，自愧不如了。

这种花天酒地、歌舞升平的"太平盛世"不仅记载在史书里，也反映在《一千零一夜》的故事中或当时的很多诗歌里。不过，这仅仅是现实的一方面。因为另一方面，我们也可以从史书古籍中发现，就在王公贵族们纸醉金迷、挥霍无度的同时，大多数的穷苦百姓却在啼饥号寒，朝不虑夕。这正应了杜甫老先生的那两句名诗："朱门酒肉臭，路有冻死骨"。在达官贵人一掷千金，一位歌星一晚上的"出场费"就是一处田庄、一座宅院外加3000第纳尔，或是100万迪尔汗的同时，当年营造巴格达新都的打工仔们每天的工资仅为三分之一迪尔汗！

当时诗人的情况也不一样。有些登龙有术，拍马有方，能巴结上哈里发及其官僚们，为他们歌功颂德，且有缘、有幸得到他们赏识的诗人，自然可以大发其财。如一个名叫赛勒姆·哈希尔的诗人为哈里发哈伦·赖世德写了大量的颂诗，这位哈里发在被拍得舒舒服服之余，先后赏了他20000第纳尔；而哈伦·赖世德的儿子哈里发艾敏仅一天的工夫就赏给了另一个擅长大唱赞歌的名叫阿卜杜拉·本·艾尤布的诗人20万迪尔汗。可是与此同时，也有不少诗人登龙无术，拍马无方，想进宫门或衙门，却是前门进不去，后门找不到；还有的诗人不会唱赞歌，或者不屑于拍马……这类诗人的境况则往往很惨，有时简直是斯文扫地了。他们是穷诗人，也是穷人的诗人。他们往往过着衣不蔽体、食不果腹的生活，却又常常不甘寂寞，三天两头也还要哼出几句诗来，因而，他们的诗往往能活画出黄金时代贫富悬殊中的那个"贫"字来。

如当时一个名叫艾布·法老·沙希的诗人，曾在一首诗中生动地描述了在严寒的冬天，他的孩子们如何又冷又饿的惨状：

> 孩子们像群小蚂蚁，
> 黑黑的小脸像锅底。
> 寒风吹来天气冷，
> 他们无被又无衣。

晡礼过后日落时，
一齐找我来偎依：
有的贴胸，有的靠背，
还有的蜷缩在我怀里。
孩子啼哭我安慰：
且待太阳出来时！
太阳升起我走出去，
孩子们齐靠墙根底，
好像一群甲壳虫，
抱成一团在洞里。

这位诗人还在另一首诗中，不无自嘲地描述了家中一贫如洗的窘困状况：

我把自家门户紧闭，
并非怕人偷我东西，
只是不愿让过路人
见我窘困家徒四壁。
贫穷一向在我家落户，
盗贼进去也反要被窃……

富人中有的怕"露富"，常常"哭穷"，显出一副寒酸相，生怕别人借他的钱，沾他的光；有的则"炫富""摆阔"，向别人炫耀自己的富有，以满足自己那点虚荣心。而穷知识分子则往往怕过分暴露自己那种"穷相"，也要保持一点自尊心，这大概也是这位诗人的尴尬所在。

另一位生活在哈里发艾敏时代名叫艾布·穆海法夫的诗人，当年成天在巴格达走大街穿小巷，为的是向人们乞讨一口大饼以糊口度日。他的很多诗都以大饼为题材，因为在他这一类人眼中，能填饱肚子的大饼无疑就是他们每天朝思暮想、日夜追求的最美好的东西：

不要说宅院如何漂亮，
也别谈野地多么荒凉；
不必提及有钱的酒徒
如何豪饮玉液琼浆；

> 无须描述美丽的丝带
> 怎样缠在小姐们的纤腰上!
> 还是说说一张美味的大饼
> 多么像白天升起的太阳;
> 那可爱的形象
> 又好似十五圆圆的月亮。
> 我写的一首首诗歌,
> 描述大饼最最在行。
> 那是因为我在过去
> 曾为了它而乞讨、流浪……

这一时期这类穷诗人的代表大概应推艾布·舍迈格迈格。艾布·舍迈格迈格(？—约796)在伊本·阿卜迪·拉比(960—940)的《罕世璎珞》一书中,是被归入"有趣的倒霉文人"一类的。因为他在诗中也曾为自己的时蹇命乖叹息过:

> 我欲渡海海变山,
> 海中不见波浪翻。
> 宝石落在我手中,
> 也会变成玻璃片。
> 纵有甘泉甜似蜜,
> 待我喝时苦又咸……

真有点像我们俗话所说:"人倒了霉,喝口凉水都塞牙",倒霉算倒到家了!

诗人生于巴格达,祖籍呼罗珊,家庭出身是伍麦叶族的释奴。他原名叫麦尔旺·本·穆罕默德,"艾布·舍迈格迈格"原本是他的外号,意思是细高个儿的人,就是我们北方人叫"麻秆儿",广东人叫"长子"的那种人。他曾浪游波斯、伊拉克各地,最后定居于巴格达。

据说,此公其貌不仅"不扬",而且简直是丑得有些对不起"观众",舌头又过于尖酸刻薄,讽刺、挖苦起人来是一把好手,如他形容一个吝啬鬼:

> 两手紧似一把锁,
> 钥匙丢了找不着;
> 即使铁匠都难开,

别人更是莫奈何……

他形容一个死乞白赖缠着人，让人讨厌的人，说：

没有谁比此公更讨厌，
像只苍蝇掉进了汤碗……

他写起讽刺诗来，语言尖刻、辛辣，连当时以善写讽刺诗著称的盲诗人白沙尔·本·布尔德（717—784）都怕他，不敢得罪他，更不敢同他对阵交锋，每年还得乖乖地向他"进贡"200个迪尔汗。有一年，白沙尔前去，想免了这200个迪尔汗，那位"麻秆儿"刚叨咕了几句难听的诗，就吓得这位盲诗人赶紧掏出200个迪尔汗，如数奉上，还忙请求："可别让孩子们听到这些话"。还有一次，这位盲诗人前去"进贡"，动作慢了些，那位"麻秆儿"张口就念：

七个胡桃一个无花果，
就能打开城门上的锁，
白沙尔·本·布尔德，
一只瞎公羊在船上坐……

吓得白沙尔赶紧把钱丢给他。否则，他这些顺口溜经孩子们的口马上就会传遍大街小巷，"光脚的不怕穿鞋的"，叫那位颇有名气的瞎子诗人怎么受得了！

艾布·舍迈格迈格家境实在穷，常常是衣不蔽体，难以出门。每逢有人敲门，他都从门缝儿瞧瞧，合意的熟人就放进来，不合意的生人则置之不理。有一天，他的一个爱开玩笑的朋友进门见到他那副赤脚露背的模样，就戏谑地说："艾布·舍迈格迈格，告诉你个好消息，听说有一条圣训：'尘世上赤身裸体的人，到了世界末日就会身着衣衫。'"诗人听后苦笑道："如果真有这么一条圣训，那么我到那一天就该成布商了！"接着他吟诗道：

崇高的安拉，我的真主！
我现在就是处于这种境地：
没有一样东西，人们一旦问起，
我可以说："这是我的！"
我变得如此消瘦、憔悴，
连太阳都照不出我的影子。

> 我是身无分文，一贫如洗，
> 甚至妻小把我吃了都是应该的……

诗人在很多诗中描写了自己贫困潦倒的境况，如他在诗中写到自己睡的床铺：

> 你若是看见我的床——求你可怜，
> 真主知道，床上没有褥子、床单；
> 真主知道，我实在没有东西可垫，
> 只有一张席子，一堆芦草、破烂……

诗人在一首诗中写到，当别人耀武扬威地骑马、坐轿时，自己却只能步行：

> 你们可曾见过何年何日，
> 除了脚，我还有过坐骑？
> 每逢人们喊："备鞍转移！"
> 我能准备好的唯有我的鞋子。
> 我不能丢下那驮鞍兼家当，
> 因此，人们总是见到我和鞋子在一起……

诗人曾以自家为代表，描写了穷人们忍饥挨饿，为了一口大饼而四处奔走，孩子们嗷嗷待哺的惨相：

> 人们四处奔走、求生，
> 家有大饼最为有用。
> 有了大饼又能有肉，
> 保你平安可以活命。
> 可是开斋节就要到了，
> 孩子们仍旧肚子空空。
> 原有一头奶羊死了，
> 连一口奶也喝不成。
> 若是山顶有块大饼，
> 他们也会争先攀登。
> 若有能力，他们准会连跑带跳，
> 可是饿着肚子，又怎能跑得动……

穷诗人，穷人的诗人——艾布·舍迈格迈格

诗人还在一首诗中以幽默、诙谐的笔调，描述了自己家如何穷得连老鼠都因找不到东西吃，只好逃去；到头来，连家中剩下的唯一的一只猫也"晚节不保"，决心不再奉陪，而逃之夭夭了：

> 寒冷封门，我出不去，
> 像狗把狐狸堵在窝里。
> 小小屋子一贫如洗，
> 只有枣核和麸子皮。
> 耗子找不着东西，离开屋子，
> 苍蝇飞出去寻找垃圾。
> 它们在这里一无所获，
> 只好逃走，另找宝地。
> 猫住在这里，不怀好意，
> 它向崇高的真主默祈：
> 让它能找到一只老鼠充饥，
> 半天也未找到，累得把头低。
> 我好言好语将它劝慰：
> "要耐住性子啊，老猫咪！"
> 它说："这地方空空如也像野地，
> 让我如何忍受再待下去？"
> 说罢，它扬长而去，
> 像一个坏酋长被保释出狱……

不过，这位穷诗人看起来并没有被贫穷吓倒，倒很豁达、乐观。在一首诗中，他自嘲地吟道：

> 我在这里那里出现，
> 谁都可以对我避而不见。
> 我的家是空旷的原野，
> 天花板是白云、蓝天。
> 你想进就可以进去，
> 没有房门将你阻拦。

天方探幽

　　因为我找不到一扇大门,
　　能竖立在天地之间;
　　地里也冒不出一块木板,
　　让我借以将自己的家门指点。
　　我不必担心奴隶会生病、逃跑,
　　也不必为牲口操心下雨、天旱。
　　更不必同管家算账,
　　锱铢必较,吹胡子瞪眼。
　　我的岁月就是这样度过,
　　落个清闲,省去了麻烦……

看起来,富人有富人的烦恼,穷人有穷人的潇洒。我们的穷诗人真会穷开心——穷,但仍旧会寻开心!艾布·舍迈格迈格,真棒!

(《阿拉伯世界》1995年第4期)

人民的诗人，革命的诗篇

——试论伊拉克诗人鲁萨菲

阿拉伯自古就以能言善诗著称于世。诗歌是反映他们现实生活的镜子，记载他们历史的文献。诗人在阿拉伯人心目中素来就享有很高的地位，受到人民的尊崇。诗人在斗争中是鼓号手，激励人们去战斗；在日常生活中，又是贤人哲士，启迪人生的真谛。

在阿拉伯近代文学史上，群星闪耀，出现了不少杰出的大诗人，如在埃及被尊为诗王的邵基（1868—1932），尼罗河诗人哈菲兹（1871—1932），两国诗人穆特朗（1872—1949），还有突尼斯诗人沙比（1906—1934），伊拉克另一大诗人宰哈维（1863—1936）等。而在第一流诗人的名单中，伊拉克的大诗人鲁萨菲应是其中的佼佼者。埃及著名的文学家艾·哈·维雅特[①]在评论这一点时说："鲁萨菲是伊拉克最忠诚的喉舌，鼓舞她的战士们为争取独立和民族尊严而战斗，他用他那令人赞叹的直抒胸臆的诗歌表达了伊拉克人民的心声和理想。他同宰哈维、邵基、哈菲兹、穆特朗在一个时代中，是构成纯真的阿拉伯诗歌这只吉他上的弦……"

这只琴上每根弦的音调高低、强弱自然不同，而鲁萨菲不同于其他诗人的地方是他在诗中表现出的强烈的革命性、人民性。他可以当之无愧地被称为革命的诗人，人民的诗人。

---

① 艾·哈·维雅特（1880—1969）曾就学于爱资哈尔并在法国学过法律。曾先后在巴格达大学文学院、埃及美国大学任教。著有《阿拉伯文学简史》《使命的启示》等。

天方探幽

诗人的生平及其所处的时代

鲁萨菲生于1875年。20世纪初,正是动荡、变革的时代,地跨欧亚非,还统治着阿拉伯各地的奥斯曼土耳其帝国逐渐衰落、解体,而对阿拉伯世界觊觎已久,垂涎三尺的西方列强则使用军事、政治、经济、文化等侵略手段,把阿拉伯各地变成他们的殖民地或值半殖民地。特别是第一次世界大战到第二次世界大战结束,帝国主义各国封建统治者相互勾结、沆瀣一气,疯狂掠夺这些地区的财富,吸吮人民的血汗,使人民沦为毫无政治权利的奴隶,处于水深火热之中。哪里有剥削,有压迫,有奴役,哪里就有反抗,有斗争,有革命。仁人志士要求改良,人民要求民主、自由、独立的反帝、反封建的革命斗争此起彼伏,风起云涌。诗人正是在这种风云斗争中渡过他的一生的。

马卢夫·鲁萨菲生于巴格达东郊一个名交盖拉古勒的村镇里。家庭很贫苦。父亲阿卜杜勒·艾尼·迈哈穆德是库尔德族人,在保安队里当警察。诗人谈起自己对父亲的印象时,曾说:"他是个虔诚的教徒,勤做礼拜,常诵《古兰经》。他的脾气很暴躁,生起气来很吓人,打起人来也很狠。"父亲常年在外执勤,父子难得见面,诗人小时候是在外祖父家里跟着母亲长大的。

诗人先是上私塾,背《古兰经选读》,学习读书写字;后转入只有三个年级的小学;毕业后,入相当于中学水平的军校学习,四年级时,因考试未及格而辍学;转随名学者舒克里·艾鲁西[①]学习12年,因而为他驾驭阿拉伯语,写出优秀的诗篇打下了雄厚的文学、语言基础。因家境所迫,鲁萨菲曾进入教育界当小学教员,薪水低得几乎不敷所用;后经考试,以优异成绩被录用为高中阿拉伯语文教员,直至1908年。

诗人未满15岁就开始写诗。在其任教期间,曾在埃及各报刊,特别是《穆艾伊德》(拥护者)报和《文摘》杂志上发表了大量诗歌,名声大振。这些作品在当时阿拉伯文坛上风靡一时,也从此名扬遐迩,不仅在阿拉伯各地,而且远在海外侨居地,鲁萨菲的名字及其诗歌也被人争相传诵。

一个黎巴嫩籍名叫纳欧姆·莱卜基的人曾在他于美洲创办的《风物报》上撰文说:"马卢夫·鲁萨菲是一位阿拉伯大诗人的笔名。他在报刊发表诗歌时假称

---

① 舒克里·艾鲁西(1856—1924)伊拉克名历史学家、语言学家。曾著有《阿拉伯民情观止》三册,获得斯德哥尔摩东方语言学会的奖金与奖章。

是巴格达人,其实并非如此,因为当今伊拉克文学、科学都很落后,又在专制独裁的黑暗统治下,自由的思想家被压制得喘不过气来,在这个国度,绝不可能出现这样的大诗人。他有与传统诗歌迥然不同的奇异美妙的文笔。"

这无疑于是对鲁萨菲的赞美。其诗歌在当时的影响及其在人民心目中的地位由此亦可见一斑了。

诗人出世的第二年,即1876年,奥斯曼帝国迫于压力,颁布了宪法并据此选举出了议会。也就在这一年,被称为"血腥的苏丹"的著名暴君阿卜杜勒·哈米德二世上台,开始他长达30余年(1876—1909)的专制统治。上台不到两年就解散了议会。他实行特务统治,对人民监视、盯梢,对要求改良的有识之士进行迫害。政府各部门贪污腐化成风,导致民不聊生,怨声载道。进步人士在国内外建立了各种秘密的或公开的组织,目的在于消灭专制,争取自由,要求改良,实行宪政、民主。

1908年7月,阿卜杜勒·哈米德二世终于被迫宣布恢复宪法。为了欢庆胜利,土耳其著名诗人陶菲格·费里特作词,黎巴嫩名音乐家瓦迪阿·萨布里谱曲,写出了一首著名的爱国歌曲,鼓舞人民的斗志。鲁萨菲按照阿拉伯诗歌的韵律,成功地翻译了这首歌,随着这首歌的传扬,已经蜚声诗坛的鲁萨菲,作为一个反专制争自由的斗士和诗人,在阿拉伯各地更加闻名了。他因而被选为《巴格达报》阿文版的主编,这是巴格达发行的第一份非官方办的报纸,实际上是统一与进步党巴格达分部的机关报,用阿拉伯和土耳其两种文字同时出版,1908年8月开始发行,每周3期。在此期间,诗人写了《自由的七月》,大胆地抨击暴君阿卜杜勒·哈米德二世,并在诗中公开号召把他赶下台去。路易斯·谢胡神父[①]曾说,宣布宪政后,鲁萨菲是唯一敢于要求废黜阿卜杜勒·哈米德苏丹的诗人。其实,早在宣布恢复宪法前,诗人就在一首题为《癫痫病人的咒符》的诗中,公开提出打倒王权,建立共和国。

这时,以主张改良、实行宪政的统一与进步党为核心的势力与一些以宗教人士为核心的反动、保守势力斗争很激烈。在这一斗争中,鲁萨菲积极支持前者。有一次聚礼日,鲁萨菲与一些朋友闯进清真寺,从台上轰下正在宣经讲道的教长,而登台热情地号召人们要拥护统一与进步党的主张——自由、正义、平等。诗人

---

① 路易斯·谢胡神父(1895—1927)生于土耳其的马尔丁,死于贝鲁特。著名的学者。曾创办《东方》杂志,著有《阿拉伯文苑菁华》《蒙昧时代阿拉伯的基督教及其文学》等。

的这一大胆行动激怒了那些把统一与进步党看成是叛教者的卫道士们，他们以亵渎伊斯兰教的罪名，要求政府拘留了诗人，并要求判他死刑。足见诗人在当时激荡的政治斗争中并不是袖手旁观，而是置身于其漩流中的。

1909年4月，暴君阿卜杜勒·哈米德二世被废黜，并被捕入狱。诗人怀着无比兴奋的心情写下了长诗《伊尔迪兹宫前有感》，痛数了阿卜杜勒·哈米德的罪行。

废黜了阿卜杜勒·哈米德后，奥斯曼帝国的政权实际上掌握在统一与进步党（即青年土耳其党）手里。1912年，由于诗人的声望，又由于他的学生、统一与进步党党魁之一、当时的内政大臣泰勒阿特帕夏的推荐，鲁萨菲被选为议会议员。

恢复宪政，有了宪法和议员，鲁萨菲本以为从此河清海晏，不仅欣喜若狂，但严酷的现实打破了诗人天真的梦想，国库告罄；由于长期忽视水利建设，土地干旱。人民在贫穷、疾病、愚昧中挣扎。统一与进步党上台也无法解决这些问题。他们争权夺利，贪污腐化，宪法成了一纸空文，"自由、正义、平等"成了空洞的口号，这一切使诗人深感失望、痛苦。

在此期间，诗人曾应邀又到伊斯坦布尔任《正途》报主编，并在皇家高等学校和经济学院讲授阿拉伯语和文学史。

第一次世界大战后，西方列强实际上取代了奥斯曼帝国，瓜分了阿拉伯诸国。伊拉克沦于英国帝国主义的统治之下。这时，诗人也写了不少诗，借以表达自己的悲愤心情。

第一次世界大战后，鲁萨菲离开伊斯坦布尔，应邀前往耶路撒冷，在师范学校任教（1918—1921）。

1920年，伊拉克人民举行大规模的武装起义，反对圣勒摩会议决定英帝国主义委任统治伊拉克。英帝国主义镇压了这次起义后，1921年立汉志国王的儿子费萨尔为伊拉克国王，并组织了国务会议。但每个大臣有一个英国顾问，国王和国务会议只不过是受英国操纵的傀儡。

由于鲁萨菲对帝国主义、封建王族和卖国政府所持的一贯立场，他于1921回国后的遭遇是可想而知的。尽管他文才很高，声望很大，却被任命为教育部编译委员会的副主任，而正职却空缺。诗人为了糊口，不得不屈辱地接受这个小职务。

1922年底，诗人不堪屈辱，愤懑地离开伊拉克到贝鲁特，并决心不再回巴格达。但鲁萨菲毕竟是一个爱国忧民的诗人，他无法远离苦难深重的祖国而袖手旁观。因此，当他听说要选举制宪议会时，心中不禁又燃起了希望，而于1923年毅然回国。就在这一年，诗人辞去了他的编译委员会副主任的职务，创办了份《希望报》（仅两个月就停刊了），并参加了制宪议会的竞选。这一年年底，他又被任命为教育部阿拉伯语督学，并在巴格达师范教授阿拉伯语及文学课。

诗人曾一度对制宪议会抱有幻想，但现实再一次使他清醒了。在此期间，他写了大量的诗歌，对英帝国主义者、反动的傀儡政府以及委任统治进行猛烈的抨击。

1930年，为了缓和人民的不满，英国玩弄新的花招，与伊拉克政府签订新的"英伊同盟条约"。条约在形式上承认伊拉克独立，在实际上伊拉克仍然是英国的殖民地。当时作为议员的鲁萨菲不仅写诗抨击这一条约，在议会投票反对这条约，而且还发表了篇言辞强烈的声明，揭露这一条约骗人的实质。

1933年，诗人离开巴格达，同仆人阿卜杜生活在幼发拉底河畔的一座安静的小城–法鲁杰里，在那里，除了写诗外，他还著书立说，写了几部有关文学评论和对某些宗教文化看法的论著。

1941年，在拉希德·阿里·凯拉尼的领导下，发生了反英及其走狗阿卜杜·伊拉王储的武装起义。诗人又满怀希望，兴奋地赶赴巴格达，写诗讴歌起义者，痛斥帝国主义及其走狗。但起义还是被镇压下去了。

诗人的晚年很悲惨。当时物价飞涨，诗人又早已退休，除了自身，还要负担仆人及其9口之家的生活费用，经济拮据到不得不开一个小烟铺卖烟为生。反动当局秘密对各报刊下令，不许发表鲁萨菲的诗歌，连诗人的名字也不许提，企图用这种卑劣的手法使诗人在群众中销声匿迹。

1945年3月16日凌晨，诗人独自一人在他的小屋子里默默地悲惨地逝世。

鲁萨菲诗歌的思想内容
追求真理，反对迷信、愚民政策

通读诗人光辉的诗篇，我们可以清楚地看到，诗人的一生是不断地探索真理，执着地追求真理，热烈地宣扬真理的一生。他提倡普及科学知识，反对愚民政策，反对迷信、愚昧。这实际上是诗人的座右铭，是他的人生准则：

我喜欢光明磊落，言行如一；

> 我讨厌口是心非，沽名钓誉。
> 我不曾为某件事而骗人；
> 也从不曾为向上爬而对别人妒忌。
> 我认为不应当掩饰真理，
> 而让人们受蒙蔽。
>
> ——《我的人生准则》

诗人的这种品格在当时那种社会中是非常难能可贵的。因为翻一下阿拉伯文学史，我们可以发现，无论是古代或近代都有不少诗人，屈服于统治者的淫威、利诱，或为追求个人的功名、私利，去对暴君、权贵歌功颂德，成为御用文人；也有的人胆小怕事，明哲保身，只是去写一些卿卿我我或不关痛痒的应景诗。鲁萨菲是不屑作这种诗人的。他在诗中说道：

> 我不能不顾体面，仰人鼻息，
> 哪怕是让我死去，进入地狱。
> 我宁肯粗茶淡饭，活得尊严，
> 也不愿奴颜媚骨，追求舒坦。
>
> ——《离乡侨居后感》

他不仅自己这样做，而且也大声号召他人要挺胸做人，要追求真理，作时代的闯将：

> 走，要阔步向前，气宇昂然，
> 敢于针砭时弊，不留情面；
> 站，要往高处站，
> 好似高山入云端。
> 要使自己住的地方，
> 让群山都为之景仰。
> 追求真理，奋发图强，
> 莫把危险放在心上。
> 只有无畏的闯将，
> 才能赢得荣光。
>
> ——《致同胞》

人民的诗人，革命的诗篇——试论伊拉克诗人鲁萨菲

鲁萨菲用这种思想作行动的准则，也用这种思想作为他写诗的指导思想：

> 我把真理作为目标，
> 敢于披肝沥胆，畅所欲言。
> 我为自己的诗剥去沽名钓誉的亵衣，
> 只给它穿上清白的衣衫。
> 于是我写的诗明快、流畅，
> 让人听起来像散文一般。
>
> ——《争取思想自由》

他一针见血地指出："诗歌就是要把真理表达，／否则就是满篇废话"（《我们的婚姻自由》）。在这方面，我们可以用诗人自己的一举诗概括他诗歌的内容："真理押韵，构成了我的诗篇。"

鲁萨菲自幼受着传统的宗教教育，又处于封建反动的政权、神权的森严统治下。但在愚昧、迷信的黑暗中，也透进了阳光；当时埃及出版的《文摘》《新月》《火炬》等报刊传播了达尔文的进化论，马克思的社会主义学说，也介绍了西方先进的自然科学成果和社会科学理论。诗人生性聪明，这一切丰富了他的文化知识，开阔了他的眼界，让他去比较，去深思。科学知识与他所受的宗教教育发生了矛盾，引起他对宗教的怀疑：

> 少时曾把教理学，
> 似懂非懂难理解；
> 孟浪青春一朝过，
> 方知教理皆幻觉。
>
> ——《教理》

他在另一首诗中也表达了在科学理论和新发明的冲击下，自己对旧的传统的世俗看法产生怀疑，感到惆怅，希望追求真理，接触疑惑的心情：

> 科学否定了我们的道路，
> 但没指出正路在何处。
> 科学啊，你撕烂了我们的衣服，
> 可能替我们将它缝补？
> 你使我们惊愕，苦恼。

> 我们焦急,你可舒服?
> 有头脑的人已经感到惶惑,
> 科学啊,你可能让我们不再糊涂?
> ——《三思而后的话》

封建统治者把宗教当做工具,欺骗人民,让他们俯首帖耳,循规蹈矩。根据教义,他们把妇女禁锢在家中,又利用宗教经常挑起纷争,从中渔利,巩固他们的统治。鲁萨菲在诗中揭露了他们这种骗子的嘴脸:

> 他们其实早就撕毁了一切宗教的教义,
> 却又用它为自己缝一套沽名钓誉的外衣。
> 他们不过是把宗教当借口,
> 让人们相互为敌,挑起武斗。
> ——《东方妇女》

在这种利用宗教麻醉人民的骗局面前,诗人不肯随波逐流,上当受骗:

> 有人念念有词,用祈祷禳灾去病,
> 我却认为那没有什么用。
> 有人礼拜、把斋图得好报,
> 我可不同他们搞那一套。
> 有人认为勤做礼拜功德无限,
> 我却觉得大谬不然。
> ——《我的人生准则》

但在传统的宗教教育与科学真理的矛盾面前,诗人有时陷入"不可知论"的迷惘中。如在《来自何处,去向何方》《葬后是什么?》等诗中就突出地表现了他的这种自然观,他有时又用朴素的辩证唯物主义和历史唯物主义观点,公开向宗教挑战:

> 我不认为宗教的兴起,
> 是先知圣人降下的天启。
> 有些人足智多谋,
> 宗教不过是他们发明的产物。

人民的诗人，革命的诗篇——试论伊拉克诗人鲁萨菲

> 我不相信那些胡言乱语，
> 说什么灵魂会向苍天升去，
> 因为地球是在太空游动，
> 而苍天不过就是这太空。
> 我不认为世上的东西，
> 会完全消逝匿迹，
> 他们不过是或聚或散，
> 存在形式发生改变。
>
> ——《我的人生准则》

据说诗人的《评论集》一书出版后，曾引起轩然大波，宗教界的卫道士们再次指责鲁萨萨菲是叛教，是伪信，说他是要破坏宗教（特别是伊斯兰教）的支柱，要求政府当局把鲁萨菲驱逐出境，把《论文集》全部收集起来烧毁，"以免使伊拉克良家子弟头脑中毒"。这类事可以从另一个角度让我们清楚地看到诗人在追求真理，宣扬真理，反对愚民、迷信的行动中曾遭受多么大的压力和阻力，又产生了多么强烈的影响。

奥斯曼帝国的土耳其苏丹为了巩固其罪恶统治，在阿拉伯地区实行了极其恶毒的愚民政策，强制使用土耳其语，企图人为地消灭阿拉伯语。那时，学校很少（只有大城市的清真寺中有少数初级宗教学校），据说当时教员的薪水只及看门人的五分之二，在伊拉克，全国受教育者只有千分之五。阿拉伯的教育、文化受到严重摧残。

要唤醒人民，要改革这个社会，就必须指出愚昧的恶果，必须普及教育和科学。鲁萨菲在他的许多诗中都反复阐述了这一观点：

> 一个国家如果被愚昧统治，
> 在那里，雄狮也会变成猴子。
>
> ——《我们与往昔》

> 万物之主让知识引人向上，
> 知识是国家的缰绳，使它兴起；
> 愚昧必然导致腐朽，
> 使人们败坏而销声匿迹。

光明与黑暗岂能并论相提?

——《致青年》

他片面地认为,西方的富强在于科学先进,文化发达。因此,他在诗中写出了:

现世纪是最先进的时代,
刀枪要向笔杆投降。
你若想达到理想的境界,
就要掬起知识的海水,饮个欢畅。
丰功伟绩存在书中,
如同珍珠藏在贝壳里一样。
他号召人民,特别是青年,用科学知识武装自己,奋发图强:
用知识而不是用枪剑武装自己,
因为知识就是这个时代的武器。
没有它,尊严无法获取。
有了它,才会有合理、正义。

——《致青年》

在封建社会或殖民地、半殖民地中,中外许多仁人志士由于他们思想的局限性,都企图走"科学救国""教育救国"的道路。这在当时的条件下,无疑是一种进步的思想。鲁萨菲在诗中也正是反映了这种思想。这种思想自然带有片面性,事实证明,这条路也是走不通的。

反对守旧,要求变革

除了宗教迷信、愚昧无知,当时不少人头脑中还存在着迷恋过去,满足现状,不求进步,宁愿过那种苟延残喘的生活,也不愿对现实进行变革的思想。这也是进行社会改革,进行革命的思想障碍。鲁萨菲在他的诗篇中指出,让不能静止、僵化、满足现状。他主张发展、变革,号召人们奋起追求永恒的光荣:

不要患静止之症,
而变得同石头一样僵硬;
要努力作一个高尚的人,

行止正直，还要有所变通。
如果生活刻板、单调，
总是一副冰冷的面孔，
如果人们从不想人生有所变更，
从不追求永恒的光荣，
这样的生活如同畜生，
只不过是苟且偷生。
不应该这样度过一生：
像泥沼的水，停滞不动，
只有一呼一吸，
证明他有生命，
心安理得，得过且过，
让愚昧无知蒙住眼睛。
这样的人就是行尸走肉，
哪怕他坐在众人之中。

——《行尸走肉与永垂不朽》

有些人不仅满足于现状，而且迷恋过去，以夸耀祖先为荣。对于这种人，诗人表明了自己的态度：

有人只对往昔留恋，
我却不赞同向后看。

——《我的人生准则》

他在《我们与往昔》一诗中反复强调，"如果不去创建新功，光夸耀祖先又有何用？"向人们指出：

放眼未来，努力向前，
理想、心愿才会实现。
往昔不必多回顾，
立志向前迈大步！
世上最糟糕的就是那些没出息的可怜虫，
你如果同他们相比，他们就搬出了祖宗。

> 最好的人是有着高贵的祖先，
> 自己又把新的功绩创建。
> 这样的人如果在人们面前骄傲、自豪，
> 我们也可以证明，他确有功劳。

诗人一再号召人们勇往直前，创立新的功绩，追求永恒的光荣，其用意就是要人们发扬阿拉伯人祖先的光荣传统，去改革乃至推翻那不合理的社会制度，去革命。在这方面，他寄希望于青年一代：

> 说起伊拉克，那我的希望
> 寄托在她的莽林雄狮上。
> 当我看到青年一代，
> 就不再绝望，而是信心满怀。
>
> ——《致同胞》

> 啊，祖国的青年！
> 若非你们，甘露我都难咽。
> 我看到了你们，
> 好似在黑暗中看到了希望的星光闪闪。
>
> 啊，祖国的青年，起来奋战！
> 祖国将由于你们而露出笑脸。
> 不是阔步向前，气宇轩然，
> 就是把尸衣穿！
>
> ——《致青年》

主张妇女解放，男女平等

值得注意的是，鲁萨菲诗歌中有很大部分是为妇女的苦难与不幸鸣不平，为争取她们的自由解放而呼吁、呐喊的。这是因为在当时的伊斯兰或阿拉伯世界中，妇女所受的苦难是最深重的。她们社会地位低下，在买卖婚姻中被当做商品，婚后则成为男人的玩偶或者泄欲的工具；平时要深居闺阁，不能抛头露面，即使出门,也要蒙头遮面。回想一下,我们可以发现,近代阿拉伯世界一切主张社会改革的仁人志士大都首先提出妇女解放的问题。如埃及作家卡西姆·艾敏(1908—1965)就先后写过《妇女的解放》《新女性》等论文集,提倡维护女权,解放妇女。作家穆·海卡尔(1888—1956)在他的长篇小说《泽娜布》中,侨民名作家纪伯伦(1883—1931)和努埃曼(1889—1988)在他们的中篇和短篇小说中,也多以妇女解放问题为题材。鲁萨菲作为一个目光犀利、思想敏锐的进步诗人,很自然地站出来为妇女说话了。他写下了《东方妇女》《我们的妇女》《我们的"婚姻自由"》《穆斯林妇女》《弃妇》《致主张遮面派》《我们妇女的屈辱》等诗篇,向封建保守势力宣战:

> 他们蔑视妇女的权利,
> 而把她们囚禁在家里。
> 他们强迫她们戴上面罩,
> 抛头露面就是大逆不道。
> 妇女不过是他们商品、玩物,
> 纵然她们未必是买进卖出。
>
> ——《东方妇女》

针对当时的买卖婚姻,诗人怀着深切的同情,替可怜的姑娘们控诉:

> 姑娘,他们欺负你呀,由于愚蠢,
> 竟强迫你同一个糟老头子结婚。
> 他们不过是贪图他的财富,
> 这种贪婪连艾什阿伯[①]都自愧不如。
>
> ——《我们的"婚姻自由"》

他主张男女双方应在相互了解、相亲相爱的基础上,实行婚姻自由,反对包办婚姻、买卖婚姻:

> 尊贵的姑娘婚姻要自由,
> 自由人岂肯让人牵着鼻子走。
> 姑娘的心岂能靠钱买,

---

① 传说是阿拉伯古代最贪婪的人。

> 只有爱情才能赢得来
> 女人的心岂能当货物，
> 情窦未开就卖出。
> 结婚就是相爱相亲，
> 没有爱情岂能顺心。
> 美丽的少女，爱情就是聘金，
> 爱情的结合是最美满的婚姻。
> 好女子是少要钱财，
> 而给爱人更多的爱。
> 既不相识又无爱情的婚姻，
> 还不如去当出家人。
>
> ——《我们的"婚姻自由"》

诗人没有局限于就事论事，把妇女、婚姻问题看成是个人问题，而把它认为是一个重大的社会问题、政治问题。他揭露出一些男子对西方列强卑躬屈膝，而对本民族的妇女却耀武扬威的可耻嘴脸，指出应尊重妇女，男女平等，振兴民族，共同向帝国主义者进行斗争：

> 喂，人们！你们若想生存，
> 就去同别的民族竞争、厮拼！
> 难道没有妇女，你们就会幸福？
> 难道没有青天，大地会有富足？
>
> ——《东方妇女》

> 东方人可知道？
> 他们的生活会提高：
> 如果他们不再欺压妇女，
> 而让她们有权受教育。
> 除非妇女好似男人一样，
> 否则东方不会富强。
> 如果妇女落后，而男子先进，
> 那不过是撒谎、骗人。

如果一个人半身不遂，
他又如何能昂首而立。
世上诸事无不相辅相成，
不协调合理，如何能与日长存。

——《我们的"婚姻自由"》

把妇女解放、男女平等的问题提高到事关民族解放、国家富强这样的高度去认识，这在当时那种黑暗、愚昧，政权、神权与夫权占统治地位的社会中，是难能可贵的真知灼见，这无异于是对反动势力的挑战。诗人有关妇女解放的富有战斗性的诗篇在当时是很有进步意义的，它在要求社会改革、号召人民起来革命的斗争中，起到了应有的作用。

酷爱自由，为自由而歌

诗人酷爱自由。他在许多诗中都反复吟咏了自己对自由的渴望。在《争取思想自由》一诗中，他吟道：

啊，自由！我把你当做我的正向，
每天向你礼拜十遍。
我把这当做我的功课，
我把它当做玄石放进我的心田。

穆斯林把麦加看作圣地；把那儿天房的"玄石"看成是真主的象征；教法规定，每天要朝天房的方向做五次礼拜，有条件者应在一生中去麦加朝觐一次，亲吻那里的玄石；朝向麦加的方向称之为"正向"，五次礼拜与朝觐都是穆斯林应做的功课。因此，我们可以看出，诗人对"自由"的信仰和崇拜是至高无上的。他在这首诗中还写道：

如果说人们在这片国土上有什么目的，
那么，思想自由就是他们最大的意愿。
一个青年如果在祖国不能自由生活，
那你就称这青年为死人，他的祖国是墓园。

诗人在《夜莺之歌》一诗中，把自己比成向往自由的夜莺，大声地向人们表达了自己的心愿：

> 喂，人们！我生来自由自在，
> 只愿在空中飞翔，徘徊。
> 你们如果要得到我的安慰，
> 千万别把我监禁在房间里。
> 你们若要听我唱歌，
> 那就放开我，放开我！

他另一首诗中，把自由比作人人追求的妙龄少女：

> 生存自由宛如妙龄少女，
> 每人都希望到她跟前。
> 她头上的光环驱散了生活的黑暗，
> 她在哪里引动粉颈，那里就有尊严。
> 一些人已经走到她跟前，
> 另一些人追随在后，死也要博得她青睐顾盼。
> 我们好似得了相思病，
> 一心只将她思念。
> 如果她来看望我们一下，
> 一切病痛、愁苦都会烟消云散。
>
> ——《唤醒沉睡者》

但当时在监狱、墓园般的祖国，哪里会有追求真理者的自由！在群鸦聒噪的地方，岂容酷爱自由的夜莺栖身？因此，我们看到诗人一生道路崎岖坎坷，经常背井离乡，颠沛流离，侨居异乡。他曾悲愤地叹道：

> 祖国啊，我对她亲近，她对我疏远，
> 灾患啊，接踵而来，对我加以磨难。
> 我是底格里斯河的子孙，我的诗以它闻名，
> 但它的河水却不肯哺育我，让我饮用。
>
> ——《离乡侨居后感》

但值得注意的是，诗人在他的诗篇中，往往不是为个人的不平遭遇而悲叹、

诉怨，而是为灾难深重的祖国人民忧心似焚，哀其不幸，怒其不争：

> 这样的国家，我们岂能心甘？
> 外国旗子挂在我们的家园。
> 从此我们穷得可怜，
> 竟要靠人赐舍、恩典，
> 印度人竟可以对我们发号施令，
> 而我们本国人却无势无权。
> ——《我们在伊拉克的处境》

> 啊，阿拉伯的子弟，这是一场什么梦？
> 长夜漫漫何时醒？
> 你们中有谁会除暴安良，
> 又有谁为国尽忠？
> 我的言词像炭火吐出口，
> 我的责备难道还不能将你们刺痛？
> 那是发自我肺腑的火焰，
> 是我忧国忧民的心血化成烈火熊熊，
> 若非泪如泉涌，
> 我早已焚身于哀伤的烈火中。
> ——《致青年》

诗人追求的绝非只是自身的自由、个性的解放，而是通过他的诗篇、呐喊，在为争取人民自由、民族解放而斗争。他在《真理与武力》一诗中，就曾向祖国发誓，表达了为祖国的自由而献身的信念：

> 为了你的自由，我们愿将生命贡献，
> 为了你的自由，我们愿竭尽薄绵。
> 我们将组成一支大军，
> 为你复仇、雪恨、申冤，
> 这大军比铁硬，似钢坚，
> 长夜漫漫，充满灾难，

自由的曙光必将出现。

深刻揭露了阶级矛盾

鲁萨菲所处的时代，阶级压迫非常残酷，阶级矛盾非常尖锐。诗人出生于一个贫苦的家庭，青年时期又是薪水微薄的小教员，他周围接触的也大多是贫苦无告的下层百姓。耳闻目睹的一切使他在早年就写下了许多反映贫苦人民，特别是那些病、寡、孤、独者凄惨生活的悲剧。这些叙事而又抒情的长诗极其感人，往往催人泪下。在这方面，诗人自己曾说过："当时，一些苦难的景象是催我提笔写诗最强烈的动因"。

当时，诗人有一个患有严重风湿性关节炎的穷邻居，由他的姐姐护理。夏夜，伊拉克人习惯睡在屋顶上，每当夜临，病人呻吟不绝，使得诗人夜不能寐。正是这件事启发诗人写下了著名的长诗《贫病交迫》。诗中写到，夜阑人静，传来病人的呻唤和哭诉。病人叫白士拉，和一个未出嫁的姐姐法蒂玛相依为命。他终日为生活奔波，得了严重的关节炎。

> 他得了病，又不能赚钱糊口，
> 苦中添苦，愁上加愁，
> 使他一天更比一天瘦。
> 他一时因穷怨病，
> 一时又因病怨穷，
> 贫病交迫，使他痛哭失声。
> 腹中饥饿似火烧，
> 他想要一块面包。
> 姐姐深夜冒着雷雨到邻居家告借，回来时
> 他只有一丝气息奄奄，
> 然后死神又把这一丝气息掐断。

两年后，作者正在广场上散步，徘徊，眼前突然见到一口棺材。死的正是白士拉的姐姐法蒂玛。原来：

> 弟弟死后，她度日如年，

> 心已碎，泪不干，
> 同她的弟弟一样，
> 一场心病，一命归天。

在一次开斋节中，诗人了解到一个贫苦的寡妇和她膝下孤儿的生活情况，于是写下了又一首著名长诗——《节日的孤儿》：

> 节日的清晨，到处是欢乐的声浪，
> 鼓乐齐鸣，人们手舞足蹈、如痴如狂。
> 但一个孩子却郁郁寡欢，满腹忧伤；
> 寒风刺骨，孩子瑟瑟发抖，站在一旁；
> 别的孩子都是节日盛装，
> 他在寒风中却没有一件像样的衣裳。

后来诗人终于打听到孩子的身世：

> 孩子的母亲叫赛勒玛，早先养家糊口的人并不少，
> 但贫病灾患却使他们相继死亡，
> 随之命运又夺走了她的丈夫，撇下一个吃奶孩子在她身旁，
> 他的弟弟负责将她儿子赛阿德抚养，
> 但眼看就要羽翼丰满，长硬了翅膀，
> 蛮横无理的老天却偏要对这孤儿雪上加霜，
> 不知为了一件什么事，他舅舅得罪了警察局长，
> 于是，就把他投进监狱，还对他捏造了一篇罪状。

诗人一位朋友的父亲是警察，他有一天带着诗人参观了巴格达监狱。这次参观的印象启发诗人写下了长诗《巴格达监狱》，让我们看到了狱中一幅幅惨绝人寰的画面：

> 那不是什么监狱，
> 那里的磨难会使人剥掉一层皮；
> 那里充满了苦难和不幸，
> 好人蒙冤受罪，歹徒横行逞凶；
> 那里肮脏不堪，臭气熏天，

>是一片活人的墓园，
>上千的生命活埋在里面；
>囚徒们身被桎梏禁锢，
>还要受种种侮辱，
>有时把他们从那些"坟墓"中硬撑出来，
>到空场上让烈日烤晒……

写这类悲剧的诗篇还有《孤儿寡母》《被骗的孤儿》《哺乳的寡母》等。

诗人不只是客观地、消极地去描述这些悲剧，而是在有力地揭露社会的黑暗与不平的同时，把矛头直接指向那些造成这种悲剧的统治者、压迫者、剥削者，指向罪恶的社会制度。他在《贫病交迫》一诗的最后写道：

>富人啊，富人！
>你们暴殄天物，麻木不仁。
>你们喝完琼浆玉液，吃过珍馐美馔，
>然后肚皮朝天，睡得坦然，
>可是与此同时，
>多少穷人啼饥号寒，彻夜难眠。
>你们纸醉金迷，寻欢作乐，
>灯红酒绿，过着淫荡的生活，
>而对穷人却一毛不拔，
>如此吝啬。
>富人啊，富人！
>你们可要留神，
>要知道，终有一天
>你们也会倒运！

在《节日的孤儿》中，诗人以强烈对比的方法，层层揭露了富人欢乐穷人愁的严酷现实，最后大声地对人们说：

>不要只是感慨嗟伤，
>耻辱已经落在你们头上。
>不要只靠祈祷，

现实令人憎恶得难以想象。
我们怎能甘心接受这不平,
怎能对那些恶霸屈服而不反抗。
我们喝了一肚子屈辱的苦水,
却不叫苦,一声不响。
即使是驴子喝下我们这样的屈辱,
也会呕吐得倒肚翻肠。
起来!誓为尊严而斗争,
让那些恶霸跪倒在地上!
写吧!写下为这崇高事业而战的契约,
我拼死也要把自己的名字签上!

在《巴格达监狱》一诗的最后,诗人也向民众发出号召:

奋起,奋起啊,民众!
创建你们永恒的光荣!
人家已经跑到我们前面,
不过我们落得并不太远,
只是暴虐、不义阻碍了我们的进程,
用高山、深坑使我们欲进不能。

因此,我们可以看到,诗人不只是一个人道主义者,而且是一个揭示了阶级矛盾,并号召推翻这一不合理制度的革命者。

矛头直指封建王朝统治者

在封建社会中,帝王及封建王室正是剥削阶级的代表,是反动势力的核心。因此,鲁萨菲犀利的笔锋首先就指向了这些反动政权的最高统治者。他在一首题为《人们与帝王》的短诗中,一针见血地指出了人民与帝王之间的关系,揭示了帝王虚弱的本质:

世上的人们
　　真令我奇怪,

天方探幽

> 同帝王的关系
> 　　可真让人费解难猜。
> 帝王就好似
> 　　泥塑的神胎,
> 人们亲手雕塑了它们,
> 　　又对它们顶礼膜拜。

作者挑明这种关系,无异于号召人们站起来推翻他们亲手雕塑的这些神胎。

在《王族》一诗中,诗人从多方面更加详细地说明以王族为代表的封建统治阶级是何等穷奢极欲,欺压、剥削黎民百姓,把他们的幸福建立在人民的痛苦上:

> 他们男男女女成百上千,
> 住着华丽高大的宫殿,
> 手下男奴女婢听凭驱唤,
> 荣华富贵,显赫威严。
> 他们靠黎民百姓供养,
> 尘世的劳碌他们不管。
> 他们如生活在天堂、乐园,
> 这安乐却使劳苦人民泪水不断。
> 人们辛劳,供他们珍馐美馔,
> 自己却缺少糠粥往肚子里咽。
> 好像为了皇亲国戚的安乐,
> 人们就该受苦受难;
> 又好像为了王公贵族享福,
> 真主才创造了人们,同机器一般。

可是这些王公贵族究竟高贵在什么地方,使他们有权这样养尊处优地把人民当奴隶、机器使唤呢?诗人再次揭露了他们金玉其外,败絮其中的本质:

> 若说他们同黎民百姓有何不同点,
> 那就是他们全都是傻瓜、笨蛋。
> 如果人们用筛子筛一下,
> 那他们就是糟粕和废物留在上面。

人民的诗人,革命的诗篇——试论伊拉克诗人鲁萨菲

如果愚蠢可以画下来,
那他们在人间就是愚蠢的体现。

他在《癫痫病人咒符》一诗中,更对暴君阿卜杜勒·哈米德及其政府官场的黑暗做了深刻的揭露:

他侈谈正义,空话连篇,
实际上却毫无公道可言,
他的官职可以买卖,
于是最愚蠢的富翁也可以当官。
行贿成风风不断,
以求官职稳如山。
卖官鬻爵真荒唐,
市场官场一个样。
独断专行把权掌,
良言谏诤弃耳旁。
好似高楼建在沙滩上,
这样的政权岂能久长?

诗人认清了这些帝王、暴君、反动统治阶级实质,因此,他曾庄重地发誓:

我发誓,并请岁月作证,
我绝不屈服于暴君的暴行;
我不同骗子做朋友,哪怕他是帝王,
我也不同魔鬼的兄弟来往。

——《离乡侨居后感》

看到人民在封建王公贵族黑暗统治下过着牛马不如的生活,忧国忧民的诗人用振聋发聩发自肺腑的声音向他们呼喊:

啊,沉睡的民族,快快惊醒!
起来看看那些国王干的都是什么事情。
难道真主能让他们这样胡行,
他们的做法哪点符合《古兰经》?

> 啊，同胞们！看看人家，比比自己，
> 难道我们就甘心这样卑贱地活下去。
> 快！不能再这样麻木，
> 否则连顽石都不如。
> ……
> 他们把我们引向了一条死路，
> 让我们受尽了折磨，吃尽了苦，
> 我们被他们踩在脚下，
> 对他们却像老鼠见猫一样害怕。
> 人总有一死，即使不在眼下，
> 那么是杀是剐，又何须怕它？
>
> ——《癫痫病人的咒符》

那么对这些暴君、反动的封建统治者该怎么办呢？诗人在他的许多诗篇中，用最明确的语言大胆地回答了这个问题：

> 谁若横行霸道，暴戾恣睢，
> 我们就起来打倒谁。
> 如果我们起来战斗，
> 大地就充满了我们雄狮般的怒吼。
> 如果帝王为非作歹，
> 我们就把他乖乖地捆起来。
> 对于那些暴君、恶棍来说，
> 造就我们的不是泥土而是地狱的火！
>
> ——《伊尔迪兹宫前有感》

这显然完全是一副革命的姿态。

1909年为庆祝暴君阿卜杜勒·哈米德垮台而写的《伊尔迪兹宫前有感》这首长诗，不愧是一篇向世界反动暴君宣战的檄文。诗人在痛数了阿卜杜勒·哈米德的罪行，描述了其可耻的下场后，转而大声警告全世界的反动统治者们：

> 普天下的帝王啊，
> 何不以那些暴君为鉴！

阿卜杜勒·哈米德何止一个，
他有多少同类伙伴！
让人们自由吧！
否则你们自己会戴上锁链。
你们专横、暴虐，
到头来桩桩罪行都要彻底清算！

从中我们可以看出，诗人并不把帝王的反动统治、专制压迫看成是一个人一个国家的个别现象，而是在全世界普遍存在的现象。他们的罪行、压迫必将激起人们的反抗而最终被人民彻底清算、打倒，扫进历史的垃圾堆里去。诗人清楚明显地指出了这一点，无数的事实也证明了这一历史发展规律。

揭露了阶级剥削、阶级压迫的实质

诗人不仅揭露了当时的阶级矛盾、阶级压迫的种种不合理现象，而且进一步揭示了这种种现象的根源都是出自剥削这一真理。

诗人在他著名的长诗《致工人》中，就首先指出了"劳动创造世界"这一伟大的真理：

国家的一切财富
都是劳动的产物。
我们在社会上能生活好，
全都是由于工人的功劳。

他继而谈到了资本与劳动的关系，指出资本不过是督促人们劳动、创造财富的手段：

资本不过是让人们努力的一种手段，
就像一条绳索把羊牵。
绳索紧紧拴着羊，
金钱督促人们忙。
人们若是不想劳动，
试问金钱又有何用？

难道它能代替饭菜？
难道它能代替穿戴？

但是真正创造出社会财富的劳动人民却不能享受自己的劳动成果，而少数剥削阶级却不劳而获，坐享其成。诗人在同一首诗中愤怒地指出了这一极不合理的现象：

如今在我们的生活中，
有一条规律真荒唐透顶，
穷人疲于奔命，
富人坐享其成。
君不见有钱人过得舒舒服服，
还不是穷苦人的双手为他造福。
君不见潜水员在海里劳碌，
却是为别人采取珍珠；
君不见穷人处处当奴隶，
有钱人个个成权贵。
大多数人在埋头苦干，
一小撮人坐享在皇宫深院。
一个享乐在天堂，
千人受苦且遭殃。

诗人在另一首诗中，更明显地指出了这种少数人剥削大多数人，成了富翁贵族，反过来又进一步剥削、压迫大多数人的阶级剥削和阶级压迫的实质：

我看每个穷人都是雇工，
在为富人出力、卖命。
富人只给穷人九牛一毛，
他们富足的大厦却是穷人建造。
他们由于欺压穷人才变得富贵，
反过来却不把穷人放在眼里。

——《生存斗争》

人民的诗人，革命的诗篇——试论伊拉克诗人鲁萨菲

诗人对阶级矛盾、阶级剥削、阶级压迫的实质的这些认识，一方面固然是耳闻目睹的社会客观现实对他的教育，另一方面不能不说如前所属的马克思主义学说在当时的传播，也使诗人思想意识受到了极大的影响，这也表现在他的诗歌中。如在《王族》一诗中，他在指出以王族为代表的统治阶级残酷地压迫广大劳动人民，盘剥他们的劳动成果，置他们于水深火热而不顾这种种不合理的现象后指出：

> 这种情况让人感到恶心，
> 真理为之打颤。
> 对他们来说，这是肮脏可耻，
> 对我们来说，是愚弄、欺骗。
> 社会主义学说
> 绝不允许这种事情出现。

在《致工人》一诗中，诗人也指出：

> 有关财产的问题，
> 社会主义才是真理。

在当时反动的政权与神权统治的半殖民地、半封建的社会中，能这样明显地赞扬社会主义，向往社会主义，的确是非常难能可贵的。诗人在《致工人》一诗的末尾，公开向工人号召：

> 工人们团结，团结！
> 一切困难都能迎刃而解。
> 你们在生活中多灾多难，
> 要幸福只能靠抱成一团。
> 如果我说你们就是人们的全体，
> 那我绝非过甚其词。
> 你们要勤奋努力，
> 等着吧！黑夜过后就是胜利。
> 然后跟我高声喊：
> 工人集团万万岁！

这使我们不禁想起了《共产党宣言》中的那句名言："全世界无产者联合

起来！"在当时诗人所处的伊拉克那个社会，能在诗中大喊"工人集团万万岁"，的确是需要非同小可的勇气，并具有不同寻常的真知灼见。诗人无异于是在号召，让工人阶级团结起来，推翻这个剥削制度，打倒剥削阶级，为建立代表着真理与正义的社会主义而斗争。作者的这一思想，我们可以从他们的遗著《穆罕默德的人性》[①]一书书稿中得印证。他在书稿中批评了人们的迷信、盲从，相信天命的习性，指出："如果他们知道他们苦难和不幸的根源正是他们的现行社会政治制度的腐败，那么，他们就不会听天由命，坐待来世这种制度的清除了。而会奋力改革这一制度，不许暴君歹徒为非作歹，使贫苦、不幸的人们从贫苦与不幸中解放出来，把生活资料按照人们的才能和需要，公平地分给他们。"

从这段话中，我们可以清楚地看出，诗人正是要推翻当时那种人剥削人、人压迫人的社会制度，向往建立那种各尽所能，按劳或按需分配的社会主义——共产主义。

反对帝国主义，向往社会主义

当西方帝国主义取代奥斯曼帝国，用各种形式把阿拉伯各国变成他们的殖民地、半殖民地时，鲁萨菲便把斗争的锋芒直接指向帝国主义，大胆地揭露他们丑恶的嘴脸，如他在《真理与武力》一诗中写道：

> 我们曾听过多少西方政客大放厥词，
> 发一通惹真理嘲笑的谬误、谎言。
> 他们不准将俘虏当奴隶，
> 自己却把一些民族当奴隶驱唤。
> 君不见伊拉克就是这样一个民族，
> 一副桎梏紧扣在她颈子上面。
> 他们用剑为人们划了一条界限，
> 在这里没有温情，只有凶残。
> 他们用侵略的杯子，

---

① 又称《解神圣的谜》，是诗人一本有关伊斯兰教创始人穆罕默德生平的书稿。开始构思于1929年，于1933年—1941年在法鲁杰居住时写完。由于种种原因，这一重要书稿一直未出版。此处引文转引自伊拉克《新文化》月刊1959年第8期。

将屈辱的鸩酒硬往人们嘴里灌。

在诗人写的抨击帝国主义、殖民主义的诗篇中,最著名、最深刻的莫过于《帝国主义者的政治自由》一诗了。这首诗辛辣地写出了帝国主义的所谓"自由"究竟是什么货色。诗写出后,在伊拉克和其他阿拉伯地区不胫而走,脍炙人口:

喂,大家要闭紧嘴!
须知言者有罪。
睡吧,切末醒来!
唯有沉睡者才会胜利。
凡是需要你们向前的事,
你们就请往后退,退!
不要什么都搞明白,
最好是什么都不懂,不会。
学习是天大的坏事,
你们要永远愚昧!
政治嘛,可别碰,
否则可要后悔。
你们若是知道政治的奥秘,
那可要把它藏在心里。
若是允许你们开口,
你们就咕哝咕哝嘴。
对正义,莫要伸张,
对暴虐,也别皱眉,
如今,你们之中
谁想活得尊贵,
就要没有耳朵、眼睛,
还要没有嘴,
唯有聋哑人
才最难能可贵……

诗人大胆地讽刺了帝国主义扼杀自由的政策,淋漓尽致地勾画出了帝国主义穷凶极恶的狰狞面目。

英帝国主义在第一次世界大战后，用委任统治的方式在伊拉克当了"太上皇"。在《英国佬的殖民政策》一诗中，我们可以看到诗人是怀着多么强烈憎恨的心情，入木三分地刻画出了这些殖民主义者丑恶本性：

> 老天搜集了一切狡诈和阴险，
> 放进一口邪恶铸成的大锅里面，
> 倒进从祸患的井里打上来的水，
> 一桶一桶全都是罪恶的谎言，
> 又浸进三分之一的诡计和欺骗，
> 不，比三分之一还多一点，
> 撕碎几磅背信弃义，
> 又剁、又捣、又研，
> 然后撒在上面，
> 最后在下面将诡诈的火点起，
> 灶下冒起了熊熊的火焰，
> 就这样煮了好长时间，
> 诱惑、迷人的蒸汽冒进了蒸馏管，
> 在那里像细雨一样凝结成滴，
> 老天就这样造就了英国人的秉性和习惯。

诗人接着写到这些殖民主义者如何搜刮殖民地人民的财富，榨取他们的血汗，给他们带来无穷的灾难：

> 听我说，别责难，
> 我曾对这些"泰晤士们"作过透彻的钻研，
> 他们像蛊虫，人们如毛线，
> 毛线受蛊虫糟蹋岂能安然。
> 他们在殖民地播种不义与黑暗，
> 这是多么可恶、凶残。
> 屋漏偏下连阴雨，
> 他们吃掉人家生产的脂膏，

人民的诗人，革命的诗篇——试论伊拉克诗人鲁萨菲

却投报人家以粪便，
他们拿走了人家珍贵财宝，
却送给他们一摊破烂儿。

在听到意大利侵略利比亚的消息时，诗人曾连续写了三首诗：《致战争》《在的黎波里》《魔鬼与意大利人》，谴责意大利侵略者，支持利比亚人民正义斗争。他在《致战争》一诗中写道：

啊，意大利鬼子，
让你们遗臭万年！
你们这些手下败将，
充什么英雄好汉！
你们渡海涉洋，
不敢同我们大军作战，
却来到西的黎波里
将战火点燃。
你们以为这片土地没有军队，
没有雄狮守卫家园，
可是高尚的阿拉伯人的土地，
无处不是英雄好汉。
你们将可耻地溃退，
你们将被咒骂万载千年。

当第一次世界大战结束后，西方列强相互勾结，以瓜分阿拉伯地区，而老奸巨猾的美国总统威尔逊玩弄两面派手法，妄图假装是阿拉伯人民的朋友而欺骗他们时，诗人写了一首《威尔逊的言与行》，揭露了这个两面三刀、口是心非的政治骗子的嘴脸：

他话儿讲得令人尊敬，值得称赞，
可是他的行为却应受到责难。
这个人把真理当做弓，
却不断射出谎言。
讲时天花乱坠，

做时一片黑暗。
他以一通凌驾于刀枪之上的话
参加了这场不义之战……

针对着第一次世界大战后帝国主义重新瓜分势力范围的四国会议，诗人在同一首诗中提出强烈警告：

四国会议，你们且慢！
你们的裁决是多么不讲公理。
胜利的酒已让你们陶醉，
当心醒来会受谴责而后悔。

你们可别上了岁月的当，
如果它对你们露出笑脸，展眼舒眉。
岁月曾让多少民族的旗帜高高升起，
然后又让它们落在尘埃里。

当英帝国主义宣布对伊拉克实行委任统治时，鲁萨菲愤激地写下了一篇又一篇战斗的诗篇，如《委任政府》《委任画皮》《罪恶的尾巴政府》《在委任与独立之间》等。他用犀利的笔戳穿了委任统治的画皮，辛辣地揭露出帝国主义侵略者的真面目：

有一天，我们在巴格达的库尔赫，
面前走过一个蒙面女郎，
胸口戴着项链，
蔻丹涂在指甲上，
黑黑的面纱遮住了脸，
让人看不出她是什么模样，
走起路来脚镯叮当作响，
像娼妓似的扭扭捏捏，装模作样……

身上罗绮细又软，
上面绣的都是漫天谎，

人民的诗人，革命的诗篇——试论伊拉克诗人鲁萨菲

许多人以为那是选举厂的产品，
岂不知他们全当上了当。
我敢发誓、毫不怀疑，
这件织品出自强奸民意纺织厂。
它处处令人生疑
一经一纬都是欺骗、撒谎。
我的同座问我：
"究竟是谁啊？这蒙面的窈窕姑娘？"
"这就是委任赐给我国的政府。"
我对他讲，
"看穿戴，你以为她是个美女，
其实只是约翰牛穿上了时装。
表面上大慈大悲，菩萨心肠，
其实祸水全在她腹中藏。"
有了她，我们算倒透了霉，
真主啊，我们的命运多遭殃！

——《委任的画皮》

这首诗不禁使我们想起了《聊斋》中那个外表假扮美女，实为吃人魔鬼的形象，这不正是帝国主义委任统治最生动又最深刻的写照吗？当帝国主义看到"委任统治"这张画皮蒙骗不住人民，又玩弄新花招、签订"英伊同盟条约"，用名义上的独立代替委任统治时，诗人再次挺身而出，勇敢地揭穿了他们这一阴谋，指出：

这条约里裹着一副镣链，
会我们希望的脚磨断。
他们让我们吞下受奴役的苦丸，
却将独立的糖衣包在外面。
我们同英国佬订约，
如同羔羊与豺狼结盟一般。
世上谁曾见过
狼会同羊握手言欢。
但他们害怕我们把镣链挣断，

于是把它重重锁得又牢又坚。
他们为我们写下的条约，
不过是又一把锁加在上面。
让那些签字的手全瘫痪，
让他们世世代代遗臭万年！

——《写在条约发表时》

英国佬绝不是我们的救星，
尽管他们同我们把盟约签。
曾几何时，列强怜悯过弱者，
羔羊又怎能同豺狼把盟约签？
我们不过是他们手中的俘虏，
他们写下的条约不过是一根锁链……

——《我们在伊拉克的处境》

针对着帝国主义及其走狗的这种黑暗统治，诗人没有只限于揭露、控诉，而是为人民指明道路。1917年"阿芙乐尔号"的炮声也传到了伊拉克，诗人当时在黑暗中看到了希望。在帝国主义，法西斯主义嚣张的时代，也看到了社会主义、共产主义的曙光。他毫不含糊地向人民呼喊：

喂，人们！别让法西斯得逞，
这风气在政界中正日夜嚣张；
英国佬对我们国家一向心怀巨测，
只有布尔什维化才能粉碎他们的妄想。

——《委任政治》

在当时帝国主义及各国反动派把共产主义视为洪水猛兽的环境中，公开号召要"布尔什维化"，这需要多么大的勇气和魄力。如何"化"呢？诗人指出，必须拿起武器，起来革命，进行武装斗争。他警告帝国主义者及其走狗：

这个国家如果长此以往，
我们一定要拔出刀剑，血战一场。
你们的罪恶，我们牢记心，

人民的诗人，革命的诗篇——试论伊拉克诗人鲁萨菲

> 总有一天要算总账。
> 对你们不能光流眼泪，
> 也不能只用舌头讲。
> 人民早已怒不可遏，
> 革命大军出征的日子岂会久长。
> 如果祖国在召唤战斗，
> 你想谁会袖手站在一旁。
> 觉醒的民族岂能长期忍辱，
> 刀枪曾为他们赢得过光荣。
> 多少敌人的额发将被我们割下，
> 多少敌人的胡须将被革命者拔光。
> 如果我们不用宝剑戏弄仇敌，
> 光荣将哭泣，尊严也会悲伤。
>
> ——《无任政府》

他认为只有武力才能维护真理，才能实现理想的社会。因此，他代表人民，向苦难深重的祖国宣誓：

> 我们将组成一支大军，
> 为你复仇，雪耻，申冤。
> 这大军比铁硬，似钢坚。
> 长夜漫漫，充满灾难，
> 自由的曙光终将出现。
> 那时，我的民族将扑灭战火，
> 驱散沙场上的硝烟。
> 我所有的兄弟下决心，意志坚，
> 如同剑峰、枪尖上亮光闪闪。
> 臂膀高举发愤图强的大旗迎风招展。
> 他们英勇善战，
> 擅长使枪舞剑。
> 不成功便成仁：
> 要么含恨归天，

要么实现夙愿。
如果老天不让我们的事情得手，
振兴图强的血就永沸腾在我们的血管。

——《真理与武力》

在第二次世界大战结束前夕，诗人在战乱的黑暗年代中，看到了新时代的曙光，看到了帝国主义已日薄西山，气息奄奄。他预言帝国主义必将失败：

我看到了黎明的曙光，
它带来了希望，冲破了黑暗。
那战争中流淌的鲜血，
正是朝霞映红满天。
透过人世风云变幻，
我看到处处已在地覆天翻。
疏远者将显得亲近。
亲近者将会疏远。
尊贵者将不再尊贵，
卑贱者将不再卑贱。
弱者的权利将受到尊重，
欺压人者将要完蛋。
人们将享受正义与温暖，
帝国主义者必将失败，
祖国将会光明无限。

——《我们与世界现状》

这使我们不禁想起了高尔基笔下在阴云密布的海岸上，迎着暴风雨发出欢叫的海燕的形象。鲁萨菲不正是这样一个预言家吗？诗人过早的逝世，使他没有看到他的预言有的已经实现，有的正在实现。第二次世界大战后，不正是一个四海翻腾，五洲震荡，大变化、大动荡、大改组、大革命的时代吗？原先受帝国主义、殖民主义统治的殖民地、半殖民地人民纷纷觉醒，民族解放斗争风起云涌，如火如荼。在国家要独立、民族要解放、人民要革命这一不可抗拒的历史潮流面前，帝国主义、殖民主义节节败退。伊拉克早已在1958年7月革命中推翻了费萨尔王朝,宣布成立了伊拉克共和国。诗人生前的理想必将实现。

结 语

纵观鲁萨菲的一生,通读的诗篇,我们可以看到,诗人的确是为追求真理,争取自由,建立一个公正、平等、幸福的社会进行了不屈不挠的斗争。他忧国忧民,又爱祖国,爱人民,对剥削阶级封建统治者和帝国主义予以无情的揭露,同他们进行了顽强的不妥协的斗争。在反帝、反封建的斗争中,他爱憎分明,立场坚定。他的许多诗篇充满了战斗性,是对帝国主义、封建统治者的控诉书,也是向他们宣战的檄文。他还在不少诗篇中表现出对社会主义的向往。这一切都可以说明鲁萨菲的确是一位伟大的彪炳于伊拉克及阿拉伯近代文学史的人民的诗人、革命的诗人。

(原载于北京大学东方语言文学系编《东方研究》总第 5 期,
北京大学出版社,1985 年)

谈纪伯伦的思想

纪伯伦的思想实际上就是普世价值观,这在他的《你们有你们的思想,我有我的思想》一文中表白得很清楚。所谓普世价值是人类共同崇奉的文明价值,是古今中外人类追求的理想社会的价值观,是人类应共同遵守的价值规范,是世界普遍认可的价值取向。

古今中外一切伟大的文学家、诗人及其传世的经典著作莫不以普世价值观作为指导思想。如西方的狄更斯、莎士比亚、雨果、巴尔扎克、歌德、托尔斯泰、契诃夫,阿拉伯的穆太奈比、麦阿里直到马哈福兹、阿多尼斯,我国的孔子、老子、屈原、杜甫直到鲁迅,他们首先都是尊奉"普世价值"为理想取向的思想家、社会批评家。我们在评论他们及其作品时也应以普世价值观作为标准。对待纪伯伦及其作品也不能例外。

早在1913年出版的《泪与笑》的引言中,纪伯伦就说:"我愿为追求理想而死,不愿百无聊赖而生。我希望在自己的内心深处,有一种对爱与美的如饥似渴的追求。"作者含着泪水,面对现实,严肃地思考人生,歌颂真善美,鞭笞假恶丑。

纪伯伦及其主要作品在阿拉伯世界家喻户晓,妇孺皆知。据统计,他的作品迄今至少被译成56种文字。美国前总统罗斯福曾对纪伯伦说:"你是最早从东方吹来的风暴,横扫了西方,但它带给我们海岸的全是香花。"1984年10月,美国总统里根根据美国国会的决定,签署了在华盛顿建立纪伯伦纪念碑和博物馆的法令。在纪伯伦逝世50周年和100周年诞辰时,联合国教科文组织宣布把他列为世界文化名人,以资纪念。

文化、文学的发展,总是遵循"传承-借鉴-创新"这一规律的,古今中外概莫能外。一个名作家的产生,多半是多元文化对话、交融、混血的结果。这一

谈纪伯伦的思想

点,尤其清楚地体现在纪伯伦身上。

纪伯伦出生于黎巴嫩北部风景优美的山乡贝什里。他在很多作品中称自己是叙利亚人。他所说的叙利亚,实际上是指"大叙利亚"或"叙利亚地区",阿拉伯人又把它称之为"沙姆"地区。它包括现今的黎巴嫩、叙利亚、约旦、巴勒斯坦、以色列。这片地区早在公元前三千年前就被称为"迦南地区"。须知,这片土地正是犹太教、基督教的发祥地,伊斯兰教兴起后,这里是阿拉伯帝国的一部分,同时,伊斯兰教把耶路撒冷当作它的又一圣地。此后,西方的历次十字军东征的终点都在这里。因此,无疑,三大一神教(犹太教、基督教、伊斯兰教)的文化、东西方的文化在这片土地上撞击、交融、相互浸润。生在这片土地上的纪伯伦,不能不自幼就受这种多元文化环境的影响。

1895年,12岁的纪伯伦随亲属离乡前往美国,居住在波士顿唐人街的贫民窟。这使他有机会接触世界另两大文化体系的文化——中国和印度的文化。其影响不难在他的文学作品与美术作品中找到佐证。

1898年,15岁的纪伯伦曾只身返回黎巴嫩,继续在希克玛学堂学习阿拉伯语言、文学。在此期间,他苦读阿拉伯古代大诗人穆太奈比(al-Mutanabbī 915—965)、麦阿里(Abū al-‘alā' al-Ma‘arrī 973—1057)、伊本·法里德(Ibn al-Fāriḍ 1181—1234)和著名哲学家伊本·西那(Ibn Sīnā 980—1037)、伊本·赫勒敦(Ibn Khadūn 1332—1406)等人的作品,并同时学习法语。穆太奈比被认为是阿拉伯古代语言妙天下之最伟大的诗人之一。其诗雄伟豪放,劲健新奇,不落窠臼,言近旨远,富于哲理。麦阿里对社会、人生乃至宇宙万物进行深刻的探索与思考,其作品带有浓烈的哲理色彩,他被称为"诗人中的哲人,哲人中的诗人"。伊本·法里德被苏菲派尊为"圣徒",其诗多用象征手法,呈现朦胧、神秘的意境,被苏菲派奉为经典,常在宗教仪式上配乐歌唱。伊本·西那是阿拉伯亚里士多德学派的主要代表之一,著述有上百种,涉及哲学、医学、数学、天文学、音乐、诗歌、语法等各学科。而伊本·赫勒敦,西方学者则认为"他是社会学科学的奠基人。没有一个阿拉伯的作家,也没有一个欧洲作家,曾经用那样既渊博又富于哲学卓见的眼光来观察历史。所有评论家一致的意见是,伊本·赫勒敦是伊斯兰教所产生的最伟大的历史哲学家,也是历代最伟大的史学家之一"[①]。不难看出,这一切为纪伯伦传承本民族的文化、文学、语言打下了深厚的基础。

---

① [美]希提:《阿拉伯通史》下册,马坚译,商务印书馆,1979年,第679页。

1908年纪伯伦前往法国巴黎学习绘画。除学习绘画外,他还抓紧时间广泛接触社会,游览了伦敦、罗马、布鲁塞尔等欧洲文化名城,并如饥似渴地阅读了但丁、伏尔泰、卢梭、巴尔扎克等人的作品,极大地开阔了眼界。其间,他受尼采的哲学思想和威廉·布莱克的文艺思想影响尤深。

1912年纪伯伦定居于纽约后,正值巴哈伊教领袖阿布杜·巴哈('Abd al-Bahā' 1844—1921)在美国访问,并宣传巴哈伊教教义,纪伯伦与其会见,并于1912年4月19日为其画像。巴哈伊教宣扬人类一家、宗教同源、宗教与科学协调,主张消除贫富悬殊,建立世界联邦,实现世界和平、大同等思想。如果说纪伯伦受到巴哈伊教的影响,恐怕不是空穴来风。在其《先知》中,就有阿布杜·巴哈的影子。

纪伯伦既受到阿拉伯传统文化的熏陶,又受到西方现代文化的影响,他能融东西方文化于一炉,烩阿拉伯民族传统文学与欧美现代文学技巧、手法于一鼎,故而在文学创作上能别树一帜,独具一格。

这样的人生历程,形成纪伯伦普世价值观的思想,并体现于其作品中就是顺理成章,很自然的事。

纪伯伦说:

> 你们的思想称什么"犹太教、婆罗门教、佛教、基督教、伊斯兰教"。我的思想却认为:"只有一个绝对抽象的宗教,它有多种表象,却一直是一种抽象。它的途径虽有分歧,却如同一只手掌伸出的五指。"①
>
> 我受过孔子的教诲;听过梵天的哲理;也曾坐在菩提树下,伴随过佛祖释迦牟尼……
>
> 我曾在西奈山上看到过耶和华面谕摩西;曾在约旦河边见到过基督显示的奇迹;还曾在麦地那听到过阿拉伯先知的教义……我记得降在印度的哲理。格言;能背诵出自阿拉伯半岛居民心中的诗篇;也懂得那些体现西方人情感的音乐……
>
> 人类划分成不同的民族,不同的集体,分属于不同的国家,不同的地区。而我认为自己却既不属于任何一国。又不属于任何一地。因为整个地球都是我的祖国,整个人类都是我的兄弟……②

---

① [黎巴嫩]纪伯伦:《纪伯伦集外集》,贝鲁特浪涛出版社,1993年,第90页。
② [黎巴嫩]纪伯伦:《泪与笑》,仲跻昆等译,湖南人民出版社,1984年,第144—147页。

从中我们不难看出,纪伯伦及其思想、作品是东西方各种宗教、信仰,各种文化交融、混血,共同孕育、培养的结果。

纪伯伦说:

> 我爱故乡,爱祖国,更爱整个的大地。因为正是这大地将人孕育,而神圣的人性就是神性精神降临在人世……那神性在各国之间巡行,宣扬博爱,指出人生的途径。①

他还说:

> 你是我的兄弟,我爱你!你在你的清真寺礼拜时,我爱你;你在你的庙宇顶礼膜拜时,我爱你;你在你的教堂祈祷时,我也爱你。你同我本是同一个宗教的教民,我们的宗教信仰就是灵魂。这一宗教的各派领袖,只是指向心灵完美的神性的手上紧紧相连的一个个指头。②

> 我来到世间,是依靠爱的荣耀和美的光明而生活。瞧:我活着,人们无法使我离开我的生活。如果人们挖去我的眼睛,我会用耳朵去倾听爱的歌、美的曲,而怡然自得。如果人们堵住我的耳朵,我会因接触到充满了爱的气息和充满了美的芳香的空气而感到快乐。如果他们不让我接触空气,那我就同我的心灵生活在一起,心灵是爱与美之女。③

纪伯伦普世价值观的思想,更体现在他的代表作《先知》中。在书中,作者借被人们称为先知的哲人亚墨斯达法临别答疑的方式,对爱、婚姻、孩子、施与、饮食、工作、欢乐与悲哀、居室、衣服、买卖、罪与罚、法律、自由、理性与热情、苦痛、自知、教授、友谊、谈话、时光、善恶、祈祷、逸乐、美、宗教、死,共 26 个有关人生与社会诸方面的问题阐述了他的看法。

正如许多评论家所指出的,《先知》中的先知正是作者本人。他借先知之口,宣扬了他的人生观和哲学思想。不难看出,这正是普世价值观。故而,《先知》一问世,就轰动了世界,至今发行量已逾七百万册,被认为是"东方赠送给西方的最好的礼物"。我国著名的作家冰心在 1927 年初次读到《先知》时不禁赞叹:"那满含东方气息的超妙的哲理和流利的文词,予以我极深的印象!" 1981 年她在

---

① [黎巴嫩]纪伯伦:《泪与笑》,仲跻昆等译,湖南人民出版社,1984 年,第 147—148 页。
② 同上书,第 149 页。
③ 同上书,第 152 页。

天方探幽

译本新序中,说纪伯伦的《先知》

　　……像一个饱经沧桑的老人,对年轻人讲一些为人处世的哲理,在平静中却流露出淡淡的悲凉!书中所讲的许多事,用的是诗一般的比喻,反复的词句,却都讲了很平易入情的道理。尤其是谈婚姻、谈孩子等篇,境界高超,眼光远大,很值得年轻读者仔细寻味的。①

据我所知,不论是东方人还是西方人,很多人都认为纪伯伦是当代的"先知",把他的《先知》看作是新的《新约》。这种看法不无道理。因为世人遵奉的宗教信仰可能不同,但崇信的神圣的价值却多是共同的。纪伯伦正是没有宗教信仰的偏见,而遵奉、崇信并大力宣扬这些人类共同的神圣价值观——诸如真善美、自由、民主、公正、博爱等普世价值观。

因此,纪伯伦不只属于黎巴嫩、阿拉伯世界、东方;也不只属于美国、西方;而是属于全世界,属于全人类。

2013 年 11 月 24 日

---

①　[黎巴嫩]纪伯伦:《纪伯伦散文诗选》"序",冰心、仲跻昆译,安徽文艺出版社,2005年,第4—5页。

纳吉布·马哈福兹的创作道路

今年（2006年）阿拉伯（也许是全世界）文坛最大的损失是埃及作家纳吉布·马哈福兹于8月30日逝世，享年95岁。

埃及总统穆巴拉克在痛悼作家时，对他作出这样的评价："纳吉布·马哈福兹用他的笔表述了他对埃及人民及其历史、事业的热爱，用他的创作表达了人类的共同价值，并用他的作品宣扬了不要执迷、偏激而要教化、宽容的价值，他荣获诺贝尔文学奖表明了一种承认，承认阿拉伯思想对人类文明及其现代遗产作出的贡献。"总统称纳吉布·马哈福兹"是思想、文化的一面旗帜，是一位卓越的小说家，一位启蒙的思想家，是一位标新立异的笔杆子，是一位让阿拉伯文化、文学走上了世界的作家。"

约旦国王阿卜杜拉二世在致穆巴拉克总统和逝者家属的唁电中说："文学豪的逝世，使我们损失了一位伟大的创作者、一个阿拉伯文学最杰出的栋梁，他在阿拉伯现代文学史上已构成一个里程碑。"这位国王还在唁电中指出"马哈福兹的文学杰作丰富了阿拉伯和世界的文库，表达了人类社会的忧患，获得了世界各国文化界的赞赏"。

联合国秘书长安南声称"纳吉布·马哈福兹的逝世是欣赏其高尚文学的人类的巨大损失"。

美国总统布什则称纳吉布·马哈福兹是"一位不凡的艺术家，他成功地将丰富多彩的埃及历史、社会摆到了世界面前"，布什进而说，"马哈福兹的作品将会继续把他热爱的埃及介绍给美国人和世界各国的读者"。

法国总统希拉克在闻知噩耗后称："纳吉布·马哈福兹非常认真、仔细、现实主义地描绘了埃及社会，他是第一个于1988年获得诺贝尔文学奖的阿拉伯作家，为埃及文学和古老的埃及天地赢得了世界性的声誉，在那片天地里，他度过了童年,并从中获取了创作的灵感。"希拉克称纳吉布·马哈福兹是一位"和平、对话和宽容的人"。

在此我们不妨回顾和简略地探悉一下这位作家的创作道路。

1988年10月13日,瑞典科学院宣布将当年诺贝尔文学奖授予埃及作家纳吉布·马哈福兹。这是埃及,也是整个阿拉伯世界第一位获此殊荣的文学家。对他的授奖评语曾指出:"他通过大量刻画入微的作品——洞察一切的现实主义,唤起人们树立雄心——形成了全人类所欣赏的阿拉伯语言艺术。"瑞典科学院常任秘书斯图尔·艾伦先生在颁奖辞中还指出:"纳吉布·马哈福兹作为阿拉伯散文的一代宗师的地位无可争议,由于在他所属的文化领域的耕耘,中长篇小说和短篇小说的艺术技巧均已达到国际优秀标准。这是他融会贯通阿拉伯古典文学传统、欧洲文学的灵感和个人艺术才能的结果。"①

埃及著名文学评论家赖佳·纳加什(Rajā' an-Naqqāsh)早在1970年就曾这样评论过纳吉布·马哈福兹:"纳吉布·马哈福兹是一个伟大的民族主义作家。他对于我们阿拉伯人来说,犹如狄更斯之对于英国人,托尔斯泰之对于俄国人,巴尔扎克之对于法国人一样。"②

纳吉布·马哈福兹(Najīb Maḥfūẓ)于1911年12月11日生于开罗杰马利叶区。父亲是个小职员,后弃职经商;母亲是个典型的贤妻良母。这个家庭最主要的两个特点是:笃信伊斯兰教;关心国家大事和民族命运。作家曾回忆说:"我在童年时代所学到的基本价值观念就是爱国主义。我父亲当时在家总是热情地谈起民族英雄,非常关注他们的消息。我是生活生长在这样一个家庭里:在这家里提起穆斯塔法·卡米勒、穆罕迈德·法里德或是扎格鲁勒的名字时,就好像是在谈起一些最神圣的事。在家事与国事之间没有隔阂。在我们日常生活中,每件小事都会将我们社会生活中发生的事情引到家里来。出了这件事,是因为扎格鲁勒说了些什么,或是英国佬做了些什么。因此,从我很小的时候起,家庭与世界的密切关系就印在了我童年的生活中。"③

生活本身是培养作家最好的学校。当时作家所处的大环境是:埃及人民生活

---

① [瑞典]斯·艾伦:《诺贝尔文学颁奖词》,郁葱译,《世界文学》1989年第2期,第200页。
② 埃及《新月》月刊,1970年2月号,第5页。
③ [埃及]纳吉布·马哈福兹:《我对你们谈》,贝鲁特回归出版社,1977年,第80—81页。穆斯塔法·卡米勒(1874—1908)、穆罕迈德·法里德(1868—1919)、扎格鲁勒(1857—1927)皆为埃及著名的反英殖民主义的民族主义领袖。

在英国殖民主义统治和土耳其以及本国封建势力的压迫下,但他们又不甘心于这种命运而进行斗争。纳吉布·马哈福兹对自己的祖国有清醒的认识:"没有哪一国人民像埃及人民受到那样的压迫。这种境遇使埃及人民体现了一些应保持的优点,也沾染了一些应摈弃的缺点。压迫使埃及人民发扬了他们从农业文明中学会的坚韧精神,使他们更加不屈不挠。这种精神往往会导致一个民族的永存而不是灭亡。受压迫使这个民族不能去侵略和奴役他人,于是,侵略和野蛮的天性逐渐削弱,代之以人道主义、宽厚待人和与人和平共处的精神,而这些都是人类在解决难题,摆脱厮拼与战争所需要的品德。但长期受压迫也导致了对这种压迫习以为常、委曲求全和满足于对压迫仅是冷嘲热讽的做法。因此,往往应当呐喊时,他们却沉默;应当斗争时,却仅是嘲讽;在至少应当沉默时,却曲意逢迎。这些缺点,我们必须老老实实去克服。"①

作家所处的小环境——杰马利叶区则是一个中下层人民混杂的居民区。五光十色的生活、三教九流的人物形象都成了作家日后取之不尽、用之不竭的创作素材。作家曾说:"通过直接相处,我熟悉了居民区的妇女。我只要坐在杰马利叶区我家门口就行了。她们都来找我母亲:这个卖鸡,那个算卦,还有保媒拉纤的。有些妇女,在我们搬到了阿巴西耶区后还常来看我们。我听着她们同母亲聊天,向她讲述新闻逸事,从她们中,我熟悉了不少成为我以后小说的典型人物。"②

纳吉布·马哈福兹曾说:"我是两种文明的儿子。在历史上的一个时期里,这两种文明结下了美满姻缘。第一种是已有七千年历史的法老文明;第二种是已有一千四百年历史的伊斯兰文明。"③

作家从小是在宗教和传统文化的氛围中成长的。法老时代就流传下来的《亡灵书》,各种优美的神话、传说、故事,《古兰经》《卡里来和笛木乃》《一千零一夜》、玛卡梅体故事、各种传奇,还有阿拉伯人引以为荣的诗歌,使自幼就喜好文学的纳吉布·马哈福兹从民族传统文学的土壤中吸取了充足的养料,为他打下了坚实、深厚的语言、文学功底;培养了他熟练地驾驭阿拉伯语言的能力。

纳吉布·马哈福兹1930年入开罗大学学习哲学,1934年毕业。在校期间,

---

① [埃及]纳吉布·马哈福兹:《我对你们谈》,贝鲁特回归出版社,1977年,第53页。
② [埃及]杰马勒·黑塔尼编:《纳吉布·马哈福兹回忆录》,贝鲁特迈西莱出版社,1980年,第110—111页。
③ [埃及]纳吉布·马哈福兹:《在诺贝尔奖授予式上的讲话》,郁葱译,《世界文学》1989年第2期,第193页。

他曾学习、研究过各种哲学思想、流派,并深受当时埃及新文学运动和社会主义思潮的影响。

纳吉布·马哈福兹从中学时代就迷恋上了文学,与文学结下了不解之缘。为文学,他放弃了可能成为足球明星的机会;为文学,他舍弃了可能使他跻身于哲学家行列的专业,而甘当苦行僧,在文学这条崎岖、坎坷的道路上,始终执着如一地追求、探索、献身。

作家本人曾生动、形象地描述过自己在舍弃哲学,走上文学道路时的思想斗争:"我当时一只手握着一本哲学书,另一只手拿着陶菲格·哈基姆或是叶海亚·哈基或塔哈·侯赛因的小说。各种哲学派别要闯进我的脑海,与此同时,小说的主人公则从另一边也进来了。我觉得自己在哲学与文学之间进行严酷的斗争。这种斗争没有经历过的人是无法想象的。我要么是做出一个决定,要么就得发疯。陶菲格·哈基姆描写的《洞中人》的主人公们、叶海亚·哈基刻画的邮差、塔哈·侯赛因的小说《日子》中那个所熟悉的天地仅限于插在水渠边上的篱笆之内的小农民,还有迈哈穆德·台木尔小说主人公的很多人物,一下子全都都在我的脑海里展现出来,好似在进行一场游行示威。我决定舍弃哲学,同他们一道走。"①

而埃及著名文学评论家尤素福·沙鲁尼(Yūsuf ash-Shārūnī 1924—)在谈起纳吉布·马哈福兹的创作道路时则说:"纳吉布·马哈福兹是一个不断发展、不断创新、不知停顿的艺术家。也许他成功的最大原因——除了他的天赋之外——正是他认识自己的道路,并一直走下去,荣誉的闪耀和物质的光彩都没有使他左顾右盼。在他为之献身的事业中,这种艺术苦行为他提供了成功的方法。"②

纳吉布·马哈福兹大学毕业后,曾在校务处做过书记员,后在宗教基金部任过秘书,又先后在文化部任过艺术司办公室主任、电影企业管理委员会主任、文化部顾问等职。直到1971年年底退休后,才应聘为《金字塔报》的专职作家。长期来,他一直是业余从事创作的。在这方面,他曾将自己与美国作家海明威做过对比,不无感慨地说:"他过着自己的生活,再将这些生活详详细细地传述给人们,缺少什么经历,他可以去寻求,可以飞往地球任何地方去体验,再把它写出来。而对于我来说,写作却是一种撕裂神经的受罪过程:我的政府工作占据了

---

① 《广播杂志》访谈录,1957年12月31日。转引自[埃及]尤素福·沙鲁尼:《三位长篇小说家》,埃及图书总署,1980年,第9页。

② [埃及]尤素福·沙鲁尼:《三位长篇小说家》,埃及书籍总署,1980年,第20页。

我白天的大部分时间，只有在夜晚我才能动笔，最多写上两小时就熬不住了。人们把我写出的东西称为文学作品，而我则要把它称为职员的文学作品。"①

就在这种情况下，纳吉布·马哈福兹为阿拉伯文坛奉献出约50部作品，其中约30部作品为中长篇小说，余者为短篇小说集，总发行量达上百万册。其作品往往先发表在报刊上，然后出单行本，再改编为广播剧、电影。通过这些传播媒介，纳吉布·马哈福兹其人、其作品及其作品的主要人物在阿拉伯世界几乎家喻户晓，妇孺皆知。作家于1957年获国家文学奖，1962年获一级勋章，1968年获文学方面国家表彰奖。作家的一些重要作品已被译成东西方各种文字，在世界各国广为传播。其作品的中译本也有10余种，他是作品译成中文最多的阿拉伯作家。

纳吉布·马哈福兹从学生时代就开始写作。他最初开始写诗，也写过侦探小说，发表过一些哲学论文。在20世纪30年代至40年代初，他写了大量短篇小说。据说，他因认为不满意而撕掉的有50篇左右，发表的约有80篇，其中约30篇集选于其第一部短篇小说集《狂人呓语》中。这些短篇小说多是揭露当时社会的种种黑暗、腐朽、丑恶现象的。其中很多是作家日后创作的中长篇小说或其中某些情节的雏形。曾任埃及文化部长的著名文艺批评家艾哈迈德·海卡尔（Aḥmad Haykal）曾对这些小说给予过很高的评价："事实上，由于这些抨击帕夏、贝克和王公大臣的小说，纳吉布·马哈福兹被认为是对当时旧时代的腐败表示愤怒谴责的革命文学先驱之一；同时，由于他在小说中体现了阶级社会的弊端，表明了对穷人和劳动人民的同情，及对封建主和资本家的抨击，他被认为是在埃及文学中最早为社会主义现实主义铺路的人之一。"② 埃及著名的左翼文学批评家迈哈穆德·艾敏·阿赖姆（Maḥmūd Amīn al-'ālam）也说过："《狂人呓语》的大部分短篇小说是社会批判，揭露了贵族阶级的丑恶，也暴露了由于贫困和阶级差别产生的种种弊端。"③

短篇的创作，对于纳吉布·马哈福兹来说，不过是牛刀小试，中长篇才是他的拿手好戏。发轫之作是三部以法老时代的埃及为题材的历史小说:《命运的嘲弄》

---

① 《广播杂志》访谈录，1957年12月31日。转引自［埃及］尤素福·沙鲁尼:《三位长篇小说家》，埃及图书总署，1980年，第20页。

② ［埃及］艾哈迈德·海卡尔:《埃及小说与戏剧文学》，知识出版社，1971年，第103—104页。

③ ［埃及］迈哈穆德·艾敏·阿赖姆:《细察纳吉布·马哈福兹的世界》，埃及图书总署，1970年，第137页。

(1939)、《拉杜比斯》(1943)、《底比斯之战》(1944)。这一阶段被认为是纳吉布·马哈福兹的浪漫主义历史小说阶段。作家实际上是用春秋笔法借古讽今地对当时英国殖民主义和土耳其王室这些外来的侵略者及其统治进行抨击，并表达了人民追求自由、独立、民主、幸福的理想。著名的文学批评家加里·舒克里（Ghālī Shukrī）曾问起过他："使你以历史小说开始你的文学生涯的根本原因是什么？有的评论家把那归结为赛拉迈·穆萨个人对你思想生活的影响；有人认为那可能是一种寓言，用以借古讽今；还有一种说法是：那是用文艺形式表达了当时埃及的思想，你是怎样看的？"他答道："这三种意见都对。这些正是促使我那样做的因素。"① 这里需要提及的是赛拉迈·穆萨（Salām Mūsā 1888—1958）是对纳吉布·马哈福兹思想最具影响的人物之一，他是费边社会主义文艺思想在埃及与整个阿拉伯世界的传播者，倡导"科学""社会主义""人民的文学""斗争的文学"。在与文学评论家萨布里·哈菲兹谈起自己写历史小说的动机时，纳吉布·马哈福兹曾说过："当时，埃及的民族主义情绪正如火如荼，有一股真正的法老热。这股热潮是有客观理由的，因为针对我们当时所处的既受英帝国主义欺辱又受土耳其统治的倒霉时代，法老时代是唯一光辉的时代。……在我写一部与英国佬或土耳其人无关的纯粹是法老时代的小说时，其实，我是满腔怒火，既恨英国佬，又恨土耳其人的。"②

纳吉布·马哈福兹像英国名作家司各特（Walter Scott 1771—1832）和阿拉伯擅长写历史小说的杰尔吉·宰丹（Jarjī Zaydān 1861—1914）那样，花了很大气力去研究历史，有一个写埃及历史的选题计划，共选定了约40个题目。但后来，他说："我对历史的偏爱一下子就消失了，就好像一下子死于心肌梗死似的，尽管我当时还准备写30部小说。但这只是表面上中断了，至于那些历史小说所要表现的思想却永远没中断过。"③ 至于原因，作家曾做过这样的解释："看来，我发现历史已经不能让我说出我想说的话了。通过历史，我已经说出了我要说的主题：废黜国王，梦想一场人民革命，实现独立。此后，我似乎本该进入帝国时代，但实际上，我们当时却是处于屈辱的时代。"④

从此，作家进入了一个新的文学创作阶段：现实主义社会小说的阶段。他先

---

① ［埃及］纳吉布·马哈福兹：《我对你们谈》，贝鲁特回归出版社，1977年，第58页。
② 同上书，第88—89页。
③ 同上书，第60页。
④ 同上书，第92页。

后发表了《新开罗》(1945)、《汗·哈里里市场》(1947)、《梅达格胡同》(1947)、《始与终》(1949)和著名的《宫间街》《思宫街》《甘露街》"三部曲"等。这些小说主要反映了半封建、半殖民地的开罗中产阶级即小资产阶级的生活。作家往往通过一个街区、一个家庭和一个人的悲惨遭遇，表现当时整整一代人的悲剧；对当时社会的种种弊病及其制造者进行了无情的揭露和批判。作品往往具有相当的深度和广度。如《新开罗》写了一个穷苦的大学毕业生为了生存，并向上爬，不惜与荒淫无耻的官僚政客的情妇结婚，甘心戴"绿帽子"，当"王八"，结果身败名裂。《梅达格胡同》则是通过英军占领下一条胡同的一些善良、纯朴的居民的人性如何被扭曲，美好生活如何遭到破坏，控诉了西方及其文明带给人民的种种灾难。《始与终》也是一部悲剧：以失去父亲的兄妹四人与他们的寡母一家人在贫困中挣扎、渴望爬上更高的社会地位开始，以姐弟二人蒙羞含恨自杀告终。

这一时期创作的《宫间街》《思宫街》《甘露街》"三部曲"，虽发表于1956、1957年，但实际上，早在1952年4月，即埃及革命前三个月已完成。这部巨著被认为是阿拉伯长篇小说发展的里程碑，是作家引以为荣的代表作之一。全书通过一个开罗商人阿卜杜·贾瓦德一家三代的遭遇、变迁，生动、形象地描写了从1917年至1944年埃及革命前夕这一历史时期整个埃及的政治风云变化和社会风貌，刻画出当时形形色色众多人物的群像。

三部曲每部侧重描写一代人的生活，并以这一代人居住的街区为书名。第一代阿卜杜·贾瓦德是位性格复杂的人物：他在家里道貌岸然，独断专行，实行严厉的家长式统治；在外却又放浪形骸、纵情酒色；同时，他又是一位民族主义者，不满英国的压迫、剥削，具有反帝爱国意识。大儿子亚辛成日寻花问柳、醉生梦死；二儿子法赫米积极投身民族解放运动，牺牲于反英游行示威中。在第二代中，作者着力刻画的是小儿子凯马勒：自幼的家教使他笃信宗教，但随着激烈的时代变革、西方思潮的影响，特别是达尔文进化论的影响和对哲学的研究，动摇了他对宗教的信仰。对真理、科学的追求与传统价值观念的束缚、理想与现实的矛盾，常使他感到苦闷、迷惘，从而陷于感情、信仰、精神的危机中。第三代人则明显地表现出他们的政治分野：外孙阿卜杜·蒙伊姆成了穆斯林兄弟会的骨干分子，他的兄弟艾哈迈德及其女友苏珊却走上了革命道路，成为马克思主义者，积极传播社会主义思想。小说既反映了当时人们进行的反帝爱国的民族斗争，更反映了新思想如何引导新一代向陈旧的封建、传统、保守势力的冲击、斗争的过程。作家自己曾指出，他写"三部曲"的目的是"为了分析与评论旧社会"。纳吉布·

马哈福兹的"三部曲"很容易使人联想起我国大作家巴金的《家》《春》《秋》"三部曲"。两者确有异曲同工之妙。作家的这一"三部曲"被阿拉伯作家协会选为20世纪105部阿拉伯最佳中长篇小说之一。值得注意的是纳吉布·马哈福兹曾说过:"在'三部曲'里——像我曾说过的那样——有很大一部分我自己,体现在凯马勒这个人物身上……凯马勒的危机就是我的危机,在我笔下,他相当多的遭遇就是我的遭遇。由此,我喜爱'三部曲',怀念它。"① 由此不难看出,"三部曲"带有很大的自传性质,这一点也与巴金的《家》《春》《秋》"三部曲"相似。

埃及著名诗人法鲁格·舒舍(Fālūq Shūshah)曾问起作家:"从《新开罗》到"三部曲",你的长篇小说创作有一定的思想发展。你是否可将这一发展分成几个阶段,指出每个阶段突出的特征是什么?"作家答道:"这一段时间有思想发展过程,也有一个固定不变的想法。思想发展过程是:开始是爱国主义,因为当时人们关心的就是民族问题。这促使我以法老时代的埃及为创作题材,因为那是埃及民族的根。此后,便是对社会思想的明显的关心,其原因是出于经济和政治上受压迫的感觉(《新开罗》《汗·哈里里市场》《梅达格胡同》《始与终》)。最后一个阶段则以"三部曲"为代表。它是对直至今天的现代史的一项研究。这一历史的结晶是社会主义。那是我们发展的目标,也是医治我们社会苦难的一剂良药。在所有这些阶段中,固定不变的想法是笃信艺术的真髓。绝不可为了某种目的或主义去牺牲它的美的价值,因为美的艺术与高尚的目的是并不矛盾的。"②

埃及革命后,纳吉布·马哈福兹认为革命后的艺术应与革命前的不同,应该深思熟虑、慎重对待。为此,他辍笔达4年之久。1959年发表的《我们街区的孩子们》标志着作家又进入了一个新的阶段。作家本人将这一阶段称之为"新现实主义"阶段,以别于传统的现实主义,并说明两者的区别是"传统的现实主义的基础是生活:要描述生活,说明生活的进程,从中找出其方向和可能包含的使命:故事从头到尾都要倚赖生活、活生生的人以及其详尽的活动场景。至于新现实主义,其写作的动机则是某些思想和感受,面向现实,使其成为表达这些思想

---

① [埃及]杰马勒·黑塔尼编:《纳吉布·马哈福兹回忆录》,贝鲁特迈西莱出版社,1980年,第68页。

② [埃及]杰马勒·黑塔尼编:《纳吉布·马哈福兹回忆录》,贝鲁特迈西莱出版社,1980年,第44—45页。

和感受的手段。我完全是用一种现实的外表形式表达内容的。"① 在这一阶段中，作家借鉴了许多西方现代主义的表现手法，如内心独白、联想、意识流、时空交错、怪诞的卡夫卡式的故事等。

《我们街区的孩子们》是一部现代寓言小说，也是纳吉布·马哈福兹的重要代表作之一。小说以象征主义的手法，以一个街区的故事，寓意整个人类社会历史的演进过程，反映了以摩西、耶稣、穆罕默德为代表的先知时代直至此后的科学时代，人类为追求幸福、实现理想而坚持不断的努力；表现出在此过程中善与恶、光明与黑暗、知识与愚昧的斗争。作者借书中人之口，指出象征创世主的老祖宗杰巴拉维早就与世隔绝，不管他的子孙——人间事了；又写出象征科学的阿拉法特闯进了杰巴拉维——创世主隐居的所在，造成了这位老祖宗的死亡。这一切无疑激怒了宗教界的头面人物，于是《我们街区的孩子们》在埃及成为禁书，1969 年才得以在黎巴嫩贝鲁特出版。作家本人在谈到这本颇有争议的小说时说："《我们街区的孩子们》没给人类的哲学补充什么新东西。但我什么时候说过我是个名副其实的哲学家呢？哲学家才会对人类的哲学补充新东西。至于貌似哲学家的文学家则不过是用文艺形式来表达他从这种哲学中学到的思想，并以此对这一哲学思想作出贡献。因为他是把这一哲学从一种哲学家及其追随者特有的思想公式变成了活生生的经验，让它生活在人们的心中。莎士比亚、纪德、易卜生或是萧伯纳给人类哲学补充了什么？什么也没有。文学并不创造思想，而只是处理它。如果有一种文学，同时对思想增添了新东西，那是因为作者是哲学家，又是文学家，如萨特。但《我们街区的孩子们》的艺术形式是什么？也许——我说的是也许——它是一种同斯威夫特那著名的游记相反的东西。斯威夫特是通过神话去批判现实，而我这里则是通过现实去批判神话。我给神话穿上现实的外衣，以使我们加深对现实的理解与期望。"②

《平民史诗》(1977) 是作家运用象征寓意手法，从哲理的高度总结人类斗争经验的又一力作。小说侧重表现了劳苦大众对幸福的追求。它通过 11 代人几百年的斗争历史，告诉人们：人类对美好理想的追求从未停止过；人类在争取一个公正、合理、幸福的社会的斗争道路上，从不是一帆风顺的；但只要他们坚持不懈、勇往直前，胜利终将属于他们。

---

① 《访谈录》，埃及《共和国报》，1962 年 5 月。转引自［埃及］尤素福·沙鲁尼：《三位长篇小说家》，埃及图书总署，1980 年，第 17 页。

② ［埃及］纳吉布·马哈福兹：《我对你们谈》，贝鲁特回归出版社，1977 年，第 70—71 页。

天方探幽

在"新现实主义"阶段中，即使反映1952年革命后的社会现实生活的作品，作家也赋予它以更深的哲理与象征寓意。如《盗贼与狗》(1961)，批判了种种只能同甘不能共苦、背信弃义的机会主义者。《尼罗河上的絮语》(1966)，表现出埃及知识分子在动荡的年代、变革的现实中的惶惑、迷惘、牢骚满腹。《米勒玛尔公寓》通过复调叙事的结构，通过旧时代的遗老、遗少、新时代的权贵、机会主义者、失意的革命者……从不同的角度，不同的立场，反映他们对象征埃及的女佣宰赫拉的感情、态度。

这一阶段其他主要作品还有《鹌鹑与秋天》(1963)、《道路》(1964)、《乞丐》(1965)、《镜子》(1971)、《雨中的爱情》(1973)、《卡尔纳克咖啡馆》(1974)、《我们街区的故事》《深夜》《尊敬的先生》(1975)、《爱的时代》(1980)、《千夜之夜》(1982)、《王座前》《伊本·法图玛游记》(1983)、《生活在真理之中》(1985)、《日夜谈》(1986)等等。

纳吉布·马哈福兹的作品在思想内容方面的共同特点是：

首先，作家紧随时代前进，其作品紧随时代脉搏跳动。作家曾说："记得有人把文学家分成过去式、现代式和将来式。我细想一下自己，我发现自己是现代式作家，是当代的作家。我不喜欢写过去，对预言未来也不感兴趣。"[1]

再者作品表现出作家对政治的强烈参与意识。他曾说："在我写的所有作品中，你都会发现政治。你可能会发现有一篇小说没有写爱情，或是别的什么，但却不会没有政治，因为它是我们思想的轴心。政治斗争总是存在的。甚至就是在你可以把它称之为形而上学小说的《我们街区的孩子们》中，你也会发现斗争是存在的。1952年7月革命后，我曾涉及很多非常敏感的题材，如：《米勒玛尔公寓》《尼罗河上的絮语》……"[2] 他还说过："政治情绪与反应是我的艺术经历的基本根源。你甚至可以说，政治、信仰和性是我的作品围绕的三个轴心，而政治则是这三个轴心中的根本轴心。我的每部小说都少不了政治。"[3] 一个作家心目中的政治，当然首先关心的是国家、民族的命运。文学评论家赖佳·纳加什在评论这一点时，曾说道："纳吉布·马哈福兹所写的作品从始至终都是着眼于埃及。他一直倾听着埃及的脉搏，写它的历史，它的现实。他的文学作品与这个历史、现实从没有

---

[1] [埃及]纳吉布·马哈福兹：《我对你们谈》，贝鲁特回归出版社，1977年，第92页。

[2] [埃及]杰马勒·黑塔尼编：《纳吉布·马哈福兹回忆录》，贝鲁特迈西莱出版社，1980年，第78页。

[3] [埃及]纳吉布·马哈福兹：《我对你们谈》，贝鲁特回归出版社，1977年，第92页。

任何隔阂。纳吉布所写的一切都是与埃及及其历史、它的人民,以及它的未来息息相关的。他的文学——从这个意义上讲——是带有崇高的政治文学色彩的。这个有力的基点,把他同我们民族的历史牢牢地联系在一起,并使他跻身于真正的埃及阿拉伯民族感缔造者的行列中。"[1]

第三,作家虽关心政治,但其作品不取媚于政治,作家始终不渝地和他作品的主人公一道为追求真理、宣扬科学而斗争。他是一位社会批判家,对国家、民族,对世界、人类的命运有强烈的忧患意识。他曾说:"我并非故意伤感,但我们确是伤感的。我是属于这样一代人:即使是在欢乐的时刻,也往往是忧心忡忡。这一代人中,只有玩世不恭或是脱离人民的上层人物才会感到幸福。我们写忧伤小说,这并不奇怪,相反,若写欢乐故事倒是一件怪事了。"[2]

第四,纳吉布·马哈福兹具有鲜明的立场和观点,是一个负有历史使命感的作家。他追求公正、合理、幸福美好的社会,尽情地揭露、批判、鞭挞人世间一切暴虐、不义、邪恶、黑暗的势力。但由于政治和社会现实的复杂性,他往往利用不同的表现手法、不同的艺术表现形式表达自己的种种见解。作家在其著名的"三部曲"中,曾借年轻的女革命者苏珊之口说过这样一句意味深长的话:"写文章,清楚、明白、直截了当,因此是危险的,至于小说则有数不清的花招,这是一门富有策略的艺术。"这句话可以看作是了解这位作家每部作品深层中的政治内涵和哲理寓意的钥匙。

为了更深刻地理解纳吉布·马哈福作品的政治思想内涵,我们不妨引述作家在小说之外表达的一些政治观点:

"如果让我在资本主义与马克思主义之间作一选择的话,我会毫不迟疑地(选择后者)。但这能意味我是一个马克思主义者吗?……

……也许,现在在我的心中唯一的信仰就是科学和科学方法。

为了说得更明白些,我要承认,我的信念是:

1. 人类应从阶级及其从属的诸如世袭遗产等特权中解放出来。

2. 人类应从各种形式的剥削中解放出来。

3. 个人的地位应按其先天和后天的才能确定。

4. 人应按需取酬。

---

[1] 见《新月》月刊,1970年2月号,第5页。

[2] [埃及]纳吉布·马哈福兹:《我对你们谈》,贝鲁特回归出版社,1977年,第45页。

5. 个人应在一项统治者与被统治者都要服从的法律保护下,享受思想和信仰自由。

6. 不折不扣地实现民主。

7. 缩小中央政府的权力,使其仅限于在安全与国防范围之内。

这就是马克思主义社会的写照。在我看来,其目标就是要达到个人自由与幸福。并且,一切都要依靠科学。也许最终将导向认识最高真理或是参与创造这一真理。"①

"我是个忠诚的穆斯林。我认为伊斯兰教是主张社会主义的。我同马克思主义的分歧仅仅在于它的唯物主义哲学部分。同时,我也拒绝任何一种专制主义,哪怕它答应我进天堂。"②

"事实上,我对马克思主义提出的社会公正、全面的人道主义观点和以科学为基础,是赞赏的。但我不同意它的专政和它的唯物主义哲学。"③

纳吉布·马哈福兹预言人类未来的命运时说:"我相信未来是社会主义与宗教信仰的统一。"④

他概括自己对价值的信念有三:"社会主义、自由和无限价值的真理。"⑤

在艺术手法方面,由于作家博览群书、学贯东西,并随时代前进,具有变革创新意识,因而我们可以看到,他既继承发扬了埃及、阿拉伯民族古典文学传统的各种表现手法,也借鉴了西方的浪漫主义、自然主义、现实主义,以及包括诸如表现主义、结构主义、解构主义、意识流、荒诞派,乃至拉美的魔幻现实主义在内的各种现代主义和后现代主义的表现手法。正如作家自己所说:"通过这些作品,我可以说,自己是烩诸家技巧于一鼎的。我不出于一个作家的门下,也不只用一种技巧。"⑥传承、借鉴、创新,贯穿于纳吉布·马哈福兹的整个文学创作历程中。作家晚年为创作民族化的小说所作的努力是值得称道的。正是这样,纳吉布·马哈福兹的作品是将现实主义、现代主义及本民族传统文学融会在一起,共同孕育的产物。因此,它既有民族性,又有世界性,最能体现现当代文学的风采。

---

① 见《新月》月刊,1970年2月号,第41页。
② 埃及《鲁兹·尤素福》周刊,1976年第2期,第87页。
③ 《与纳吉布·马哈福兹对话》,巴格达《阿拉伯天地》1976年2月,第6期,第10页。
④ 见贝鲁特《文学》月刊3月号,第112页。
⑤ [伊拉克]《文学先锋》,1977年2月号,第10页。
⑥ [埃及]纳吉布·马哈福兹:《我对你们谈》,贝鲁特回归出版社,1977年,第95页。

纳吉布·马哈福兹的创作道路实质上体现了阿拉伯现代小说发展的历程。他的得奖，标志着阿拉伯现当代文学登上了世界文学的高峰，并占有一席不可忽视的地位。

纳吉布·马哈福兹的逝世，无疑是埃及、阿拉伯世界乃至整个世界文坛的一大无可弥补的损失。但他为世人留下的作品却将永存于世；他的创作道路也具有启迪作用，令人深思，供人借鉴。

（2006年11月18日宣读于阿拉伯文学研究会与北大外院阿语系举办的"阿拉伯文学：时间与空间"文学研讨会，并载于王邦维主编：《季羡林先生与北京大学东方学》下册，阳光出版社，2011年）

新中国 60 年马哈福兹小说研究之考察与分析

1988 年 10 月 13 日，瑞典科学院宣布将当年诺贝尔文学奖授予埃及作家纳吉布·马哈福兹（Najīb Mahfūẓ，1911—2006）。这是埃及，也是整个阿拉伯世界迄今为止唯一获此殊荣的文学家。对他的授奖评语指出："他通过大量刻画入微的作品——洞察一切的现实主义，唤起人们树立雄心——形成了全人类所欣赏的阿拉伯语言艺术。"瑞典科学院常任秘书斯图尔·艾伦先生在颁奖辞中还指出："纳吉布·马哈福兹作为阿拉伯散文的一代宗师的地位无可争议，由于在他所属的文化领域的耕耘，中长篇小说和短篇小说的艺术技巧均已达到国际优秀标准。这是他融会贯通阿拉伯古典文学传统、欧洲文学的灵感和个人艺术才能的结果。"①

1991 年诺贝尔文学奖得主、南非女作家纳丁·戈迪默在为马哈福兹的《自传的回声》英译本写的序言中说："马哈福兹奉献的智慧已摆在我们面前，摘取它吧，把握生命的奥秘！"而埃及著名文学评论家赖佳·纳加什（Rajā' an-Naqqāsh，1934—2008）早在 1970 年就曾做过这样的评论："纳吉布·马哈福兹是一个伟大的民族主义作家。他对于我们阿拉伯人来说，犹如狄更斯之对于英国人，托尔斯泰之对于俄国人，巴尔扎克之对于法国人一样。"②

纳吉布·马哈福兹自己则说："我是两种文明的儿子。在历史上的一个时期里，这两种文明结下了美满姻缘。第一种是已有七千年历史的法老文明；第二种是已有一千四百年历史的伊斯兰文明。"

纳吉布·马哈福兹于 2006 年 8 月 30 日逝世后，当时埃及总统穆巴拉克在痛悼作家时，曾对他这样评价："纳吉布·马哈福兹用他的笔表述了他对埃及人民

---

① [瑞典]斯·艾伦：《诺贝尔文学颁奖词》，郁葱译，《世界文学》1989 年第 2 期，第 200 页。
② [埃及]《新月》1970 第 2 期，第 5 页。

及其历史、事业的热爱,用他的创作表达了人类的共同价值,并用他的作品宣扬了不要执迷、偏激而要教化、宽容的价值,他荣获诺贝尔文学奖表明了一种承认,承认阿拉伯思想对人类文明及其现代遗产作出的贡献。"称他"是思想、文化的一面旗帜,是一位卓越的小说家,一位启蒙的思想家,是一位标新立异的笔杆子,是一位让阿拉伯文化、文学走上了世界的作家"。当时美国总统布什则称纳吉布·马哈福兹是"一位不凡的艺术家,他成功地将丰富多彩的埃及历史、社会摆到了世界面前",布什进而说:"马哈福兹的作品将会继续把他热爱的埃及介绍给美国人和世界各国的读者。"而当时法国总统希拉克在闻知噩耗后则称:"纳吉布·马哈福兹非常认真、仔细、现实主义地描绘了埃及社会,他是第一个于1988年获得诺贝尔文学奖的阿拉伯作家,为埃及文学和古老的埃及天地赢得了世界性的声誉,在那片天地里,他度过了童年,并从中获取了创作的灵感。"希拉克称纳吉布·迈哈福兹是一位"和平、对话和宽容的人"。

一、新中国成立后 30 年的马哈福兹研究

在我国,由于种种历史原因,特别是受"西方–欧洲中心论"的影响,长期以来,对东方文学的译介、研究远不及对西方文学的译介、研究,而且,即使在东方文学中,对阿拉伯文学的译介、研究也远不及对日本、印度文学的译介研究。阿拉伯语教学,虽从 1946 年起开始进入我国高等院校的课堂,从而结束了历来这种语言多半只限于在回民经堂里教学的状况,但直至 20 世纪 80 年代改革开放,在当时设有阿拉伯语专业的七八所高等院校中,基本上只有语言教学,很少有关于文学的课程。

20 世纪 50 年代末 60 年代初,为了配合当时中东政治形势的发展,为了表示对兄弟的阿拉伯人民正义斗争的支持,当时在我国急就章式地赶译了一些阿拉伯文学作品,其中就有马哈福兹的译介。

《反帝的文学,战斗的文学!——阿拉伯现代文学概况》一文中提到:"短篇小说家还有乃芝布·买哈福子(即纳吉布·马哈福兹),在大战末期他的名字才初露头角。他写过历史故事、短篇小说,以后开始写长篇小说,出版了一册'汉·哈利里',描写一个家庭,想在宗教中得到平安,结果还是没有免于灾难。他又写'新开罗',描写一个青年人为衣食所迫,愿意让他的妻子同另一个人发生关系,故事中揭露了资产阶级道德的败坏腐朽。乃芝布后来又出版了一本'皮

袋'（系《米达格胡同》之误译），描写二次大战中人民的生活。1956 年他发表了一部小说'两宫之间'，共计三厚册，描写一个埃及家庭的生活，由 1919 年埃及革命前夕写到 1952 年的事变。乃芝布是有名的小资产阶级的文学家，他描写本阶级的问题、愿望、对人生的看法、苦闷情绪、经济困难以及与其他阶级的联系。"①

另外一篇苏联学者关于阿拉伯文学的文章中这样写道："著名的埃及作家纳吉布·马赫（哈）福兹的长篇小说'两座宫殿之间'，就是根据现实主义传统写成的。读者的眼前展现了一家普通埃及人的生活。而发生小说情节的背景，是第一次世界大战和 1919 年的起义，当时，埃及人民拿起武器来反对英国侵略者。最老的一位埃及作家塔哈·侯赛尼（现通译为塔哈·侯赛因），阿拉伯自传体小说的创始人之一，杰出的社会活动家和评论家，热烈地欢迎这部小说的出版。他在发表在'阿里－古姆胡利亚'（《共和国报》的音译）报上的一篇评论中指出了这部作品在上的高度价值和它的现实主义。塔哈·侯赛尼说：'自埃及人开始写小说以来，这是我读到的最好的埃及小说之一。'"②

"文化大革命"前，北京大学阿拉伯语专业曾尝试开过一次"阿拉伯文学史"和"埃及现代文学史"课，所用的教材就是黎巴嫩学者汉纳·法胡里的《阿拉伯文学史》（郅溥浩译，人民文学出版社，1990 年）与埃及著名学者绍基·戴伊夫的《阿拉伯埃及近代文学史》（李振中译，人民文学出版社，1980 年）。但前者只字未提马哈福兹，后者提到马哈福兹只有两句话。

不难看出，1966 年开始的"文化大革命"前，我国对阿拉伯文学基本上就没有什么研究，遑论对于一位阿拉伯作家及其作品的专题研究了。

1966—1976 年历时十年的"文化大革命"，实际上是"大革文化命"的浩劫。包括纳吉布·马哈福兹及其作品在内的阿拉伯文学的翻译与研究自然是无从谈起了。只有那点少得可怜的译介文章让中国读者知道阿拉伯文坛还有一个马哈福兹。

二、改革开放以来的研究

20 世纪 80 年代初开始的改革开放带来了阿拉伯文学的译介与研究在中国的

---

① ［伊拉克］哈易卜·达尔迈·法尔曼著，林兴华译：《文艺报》1958 年第 15 期，第 6—9 页。
② ［苏］舒斯捷尔：《谈阿拉伯文学》，落英译，《译文》1958 年 10 月。

新兴。

为了打破"欧洲中心论",自20世纪80年代初开始,在我国的高等院校,特别是师范院校的中文系开设了"东方文学史"课;在1982年举办了首届全国东方文学讲习班;1983年成立了"东方文学研究会"。众所周知,阿拉伯文学是东方文学的重要组成部分,"东方文学史"课的开设,引起教的人和学的人对阿拉伯文学的浓厚兴趣,无疑,这在一定程度上促进了我国对阿拉伯文学的研究和译介。

为了扩大学生的知识面,培养学生对阿拉伯文学的审美情趣,提高毕业生的质量,自20世纪80年代开始,设有阿拉伯语专业的院校都相继开设了"阿拉伯文学史"和各种有关阿拉伯文学的课程。部分院校还肩负起培养阿拉伯文学专业研究生的任务。这一切无疑也促进、推动了我国对阿拉伯文学的研究和译介。

应当指出的是,自20世纪80年代开始,特别是自1987年8月"中国外国文学学会阿拉伯文学研究会"建立后,在中国,一支研究阿拉伯文学的队伍已经形成,并日益发展壮大,发挥了自己应有的作用。这支队伍中既有专业人员,也有业余爱好者;既有高等院校的师生,也有工作在社会不同岗位上的同行;既有通过阿拉伯原文进行研究的,也有通过译文或借助其他文字进行研究的。

从某种意义上讲,在我国,对阿拉伯文学的译介与研究基本上是自20世纪80年代改革开放后开始的。对于阿拉伯现代文学的巨擘、被称为"阿拉伯小说之父"的马哈福兹及其作品的译介与研究,自然也是从这一时期开始的。

不难理解,对这一作家及其作品的译介与研究是同步进行的。研究者中,如前所述,既有阿语界通过原文进行研究的,也有外界通过译文或借助其他文字进行研究的。

还应指出,对马哈福兹小说的研究是与对作家的介绍与对其作品的翻译同步进行的,或前者晚于后者。这当然不难理解。

1980年刊出的《一张致人死地的钞票》(范绍民译,《阿拉伯世界》1980年第2期)与《木乃伊的觉醒》(梦早译,《世界文学》1980年第6期),是我国最早译介的马哈福兹的短篇小说。1981年载于《走向深渊——阿拉伯文学专辑》(《译林》编辑部编,江苏人民出版社,1981年)元鼎译的《卡尔纳克咖啡馆》应是最早译介到我国的马哈福兹的中篇小说。1984年出版的《平民史诗》(李唯中、关偊译,湖南人民出版社,1984年)则是我国首部译介的马哈福兹的长篇小说。

马哈福兹为世人留下56部作品,其中37部为中长篇小说,19本短篇小说集。

我国现已翻译出版了二十余部马哈福兹的作品。译作的数量虽不足原著的二分之一，但其各阶段的重要作品，特别是代表作已基本译了过来，而且有的作品特别是其代表作还有多种中译本。这些译本为后来的研究者特别是不懂阿拉伯语的学者提供了基础。

如果说新中国的前 30 年，我国的读者对于马哈福兹几乎是一无所知的话，那么，当他 1988 年获诺贝尔文学奖时，他们对他的名字及其作品早已不再陌生，甚至对他获奖一事也并不感到那么突然。因为如前所述，早在他获奖前的 20 世纪 80 年代改革开放初，他的一些名著如《卡尔纳克咖啡馆》《小偷与狗》《平民史诗》《始与末》《梅达格胡同》《命运的嘲弄》，以及《宫间街》《思宫街》《甘露街》"三部曲"等的中译本已经出版。其间，有些学者乘在埃及进修、访问的机会，对马哈福兹本人进行过访谈。①马哈福兹还曾通过他的《宫间街》"三部曲"中译本向中国读者写信致意，表达了进行中阿文学交流的愿望。②

在这期间，我国的有关学者也对这位作家及其作品做了相应的介绍和初步的研究。这些研究主要是对马哈福兹单部作品的分析，关偁、李琛合写的一篇文章介绍马哈福兹生平和创作的文章③，李琛另有一篇学术性论文探讨了马哈福兹作为一个资产阶级批评者对埃及资产阶级生活的表现④，另有一篇论述了马哈福兹作品改编成电影对埃及电影所作出的贡献⑤。在这期间出版的马哈福兹作品中文版的序或跋中也多有对作家及作品的介绍与评论。

更应提及的是在 1987 年 8 月"中国外国文学学会阿拉伯文学研究会"正式宣布成立，并同时举行第二届阿拉伯文学研讨会，全会只有两个中心议题——"一千零一夜"与"纳吉布·马哈福兹及其创作"。在会上"大家似乎为马哈福兹抱不平：这样一个埃及、阿拉伯的巴尔扎克、托尔斯泰、狄更斯……早就该得诺贝尔文学奖了！说句不算太开玩笑的话：我们中国阿拉伯文学研究会为马哈福

---

① 见张洪仪、谢杨主编：《大爱无边——埃及作家纳吉布·马哈福兹研究》"序"，宁夏人民出版社，2008 年，第 3 页。
② ［埃及］纳吉布·马哈福兹：《宫间街》"扉页"，朱凯、李唯中、李振中译，湖南人民出版社，1986 年。
③ 《埃及名作家纳·马哈福兹及其创作》，《外国文学动态》1981 年第 10 期。
④ 参见李琛：《埃及中产阶级的表现者和批评者——纳吉布·马哈福兹》，《外国文学研究集刊·第 9 集》，中国社会科学出版社，1984 年。
⑤ 参见李琛：《纳吉布·马哈福兹与埃及电影》，《阿拉伯世界》1984 年第 2 期。

兹评选诺贝尔奖至少要比瑞典的那个机构早一年"①！

当然，对马哈福兹更多、更广泛、更深入地译介、研究是在1988年10月13日他获诺贝尔文学奖后。"一周后，中国的主要报纸如《人民日报》《文艺报》《文汇报》，杂志《环球》《瞭望》《阿拉伯世界》，文学刊物如《世界文学》《外国文学》《环球文学》等纷纷做了报道并介绍马哈福兹。据现有资料统计，有26篇之多……中国阿拉伯文学研究会也快速做出反应，1988年11月10日联合中国社科院外文所、阿拉伯驻华使馆集会庆祝，举办'诺贝尔文学奖得主马哈福兹及其创作'报告会，另外还举办了'马哈福兹阿文原著和中译本展'。阿拉伯文学研究会自成立至今，至少有三次研究会将马哈福兹及其著作列入会议的专题。"②

至今我国学者对马哈福兹及其作品的研究的文章与论文已远不止百篇，有关的硕士和博士论文也有十余篇。其中有对作家及其作品进行总体介绍、研究、探析的；有对其代表作或名作予以个案分析、解读的；也有从比较文学角度对作家、作品进行研究的。

对纳吉布·马哈福兹及其作品的总体介绍，最早的当推如前所述的关偁、李琛的《埃及名作家纳·马哈福兹及其创作》，继而有仲跻昆的《当之无愧——谈纳吉布·迈哈福兹及其文学创作》（《东方世界》1988年第6期），朱威烈的《阿拉伯文学的骄傲》《环球文学》1989年第1期），齐奋的《纳吉布·马哈福兹》《世界文学》1989年第2期），郅溥浩的《马哈福兹：阿拉伯文学的一座金字塔》（《文艺报》1995年3月11日）等。应当说明的是20世纪90年代及其后出版的东方文学史或阿拉伯文学史大都以专门的章节对马哈福兹及其创作做了总体介绍。如在《东方现代文学史》（中国社会科学院外国文学研究所编，海峡文艺出版社，1994年）中，李琛以"阿拉伯小说的泰斗——纳吉布·马哈福兹"为专章题目，分"生平与文学思想""现实主义的里程碑""现代人的危机和自审""历史与人类命运的沉思"四节，较系统、翔实地介绍了马哈福兹的生平、思想，对其各个时期的作品特别是其代表作——《宫间街》"三部曲"、《我们街区的孩子们》《平民史诗》等都做了较深刻的解读，指出：

---

① 张洪仪、谢杨主编：《大爱无边——埃及作家纳吉布·马哈福兹研究》"序"，宁夏人民出版社，2008年，第5页。

② 丁淑红：《中国的纳吉布·马哈福兹研究掠影》，《外国文学》2009年第2期。

马哈福兹怀着对美好理想的向往与追求，站在历史发展的高度俯视人生，以朴实无华、真实生动的笔触，艺术地再现了埃及发展的现代化进程，表达他对国家、民族、人类命运的关注与思考。他在艺术上锲而不舍的探索，随着时代的前进而发展。每迈出的一步都勾勒出阿拉伯小说发展的轨迹。他的艺术实践不仅把阿拉伯现实主义小说推上顶峰，也促进了它的现代化进程。因此，马哈福兹不愧为"阿拉伯小说之父"。[1]

此外，在季羡林主编的《东方文学史》（吉林教育出版社，1995年）、朱维之等主编的《外国文学简编［亚非部分］》（修订本）（中国人民大学出版社，1998年），郁龙余、孟昭毅主编的《东方文学史》（北京大学出版社，2001年）以及仲跻昆编著的《阿拉伯现代文学史》（昆仑出版社，2004年）等书中，也都辟有对马哈福兹及其创作的专节介绍和述评。

三、对马哈福兹代表作的研究

对于马哈福兹作品的个案研究主要集中于他的两部代表作——《宫间街》"三部曲"与《我们街区的孩子们》上。《宫间街》"三部曲"是阿拉伯作协选出的"105部20世纪阿拉伯最佳中长篇小说"之一，被认为是阿拉伯长篇小说发展的里程碑。如前所述，《宫间街》"三部曲"至今有三种中译本。其中，1986年湖南人民出版社的译本中附有长达万余字的"译者序言"，这篇序言的作者虽未署名，但很可能是出自译者之一的朱凯之手，因为同样的内容还以他写的《纳吉布·马哈福兹的"三部曲"》为题，刊载于1986年第四期的《外国文学》上。文章较详尽地介绍、分析了"三部曲"产生的历史背景、内容梗概、人物特征、艺术手法及其在埃及乃至阿拉伯文学史上里程碑式的地位。序言中指出：

> "三部曲"包含有关于当时开罗社会生活的大量材料，作者描写了上自政治家、贵族，下至普通商人、知识分子、学生、革命者以及妓女、仆人等形形色色的社会人物，反映了他们的生活和命运，并展现了他们的内心世界。作者展开了社会生活的广阔画面，把我们带到爆发反帝游行示威的沸腾的大街、策划党派斗争的政治家的沙龙、革命者聚会的场所，以及醉生梦死的人

---

[1] 高慧勤、栾文华主编：《东方现代文学史》下册，海峡文艺出版社，1994年，第1430—1447页。

们寻欢作乐的龌龊角落，给我们提供了一幅光怪陆离、纷繁复杂的社会风景画。

……

如果说，作为法国社会"忠实书记员"的巴尔扎克以其《人间喜剧》一书写出了法国社会的"人情风俗的历史"（巴尔扎克语），而托尔斯泰、狄更斯写出了俄国和英国的"人情风俗史"，我们也可以毫不夸大地说，纳吉布以其"三部曲"写出了埃及的"人情风俗史"。[1]

这大概是我国最早对"三部曲"较全面系统的介绍与研究。

谢秩荣的《论纳吉布·马夫兹的"三部曲"》（《外国文学研究》1990年第2期）与蒋和平的《埃及1919年革命与纳吉布·迈哈福兹的"三部曲"》（《东方研究——二〇〇一年》，国际文化出版公司，2002年），皆以精通阿拉伯文的优势，直接援引发表于阿拉伯书刊上有关马哈福兹本人及有关评论家观点等翔实的原始资料，对"三部曲"进行深刻的分析、研究。前者在文中指出："……争取自由——民族自由和个人自由，就是'三部曲'的核心。作者正是围绕这个核心，通过对一个中产阶级三代人的演变，真实地再现了这个重要历史时期埃及社会的动荡和变迁。""家庭是社会的缩影。家庭生活的变化常常与社会生活的变革相联系。纳吉布正是从艾哈迈德一家三代人的演变，从新一代人对旧一代人的胜利中，揭示出时代的变迁，预示了封建制度必然灭亡的趋势。"[2] 后者侧重于对"三部曲"中之《宫间街》的时代背景与人物分析，指出："纳吉布·马哈福兹从一个历史学家的角度，客观地再现了1919年革命期间所发生的一些事件；又从一个小说家的角度，生动地描写了学生、知识分子、小资产阶级及中产阶级等各阶层形形色色的人物对待此次革命的态度。"[3]

"三部曲"中的女性形象尤其受到研究者的关注。张嘉南就曾先后发表过《纳吉布·马哈福兹"三部曲"中的女性形象》[4]《蒙昧与觉醒——谈纳吉布"三部曲"

---

[1] ［埃及］纳吉布·马哈福兹：《宫间街》，朱凯、李唯中、李振中译，湖南人民出版社，1986年，第1—21页。

[2] 谢秩荣：《论纳吉布·马夫兹的"三部曲"》，《外国文学研究》1990年第2期，第100—101页。

[3] 蒋和平：《埃及1919年革命与纳吉布·迈哈福兹的"三部曲"》，《东方研究——二〇〇一年》，国际文化出版公司，2002年，第144页。

[4] 《阿拉伯世界》1995年第3期。

中的妇女形象》①《艰难的历程：从马哈福兹的"三部曲"看埃及妇女解放运动》②三篇文章予以论析，指出："全书近六十个人物中，作家用了相当多的篇幅着力塑造了众多的埃及妇女形象。细腻地描绘了她们作为女人、妻子、母亲、女儿、学生；作为女仆、歌女、情妇、妓女等在日常生活中的喜怒哀乐、悲欢离合；反映了她们在反帝爱国运动中的立场、态度；在恋爱、婚姻、家庭等人生道路上的不同追求；揭露了封建伦理道德对妇女的摧残；鞭挞了父权、夫权和神权对妇女的迫害。探讨'三部曲'中妇女形象对了解埃及妇女在52年独立革命前半个世纪中的命运和觉醒是有着深刻的现实意义的，因为阿拉伯妇女的解放运动，正是'在争取民族独立的斗争中发展'。"③在21世纪又有年轻学者继续在这方面进行研究。④张嘉南先生对马哈福兹作品中的女性问题的研究是在国内学术界女性主义思潮刚刚兴起不久，由此可以看到国内的马哈福兹研究经常是和国内学术界的学术潮流共同进退的。

但比较文学和比较文化在国内热起来的时候，也有人从这个角度对马哈福兹及其作品进行了研究。国内对马哈福兹的比较文学研究大多将他和巴金进行比较。"纳吉布·马哈福兹的'三部曲'很容易使人联想起我国大作家巴金的《家》《春》《秋》'三部曲'。两者确有异曲同工之妙。"⑤著名文学批评家刘再复就曾说过："瑞典文学院的马悦然教授曾对我说，纳吉布笔下的现实和巴金笔下的现实与风情很相近。有的作品，只要把人名、地名一换，我们简直难以分清是巴金的还是纳吉布的。"⑥两位作家"三部曲"的相似性的确为比较研究提供了很好的话题。

倪颖就发表过《中阿文坛的两位巨匠——巴金与纳吉布·马哈福兹》（《东方研究》（2002—2003），经济日报出版社，2003年）与《东方文坛的两部现实主义巨著》（《东方新月论坛》，北京：经济日报出版社，2003年）两篇论文，指出：

---

① 《国外文学》1995年第3期。
② 《北京大学学报》1996年东方文化研究专刊。
③ 张嘉南：《蒙昧与觉醒——谈纳吉布"三部曲"中的妇女形象》，《国外文学》1995年第3期，第102页。
④ 探讨"三部曲"女性问题的论文还有栾立朋的《马哈福兹小说中的女性形象》（《暨南大学》2005年5月）、陆怡玮的《女性主义文化批评视阈下的"开罗三部曲"》（《阿拉伯世界研究》2009年第5期）等。
⑤ 仲跻昆：《阿拉伯现代文学史》，昆仑出版社，2004年，第215页。
⑥ [埃及]纳吉布·马哈福兹：《纳吉布·马哈福兹短篇小说选萃》，葛铁鹰等译，华夏出版社，1989年，第2页。

"巴金与纳吉布·马哈福兹是当今东方文坛乃至世界文坛的两位巨匠。在几十年的创作生涯中，他们各自为中国人民与阿拉伯人民奉献了大量充满激情、智慧与思想的文学作品，影响了几代人，意义深远。无独有偶的是，两位作家都以自身的亲身经历，以身边的人和事为原型，经过文学加工，创作出了两部杰出的现实主义长篇巨著——巴金的"激流三部曲"（《家》《春》《秋》）与纳吉布·马哈福兹的"三部曲"（《宫间街》《思宫街》和《甘露街》）。"①

薛庆国则在《"家"与东方之弊》一文中进一步指出两部"三部曲"的创作历史渊源："在内忧外患、百废待兴时期的中国和埃及，都不乏巴金与马哈福兹这样思想活跃的知识分子，他们由于接受了近代西方先进思想的洗礼，在观察自己身处的古老东方的社会与文化问题时，视野就显得异常开阔，他们对本民族的停滞与落后状态有切身的感受，并且敏锐地意识到其症结之所在。将两位作家的"三部曲"加以对照阅读并结合现当代中国与阿拉伯知识分子对于民族文化传统的反思，我们发现，中国与阿拉伯（特别是历史包袱同样沉重的埃及）两大东方民族的传统文化中，都存在着许多惊人相似的弊端。"②

属于这一比较文学论题的论文还有余嘉的《前后喻小说文化视域中马哈福兹与巴金的家族小说之比较》(《广西师范大学学报》2000年第2期)、陆怡玮的《殊途同归的两位文化巨人——简析巴金与马哈福兹的家族小说》(《文艺理论研究》2009年第6期)。

除了将马哈福兹与巴金做比较外，相关的比较文学论文还将马哈福兹与鲁迅、钱锺书进行比较，甚至将马哈福兹与日本作家川端康成、南美作家马尔克斯的作品进行比较研究。③

此外，一些学者还从性爱描写、精神内核、空间性的文化叙述、社会主义信

---

① 《东方新月论坛》，经济日报出版社，2003年，第247页。
② 《东方新月论坛》，经济日报出版社，2003年，第170—171页。
③ 参看汪祖贵：《论纳吉布·马哈福兹"三部曲"〈两宫之间〉的讽刺艺术——与鲁迅、钱锺书讽刺手法比较》，《文教资料》2007年第17期；林丰民：《马哈福兹和鲁迅文化思想比较》，《国外文学》2000年第3期；罗田：《马哈福兹与川端康成小说空间艺术比较》，《外国文学欣赏》1989年第3期；刘清河：《历史命运和文化精神的投影——〈百年孤独〉与〈平民史诗〉对读》，《汉中师院学报》1993（1）等。

仰、文化冲突等角度对马哈福兹的"三部曲"进行了专题评述。① 特别要提到的是杨乃贵的《关于"三部曲"两个中译本的商榷》②以非凡的勇气指出了"三部曲"两个版本中存在的诸多翻译错误，这在当下学术界批评者对作家、作品的批评不痛不痒、赞扬多于批评的状况下，尤显难能可贵。

《我们街区的孩子们》是纳吉布·马哈福兹的另一代表作。在诺贝尔文学奖新闻公报中就明确地指出："《我们街区的孩子们》是部非同寻常的小说，其主旨是反映人类对精神价值永无止境的探索……在善与恶的冲突中，不同的价值体系紧张地对峙着。"挪威诺贝尔学院与奥斯陆的挪威读书会曾在2002年5月公布了经54国作家包括多丽丝·莱辛、米兰·昆德拉、奈保尔等百名著名作家推选的所有时代最佳百部书籍，《我们街区的孩子们》就荣登榜上。

如前所述，这部巨著先后有以《街魂》《世代寻梦记：我们街区的孩子们》与《我们街区的孩子们》为书名的三种译本。其中两个译本都是李琛译的。她在以"载负心灵飞向美好和崇高"为题的长篇译序中，明确地指出该书是"一部从埃及社会现实和社会发展进程出发，站在历史和时代的高度思考人类的命运、弘扬积极人生的高品位的文学作品"。"这一长篇巨著，描写了这个街区的几代救世人物。这五位代表人物的命运浓缩了人类历史的进程。每个人物都有一定的象征意义。按马哈福兹的话说，就是'用现实主义的手法去批判神话，给神话穿上现实的外衣，以增强对现实的理解和希望。'"③

但《我们街区的孩子们》这部被公认为20世纪伟大的现代寓言小说在国外受到了众口一词的赞誉的同时，在埃及国内则一直争议不断，褒贬不一，毁誉参半。它一方面让作家受到举世赞誉，另一方面却又让他险遭杀身之祸。这种争议性反而引起了读者和评论家格外的关注。国内学者们对于这一部作品也给予了很大的关注，发表了不少论文。

---

① 这一类的论文有张佑周：《评纳吉布长篇小说〈两宫之间〉》，《龙岩师范专科学校学报》1992年第1期；陈融：《论"三条街"中的性爱描写》，《国外文学》1992年第3期；黄辉：《尼罗河上的絮语——纳吉布·马哈福兹"三部曲"的精神内核》，《湖南工程学院学报》2002年第3期；马丽蓉：《论马哈福兹"三部曲"空间性的文化叙述》，《阿拉伯世界》2003年第6期；陆怡玮：《从"开罗三部曲"看马哈福兹的社会主义信仰》，《飞天》2009年第16期；段智婕、金欣：《挣扎在道德与自我之间——浅析〈宫间街〉父亲形象体现的伊斯兰文化与商业文化价值观的冲突》，《学理论》2009年第20期；丁淑红：《中国的马哈福兹"三部曲"研究》等。

② 杨乃贵：《大爱无边——埃及作家纳吉布·马哈福兹研究》，宁夏人民出版社，2008年。

③ ［埃及］纳吉布·马哈福兹：《我们街区的孩子们》，李琛译，上海文艺出版社，2009年，第1、3页。

林丰民从接受美学的角度分析了这一现象:"对《我们街区的孩子们》迥然不同的解读成了接受美学理论在埃及/阿拉伯文学界最为典型的一个范例。接受美学理论认为,艺术作品的审美价值并不是客观的,而是与读者的价值体验紧密相关的……阅读《我们街区的孩子们》的读者很多,但基本上可以归为两大类:一是更多地融入现代社会的、倾向于世俗主义思想的普通读者;另一类则是宗教意识浓厚的、在很大程度上拒斥西方新思潮的读者。在普通读者看来,《我们街区的孩子们》是从人类发展的角度,思考通向理想境界的道路……另外一些读者则认为《我们街区的孩子们》中的各代人分别象征人类始祖亚当,宗教时代的摩西、耶稣、穆罕默德,和现时代的科学与知识,认为它是'对大闪族的各种宗教进行编造'。保守势力据此而将渎神的罪名加诸马哈福兹身上。"①除了指出宗教倾向的读者解读马哈福兹这一作品的核心指向是作家亵渎真主、亵渎伊斯兰教之外,林丰民还通过文本分析指出作家对于伊斯兰价值的尊崇以及对宗教信仰的追寻,同时指出马哈福兹重视科学精神对于构建未来的重要性。这样的解读相对于阿拉伯评论界来说,更加客观。

蒋和平则评价马哈福兹的这部巨著"是作者对千百年来人类生生不息、追求平等和自由的奋斗历程的生动描绘,至于其中所蕴蓄的深刻含义,可谓仁者见仁,智者见智"②。在另外一篇论文中,他说:"我们有充分的理由相信:纳吉布·马哈福兹有着虔诚的宗教信仰和广博的宗教知识,正是凭借这种修养,加上其在艺术上的不断探索、求变,作家才为读者奉献出《我们街区的孩子们》这样一部表现人类为实现永久公正与理想社会而斗争的史诗般的作品。"③

郅溥浩也指出:"《我们街区的孩子们》确是阿拉伯文学中一部有价值的奇书。在一个宗教意识浓重的国家和地区,自由的创作和哲理的探索,会面临较大的困境和更严峻的挑战。在埃及和其他国家,类似情况已屡见不鲜,马哈福兹笔下所写,是一部人类发展史,一部人类精神史,更是一部人类苦难史。"④

---

① 林丰民:《亵神、寻神与科学精神——诺贝尔文学奖得主纳吉布·马哈福兹作品解读》,《东方研究》1998年百年校庆论文集,蓝天出版社,1998年。
② 蒋和平:《〈我们街区的孩子们〉文本解读》,《东方新月论坛·2003》,经济日报出版社,2003年,第215页。
③ 蒋和平:《从〈我们街区的孩子们〉看纳吉布·马哈福兹的宗教情节》,《东方新月论坛·2003》,经济日报出版社,2003年,第245页。
④ 郅溥浩:《围绕〈我们街区的孩子们〉的争论》,《大爱无边》,宁夏人民出版社,2008年,第120页。

薛庆国在揭示这部作品产生的社会、历史的底蕴时指出："长期以来，马哈福兹生活的埃及阿拉伯社会在政治、经济上相对落后，其根源首先应归咎于文化的保守与僵滞。由于宗教保守思想的影响，人们虽然对悲惨的现实不满，但很少奋起抗争以期改变现实……受到社会主义和人文主义精神启迪的马哈福兹，深为本民族的文化落后而焦虑。一方面，他要批判利用宗教实行统治的专制势力，呼唤正义、平等、自由；另一方面，他更力图扭转盛行于伊斯兰社会的神本意识，批判愚昧、迷信及思想的惰性，宣扬人文意识，期望建立一种先进的文化模式。"①

由此可见，中国学者在对待马哈福兹作品的宗教问题时基本上都比较客观，不盲目跟随阿拉伯宗教倾向学者的批判，也不完全附和西方学者对马哈福兹的看法，而是站在各种不同的视角，试图揭示马哈福兹对人类社会特别是阿拉伯社会未来发展道路的思考。

除了上述两部代表作外，对马哈福兹其他一些重要作品，也有不少论文予以各有特色的解读与评析。有的分析马哈福兹作品中的理想世界和人生真谛②，有的从东方现代主义的角度发掘马哈福兹作品的价值③，有的从智慧的角度分析马哈福兹作品对于人生的启示④，有的从传记文学的角度探讨马哈福兹的《自传的回声》⑤……多层次、多方位地解读马哈福兹作品的内涵和意义。

另外一些论文则以作家的创作思想、道路、手法等为切入点对马哈福兹进行研究、探析。仲跻昆比较全面地论述了马哈福兹的创作道路⑥，赵建国论述了马哈福兹的现实主义创作手法⑦，谢杨从小说语言的角度分析马哈福兹小说的苏菲语言特点和诗性语言⑧，黄丽从马哈福兹多部作品探查了作家小说叙事特征的演

---

① 薛庆国：《反思人神关系的一部力作——评〈我们街区的孩子们〉》，《庆祝北京外国语大学建校60周年学术论文集》（下），外语教学与研究出版社，2001年。
② 赵建国：《理想世界和人生真谛的探索：纳吉布·马哈福兹谈小说〈平民史诗〉初探》，《阿拉伯世界》1991年第1期。
③ 侯传文：《〈米拉马尔公寓〉与东方现代主义》，《青岛大学学报》1992年第4期。
④ 薛庆国：《智慧人生的启迪——解读〈自传的回声〉》，《国外文学》2001年第1期。
⑤ 邹兰芳：《"风景之发现"观照下的〈自传的回声〉》，《外国文学评论》2009年第2期。
⑥ 仲跻昆：《纳吉布·马哈福兹的创作道路》，《东方新月论坛·2003》，经济日报出版社，2003年。
⑦ 赵建国：《纳吉布·马哈福兹小说的现实主义》，《阿拉伯世界》1990年第1期。
⑧ 谢杨：《马哈福兹小说语言的苏菲主义倾向》，《北京第二外国语学院学报》2006年8月；《马哈福兹小说语言的诗性特点》，载《当代阿拉伯问题研究》，人民出版社，2006年。

变[1],马征以比较文学的方法和后殖民的视角探究了西方评论界对马哈福兹历史小说的接受[2],李琛在其专著中更是列出专章,探讨马哈福兹作品的苏菲神秘主义倾向,认为马哈福兹以苏菲的方式弘扬了积极的人生取向[3]……

总体看来,截至目前,国内学者在马哈福兹及其小说的研究方面还是做了一些工作。虽如前所述,我们已翻译出版了马哈福兹的二十多部作品,写出了一百余篇的相关论文,加上一部论文集,但对于马哈福兹这样一位享誉全球的大文豪,我们做的这一切,无论是量是质都远远不够。有些译文值得商榷的地方颇多,影响读者对作品的欣赏。有些论文似乎有些浅薄。马哈福兹这样的文坛巨擘实在值得我们译界、学者全面译介,深刻研究,在保障质量的前提下,把他的作品全部译出;写出一些专著,予以深刻、全面的评介、探析。

(原载于申丹、王邦维总主编:《新中国60年外国文学研究》第一卷下,章燕、赵桂莲主编:《外国小说研究》,北京大学出版社,2015年)

---

[1] 黄丽:《从"开罗三部曲"到〈平民史诗〉——论马哈福兹家族小说叙事特征的演变》,《青岛职业技术学院学报》2008年第4期。

[2] 马征:《从后殖民视角看马哈福兹历史小说在英语世界的接受》,《东方论坛》2008年第2期。

[3] 李琛:《阿拉伯现代文学与神秘主义》,北京:社会科学文献出版社,2000年。

心系天方　毕生追索
——访谈录

采访人（问）：非常感谢仲老师刚从国外回来就接受我们课题组的访谈。这次采访，希望您向我们介绍一下新中国成立以来北京大学阿拉伯语语言文学这个学科的发展情况，以及您个人的学术道路，包括在从事外国文学翻译和研究方面的心得体会。我们就从您来北大读阿语专业开始吧。

仲跻昆先生（答）：我上北大有一定保送或推荐的性质，当时他们认为东语系多是小语种，觉得招来的人将来多是要搞外事的。我在大连上的高中，开始时没有想到要学外语，特别是阿拉伯语。大连的特点是没有经过国民党统治时期，日本人走了后苏联人就来了。那时候我的一个理想是做演员。我还有一个理想是当作家，搞文学。因为我小时候的教育不像现在这种应试教育，学生要成天拼命忙于应付考试、升学。那时候我喜欢读课外书，文学底子大概是中学那时候积累的。当时我功课可以应付，每天爱去书店、图书馆。我有好几个图书证，除了学校的图书证外，我还有中苏友协的图书证、旅大图书馆的图书证。那时候看小说很多，特别是苏联小说、儿童文学，所以就想做儿童文学作家。高中临毕业时，老师说上面有个项目，向北大东语系推荐人，说我挺合适的，于是我心动了，就报了名，还经过了统一考试，我们中学考进北大东语系的有6个人。分专业时是这样：东语系大大小小有十多个专业，那时候日语是热门，大家抢着报，但我是大连人，特别反感日本，大连在日寇统治时期叫"关东州"，比伪满洲国还要殖民化一些，它不属于伪满洲国，而完全是日本直接统治，实际上和中国台湾的地位差不多。那时大连从小学就开始教日语，我妈妈在大连教小学，她的日语就挺好。我觉得我可以学别的，就是不能学日语。我先是想学"印度语"，那时候还不知道是叫印地语，当时尼赫鲁搞第三世界不结盟运动，他算是领头人，中印关系也好，所以我第一志愿报的印地语，第二志愿才是阿拉伯语。虽然当时也知道阿语很难，但那时纳赛尔收回苏伊士运河，抗击"三国侵略"，气势还挺壮；小时候读《天方夜谭》，对那片地方也颇有兴趣。每个人要填三个志愿，我不太想学太小的语种，于是把日语列在了第三志愿，这样就选上了阿拉伯语。我至今都不曾后悔，当时的选择是对的。中国有句话叫"男怕选错行，女怕嫁错郎"，我的行当选得没错。现在是精力不够，如果可以从头再来，我还是愿意干这行。

问：您是北大阿拉伯语专业第一届学生吗？

答：我不是。咱们国家阿拉伯语教学最早是在清真寺经堂里，学员多是回民等穆斯林，除了学习阿拉伯语外，还学习《古兰经》《圣训》和一些宗教知识。直到1946年阿拉伯语教学才进入大学课堂。前段时间我去黎巴嫩访问就讲到这个问题——"从清真大寺到大学"。在阿拉伯语中"清真大寺"和"大学"两个词只是词尾差一个字母。当时阿语教学又分别在南、北两边进入高校：这边是1946年季羡林先生回国后在北大创建东语系，把马坚先生调到了北京大学；另一边是刘麟瑞、王世清先生在南京东方语专创设了阿语专业。他们这几位老先生都是20世纪30年代在开罗爱资哈尔大学学的阿拉伯语。他们都是穆斯林，不是公派，是靠一些民间资助去留学的。当时正是国内抗日战争，他们也回不来，在那里学的时间比较长。这拨人学习的优势是发音、语法不错，所以我们国家阿语后辈的基本功就比较正，发音、语法都比较好。他们虽然没有在国内接受过正规的高等教育，但学问上各有特点，有些人回来后到清真寺当大阿訇。当时把马坚先生派出去是为了翻译《古兰经》，也是出于宗教方面的目的。

后来院系调整把东方语专调到北大来。最初几届没培养出多少人才，毕业留校的就是陈嘉厚、邹裕池两人。我们入大学上一年级的时候，就是他俩教的。北大是我国最早开创阿拉伯语专业的，之后才相继在一些高校创设了阿语专业，直至"文化大革命"前，发展到七八所院校，如当时的北京外语学院、上海外语学院、北京语言学院、北京外贸学院、北京第二外语学院、中国伊斯兰经学院、张家口军事外院（后改为洛阳军事外院）等。改革开放后，特别是近几年发展特别快，现在已发展到30所左右高等院校开设了阿拉伯语专业。

问：当时国内的阿拉伯文学研究情况怎么样？

答：在我国，长期以来，不仅因为受"西方－欧洲中心论"的影响，对东方文学的研究、介绍远不及对西方文学的研究、介绍，而且，即使在东方文学中，对阿拉伯文学的研究、介绍也远不及对日本、印度文学的研究、介绍。从阿拉伯文译成中文的工作虽早在19世纪就已经开始,但那时只是有些回民学者出自宗教的目的翻译了《古兰经》部分章节和蒲绥里的《天方诗经》等。1949年中华人民共和国成立前,绝大多数的中国读者对阿拉伯文学的了解仅限于《一千零一夜》(《天方夜谭》)的片段故事,那是部分学者在20世纪初开始从英文译本转译过来的。中国著名的文学家茅盾先生于1923年从英文译的纪伯伦的5篇散文诗,冰心先生于1932年译的纪伯伦的《先知》,是我国对近现代阿拉伯文学最早的介绍。1927年商务印书馆出版的郑振铎先生的《文学大纲》,全书上、下两册,共约2200页,对阿拉伯文学的介绍只占25页,算是当时我国对阿拉伯文学最全面、系统地介绍了。

总体说来,新中国成立前,阿拉伯文学基本没有多少翻译和介绍,更不要说研究了。新中国成立后,20世纪50年代末、60年代初,阿拉伯各国人民的反帝国主义、殖民主义的民族解放运动风起云涌。为了配合当时中东政治形势,为了表示对兄弟阿拉伯人民正义斗争的支持,当时在我国出现了介绍阿拉伯文学的第一次高潮,翻译出版了一些阿拉伯文学作品。但多半是从俄文转译的。至于研究,几乎没有。

我的感觉是,阿拉伯人自己在过去很长一段时期也不太重视文学研究,像爱资哈尔大学把文学作为皮毛课,认为《古兰经》《圣训》和有关伊斯兰教那些经学科目才是真正主要的东西。比如被认为是埃及最早的现代长篇小说《泽娜布》,作家是留学法国时写的,1914年发表的时候署名为"一个埃及农夫",都不敢用真名,好像写小说挺丢人似的。阿拉伯传统文学以诗歌为主,现代小说是很晚才从西方引进来的。阿拉伯文学在很多方面和中国很相似,在古代,诗歌才是正宗,小说好像是被看作街谈巷议,不入流的。

《一千零一夜》在世界的名声很响,但在阿拉伯文学史中却不太当回事。被认为是当代权威的埃及学者邵基·戴伊夫十卷本的《阿拉伯文学史》,有五千多页,对《一千零一夜》的介绍只不过一页。他们还往往把它作为舶来品,因为它最早源起于印度、波斯嘛。有很长一段时期,在阿拉伯读《一千零一夜》在道学家们的眼里是犯忌的事,有点像《红楼梦》里贾宝玉、林黛玉看《西厢记》一样。1985年,《一千零一夜》在埃及竟被宣布为禁书,因为最早的全本出来了,爱资哈尔的宗教学者们说这是淫书,为此文学家们和他们打了一架。其实《一千零一夜》好像中国的市井文学,原是一些说书人的话本,其中有一些荤段子,以迎合市民的心理。既然当初是说书人的话本，到官府为上层讲可以，去集市、茶馆为下层讲也可以，内容混杂，既可以为官府歌功颂德，比如哈里发微服私访什么的，到了老百姓那里又可以说讽刺上层官府的段子。《一千零一夜》还影响到了欧洲，因为欧洲在文艺复兴前的中世纪是最黑暗的神权统治时期，而《一千零一夜》的人文主义思想很强。《十日谈》《坎特伯雷故事集》等一方面在形式上仿效《一千零一夜》故事套故事的框架式结构；另一方面在思想内容上也受其人文精神的影响，反对神权禁欲。

可以说，阿拉伯文学对于西欧的文艺复兴影响很大。西方说起自己的文艺复兴，就直接接上了希腊、罗马，可是怎样接上的呢？这就没有提。其实其间阿拉伯－伊斯兰文化起了很大作用。哲学方面也是这样，希腊时候是多神的，后来中世纪是一神统治，要把希腊的东西毁掉。阿拉伯则大力吸收，把希腊、罗马、波斯、印度的东西都拿来了，大力翻译，并予以修订、增补，承前启后，其中就包括哲学。

阿拉伯是游牧民族，缺少文化，所以他们很重视文化，重视吸收、借鉴他者的文化，所以很重视翻译。据说在阿拔斯朝，哈里发麦蒙曾建"智慧馆"，对著名翻译家译的名著、译稿有多重就用多重的黄金作稿酬。穆斯林的先知穆罕默德虽不识字，却很鼓励、奖掖有知识的人，比如抓到一个俘虏，若能教会十个人读书、写字，就把他放了。《古兰经》其实还是鼓励人们有知识的。在阿拔斯朝，有一个在皇宫教书的瞎子学者，与著名的哈里发哈伦·赖世德共进午餐后，发现给他端来脸盆和汤瓶，并给他倒水洗手的竟是哈里发本人。他们认为是国王统治老百姓，但真正能管国王的应当是有知识的人，所以他们对知识文化很重视。我这次到阿联酋领"年度文化人物奖"，奖项是以阿联酋的开国总统命名的。这位总统连任6次，直到2004年去世。2006年就以他的名义搞了"谢赫扎耶德国际图书奖"。奖项总共9项，我得的是其中一项。这位总统在1977年10月有一段讲话，说："对钱财最好的投资莫过于将它用于造就几代有知识、有文化的人才。真主已恩赐予这个国家以福祉，让她有用钱财为科学服务的机会。我们不能错过这个机会，而应争分夺秒，使我们在获取科学知识并用以武装自己方面的步伐比在任何其他领域的步伐都要快。"

问：您在北大读书的时候，就上过文学类的课程吗？当时北大阿语专业文学方面的教学和研究情况是怎样的？

答：在"文化大革命"之前，开设的基本上都是语言课。我那时还没有学文学课，只有课文中选了一些文学篇章。"文化大革命"前我当教员后，印象中有两次文学课，一是马坚先生给60级学生按照黎巴嫩汉纳·法胡里的《阿拉伯文学史》讲过文学，这本书郅溥浩后来翻译过；再就是李振中也是给这个班讲了《阿拉伯埃及近代文学史》，"文化大革命"后，他也是把这本书翻译、出版了。"文化大革命"前基本上是教语言，很少讲文学。搞文学翻译会被认为是不务正业，无论是教员还是学生都不能弄。

当时运动一个接一个，从我进校时候起，又是"双反"，又是"反右""反右倾""批判人性论"……我的印象是运动多、劳动多。每个运动过后，钻业务的人，往往就成为运动中的靶子，挨批。你下棋、打扑克可以，看书、钻业务就往往被认为是走"白专道路"，只要是"专"，就往往被认为是"白专"。

我当年倒也没有怎么挨整。因为我那时在东语系课外搞编剧、演剧，算是政治宣传。东语系当年有两个有名的节目，一个是表演唱《人民公社十二月》，一个就是我编写《白宫丑史》，模仿木偶戏，拿活人演木偶，我演美国总统！那时配合政治形势发展编剧，内容要不断更新。我们自己造了一个木偶戏的框架，相当于一个小舞台，摆在大舞台上。演员做木偶动作，有人配音，有乐队伴奏，夸张、讽刺，往往一句台词出来，底下"哗"的一片笑声，喜剧效果很好。我们曾拿这个节目代表北大参加北京市的汇演，在人民大会堂的舞台上演出。后来这个节目还同北京市其他的优秀汇演节目集锦拍成了电影，叫《我们在毛主席身边歌唱》。

问：您还在阿拉伯国家长期学习和工作过，能谈谈您出国时的经历吗？

答：1972到1974年我去了苏丹，那时候咱们援外，江苏省支援苏丹修筑一条公路，建一座桥。修公路要找水源，他们找北京水源队帮忙去打井，北京水源队要找翻译，来北大要人，就把我要去了。那是我第一次出国，虽然明知苏丹是世界三大火炉之一，非常热，但是能够出去，在"文化大革命"时期也算是享受了一定的政治待遇，说明受信任，政治上没问题，况且我还不是党员，能出去我很高兴。那是在苏丹北部，都在野外，的确很热，也很苦：这边洗衣服晾上，第二件洗好，第一件都干了；坐汽车下来后，裤子后面都是一圈白色的汗渍……

那会儿有时也买点小说看看，也有机会可以接触当地社会，对提高口头表达能力、口译水平很有帮助。除了这两年，1978到1980年我还在埃及进修了两年，1983到1985年在也门教书两年，其余都是短期访问。现在很多人给一两千美元都不愿出去。我们那时候在苏丹，除了保留国内工资56块外，每个月给40块人民币，不过不能换成外汇，得换成当地的钱。工人们出去就想买一块好表，但市场就是没有，只有半钢小罗马。后来我找到一个铺子，可以买"英纳格"，带日历、周历，是从沙特走私来的。除了表，我还想买一台收录机。当时我对那种既能收音又能录音的机子羡慕得要死。咱们搞外文的，能有这东西该多好。不过在苏丹也没的卖，我拼命去找，后来有个苏丹人从利比亚打工带回台收录机，我就把所有零用钱都花上，从他手里买回来，这样我总算是带回来了"两大件"。

问：您什么时候开始正式从事阿拉伯文学的教学和研究的？

答：我最早一直是教语言，从基础课到高年级课，再到翻译课，我都教过。我个人比较喜欢教语言。要想真正搞好文学必须有比较强的语言功底。我搞文学一方面是依靠从中学到大学阅读了很多文学作品，另一个方面是在念书时打下的阿拉伯语言功底比较强。我喜欢文学，书看得比较多，既看阿拉伯文学作品，也看中国文学作品，还有诗歌，我也很喜欢。中学的时候，我就喜欢朗诵，记得大连中苏友好协会俱乐部每周搞一次文学活动还请我去朗诵，比如高尔基的《海燕之歌》、马雅可夫斯基的诗歌等；"文化大革命"时期，我在干校文艺小分队编剧、写歌词。这些经历对我搞翻译，特别是翻译诗歌有一定好处。这是因为，诗人，或者说会写诗的人，翻译诗歌就好些，翻译出来的能有些诗的样子，否则翻译出来的诗歌读起来味道不对。

我毕业的时候写过一篇《毛泽东文艺思想在阿拉伯的影响》，好像是作为毕业论文，交上去之后也没有下文了，不知道到哪里去了，写那个东西还是下了不少功夫的。我喜欢上翻译是到了大学毕业后。最早翻的第一篇小说是叙利亚女作家伊德丽碧写的《最亲爱的人死了》，是描写阿尔及利亚反法殖民主义斗争的，给了《世界文学》。那是1961年，刚毕业就发表了，而且还在广播里广播了。那篇东西发表之后，因为《世界文学》没有阿拉伯文的校对或编辑，看我的东西翻译得挺好，后来有些阿拉伯文的稿件就找我去校对。我校了几篇东西，还没等到发表，"文化大革命"就开始了。"文化大革命"前，《世界文学》编辑部开过一个会，找了马坚先生和我，我和马坚先生坐一个小汽车去的。当时教研室分作语言、文学、翻译三个方向，三个方向都想要我。我做教员时翻译了伊拉克诗人鲁萨菲的一些诗，给马坚先生看了，他鼓励了我一番。

1985年，我开始正式搞阿拉伯文学。1978年到1980年我在开罗大学文学院进修，主要就是学文学，包括比较文学、古代文学、现代文学课，都去听。我有意识地一方面想搞翻译，一方面想搞文学研究。"文化大革命"刚结束就可以出去进修，我们是改革开放后的第一批，机会难得，大家集中在语言学院考试，都想出去，好几百人去考，但考出去的不多，到开罗大学的只有6个人。当时在开罗大学是很苦的，第一年国内工资照发，一个月生活费、零花钱就10块人民币，吃住没问题，买书也包括在这里。第二年就给40块了。那时新章未立，旧章未废，知识分子待遇这么低，连买书都没有钱。

问：出国的经历对于您的文学研究和翻译工作应该有不少帮助吧？

答：是的。我在开罗有意识地接触作家，像陶菲格·哈基姆、纳吉布·马哈福兹、尤素福·伊德里斯、阿卜杜·库杜斯等一些当代有名的文学家我都去访问过。那时埃及最有名的教授的课我都去听，虽然生活艰苦，但是学业收获很多。埃及文艺和社会科学最高委员会秘书长尤素福·沙鲁尼先生曾提供给我一些书，我找一些作家可以要到一些书，再跑旧书店、小书摊能买些书，这样想方设法收集资料，利用闲暇时候积累资料，为后来的文学研究打下了基础。当时咱们国家派人参加开罗国际书展，我还想法托他们给学校图书馆买了些书，虽然得罪了当时的参赞，但还是做了些事情。我还利用在国外的机会搞了些翻译，《中国大百科全书·外国文学卷》就是那时候约我写了些词条的。

1983年到1985年我在也门待了两年。咱们在那儿帮助他们建立了两座技术中学，我那两年就在萨那技校参加教学工作。回国后正式让我搞阿拉伯文学。教研室原先是邬裕池负责搞阿拉伯文学，还有李振中。"文化大革命"后以季先生为首，要打破西方中心论，搞了东方文学培训班，主要就是他们参加。1985年我回来后，李振中离开了北大，邬裕池去世了，阿拉伯文学这摊马上就落到了我身上。我回来时暑假有个东方文学史课，分四块——波斯、日本、印度、阿拉伯文学，马上就让我上马，去讲阿拉伯文学。季先生还要编《东方文学史》，我自然也加入进去搞。此外还有《东方文学辞典》。就这样，我慢慢自己有意识地走到文学这块儿来了。我利用北大的图书馆、东语系的图书室，还设法搞到了北图的图书证，可以不止借三本书，还可以延期的，于是常常一书包、一书包地背回来，用现在通行的说法叫"恶补"。1986年，我参加"烟台中青年翻译经验交流会"，上千人都是搞俄文、英文的，搞法文的不算多，搞德文的有一些，搞东方语言的基本没有，搞阿文的就我一个。我说阿拉伯文学挺不错的，怎么会这样？人家说你们不介绍谁知道。编写《东方文学史》要分章节，负责的那个同志就说，阿拉伯文学有什么东西啊？！我很恼火，业内都不知道阿拉伯文学到底有什么。1987年我们正式成立了"阿拉伯文学研究会"，推选刘麟瑞先生做会长，他其实是搞语言的，也退休了，但是资历在，我是副会长。后来刘先生去世了，我就被选为会长。我这边教阿拉伯文学,那边管阿拉伯文学研究会,所以搞阿拉伯文学我是责无旁贷。能指望谁?而且北大不搞,还找谁搞呢?所以也是被逼的,我做的只是在尽职尽责,因为我的职业、职务、责任在这里。而且我得搞诗歌翻译,为什么呢?搞翻译不容易,诗歌翻译更是不容易,但是阿拉伯就是诗歌大国、诗歌的民族,就好像中国,不谈李白、杜甫、白居易、《诗经》,还怎么能谈中国文学呢?

我的弱点是不会做组织、领导工作,不会发动群众,不会让别人给我做这个做那个,也不是我想包揽,是我不会领导人家。我当了一年教研室主任之后就说干不了,辞职了。《阿拉伯文学通史》这书上、下两卷,一共100万字,按理说应当组织一群人来写,自己当个主编,但我干不了。我觉得自己做学问的方法是化整为零,然后再化零为整:一个点一个点穿成线,再将线连成面,再成一个体。人家问我《阿拉伯文学通史》是什么时候开始写的,实际上我一直在写,然后把它串起来,就像下围棋,脑子里要有个全局,再一点一点地做。有时人家问我愿不愿意写个词条,写个分析什么的,我都愿意,最后把这些都用到我的书里。

问:也就是说,您从出国积累资料开始准备,由点到面,从此担当起文学研究的责任,最终完成了《阿拉伯文学通史》的编写,并形成了自己的治学理念?

答:最终是完成了《阿拉伯文学通史》这本书。不写成这个东西我可不甘心啊!最早在1985年之后,讲阿拉伯文学的担子就落在我身上。我们有本科生班、研究生班,所以要搞这些东西,如果不搞起来,自己就觉得没有尽到责任,即使现在退休了也不能逃避。你想,在我国,法国文学史有了,英、美、德语的文学史都有了,阿拉伯古今文学那么丰富多彩,却没有自己写的阿拉伯文学史,只有几本翻译的。有一本翻译过来的英国人写的《阿拉伯文学简史》,只写到18世纪,仅相当于阿拉伯古代文学史。郅溥浩翻译的那本《阿拉伯文学史》,只讲到20世纪50年代末,连马哈福兹都没有提。阿拉伯作协曾评选出105部20世纪最佳中长篇小说,那本文学史竟一部都没有提。而且那本文学史的现代部分,没有分国别、地区论述,基本上讲的都是黎巴嫩、埃及的文学状况。我觉得这对阿拉伯文学不尽公平,海湾六国有自己的文学,马格里布地区也有自己的文学,苏丹、也门、巴勒斯坦也都有。我写的文学史现代部分,除了总体论述外,还分地区、国别论述,书中对十八个阿拉伯国家的文学做了详略不等的介绍,这在他们自己国家都没有。还有可能囿于宗教、民族主义、西方中心论等偏见,他们写的文学史和我们的角度不尽一致。我写的文学史是我的观点,中国人的观点。

问:您编写文学史采用的是什么体例?另外,阿拉伯文学丰富多样,面对很多国家，既有分散性、特殊性，又有完整性、统一性，您编写文学史的时候是怎样进行总体把握的呢？

答：《阿拉伯文学通史》整部书分上、下两册。上册是讲阿拉伯古代文学史，内容是按照历史时期分。下册是讲阿拉伯现代文学史，从1798年拿破仑入侵埃及开始算起，那就像我们的鸦片战争。他们的所谓现代史其实是近代、现代和当代连着一起。现代部分，像我前面所说的，有一个总体的、综合的民族文学综述，讲述诗歌是如何发展的，小说又是如何发展的，然后再具体分地区、分国家写，实际是分为近代、现代、当代三个部分。主要内容其实我在另一本书——《阿拉伯现代文学史》里已经写过了。季先生主编《东方文学史》时，我是副主编，负责阿拉伯和西亚、非洲部分编务，所以阿拉伯文学部分从古到今包括古代埃及文学都是我写的。那时候我已经有想法，要把阿拉伯文学串起来了，就有意识地想方设法多写点儿，把阿拉伯文学史有关资料都准备好。所以说，我从参加编写《东方文学史》时就已经有了写《阿拉伯文学通史》这个想法。后来在"东方文化集成"丛书中，把《阿拉伯现代文学史》先写了出来，那本书是2004年底出的，得了"中国高校人文社会科学研究优秀成果奖"一等奖。古代文学部分当时我也有些讲义，脑子里已经规划了很久。现在用电脑写东西方便多了，能够便捷地把自己写的东西和各种资料组织起来。总体上我觉得自己能搞这方面研究，得益于有一个整体规划，不能东一榔头西一棒子的。

问：现代社会阿拉伯世界发生的事情较多，从文学、文化的角度我们应该如何去理解阿拉伯世界和阿拉伯文化呢？

答：阿拉伯和中国很相似，既有古老的传统，又有长期的殖民地、半殖民地历史。所有文化的规律都有传承、借鉴、创新这三步，古今中外都是这样，我们现在改革开放也是遵循这一规律。阿拉伯文学有自己的根底，比如它的诗歌发展和我们很相似，既有古代传统的东西可传承，又有现代西方的东西可借鉴。原来小说处于边缘，现在小说往中心走，几乎和诗歌打平手。中国现在诗歌的状况不如他们强，这些国家常常举行诗歌节、文化节，对诗歌还是比较重视的，小说则是第二次世界大战后发展很快。殖民主义文化对它的影响很厉害。原来的马格里布（西北非）地区是法国殖民地，黎巴嫩和叙利亚当年也是法国委任统治，法国的影响很大，他们接受、借鉴了法国、西方的很多东西，小说、诗歌都比较新潮，有些作家直接用法文写作，还得过法国龚古尔文学奖。海湾地区的现代文学则在逐渐崛起，小说现在进来了，发展相对慢些，好多小说都是20世纪70年代才比较成形、像样。有很多作品都是反映过去反帝国主义、殖民主义斗争的主题，这是很大一个题材，和我们很相似。还有反封建礼教的题材。

一些进步作家肯定要在作品里揭示、反对一些传统、保守、落后的东西，就像西方启蒙运动那样。有一个要注意的地方，就是阿拉伯这些国家当年共产党很活跃。纳赛尔这一拨人是民族主义者，共产主义者又是一种力量，还有穆斯林兄弟会，这三拨很长时期都是同路人，因为都反帝国主义、殖民主义。后来民族主义者当政，左打共产党，右打穆斯林兄弟会。但打过之后，这些势力影响没有彻底消除，很多进步作家在作品中反映和揭露社会的落后、阴暗面。我觉得一个真正的文学家不能只是歌功颂德，只讲光明面，而必定也要揭示社会的落后、阴暗面。因为"成绩不说跑不了，缺点不说不得了"，你揭示了现实社会存在的缺点、错误、阴暗面，统治者看了、接受了、改了，社会就会进步、发展，否则，长此以往，就会出问题。我写的文学史还有一个观点，就是要反映下层的状况和声音。文学应当是这样，无论诗歌还是小说，我都贯穿这条线，反映下层人民的社会现实。阿拉伯文学也是有左有右，当年苏联所谓的社会主义、现实主义对他们影响也很大，出现了很多左派作家。这些人即便当年被关进监狱，后来又被放了出来，他们的思想不会消除，有的写批判现实主义作品，有的借古讽今，都能反映这些东西。

问：您做了这么长时间的研究、教学、翻译工作，可否谈谈这方面最大的个人体会？

答：最大的体会是我觉得真正搞外国文学研究是很难的。我常常说这就好像演京剧、歌剧，因为要有唱功，有表演天赋，还要有武术、舞蹈功夫，必须全面发展。搞外国文学研究也是这样，中文功底要很强，学外文越往上很大程度要拼中文。外文更是要强，现在好多人中文很厉害，但外文不行，这样就会像是嚼人家嚼过的馍一样，终究不行。还需要有各种知识，像个大杂家，知识面要广。我觉得真正要搞外国文学研究需要下苦功，就像苦行僧，要能安下心坐冷板凳，而不是东抄抄、西抄抄。现在社会太浮躁了，很多人都过于急功近利。再就是搞外国文学应当是尖子。像我们研究东方文学的，我个人觉得不仅要通晓一门外语，最好还要懂两三门外语，才能搞得好。但真正要做到这点不太容易。要独立思考，特立独行，有自己的观点，有创见。当然可以参考、借鉴他人的观点，但绝不可以盲目地因袭、附和。

现在我总觉得应当有一些能塌下心来做学问的人。从国家来讲，眼光要看得远。文学、文化实际上是国家一个重要的"软件"，花费的时间可能很长，但影响广泛而深远。比如当年苏俄文学在我国，像《卓娅和舒拉的故事》《普通一兵》《钢铁是怎样炼成的》等等，给我们留下很深的印象，对我们这一代人的思想意识价值观影响很大。所以国家应该对文学、文化、教育这些领域更加重视。现在我们在经济上已经赶超日本，成为世界老二了，可是我认为在文化教育方面还有不少差距，有待努力。

问：您在翻译方面有什么体会和心得呢？

答：翻译好像大家都讲"信、达、雅"是标准，但我觉得当时严复提出的这一标准是有它的背景的。比如"雅"的问题，那个时候书面语和口语是脱节的，是文言文，翻译后要修饰成典雅的文言文，才叫雅。而现在的翻译标准，我认为能真正做到信就够了。所谓"信"就是忠实。如果译文在内容、风格等等各方面都能做到信，即忠实于原文，让译文的读者能有与原文的读者一样的理解、体会，那才真正叫做"信"。做到"信"却不"达"，这没道理。至于"雅"，要看原文的风格，它雅你就雅，它俗你就俗。现在好多译作中小孩满嘴讲四字成语，或者乡下七十多岁的文盲老太太竟讲着知识分子的语言，这种"雅"到底是"信"还是不"信"？我认为翻译作品也要遵循什么人讲什么话，让人看起来很舒服才行。有些译作就是翻译味太足，让人看起来不舒服。我在翻译方面的原则：一是要对得起作者，二是要对得起读者。比如我翻译诗歌，尽力做到译出的诗句既要基本忠实原意，中国读者读起来还要像诗，有诗的味道。

访谈时间：2011 年 6 月 13 日 9 时 30 分—12 时
访谈地点：北京市马甸桥新风街 1 号院仲跻昆先生寓所
访谈人：王东亮、罗湉、史阳

（原载于申丹、王邦维总主编：《新中国 60 年外国文学研究》第六卷，王东亮、罗湉、史阳 主编：《口述史》，北京大学出版社，2015 年）

谈阿拉伯文学翻译

自 1956 年上大学算起，连学带教，我与阿拉伯语言、文学打交道也有 30 多年了。虽不能自诩是"听党的话，觉悟高，干一行爱一行"，但对这一行，从"一见钟情"，继而"以身相许"，至今"卿卿我我"，倒确也有些难舍难分了。其间，阿拉伯小说、散文、诗歌，零零星星也算是译过一些。自然，由于主观上生性懒惰，驽顽不敏，客观上又有那些众所周知、毋庸赘述的原因，译出的东西无论是质是量，提起来，只能抱拳说声："惭愧了！"不过，"愚者千虑，必有一得"。我这个人大概正因为愚，学东西，译东西，总要虑来虑去，其虑远不止千，故而一得之见还是有的。

活到老，学到老。我常觉得自己像一条被命运捉弄的蚕：桑叶没有吃饱，却不能不吐丝，所以只好边吃边吐，边吐边吃。对于阿拉伯语言、文学、翻译，我至今也仍是边教边学，边学边教。不仅是老师，也是"老生"。要我谈翻译，套用一句俗话，也只能算是"老生常谈"。

我为什么要"不务正业"，除了教学、科研之外，也搞点翻译？我不敢唱高调，说自己一点儿名利思想没有：看到一堆乱七八糟的译稿连同那鲜为人知的名字，被工工整整地用铅字排印出来，不能不说是一件令人愉快的事；在物价经常调整，你虽不好意思一切朝钱看，但钱却总厚颜无耻地瞪着你的时候，工资之外，有点儿"外快"，也总是招人喜爱的。因此，我对名利还做不到"不屑一顾"。但随着年纪渐长，视野渐宽，想得更多更远些了，倒是事实。

我常常为阿拉伯文学在中国的境况、地位感到不安、不平：人们提起世界文学、外国文学，似乎指的就是西方文学；书店里琳琅满目的也大都是欧美、苏俄文学作品。东方文学在我们这个东方大国尚没有得到应有的重视。而在东方文学中，由于种种原因，日本、印度文学的知名度又远胜过阿拉伯文学。其实，读过阿拉伯历史或是阿拉伯文学史的人都知道，当年，中古时代，特别是地跨欧亚非三洲的阿拔斯王朝初期的文化、文学是何等风光，何等辉煌！它可与我国当年盛唐文化、文学媲美。阿拉伯文化、文学源远流长，它承先启后：上承古埃及文明、两河流域文明，下启欧洲文艺复兴。它贯穿东西：融印度文化、波斯文化、希腊－罗马文化及其本身的阿拉伯－伊斯兰文化于一炉，通过丝绸之路、香料之路，东接中国；功过西西里岛、安达卢西亚，西达欧洲。那时的阿拉伯语颇似今日的英语，是国际交流的通用语；求贤问业的学子也往往负笈云集于巴格达。中古时代的阿拉伯文化、文学曾让西方的东方学者们为之倾倒、赞叹不已。近现代的阿拉伯文学在继承传统、继承西方的基础上，渐与世界文学潮流同步发展。一些诗坛巨匠、文坛巨人，在我看来，并不比西方的一些著名诗人、作家逊色。西方和苏联对阿拉伯古今文学作品的翻译、出版都予以很大重视与关注，这点亦可证明阿拉伯文学的价值。但阿拉伯文学在我国的翻译、介绍，无论在数量上，还是在质量上，却都远不够理想。这大概也是一个应当承认的事实。

面对这一事实，我们搞阿拉伯语言、文学、翻译的同行们应有一种责任感：保质保量地把阿拉伯文学、文化介绍给十亿中国人民，应是我们义不容辞、责无旁贷的事。为此，我们应当有点儿"衣带渐宽终不悔，为伊消得人憔悴"的精神，有点儿苦行僧的精神。这件事做不好，我们将愧对中国人民，也愧对阿拉伯人民。因为我们是媒介，负有为中阿文化、文学牵线搭桥的责任。歌德说过："翻译家好比是热心热肠的媒婆，他们极口称赞那个半遮半掩的美人，赞赏她的姿色，以便引起人们对原著的不可抑止的思慕。"我这个人学的不到家，译的也不到家，自然离"翻译家"的家门口还有好大一段距离，但这种"热心热肠的媒婆"倒确实是很想做的。

我常想起古代楚国那个为献玉璞被人讥笑，又被砍去双脚的卞和。他的悲剧主要在于所献的是璞，未经雕琢，难免被人误认为是石头。后经雕琢，成了璧，不就价值连城为那个蔺相如成为英雄创造了条件吗？在我看来，阿拉伯文学也不啻是世界文学宝库中的一块瑰宝，我们也都想要把它献给中国人民。不过它在我们手中仍是璞，我们应当吸取卞和的教训，设法把这块璞雕琢成璧，否则，虽不至于被砍去双脚，至少人家是不买账的。这种雕琢过程就是翻译。

把璞雕琢成璧，谈何容易！翻译而到"家"，成为翻译家，又谈何容易！不过朝着星星瞄准才能射得高。我们应当用高标准要求自己，尽量译得好一些。所谓高标准是什么？又如何才能译得好一些呢？我想谈谈自己的看法：

无疑，首先应精通外语和汉语。翻译质量的好坏，说到底，无非取决于两点：一是对原文理解的程度，再是用中文表达的水平。理解靠外语水平。阿语的难是人们公认的，粗通就不易，精通则更难。但精通不了，精心一些，把水平尽量提得高一些，多动动脑筋，多查查字典（不仅查阿汉字典，还要查原文字典），多请教一下别人，总应当是办得到的。我觉得目前阿拉伯文学翻译作品中存在的最多、最大、最普遍的问题还是对原文理解的问题。一知半解、望文生义，自己对原文似懂非懂，稀里糊涂，却企图像个不高明的泥瓦匠，"齐不齐，一把泥"，译文弄的花里胡哨，想糊弄人，结果却经不起推敲，经不起对照原文，这种现象并不少见。"以其昏昏，使人昭昭"，难矣！原文理解了，还有个用中文表达的问题。词不达意、疙里疙瘩、别别扭扭、佶屈聱牙，是绝不能算是一篇好译文的。译者如果硬要把这样的译文说成是虽不顺，但却"信"，是忠实原文的，在我看来则是强词夺理，难以令人信服。真正的信，真正的忠实，应当原文通顺、流畅，译文也通顺、流畅才是。如何找到一个恰切的词、恰切的句子，用恰切的文风、文体表达原文原意，这在很大程度上就要靠译者汉语的功底了。很难设想，一个中文文章写不通的人，译诗却会很美。在我看来，一个好的翻译家本身就应当是个作家、诗人！不是一流的，也应当是末流的，至少是未入流的。

翻译仅靠中、外文好就行了吗？我看还不行。一个好作家、好演员应有较好的理论修养、文化素质。一个好翻译也应如此：要学习文学理论、文学史，还要学点儿比较文学，文学翻译应和文学研究结合起来。这至少会有助于你的选择和鉴赏——该译哪些作家的哪些作品。应当指出，我们过去在阿拉伯语教学中对这一方面重视得很不够。在我国，阿拉伯文学研究还处于一个起步的阶段，稚嫩得很。阿拉伯文学翻译与研究应相辅相成，相互促进，共同提高。在我看来，一个好的翻译家应当同时是个学者——一个外国文学评论家、研究者，做不到这一点，也应朝这个目标努力。

要做一个好翻译，知识面总要宽一些才是。自己写文章，可拣自己熟悉的事物写，不懂的东西可以避而不谈。翻译则没有这种自由。人家写什么，你就得译什么。有些自己不懂的事物或术语，贪污不译，不行；虽译出了，但外行看了莫名其妙，内行看了摇头发笑，也不合适。因此，翻译苦就苦在他似乎应当什么都懂，样样通，是活的百科全书。这当然做不到。但拓宽知识面，人文史地、风土人情、自然科学诸方诸面，尽量努力懂得多一些，总应当是可以做到的。有不懂的或是似懂非懂的地方，多查些工具书、资料，或请教别人，不要不懂装懂，糊弄别人，也总是可以做到的嘛！我在翻译中碰到某些不大清楚的科学术语，有时竟不耻下问自己的儿子，因为这小子虽不太用功，不爱做作业，杂七杂八的书倒是看了一脑子。我看我们搞外语的，也不能只抠外语，读的要杂一些，懂得的要多一些，知识面要广一些。我认为，一个好的翻译家也应当同时是个大杂家，做不成大杂家，至少也应当做个小杂家才行。

要想搞好翻译，除了阿拉伯语外，还应再懂一门或几门外语才好。外语总有相似的地方，使人可以触类旁通。在我国，许多语种的翻译水平相对地都比我们阿拉伯语高。学会了其他外语，我们就可以向那些语种翻译界的名家、名译学习、借鉴。不少阿拉伯文学作品有英、法、俄、德等文的译本，懂得这种文字，翻译那些作品时自然可以拿来参考。还有，外国不少书刊有关于阿拉伯作家、作品的评介、消息，这些信息自然也很宝贵，多懂一门外语等于多一个耳目，多进入一个世界。

对于当前一些译文的倾向，我也有些看法。看来有些译者对严复提出的"信、达、雅"理解得很片面。其实，照我看，翻译的标准归结为一个字——"信"则足矣！译文真正做到"信"了，原意固然不会走样；同时，原文本来是"达"的，译文若真是"信"，也就应当作到"达"。至于"雅"，那要看原文如何，原文是"雅"的，译文也照样"雅"，自然是"信"；原文"雅"，译文"俗"，固然是不"信"，但原文本来是"俗"的，译文偏要"雅"得很，也是不"信"，没有忠实原作的风格，也不能算是好的翻译！目前印行出来的译文，译者自认为是"信"，但实在是不"顺"、不"达"、不"雅"的，大概很难见到，因为编辑这一关就通不过。危险的往往是那些"雅"而不"信"的译文，常会骗过了编辑，再骗读者。

我想再强调一遍：译者与编辑不应一味地追求译文文字的"雅"或"美"——往往用上一连串的四字成语或一些生僻而"优美""典雅"的字眼儿。这牵扯美学观点，对美的认识问题。那些浓妆艳抹、穿着丝绒旗袍、高跟鞋站在舞台上演唱的女演员突然是美的；可是那些从不涂脂抹粉，穿者家织粗布的裤袄，赤脚在河边洗衣的村姑不也很美吗？有些字斟句酌、精雕细刻的散文，像工笔画，很美；可像老舍先生的作品，满篇都是北京人说的大白话，让人读了感觉舒畅痛快，能说不美吗？有人喜欢喝茶，友人喜欢喝咖啡，有人喜欢喝酒，友人喜欢喝可口可乐，有人最喜欢的却是从冰箱里拿出来的凉白开。各有各的味道，各有各的喜好。作家也是一样，各有各的风格。中国作家是这样，外国作家也是这样。

陶菲克与塔哈·阿卜杜·库杜斯与迈哈穆德·台木尔的风格也不一样。我们翻译要做到"信",就应把那种风格、那种味儿体现出来,不能译出的东西都一道汤,一个味儿。更不能在家织粗布的裤袄上打上几个丝绒的补丁,或是让赐教的村姑穿上丝绒旗袍,否则就会显得不协调,北方方言叫"怯",就是这个意思。从这个意义上讲,一个好翻译,应当像个演员,而且应当像个性格演员、"千面人",演什么像什么,而不只是个本色演员,只会演一种类型的角色。还有一点。那就是生活中各种人物讲出的话不同。作品是反映生活的,译文应像原作一样,也体现出这一点。但现在很多译文中各种人物讲的话却都是一个腔调——小孩也讲大人话,农妇也讲知识分子的语言,文绉绉,让人读了感到别扭。那其实并不是原作中人物的语言、腔调,而是译者本人的语言、腔调。这在某种程度上可说也是不"信"。

有人说,电影是种遗憾的艺术,因为拍完后一公演就不能改了,有了错误,只能听任人们去说三道四、评头品足。从这种意义上讲,我觉得翻译也是一种遗憾的艺术。因为译文一经发表,白纸黑字,发现有错,也难改了。阿拉伯翻译界是个小世界,碍于情面,你译错了,未必会有人当面给你指出,或写篇文章指名道姓地评论一番。但错终究是错,错得太多,错得太离谱,总有一天会译者为此感到遗憾而脸红。再者,莘莘学子苦于无人知道,常找来一些译文奉为经典,与原文对照着读,译文错误太多,岂不误人子弟!译事难,翻译中错误在所难免,这是可以理解的,再好的翻译大家也很难吹牛说他的译文百分之百的正确,挑不出一点儿错。问题在于我们的译中能不能在翻译时更认真负责些,更严肃、仔细些,多花点时间去推敲、琢磨,多问问人,多翻翻书,多查查字典,尽量把错误消灭在译文付印之前,尽量少出点错,少闹笑话,少出洋相,这种要求对一个严肃的翻译工作者来说,似乎并不过分,不能算是苛求,照例是应当能够做到的。否则,长此以往,就会砸了译者本人的牌子,也砸了阿拉伯文学的牌子。事关重大,切不可掉以轻心。

阿拉伯文学既然是一块名贵的璞,我们这些搞阿拉伯文学翻译的就该精心把它雕刻成璧。有璞而雕不成美玉,是件遗憾的事;雕坏了,也是件遗憾的事。因此,我衷心希望大家能在翻译过程中相互如切如磋、如琢如磨,共同努力,接过阿拉伯人民手中的璞玉,献给中国人民一块美璧!

(原载于《阿拉伯世界》1988年第4期)

译路坎坷通天方

自 1956 年上大学起，我便与阿拉伯语言、文学从"一见钟情"，继而"以身相许"，至今仍"卿卿我我""难舍难分"，算起来已有半个多世纪了。从 1961 年毕业那年在《世界文学》上发表我的处女译作——叙利亚女作家乌勒法·伊德丽碧的短篇小说《最亲爱的人死了》算起，至今也有半个多世纪了。其间，虽零零星星、鸡零狗碎地翻译过一些阿拉伯古今的诗歌、散文、小说，还被封了个"资深翻译家"，但我还是有自知之明的，其实也不过是刚入门，远不到"家"。不过，"愚者千虑，必有一得"。我这个人大概正因为愚，学东西，译东西，总要虑来虑去，其虑远不止千，故而一得之见还是有的。

我常常为阿拉伯文学在中国的境况、地位感到不安、不平：长期以来，受"西方-欧洲中心论"的影响，人们提起世界文学、外国文学，似乎指的就是西方文学；许多冠以"世界""外国"的文学工具书、文学史或作品集中，东方文学不是只字不提，就是只是点缀；书店里琳琅满目的也大都是欧美、西方文学作品。东方文学在我们这个东方大国没有得到应有的重视，对东方文学的译介远不及对西方文学的译介。而在东方文学中，对阿拉伯文学的译介又远不及对日本、印度文学的译介。

其实，读过阿拉伯历史或是阿拉伯文学史的人都知道，当年，中古时期，特别是地跨亚非欧三大洲的阿拉伯大帝国阿拔斯王朝初期的文化、文学是何等风光，何等辉煌！它可与我国当年盛唐时期的文化、文学媲美。阿拉伯文化、文学源远流长。它承前启后：上承古埃及文明、两河流域文明、迦南-腓尼基文明，下启欧洲文艺复兴。它融贯东西：融印度文化、波斯文化、希腊-罗马文化及其本身的阿拉伯-伊斯兰文化于一炉，通过丝绸之路、香料之路，东接中国；通过西西里岛、安达卢西亚，西达欧洲。那时的阿拉伯语颇似今日的英语，是国际交流的通用语；求贤问业的学子也往往负笈云集于巴格达等地。中古时期的阿拉伯文化、文学曾让西方的东方学者们为之倾倒、赞叹不已。近现代的阿拉伯文学在传承经典、借鉴西方的基础上，渐与世界文学潮流同步发展。一些诗坛巨匠、文坛巨擘，在我看来，并不比西方的一些著名诗人、作家逊色。但长期以来，阿拉伯文学在我国的翻译、介绍，无论在数量上，还是在质量上，却都远不够理想。

从阿拉伯文直接译成中文的工作虽早在 19 世纪就已开始，但那时只是有些回民学者出自宗教的目的翻译了《古兰经》部分章节和蒲绥里的《天方诗经》等。1949 年以前，绝大多数的中国读者对阿拉伯文学的了解仅限于《一千零一夜》（《天方夜谭》）的片段故事，那还多是部分学者自 20 世纪初从英文或日文译本转译过来的。茅盾先生于 1923 年从英文译的纪伯伦的几篇散文诗，冰心先生于 1932 年译的纪伯伦的《先知》（原著为英文），是我国对阿拉伯现代文学最早的译介。郑振铎（西谛）先生多半是据英国学者约翰·德林克沃特（John Drinkwater 1882—1937）的《文学纲要》编译而成的《文学大纲》（商务印书馆，1927 年），全书上下两册，共约 2200 页，对阿拉伯文学的介绍只占 25 页，算是当时我国对阿拉伯文学最全面、系统地介绍了。

1949 年以后，特别是 20 世纪 50 年代末、60 年代初，阿拉伯各国人民的反帝国主义、反殖民主义的民族解放运动风起云涌，如火如荼。为了配合当时中东政治形势的发展，为了表示对兄弟的阿拉伯人民正义斗争的支持，当时在我国出现了介绍阿拉伯文学的第一次高潮，翻译出版了诸如《埃及短篇小说集》《黎巴嫩短篇小说集》《阿拉伯人民的呼声》《约旦和平战士诗歌选》《流亡诗集》等阿拉伯文学作品。但这些译作多半是从俄文转译的。直接从阿拉伯文译成中文的则是凤毛麟角。

还有一点要说的是，当年做教师的搞翻译似乎被认为是"不务正业"，是"追名逐利，搞个人名山事业，妄图走"白专道路"成名成家的个人主义行为；每逢政治运动一来，必定要受敲打，要深刻检讨，把自己臭骂一番才行。所以，我自 1961 年毕业留校任教后，直至"文化大革命"，没怎么敢去自找麻烦，自讨苦吃。

"文化大革命"结束后，长时间的文化封锁、禁锢使读者对文化、文学的需求如饥似渴，对外国（当然包括阿拉伯世界）文学的译著尤甚。因而，20 世纪 80 年代初开始的改革开放带来了阿拉伯文学译介在我国的新兴。

为了打破"西方-欧洲中心论"，自 20 世纪 80 年代初开始，在我国的高等院校，特别是师范院校的中文系开设了"东方文学史"课，1983 年还成立了"东方文学研究会"。众所周知,阿拉伯文学是东方文学的重要组成部分,"东方文学史"课的开设,引起教的人和学的人对阿拉伯文学的浓厚兴趣,无疑,这在一定程度上也促进了我国对阿拉伯文学的译介。

为了扩大学生的知识面,培养学生对阿拉伯文学的审美情趣,提高毕业生的质量,自20世纪80年代开始,我们北京大学及一些设有阿拉伯语专业的兄弟院校都相继开设了"阿拉伯文学史"和各种有关阿拉伯文学的课程,随后又肩负起培养阿拉伯文学专业研究生的任务。

我正是在这个时候从开罗大学进修回国后,开始由教阿拉伯语言课转为教阿拉伯文学的。1987年中国外国文学学会阿拉伯文学研究会成立后,我被推选为主要负责人之一,并任阿拉伯文学研究生的导师。

据我所知,相对而言,西方和苏俄对阿拉伯古今文学作品的翻译、出版都相当重视与关注。而如前所述,由于种种原因,阿拉伯文学在我国的翻译、介绍,无论在数量上,还是在质量上,都远不够理想。这大概也是一个应当承认的事实。

面对这一事实,处于我这样一个地位,作为我这样一个角色,我和我的搞阿拉伯语言、文学、翻译的同行们不能不有一种责任感:保质保量地把阿拉伯文学、文化介绍给广大的中国读者,应是我们义不容辞、责无旁贷的事。为此,我们应当有点儿"衣带渐宽终不悔,为伊消得人憔悴"的精神,有点儿苦行僧的精神。这件事做不好,我们将愧对中国人民,也愧对阿拉伯人民。因为我们是媒介,负有为中、阿文化、文学牵线搭桥的责任。

我常想起古代楚国那个为献玉璞被人讥笑,又被砍去双脚的卞和。他的悲剧主要在于所献的是璞,未经雕琢,难免被人误认为是石头。后经雕琢,成了璧,不就价值连城,为那个蔺相如成为英雄创造了条件吗?在我看来,阿拉伯文学也不啻是世界文学宝库中的一块瑰宝,我们要想方设法把这块璞雕琢成璧,献给中国人民。我认为,这种雕琢过程就是翻译。

歌德说过:"翻译家好比是热心热肠的媒婆,他们极口称赞那个半遮半掩的美人,赞赏她的姿色,以便引起人们对原著的不可抑止的思慕。"

这句话说得太对了。其实我早就想做一个热心热肠的媒人,将自己眼中最美心中最爱的两种文学竭力撮合,联姻成亲;竭尽全力,把璞雕琢成璧。

我最初是或独自或与同仁合作,译了一些小说,如黎巴嫩的《努埃曼短篇小说选》、沙特阿拉伯赛义德·萨拉赫的《沙漠——我的天堂》、埃及库杜斯的《难中英杰》《库杜斯短篇小说选》、纳吉布·马哈福兹的《米拉玛尔公寓》《埃及现代短篇小说选》等；还译了纪伯伦的《泪与笑》《大地的神祇》等散文和《一千零一夜》的一些故事。

但阿拉伯是一个诗歌的民族。诗歌被认为是阿拉伯人的史册与文献。它像一面镜子，真实而生动地反映了阿拉伯民族的历史与社会现实。诗歌始终是阿拉伯文学的骄子：佳作珠联，美不胜收；诗人辈出，灿若星汉。在中世纪的世界，如同只有中华民族的文化可与阿拉伯－伊斯兰文化相媲美一样，也只有中国的诗歌可与阿拉伯诗歌相媲美：两个民族的文学都以诗歌为主体；诗歌又基本上是抒情诗，都讲究严谨的格律、韵脚；诗歌的内容、题旨也很近似。当年阿拉伯诗歌在阿拉伯文学史上的地位及其对周边国家、地区以及对西欧的影响，与唐诗、宋词在中国文学史上的地位及其对周边国家、地区（如日本、朝鲜、越南等）的影响极为相似。

我先是参与季羡林先生主编的《东方文学史》工作，负责撰写阿拉伯文学史部分，之后又先后独自编撰《阿拉伯现代文学史》与《阿拉伯文学通史》。这就免不了要介绍阿拉伯的诗人、诗歌，如同写中国文学史免不了要介绍诗经、楚辞、汉乐府、唐诗、宋词、元曲直至现当代的自由体的新诗；要介绍屈原、李白、杜甫、白居易、苏轼、陆游、辛弃疾直至徐志摩、郭沫若、闻一多、艾青一样。可是设想一下，如果只是笼统地、抽象地说那些诗人、那些诗歌是如何如何好，却毫不引述人家的作品作例证，或是将引述人家的原诗译得一塌糊涂，那岂不成了忽悠读者而难以自圆其说。

译事难，译诗尤难，犹如戴着枷锁跳舞。阿拉伯语与汉语是世人公认的两种最难学的语言，故而，如果我说翻译阿拉伯诗是难上加难，这大概不能算是危言耸听，过甚其辞。诗究竟是可译还是不可译，是译界历来有争议的问题。无疑，我认为大部分诗还是可译的，只是觉得不好译，译不好。但如前所述，对于我来说，这却是推脱不了的事。我只能硬着头皮去译，且要本着自己在翻译时的一贯主张——"既要对得起作者，也要对得起读者"，即译出的诗句既要基本忠实原意，中国读者读起来还要像诗，有诗的味道。

诗歌讲究三美：意美、音美、形美，古体诗尤甚，中阿诗歌皆然。译出的诗歌既然想要让中国读者读起来也像诗，那就得也按这个标准去努力，去衡量。据此，我译出了《阿拉伯古代诗选》，选译了阿拉伯古代一百三十多位诗人的四百余首诗。此外，还在上述的《东方文学史》《阿拉伯现代文学史》《阿拉伯文学通史》中译出不少引述的诗。自信我在翻译过程中还是下了一番功夫的，因此结果也颇令我感到安慰。

如译艾布·努瓦斯（Abū Nuwās 762—813）玩世不恭的咏酒诗：

> 酒袋摆一边，
> 经书共一起。
> 美酒饮三杯，
> 经文读几句。
> 读经是善举，
> 饮酒是劣迹。
> 真主若宽恕，
> 好坏两相抵。

> 玻璃薄薄酒清湛，
> 两者相似难分辨。
> 好似有酒没有杯，
> 又似无酒在杯盏。

译艾布·阿塔希叶（Abū al-'atāhiyah 748—825）的劝世诗：

> 安在角落里，
> 乐把大饼啃；
> 一罐清凉水，
> 权当琼浆饮。
> 陋室虽狭窄，
> 幽然独栖身；
> 世外小寺院，
> 正好避世人。
> 依柱坐下来，
> 潜心做学问；
> 往事须反思，
> 亦可引为训。
> 胜似宫院中，

奢靡度光阴；
死后受惩罚，
身遭烈火焚。
此为我叮嘱，
谆谆且殷殷；
谁若遵奉此，
幸福享不尽。
劝君听良言，
悯世乃我心

人生在世皆会亡，
不分市井与君王。
纵然富有亦无益，
即使贫穷又何妨？

又如译伊本·鲁米（Ibn ar-Rūmī 836—896）描述一个清晨炸馓子老人的诗：

他坐那里颇疲惫，
不忍看他太劳累。
他炸馓子晨光里，
皮薄中空像芦苇，
锅中滚油何相似？
恰如传说炼金水。
面团如银手中出，
变成金网何其美！

译诗力求与我们传统的"五言诗"或"七言诗"相似。

但我在译诗时，绝不想削足适履，为了追求"五言""七言"而以词害意。因为有时诗句过短，意思表达不清楚，不如诗句长一些。如我译穆斯林·本·瓦立德（Muslim bn al-Walīd 757—823）的怨世诗：

他们既不清廉又不高尚，
纵然居于我上又有何妨？

烈火上面总是冒有黑烟，
尘土也常落在骑士盔上。

穆太奈比（al-Mutanabbī 915—965）的矜夸诗：

活，不能碌碌无为苟活在世；
死，不能窝窝囊囊不为人知。
纵然在地狱也要去追求荣誉，
即使在天堂也不能忍辱受屈！

艾布·泰马姆（Abū Tammām 788—846）的哲理诗：

真主若想宣扬不为人知的美德，
就为它安排好了忌妒者的口舌。
若不是火能焚烧它近旁的东西，
沉香木的芬芳岂能为人们晓得？！

当然，也不必每首译诗都要每句字数一样，长短一齐。如我译乌姆鲁勒·盖斯（Umru'al-Qays 500—540）和祖海尔（Zuhayr bn Abī Sulmā 约520—609）的《悬诗》，每首都长达一百多联句，译成一韵到底已属不易，实在未能做到每句长短一致。

现当代的自由体新诗，外表看起来似乎长短不一，也不太押韵，但实际上还是很讲究音步、节奏，且有宽松的韵脚。好的新诗诗人往往都有深厚的传统古诗的功底，中阿诗人皆然。因此，译起来也要倍加斟酌，马虎不得，让人读起来也要像首诗才行。如译尼扎尔·格巴尼（Nizār al-Qabbānī 1923—1998）的情诗：

你数吧！用你两手的十指：
第一，我爱的是你，
第二，我爱的是你，
第三，我爱的是你，
第四，第五，
第六，第七，
第八，第九，
第十，我爱的还是你！

阿多尼斯（Adūnīs 1930 —）的咏志诗：

> 先生，我知道断头台
> 在等待着我，
> 但我是诗人，我喜欢髑髅地，
> 我崇拜火……

虽是硬着头皮，我还是喜欢译诗的。译后总要反复读几遍，尽力让它能朗朗上口。纪伯伦（Jubrān Khalīl Jubrān 1883—1931）的散文诗集《泪与笑》原文是无韵的散文。我尽力把每篇译成有宽松韵律的散文诗，读起来更上口，更美一些。如《花之歌》：

> 我是大自然的话语，大自然说出来，又收回去，把它藏在心间，然后又说一遍……
> 我是星星，从苍穹坠落在绿茵中。
> 我是诸元素之女：冬将我孕育；春使我开放；夏让我成长；秋令我昏昏睡去。
> 我是亲友之间交往的礼品；我是婚礼的冠冕；我是生者赠予死者最后的祭献。
> 清早，我同晨风一道将光明欢迎；傍晚，我又与群鸟一起为它送行。
> 我在原野上摇曳，使原野风光更加旖旎；我在清风中呼吸，使清风芬芳馥郁。我微睡时，黑夜星空的千万颗亮晶晶的眼睛对我察看；我醒来时，白昼的那只硕大无朋的独眼向我凝视。
> 我饮着朝露酿成的琼浆；听着小鸟的鸣啭，歌唱；我婆娑起舞，芳草为我鼓掌。我总是仰望高空，对光明心驰神往；我从不顾影自怜，也不孤芳自赏。而这些哲理，人类并未完全领会。

我的译诗，多能得到同行认可；我也聊以自慰。这大概与我自己自幼就喜欢诗，并在中学喜好朗诵诗有关。

仲跻昆
2014 年 7 月 7 日于大连

翻译对增进各民族间文化关系的作用
——以中阿关系为例

各位尊敬的贵宾，领导，
各位来宾，各位朋友，
各位同仁、同行、同学：

大家好！

我今天当然觉得十分高兴，非常荣幸。这不仅因为我是这届阿卜杜拉国王国际翻译奖荣誉奖获奖者之一，而且，因为作为一个翻译，并且是作为一个从事半个多世纪阿语教学以培养翻译人才的人，我觉得今天是我们翻译人员，特别是我们中国阿语界翻译人员的一个节日，因为我认为这个奖不是奖励我个人的，而是奖励我们所有中国阿语翻译界的同仁、同行、兄弟姐妹们的。因此我们应当隆重地庆祝这一天，这一事，它给我们带来了吉祥与福祉。

阿卜杜拉国王国际翻译奖的设立，表明了阿卜杜拉国王陛下对翻译人员及翻译工作极大的尊重与赞赏，除了中古时期的中阿两大民族，我们在世界历史上还没发现有谁对翻译像这样尊重与赞赏的。这使我们想起了当年曾建立智慧馆的阿拔斯王朝的哈里发们与古代的阿拉伯翻译运动。这一奖项的设立，标明阿卜杜拉国王陛下英明、具有远见卓识，深知翻译在人类文明发展史上的作用，以及翻译对增进各民族间文化关系的作用。

我们今天生活的时代是全球化的时代，多元化的时代，信息化的时代，通过互联网我们可以马上知道世界各地发生过的和正在发生的事，只用几小时就可以越洋从一洲飞到另一洲去，好像全球变成了一个地球村。在这个时代，我们在寻求一个各国各族所有的人都如同兄弟一般和平、和谐地生活的世界，正如沙特诗人赛努西（1924—1986）所说：

> 生活在地球上要亲如弟兄，
> 让大地香草处处，鲜花丛丛。
> 相互帮助，共同寻求真理，
> 把一切仇恨全都肃清。
> 在尘世要不吝金银钱财，
> 做好事，积德行善，身体力行。
> 在大地行走，要脚步轻轻，
> 切莫横冲直闯，要脚下留情。
> 文明不是火箭，不是导弹，
> 文明不是原子反应堆和人造卫星。
> 最崇高的文明是作为一个人
> 要在地球上行得端，走得正。

在这样的时代，我们必须要加强各种不同文明、文化之间的对话，增进各民族间的文化关系，以便我们振兴，发展，与时俱进，我们必须重视翻译的作用。

我曾不止一次地说过，人类的文明、文化发展史实际上就是一部翻译史。可以毫不夸张地说，若是没有翻译，世界不会改变，人类的文明、文化也不会发展。既然我们今天在座的多半是中国人和阿拉伯人，那我们就以中阿两大民族的文明、文化及其文化关系为例好了。

我们知道世界上自古延续至今的文化体系主要有四个：中国文化体系、印度文化体系、阿拉伯-伊斯兰文化体系和西方文化体系。不难看出，四大文化体系中，中国和阿拉伯就占了两个。

在中世纪，横跨亚非欧三大洲的阿拉伯大帝国与雄踞东亚的中国，随着政治、经济达到鼎盛，文化也像擎天的灯塔，在丝绸之路两端交相辉映，彪炳于世。

我们不禁要问：当时这两座文化灯塔是如何形成的？答案当然是翻译在其中起了重要作用！

因为我们知道：任何文明、文化的产生、振兴、发展，都是传统的自身文化与外来的他者文化撞击、交汇、融合的结果。传承-借鉴-创新，这是一切文化发展的规律，古今中外概莫能外。也就是说，我们必须传承本国传统的文化，借鉴外国外来的文化，以便创新，发展。但是如何才能完成借鉴这一过程呢？当然必定要靠翻译。

　　中世纪，当欧洲处于神权统治的最黑暗年代，阿拉伯国家却一方面传承了固有的阿拉伯-伊斯兰文化，另一方面又对其他的宗教和民族文化采取了宽容、择优而取的正确方针，借鉴与吸收了（当然是通过翻译）希腊-罗马、波斯、印度乃至中国文化的精华，从而使阿拉伯-伊斯兰文化在阿拔斯王朝达到鼎盛，正如黎巴嫩裔的美籍历史学家希提（1886—1978）所说："阿拉伯人所建立的，不仅是一个帝国，而且是一种文化。他们继承了在幼法拉底河、底格里斯河流域、尼罗河流域、地中海东岸上盛极一时的古代文明，又吸收了而且同化了希腊-罗马文化的主要特征。后来，他们把其中许多文化影响传到了中世纪的欧洲，遂唤醒了西方世界，而使欧洲走上了近代文艺复兴的道路。在中世纪时代，任何民族对于人类进步的贡献都比不上阿拉比亚人和说阿拉伯语的各族人民。"

　　与此同时，在丝绸之路另一端的中国，在中世纪也传承了她固有的文化，又从汉朝起，借鉴与吸收了（当然也是通过翻译）印度与西域的文化，从而形成由儒、道、释构成的中国传统文化，而在唐朝达到鼎盛。

　　从以上所述，我们不难看出翻译对中阿两大民族文化的形成、振兴和发展的作用。同样，我们也可以看到翻译在建立与增进两民族间文化关系中的作用：

　　中阿的友好关系源远流长，可以追溯至两千年前汉朝的张骞"凿空"西域之后，陆上与海上丝绸之路自古就把中国与阿拉伯联系在一起。自伊斯兰教问世后，中阿之间的交往更加密切。穆斯林的先知穆罕默德曾说过："学问即使远在中国也要去求！"651年，阿拉伯正统的第三任哈里发奥斯曼正式遣使来中国。

　　自7世纪伊斯兰教传入中国至今，已有十几个世纪了。在这长期中，我们会发现中阿两大民族无论是官方还是民间，在政治、经济、文化诸方面一直是相互联系、往来、交流不断。我们可以在中阿古代的一些史书和典籍中发现很多在这一过程中发生的事件和传闻、故事。例如，在伊本·胡尔达兹比赫（820—913）的《道里邦国志》、麦斯欧迪（？—956）的《黄金草原》、佚名作者的《中国印度见闻录》、伊德里西（1100—1166）的《心驰神往浪迹四方》以及伊本·白图泰（1304—1377）的《旅游列国奇观录》即《伊本·白图泰游记》等书中，我们都可以读到。从阿拉伯历史学家达尔吉尼（？—1229）编着的《谢赫的层次》书中，我们知道，最早有名有姓来华的阿拉伯商人是一位信奉伊斯兰教易巴德教派的阿曼谢赫，他于8世纪中叶乘木帆船来中国。最早通过海路来中国经商、侨居的阿拉伯人多为来自当时阿曼都城苏哈尔的，因而阿曼人认为《一千零一夜》

中那个传奇的航海家辛伯达的原型是他们的祖先。我国的杜环曾在750年爆发于中阿两军间的怛罗斯之战中作了俘虏，在阿拉伯地区滞留了12年，在他所写的《经行记》中，我们可以了解他根据自己耳闻目睹记下的当时阿拉伯-伊斯兰的风土人情。而在马欢的《瀛涯胜览》、费信的《星槎胜览》和巩珍的《西洋番国志》中，我们则可读到郑和（1371—1434）七下西洋（1405—1433）的所见所闻，他们曾访问过沙特阿拉伯的哈萨、麦加、麦地那，阿曼的佐法尔、马斯喀特，也门的亚丁及东非索马里的摩加迪沙、布拉瓦等阿拉伯地方。

总而言之，中阿通过这种长期的相互往来与交流，如今在我国56个民族中有10个是信奉伊斯兰教的民族，谁敢否认或轻侮在这些过程中翻译的功绩呢？！

因此，我要坦率地说，我与我的中国阿语界的翻译同仁们，我们为我们的工作而骄傲，而自豪。因为我们发挥了我们的作用，我们为增进中阿人民之间的文化关系做出了一些贡献。

请允许我作为一个中国阿拉伯文学研究会的负责人，谈谈我们研究会的同仁们在文学翻译方面做的一些工作和成绩。

首先，我们不应该忘记我们的前辈、先驱们在这方面的功绩：

我们也许可以将对阿拉伯文学在我国的译介追溯至18世纪中叶，因为我们认为《古兰经》不仅是伊斯兰教的奇迹，也是阿拉伯文学的奇葩，而早自18世纪中叶至20世纪20年代就有一些中国的穆斯林学者选译了《古兰经》部分章节，特别是其中一些短章的经文，至于将《古兰经》全文译成中文，则始于20个世纪20年代，至今已有十多种译本。除了《古兰经》的翻译外，出版于1890年的蒲绥里的《斗篷颂》的译本——《天方诗经》算是最早译成中文的阿拉伯文学作品。至于著名的《一千零一夜》（《天方夜谭》）译成中文发表则始于1900年，开始是通过英文或日文转译的部分故事，至于最早将其从阿文直接译成中文的则是已故的纳训先生（1911—1987），他于1941年将《一千零一夜》的大部分故事从阿文译出，分五册出版。至于阿拉伯现代文学，中国人最早知道的阿拉伯文学家是纪伯伦：1923年，中国的大文豪茅盾（1896—1981）译出《先驱》中的五篇寓言故事；1931年，冰心（1900—1999）翻译了《先知》。

我想借此机会提及我们中国阿语界一些先师的名字和他们在这方面的贡献。他们都学成于20世纪30年代的爱资哈尔大学。其中有我的恩师马坚先生（1906—1978），他是最早将阿语教学从清真寺的经堂引入到大学课堂的人，于1946年在北京大学创建了阿拉伯语专业，他曾将孔子的《论语》译成阿文，将《古兰经》译成汉语范本，还翻译了希提的《阿拉伯通史》；有我的恩师刘麟瑞先生（1917—1995），他曾在万隆会议上为纳赛尔总统与周恩来总理的会谈作过翻译，他是我们中国阿拉伯文学研究会的首任会长，曾将我国的大文豪茅盾的《子夜》译成阿文，又领衔将埃及的著名作家谢尔卡维的《土地》译成中文。他们中有我们的老师、历史学家纳忠先生（1909—2008），他是北京外国语大学阿语系的首任系主任，曾撰写过《阿拉伯通史》，翻译过阿拉伯学者艾哈迈德·艾敏的《伊斯兰的黎明时期》；还有我的老师马金鹏先生（1913—2001），他有译著《古兰经译注》，还译有《伊本·白图泰游记》。

前辈逝去了，我们后辈将继承他们的事业。

自20世纪80年代初改革开放以来，我国的阿语事业得到了发展，空前的繁荣。至今阿语教学已进入约30座高校，我们不仅从中培养出大量会阿语的大学本科生，而且也培养出不少的硕士和博士。

我们在1987年成立了中国阿拉伯文学研究会。向中国读者介绍阿拉伯文学是我们重要的义务，因此，我们研究会的同仁们翻译了不少阿拉伯古今诗文的文学作品，例如：其中有《阿拉伯古代诗选》《阿拉伯古代诗文选》《一千零一夜》五种全译本和无数的选译本、全套的《安塔拉传奇》、四种版本的《纪伯伦著作全集》、20多部纳吉布·马哈福兹的中长篇小说和短篇小说集，其中包括三种版本的《宫间街》"三部曲"与三种版本的《我们街区的孩子们》；我们还翻译有《阿拉伯现代诗选》、沙特阿拉伯诗人哈立德·费萨尔亲王的诗集《字符与色彩》、阿拉伯大诗人阿多尼斯的诗集《我的孤独是一座花园》，我们还翻译了阿拉伯其他一些大诗人的名篇，如巴鲁迪、绍基、易卜拉欣·哈菲兹、穆特朗、阿卜杜·萨布尔、鲁萨菲、宰哈维、白雅帖、梅拉伊卡、艾布·马迪、小艾赫泰勒、艾布·舍伯凯、艾布·雷沙、尼扎尔·格巴尼、苏阿德·萨巴赫、迈哈穆德·达尔维什等人的作品；我们翻译了沙特阿拉伯文坛巨擘加齐·古赛伊比的小说《欧斯福里亚疯人院》、苏丹小说家塔伊布·萨利赫的名著《移居北方的季节》以及阿拉伯小说界其他的名家名作，如陶菲格·哈基姆、塔哈·侯赛因、优素福·伊德里斯、优素福·西巴伊、伊赫桑·阿卜杜·库杜斯、杰马勒·黑塔尼、努埃曼、陶菲格·阿瓦德、哈纳·米纳、格桑·卡纳法尼、福阿德·泰克里利、易卜拉欣·库尼、艾哈迈德·法基赫等等，时间有限，不允许我将这份长长的名单继续列数下去。

总而言之，据初步统计，已译成中文的阿拉伯文学作品约有200多种，其中大部分是在20世纪80年代初开始实行改革开放方针政策之后出版的。这些诗文作品反映出阿拉伯世界政治、社会的变化与发展，反映了阿拉伯民族争取独立与解放的斗争；同时也生动、形象地反映出阿拉伯人民的现实社会生活，我们从中可以发现他们的喜怒哀乐。当我们阅读并翻译这些作品时，我们觉得仿佛自己是与阿拉伯弟兄们同甘苦，共命运，休戚相关，好像我们同他们像兄弟、亲人一样生活在一起，使我们更加相互认识，互相理解。例如我们可以听到沙特阿拉伯大诗人穆罕默德·哈桑·阿瓦德在诗中这样吟道：

> 我们在大地上并不仇恨
> 共产党人或是非共产党人，
> 我们对所有的人
> 都怀有温柔的兄弟精神。
> 我们要让人们都觉悟，
> 主张善良、正义、公允，
> 我们憎恶无法无天，
> 也反对权利是"高贵者"的专利品。

毋庸置疑，作为中国阿语界的翻译，我们在相当程度上发挥了我们的作用，为增进中阿人民间的文化关系作出了贡献。但是我们也应该承认，我们取得的成就无论是质是量都远远不够，绝没有达到理想的水平。这是因为阿拉伯的古今文学，无论是诗，是文，都极其丰富，绚丽多彩，像宝库，像大海，而我们翻译出的不过是九牛一毛，沧海一粟。

俗话说"眼高手低"，在我们前进的道路上还有很多困难，但俗话也说："事在人为""有志者事竟成"！我们不怕任何困难，而要坚持竭尽绵薄去履行我们的职责，发挥我们的作用，用翻译工作增进中阿两国的文化关系。

我们深信，我们具有美好的昨天与今天，我们定会有一个更加美好的明天！

谢谢！

（2011年10月11日，于第四届"阿卜杜拉·本·阿卜杜阿齐兹国王国际翻译奖"论坛，北京大学英杰文化交流中心）

中国网访谈录

中国网：各位网友下午好，欢迎收看中国访谈。如果说阿拉伯文学是一块名贵的璞，那么阿拉伯文学翻译家就是将其雕刻成美玉的雕刻家。对于翻译这一行，从"一见钟情"继而"以身相许"，我们今天的这位嘉宾坦言，如今对它的感情已经是难舍难分了。为大家介绍今天的嘉宾：北京大学外国语学院阿拉伯语言文学系教授、博导仲跻昆先生，让我们来听听仲教授与《天方夜谭》的故事。

仲教授请跟我们的网友打一声招呼！

仲跻昆：各位网友好！

中国网：我们知道您1961年毕业于北京大学的东语系，然后就一直从事有关阿拉伯的教学、翻译和研究的工作。我们看您的资料，知道您和阿拉伯语有了金婚的缘分，有50多年了。请您给我们讲一下，在阿语的研究中经历了怎样的辛酸苦辣，跟我们分享一下？

仲跻昆：我这50年做了这样几个工作：一个是搞教学，我从搞语言教学，教过翻译，教文学。语言教学从基础教学到高年级教学，从本科教到博士生，这一段是我搞教学的一些工作，也培养出一些人才。他们现在都是在各个部门守关把口，有部级干部，有大使、参赞，也有做教授的，各方面的工作都有。从这个角度来讲，人家说：当教师的桃李满天下。我觉得有道理。但是古人说的桃李满天下就是说说罢了，像孔夫子的时候也是弟子三千，贤人只有72个，他所谓的"满天下"，他那几个国走起来都是在中国的某些省份内。然而我们的"桃李满天下"，的确是走到世界各个地方都会碰到，你会感觉自己的一生没有白活，做了一些工作。我的教学算一方面。

还有一个就是搞科研，我写了一些文章，也出了一些专著。今年出了一本《中外文化关系史》，我写的是《中国和阿拉伯的文化关系史》，写了六万字左右。

前几年搞了一个《阿拉伯现代文学史》，在2006年得了教育部第四届社会科学、哲学一等奖。我觉得好像也是我在科研方面的成就。

第三个方面，就是翻译。实际上我口译、笔译都搞过。我在苏丹做过两年的援外，1972—1974年在国外走"五七道路"了，参加了援外。改革开放以后又到埃及去进修了两年，后来又到也门搞了两年教学，还走了十几个阿拉伯国家，有的算是团员兼翻译，所以口译方面我也做了一些。笔译我也做了一些，诗歌、散文、小说、短篇小说、中长篇小说也翻译过一些，算成绩，像有的翻译的东西还被收进了中学语文课本，所以我的翻译有一些还是被认可的。

我今年70岁，搞阿拉伯语也有50多年。虽然现在退休了，但是我这一生没有白活。遗憾的是好像觉得做得很不够，无论从教学、从研究，还是翻译都没有做够。这方面有客观原因，比如"文化大革命"前，那时候做学生也好，做教员也好，整天是搞政治、劳动、政治活动等等，翻译算是不务正业，要批判你走"白专道路"，所以不太敢翻。

"文化大革命"中耽误了十多年，没有干什么。有的学生我仅教了八个月，"文化大革命"就发生了，"文化大革命"中又教了两年，赶上"工农兵学员上、管、改"，"开门办学"，毕业分配则是哪里来那里去，多半也没有搞成什么业务，所以自己对培养人方面感到很不满足，做的事情，翻译的东西还是不够。觉得能够再给我70年，或者是再给我50年，我想我会做出更多的成绩来。所以，一个人总是有他遗憾的地方，就是因为这个原因。

中国网：这也让我们看出您对翻译的热爱，到老了还要从事，还要精益求精，永远觉得没有够，没有到头。刚才我通过您这样的讲述，让我觉得，您对您的学生也有非常深厚的感情，是不是他们取得了成绩，您也会觉得非常自豪和欣慰？这么多年您认为翻译工作给您带来的最大价值是什么？

仲跻昆：实际上翻译的重要性在什么地方？整个人类的发展史，整个文化的发展史，实际上就是一部翻译史。你想：所谓文化发展，怎样发展？实际上就是一个传承，一个借鉴，一个创新，这是整个文化的发展史。现在大家用词最多的无非是"全球化""文明对话""多元化"，实际上这些东西都是翻译在起作用。

咱们现在提到"全球化"，实际上"全球化"并不是从现在开始的，人类一开始就是一个全球化的过程，只是那个时候大家不像现在弄一个网、弄一台电脑，哪儿一有消息大家马上就知道了，人们想到哪儿去都是坐飞机几个钟头就过去了。但那个时候很慢，但从有了各国文明之后，比如现在世上存在的五大文明，西方文明、东正教文明，基督教文明，中国文明，阿拉伯－伊斯兰文明。季羡林说有四大块，印度的，中国的，阿拉伯－伊斯兰的，西方的等等，凡是世界文明出来以后，就呈放射状，结果各国文明就是你中有我，我中有你。那么这个过程靠什么？还是靠翻译。

一个国家，一个民族的兴衰，也可以看到翻译在里面起着很大的作用。比如——因为我是做阿拉伯语翻译的——中世纪有两个文明大国和大民族，一个是中国，一个是阿拉伯，他们在丝绸之路的两端。我们那个时候是唐朝，他们是阿拔斯朝，这个时期达到了鼎盛。像日本、朝鲜、越南跑到中国长安来学习，西方则跑到巴格达、安达卢西亚（现今的西班牙地区）去学习——那时候阿拉伯大帝国是横跨亚非欧三大洲的。这种学习靠什么？当然得靠翻译！中国在唐朝的时候吸取了很多的西域文明，包括玄奘从印度引进了一些好的东西。

比如，现在我们的文明包括儒家、道家、释家，释家就是从印度佛教文明引进来的，当然我们也有自己的创新，像"禅宗"就是从中国出来的。阿拉伯当时有一个智慧宫，它是把希腊、罗马的东西，还有波斯、印度的东西翻译过来，但是它的翻译并不是单纯的翻译，是科学家、学者在那里翻译，同时带有创造性。后来西方再从他们那个方面进行吸收，在那里留学、翻译，然后传到了西方。所以欧洲的文艺复兴离不开阿拉伯－伊斯兰文明。还有就是明治维新，实际上也是翻译在起作用。五四运动，把"赛先生""德先生"请进来，这两个本来就是翻译的名词。还有五四运动之后我们又把马克思请来了，就是马克思主义，如果没有翻译就没有这些东西。

再试想一下，"文化大革命"前17年，那时候我们"一边倒"，向苏联学习。所以那个时候我们的文化是一边的、一色的、一元化的。当然，那个时候有那个时候的价值观，还算好。但是到了"文化大革命"中就剩八个样板戏了，我们的书架上外国的东西都没有了。像把莎士比亚的东西都看成是毒草，大家谁也看不到外国的东西，文化停滞了，没有翻译。

"文化大革命"以后提出了改革开放，什么叫改革开放？开放就是一个翻译的过程，没有翻译怎么开放，所以改革开放也是要翻译、引进、借鉴，再创新。文化发展要传承。如果没有传承就没有中国特色，没有中国社会主义特色。但是你要借鉴，要向别人学习。西方帝国主义为什么垂而不死，我们不是也要向西方学习嘛？不是也要翻译东西进来嘛？所以我们说改革开放是完全符合文化发展的。在这个过程中，翻译起了很大的作用。

我感到高兴的是什么呢？我懂得阿拉伯语，我学了这门语言，做这个工作，因为文化是多元化，要文明对话，在其中尽我的一份力量，起我的一份作用，这件事情我很高兴。你没有外文，不去参与翻译工作，那这个工作当中你就是被动的。所以，我觉得我工作的意义，我对翻译就是这样一个感觉。

中国网：发挥着桥梁的作用。

仲跻昆：对！我至少在桥梁中是一块石头，一个砖头，但是我起到了我的作用。

中国网：我们知道阿语的学习非常难，有人表示过，阿拉伯语和汉语是世界上最难学的两种语言。您所从事的是阿拉伯文学的翻译，而且还翻译了诗歌，我们知道诗歌的翻译更难。比如您出版了《阿拉伯古代诗选》这样一本书，我想问一下，您当时为什么要选这样一本诗集呢？

仲跻昆：阿拉伯的文学和中国的文学很相似，特别是在古代。阿拉伯中古时期的诗人不比中国古代的诗人少，他们的诗歌量也绝不比唐朝、宋朝的诗词少。有句话是这样说的："诗歌是阿拉伯的文献，是它的档案。"那就是它的整个历史，社会各个方面的状况、发展都可以从诗歌中找到反映。而且阿拉伯的诗歌跟中国诗歌非常相近的地方在于什么地方呢？就是有严格的格律，咱们讲平仄、韵律，这一套阿拉伯也有。阿拉伯诗歌讲韵律，一韵到底，而且阿拉伯诗歌基本上是抒情诗，这一点和中国一样，没有那么多的史诗，也没有诗剧这类体裁。所以它的文学基本上就是诗歌的文学。

像我们介绍阿拉伯文学。过去研究外国文学，多受"西方中心论"影响，对东方文学的介绍只是起一个点缀作用。而对东方文学的研究，像印度文学，有季羡林、金克木、许地三，三个大家在支撑着；日本文学，因为它离得比较近，相对地也还好。但对于阿拉伯文学，大家翻来覆去就知道《一千零一夜》，再找一找，还有一本《古兰经》，可是《古兰经》是宗教经典。所以大家对阿拉伯文学不知道，你光说阿拉伯诗歌怎么好，大家都没有听说过、没见过。你想，作为一个中国人，你要和别人介绍中国文学，你不说李白，不说杜甫，不说屈原，不说白居易，不说中国的诗歌，你就说中国的文学怎么好，你觉得合适吗？所以，我一直搞阿拉伯语言，后来又搞阿拉伯文学，他们还推举我当阿拉伯文学研究会的会长。我就想写一本阿拉伯文学史，写一本阿拉伯文学史就必须要介绍诗歌。别人写的《东方文学史》中，也写到阿拉伯文学，但是就提了阿拉伯文学的几个诗人，没有把诗歌提出来，有的可能引证几句诗，那几句诗又是从俄文或者是从英文转译过来的，译者本身对诗歌又没有什么水平，所以你一看译出的那个诗歌，就会觉得阿拉伯文学是这个样子啊！？阿拉伯诗歌是这个样子啊！？这就等于对不起阿拉伯人，对不起阿拉伯文学。"文化大革命"之后，我们想要打破"西方中心论"，特别是师范院校开了"东方文学史课"，成立了"东方文学研究会"。阿拉伯文学是东方文学的重要组成部分，当然要介绍。如果要写文学史，阿拉伯诗歌必须要介绍，如果说它好，必须要说清楚它好在哪里。

有一件事情对我触动很大。1986年在烟台开中青年翻译经验交流会，那时候我还算是中青年。在会上我就说："你们是两霸。"那个时候两霸是很通俗的名词，一个是苏联，一个是美国，因为去的人除了搞英文的就是搞俄文的。过去咱们翻译俄文的东西，有大批的俄文翻译，后来搞欧美文学，又多是英文翻译。那次会上搞东方的基本上没有人，搞阿拉伯文的就我一个人去了。我就说：阿拉伯文学这么好的东西，为什么没有人理？人家说：我们怎么知道阿拉伯文学好啊？所以，我就想，我要翻译一些东西出来，所以我慢慢地翻译一些阿拉伯诗歌。像模像样的我也能写一些诗，我在干校还编了一个小诗剧，我在中学的时候朗诵不错，对诗歌有一些感性的认识，所以我的诗歌翻译还可以。我的宗旨就是翻译这边要对得起原著者，那边要对得起读者。我不能让译诗太走样子，歪曲了原意；还得让中国人读了觉得是诗。所以，我基本上翻译了一些东西，但是还不够。

20世纪80年代末90年初我交的稿子，过了十多年才出来，从量上来讲，里边有130多位阿拉伯古代诗人，400多首诗歌，但是我觉得还不够。其中有两首《悬诗》，每首相当于中国的100个左右联句，都是一韵到底，我觉得译的还可以。我现在把几首《悬诗》都译出来了，如果再出，还有一些东西。我还想出一本《天方花儿》，为什么叫天方花儿？我觉得"花儿"，实际上是中国回民把阿拉伯的"情"译成了"花儿"，好像是情诗。阿拉伯古代和现代的情诗写的都很好。

我曾经在《译林》上发表了叙利亚诗人尼扎尔·格巴尼的情诗。这位诗人是在伦敦去世的，他们的总统派专机把他接回来，然后降半旗。我译了他的一些情诗，因为他的情诗写得非常好，青年人很喜欢。甘肃有一个《读者》杂志，分两期转载了一下，我觉得还是受人们欢迎的。译诗歌我还是比较喜欢的。

中国网： 的确，优秀的文化需要翻译家介绍出去，要不然我们哪会知道阿拉伯的诗歌是这样的精彩，而且您在翻译的过程中不仅要让它忠实于原作，还要翻译出诗歌的雅，翻译出诗歌的意境来，这是不容易的，是需要对中国的诗歌、外国的诗歌都了解，才能做到这一步。

就像您刚才说的,一谈到阿拉伯文学,大家都只知道《天方夜谭》,可能不知道什么是诗歌。但是我们现在一定要谈一谈《天方夜谭》,很多人把它译成《一千零一夜》,它不仅反映阿拉伯民间的一些故事,也反映了当时的社会状态。您当时为什么要翻译这样的一部著作,您花费了多长的时间翻译完的?

仲跻昆:《天方夜谭》介绍到中国来,至今已经有一个多世纪了。当年严复都参与了这件事,当然最早是从英文翻译过来的东西。周作人也翻译过一部分,后来陆陆续续的都在翻译。因为叫《天方夜谭》也好,叫《一千零一夜》也好,的确是世界名著,古今中外的作家一点没有看过《天方夜谭》,或者没受它影响的几乎是没有。高尔基说它是民间文学著作当中最壮丽的里程碑,它把东方各民族的东西,各民族的文学集中起来,是非常好的一本著作。它的原文是阿拉伯文,早先没有人从原文翻译过,后来是穆斯林回民的一个学者,叫纳训,从原文上翻译了一些。但是我总觉得老先生虽做了很大的努力,可读起来并不是非常有吸引力,有魅力的,我觉得并不满足。后来海峡出版社找郅溥浩同志,想让他找人搞一部选译本,因为郅溥浩是研究《一千零一夜》的。后来他就把我找去了,我想这是一个机会,我译一部分,大概译了十几万字,译了前边的一些故事。

我觉得《天方夜谭》或《一千零一夜》应当这样译。因为《天方夜谭》是散韵结合,情节跌宕起伏,妙趣横生,就像中国古典的话本,或是武侠小说、演义之类。所以人们读武侠,读《西游记》《三国演义》《水浒传》等,读起来一定会津津有味。但是长期以来《一千零一夜》的译本多达不到这个效果。所以我想我来起个头,来译这本书。译过后,有一个朋友他女儿是中学生,我和她爸爸谈话的时候,就把这部分译稿给她,说:"你读这个吧!"我们谈了很久,她一直在看。她爸爸要走了,她还没有看完,不肯走。我想,这下可以了,能抓住人了。后来译林出版社让我搞全译本,我没有干。我觉得我这个人不是很勤奋,不像别人那样刻苦、熬夜。我说:我要教学,要研究,要译点东西;同时我还想看电视,看小说,也要享受点生活,到哪儿去玩玩。我不想把生活搞得太枯燥、太苦。这是属于我不勤奋的一方面。我只是想这一类的东西,我都尝试一下。

中国网:我们也注意到,您的译著涉及了小说、诗歌、散文等非常多的体裁,而且其中不乏阿拉伯文学界的大家之作。我们现在想问一下,您翻译过这么多文学体裁、题材,你最擅长什么,最喜欢翻译哪一类作品?

仲跻昆:我觉得一个翻译应当像一个演员一样。最好的演员是俗称"千面人",要演什么像什么。我们做翻译,翻译诗歌就要像诗歌,要翻译散文诗就应当是散文诗，小说就应当是小说。而且小说或者是戏剧里边的人物，小孩儿该讲什么话，乡下人该讲什么话，老太太该讲什么话，都得像那么回事，不能一道汤，全是一样的味儿。有的翻译，把一个70岁的老太太，而且是一个瞎眼的，不太出家门的，讲出来的话却文绉绉的。你有时也会看到电视剧中小孩讲话讲出四字成语来，你觉得有意思吗？好演员就是这样：演反派就像反派，演什么样的人就像什么样的人。不是说这个演员就固定了，只能演警察，不能演别的，一个好演员从来不是那样的，都是不想重复自己。做翻译也不应当重复自己，不能什么东西都好像是你在说话，而不是原作者在讲话。

我就想，咱们一提翻译标准就是"信、达、雅"，其实这个提法并不见得对。为什么？因为"信、达、雅"是严复提出来的，那是有一个历史阶段。因为那个时候书面文字是古文，讲究"之、乎、者、也"，现在有几个年轻人能读或者是爱读这类东西。所以那时候你的译文不仅要信、达，还要雅，要把古文的风雅弄出来。我们现在"信"就够了，要忠实原文的意思，风格也要忠实。比如说阿拉伯的东西，阿拉伯人读出这个东西是一个什么感觉，你翻译出来，中国人读出来也应该是一样的感觉。像中国的散文，或者是中国作家，大家有大家的风格。你看老舍的作品就是北京话，北京的土话，大家读起来都觉得很舒服。有的作家就写得比较文绉绉的，成语用得很多，很文气，这一点不一样。有的人爱喝酒，有的人爱喝白开水，有的人爱喝可口可乐，大家的口味不一样。作家也是一样，何必把所有的饮料都搞成可口可乐，或者是都搞成你喜欢的口味。所以我正在努力朝这个方向工作。就是你不仅要喜欢各种体裁，而且一本小说里面的人物是什么样的，也应当要翻译成什么样。中国人读你翻译的小说就像读中国作家的味道一样，要不然读你的东西就读不下去了。所以，我觉得好的翻译家，好多是作家做翻译家。好多诗人翻译出来的诗歌，你读起来就是不太一样。所以我们认为做一个好翻译，应当是这样的，而且应当是一个学者式的翻译。我们过去有好多翻译家，比如钱钟书、季羡林，包括冯至都是，他们是学者、作家、诗人，所以他们的功底较好，这一点很重要。翻译不是说把这个意思弄出来就成了，或者是你猜是这个意思，就把这个弄出来，这样翻译不行。

中国网：听您这样说，我觉得翻译家有时候挺像一个导演的，他是把文字的东西自己去体会，自己感觉，用中国人的看法应该怎么样，让我们自己有同样的感受。我听着感觉有点像导演的感觉，只不过您是用文字的手法表现传达出去的。您刚才举例说中国有非常好的学者翻译家，那么在阿拉伯的文学名家中您有没有特别欣赏的?

仲跻昆：像纪伯伦，我翻译的东西当然是我喜欢的，纪伯伦的东西我挺喜欢，这是我的个人喜好，西方也推崇他。他是一个好的作家，把东西方文化融汇在一起，既用阿拉伯语写一些东西，也用英文写一些东西。他既是一个画家，又是诗人，写散文诗，也写小说。他的作品译成五六十种文字。联合国把他作为世界文化名人，黎巴嫩有他的博物馆，美国有他的塑像，阿拉伯、美国开过好多次关于他的纪念会、研讨会。当时的美国总统罗斯福说，不是西方给东方东西，东方也给我们东西，从东方吹来的风就是纪伯伦。纪伯伦的作品富有深刻、隽永的哲理，像他的《先知》《泪与笑》《沙与沫》等。他是一个思想家，我们应当多介绍一些思想家的作品，而不是市场上常卖的那种东西……

中国网：什么畅销做什么。

仲跻昆：对，不是那样的！有时，人家的文化垃圾我们也收进来，当成什么好东西一样。要有一定的思想，有一定的深度。像纳吉布·马哈福兹，他也是一位思想家。他是学哲学的出身，《论语》他读了，马克思的东西他也读了，然后他写了一些东西。他对国内的现实，是通过自己的小说提出自己的看法的。他的"三部曲"很有名，里面有一个革命家叫苏珊，她说："写文章是很危险的。因为搞不好，就让人抓住把柄了，很危险。但是写小说就有很多的手法，是一种可以玩花招的东西。"我认为这句话是解读纳吉布·马哈福兹小说的关键。他出了五六十部中长篇小说和短篇小说集，但他却不是专业作家，而只是业余的作者，是八小时工作之后才写东西，但写的东西很深刻。这样写出一些东西，无论是内容，或者是手法却都不重复。在我看来，世界上还没有一个文学家能做到他这个样子。

他是2006年去世的。不仅阿拉伯世界的总统、名人说是一大损失，就连美国总统布什，当时的法国总统希拉克都说"这个作家很了不起，他反映了埃及的现实，还反映了世界上的现实"。所以希拉克说："他是和平的作家，对话的作家。他后来写的《我们街区的孩子》，实际上就是用小说的手法指出了各种文明对话，写出了整个人类发展的历史。"这样的作品在我们中国还没有一个作家能够做到。他的手法也是不断地变化，不光是一个味的。你像他的现实主义作品和新现实主义作品，包括他本国古代传统的东西，加上世界西方现代主义的手法他都运用起来了，他的手法与内容都不重复自己，写出这样多的作品，这样一个作家还不值得佩服吗？

中国网：我们知道您在苏丹、埃及等阿拉伯国家都曾经呆过，这样的经历对您翻译会不会有很多的帮助？

仲跻昆：应当有。你要了解他们的社会，了解他们的习惯，比如吃的东西，穿的东西等。

中国网：这样翻译出来的作品会不会更有味道，更贴近他们的生活状态？

仲跻昆：我认为应当是这样的。翻译应当是一个学者，为什么是学者？就是对翻译的东西，要有研究。有的翻译就是拿过来就可以译，而且还不是一个人在译，一个东西找四五个人去译，这个作家怎么样？这个社会怎么样？这个作品怎么样？不是全然不知也是一知半解，然后拼凑起来，这样的东西读起来，会是什么样的？

我觉得读好的翻译作品应当是一种享受。记得我中学的时候特别爱看小说，看翻译作品，而且的确有很多的翻译名家，你看他们的作品绝对不会比看中国小说逊色。但你要看蹩脚的翻译不是一种享受，是难受。

中国网：而且还可能看不懂。

仲跻昆：对。有时候看一部翻译作品，就好像吃饭吃到一口沙子，你还想再吃吗？肯定是不吃了。因为里面的很多东西弄不懂。所以的确有很多译者对所译作家的来龙去脉，这个作品到底是什么东西都不去研究，甚至有的人连要译的书都没有从头读一遍，光听人家说有一部作品很好，哎呀，我可抢来了，赶紧译。如果连将作品从头到尾看一遍都觉得要费很多的时间而不肯做，能行吗？我觉得这是一个问题。

中国网：所以一个好的翻译家首先得是一个知识广博的学者。在2005年的5月，您获得了由埃及高等教育部部长签署的一个特别表彰奖，这个奖是阿拉伯国家首次向中国学者颁发的奖项，可以说是非常的不容易。我想知道您当时获奖以后是怎样的心情？

仲跻昆：实际上这个奖就是一张奖状。

中国网：但是意义很大。

仲跻昆：等于是对我50年工作的一种肯定，相当于给我的工作划了一个句号。那个时候我退休了，有这样一种奖，也算是对我的一种安慰，觉得我的工作没有白做，外国人也知道我做了这么一些事。当时的想法就是这样的。

另一方面，我觉得不应当是一个句号，我的工作应该是一个分号，或者是逗号，还应该做一些事情。比如，我现在在写《阿拉伯文学通史》，是国家的一个项目。因为《阿拉伯现代文学史》已经写出来了，也得奖了。那么古代这一部分，因为很多诗歌都在古代这一部分，我还得把它写下来，这件事情如果没有做，总会觉得自己的工作没有尽到责任。所以我觉得我们做一件事情就是活到老，学到老，实际还要干到老,直到倒下了,干不了,才算完了。

中国网: 非常值得尊敬。您也是中国译协的会员,我想知道,您觉得中国译协在推动中国翻译事业的发展过程当中起到了什么样的作用?就目前这个阶段应该着重发展哪些方面?

仲跻昆: 中国的翻译界太大。现在职业的翻译大概有六七万,七八万,甚至将近十万左右,业余翻译就更多了。译协在我看来是一个松散的组织,当然做了很多工作,像你们这个网站也在它的领导下,也要搞翻译界的考评中心,也要出一些东西。但是中国的翻译界真的很大,真正系统地领导起来也比较难。我们过去的译协文艺委员会还做了一些工作,比如评了一些资深的翻译家,也开过一些座谈会,但是整个译协要抓这些工作也不太容易。比如译协谁是会员?现在只有团体会员。哪个搞翻译的人说:我想入译协,做译协的会员。你上哪儿申请?找什么人做介绍人?或者有一些什么条件?好像搞外文的未必都知道这些事情。

还有一点,就是译协怎样认识到自己责任的重大。就像我刚才说的,实际上认识到翻译对国家的重大作用,翻译在文化中的作用。但是我们国家对整个文化的认识,文化重要性的认识也是一个逐步的过程,在开始很长一个阶段对文化的作用不是很了解。因为"文化大革命"十年就不说了,那么"文化大革命"以后呢?我们觉得赶紧抓经济,后来就是"科教兴国"。"科教兴国",长时间教育也抓得不好。你抓教育,但教育上的投资很少,在整个国民经济当中教育的投资很不够。很长一个时期,说是"九年义务教育制",但义务教育应当是双方的:你是一个孩子,你必须给我念九年,你不念九年国民素质怎么样能提高?但是另一方面,我想念九年,但是我没有条件,国家得供我,你要供我念九年。类似这些东西教育都没有抓好。

文化也没有搞好,因为没有认识到它的重要性。这一点,我们还不如一些阿拉伯国家,像埃及现在搞了一个"翻译中心",它的翻译中心谁来当头呢?叫贾比尔·欧斯福尔。他是什么人?他原来是社会科学文艺委员会的秘书长,相当于我们社科院的院长或者是文化部长这样的人物。他退休之后来抓这个工作,而且埃及要译世界一千本名著。他们已经完成了,完了以后还要再完成一千。他们是有项目的,这类东西我们都没有做到。

"文化大革命"前有三套翻译丛书,到现在谁来抓?译什么?没有真正起到组织、领导、指导的中心作用。所以,译协有一些难处,也做了很多工作,成绩也很大,但还是有欠缺的。

中国网：我们知道，您长期从事阿拉伯教学工作，应该说执教 40 多年了。我想知道您在阿语方面的人才培养方面有什么样的心得？

仲跻昆：阿语的培养，我觉得要提高质量。特别是外文教学，好多出来要搞翻译。一个好翻译，中文的功底必须要厚，国学的功底要厚，文化的功底要厚，相当于一个杂家，即使不是一个大杂家，也应该是一个小杂家。这些方面我们现在都做得不够。要从我们的中小学教育抓起。现在是搞应试教育。这一点我们一直在反对，但是一直也没有解决。

应试教育就是要考试，家长也好，老师也好，你就给我读课本上的东西，课外的东西也是想法怎么样为考试服务。孩子没有很多的时间读课外读物。小孩的时候，我们在中学的时候，不是这样的。那时我在图书馆里面是一天换一本书，感觉很快乐。现在的孩子谁敢整天去读小说，那肯定是找骂。

中国网：天天都在做测试题。

仲跻昆：对。所以这些孩子出来的时候都是豆芽菜，他肚子里的东西不多，就是应试，到了大学出来也是这些东西。还有一点就是教师的水平，需要提高教师的水平。比如，现在阿拉伯语，最早是北大独此一家，别无分店。然后有七八家，现在有 20 多家。从一方面讲，这是一件大好事，因为发展需要。但是在这样的情况下，怎么样能够保质保量？要广种博收，这个"博"是博士生导师的博，而不是薄弱那个"薄"，这一点很重要。

教师的培养很重要。我的老师马坚教授有一句名言我记得很清楚，他说："教师就像一口井，这口井只有自己挖深一点，才能打出更多的水，而且打出来的是清水、好水。如果井挖得很浅，打出来就是泥汤，给学生喝的就是泥浆。"所以我们的教师培养很重要，而教师的培养又跟整个国家对教育的重视程度、投入都有关。

如果我当教师不如去经商，不如去搞别的，不如干其他的挣钱多，那么谁还愿意当研究生，谁还愿意当老师？没有好的老师怎么会有好的学生。就是因为老师没有那个水平，要培养出超水平的学生就比较困难。当然青出于蓝胜于蓝是可以的，如果老师更蓝一点，更深一点，不是更好吗？如果你自己学识浅薄，各方面都不行，对培养学生肯定是不利的。

还有一个投入，教师要怎么样的投入？我一再讲，你可以不当老师，可以升官，可以发财，可以经商。但是当老师就要投入，因为你当不好老师，不投入，就是误人子弟，因为你培养的对象是一些学生。这方面一定要抓。

中国网：我们知道第 18 届世界翻译大会就要在中国的上海举行，这次翻译大会首次在亚洲举办,而且又是在我们的国家。在节目的最后我想请您说几句祝福的话。您认为这样的大会在中国举办,会给中国的翻译界带来怎样的契机?

仲跻昆: 中国的翻译界应该借此机会壮大我们的队伍,提高我们的质量,也要相互借鉴。翻译方面有我们好的东西,比如中国的英文发音,我们的语法水平都相当好,这是值得我们骄傲的。阿拉伯文也是这样的,我们很多学生的发音、语法也都是走在前面的,我们的翻译也有很大的成绩。但是我们也要向人家学习,相互借鉴、相互交流、相互学习,使得我们的翻译工作更上一层楼,使我们有更大的起色。

就像我刚才说的,翻译工作相当于人类文化发展史一样,翻译既然有这么大的作用,为什么不借此机会把我们翻译事业搞得更好一些?!

中国网: 谢谢仲教授的到来,跟我们分享了这么多年来您的心得和体会。我们希望您身体健康,给我们介绍更多好的阿拉伯文学作品。

仲跻昆: 谢谢!

中国网: 谢谢您。今天的节目就到这儿,下期再见!

2008 年 7 月 18 日

副 编

著译序

《阿拉伯现代文学史》序言

《阿拉伯现代文学史》总算交稿出版了。作为一个长期从事阿拉伯文学教学、研究的人，我也算还了一分"债"，了却一分心愿。

其实，我搞阿拉伯文学也是刚入门，只比门外汉好一些，还远不到"家"。

我是学语言出身的。1956年入北京大学东方语言文学系学习阿拉伯语，1961年毕业，留校任教，至今也有四十多年了。我较长时间是搞语言教学的，业余也搞点翻译。至于阿拉伯文学的教学与研究，我是在20世纪80年代才正式搞起的。也是半路出家，不能算是科班出身。因此，我常常把自己比作一只瘦弱的蚕，自己没吃饱桑叶，却被硬逼着要吐丝，就只好一边吃，一边吐。不过，在这个过程中，我却越搞越有兴趣，觉得阿拉伯文学、文化真好像是辽阔无边、深不可测的海洋，我们现在只能算是在岸边戏水。人如果能再活一辈子，或多活几辈子，我想我会毫不犹豫地选择再搞对阿拉伯文学、文化的研究。

近来，人们的一大热门话题是"全球化"。但这个地球无论怎么"化"，它总是一个多元化——多种文化的星球。古今中外的学者曾对文化下过种种定义，又将有史以来人类的文化划为若干文化圈，或分成若干文化体系。但无论怎么划，怎么分，毋庸置疑，阿拉伯-伊斯兰文化总是其中最重要的文化体系之一。

众所周知，伊斯兰教在中世纪兴起后，阿拉伯的穆斯林高举伊斯兰的大旗，南征北战，开疆拓域，建立了一个地跨亚非欧三大洲的阿拉伯大帝国。其版图包括中亚、西亚、南亚、北非和欧洲的西西里岛、伊比利亚半岛（安达卢西亚），使这些地区伊斯兰化。阿拉伯-伊斯兰文化也随着这个大帝国的建立而达到鼎盛，从而与在"丝绸之路"另一端的中国文化相互辉映，彪炳于世。

阿拉伯-伊斯兰文化的特点是源远流长、承前启后、连贯东西。

说阿拉伯-伊斯兰文化源远流长是说它与人类最古老的文明——古埃及的尼

罗河文明、两河流域——美索不达米亚文明及地中海东岸的迦南-腓尼基文明都有深远的渊源。美国学者杜兰特在他的名著《文化的故事》一书中就说过："有资料证明，文化——此处是指种植粮食和饲养家畜、家禽——在没有文字记载的古代就已出现于阿拉伯地区，然后由此成文化三角形传布至两河流域（苏美尔、巴比伦、亚述）和埃及。"正是在当今被称作阿拉伯世界的这片土地上，产生过人类最早的史诗——远比希腊荷马《奥德赛》和《伊利亚特》还早好几个世纪的《吉尔加美什》，产生过神奇的《亡灵书》，产生过人类最早的文字和拼音字母，犹太教、基督教及其信奉的《圣经》（包括《旧约》《新约》）也产生在这里。如果我们说，西方文化和文学的源头就在这片土地上，也许我们并没有过甚其词。

中世纪达到鼎盛的阿拉伯-伊斯兰文化在世界文化史上起到了承前启后、连贯东西的作用，是说它传承了前人的文化业绩，并把东方的文化成果传到西方。正如美国学者希提在论及中世纪阿拉伯人在世界文化史上的贡献时所说："阿拉伯人所建立的，不仅是一个帝国，而且是一种文化。他们继承了在幼法拉底河、底格里斯河流域、尼罗河流域和地中海东岸曾盛极一时的古代文明，又吸收、借鉴了希腊-罗马文化的主要特征。他们承前启后，在中世纪，把这些思想影响的很多因素传到了欧洲，从而唤醒了西欧，为西欧的文艺复兴铺平了道路。在中世纪时代，任何民族对于人类进步的贡献，都比不上阿拉伯人和说阿拉伯语的各族人民。"作为阿拉伯-伊斯兰文化重要组成部分的阿拉伯文学，在中古时期也同样处于巅峰。在整个14世纪及其后的欧洲文艺复兴的先驱者中，有一系列诗歌天才与小说巨匠的名字是与阿拉伯文学分不开的。其中特别应提到意大利的薄伽丘、但丁、彼特拉克，英国的乔叟和西班牙的塞万提斯：薄伽丘的《十日谈》是仿照了《一千零一夜》和《卡里来和笛木乃》的框架式故事结构和某些内容。乔叟创作的《坎特伯雷故事集》也是出自同一机杼。至于但丁和彼特拉克，正如德国女学者吉格雷德·洪克博士在《阿拉伯的太阳照亮了西方》一书中所说："意大利的诗人但丁、彼特拉克确实是受了阿拉伯诗歌的影响。彼特拉克是无意的，但丁则是因为他个人关注阿拉伯诗歌、苏菲主义和安达卢西亚的哲学和伊本·鲁世德的结果。我们在彼特拉克的诗中会发现阿拉伯的间接影响，与此同时，却会在但丁诗歌中发现伊本·阿拉比及其著作十分明显的影响。"一些西方的东方学学者和阿拉伯学者，特别是西班牙的研究员阿辛·帕拉修斯（Asin Palacios）曾指出，但丁的代表作《神曲》曾深受阿拉伯的《穆罕默德神秘的夜行与登霄故事》及麦阿里的《宽恕书》的影响。至于塞万提斯，他曾在阿尔及利亚生活过几年，他的小说《堂·吉诃德》充满了阿拉伯式的幽默、笑话，还嵌有不少阿拉伯的成语、格言，从而可以说明该书所受的阿拉伯影响成分。还有，中世纪法国的韵文小故事（Fableau）和欧洲的骑士传奇与阿拉伯文学亦有渊源关系；阿拉伯的"玛卡梅"体故事影响并引起西班牙"流浪汉小说"（Picaresca）的产生；阿拉伯的诗歌也通过安达卢西亚的"彩诗"和"俚谣"影响了欧洲诗歌的革新，从而在中世纪欧洲南部促使了普罗旺斯诗人（Provence）和游吟诗人（Troubadour）的产生。

而在近古时期，自1258年阿拔斯王朝灭亡于蒙古旭烈兀之手，继而阿拉伯－伊斯兰势力又被逐出安达卢西亚之后，在异族的统治下，曾在中世纪如日中天的阿拉伯－伊斯兰文化、阿拉伯文学，则是江河日下，逐渐衰微。

1798年，法国拿破仑率军侵入埃及，从而揭开阿拉伯近现代史的序幕。

《阿拉伯现代文学史》之"现代"的时间涵义是相对于"古代"而言，实际上是包括了自19世纪初至20世纪末通常所谓的近代、现代与当代。如果细分起来，自1798年至第一次世界大战结束（1919年）当为近代，此后至第二次世界大战结束（1945年）当为现代，此后至今应为当代。但阿拉伯的文学史通常只分"古代"（al-Qadīm）与"现代"（al-Ḥadīth或al-Muʻāṣir），我们也"入乡随俗"吧！

阿拉伯现代文学史，实际上是阿拉伯文学复兴的历史，是阿拉伯文学现代化的历史，是阿拉伯文学走向世界文学的历史，是阿拉伯文学在传承、弘扬本民族文学遗产的基础上，借鉴西方文学的经验、成果，并进行创新，从而走上与世界文学同步发展道路的历史。

当今的阿拉伯世界有22个阿拉伯国家。这些国家的历史、政治、经济、文化等诸方面，既有相同、相似点，又有不同点。它们同为阿拉伯民族，以阿拉伯语为官方语言，多信奉伊斯兰教，大都先后受过奥斯曼－土耳其及西方列强的统治，长期处于殖民地、半殖民地、附属国的地位，经过长期的民族解放斗争，才多在第二次世界大战后至20世纪70年代相继取得独立。但它们的政体历史、文化背景、经济发展水平……不尽相同，因而各国、各地区文学发展的历程也不尽相同。

为使脉络清晰些，阅读起来方便些，本书分成五编：第一编是总论，对阿拉伯古代文学作了简介后，对阿拉伯世界的现代历史、文化背景及阿拉伯现代文学各门类的发展、流变及其有代表性、有影响的流派、作家、诗人、作品作了整体综合介绍。其余四编则对阿拉伯世界诸国的现代文学分地区、国别进行了介绍。

各编的地理范畴及涵盖的国家为：第二编是尼罗河流域的埃及与苏丹；第三编是沙姆地区的黎巴嫩、叙利亚、约旦、巴勒斯坦；第四编是马格里布（北非）地区的阿尔及利亚、摩洛哥、突尼斯、利比亚；第五编是伊拉克、也门及海湾六国：沙特阿拉伯、科威特、巴林、阿联酋、阿曼、卡塔尔。书中对阿拉伯各国现代文学（特别是诗歌、小说）的渊源、流变、现状、重要的文学流派、作家、诗人及其代表作都作了详略有致的分析、介绍。

众所周知，现代阿拉伯世界所在的中东地区一直是世人瞩目的热点、焦点，人们对反映这一地区历史进程、政治风云、社会风貌、人民情态的阿拉伯文学越来越感兴趣；为了打破"欧洲中心论"，自20世纪80年代初开始，在我国的高等院校，特别是师范院校开设了"东方文学史"课（而在这之前，所设的"外国文学史"课则只讲西方文学），并成立了"东方文学研究会"，从而也要求我们对作为东方文学重要组成部分的阿拉伯文学做好译介、研究工作；还有，在我国至今至少有七八所高等院校设有阿拉伯语专业，这些专业过去多半仅限于学习阿拉伯语言，为了扩大学生的知识面，培养学生对阿拉伯文学的审美情趣，提高阿拉伯语专业毕业生的质量，自20世纪80年代开始，这些院校都相继开设了"阿拉伯文学史"和各种有关阿拉伯文学的课程，部分院校还负有培养阿拉伯文学专业的研究生，以攻读硕士、博士学位的责任。凡此种种都说明我们对阿拉伯文学研究的必要性、迫切性。但由于种种原因，截至目前，我国对阿拉伯文学研究的论著还寥若晨星，有关阿拉伯现代文学史的专著几近空白。

毋庸置疑，阿拉伯现代文学在东方文学和世界文学史上都占有一席重要地位，其内容极其丰富。不仅整体的阿拉伯现代文学史可以写成详细论述的鸿篇巨制，而且对其中有关一个地区、一个国家、一种门类、一个流派的文学，乃至对一个作家、一个诗人、一部作品的论析，都可以写成一部或几部专著。但就目前的状况看，我们似乎还不是要求锦上添花的时候，而是要雪中送炭。因此，我明知自己的这部《阿拉伯现代文学史》很粗浅，只能算是史略，史纲，而且挂一漏万，披头散发，只能算是初稿，"粗"稿，但还是愿意把它作为一块砖，抛出来，以期引来众多的玉。

不过，我可聊以自慰的是本书也有一些特点：

首先，本书内容较广泛。据我所知，目前，包括阿拉伯世界在内，还没有一部对近20个阿拉伯国家的现代文学既有总体论述，又分国别论述文学史。阿拉伯世界出版的文学史，多为国别文学史，即使号称"阿拉伯文学史"的现代部分，也往往只论述到埃及、黎巴嫩（包括旅美派文学），最多再加上伊拉克、叙利亚的个别知名诗人，对海湾地区、马格里布地区、也门、苏丹、约旦、巴勒斯坦的文学几乎是只字不提。而拙作《阿拉伯现代文学史》则不仅对走在阿拉伯现代文学先头的埃及、黎巴嫩、叙利亚、伊拉克文学做了较多的论述、介绍，同时，对相对发展滞后的其他阿拉伯国家、地区的现当代文学也做了相应的论述、介绍。

其次，一般现代文学史的内容大都写到第二次世界大战结束前后为止，涉及的作家也大多是已不在世、盖棺论定的作家及其作品。我原本也想照此办理，但我考虑到：如果那样，只能像当前已有的阿拉伯现代文学简史那样，介绍一下现代文学发展较早、较快的埃及、黎巴嫩，加上跟在其后的叙利亚、伊拉克等国的现代文学历程及其著名的作家、诗人，而对现代文学发展比较滞后的其余国家的情况只好一带而过，这显然不太公平，也达不到全面介绍阿拉伯现代文学的目的；特别是在阿拉伯作家协会选出了20世纪105部最佳阿拉伯中长篇小说之后，作为21世纪出版的《阿拉伯现代文学史》当然对此不能置之不理，而值得注意的是：这些作品的作者多为"60年代辈"的作家——即20世纪60年代才登上文坛的作家；作品多为20世纪后30年代发表的。其中没有著名的穆罕默德·侯赛因·海卡尔和他的《泽娜布》，没有阿卜杜·拉赫曼·舍尔卡维和他的《土地》，没有纪伯伦、努埃曼……，榜上有名的作家的作品也并非人们惯常熟知的那样，如哈纳·米纳当选的作品是《帆与风》而不是《蓝灯》，塔哈·侯赛因当选的作品不是《日子》，而是《鹧鸪声声》。对于这105部作品及其作者，我尽量作了一些介绍。因此，本书内容的下限是当今，内容比较"鲜活"。但限于篇幅、时间、资料等原因，对其中一些作家、作品，我们也只能似蜻蜓点水，一带而过，以后有机会再详加论述。

再者，古今中外的文学史不外乎两部分构成：资料和观点。阿拉伯国家出版的文学史，囿于民族、政治、宗教信仰，作者对其论述的作家、作品当然有他自己的观点；西方作者写"阿拉伯文学史"囿于其"欧洲中心论"及其他原因，自然也会在书中显示他的观点。在阿拉伯世界，一些著名的诗人、作家，被吊销了国籍，长年流亡在外；有些著名的作品却被列为"禁书"。诸如此类，当是政治、宗教与文学有时抵牾的例证。我有我的信仰、我的政治立场、视角、观点，我写的这部《阿拉伯现代文学史》虽不敢自诩具有中国的社会主义特色，但至少有我个人的特色，有我国的特色，而与阿拉伯、西方人所写的相关作品不尽相同，当是事实。

还有，阿拉伯民族是一个诗歌的民族。诗歌一向是阿拉伯文学的骄子，被认为是阿拉伯人的史册与文献。它像一面镜子，真实而生动地反映了阿拉伯民族的历史与社会现实。要想了解、认识阿拉伯的历史、社会、文化、文学，了解与研究它的诗歌是一条重要的途径。在现代阿拉伯文学中，诗歌虽不像在古代阿拉伯文学那样占有绝对中心的地位，但仍与小说等体裁分庭抗礼，具有重要地位。因此，本书对阿拉伯现代诗歌、诗人做了相当篇幅的论述。为此就要引述、译介部分原诗。译界公认"译事难，译诗尤难"，有人甚至认为诗不可译。但本人不得不硬着头皮去翻译，且要本着自己在翻译时的一贯主张——"既要对得起作者，也要对得起读者"，译出的诗句既要基本忠实原意，中国读者读起来还要像诗，有诗的味道，尝试着翻译。结果，我认为书中所引的拙译诗歌还过得去。这大概也算是本书的一个特点吧。

当然，本书由于种种原因还存在不少不足之处，这一点，我比任何人都清楚。敬请诸君读后不吝指教。我希望有机会再版时，经补充、修正，让它更完美一些。

仲跻昆

2004 年 1 月 24 日

(《阿拉伯现代文学史》，昆仑出版社，2004 年。2006 年获第四届中国高校人文社会科学研究优秀成果奖一等奖)

《阿拉伯文学通史》序

近来，人们的一大热门话题是"全球化""多元化"。其实，这个世界自古就是一个多种文化交融的星球。古今中外的学者曾将有史以来人类的文化划为若干文化圈，或分成若干文化体系。但无论怎么划，怎么分，毋庸置疑，源远流长的阿拉伯－伊斯兰文化同中华民族文化一样，是世界最重要的文化体系之一。它曾以其辉煌的成就彪炳于世，在世界文化史上起了承前启后、融贯东西的作用，为欧洲的文艺复兴铺平了道路。

阿拉伯文学是阿拉伯－伊斯兰文化的重要体现；是东方文学及世界文学的重要组成部分。中古时代的阿拉伯大帝国地跨亚非欧三大洲，阿拉伯古代文学同中国古代文学一样，群星璀璨，佳作如林，是世界文学史最光辉的篇章之一。现代的阿拉伯世界包括20余国家，其所在的中东地区已日益成为举世瞩目的焦点、热点；以诺贝尔奖得主纳吉布·马哈福兹及其作品为代表的阿拉伯现代文学已在世界现代文学中占有一席重要地位。阿拉伯文学发展历程与现状与我国文学有很多相似之处，反映出阿拉伯历代的政治风云变化与社会现实变革。

对阿拉伯古今文学研究与介绍的重要意义是毋庸赘言的。

但由于种种历史原因，在我国，长期以来，因受"欧洲－西方中心论"的影响，对东方文学的译介、研究远不及对西方文学的译介、研究，而在东方文学中，对阿拉伯文学的译介、研究又远不及对日本、印度文学的译介、研究。

从阿拉伯文译成中文的工作虽早在19世纪就已开始，但那时只是有些回民学者出自宗教的目的翻译了《古兰经》部分章节和蒲绥里的《天方诗经》等。

20世纪50年代前，绝大多数的中国读者对阿拉伯文学的了解，仅限于部分学者在20世纪初始从英文译本转译过来的《一千零一夜》(《天方夜谭》)的片断故事。中国著名的文学家茅盾先生于1923年从英文译的纪伯伦的几篇散文诗，冰心先生于 1932 年译的纪伯伦的《先知》（原著为英文），是我国对阿拉伯现代文学最早的译介。郑振铎（西谛，1898—1958）先生多据英国学者约翰·德林克沃特（John Drinkwater 1882—1937）的《文学纲要》编译而成的《文学大纲》（商务印书馆，1927 年），全书上下两册，共约 2200 页，对阿拉伯文学的介绍只占 25 页，算是当时我国对阿拉伯文学最全面、系统地介绍了。

阿拉伯语教学，虽从 1946 年起开始进入我国高等院校的课堂，从而结束了历来这种语言多半只限于在回民经堂里教学的状况，但直至 20 世纪 80 年代改革开放，在当时设有阿拉伯语专业的七八所高等院校中，基本上只有语言教学，很少有关文学的课程。

20 世纪 50 年代末、60 年代初，阿拉伯各国人民的反帝国主义、反殖民主义的民族解放运动风起云涌。为了配合当时中东政治形势的发展，为了表示对兄弟的阿拉伯人民正义斗争的支持，当时在我国出现了介绍阿拉伯文学的第一次高潮，翻译出版了诸如《埃及短篇小说集》《黎巴嫩短篇小说集》《阿拉伯人民的呼声》《约旦和平战士诗歌选》《流亡诗集》等阿拉伯文学作品。但这些译作多半是从俄文转译的。直接从阿拉伯文译成中文的则是凤毛麟角，如纳训先生所译的《一千零一夜》、林兴华先生所译的《卡里来与笛木乃》等。

20 世纪 80 年代初开始的改革开放带来了阿拉伯文学的译介与研究在中国的新兴。

为了打破"欧洲-西方中心论"，自 20 世纪 80 年代初开始，在我国的高等院校，特别是师范院校的中文系开设了"东方文学史"课（在这之前，所设的"外国文学史"课则只讲西方文学），并成立了"东方文学研究会"。众所周知，阿拉伯文学是东方文学的重要组成部分，"东方文学史"课的开设，引起教的人和学的人对阿拉伯文学的浓厚兴趣，在一定程度上促进了我国对阿拉伯文学的译介和研究。

同时，设有阿拉伯语专业的高等院校都相继开设了"阿拉伯文学史"和各种有关阿拉伯文学的课程。部分院校还肩负起培养阿拉伯文学专业研究生的任务。还应指出的是，以 1987 年中国外国文学学会阿拉伯文学研究会成立为标识，在中国，一支研究阿拉伯文学的队伍已经基本形成，并日益发挥自己应有的作用。这一切无疑也促进、推动了我国对阿拉伯文学的译介和研究。

有关阿拉伯文学史的介绍，最早是从翻译引进开始的，如英国基布（Sir Hamilton Alexander Rosskeen Gibb 1895—1971）的《阿拉伯文学简史》（陆孝修、姚俊德译，人民文学出版社，1980年）、埃及绍基·戴夫（Shawqī Ḍayf 1910—2005）的《阿拉伯埃及近代文学史》（李振中译，人民文学出版社，1980年）、黎巴嫩汉纳·法胡里（Ḥannā al-Fākhūrī 1916— ）的《阿拉伯文学史》（郅溥浩译，人民文学出版社，1990年）等。

此后，伊宏著的《阿拉伯文学简史》（海南出版社，1993年）、蔡伟良、周顺贤著的《阿拉伯文学史》（上海外语教育出版社，1998年）及由季羡林主编的《东方文学史》（吉林教育出版社，1995年）仲跻昆撰写的阿拉伯文学部分，都对阿拉伯古今文学作了详略不等的介绍。而由高慧琴、栾文华主编的《东方现代文学史》（海峡出版社，1994年）李琛、伊宏撰写的阿拉伯文学部分，及仲跻昆著的《阿拉伯现代文学史》（昆仑出版社，2004年），则进一步对阿拉伯现代文学的来龙去脉、重要的流派及其代表作家、诗人做了更为系统、详尽的介绍。

但我觉得我们似乎还是亏待了阿拉伯文学；觉得自己还没有尽职尽责。

从小时候就沉迷于《一千零一夜》中，向往"天方"那块神秘的地方，到20世纪50年代开始学习阿拉伯语，60年代开始教阿拉伯语，80年代开始专攻阿拉伯文学，至今，我就像电影《红菱艳》中那个穿上红舞鞋的人，与阿拉伯语言、文学结下了不解之缘：学、教、译介、研究……鸡零狗碎的也算有些成果。只是人生苦短，我觉得阿拉伯文学、文化真好像是辽阔无边、深不可测的海洋，我只能算是在岸边戏水。对于阿拉伯文学，我也只能说是刚入门，远不到"家"。作为中国对阿拉伯文学译介、研究队伍的排头兵，如何尽力让有13亿人口的中国读者能更好、更全面、系统地了解灿烂辉煌、丰富多彩、博大精深的阿拉伯古今文学，始终是我萦绕于怀的心结。

《阿拉伯文学通史》的付梓出版，算是我交了一份答卷，了却一份心愿。

毋庸置疑，阿拉伯文学在东方文学和世界文学史上都占有一席重要地位，其内容极其丰富。不仅整体的阿拉伯文学史可以写成详细论述的鸿篇巨制，而且对其中有关一个历史时期、一个地区、一个国家、一种体裁、一类题材，一个流派的文学，乃至对一个作家、一个诗人、一部作品的论析，都可以写成一部或几部乃至几十部、几百部的专著。但就目前的状况看，我们似乎还不是要求锦上添花的时候，而是要雪中送炭。因此，我明知自己的这部《阿拉伯文学通史》仍很粗浅，只能算是史略，史纲，虽然未必挂一漏万，但总难免会有遗珠之憾；从某种意义上讲，只能算是披头散发的初稿，"粗"稿。尽管如此，我还是愿意把它作为一块砖，抛出来，以期引来众多的玉。

不过，敝帚自珍，我可聊以自慰的是本书也有一些特点：

首先，是内容广泛，鲜活，时间与空间跨度大：作为一部文学通史，本书分上（古代）、下（现代）两卷。值得提及的是，本书之"现代"的时间涵义是相对于"古代"而言，实际上是包括了自19世纪初直至当今的近代、现代与当代。因为阿拉伯的文学史通常只分"古代"（al-Qadīm）与"现代"（al-Ḥadīth或al-Muʻāṣir），我们也"入乡随俗"吧！

但很多《阿拉伯文学史》只论述到19世纪前的阿拉伯文学，其实只是阿拉伯文学的古代部分，或可称"阿拉伯古代文学史"。如上述汉密尔顿·阿·基布的《阿拉伯文学简史》的下限是1800年。被认为是当代权威的埃及学者邵基·戴伊夫的十卷本的《阿拉伯文学史》（开罗，知识出版社，1960—1995年）计5378页，也是写到现代复兴前的奥斯曼帝国统治时代为止。而这些只是我们这本《阿拉伯文学通史》上卷（古代部分）论述的内容。只不过我们是依照大多阿拉伯文学史传统的分期，即：贾希利叶时期（474—622）、伊斯兰时期（622—750）、阿拔斯朝时期（750—1258）与近古时期（1258—1798）。不像基布在《阿拉伯文学简史》中那样，把它分成什么英雄时代、发展时代、黄金时代、白银时代……，也不想像邵基·戴伊夫那样标新立异，将阿拔斯朝划至945年，而将其后称之为"诸朝列国时期（'Aṣr ad-Duwal wa al-Imārāt）"（945—1798）。

至于现代部分，阿拉伯世界出版的多为国别文学史，即使一些号称"阿拉伯文学史"（或应称"阿拉伯文学通史"）的现代部分，也往往只论述到埃及、黎巴嫩（包括旅美派文学），最多再加上伊拉克、叙利亚的个别知名诗人，对海湾地区、马格里布地区、也门、苏丹、约旦、巴勒斯坦的文学几乎是只字不提。还有，一般阿拉伯现代文学史的内容大都只写到第二次世界大战结束前后为止，涉及的作家及其作品也大多是已不在世、盖棺论定的。我原本也想照此办理，但我考虑到：如果那样，只能是照例介绍一下现代文学发展较早、较快的阿拉伯国家的现代文学历程及其著名的作家、诗人，而对现代文学发展比较滞后的其余国家的情况只好略而不谈或一带而过。这显然不太公平，也达不到全面介绍阿拉伯现代文学的目的；特别是阿拉伯作家协会选出的20世纪105部最佳阿拉伯中长篇小说，作者多为"60年代辈"的作家——即20世纪60年代才登上文坛的作家；作品也多为20世纪后三十年代发表的。作为21世纪出版的《阿拉伯文学通史》对此当然不能置之不理，故而，对于这105部作品及其作者，我尽量作了一些介绍。因此，本书内容的下限是21世纪初的当今，内容比较"鲜活"。

《阿拉伯文学通史》序

据我所知，目前，包括阿拉伯世界在内，中外还没有一部阿拉伯文学史，在时空上有这样大的跨度，特别是在阿拉伯现代文学部分，对近20个阿拉伯国家的现代文学既有总体论述，又分国别论述的。本书不仅对走在阿拉伯现代文学先头的埃及、黎巴嫩、叙利亚、伊拉克文学做了较多的论述、介绍，同时，对相对发展滞后的其他阿拉伯国家、地区的现当代文学也做了相应的论述、介绍。

其次，古今中外的文学史不外乎由两部分构成：资料和观点。阿拉伯国家出版的文学史，作者往往囿于民族、政治、宗教信仰，西方作者写"阿拉伯文学史"，又往往囿于其"欧洲中心论"及其他原因，他们在论述作家、作品时，当然都有各自的观点，但难免会有偏颇之处。在阿拉伯世界，一些著名的诗人、作家被吊销了国籍，长年流亡在外；有些举世闻名的作品却被列为"禁书"。诸如此类，当是政治、宗教与文学有时抵牾的例证。不同作者写出的文学史可能对古今一些知名诗人、作家、作品取舍不同，褒贬不一，也是不争的事实。我有我的价值观，我的视角，我的观点，我在对作家、作品论述、评价中尽量做到全面、客观、公正。这部《阿拉伯文学通史》自有它的独特之处，而有别于他人所写的相关作品。

如在阿拉伯古代文学部分，除一般公认的著名诗人、作家、作品外，我还有意用相当多的篇幅论述了反映当时贫苦下层生活的民间诗人及其作品。被高尔基誉为是世界民间文学史上"最壮丽的一座纪念碑"的《一千零一夜》，曾一度（1985年5月）被埃及道德法庭宣布为"淫书""禁书"，在邵基·戴伊夫十卷本共计5378页的《阿拉伯文学史》中只占有一页的介绍；在阿拉伯地区家喻户晓，妇孺皆知，流传程度甚至胜过《一千零一夜》，被西方的某些东方学者称作《阿拉伯的伊利亚特》的民间传奇故事《安塔拉传奇》，在邵基·戴伊夫的同一部文学史中也只有不足一页半篇幅的介绍。我在《阿拉伯文学通史》中，却分别对这两部名著设有专章分节以较多的篇幅予以论述。

又如对于阿拉伯现代文学的介绍，现有的阿拉伯文学史往往由于种种原因而有一定的局限性。如上述黎巴嫩学者汉纳·法胡里的《阿拉伯文学史》，原书头版出于1960年，对第二次世界大战后登上文坛的作家、诗人只字未提；即使对20世纪前半个世纪已经享誉于阿拉伯文坛的诗人、作家，相对说来，作者也是对黎巴嫩籍的介绍偏多、偏细，而对诸如埃及的台木尔、陶菲格·哈基姆，突尼斯的沙比……这些阿拉伯现代文学的巨擘也是只字未提。绍基·戴夫初版于1961年的《阿拉伯埃及近代文学史》（亦可译为《阿拉伯埃及现代文学史》）亦难免有同样的局限性，如书中对纳吉布·马哈福兹（Najīb Maḥfūẓ, 1911—

2006）只是提了一下，而对另一些著名的小说家如尤素福·伊德里斯（Yūsuf Idrīs，1927—1991）、尤素福·西巴伊（Yusūf as-Sibā'ī，1917—1978）伊赫桑·阿卜杜·库杜斯（Iḥsān 'Abd al-Qudūs，1919—1990）等则连提都没提。在这些阿拉伯现代文学史中，找不到兴起于20世纪40年代末的阿拉伯自由体新诗的先驱们及其作品的介绍，更不要说在他们之后成名的诗人了；也几乎找不到有关阿拉伯作家协会选出的105部20世纪最佳中长篇小说及其作者的介绍与评论。而我则不能不在这部《阿拉伯文学通史》中尽力弥补这些不足。

还有，阿拉伯民族是一个诗歌的民族。诗歌一向是阿拉伯文学的骄子，被认为是阿拉伯人的文献与档案。它像一面镜子，真实而生动地反映了阿拉伯民族的历史与社会现实。要想了解、认识阿拉伯的历史、社会、文化、文学，了解与研究它的诗歌是一条重要的途径。因此，本书对阿拉伯古今的诗歌、诗人做了相当篇幅的论述。为此就要引述、译介部分原诗。译界公认"译事难，译诗尤难"，有人甚至认为诗不可译。但本人不得不硬着头皮去翻译，且要本着自己在翻译时的一贯主张——"既要对得起作者，也要对得起读者"，译出的诗句既要基本忠实原意，中国读者读起来还要像诗，有诗的味道。同样，阿拉伯有些散文，也颇具艺术特色，如古代的一些讲演词，特别是阿拉伯的"玛卡梅"，讲究音韵铿锵、文辞骈俪，为便于我国读者对这些诗文特点有一定的感性认识，我对书中引用的诗文的翻译还是下了一番功夫的。这也算是本书的一个特点吧。

为使脉络清晰些，阅读起来方便些，本书在编排上，如前所述，分上（古代）、下（现代）两册，每册分五编，共十编。每册的开头（第一编与第六编）分别简要介绍阿拉伯古代与现代的历史、文化背景，阿拉伯古代与现代文学与世界其他文化、文学的关系，阿拉伯古代、现代文学概观等。使人读后即可对阿拉伯古今文学有一个基本的总体地了解。

古代部分基本是按历史时期分编与章节：第二编是伊斯兰教兴起前——贾希利叶时期（475—622）的文学；第三编是伊斯兰时期（622—750）的文学，其中又分两个时期，即伊斯兰初兴时期（622—661）与伍麦叶朝时期（661—750）；第四编是阿拔斯朝时期（750—1258）的文学，其中又分三个时期，即阿拔斯朝第一时期（750—847）、阿拔斯朝第二时期（847—945）与阿拔斯朝第三时期（945—1258）；第五编则是将安达卢西亚文学（711—1493）与阿拉伯近古时期（1258—1798）的文学合为一编讲述。

现代文学部分则是按地区、国别讲述。其中前两编是讲亚洲阿拉伯国家：第七编是讲沙姆地区国家的文学，其中分别论述了黎巴嫩、叙利亚、约旦、巴勒斯坦与旅美派文学；第八编是论述泛海湾地区的阿拉伯国家的文学，包括伊拉克、也门及海湾六国——沙特阿拉伯、科威特、巴林、阿拉伯联合酋长国、阿曼与卡塔尔。后两编是论述位于非洲的阿拉伯国家现代文学的：第九编是讲述尼罗河流域的埃及与苏丹的文学；第十编则是讲"马格里布"即西北非地区阿拉伯国家的文学，其中包括阿尔及利亚、摩洛哥、突尼斯与利比亚的文学。

书中对阿拉伯古代各个历史时期与现代各个国家文学的渊源、流变、现状、重要的文学流派、作家、诗人及其代表作都尽力作了详略有致的分析、介绍，尽力使这部文学史做到更完整、更科学、更系统。

当然，由于种种原因，本书也难免存在不少不足之处，这一点，我比任何人都清楚。敬请诸君读后不吝指教。我希望有机会再版时，经补充、修正，让它更完美一些。

仲跻昆

2010年9月10日于北京马甸

（《阿拉伯文学通史》上下册，译林出版社，2010年。2013年获第五届中国高校人文社会科学研究优秀成果奖二等奖）

《阿拉伯古代文学史》序

出书总要有个序,好像也是惯例。不知请谁来写好,只好自拉自唱。

我自 1961 年毕业留校任教,至今已有半个多世纪,为师且老,人称"老师",我可以当仁不让。但我自幼好学,锲而不舍,活到老学到老,"老生"的资历远胜于"老师",所以我想说的也都是些"老生常谈"。

我从小就沉迷于《一千零一夜》中,向往"天方"那块神秘的地方;到 20 世纪 50 年代开始学习阿拉伯语,60 年代开始教阿拉伯语,80 年代开始专攻阿拉伯文学,至今,我就像电影《红菱艳》中那个穿上红舞鞋的人,与阿拉伯语言、文学结下了不解之缘:学、教、译介、研究,鸡零狗碎的也算有些成果。只是人生苦短,我觉得阿拉伯文学、文化真好像是辽阔无边、深不可测的海洋,我们现在只能算是在岸边戏水。对于阿拉伯文学,我也只能说是刚入门,远不到"家",人如果能再活一辈子,或多活几辈子,我想我会毫不犹豫地选择再搞阿拉伯文学、文化的研究。

源远流长的阿拉伯-伊斯兰文化,在中古时期曾以其辉煌的成就彪炳于世,在世界文化史中,起了承前启后、融贯东西的作用,为欧洲的文艺复兴铺平了道路。

阿拉伯文学是阿拉伯-伊斯兰文化的重要体现。中古时代的阿拉伯大帝国横跨亚非欧三大洲,阿拉伯古代文学同中国古代文学一样,群星璀璨,佳作如林,是世界文学史上最光辉的篇章之一。

但由于种种历史原因,在我国,长期以来,因受"欧洲-西方中心论"的影响,对东方文学的译介、研究,远不及对西方文学的译介、研究,而在东方文学中,对阿拉伯文学的译介、研究,又远不及对日本、印度文学的译介、研究。

从阿拉伯文译成中文的工作,虽早在 19 世纪就已经开始,但那时只是有些回民学者出自宗教的目的,翻译了《古兰经》部分章节和蒲绥里的《天方诗经》等。

《阿拉伯古代文学史》序

20世纪50年代前，绝大多数的中国读者对阿拉伯文学的了解，仅限于部分学者在20世纪初始从英文或日文转译过来的《一千零一夜》（《天方夜谭》）的片段故事。郑振铎（西谛 1898—1958）先生多据英国学者约翰·德林克沃特（John Drinkwater 1882—1937）的《文学纲要》编译而成的《文学大纲》，全书上下两册，共约2200页，对阿拉伯文学的介绍只占25页，算是当时我国对阿拉伯文学最全面、系统地介绍了。

阿拉伯语教学，在我国虽从1946年起开始由清真寺的经堂进入高等院校的课堂，但直至20世纪80年代改革开放，在当时设有阿拉伯语专业的七八所高等院校中，基本上只有语言教学，很少有关文学的课程。

20世纪50年代末、60年代初，阿拉伯世界的民族解放运动风起云涌。为了配合当时中东政治形势的发展，为了表示对兄弟的阿拉伯人民正义斗争的支持，当时在我国出现了介绍阿拉伯文学的第一次高潮，但成品多半是从俄文转译的一些现代小说、诗歌，至于直接从阿拉伯文译成中文，且是阿拉伯古代的文学作品，则是凤毛麟角，如纳训先生所译的《一千零一夜》、林兴华先生所译的《卡里来与笛木乃》等。

20世纪80年代初开始的改革开放带来了阿拉伯文学译介与研究在中国的新兴。

对于我个人来说，在改革开放的新时期，由于工作需要，领导安排我将教学、科研的重心由阿拉伯语言转向阿拉伯文学。这对于我，无疑是一个新课题，是要开辟一个新领域。

《礼记》上说："学然后知不足，教然后知困"。对此，我深有体会。我初执教鞭时，一位老教授也谆谆叮嘱我说："一个教员，就像一口井。井越深，水就会积得越多，打水的人才会越感到方便。要想让人家提上一桶水，你井中至少要有10桶水。如果你井中只有一桶水，打水的人恐怕只能喝上点儿泥浆了……"我最初接受研究并讲授有关阿拉伯文学课程时，实在感到自己这口井太浅，积的水太少。我觉得自己仿佛是一只先天不足瘦弱的蚕，没有吃够桑叶却不得不往外吐丝。

可是任务摆在面前，担子压在肩上，我无权推脱，无法逃避。开放的中国需要了解世界，阿拉伯国家是世界的重要组成部分，阿拉伯国家所处的中东地区是当今世人瞩目的焦点、热点。文学是时代的晴雨表，是反映社会生活的镜子。要让人们了解阿拉伯民族、阿拉伯世界，不能不向他们介绍阿拉伯文学。阿拉伯文学成了重要的专业课。此外，随着对"欧洲中心论"的批判，在新时期，东方文学的教学、研究越来越受到重视：在一些综合大学，特别是在各高等师范院校都相继开设了东方文学史课，还成立了"东方文学研究会"。一些新改行从事东方文学史教学、研究的同志也迫切希望能从我们这些可以通过专修的东方语言直接研究东方文学的人那里多"趸"些东西。阿拉伯文学既然是东方文学的重要组成部分，我和我的同行们肩负的责任自然可想而知。当时，我除了要给本专业的本科生开设阿拉伯文学史、文学选读等课，要指导本专业的研究生外，还要为全校其他系科选修或专修"东方文学史"的本科生、研究生、进修老师等讲授阿拉伯文学史部分的课程。校内外一些有关的科研任务或专题项目，诸如《大百科全书·外国文学卷》《外国名作家大词典》《外国文学简编·亚非部分》《简明东方文学史》《东方文学史》《比较文学史》《东方文学辞典》《中外现代文学作品辞典》《世界名诗鉴赏词典》《外国抒情诗赏析辞典》等书的有关阿拉伯文学部分的章节、条目以及《阿拉伯现代文学史》《阿拉伯文学通史》等书的编写工作，自然先后都落在了自己头上，义不容辞，责无旁贷。1987年"中国外国文学学会阿拉伯文学研究会"成立后，也许是"矮子里拔将军"吧，我又被推选为学会主要负责人之一，要带领这支年轻、稚嫩的队伍在阿拉伯文学研究的领域探索、开拓、前进。

我生怕误人子弟，更不想"以其昏昏，使人昭昭"。"井"浅，肚子里的水不多，只能设法挖掘得更深一些，使水蓄得多些；"蚕"先天不足，瘦弱，也只能边吃桑叶边吐丝。不知是谁创造了"恶补"这个词，但我当年确实当属"恶补"之列。读书，读书，再读书！我仿佛对自己这口井找到了充沛的源泉："活水源流随处满，东风花柳逐时新。"读书，读书，再读书！我这只饥饿的"蚕"好像一下子发现了丰盛的桑林，"新蚕蠕蠕一寸长，千头簇簇穿翳桑。天地生桑做蚕食，一日不食蚕已僵"。

记得2010年拙著《阿拉伯文学通史》出版后，常有人问我，这本书是什么时候开始动笔写的，写了多长时间。老实说，我很难确切地回答这个问题。因为我很早就有这个想法：书店、图书馆林林总总有各种版本的中国文学史、外国特别是西方一些国家的文学史。至于有关阿拉伯文学史的介绍则寥寥无几：最早是从翻译引进开始的，如英国基布（Sir Hamilton Alexander Rosskeen Gibb 1895—1971）的《阿拉伯文学简史》（陆孝修、姚俊德译，人民文学出版社，1980年）、埃及邵基·戴伊夫（Shawqī Ḍayf 1910—2005）的《阿拉伯埃及近代文学史》（李振中译，人民文学出版社，1980年）、黎巴嫩汉纳·法胡里（Ḥannā al-Fākhūrī 1916—2011）的《阿拉伯文学史》（郅溥浩译，人民文学出版社，1990年）等；此后，倒也有国内同行写的，如伊宏著的《阿拉伯文学简史》（海南出版社，1993年）、蔡伟良、周顺贤著的《阿拉伯文学史》（上海外语教育出版社，1998年）等。

我觉得我们似乎是亏待了阿拉伯文学：我们对阿拉伯文学的介绍还远不够全面、系统、详尽，觉得自己还远没有尽职尽责。动嘴喊，不如动手干。这大概就是我写那部《阿拉伯文学通史》的初衷。

有了梦，如何圆？这当然又是一个问题。还是得读书，读书，再读书！学习，学习，再学习！不但要读阿拉伯的原著，还要读中国文学史、外国的国别文学史，以便借鉴；还要学文艺理论、文学批评，借以武装自己。写之前，当然要成竹在胸，有个全盘的规划、提纲。犹如画画，得先打个草图。写作的过程是先化整为零，后化零为整：一个点一个点连成一条线，一条线一条线构成一个面，一个面一个面形成整体。所谓点，可能是一位作家、诗人，也可能是一部作品；所谓线，可能是一个群体，一种流派，也可能是一种题材或体裁；至于面，可能是一个历史时期，也可能是一个地区、一个国别的文学。我边教边写，边写边教。我这个人缺乏组织、领导的才能，可以给别人打工，参加别人牵头的课题、项目；但不善于当工头、老板，去组织、分配别人干活，自己做主编。连选编、引用的诗文，也要自己动手翻译。所以《阿拉伯文学通史》动笔于哪一年，用了多长时间，我确实回答不清楚。我只知道它于2010年12月正式问世。

译林出版社既已出版了拙著《阿拉伯文学通史》，其下卷就是阿拉伯古代文学史，似乎没必要再单独出一部《阿拉伯古代文学史》。但早在此前，拙著《阿拉伯现代文学史》（即《阿拉伯文学通史》上卷的内容）已被"东方文化集成"猎去，于2004年由昆仑出版社出版，并将《阿拉伯古代文学史》列入出版计划。既是配套工程，我当然不能"拆烂污"，让它成"烂尾楼"。但若出，我又不愿意"炒冷饭"全部照抄《通史》的古代部分。我原本想借此机会把《古代史》搞得更像样，更详尽、更厚实、更全面些。但人家催稿，时间紧，我又早已过了"拼命干革命"的年纪，虽尽力退而不休，但毕竟精力有限，大不如以前了。所以我只能在原来的基础上增补介绍了约10位诗人。故本书可以认为是《阿拉伯文学通史》下册的增订版。

人要讲特色，国要讲特色，书也要讲特色。那么这本《阿拉伯古代文学史》

有什么特色呢?

古今中外的文学史不外乎由两部分构成:资料和观点。阿拉伯国家出版的文学史,作者往往囿于民族、政治、宗教信仰,西方作者写"阿拉伯文学史",又往往囿于其"欧洲中心论"及其他原因,他们在论述作家、作品时,当然都有各自的观点,但难免会有偏颇之处。不同作者写出的文学史可能对一些知名诗人、作家、作品取舍不同,褒贬不一,也是不争的事实。我有我的价值观、我的视角、我的观点,我在对作家、作品论述、评介中尽量做到全面、客观、公正。窃以为这部文学史自有它的独特之处,而有别于他人所写的相关作品。

如:除一般公认的著名诗人、作家、作品外,我还有意用相当多的篇幅论述了反映当时贫苦下层、弱势群体生活的民间诗人及其作品。又如:被高尔基誉为是世界民间文学史上"最壮丽的一座纪念碑"的《一千零一夜》,曾一度(1985年5月)被埃及道德法庭宣布为"淫书""禁书",在绍基·戴伊夫的10卷本共计5378页的《阿拉伯文学史》中只占有一页的介绍;在阿拉伯地区家喻户晓,妇孺皆知,流传程度甚至胜过《一千零一夜》,被西方某些东方学者称作《阿拉伯的伊利亚特》的民间传奇故事《安塔拉传奇》,在绍基·戴伊夫的同一部文学史中也只有不足一页半篇幅的介绍。我在这部文学史中,却分别对这两部名著设有专章分节以较多的篇幅予以论述。

阿拉伯民族是一个诗歌的民族。诗歌一向是阿拉伯文学的骄子,被认为是阿拉伯人的文献与档案。它像一面镜子,真实而生动地反映了阿拉伯民族的历史与社会现实。要想了解、认识阿拉伯的历史、社会、文化、文学,了解与研究它的诗歌是一条重要的途径。因此,本书对阿拉伯的诗歌、诗人做了较大篇幅的论述。为此就要引述、译介部分原诗。译界公认"译事难,译诗尤难",有人甚至认为诗不可译。但本人不得不硬着头皮去译,且要本着自己在翻译时的一贯主张——"既要对得起作者,也要对得起读者",译出的诗句既要基本忠实原意,中国读者读起来还要像诗,有诗的味道。同样,阿拉伯有些散文,也颇具艺术特色,如古代的一些讲演词,特别是阿拉伯的"玛卡梅",讲究音韵铿锵、文辞骈俪。为便于读者对这些诗文特点有一定的感性认识,我对书中引用的诗文的翻译还是下了一番功夫的。这也算是本书的一个特点吧。

其实,这次增补的诗人、内容,我也是有意为之。如当今阿拉伯世界著名诗人、诺贝尔文学奖热门人选阿多尼斯(Adūnīs 1930—)有一部著名诗集叫《大马士革的米赫亚尔之歌》,诗人显然是以米赫亚尔自况,那么古代的米赫亚尔到底是怎样的一个诗人，我得增补介绍；又如谈起伊斯兰教苏菲派，不能不提到诗人哈拉智，因为苏菲派将他称为"殉道者"，其在巴格达的陵墓被称为"圣墓"，埃及著名诗人萨拉赫·阿卜杜·沙布尔（Ṣalāḥ 'Abd aṣ-Ṣabūr 1931—1983）写过一部诗剧，叫《哈拉智的悲剧》。所以，这次也增补了对诗人哈拉智的介绍。此外，我个人并不太喜欢那些对当局、权贵歌功颂德的诗人，倒是对一些被认为是另类的诗人、文人有兴趣，所以这次增补了对阿拔斯朝放荡派诗人穆忒耳·本·伊亚斯、瓦利伯·本·侯巴卜、哈马德·阿志赖德、"精底格"诗人萨拉赫·阿卜杜·库杜斯，以及民间机智诗人艾布·阿伊纳的介绍。还有，囿于传统礼教，阿拉伯女性往往是被边缘化的弱者，在这次增补中，我特意介绍了女奴出身的诗人法杜露与公主诗人欧莱娅勇于追求爱情，抒发自己真情实感的事迹与诗句。

为使脉络清晰些，阅读起来方便些，本书在编排上分五编。第一编为绪论，简要介绍阿拉伯-伊斯兰文化，阿拉伯文学史的分期，阿拉伯古代文学概述，阿拉伯古代文学与世界其他文化、文学以及与中国文学的渊源关系等。

正文部分则基本上是按历史时期分编与章节：第二编是伊斯兰教兴起前——贾希利叶时期（475—622）的文学；第三编是伊斯兰时期（622—750）的文学，其中又分两个时期，即伊斯兰初兴时期（622—661）与伍麦叶朝时期（661—750）；第四编是阿拔斯朝时期（750—1258）的文学，其中又分三个时期，即阿拔斯朝第一时期（750—847）、阿拔斯朝第二时期（847—945）与阿拔斯朝第三时期（945—1258）；第五编则是将安达卢西亚文学（711—1493）与阿拉伯近古时期（1258—1798）的文学合为一编讲述。

书中对阿拉伯古代各个历史时期文学的渊源、流变，重要的文学流派、作家、诗人及其代表作都尽力作了详略有致的分析、介绍，尽力使这部文学史做到较完整、科学、系统，尽力做到无遗珠之憾。

当然，由于种种原因，本书也难免存在不少不足之处，这一点，我比任何人都清楚。敬请诸君读后不吝指教。我希望有机会再版时，再增补、再修订，让它更完美一些。

仲跻昆
2014年5月15日于北京马甸
（《阿拉伯古代文学史》上下册，昆仑出版社，2015年）

《纪伯伦散文诗选》序

19世纪末、20世纪初，在奥斯曼帝国封建专制、腐败的统治下，黎巴嫩、叙利亚大批基督教徒因不堪忍受政治压迫、宗教歧视和经济贫穷、拮据的状况，抱着寻求自由、发财致富的梦想，纷纷涌向美洲大陆侨居；并很快在那里创办报刊，出版诗集、文集，成立文学社团，形成一个在阿拉伯近现代文学史上颇具影响的流派——"旅美派"。由于黎巴嫩、叙利亚在历史上统属叙利亚地区，故而"旅美派文学"又称"叙美派文学"。

旅居北美的阿拉伯文学家，1920年4月在纽约正式成立"笔会"（Rābiṭah al-Galam），公推纪伯伦（Jubrān Khalīl Jubrān 1883—1931）为会长，努埃曼（Mikhā'īl Nu'aymah 1889—1988）任秘书长（亦称顾问）。笔会主要活动于20世纪20年代至30年代期间，后因纪伯伦逝世，努埃曼归国而渐解体。

通过"笔会"，旅居于北美的阿拉伯文学家、诗人团结了起来。在这一过程中，旅美派文学日渐显露出自己的特色，震动了整个阿拉伯文坛。旅美派的许多著名作家、诗人都以大量别具一格的作品，丰富了阿拉伯文学的宝库，影响了一代作家，在近现代的阿拉伯文学史上留下了光辉的一页。

旅美派文学的旗手、灵魂和领袖是纪伯伦。

纪伯伦出生于黎巴嫩北部风景优美的山乡贝什里。父亲是一个穷税务员，信奉天主教（马龙派）。作家童年曾在贝鲁特的希克玛学堂学习，12岁（1895年）时，随母亲和同母异父的哥哥彼得及两个妹妹离乡前往美国，居住在波士顿唐人街的贫民窟。15岁（1898年）时作家曾只身返回黎巴嫩，继续在希克玛学堂学习阿拉伯语言、文学。四年期间，他苦读阿拉伯古代大诗人穆太奈比、麦阿里、伊本·法里德和著名哲学家伊本·西拿（Ibn Sīnā 980—1037）、伊本·赫勒敦（Ibn Khadūn 1332—1406）等人的作品，并同时学习法语。1903年他重返波士顿。在此前后,他的小妹妹、哥哥、母亲相继因贫病交困而死,剩下他与另一个妹妹相依为命,仅靠妹妹的缝纫手艺维持生计。纪伯伦自幼除诗文外,还喜爱绘画艺术。1905年他在波士顿首次举办个人画展,受到一个名叫玛丽·哈斯凯尔的女校校长的赞赏,两人遂结为挚友。由于玛丽·哈斯凯尔的帮助,1908年纪伯伦得以前往法国巴黎学习绘画,其间,曾受到著名雕塑大师罗丹的指点。除学习绘画外,他还抓紧时间广泛接触社会,游览了伦敦、罗马、布鲁塞尔等欧洲文化名城,并如饥似渴地阅读了但丁、伏尔泰、卢梭、巴尔扎克等人的作品,极大地开阔了眼界。其间,他受尼采的哲学思想和威廉·布莱克的文艺思想影响尤深。1910年底,纪伯伦返回波士顿;1912年定居于纽约,潜心于诗文与绘画的创作;1920年出任"笔会"会长,遂成为阿拉伯旅美派文学的领袖。1931年4月10日,因患肝癌不治逝世,遗体被运回祖国,葬于故乡贝什里。

纪伯伦既受到阿拉伯传统文化的熏陶,又受到西方现代文化的影响,他能融东西方文化于一炉,烩阿拉伯民族传统文学与欧美现代文学技巧、手法于一鼎。他多才多艺,绘画、小说、诗歌、散文,无不精通,曾被罗丹誉为"20世纪的布莱克"。

纪伯伦及其主要作品在阿拉伯世界家喻户晓,妇孺皆知。现当代阿拉伯文坛几乎没有哪位作家、诗人未曾受过其影响。实际上,纪伯伦不仅属于黎巴嫩、阿拉伯民族,也属于全世界。据统计,他的作品迄今至少被译成56种文字。美国前总统罗斯福曾对纪伯伦说:"你是最早从东方吹来的风暴,横扫了西方,但它带给我们海岸的全是香花。"1984年10月,美国总统里根根据美国国会的决定,签署了在华盛顿建立纪伯伦纪念碑和博物馆的法令。在纪伯伦逝世50周年和100周年诞辰时,联合国教科文组织宣布把他列为世界文化名人,以资纪念。

纪伯伦精通阿拉伯语和英语,能用两种文字进行创作,作品甚丰。阿拉伯文主要作品有短篇小说集《草原的新娘》(1905)、《叛逆的灵魂》(1908)、中篇小说《折断的翅膀》(1911),散文诗集《泪与笑》(1913)、《暴风》(1920)、《奇谈录》(1923)、《心声录》(1927),长诗《行列歌》(1918)等;英文主要作品有散文诗集《狂人》(1918)、《先驱》(1920)、《先知》(1923)、《沙与沫》(1926)、《人子耶稣》(1928)、《大地的神祇》(1931)、《彷徨者》(1932)、《先知园》(1933)等。

纪伯伦虽在早期的小说创作中也取得了巨大的成就,促进了阿拉伯小说的发展,但他成就最辉煌,影响最深远的是他的诗歌、散文,特别是散文诗。

1903 至 1908 年期间，纪伯伦曾以"泪与笑"为总标题，在纽约《侨民报》（al-Muhājir）上发表了 56 篇散文诗，1913 年结集出版。作者在引言中写道："我不想用人们的欢乐将我心中的忧伤换掉；也不愿让我那发自肺腑怆然而下的泪水变成欢笑。我希望我的生活永远是泪与笑，我愿为追求理想而死，不愿百无聊赖而生。我希望在自己的内心深处，有一种对爱与美的如饥似渴的追求。"作者含着泪水，面对现实，严肃地思考人生，歌颂真善美，鞭笞假恶丑。

长篇哲理散文诗《先知》被认为是纪伯伦的代表作。如前所述，纪伯伦生前深受德国哲学家尼采的"超人"哲学思想的影响。《先知》从构思、布局直至某些内容都与尼采的谶语式的格言著作《查拉图什特拉如是说》或《苏鲁支语录》有很多相似的地方。作者借被人们称为先知的哲人亚墨斯达法临别答疑的方式，对爱、婚姻、孩子、施与、饮食、工作、欢乐与悲哀、居室、衣服、买卖、罪与罚、法律、自由、理性与热情、苦痛、自知、教授、友谊、谈话、时光、善恶、祈祷、逸乐、美、宗教、死，共 26 个有关人生与社会诸方面的问题阐述了他的看法。如在谈及爱时，他说："爱除自身外无施与，除自身外无接受。爱不占有，也不被占有。因为爱在爱中满足了……爱没有别的愿望，只要成全自己……彼此相爱，但不要做成爱的系链。"在谈及孩子时，他说："他们虽和你们同在，却不属于你们。你们可以给他们以爱，却不可给他们以思想，因为他们有自己的思想。"全篇从头到尾充满了新颖、精辟的比喻、格言、警句，处处闪烁着智慧的光辉。

《先知》是纪伯伦呕心沥血之作。正如许多评论家所指出的，《先知》中的先知正是作者本人。他借先知之口，宣扬了他的人生观和哲学思想。《先知》一问世，就轰动了世界，至今发行量已逾七百万册，被认为是"东方赠送给西方的最好的礼物"。美国有的教堂、学校把它编排成戏剧演出。科罗拉多州立学院院长曾致函纪伯伦，要求他允许在学校钟楼的大钟上镌刻上《先知》中的一个警句："昨日只是今日的回忆，明日只是今日的梦想。"黎巴嫩人则把他称为"我们的先知纪伯伦"。《先知》的影响由此可见一斑。我国著名的作家冰心在 1927 年初次读到《先知》时不禁赞叹："那满含东方气息的超妙的哲理和流利的文辞，予以我极深的印象！"冰心所译的《先知》于 1931 年出版。1981 年她在译本新序中，说纪伯伦的《先知》："……像一个饱经沧桑的老人，对年轻人讲一些为人处世的哲理，在平静中却流露出淡淡的悲凉！书中所讲的许多事，用的是诗一般的比喻，反复的词句，却都讲了很平易人情的道理。尤其是谈婚姻、谈孩子等篇，境界高超，眼光远大，很值得年轻读者仔细寻味的。"

《沙与沫》实际上是一本格言、警句组成的散文诗集。字字句句闪烁着作者思想的火花，表达了作者对文艺、爱情、人生、社会、世界……的看法。如："诗不是一种表白出来的意见。它是从一个伤口或一个笑口涌出的一首歌曲。""嫉妒我的人在不知不觉之中颂扬了我。""和你一同笑过的人，你可能把他忘掉，但是和你一同哭过的人，你却永志不忘。""愿望是半个生命，淡漠是半个死亡"……妙语连珠，言简意赅，充满深刻的哲理。

《大地的神祇》是一部散文诗剧，开始写于1930年，完成于1931年初，出版于1932年。纪伯伦原想再写一本有关先知的书，称《先知之死》，论述人与神之间的关系，与《先知》《先知园》构成完整一体的"先知三部曲"。但可惜，由于作家英年早逝，《先知之死》没有问世。《大地的神祇》在一定程度上，可谓替代了原定的《先知之死》。这部作品蕴含深邃的哲理：三位神祇的对话实质上概括性地代表了人类的三种思想：神祇甲反对因陈袭旧，要求革故鼎新，他追求理想、完美，具有叛逆、革命的精神；神祇乙则安于现状，趋于保守，希望一切按部就班，循规蹈矩，不要破坏旧秩序；神祇丙则崇尚爱情，认为"爱情是永存的"，"爱情必定胜利"。三位神祇代表的三种思想、精神倾向的矛盾、纠葛、斗争，实质上也反映在纪伯伦本人的一生中。

其他篇什选自纪伯伦的其他散文诗集。

纪伯伦的散文像诗，像寓言，具有强烈的浪漫主义和象征主义色彩。作家常满怀人道主义和民族主义激情，在作品中表达自己的爱憎、好恶，歌颂真善美，歌颂纯真的爱情，抒发自己对祖国，对人类，对大自然的无限深情；同时对东方社会的封建礼教和落后，愚昧诸多弊端以及"西方文明"中的虚伪、贪婪、糜烂、冷酷和种种假恶丑的现象，进行无情的抨击和辛辣的嘲讽。其作品文字优美、典雅、绚丽而又流畅、洒脱，如行云流水；能融诗情画意于一体，寓意深邃、隽永，耐人寻味，沁人心脾。其散文独树一帜，别具一格，被称为"纪伯伦体"。

仲跻昆

2005年3月20日

（《纪伯伦散文诗选》，冰心、仲跻昆译，安徽文艺出版社，2005年）

《库杜斯短篇小说选》译序

　　早在1980年春，一天傍晚，在扎马利克岛区，我们几位在开罗进修的同志乘电梯登上了一幢俯临尼罗河的大楼的第十层。这层楼只有两家住户：左边住的据说是一位部长，右边一家住的就是我们要拜访的大作家伊赫桑·阿卜杜·库杜斯先生。一位肤色黝黑的努比亚用人把我们引进了客厅。大小客厅共有三间，布置得既富丽又高雅：墙壁上、架子上、柜子里到处是古玩、艺术品，琳琅满目，其中不少是中国的工艺品，使我们颇感亲切。作家大概是不想把我们当作一般客人在客厅里讲客套，而让我们径直进了他的书房里。从客厅到书房弯弯曲曲的一段走廊仿佛是条画廊，两边挂满了伊赫桑的各种友好漫画像，据说都是作家在报社、杂志社搞美术的同仁们的赠品。

　　书房在套间的最深处。这大概是作家想"深居简出"，写作时尽量不受外界干扰的苦心安排吧。一进书房，只见作家从一张很大的书桌后站起身来，热情地同我们握手，表示欢迎。书桌上摊着一叠白纸，纸上一支笔的笔帽还没旋上。显然，我们的到来打断了作家的写作。记得在金字塔报社六楼作家的办公室里我第一次见到他时，他也是这样。作家的这种手不离笔的勤奋精神实在令我敬佩。我把同伴们向作家作了介绍。大家慢慢打破了拘谨，畅谈起来，谈生活，谈文学，也谈政治。

　　在作家书架上最引人注目的地方，整整齐齐地摆着一排同一装帧的书籍，厚厚的共有三四十本。那都是伊赫桑的作品，他幽默地把它们称作"我的孩子们"。这些书籍在埃及和阿拉伯各国的大小书店里触目皆是，不同的是，在这里作家按同一规格重新装订过，看上去很端庄。作家还给我们看了他的作品的各种外文的译本，如俄文的《我家有个男子汉》，英文的《我行我素》等。这样一位名作家，那么多的作品，竟没有一本中文的译本，作为一个学过阿拉伯语又喜爱阿拉伯文学的人，我感到有些不安。翻译库杜斯作品集的念头大概就是从那时产生的吧。

伊赫桑·阿卜杜库杜斯生于1919年1月1日，父亲穆罕默德·阿卜杜·库杜斯原是一位工程师，爱好写诗、编剧，同时又是戏剧界有名的票友，后来干脆下海，成为当时戏剧与电影的名演员。作家的母亲法蒂玛·尤素福是名噪一时的戏剧明星，1924年脱离舞台，投身新闻界，创办了著名的《鲁兹·尤素福》周刊。

库杜斯从十岁起便开始写作。他自幼酷爱文学，读过大量的阿拉伯古典文学作品和西方文学名著，为他以后的创作奠定了坚实的基础。

作家于1942年毕业于开罗大学法学院，曾作过律师和记者。自1945年起，历任《鲁兹·尤素福》周刊主编、《今日消息报》主编和董事长、《金字塔报》董事长等职，并被选为"新闻最高委员会"委员，曾在《金字塔报》社任专职撰稿人和顾问。

库杜斯是位多产作家，至今已写了六百多篇小说，出版有中、长篇小说和短篇小说集以及政治杂文集等共30余本。除其代表作《我家有个男子汉》（1957年）外，著名的中长篇小说还有《我行我素》（1954年）、《此路不通》（1955年）、《罪恶的心》（1958年）、《一切都无所谓》（1963年）等。近年来的著名作品有《子弹仍在口袋里》（1975年）、《免得烟消雾散》（1977年）、《别把我独自撇在这里》（1979年）、《我们都是贼》（1982年）等。他的大部分作品都已搬上银幕、荧屏或改编成广播剧。很多作品已译成英、法、俄、德、意等多种文字。

埃及著名的老作家陶菲格·哈基姆谈及库杜斯时说，他作为一位作家，又要写政论，又要写小说，太勉为其难，委屈自己了；劝他最好别去关心政治，而埋头创作小说。另一部分人则劝他最好放弃小说创作，而专门写政治文章。库杜斯却说："事实上，我无法照办。"他要兼而顾之。他反对脱离政治，把自己关在象牙塔里为艺术而艺术。

库杜斯从学生时代起，就热心于反帝的爱国斗争，在《我家有个男子汉》一书中，我们可以隐约看出些作者的影子。他在从事新闻工作以后，更以一个记者的身份积极地参加了旨在赶走英国占领军、推翻腐败的法鲁克王朝的革命斗争。他曾与当时的"自由军官组织"有密切的联系；曾在报刊上多次猛烈抨击过帝国主义及封建王朝的联合专政，揭露社会的阴暗面。当时政府上层某些权贵贪污腐化、营私舞弊，与以色列秘密地进行武器交易，从而导致了一九四八年对以色列作战失败。库杜斯以他掌握的大量事实揭露了这一肮脏交易的内幕，使舆论哗然，轰动一时。他的这些爱国行动和政治活动曾引起反动当局的极端仇视和恐惧，

1952年"七二三"革命前,他曾因政治原因三次被捕入狱,并多次险遭暗害。

"七二三"革命成功后,库杜斯站在反帝、反霸的民族主义立场上,一方面创作了大量长、中、短篇小说,一方面也在报刊上经常发表政治杂文和评论。

库杜斯文笔通俗、流畅、明快,不追求藻饰,不讲究雕砌,这种风格大约与他多年从事新闻工作有关。其作品长短不一:既有洋洋几十万言的鸿篇巨制,也有一千字左右的"袖珍小说"。作品内容丰富多彩,题材广泛新颖。库杜斯颇擅长写短篇小说,现已发表有二十余本短篇小说集,如《我的理智与心灵》(1959年)、《唇》(1961年)、《素丹的女儿》(1964年)、《法蒂玛是失败的代名词》(1975年)、《舞女与政治家》(1978年)等。

库杜斯通过自己的笔大胆干预生活,作品具有浓烈的时代气息,对许多重大的政治、社会问题都有及时的反映,针砭时弊有一定的深度。《乡长的儿子》《最后的差错》《香水》《面首》等,篇幅颇似"一分钟小说",却从侧面揭示了"七二三"革命前城乡存在的阶级矛盾,勾画出了富贵者淫逸骄奢和下层人民受欺压、凌辱两种截然不同的生活。《花束》通过一个小故事,反映了1957年埃及人民为收复苏伊士运河,反对三国侵略的英勇斗争。《女间谍》《事业睡在卡迪拉克牌汽车里》《老人买武器》等篇,从不同的角度反映了当代阿拉伯各国人民最关心的巴勒斯坦问题,寓意深刻。作者善于处理青年和妇女问题的题材。在埃及,穆斯林与信奉基督教的科卜特男女青年之间,常因宗教信仰的缘故酿成爱情悲剧,作者以此为题材,写过不少短篇,《宗教》就是其中之一。西方文明对现代青年造成许多不良影响,有些青年追求时髦、摩登,中毒匪浅,作者在《她逃了》《哲学家》等故事中,用幽默的笔调,善意地批评了这种风气。在《我不撒谎,但好面子》这篇小说中,作者让我们看到了社会存在的门第观念在青年恋爱中产生的不良影响。作者还在《安姬勒太太》中嘲笑了某些人崇洋媚外,而在《铝的发现》中,又指出了人们头脑中的因循守旧思想是多么严重,新事物要冲破保守的习惯势力又是多么不容易。作者在《房间主人的自杀》《我杀死了姑妈》《偷公共汽车的人》等篇中,用浪漫主义的手法,从不同角度反映了发展中国家社会现实中常见的难题,如住房问题、交通问题、工作效率问题等。《女原予学家的辞呈》则反映了知识分子想报效国家,又为不少实际困难所羁绊的窘境。《打火机罪案》较深刻地揭露了资产阶级实业家浑身都是铜臭味的本质,他们利欲薰一心,不择手段,不顾廉耻,连自己的妻子都成了他们趋炎附势、追名逐利的工具。在《职业的荣誉》和《我再也不读报了》等篇中,作者让我们看到了那些道貌岸然的上流人物如何利用权势欺骗、玩弄天真无知的女青年，然后又抛弃了他们。在《大会为珠珠鼓掌》《提线木偶戏》《露出白牙齿的女人》等篇中，作者又让我们看到这些爬上了上层的小人是如何利用自己的权势假公济私、贪污腐化、走后门。作者揭示了这些人物丑恶的面目、肮脏的灵魂，让我们看到了社会上的一些阴暗面。

作者像一位高明的摄影师，向我们展示了埃及社会形形色色的人物和光怪陆离的社会风貌。我们这里虽只是选译了其作品的一小部分，但亦可见一斑了。

库杜斯及其作品在埃及和阿拉伯世界影响很大。但毋庸讳言，这些作品亦难免鱼龙混杂，瑕瑜互见，有些作品亦有些不健康的色彩。

近年来，库杜斯的作品在我国已日渐受到重视，引起人们的兴趣，一些作品亦陆续被介绍过来。相信这位作家及其作品是会受到我国读者欢迎的。只是限于译者水平，译文颇拙，敬请读者不吝指正。

仲跻昆
1998 年 1 月 26 日于北京

（《库杜斯短篇小说选》，仲跻昆译，湖南文艺出版社，1998 年）

《我家有个男子汉》再版序

《我家有个男子汉》有机会再次问世，我感到非常高兴。这部由埃及著名作家伊赫桑·阿卜杜·库杜斯于1956年创作的著名长篇小说，由我们移植到我国，是在1983年。当年虽已不再要天天讲"阶级斗争"了，但仍心有余悸，生怕"我家有个男子汉"这个书名会让人误会有点"黄"，是讲什么偷情的事，同当时江苏人民出版社的责编商定，索性按照书的内容改个革命化的名字，就叫《难中英杰》吧！如今事情既然已过30余年了，人们也都更理性了，我想还是让《我家有个男子汉》名正言顺地恢复他本名吧。

记得当年曾给作者库杜斯写信，请他为译本写个序。他热情地回了信，不过在信中谦虚地说："我从不为自己的书写序，而且也不肯为我的朋友的任何书作序"。他在来信的一开头就说："接到你的来信，我很高兴。它使我又想起了几年前我们的会见。"

他想起了，我自然也想起了，而且至今难忘。其实，我同库杜斯的会见有两次。第一次的是在《金字塔报》报社六层楼他的办公室里。那次的会见我已写在了本书的后记里，这里不再啰唆。第二次会见则是在他家里。当时的情形，我也写在了《库杜斯短篇小说选》译本序中，在此偷点懒，抄录一下：

早在一九八〇年春，一天傍晚，在扎马利克岛区，我们几位在开罗进修的同志乘电梯登上了一幢俯临尼罗河的大楼的第十层。这层楼只有两家住户：左边住的据说是一位部长，右边一家住的就是我们要拜访的大作家伊赫桑·阿卜杜·库杜斯先生。一位肤色黝黑的努比亚用人把我们引进了客厅。大小客厅共有三间，布置得既富丽又高雅：墙壁上、架子上、柜子里到处是古玩、艺术品，琳琅满目，其中不少是中国的工艺品，使我们颇感亲切。作家大概

《我家有个男子汉》再版序

是不想把我们当作一般客人在客厅里讲客套,而让我们径直进了他的书房里。从客厅到书房弯弯曲曲的一段走廊仿佛是条画廊,两边挂满了伊赫桑的各种友好漫画像,据说都是作家在报社、杂志社搞美术的同仁们的赠品。

书房在套间的最深处。这大概是作家想"深居简出",写作时尽量不受外界干扰的苦心安排吧。一进书房,只见作家从一张很大的书桌后站起身来,热情地同我们握手,表示欢迎。书桌上摊着一叠白纸,纸上一支笔的笔帽还没旋上。显然,我们的到来打断了作家的写作。记得在金字塔报社六楼作家的办公室里我第一次见到他时,他也是这样。作家的这种手不离笔的勤奋精神实在令我敬佩。我把同伴们向作家作了介绍。大家慢慢打破了拘谨,畅谈起来,谈生活,谈文学,也谈政治。

在作家书架上最引人注目的地方,整整齐齐地摆着一排同一装帧的书籍,厚厚的共有三四十本。那都是伊赫桑的作品,他幽默地把它们称作"我的孩子们"。这些书籍在埃及和阿拉伯各国的大小书店里触目皆是,不同的是,在这里作家按同一规格重新装订过,看上去很端庄。作家还给我们看了他的作品的各种外文的译本,如俄文的《我家有个男子汉》,英文的《我行我素》等。这样一位名作家,那么多的作品,竟没有一本中文的译本,作为一个学过阿拉伯语又喜爱阿拉伯文学的人,我感到有些不安。翻译库杜斯作品的念头大概就是从那时产生的吧。

埃及著名的老作家陶菲格·哈基姆(Tawfīq al-Hakīm 1898—1987)在谈及库杜斯时说,他作为一位作家,又要写政论,又要写小说,太勉为其难,委屈自己了;劝他最好别去关心政治,而埋头创作小说。另一部分人则劝他最好放弃小说创作,而专门写政治文章……库杜斯却说:"事实上,我无法照办。"他要兼而顾之。他反对脱离政治,把自己关在象牙塔里为艺术而艺术。他从学生时代起,就热心于反帝的爱国斗争,在《我家有个男子汉》一书中,我们可以隐约看出些作者的影子。

《我家有个男子汉》(《难中英杰》)中译本从问世到如今再版,30余年,斗转星移,人世沧桑,发生了很大的变化。

当然,最大的憾事莫过于库杜斯这颗埃及乃至阿拉伯文坛巨星在1990年的陨落。他生前曾荣获埃及前总统纳赛尔的一级勋章、穆巴拉克总统的共和国勋章,并在1989年荣获埃及国家文学表彰奖,这是埃及对文学家终身最高的奖励。他的这部名著《我家有个男子汉》也被阿拉伯作协评为"20世纪阿拉伯105部最佳中长篇小说"之一。作家在天国有知，也会感到欣慰吧。

30余年过去了，我们也由得志的少年时代，得子的青年时代，得意的中年时代，慢慢转入了得病的老年时代，但有机会能再让我国的广大读者见到《我家有个男子汉》，也是在世又一件感到快慰的事。

《我家有个男子汉》创作于1956年。我永远忘不了那一年，因为正是在那一年，埃及与年轻的中华人民共和国建交，开阿拉伯世界与非洲国家与我建交之先河；正是在那一年，埃及总统纳赛尔用阿拉伯语对西方殖民主义、帝国主义者说"不"，宣布将苏伊士运河收归国有，从而引起三国侵略埃及；也正是在那一年年轻的18岁的我考进北京大学东语系，偏选学习阿拉伯语，学的第一句阿拉伯语就是"我们支持埃及，打倒帝国主义！（Nu'ayyidu Misr！ Liyasqut al-listi'mār！）"为的是跟着游行队伍，经过天安门广场，到正义路的埃及使馆门前高呼这句口号，表示对埃及的支持。我还记得当时埃及大使杰马勒·拉加布先生站在使馆墙头微笑着向我们招手致意表示感谢的情景。

想当年，我是在1978年到1980年于埃及开罗大学进修时读的《我家有个男子汉》这部小说，还看过据小说拍的同名电影，主演是后来去了好莱坞成了国际大明星的奥麦尔·谢里夫（Omar Sharif 1932—2015）。他与埃及明星法婷·哈玛玛（Fātin Hamāmah 1931—2015）合演的"我们美好的日子"，在20世纪50年代在我国译制上映后，曾红极一时，给我留下深刻印象。《我家有个男子汉》，无论是读小说，还是看电影，都让我感动，让我激动。它让我想起我的故乡——大连。它在日寇统治时代被称为"关东州"，它比当时被称为伪满洲国的我国东北地区更殖民化，大约与当时我国台湾的地位差不多。所以看到当年英国殖民主义统治下埃及难中英杰的斗争，就会联想起当年日寇铁蹄下我家乡人们的遭遇与斗争。这大概就是人们常说的同病相怜，同声相应，同气相求，同仇敌忾吧！这也是我们当年决心翻译这部作品的又一初衷。

是为再版序。

仲跻昆

2016年11月25日于北京马甸

（［埃及］库杜斯：《难中英杰》，仲跻昆译，江苏人民出版社，1983年；再版改称《我家有个男子汉》，华文出版社，2017年）

忆念师友

季羡林先生率领我们破除"西方–欧洲中心论"

我是 1956 年考入北京大学东语系学习阿拉伯语,1961 年毕业留校任教的。季羡林先生生前一直是我们系的系主任、名誉系主任,故而,虽不是嫡传,我也算是季先生一个弟子、学生、属下了,先生即使执意要辞去"大师"的称号,是我们的"老师"这一身份,却是无论如何也推辞不掉的。

在师随先生的半个多世纪中,我认为先生最大的功绩,是他率领我们向我国外国文学研究领域中的"西方–欧洲中心论"发起冲击,终生为组建我国东方文学、东方文化研究的队伍,确立领域,建立阵地,呕心沥血,殚精竭虑。在这方面,季羡林先生无可争议地是举旗的旗手,是领军的统帅。

言必称希腊的"西方–欧洲中心论"在我国由来已久。季先生虽自 1946 年由德国留学回国后就创建了北京大学东语系,并任系主任,1949 年新中国建立后,又多次为加强我国的东方文学、东方文化研究呐喊过,如 1956 年,当我们国家第一次吹响向科学进军号时,季先生就在当年 3 月东语系学生出的《翻译习作》创刊号的题辞中写道:

> 党和政府已经向全国的科学工作者发出了向科学大进军的号召,这是一项光荣而又艰巨的任务。说它光荣,因为我们作的事情是前人所未作过的,只有今天在党的领导下才有可能。说它艰巨,因为目前我国的科学工作者,不论在质量上,在数量上都不够。要想接近世界先进水平是要经过极大的努力的。在整个科学领域中,东方学是一门极为薄弱的学科。我们在这方面的研究工作同人民的需要有极大距离,和新中国的蒸蒸日上的国际地位比起来极不相称。从语言、文学、历史各方面的研究来说,我们都几乎毫无基础,都须要大力开展。但是在这个领域内,年老的科学工作者很少,因此,能不能在十二年内接近先进水平,主要是由年轻的科学工作者培养的程度来决

定……我们有绝对的信心,完成这一项光荣艰巨的任务,因为我们有党的领导,有马克思列宁主义作为指路的明灯。愿我们大家共同努力,携手前进!

但由于众所周知的原因,直至20世纪80年代初改革开放前,我们在东方文学、东方文化的译介、研究方面取得的成就虽与1949年之前相比不可同日而语,但远不理想。正如季先生在1984年为《东方文学作品选》写的序言中所说:

> 新中国成立以后,介绍文学开创了一个新时代。三十五年以来,我们做了大量的翻译、介绍、研究、阐释的工作,成绩辉煌,远迈千古……但是,美中也有不足,主要是对东方文学介绍还不够普遍,不够深入。在这个领域内,不论古代或是近现代,都有不少的空白点。严格一点说,我们的读者对东方文学还没有看到全貌,对东方文学的价值还不能进行全面评价。其影响就是中国人民对某些第三世界国家人民的思想与感情,憧憬与希望,都缺乏具体深入的、实事求是的了解,从而影响了我们之间思想交流和友谊增长,也可以说是不利于我们的团结。特别是在某一些同志心目中那种鄙视东方文学的看法,更不利于东方文学的介绍与研究。我不愿意扣什么帽子,但如果说这些同志还有点欧洲中心论的残余,难道还不能算是恰如其分吗?

1990年,他在任主编的《印度古代文学史》前言中,更明确地指出:

> 按理说,印度文学应该受到中国各方面的重视。可是多少年来,有一股欧洲中心论的邪气洋溢在中国社会中,总认为印度文学以及其他东方国家的文学不行,月亮是欧美的圆。这是非常有害的。

正是在这种氛围中,改革开放后,季羡林先生宝刀不老,亲自挂帅,带领我们破除"西方-欧洲中心论"。

他身先士卒,以身作则,在自己精通的印度学领域内,先后出任北京大学南亚东南亚研究所所长(1978)、中国南亚学会会长(1979)等;翻译出版了印度举世闻名的史诗《罗摩衍那》(1978—1984)、《大唐西域记今译》(1985)吐火罗语A(焉耆语)《弥勒会见记剧本》(1983—1987)等;主编了《印度民间故事集》(1984)、《印度古代文学史》(1991)等;写作并出版了诸如《罗摩衍那初探》(1980)、《印度古代语言论集》(1982)、《中印文化关系史论文集》(1982)、《佛教与中印文化交流》(1990)、《中印文化交流史》(1991)、《敦煌吐鲁番吐火罗语研究导论》(1993)、《季羡林论印度文化》(1994)、《季羡林佛教学术论文集（1995）、《糖史》（1996）等专著。

不仅如此，在全面破除《西方－欧洲中心论》，确立中国东方文学、东方文化的征途上，学贯东西、德高望重的季羡林先生理所当然地是领军的不二人选。正是在季先生的倡导下，1982年暑假，教育部在河北承德避暑山庄举办了首届全国东方文学讲习班，试图用速成班的形式，让一批来自全国各地的青年教师接受东方文学的启蒙，以推广东方文学的教学工作。1983年8月，全国高等学校东方文学研究会（即中国外国文学学会东方文学分会）在四川乐山正式宣告成立。1980年，季先生牵头在北京大学成立了比较文学学会和比较文学中心，1985年，在深圳正式成立了中国比较文学学会，作为名誉会长的季先生明确地提出"把东方文学纳入比较的轨道，以纠正过去欧洲中心论的偏颇"。2000年，又建立了北京大学东方文学研究中心，季先生任名誉主任。至此，在我国研究东方文学、东方文化、东方学的领域，组建起了有相当阵容的队伍，占领了相应的阵地。

此后，一切冠以"世界""外国"的有关文学、文化的史书、典籍、报刊、会议，不再只是"西方""欧美"独霸，有关东方的内容不是空白，就是些许点缀。仅是季先生亲自挂帅担任主编的就有《东方文学作品选》(1986)、《简明东方文学史》(1987)、《东方文化史话》(1987)、《东方文学辞典》(1992)、《东方文学史》(1995)等。1996年，他出任主编的"东方文化集成"丛书更是一项亘古未有的跨世纪的创举。

在季先生的统领下，我们从事东方文学、东方文化研究的各路兵马，守关把口，或通力合作，或人自为战，过五关斩六将，已取得了不菲的战绩。

季先生曾在不同场合，多次指出："在世界上延续时间长、没有中断过、真正形成独立体系的文化只有四个——中国文化体系、印度文化体系、阿拉伯－伊斯兰文化体系和从希腊、罗马起始的西欧文化体系。"

阿拉伯－伊斯兰文化体系既是世界现存的四大文化体系之一，我们这些搞阿拉伯文学、阿拉伯－伊斯兰文化的人，无疑是向"西方－欧洲中心论"冲击的东方文学、东方文化研究队伍中的一支重要方面军。如今，我们可以告慰我们的统帅——季先生的是，我们没有辜负他的教导。

"文化大革命"前，在我国虽至少有六七所高等院校设有阿拉伯语专业，但当时这些专业多半仅限于学习阿拉伯语言。为了扩大学生的知识面，培养学生对阿拉伯文学的审美情趣，提高阿拉伯语专业毕业生的质量，自20世纪80年代开始，这些院校都相继开设了"阿拉伯文学史"和各种有关阿拉伯文学的课程。部分院校还培养阿拉伯文学专业的研究生，以攻读硕士、博士学位。这一切无疑也促进、推动了我国对阿拉伯文学的研究和译介。

更重要的是自20世纪80年代开始，在中国，一支研究阿拉伯文学的队伍已经形成，并日益发展壮大，发挥了自己应有的作用。

1983年10月，在北京举行了以"阿拉伯文学的今昔"为题的第一届阿拉伯文学研讨会，并开始筹备成立阿拉伯文学研究会。在1987年8月举行的第二届阿拉伯文学研讨会上，讨论了《一千零一夜》与"纳吉布·马哈福兹及其创作"，并正式宣布成立"中国外国文学学会阿拉伯文学研究会"。在这支从事阿拉伯文学研究的队伍中既有专业人员，也有业余爱好者；既有高等院校的师生，也有工作在社会不同岗位上的同行；既有通过阿拉伯原文进行研究的，也有通过译文或借助其他文字进行研究的。

阿拉伯文学研究会自成立以来，举行了一系列不同规模的年会、学术研讨会、报告会、诗歌朗诵会、纪念活动等，其中有些活动是与一些阿拉伯驻华使馆联合举办的。此外，研究会还听取了一些阿拉伯国家的驻华大使、参赞、专家对阿拉伯文学现状的介绍。

令人感到欣慰的是，在我们这支队伍的共同努力下，在一切冠有"世界""外国"，特别是"东方""亚非"的文学、文化的类书、典籍中，有关阿拉伯的领域的内容已占有相应的比重。在一些有关外国文学、东方文学、比较文学、文学翻译的学术会议上，已经经常可以听到阿拉伯文学研究者的声音；在一些有关外国文学研究的学术刊物上，亦可经常见到有关阿拉伯文学研究的文章。在改革开放的三十年中，我们已经培养出相当数量的有关阿拉伯文学、阿拉伯-伊斯兰文化的硕士、博士等专门人才，译出了为数不少的阿拉伯的名家名著，也撰写了一些有关的史书、专著。在与阿拉伯世界文学、文化界交流的会议上，也有了我们的影响——影者，我们的身影，响者，我们的声音。

我不想详述我与我的战友们取得的战绩。我只是想再重复一下，作为季羡林先生统帅的我国研究东方文学、东方文化队伍中的一支方面军，虽然还难免稚嫩，但还是取得了一定的胜利。

季先生——我们东方文学、东方文化的旗手、统帅离我们而去了。但大旗不倒，阵地还在。"西方-欧洲中心论"的影响并没有彻底消灭，我们仍旧任重道远。我们应当前仆后继，继往开来，接过先生手中的战旗，继承先生事业，实现先生的遗愿，并以此纪念先生。

高山景行　私所仰慕

——追忆马坚先生

马坚先生逝世至今已十年了。往事如梦，如烟，似幻，似真。先师的音容笑貌常在我面前浮现，恍如昨日。每每追忆起来，常令我怅惘、惶愧，感慨万千。

还记得我初次见到马先生的情景。那是在1956年一个金秋送爽的日子。那时，我们还是一群不谙世事的毛头小伙子，刚考入北京大学不久，又正值周总理提出向科学进军，自然个个摩拳擦掌，跃跃欲试。可是对于被分配学习阿拉伯语一事，我们的心情却有些复杂：一方面为神奇的《一千零一夜》故事的魅力所吸引，被纳赛尔总统收复苏伊士运河的豪言壮语所感动，渴望把这种语言学到手；另一方面，满耳朵听到的却是阿拉伯语如何如何难学，不禁有些忐忑不安，望而生畏。就是带着这种种的疑虑和复杂的情感，我们去拜访、请教了当时阿拉伯语界的泰斗、教研室主任马坚教授。

我至今还难忘那幽静的燕东园，难忘先生站在绿草如茵的宅前、浓荫匝地的柿子树下笑迎我们进门的情景。

先生和蔼可亲，说话略带云南乡音，言语幽默、风趣，谈笑风生，一下子就打消了我们那种初入学府、面对权威诚惶诚恐，手足无措的拘谨。

他针对我们因为灌了满耳朵"阿拉伯语难学"的说法而产生的畏难情绪，循循善诱地将阿拉伯语同英语、俄语等进行了一番比较，说："要说阿拉伯语难，我看也不见得。论语音，英语有20个元音，阿语只有3个短元音，3个长元音；讲语法，俄语是6个格，阿语只有3个格；英语动词有16种时态，阿语却只有过去式、现在式和命令式3种……每种语言都有它的特点嘛！不能说这个容易那个难的。"

我们刚想松一口气,先生又讲起了要学好阿拉伯语确也不容易,它有它的难处。"但是中国有句成语,叫'难能可贵'嘛!越是难,越要去钻,成为这方面的专家,来为国家、人民服务。年轻人就要有一股冲劲,叫作'初生牛犊不怕虎';要知难而上,不能知难而退,还未上阵,就被人家三言两语吓唬住了,打退堂鼓,败下阵来……"先生还指着墙上挂着的他为毛主席、周总理做翻译时与他们的合影,感慨地说:"我每次被请去给主席、总理做翻译,总是感到又光荣又惭愧。光荣自不用说了,惭愧的是我们到了这么大年纪还没培养出能接班的。今后就看你们的了。"一席话,说得我们心里都热乎乎的。先生的教诲坚定了我们学习阿拉伯语的决心,增强了我们学好阿拉伯语的信心。

记得马先生曾不止一次地同我们讲过:"一个教员,就像一口井。要努力挖掘得深些。井越深,水就会积得越多,打水的人才会越感到方便。要想让人家提上一桶水,你井中至少必须要有十桶水。如果你井中只有一桶水,打水的人恐怕只能喝上点儿泥浆了……"

马先生本人的学问就像一口深深的井。听先生讲课无异于一种享受。他讲课从不照本宣科,罗列一二三四五……让人感到枯燥乏味,而往往是天南海北、古今中外,穿插很多典故、笑话、轶事,幽默、风趣,如行云流水,生动有趣,娓娓动听,让你在不知不觉中学到了很多知识,而在笑声中学到的东西常常是印象最深刻,最令人难忘的。具有这种教学本领的人必须见多识广、博古通今、学问博大精深,讲起来才能左右逢源,游刃有余,马先生正是这样。

挖掘一眼深深的井,蓄下一井甘美的水,使人饮之如琼浆玉液,沁人心脾,使草木葱茏,桃李满园,也绝非易事。记得马先生曾有一次对我谈起他的身世:"我母亲那时候是早婚,生我的时候年纪不大,我又是早产,不足月,可谓先天不足。我在求学的道路上也是一样,先天不足:天资不算太聪敏,在国内没受过高深的教育,又没有人引路,所以只能靠自己在暗中摸索,多下苦功夫、笨功夫。"

先生青年时代刻苦勤奋的学习精神在其同代人中是传为美谈的。30年代在开罗留学时,每天清晨五点整,闹钟一响,他马上一脚先把被子蹬开,断然地迫使自己同温暖的被窝告别,起来早读。每逢暑假,同学们像囚徒遇到大赦,趁机玩它几个月,他却像个苦行僧,成天钻图书馆,一坐就是一天,以至于有些好心的埃及同学看到他,不禁同情地问:"你是哪门功课不及格?"因为在他们看来,暑假蹲图书馆的都是被迫准备应付补考的同学,马先生听到这类问话,只能付之一笑。因为他每学期的功课都考得很好。他每年都利用这段时间在图书馆译一本书——或把阿文译成中文，或把中文译成阿文。记得1980年，我们几个在开罗进修的同志去拜访埃及大作家纳吉布·马哈福兹时，他回忆说："给我印象最深的两本中国书，一本是讲一个人力车夫的故事，另一本则是孔子的书，那是当时一个中国留学生翻译的，是我们的同学，他很用功，后来成了中国的东方学者，还来开罗访问过……"他指的两本书，一本是由英文转译的老舍先生的《骆驼祥子》，另一本就是马坚先生当时在开罗翻译并出版的《论语》。由此可见，马先生当时留给人们的印象是多么深刻，他的译著在国外又有多么大的影响了。

马先生曾教导我说："做学问，就好像烧肉一样，必须先用大火烧开了，才能再用文火慢慢地煨。"其实，先生即使在功成业就，成了知名的专家、教授之后，也仍旧是兢兢业业、一丝不苟地做学问，真可谓学而不厌，诲人不倦。他身体虽然不太好，但却抓紧一切时间学习、工作。他在读书时也往往不是单打一，而是设法综合利用时间。读毛主席和鲁迅等著作，他不仅领会思想内容，还从语言的角度去学习、思考。他身患糖尿病，为了节省上医院的时间，他学会了自己注射胰岛素。甚至上厕所的时间他也不肯轻易放过：他有个便秘的毛病，于是就在家中卫生间里放一本书，每次读几页，好多书就是这样读完的。

"日异其能，岁增其智"，深井就是这样挖出来的。

如果说先生的学问像一眼深深的井，那么先生的人品则像一座高高的山。"高山景行，私所仰慕"。

当年的群众运动一个接着一个，真可谓此起彼伏，如火如荼，一波未平一波又起，一浪高过一浪。当我们这些在群众运动中被运动的群众往往身不由己，言不由衷的时候，我发现先生从不随波逐流，不追时髦，不赶浪头，他冰清玉洁，刚正不阿，心口如一，光明磊落，从不唯唯诺诺、趋炎附势，也从不看风使舵、曲意逢迎。

还记得1958年夏天，到处热风扑面，热气蒸人，热火朝天。在这火热的氛围中，人们难免会头脑发热，热血沸腾，热情洋溢，从里到外，从上到下都热烘烘起来，往往是鼓着腮帮子喊口号，犹嫌气力不足；扯着嗓子表决心，仍感调门不高。当时，我们专业全体师生也集中起来会战，要搞这本字典，那部词典；又要搞什么词汇集、手册；还要译若干部小说，若干本诗集……大小项目罗列起来写了好几张纸，让人欢欣之余，还鼓而舞之。每天轰轰烈烈一通之后，晚上再热热闹闹地到勺园吃上一顿夜宵，日子过得蛮惬意。当时，我们专业要放的最大一颗卫星就是编一部《阿拉伯语汉语词典》，自然要由马先生领衔。大概也是要各尽所能吧,马先生眼睛不太好,调我去打杂,帮他查字典。

在那些年代里,表现敢想、敢说、敢干的革命精神和冲天干劲的最重要的场合是在大大小小的会议上。可是就在人们争先发言表态的这些会上,作为教研室主任,马先生往往不是一声不吭,就是唱几句低调,甚至是反调,说什么"光是'敢'字当头,那容易,谁都会敢,但要干起来,并且要干出成果来,恐怕就不那么容易了……"你瞧!这怎能不惹得一些"革命师生们"大翻白眼呢。我当时也是"矮人看戏何所见,都是随人说短长",往往不禁暗自埋怨:"这老头真是老保守,认不清形势,跟不上潮流,不合时宜!"不过,会后,我总是看到他比谁都抓紧时间。他坐在那一堆字典、参考书前,尽管不断地摇着他那把用线缝缀过的芭蕉扇,汗水还是常常湿透了那件圆领衫。他往往一坐就是几个钟头,大有"千磨万击还坚劲,任你东西南北风"之势。他往往会为查清一个词的确切意思翻上十几本字典、参考书。

先生不会巧言令色、哗众取宠,但他对党怀有的深厚感情却常常溢于言表。我隐隐地觉得他那孜孜不倦的工作精神深处,含有一种对党的深情。

先生常提到中国穆斯林和他本人在新旧社会的地位是不能同日而语,无法相比的。往日的苦寂与今日的盛誉,每每谈及,强抑的泪水常使先生的两眼显得更亮。先生曾多次谈及,在一次全国人民代表大会的小组会上,他曾对文件中"发奋图强"一语中的"发奋"一词提出异议.认为照古文的用法应是"发愤",而不是"发奋",会下,周总理曾亲自找到他,说他提的意见是对的,但"发愤"二字容易被外国人误认为是中国人生气了,后来则确定用"奋发图强"一语。这类事常令先生非常感动。回民常把马先生当作权威穆夫提(伊斯兰教法说明官),遇有疑难问题总写信向他求教。而他也总是在自己的阐释中,尽量做到使党的方针、政策与穆斯林的传统信仰、风俗习惯协调一致,认为社会主义与伊斯兰精神是并行不悖的。他的这些文章、言论对加强民族团结,推动社会主义建设,无疑是起了很好的作用。当然,先生的这种良苦用心有时也会两头不落好:极"左"的人说他是"调和"、"折衷";穆斯林中一些如果不是心怀叵测也是过于偏执的人则给他写匿名信,骂他"卖教求荣"。对此,马先生也总是一笑置之,我行我素。因为他问心无愧。

我1956年入学学习阿拉伯语,1961年秋又留校任教,亲聆先生教诲的机会本来应当是很多的,只是我生性腼腆,还有些自卑,没事儿不太好意思去登教授的门;再者,当时专家、教授都要冠以"资产阶级"的定语,我唯恐被人指责为走"白专道路",故而往往对先生敬而远之,保持着一定的距离,不敢"过从甚密"。

只记得是在我任教不久的一年暑假，我当时还年轻气盛，心血来潮，译了伊拉克诗人马卢夫·鲁萨菲的一些诗，犹豫再三，怯生生地送到马先生那儿请他指正；过了不久，又是犹豫再三，怯生生地打了个电话，问先生看完了我的那些东西没有。先生邀我去见他。记得那天晚上先生似乎显得很高兴，对我说了不少鼓励的话，让我感到颇有些受宠若惊，手足无措。记得我的那些译稿都还是披头散发的，先生却用红笔圈圈点点地进行仔细地批改。那天晚上，他似乎谈的很多。谈起了他的身世，他走过的道路，谈到了治学的方法，以及对我们的期望。

"我们这些人年纪越来越大了，真希望你们能成长得更快一些。我们当初的知识是一点一滴用小戥子称进来的，现在真恨不得成斗成升地全倒给你们。"他不无抱怨地说起会议、运动、活动、劳动……占的时间太多了，希望我能抓紧时间多读点书，也搞些翻译练习。他说："现在一提翻译就说人家是追名逐利，是资产阶级思想，把事情说得那么臭，谁也不敢去碰了。其实通过翻译可以把外文学得更踏实一些，更精一些；再说，把人家的东西多介绍一些进来有什么不好？我看是可以翻译些东西的"。

不知是因为懒，还是由于怕，先生的这些话我虽然听进去了，但很少认真地照办。主观上生性懒散，驽顽不敏，客观上又有那些众所周知、毋庸赘述的原因，致使自己至今仍功不成，业不就，这样没出息，想来，实在是有负先生的厚望，惭愧得很。

也是自然规律吧，先生上了年纪，患了老年性白内障，视力一天不如一天。有一次我在校医院门口碰到他，直到我走到跟前，喊了一声，他才认出我来。"瞧我这眼睛，现在真是'目中无人'了。"先生诙谐地说。他总喜欢把一些成语说得很俏皮，常常逗得人们哈哈大笑。我说，先生看来气色还很好，红光满面，头发也还是又黑又亮。他说："我这是纸老虎，外强中干，至于这头发，那是蒙受了'不白之冤'……"

但历史开的玩笑远不像说句笑话那么令人轻松。马先生蒙受不白之冤的日子真的到来了。在那些不堪回首、大革文化命的日子里，一切都被造反的哈哈镜歪曲得不成样子。在北大这个风眼、漩涡中，马坚先生的遭遇是可想而知了。那时，先生常常一言不发，紧闭着嘴巴，沉默着，沉默着。记得一次，"革命师生"追问他为何默无一言，他说："俗话说'病从口入，祸从口出'，人不吃饭不行，不说话总可以吧！"其实，在他那郁悒的胸中该有多少话语要喷吐出来啊！

春天虽然姗姗，终于还是来了。1978年初夏，我又去燕南园看望马坚先生。

经过严冬，他的身体已经相当衰弱，只剩一只眼睛勉强有点微弱的视力。要看书，只能用高倍放大镜，一个字一个字照看着。他往往只能躺在床上，由别人念给他听，他再口授，这样坚持工作。听说我要去开罗进修，他为我高兴，又是叮咛，又是嘱咐，说了很多勉励的话。谈到他自己，他说，他正在争分夺秒抢时间，准备先把《古兰经》的译稿整理出来，再写些、译些东西留给后世，"但得众生皆得饱，不辞羸病卧残阳"。不料，"出师未捷身先死，长使英雄泪满襟"。我与先生的这一会见竟成了永诀。

岁月无情人有情。随着岁月的流逝，年纪的增长，我似乎对先生和先生的道路认识得更清楚，理解得更深刻了，从而也使我更加缅怀先生，更加想念先生了。其实何止是我，我想一切认识先生的人、知道先生的人，都永远不会忘记这位曾为中阿人民之间的友谊、为中阿文化交流架桥铺路的学者；不会忘记这位在中国高等学府开创了阿拉伯语教育之先河的拓荒者；不会忘记这位在党的领导下，曾带动广大回民与穆斯林为民族团结的大厦添砖加瓦的先驱。

先生去了，但留下了深井，使桃李满园；

先生去了，但留下了高山，供人们景仰。

风雨雷闪电，追随先生二十余年，能不令人感叹人生无常！酸甜苦辣咸，五味瓶中插着我的心香一瓣，望先生于天园之中笑纳。

（原载于《中国穆斯林》，1989年第2期）

新中国阿拉伯语界的鼻祖——马坚教授

一、一马当先 马到成功

北京大学外国语学院阿拉伯语系（原东语系阿拉伯语言文学专业）自开创以来，至今已有上千名男女毕业生。其中不少人脱颖而出，在教育、科研、外事、文化、经贸等战线上肩负着守关把口的重任。

自20世纪50年代起，从北大"嫁"出去，另起炉灶、另立门户设立阿拉伯语言专业（系）的，在20世纪已有七八所高等院校，现今更多二三十所，这还不算各地民办的非高等的阿拉伯语学校。培养的阿拉伯语人才也该是成千上万了，在国内外从事各种相关的工作。

无论是北京大学还是其他院校的阿拉伯语专业的毕业生或在校的师生，都永远不会忘记马坚这个名字，不会忘记马坚教授的功德。

马坚先生是北京大学原东方语言文学系的创始人之一，更是阿拉伯语系（专业）的开山鼻祖，是新中国阿拉伯语界的"祖师爷"。

那是在抗战胜利后的1946年，由西南昆明迁回北京的北京大学筹建东方语言文学系，经向达教授和白寿彝教授的推荐，由文学院院长汤用彤教授代表北大邀请马坚先生来校任教。1946年夏末，经学校安排，马坚先生偕夫人马存真女士从云南经香港、上海到北京在北京大学东语系开设了阿拉伯语专业，使阿拉伯语在中国教育史上首次正式进入高等教育体制，从而开辟了中国阿拉伯语教学的新时代。可谓一马当先，马到成功。

著名学者、北京大学东语系首任系主任季羡林先生在回忆这件事时曾说："马坚先生于1946年夏季来到北大。我于这一年的深秋来到北大。不久金克木先生也来到了，加上原来在北大的王森先生，我们4个人，在校长胡适先生和文学院院长汤用彤先生的领导下,共同创办了北京大学东方语言文学系。……经过历届许多先生的共同努力,为祖国培养了大批的外交人才,还有其他方面的人才。马坚先生功不可没。"

马坚先生,字子实,1906年6月6日出生于云南省个旧市沙甸的一个普通回族农民家庭中。1931年以品学兼优的成绩毕业于上海伊斯兰师范学校后,由中国回教学会选派,随中国首批留埃学生团赴开罗。1935年取得了爱资哈尔大学预科毕业文凭,1939年又以优异的成绩于阿拉伯语教育学院(دار العلوم)毕业,同年归国。

在我国,虽然自20世纪30年代以来曾出现过一些伊斯兰学校,但从总体上讲,数百年来中国的阿语教学的主体一直在清真寺。那种教学由于内容陈旧、方法落后,难以满足培养高层次阿语人才的需求。为了改变这种状况,马坚先生青年时代便立下宏愿:在中国发展阿拉伯语教育,推广阿拉伯语。

正是在这种情况下,1946年北大初建东语系时,邀请当时因已有颇多著译而享誉国内外的年轻学者马坚先生领衔创办阿拉伯语专业,这是众望所归、非他莫属的事;对于马坚先生本人来说,则是实现他多年夙愿、大展宏图的天赐良机。

万事开头难。1946年秋季开学后,从成达师范阿语专修班转来10多名学员,成为北大东语系阿语专业的第一批学员。当时全专业只有马坚先生一个教师。他拳打脚踢,一个人开了几门课。当时没有阿文打字机,身为教授的马坚先生除备课上课外,还亲自刻印阿文讲义。他每周有好几次要从东四十条北大宿舍步行到沙滩红楼去上课。业余还要逐字逐句反复推敲修润《古兰经》译稿,并加以注释。

此后,特别是自1949年暑假原设在南京的东方语专合并到北大东语系后,马坚先生单枪匹马打天下的局面虽已改变,阿语专业逐渐有了一个兵强马壮的教学班子,但马先生肩负的重任并没有减轻。他除了担任教研室主任外,还担任系务委员会委员、校务委员会委员;此外,1949年,他曾以穆斯林杰出人物资格,担任全国政协委员;从1954年到逝世,他连续当选为第一届至第五届全国人大代表;他还是伊斯兰协会发起人之一,后任该会常务委员;并曾任亚非学会理事等职。

千头万绪,马坚先生认为教学工作是根本。他把主要精力放在了阿拉伯语专业的建设方面,包括课程设置、教学大纲的制定和教材选编等。他先后为学生选编了阿拉伯语初级读本、阿拉伯语高级读本、阿拉伯语文学选读本等教材。更为重要的是他编写了一套语法教材,不仅系统地归纳了阿拉伯语语法的规律和特点,而且科学地确立了阿语语法术语的一整套中文译名,这是马坚对中国阿拉伯语教育事业的一大贡献。他主编的《阿拉伯语汉语词典》更是至今学习阿拉伯语或从事阿拉伯语工作的人必不可少的工具书。

二、一口深井 一座高山

马坚先生生前曾不止一次地在教研室讲过:"一个教员就像一口井。要努力挖掘得深些!井越深,水就会积得越多,打水的人才会感到方便。要想让人家提上一桶水,你井中至少必须有十桶水。如果你井中只有一桶水,打水的人恐怕只能喝上点儿泥浆了……"

马坚先生本人的学问就像一口深深的井。很多人都反映,听马先生讲课无异于一种享受。他讲课从不照本宣科,罗列一二三四五……让人感到枯燥乏味,而往往是天南地北、古今中外,穿插很多典故、笑话、轶事,幽默,风趣,如行云流水,娓娓动听,让你在不知不觉中学到了很多知识,而在笑声中学到的东西常常是印象最深刻,最令人难忘的。具有这种教学本领的人必须见多识广,博古通今,学问博大精深,讲起来才能左右逢源,游刃有余。马先生正是这样。

挖掘一眼深深的井,蓄下一井甘美的水,使人饮之如琼浆玉液,沁人心脾,使草木葱茏、桃李满园,也绝非易事。马坚先生刻苦勤奋的学习精神早在其求学时代就在同代人中传为美谈。20世纪30年代在开罗留学时,每天清晨5点整,闹钟一响,他马上一脚先把被子蹬开,断然地迫使自己同温暖的被窝告别,起来早读。每逢暑假,同学们像囚徒遇到大赦,趁机玩它几个月,他却像个苦行僧,成天钻图书馆,一坐就是一天,以至于有些好心的埃及同学看到他,不禁同情地问:"你是哪门功课不及格?"因为在他们看来,暑假蹲图书馆的都是被迫准备应付补考的同学。马先生听到这类问话只能付之一笑,因为他每学期的功课都考得很好,而暑期则是他学习时间的继续:他每年都利用这段时间在图书馆里译一本书——或把阿文译成中文;或把中文译成阿文。

马先生还教导青年教师说:"做学问,就像烧肉一样:必须先用大火烧开了,才能再用文火慢慢地煨。"其实,先生即使在功成业就,成了知名的专家、教授之后,也仍旧是兢兢业业、一丝不苟地做学问。他身体虽然不太好,但却抓紧一切时间学习、工作。他在读书看报时也往往不是单打一,而是设法综合利用时间,不仅领会思想内容,也从语言角度去学习、思考。他身患糖尿病,为了节省上医院的时间，他学会了自己注射胰岛素。甚至上厕所的时间他也不肯轻易放过，他有便秘的毛病，于是就在家中卫生间里放一本书，每次读几页，好多书就是这样读完的。

"日异其能，岁增其智"，深井就是这样挖出来的。

如果说先生的学问像一眼深深的井，那么先生的人品则像一座高高的山。高山景行，令人仰慕。

当年的群众运动一个接一个，真可谓此起彼伏，如火如荼。在这些群众运动中，当很多被运动的群众往往身不由己、言不由衷的时候，马先生却从不随波逐流，不追时髦，不赶浪头。他冰清玉洁，刚正不阿，心口如一，光明磊落，从不唯唯诺诺、趋炎附势，也从不看风使舵、曲意逢迎。

例如1958年夏天，燕园内外到处是热风扑面，热气蒸人。广大师生在热火朝天中也都不由得热血沸腾，热热闹闹地要大放"卫星"。阿拉伯语专业要放的最大一颗卫星是编一部《阿拉伯语汉语词典》。在那些年代里，表现敢想、敢说、敢干的革命精神和冲天干劲的最重要场合是在大大小小的会议上。可是就在人们争先恐后发言表态的这些会上，作为教研室主任，马先生常常不是一声不吭，就是唱几句低调，甚至是反调，说什么"光是'敢'字当头，那容易，谁都会敢，但要干起来，而且要干出成果来，恐怕就不那么容易了……"他的这些话惹得不少师生对他直翻白眼。可是会后，他总是比谁都抓紧时间。他坐在那一堆字典、参考书前，尽管不断地摇着他那把用线缀过的芭蕉扇，汗水还是常常湿透了他那件圆领衫。他往往一坐就是几个钟头，大有"千磨万击还坚劲，任尔东南西北风"之势。他往往会为查清一个词的确切意思翻上十几本字典、参考书。几次住院治疗糖尿病，他都把稿子和字典、有关书籍带进医院。医生、护士说："您不是来治病的，而是来工作的。"

马坚先生还常常对青年教师们讲："我们这些人年纪越来越大了，真希望你们能成长得更快一些。我们当初的知识是一点一滴用小戥子称进来的，现在真恨不得成斗成升地全倒给你们。"他甘冒被扣上"鼓励青年教师、学生走成名成家的白专道路"之类帽子的风险，常常不无抱怨地说起会议、运动、活动、劳动……占的时间太多了，希望大家抓紧时间多进图书馆，多读点书，搞些翻译练习，把井挖得深些，更深些。

中国有句成语，叫"学而不厌，诲人不倦"，用在马坚先生身上是再恰切不过了。

三、一座立交桥

马坚先生不仅是桃李满天下的一代师表，而且还以他的著译、他的学术活动和政治活动在中阿人民之间，在党和回民群众之间，在穆斯林与非穆斯林民族之间，架起了一座桥梁，一座立交桥。

马坚先生青年时代曾立下宏愿，要做两件大事：除了发展阿拉伯语教育、推广阿拉伯语外，便是翻译《古兰经》。他是为译好《古兰经》而去留学的。从学成归国开始翻译，到先生逝世后的1981年《古兰经》全译本的正式出版，不能不说，这一译本实际上凝聚了先生毕生的心血。

早在1949年出版的《古兰经》汉译本（上册）"译者序"中，先生就指出："一般回民不能深切地了解《古兰经》也就不能本着《古兰经》的教训精诚团结，互助合作，发扬文化，为人民服务。"从这些话中，我们不难看出先生毕生译经的宗旨。近一个世纪内，《古兰经》的汉译本虽出现了10多种，但正如回族著名学者白寿彝教授在为马坚先生所译的《古兰经》作序时所说："在'忠实、明白、流利'三者并举的要求下，我相信，这个译本是超过以前所有译本的"，"这个本子的出版，将是中国伊斯兰教史上、中国伊斯兰研究工作上、中国翻译工作上的一件大事。"这一译本已经沙特阿拉伯王国朝觐义产部督导，与阿拉伯原文合璧出版，发行到世界各地。这就更证实了它的价值，它必将会在国内外产生更为广泛的影响。

除《古兰经》外，马坚先生的译著还有《回教哲学》《回教真相》《伊斯兰哲学史》《伊斯兰教育史》《认主学大纲》《教典诠释》《回教与基督教》《阿拉伯简史》《阿拉伯通史》等，著作则有《穆罕默德的宝剑》《回历纲要》等。这些著译对我国人民了解阿拉伯—伊斯兰文化、历史、哲学、宗教、教育等诸方面无疑起了很大作用，它们至今仍是我国在这些领域学术研究中的重要参考书。

早在30年代，马坚先生在开罗留学时就使自己的翻译、研究成为一种双向的学术活动。他把中国先哲孔子的《论语》以及《中国神话故事》《中国谚语与格言》等译成阿文在开罗出版，并通过演讲和书刊向埃及和阿拉伯人民介绍了"中国伊斯兰教与中国穆斯林概观"。

我还记得1980年在开罗进修期间拜访埃及大作家纳吉布·马哈福兹（1911—2006，1988年诺贝尔文学奖得主）时，他说："给我印象最深的两本中国书是，一本是讲一个人力车夫的故事；另一本则是孔子的书，那是当时一个中国留学生翻译的,他是我们的同学,很用功,后来成了东方学者,还来开罗访问过。"他指的两本书,一本是由英文转译的老舍先生的《骆驼祥子》;另一本就是马坚先生译的《论语》。马坚先生及其译著当时在国外的影响由此可见一斑了。

1949年以后,马坚先生更热心于向阿拉伯人民介绍有关新中国的一切。如早在50年代,他就曾将毛泽东的《论人民民主专政》和《中华人民共和国宪法》译成阿文,介绍给阿拉伯人民。

马坚先生在中阿人民之间所起的桥梁作用,不仅表现在他的学术著译中,也表现在他参与的政治活动中。

在建国初期,中、阿国家领导人之间的会见、会谈和一些会议都是由马坚先生亲自担任翻译。如1956年11月1日,首都人民在天安门广场召开10万人大会声援埃及人民反对帝国主义侵略时,中国政府的声明就是由马坚先生翻译并直接向阿拉伯国家人民广播的。1958年,为了声援黎巴嫩、约旦两国人民的反帝斗争,又在天安门广场召开了10万人大会,中国政府的声明也是由马坚先生翻译并直接向阿拉伯国家广播的。马坚先生生前还曾作为中国代表团成员,到开罗出席过第十届亚非人民团结大会;作为中国文化代表团成员访问过伊拉克……他的翻译、他的活动,传达了中国人民的声音,表达了中国人民对阿拉伯人民的深情厚谊,加深了阿拉伯各国政府和人民对新中国的了解,为中阿人民之间的友谊架桥铺路。

1960年,毛主席在一次接见外宾向客人介绍中国共产党的统一战线政策时,曾举当时担任阿语翻译的马坚先生为例说:"马坚先生是信仰伊斯兰教的,不是共产党员;我是信仰马列主义的,是共产党员。但这不妨碍我们一起工作和合作呀!如果没有他,你们讲阿拉伯语我听不懂,我讲的汉语你们也听不懂。现在我们彼此都沟通了。这就是说我与马先生合作得很好嘛!"接见后,一位在场的英语翻译曾对马先生说:"马先生,你成了党的统一战线和长期合作与共事的典型了!"

马坚先生对党,对新中国、新社会怀有深厚的感情。他曾说:"中国人民革命成功了,全国被压迫的各阶级人民都翻了身。我们回民不但自己翻了身,连我们的祖先也翻了身。"正是基于这种感情,作为中国广大穆斯林的杰出代表,他又成了连接党和广大穆斯林群众、我国穆斯林与非穆斯林的一座坚实的桥梁,为贯彻党的统一战线政策,加强民族团结作出了巨大的贡献。如1951年初,因北京《光明日报》发表的题为《语无伦次的山姆大叔》一文某些措辞、提法不当，严重伤害了穆斯林的感情，从而引起北京穆斯林的愤慨，触发了一些不愉快的事件。马坚先生在妥善、圆满地平息、解决这一事件中，通过发言、写文章，发挥了积极作用。

毛主席读了马坚先生当时发表的《穆罕默德的宝剑》等文后，给予很高的评价。当时任东语系系主任的季羡林先生在回忆这件事时曾说："新中国成立后不久，我当时还住在北京东城的翠花胡同。有一天，我的清华老同学胡乔木同志去看我。他告诉我说：'请你转告马坚先生，毛泽东先生认为他那两篇文章《回教徒为什么不吃猪肉？》和《穆罕默德的宝剑》写得很好，增强了汉回两族人民的团结。请你向他表示谢意！'由此可见马坚先生在解放初期对中华民族大团结所起的重要作用。"

马坚先生先后曾任全国政协委员、人大代表；回民又常把他当作权威穆夫提（伊斯兰教法说明官），遇有疑难问题总写信向他求教。马坚先生无论是在参与国是的发言中，还是在回答回民所提的疑难问题的阐释中，总是尽量做到使党的方针、政策与穆斯林的传统信仰、风俗习惯一致，认为社会主义原则与伊斯兰精神是并行不悖的。他的这些言论、文章对加强民族团结、推动社会主义建设，无疑是起了很好的作用。

四、老马识途　老骥伏枥

不要说在"大革文化命"中帽子横飞、乱棍齐下的那些日子，即使在那之前，很多人依据习以为常的模式，也往往认为马坚先生是个不问政治、走白专道路的资产阶级学者。其实，这种看法极不公平。马坚先生一生的道路没有走错过，在大是大非面前，他的态度也从没有含糊过。

且不说他在留埃期间多次表现的爱国主义精神，就是归国后，他在重要的关头也没有走错过一步。刚回国时，一位颇有权势的大人物曾邀请他到重庆做官，他婉言谢绝了。他刚在北大任教时，在国民党反动政府统治下，物价飞涨，特务横行，民怨沸腾，马坚和北大一些进步教授一起，多次签名在报上发表宣言，支持学生的反饥饿、反内战、反迫害的爱国运动，表现了一个正直学者的爱国主义立场。在北京解放前夕，他毅然拒绝跟随国民党反动派南下。提起此事，他曾说过:"他们把飞机票都买好了,我就是不走。我不跟他们走。"在抗美援朝运动中,他动员群众捐献"回民号"飞机,支援中国人民志愿军。此后,由于"左"的影响,马坚先生有些意见和观点有时不为人们理解,甚至受到一些人的非议。但他一如既往,看到什么问题,仍然及时地提出自己的意见。

马坚先生性喜幽默、诙谐。他因患白内障,视力很弱,常认不出对面走来的熟人,有时会自嘲地说:"我这真是'目中无人'了。"别人问及他为什么那么大年纪头发却是黑黑的,他会诙谐地说:"我这是蒙受了'不白之冤'!"

说马坚先生"目中无人",自然是天大的冤枉,他时时刻刻总是把人民,把国家放在眼里,想在心里。至于"蒙受不白之冤"却不幸被他言中。但即使在蒙受不白之冤的"文化大革命"期间,他也始终没有动摇过爱祖国、爱人民和相信党、拥护社会主义的立场。马坚夫人在回忆马坚先生在十年浩劫期间的境况时说:"他深受'四人帮'打击迫害,身心健康受到严重摧残,但他从未低头认错,更未因此消沉,浪费时光。他总挤出时间搞自己的翻译工作。1970年以后,他的健康每况愈下,步履蹒跚;左眼早已失明,右眼也只有0.2的视力,看书写字除戴眼镜外,还要用十倍放大镜。但他仍想为祖国多做贡献。"就在这种情况下,他还完成了长达55万字的《阿拉伯半岛》一书的初稿翻译工作。

严冬过去,春天来了。打倒"四人帮"后,马坚先生决心争分夺秒,在晚年仍拼搏不息,表现出"老骥伏枥,志在千里,烈士暮年,壮心不已"的精神。

1978年,马坚先生对他的《古兰经》全部译稿做了最后一次修润。严重的糖尿病在折磨他,几分钟就要去一次厕所,行动十分吃力。但是,对民族文化事业的责任感激励着他的斗志。他说:"先知穆罕默德说过:'人世间各种各样的病症都有医药,只有衰老是无药可治的。'我要和我的衰老做斗争,把被'四人帮'耽误的时间夺回来。"他趴在桌子上吃力地修改着,一字一句地校对着,实在坐不住了就躺在床上,静听他年轻的助手念一句原文,再对照一句译文,发觉译文稍有不妥之处,就立刻叫助手纠正过来。实在支撑不住了,他就吃点药,休息一下。

就在这一年,马坚先生还抱病出席了第五届全国人民代表大会。他在大会上发言,表示"要把自己的晚年全部贡献给祖国的文化教育事业。在党中央的领导下,努力发挥自己的作用。生命不息,战斗不止。"会后,他又在同年3月15日的《北京日报》上发表题为《把晚年献给祖国的文化教育事业》的文章,再次表示:"我虽然已是70多岁的人了,左眼失明多年,右眼视力很微弱,行动吃力,但我要把自己的晚年全部献给祖国的文化教育事业。"

不料，就在这一年——1978年8月16日凌晨，马坚先生因病情恶化，抢救无效，与世长辞了，享年72岁。

（原载于《云南穆斯林》2016年第2期，另见肖超然主编《魏巍上庠百年星辰——名人与北大》之《北大阿拉伯语言文学学科的创始人——马坚》一文，北京大学出版社，1998年）

桃李满园时，常忆老园丁

——追忆刘麟瑞先生

人老了到底与年轻时不一样：小时候爱幻想，喜欢童话，人在天上飞，爱听"假话实说"；长大了爱理想，喜欢读诗，人在地上跑，跟着"实说假话"；到老了爱回想，老眼昏花，读书太吃力，不如坐在沙发上看点电视上"实话实说"的节目，或是躺在床上忆旧：往事如烟，似幻，似真，似梦……俱往矣！

从时间和空间看，一般人的一生可能分三大块：家庭，学校和工作单位。当然，像我这样的倒省事儿，分两大块就够了：除了家庭就是学校，出了学校又留在了学校。

从人事关系看，对一般人一生影响最大的可能也是三部分：父母、老师，其次才是其他亲友、同事或诸如此类的人。中国的传统是"天地君亲师"，按这么个顺序排列。天、地、皇帝、父母，再往下就是老师了。如果古为今用一下，我们可以把天、地，理解为自然环境和社会环境，皇帝当然是封建社会的东西，我们是社会主义国家，要靠党领导。而古今中外，父母和老师对一个人人生的影响之大是人所共知，不可否认的。

七十二行也好，三百六十行也好，每行都有每行的祖师爷。我知道木匠的祖师爷是鲁班；我不知道经商的个体户、款爷、款奶奶们与我们熟知的关羽是什么关系，但常见他们把这位关老爷的塑像摆在最显眼的地方，为他烧香上供，不知何时通过怎样的公关，我们的关公成了发财族的祖师爷。

如今，我们学阿拉伯语、懂阿拉伯语、搞阿拉伯语的，也该算是不小的一行了：政治界、经济界、文化界，虽不乏各种"大官""大款""大腕"在那里作代表，但也的确少不了我们阿语界的一些同行在那里守关把口：有部长、司局长一级的,有大使、武官、参赞、将军、教授、研究员、译审、编辑、记者……乃至刚从字母学起的入门弟子,加起来也有成千上万人了。既然我们也算一行,照理说,也应有祖师爷,也应认祖归宗,虽不必烧香上供,但绝不应数典忘祖。我们新中国阿拉伯语这一行的祖师爷是谁?我认为就是马坚先生(1906—1978)和刘麟瑞先生(1917—1995)等。1946年马坚先生在北京大学东语系,1947年刘麟瑞先生等在南京东方语专,分别开创了我国高等学校讲授阿拉伯语之先河。1949年,随着解放,东方语专并进了北大东语系。此后,随着时代发展、社会需要,又有七、八所高等院校先后开设了阿拉伯语专业,这两年开设阿拉伯语专业的院校又发展至约有二十所,当然还不算那些非官方、非高等的学校。真可谓人丁兴旺。我们的祖师爷——还是用现代时尚一些的词吧——新中国阿拉伯语界的先驱者们真是功不可没,功莫大焉!真是桃李满天下——其实古人说的"天下"哪有现在那么大,最多有几个省大;孔子的弟子三千,有七十二个成贤人好像就很了不起了。我们这个"桃李满天下",倒是确确实实的,是成千上万的。到国外去,看到使馆、学校、工地中都有我们的学生,若论资排辈算起来,当是我们的祖师爷——先驱者马先生、刘先生等的徒子徒孙了。

我是1956年上大学学习阿拉伯语,1961年毕业留校任教的,在北大同阿拉伯语打交道,连学带教有五十多年了。其间,同我们这两位祖师爷相识、相处、相知,先是师生,后是同事,后来到"五七干校",和刘先生竟成了同住一间大屋,同喝一锅粥的"同学",想起来真是不胜荣幸之至。

我刚上大学的时候,教授还是"挺值钱"的;"教授"一词含金量很高,不像现在,含金量不那么高,含水量倒不低。那时北大全东语系只有三个教授:季羡林、金克木和马坚先生。刘麟瑞先生当时是副教授。不过那时的副教授的含金量也不低。记得著名的语言学家朱德熙先生和常写有关鲁迅回忆录的川岛——章廷谦先生,当时也是副教授,在中文系。那时能当上个讲师就很了不起了——老讲师的工资足有我们当时这些当年小助教的两三倍。那时从讲师的岗位上退下来就挺光彩,挺让人羡慕的,不像现在,退休时若还没有混成个教授,似乎觉得挺窝囊,挺没有面子。话说回来,不久,刘先生就成了东语系的第四位教授。现在想起来,当时我们这些学习阿拉伯语的人也是够"牛",够幸福的:那时东语系有十多个专业,四个教授,阿语专业竟占了俩。

人们的悲剧往往是对一个人在世的时候不能充分估计他的价值,不知道珍惜他,只有在失去之后才感到他的价值所在,才有所惋惜。是啊!我们曾经有过两位多么好的教授，无论是学问，还是人品，真可谓"德艺双馨"！他们在学术上各有所长，在为人方面也各有各的人格魅力。在课堂，在课下，无论是耳提面命，还是潜移默化，一代一代，给我们的教益有多少！为我们年轻的共和国培养了多少干部，多少人才！

不过细想起来，由于种种众所周知的原因，我们还是有些亏待了两位教授，使他们没有足够的机会充分地显示他们的才华，展示他们的才学，发挥他们的才能，也就是没有充分让他们做到人尽其才。

记得我们上学的时候，特别是刚留校工作的时候，组织领导就谆谆教导我们，说我们是红旗下长大的，是无产阶级革命事业的接班人，而那些从旧社会过来的老教授、老教师则被冠以"资产阶级"的定语，对他们实际上同对待公私合营后的资本家一样，是采取"赎买政策"，叮嘱我们要保持清醒的头脑，不能放松警惕，走他们那条"白专道路"。所以每逢政治运动一下来，我们青年学生和年轻教师往往是革命动力，而"资产阶级"老教授、老教师则往往是革命对象。其实，现在想起来，说他们是"资产阶级"也够冤枉的：马坚先生的父亲一生务农，兼做点小买卖；刘先生似乎与"资产阶级"相距更远一些：父亲是个穷阿訇，家里穷得不是求亲告友向人借钱，就是跑当铺，"吃饭难"是家中最大的难题，是典型的城市贫民。

记得是1982年年底吧，《阿拉伯世界》约我写一篇介绍阿语界元老的文章，我去看望了刘先生。他曾对我谈起往事。说他兄妹七人中只有他和哥哥有福气念完小学，其余的弟妹根本没上过学。说他小学毕业后，升学没有钱，怎么办呢？当时本想进布店或是茶叶铺当个小学徒，减轻一下家庭负担。幸好命运向他露出了笑脸：成达师范招考插班生，有机会学习，自然比当学徒强，就这样，他进了成达师范。1937年，他从成达毕业了。第二年，命运再次向他露出笑脸：由宗教团体出资，他被送往开罗在爱资哈尔大学学习。

"我们那时出去可不像你们现在留学进修那么美。你们现在出去，国家照顾得多周到，一个个多神气，多体面！坐上波音707，睡一觉就到了。我们那时是国民党统治时代，谁管你呀！只是宗教团体拿出几个钱做路费。当时我们从香港坐船先到印度。船上的高级职员都是英国人，一个个摆出一副高傲的架势，随便乱摔中国人的护照。从印度去埃及乘的是一艘法国船。一个新疆同学没注意，往甲板上倒了一点水，一个法国船员就横眉竖眼地冲着他大嚷大叫。中国名义上是大国，可是当时到处受歧视。在埃及，老百姓跟在我们后面，叫我们'亚巴尼'（日本人），因为他们分不出中国人和日本人的长相。把日本人错叫成中国人，要遭白眼，把中国人叫成日本人倒好像是一种奉承……"我还记得刘先生回首当年往事那副不胜感慨的样子。

1946年，刘先生已经学有所成，随一些同学充当临时船员——在船上刷油漆，洗甲板，结束了八年多的海外漂泊，回到了可爱而多难的祖国。

1949年，随着解放，刘先生——这个旧社会穷阿訇的儿子，这个曾踯躅于开罗街头，因看不到出路而惆怅的穷留学生，跨进了新中国最高学府——北京大学的大门，成了受人敬重的人民教师，教授，并多次为中央首长做翻译。好似千里马遇到了伯乐，英雄有了用武之地。"士为知己者而死。"知己者就是党，就是人民。在与周总理接触过程中，总理曾多次关心地问起他有关阿拉伯语人才的培养问题，并指示说，新的阿拉伯语人才应尽快培养，阿拉伯语的翻译和研究工作者要后继有人。刘先生听到这些指示深受感动。他把总理的话牢记在心，深感自己肩负责任的重大，并决心化压力为动力，忘我地投入到教学工作中去。事实上，他也这样做了。这样一个人，这样一段经历，怎么会被划到资产阶级队伍里，成为资产阶级知识分子呢？怎么会成为革命对象呢？逻辑上讲不通，也与事实不符啊！

不过后来我倒也想通了：说你是资产阶级知识分子就是资产阶级知识分子，不是也是，不通也得通！最令我把这个道理想通了的是，我这个生长在红旗下原被说成是无产阶级革命事业的接班人，一个月仅拿五百六十大毛，结婚时除了铺盖是自己的，家具全是公家的（更不要说那间小屋了）小助教，不知怎么的，在那难忘的"十年"里，稀里糊涂一下子就也被横扫进资产阶级堆里，与那些从旧社会过来的老教授（其实当年他们并不老么，比我现在年轻多了）、老教师成了同一堑壕（不能称"战壕"）里的难友（不能称"战友"），成了资产阶级接班人、资产阶级知识分子、臭老九。于是如前所述，我同刘先生先后被赶进"五七干校"，成了"同学"。记得那时我们还有一个光荣称号，叫"五七战士"：摸爬滚打、战天斗地之余，还要时刻不忘"与人斗"，确实感到"其乐无，穷！"

记得刘先生是比我们晚一批、晚一年进的干校。但我们的确是同窗，而且是同屋。那间屋好大呀！那原是准备做大仓库用的，面积足有几个篮球场大，屋顶是稻草帘子苫的。当时干校在军宣队、工宣队领导下是军事编制，一连、九连的男同胞都是同住一屋的室友。所谓九连，由全校外语系（东语、西语、和俄语三系）人员组成；一连则由全校行政和后勤各部门人员组成。屋里排满了上下铺的双人床,要想写点什么,睡下铺的就把床板当写字台,坐"马扎";睡上铺的则对不起,只好趴在铺盖卷上了。

我那时候年轻,正是积极要求进步、紧跟还唯恐跟不紧的年龄,编了一个对口诗剧,叫《传家宝——一根扁担》,是"忆苦思甜",批判"修正主义教育路线"的,其实也是"矮人看戏何所见,都是随人说短长"。并就此参加了文艺宣传队,在歌功颂德之余,老实讲,最大的好处是在相当程度上逃避了一些艰苦劳动,且在外出演出时,可享受到一些在当年难得的"招待"。刘先生可没么滋润。不过,也还好,因为晚去了一年,诸如冒雨挑土抢修大堤等干校最初创业的艰苦,他还没有轮到。虽是资产阶级知识分子,但既然是老教授,而且又是回民,还是应当照顾的,于是这位老教授就被分去放牛,成了"牛倌"。"牛倌"成天跟牛打交道,早出晚归,跟我们这些人接触倒少了。

鲤鱼洲那地方的鬼天气,说翻脸就翻脸,不知什么时候就会下起雨来。干校是在鄱阳湖中,湿气特别大,夏天闷热闷热,冬天则阴冷阴冷的。我们这些要在鲤鱼洲脱胎换骨的清华、北大的臭老九们,原在学校课堂上虽不一定衣冠楚楚,总也得像模像样,在干校则顾不上好歹了,平时穿戴的要比贫下中农还贫下中农,到了炎炎夏日,男同胞更放肆得打赤膊,只穿一件裤头。劳动时是烈日当头,脚下是污泥浊水,那里终究不是T型台走猫步的地方,何况我们都被圈在小岛上,没有正儿八经的事,不经请假,绝对不许随便离开,除了我们自己,没人会来欣赏我们的"芳姿玉容"。

唉,话说远了,还是回过头说我们的"牛倌"——刘教授吧。留给我印象最深的就是,他总是披一件塑料雨衣,拄一根棍子,背一个行军壶——早出去他总要沏上一壶茶,那就算是他的琼浆玉液了,一天也少不了;一天也少不了的还有烟——我不知道先生后来得肺癌与这一嗜好是否有关,只知道,发现癌症后,先生马上就戒了烟——先生的毅力还是令人佩服的。我忘不了他往往边抽着烟边陷入沉思的样子。刘先生本来就是一个不苟言笑的人——除了讲课,话就不多,这时话就更少了。这也不难理解:那年头,像刘先生这种正直的人多是不肯跟着讲假话,却又不敢讲真话。我记得有一次,"革命师生"在会上曾追问"反动学术权威"马坚先生为何默无一言,他说:"俗话说'病从口入,祸从口出',人不吃饭不行,不说话总可以吧!"是啊,烟可以喷吐出来,有些话在那时可不能轻易喷吐出来,只能憋在肚子里,否则就会惹祸上身。

老实讲,我那时在心里的确有点为刘先生抱不平。我觉得自己上干校倒也罢了，似乎是应该应分的事，因为自己年轻，当时认为"文化大革命"真像有人教导我们的那样，是一场不考试的考试，下干校去"经风雨，见世面"，是对自己的考验，我不去谁去？舍我其谁！但刘先生跟我们不一样啊！我觉得，在那个年代，他最该去的地方是留在"毛选翻译室"里。因为在那个年代把"红宝书"翻译成外文，以便让它照亮全世界，拯救世界上三分之二陷于水深火热的阶级弟兄，是最伟大、最光荣、最重要的头等大事！而刘先生是我们阿语界翻译的权威，特别是中译阿，那更是他无人可比的拿手绝活。在"毛选翻译室"，为"红宝书"译成阿拉伯文作定稿，那应当是他义不容辞、责无旁贷的事！放着这样头等重要的大事不做，你放的哪门子牛啊？为此，我曾私下里问过刘先生，为什么从"毛选翻译室"被剔出来了。他吐了一口烟，叹了一口气，苦笑了一下，沉吟了半天才说："大概觉得让我干这件事不太合适吧（我不知此处是该打问号，还是该打惊叹号）。"我心里总在想，当年，刘先生给我们国家最高领导人都做过多次翻译，且曾随他们代表我们国家出席过多次国际会议，再说经过多少次政治运动，经过多少次政治审查和思想改造，他又是海淀区的人大代表，能有什么问题？退一步讲，即使他的"红度"不够，在"毛选翻译室""不太合适"。那时的北大，工农兵学员已经进来"上、管、改"了，让刘先生去教学总不至于"不太合适"吧？难道这么一位阿语界的顶级教授最合适的位置就是在鄱阳湖中一个被称为"鲤鱼洲"的孤岛上——一个著名的血吸虫疫区作"牛倌"放牛？每天放牛回来，看到他那一头白发，裤腿上满是泥巴，总让人有一种心痛的感觉。

想起来，那时知识分子还是很受折腾的：鲤鱼洲的土质很细，故而有"晴天一块铜，雨天一泡脓"之说。一下雨，走路要特别小心，因为脚下的摩擦系数几近于零，弄不好，不是摔个"大马趴"，就是跌个"仰马叉"。可是有时半夜大雨倾盆，却响起紧急集合号，于是需要"枕戈待旦""时刻不能放松警惕"的男女老少"五七战士"们，必须立马起床，冒雨行军，跨过一座小桥，到河对岸去看"欧洲的社会主义明灯"阿尔巴尼亚的译制影片。一路上，那些腿脚不太灵活的老头、老太太们（大多是"资产阶级教授""反动学术权威"）如何跌倒又爬起来、前赴后继的景象是可想而知的。那时有关领导就是要通过这样一些"锻炼"，让"资产阶级知识分子"们在"五七道路"上，"滚一身泥巴，炼一颗红心"。红心炼没炼出来，我不知道，滚一身泥巴，确是我亲眼所见。想当年，真是有些"毁人不倦"啊！

从干校回来，到"文化大革命"结束后刘先生退休，按说也招了好几届学生了，但算起来，很少安排让刘先生给学生上课。我总觉得刘先生似乎不该那么早就退休。细想起来，这样一位学问上是泰斗，人品上是楷模的老教授却不能称心如愿地为祖国多培养一些人才，这是多么大的损失，多么大的浪费。损失的不是刘先生，而是我们，是我们的事业。我们往往会注意有贝之财的浪费，而忽略了无贝之才（人才）的浪费，而这恰恰是最大的浪费。

　　刘先生离开我们已十年有余了。回想先生的言传身教，我们最该学习先生的是什么？我觉得应是他的敬业精神，所谓干一行，爱一行，钻一行。先生在阿拉伯语教学、翻译方面能取得那样大的成就，达到那样高的水平，除一定的先天条件（如那浑厚的嗓音——"金嗓子"）外，应是刻苦勤学敬业的结果。

　　《礼记》中曾写道："学然后知不足，教然后知困。知不足然后能自反也，知困然后能自强也。"刘先生对此是深有体会的。他曾对我谈起过，他虽自进"成达"之后，就对阿拉伯语产生了浓厚的兴趣。但在埃及度过的八年中，既没法回国，又无法通信（因其故乡是敌占区），前途渺茫，心情忧郁。因此，当时对阿拉伯语也没太认真地学，只是常看一些袖珍小说丛书来消遣解闷。"不过这类小说看多了，也不无补益，大量阅读能培养自己对阿拉伯语的语感。"但毕竟因当时学习目的不明确，许多基本功没打扎实，又缺乏教学经验，不太懂教学法，所以初任教时，也是困难重重。比如，在开罗时没重视语法的学习，学的也不全，东一榔头，西一棒槌的，很多语法现象自己会用，但说不出道理来，如 ل 的用法，三母简式动词现在时的中间符号究竟该读什么，当时都若明若暗。好在他不清楚就从头学，绝不含糊。他把语法又从头至尾学了一遍。碰到词汇、语法问题就查书，常常为此熬夜，直到把问题彻底弄懂为止。刘先生的夫人在回忆开国初期艰苦创业的那些日子时，曾感叹地说："那时北大在城里沙滩，我们住在一间离校很远的小破屋里，他每月的工资是四百斤小米。早晨吃两个窝窝头，再带上两个做午饭，蹬上自行车，一去就是一天，晚上很晚才回来。他总是熬夜，有一次连熬了三个通宵，背上长了个大包也不肯休息。又写，又查，还要自己动手刻蜡版……"先生生前曾计划编一套完整、系统的教材，编一套适合中国人学习的语法。我还记得先生讲课是那样深入浅出，那样严谨、精细。讲在汉语常用的"有、的、是"的阿拉伯语译法，讲阿拉伯语的时态、阿拉伯语的语序……很多问题都是他潜心治学、长期积累的独到见解，令我们这些学生听后不禁茅塞顿开，获益匪浅。

　　成为一个学识渊博、学风严谨，受学生欢迎与敬爱的教授的道路是崎岖的；同样，成为一个受领导与外宾交口称誉的出色翻译，也不是一帆风顺的。当年他在开罗留学时，与埃及人交谈用的都是方言夹正规语，从没有搞过翻译。1952年亚太和平会议，是他第一次搞口译，自然也免不了紧张。其间曾有一个阿文词，一时想不出一个恰当的中文词来表达，憋了一两分钟。为了搞好口译，他下了不少功夫，有时让爱人念报，自己练习译，有时自己找一个题目，自言自语地练；先生还有一本自编的"汉阿字典"，平时在阅读、翻译时每有所得都及时记下来，编在里面……

刘先生是我的良师益友，也是我们中国外国文学学会阿拉伯文学研究会的首任会长。他教我如何学，如何教，如何做人。20世纪70年代初，他早已是阿语界的权威，著名的大教授，但仍会同时值中青年的我们一道听叙利亚专家奥贝德的讲座，真正做到了"活到老，学到老"，"学而不厌，诲人不倦"。他做学问是严要求，精而深，教学上一丝不苟，每句话，每个虚词都抠得那么细，讲得清清楚楚，明明白白。讲课、编字典，他都很认真、细致，主张慢中求快，反对粗制滥造。你若有问题向他请教，他总是耐心地向你讲解得很仔细，遇到他没有把握的问题，他从来不会强不知为知，摆出一副"问不倒"的权威架势，而会实事求是地说："这个问题我也不太清楚，我去查查再告诉你。"这反而使学生和年轻教师对他更加敬重。他教出来的学生往往底气足，有后劲。他在做人方面则是低调，是一位平民教授，布衣教授：一辆旧自行车，一身蓝制服，一双黑布鞋，一顶旧蓝布帽下探出一绺白发。他严于律己，宽以待人，淡泊名利，安于清贫，一身正气，一生清白，从不会装腔作势、摆谱、摆架子、虚张声势。

做教师当如刘先生，做人亦当如刘先生，这大概是我们共同最深的体会。

（原载于刘慧著：《刘麟瑞传》，世界知识出版社，2008年）

郭应德先生和他的《阿拉伯史纲》

郭应德先生是我的老师，也是我的朋友。1956年我刚到北京大学东语系学习时，郭先生是系秘书，是系主任季羡林先生的左膀右臂；1958年，搞"科研大跃进"的时候，我曾替郭先生抄过卡片；1959年我曾听郭先生讲阿拉伯历史概况课。所以论资排辈，我当属于郭先生的老学生了。70年代初，北大的"五七大军"在江西南昌鲤鱼洲"战天斗地"的时候，我曾当过一任兵头将尾的官儿——"班长"。郭先生当时算是我的属下，我们曾在一起摸爬滚打，并常在田头地尾赛诗场上喊出一些"豪言壮语"，因此，我们又该是不折不扣的"同一战壕里的战友"。"复员"教书以后，因为我们同住在城里，往往是共乘一车的同路人，一路上除在许多具体问题上交换意见以取得共识外，往往还进行"学术交流"，先生有时不耻下问晚生一些有关阿拉伯的语言、文学问题，晚生也乘机请教先生一些阿拉伯历史的问题。遵照友好往来、平等互利的原则，两人的友谊日趋增进。套用现成的词儿，郭先生确是我的良师益友。

不久前，郭先生将他的大作《阿拉伯史纲》（以下简称《史纲》）赠我。近60万字厚厚的一大本书，捧在手里沉甸甸的。我掂得出这本书的分量。这是一位年近古稀学者多年讲课、研究的成果，多年心血的结晶。该书的问世，对于作者不啻老年得子，是件大喜事，对于我国史学界和阿拉伯文化研究界，也是一大福音，可喜可贺！

众所周知，当年横跨亚非欧三大洲的阿拉伯帝国，对世界社会、政治、经济发展产生过重大影响。阿拉伯-伊斯兰文化曾对人类文明做出过巨大贡献。当今阿拉伯地区又是世界一大热点，战略地位十分重要。因此，对阿拉伯史的研究具有重大的现实意义。但过去，我们这样一个具有5000年历史，13亿人口的大国，却从未有过一部自己撰写的、完整的、系统的阿拉伯通史。郭先生的《史纲》可谓是打破零的记录。《史纲》上起610年穆罕默德传播伊斯兰教，下迄1945年第二次世界大战结束，时间跨度1300余年，远比目前翻译出版的同类著作时间跨度大。

《史纲》论述了阿拉伯人的历史发展及其规律；阐述了伊斯兰教产生的背景及其历史作用；分析了伊斯兰教派形成的原因及其影响；论述了阿拉伯帝国的兴衰，土耳其的统治与阿拉伯人民的反殖、反帝斗争；详述了阿拉伯－伊斯兰文化在世界文化史上的地位。特别应当指出：《史纲》对古代中国和阿拉伯之间的政治、经济、文化关系，作了开拓性的研究。

《史纲》自成体系，内容丰富，史料翔实，文笔流畅。在此，不妨借用《阿拉伯世界》主编朱威烈同志对郭先生另一史作《阿拉伯中古史简编》的一句评语，该书"以历史事件为经线、宗教、文化为纬线，精心编织，构成一幅幅浓淡不一、疏密有致的历史画卷，实是作者数十年教学、科研的心得，博览中外典籍再作提炼的结晶。"

最为难得的是，郭先生写的《史纲》独树一帜，别具一格，自出机杼，不落窠臼，对很多重大历史问题都提出了自己的见解，确有其独到之处。如：

1. 关于古代早期阿拉伯国家。《史纲》明确指出早期阿拉伯国家所起的积极作用：发展阿拉伯半岛经济，促进中阿和东西方的经济、文化交流；把东西方思想文化传到阿拉伯半岛。（参见《史纲》第13—24页）

2. 关于伊斯兰教产生的历史背景。作者从分析东罗马、波斯的衰败和阿拉伯半岛的社会基本矛盾（阶级矛盾、氏族部落矛盾和民族矛盾）着手，来论述伊斯兰教产生的内部条件和外部条件，论证穆罕默德创立伊斯兰教适应了历史发展的趋势，是当时阿拉伯半岛社会的政治变革和经济要求在意识形态上的反映。对三类社会基本矛盾和伊斯兰教为什么产生在麦加的分析鞭辟入里，令人折服，可见作者的水平。（参阅《史纲》第28—39页）

3. 关于穆罕默德的宗教革命。作者认为，伊斯兰教的兴起，表面上是崇拜一神，打倒偶像崇拜的宗教革命，实质上是具有深远影响的清除多神思想，制止氏族复仇战争，结束分裂状态，实现民族和睦，驱逐入侵外族，建立统一国家的政治运动。作者引用《古兰经》，详述了穆罕默德为实现民族和睦、国家统一所提出的理论、纲领和社会改革措施。另外，作者正确地指出伊斯兰教在当时的历史条件下，起了积极作用，穆罕默德对历史的发展作出了巨大贡献。（参阅《史纲》第40—50页）

4.关于伊斯兰教派。《史纲》不是简单地铺叙教派的起源和教义内容，而是力求深刻揭示教派产生的社会原因，分析其教义的现实政治意义，指出它对历史发展所发生的影响。比如：作者认为穆尔太齐赖派吸取希腊思想有用的东西，来维新其神学理论，改变其论证方法，是为了更好地接受基督教、拜火教、摩尼教、佛教思想渗入伊斯兰教的挑战，有效地对付日益加剧的人民起义和复杂的社会问题。正统派不了解这一点，所以把它视为异端。麦蒙看到穆尔太齐赖派对巩固政权的积极作用，所以把该派提到国教的地位。（参阅《史纲》第188—216页）

5.关于阿拉伯-伊斯兰文化。作者对阿拉伯-伊斯兰文化作了全面系统的介绍和深入的分析。作者详述了阿拉伯-伊斯兰文化产生的原因，产生的社会、文化基础，产生的重要条件，以及阿拉伯-伊斯兰文化的成就和影响，谈到阿拉伯文化的形成和发展时，往往忽略了中国文化对阿拉伯文化作出的贡献，这是极大疏漏。仅以造纸术而言，阿拉伯接受中国这一技术后，从根本上改变了用纸情况，便利了文化的保存和传播，大大促进了阿拉伯文化的发展。（参阅《史纲》第217—256页）

6.关于阿拉伯人民的反殖反帝斗争。《史纲》着重叙述了阿拉伯民族的觉醒过程和民族解放运动的发展，重大民族解放斗争的影响和经验教训，各个时期反殖、反帝斗争的特点。有理有据，立论精当。

在论述拿破仑入侵埃及时，作者认为，尽管当时提出"真主赐伊斯兰胜利""愿土耳其皇帝昌盛"等抗法口号，但抗法的实质乃是一场反对外来侵略的民族斗争。作者对入侵的影响作了比较全面深刻的阐述：给埃及人民带来巨大灾难；通过战争，埃及人民提高了觉悟；闭关自守的大门打破，西方资产阶级的意识形态、政治观念、科学技术和生活方式，像一股洪流涌入埃及，冲击着古老的金字塔国度；在两种思想文化的激烈冲突中，埃及人民认真思考，迸发了智慧的火花，从而推进了民族解放斗争的发展；马木鲁克封建势力受到打击；法国人在埃及的文化侵略活动，导致埃及学的产生（参阅《史纲》第324—325页）。

作者在同情、赞扬1936—1939年巴勒斯坦人民起义的同时，也指出了值得吸取的教训：革命内部分裂；起义带有一定的盲目性；起义把犹太劳动群众和犹太复国主义极端分子，把心存疑虑、行动缓慢的群众和死心塌地为敌效劳的分子等同起来，统统加以打击。这就无异于为渊驱鱼，为丛驱雀，使自己陷于孤立（参阅《史纲》第528—531页）。

作者对两次世界大战之间的阿拉伯民族解放运动作了恰当的总结：（1）有

明确的斗争纲领；（2）规模大，具有全面性质；（3）多采取武装斗争形式；（4）阿拉伯各国人民互相支援；（5）工人运动兴起，工人成为民族解放运动的主力之一（参阅《史纲》"绪论"第9—10页）。

7.关于反对犹太复国主义的斗争。《史纲》除叙述犹太复国主义的起源与发展外，还深刻有力地揭露了犹太复国主义理论的虚妄性及其策略手段的凶残性。作者对犹太复国主义理论和策略手段的概括，既是历史的总结，又具有现实意义（参阅《史纲》第517—525页）。

当然，《史纲》表现出作者的创见远不止这些。我这个人虽不是搞历史专业的，但由于工作需要和兴趣使然，对阿拉伯本国人写的和外国人写的种种有关阿拉伯历史的书籍也算看了不少。我发现，至少在上述几个方面，郭先生是应当享有"专利权"的。

说起来也不奇怪。因为一些史著说穿了无非由两点构成：一是史料，一是史观。历史事实是客观存在，掌握史料固然很重要，但用什么样的世界观、历史观去阐释，剖析这些史实、史料，恐怕更为重要。同样的蔬菜、肉类，有人做出的菜可能让人难以下咽，有人做出来的则可能令人拍手叫绝。即使是名厨、名菜，中餐与西餐的做法也完全不同，即使中餐也还有川菜、粤菜、京菜、鲁菜、湘菜、扬淮之分，西餐又有什么法式、俄式、意大利式之别。关键不在于原料，而在于人，在于烹饪者的手艺不同，也在于食者的口味要求不同。这是一个常识。做菜是这样，写史也是这样。不同的史学家世界观不同，意识形态不同，立场不同，观点不同，对同一件事实、史料可能得出完全不同，甚至截然相反的结论。这一点细想起来，应当并不难理解。一个沙文主义的西方史学家，你也无法要求他会公正地看待东方的民族解放运动。"不识庐山真面目，只缘身在此山中。"即使与当年同我们意识形态接近的苏联史学家写的有关论著相比较，我们也会发现许多《史纲》与之不同的高明之处：如对宗教问题，前者往往用教条主义、极"左"的观点去评析，而缺乏《史纲》那种一分为二、全面、公正、客观的态度。当然，对有关中国文化对阿拉伯文化的影响、中阿友好关系史的研究，更是《史纲》的一绝。

我还想提请大家注意一下郭应德先生在他的《史纲》中显露出的另一手"绝活儿"——文字、语言的运用。古今中外史坛的名家名著，往往既是史学，也是文学的经典之作。如中国的《春秋》《左传》《史记》《资治通鉴》，阿拉伯泰伯里的《历代先知和帝王史》、麦斯欧迪的《黄金草原与珠玑宝藏》、伊本·艾西尔的《历史大全》、伊本·赫勒敦的《阿拉伯、波斯、柏柏尔人及其同代当局的历史殷鉴及原委》等无不都是这样。读这类著作，可一举两得：既可获得历史知识，又可提高文学水平。只是近年来，这类作品难得见到。郭先生在他的《史纲》中却将这种文史兼长、相得益彰的史书传统继承下来并发扬光大。全书文字显然经过精心锤炼、推敲，显得质朴、凝练，但又生动、流畅，真是要言不烦，言必有中。

如写萨拉丁率军大败十字军的赫顿战役：

> 7月，酷暑逼人埃叙联军扎营于水源充足的绿色草地，以逸待劳，处于有利地位。十字军到达赫顿时，饥渴交加，马乏人困。一些士兵冲向太巴列湖取水，均被击退。居伊军被围困于一片缺水高地，人心惶惶，士气低落。入夜，联军营帐中响起穆斯林庄严的祈祷声和雄壮的歌声，表现出高昂的斗志。萨拉丁军队点燃高地四周灌木丛，旋即浓烟大作，十字军眼不能睁，呛咳难忍。
>
> 7月4日黎明，萨拉丁发起总攻，居伊几次突围未逞。最后，当耶路撒冷国王居伊的绯红色大营帐被摧毁时，萨拉丁夙愿得偿，跃下马鞍，流出了极度兴奋的热泪。（见《史纲》第115—116页）

短短的二百余字，把一场历史上有名的战役写得如此简洁明快，生动逼真，有声有色，令人读后如临其境，如闻其声，如见其人，没有深厚的功底是很难写得这么漂亮的！

再看《史纲》中关于历史上又一著名的艾因·扎鲁特战役战前的一段描述：

> 库土斯正整军备战，蒙古使者带着旭烈兀给库土斯的召降书来到开罗，无异下最后通牒。召降书称蒙古大汗为东西方之王。召降书说：蒙古铁骑成群，风驰电掣；箭簇尖锐，洞穿一切；刀剑犀利，挥如霹雳；战无不胜，攻无不克。召降书告诫库土斯，若屈膝投降，可保安宁富贵，倘负隅顽抗，必致玉石俱焚。召降书要求埃军书到十日，速即复禀，否则，战端一开，悔之无及。库土斯急召军政大臣商议对策，战则人马军需不足，降则难信蒙古守约，众议汹汹，莫衷一是。库土斯最后决定迎战蒙古军。他说，除战别无选择。即使败绩，已尽职责，且可免遭怯懦畏敌物议……（见《史纲》第139页）

又是短短的二百余字，言简意赅，力透纸背，写得何等精彩！没有一句废话，一点儿都不拖泥带水。读起来，不是令人感到有些《史记》《通鉴》的遗风吗？

《史纲》在介绍举世闻名的阿拉伯史学家伊本·赫勒敦在其《绪论》中的观点时写道：

> 他认为，历史不是朝代更替的记录，更重要的是整个社会发展的真实描写。人类的活动为一个连续不断的过程，不可分割。史学家应考订史料的真伪，阐明历史事件的因果关系，切忌主观武断，穿凿附会。人是社会的产物，人的活动，离不开社会。气候和地理环境等宏观条件，影响人类历史文化的发展。道德风尚和宗教信仰等精神因素，关系到国家民族的兴亡。物质财富的生产与文化有密切关系。阿拉伯的历史学家多重史实的铺陈，而较少探索历史发展的规律和历史现象的内在联系。伊本·赫勒敦克服了这种弱点，把阿拉伯的历史科学提高到一个新的水平。伊本·赫勒敦的历史观，在当时可以说是凤毛麟角，绝非同时代的历史学家所能望其项背……（见《史纲》第180页）

还是短短的二百余字，把伊本·赫勒敦这样一位被人称为"社会学科的真正奠基人""伊斯兰教所产生的最伟大的历史哲学家，也是历代最伟大的史学家之一"的史观与成就概括得这样系统、全面，没有足够的功力是很难写出的。

诸如此类的例子俯拾即是，不胜枚举。

"大木百寻，根基深也，沧海万仞，众流成也，渊智达洞，累学之功也。"郭先生《史纲》的问世，确实是"学问勤中得，萤窗万卷书"的结果。

郭先生1922年9月21日生于四川仁寿县，小学时便读《古文观止》《左传》《史记》《孟子》等，一周念一篇文章，写一篇作文。中学又通读了《四书》和诸子百家和《史记》等，也是每周一篇作文。他还曾在通读《资治通鉴》时，用毛笔小楷精心写下厚厚的读书笔记。《古文观止》、唐诗、宋词的很多篇章，他至今还能背得滚瓜烂熟，脱口而出。他小时便对历史感兴趣，上高中、大一的时候，每朝每代皇帝先后年号、二十四史作者的名字等都能编成歌谣、口诀背下来。所以至今，他能抓住一些关键年代，很快将中国历代的纪元与公元相互换算出来。

郭先生1948年7月毕业于原南京中央大学边政系维吾尔语专业。大学期间，曾随著名学者韩儒林先生学过元史及少数民族史：蒙古族、藏族、突厥族史都念了，还学了中俄关系史，还师从著名学者纳忠先生学过伊斯兰教史，不仅增长了知识，还学到了他们严谨的治学方法。此外，还打好了较扎实的西洋史基础。

郭先生在中学、大学时学会了英语，后来又学会了俄语，1956年在北京大学举行俄语考试，他曾获乙等奖。自1954年起，他一面任北大东语系的系秘书，一面随班学习阿拉伯语。系秘书工作虽然很忙，但他坚持每周听4小时课，并连续四年参加考试。80年代，为了工作需要，年逾花甲的他又在别人的辅导下学习波斯语，每周两小时，学了几个月，总算可以核查一些波斯文的史料了。

"十年磨一剑"，《阿拉伯史纲》正式动笔是在1980年。"莫道桑榆晚，为霞尚满天"。拨乱反正，落实了知识分子政策之后，历尽坎坷的郭先生决心要把自己在教学、研究过程中，对阿拉伯历史的一些独到的看法总结出来，否则，他连觉都睡不踏实。

为此，他在北大未名湖畔健斋的一间斗室里安营扎寨。为了避开上下班挤车的高峰，他披星戴月，早出晚归。学校食堂的菜常常太咸，太油腻，他怕对心血管病不利，就每天大泡方便面。老伴儿——全国儿科权威的梁大夫对他又心痛，又无可奈何，常常抱怨他把家当成了只供晚上住宿的"旅馆"。编写《史纲》的那些年，郭先生虽年逾花甲，但为了查寻资料，他常常奔波于北大、北京图书馆、宗教所之间。郭先生治学严谨，为了查找、核实一个材料，他除了亲自上阵外，还把他的研究生、年轻教师调动起来帮助他跑图书馆，翻阅、核对资料。一件史料，直到最后查找出来，核实无误，他心里才会真正觉得踏实。查不到有确切根据的史料，即使对他的论点再怎样有利，他也宁可舍弃不用。

除《史纲》外，郭先生还写有《维吾尔史略》《阿拉伯中古史简编》《中阿友好两千年》以及各种学术论文20余篇。

"谁道人生无再少，门前流水尚能西。休将白发唱黄鸡"。现在，郭先生正是以这种"老骥伏枥，志在千里"的精神，退而不休，仍在带研究生，仍在笔耕不辍。先生的三个子女远在大洋彼岸，已是博士或博士后了。老两口本可以去海外与儿孙团聚，安度晚年，共享天伦之乐。但"良马不念秣，烈士不苟营"，老两口甘愿留在祖国，继续有一分热，发一分光。这种精神，这种思想境界，能不令人敬佩！

不久前，我看到了郭先生托人带到国外送给他儿子的结婚礼物。那是他亲自书写并装裱出来的两帧条幅，其中一幅抄录的是柳宗元的《江雪》："千山鸟飞绝，万径人踪灭。孤舟蓑笠翁，独钓寒江雪。"我似乎觉得，先生还是隐隐地感到了有些寂寞。唉！

（原载于《阿拉伯世界》1992年第2期）

悼念邬裕池同志

邬裕池同志 1933 年 7 月 17 日生于浙江宁波,自幼勤奋好学。1948 年 8 月到 1950 年 7 月曾先后就读于西安新苏高中和东南高中。1951 年 3 月由西北军政委员会保送,入北京大学东语系攻读阿拉伯语专业,1955 年 7 月毕业后留校任助教,1962 年提升讲师,担任过阿拉伯语教研室副主任,曾赴埃及进修,1980 年提升为副教授。邬裕池同志 1950 年 7 月在东南高中加入新民主主义青年团,1954 年曾被北大东语系阿语专业团支部评为三好团员,同年加入中国共产党。邬裕池同志因患癌症,不幸 1985 年 6 月 20 日在北大校医院逝世,终年 52 岁。

1985 年 6 月 20 日,我从也门工作期满回国半个多月了。一清早,社会科学院的一位同志来看我。妻子因为要赶着上班,匆匆地向我们道了别。刚沏好茶,点上烟,话也刚谈起个头,只听门"砰"地一声,妻子气急败坏地回来了。她大概是刚从隔壁院子里的办公楼一路跑着爬上五层楼的,进家已经上气不接下气:

"快!北大,刚才来电话,说,邬老师,今天凌晨,去世了。现在,在校医院。10 点,火化……"

"啊……?!"我一愣,惊呆了,什么话也说不出,只是一个劲儿地拍着大腿,痛楚地喃喃道:"怎么会这么快!怎么会这么快……"

匆匆挤上电车,又换公共汽车,再匆匆赶进校医院,奔上二楼,三脚两步穿过走廊上那些沉浸在悲痛中的人群,在一间很小的屋子,一个小角落,一张小床上,揭开蒙在脸上的白床单,啊!我总算又见到了他,那最后的一面!

他平静地躺在那儿,还是显得那样安详,温和,宽厚。我一时甚至像孩子般天真地想,他是不是累了,睡着了,过一会儿还会醒来同我聊聊的。但我不得不回到严酷的现实中来:他已经长眠不醒,永远地离开了我们!在人生的旅途上,他实在是走得太累了!可他显得还是那样年轻,岁月尚未在他光洁的脸上刻下皱纹，光阴也还未曾在他乌黑的头上添上白发。他才52岁啊！走得何其匆忙！

我哭了。我实在关不住感情的闸门，泪水一涌而出，潸潸流个不住。

我哭，是因为我失去了一位老师，一位同事，一位朋友。几年的光景，死神竟相继夺走了我最年长的老师——马坚先生和我最年轻的老师——邬裕池同志，岁月真是太无情了。如今，正是春风桃李花开日，有多少学生等着我们去教，有多少事等着我们去做，又有多少问题等着我们去研究、探讨，去共同切磋琢磨！老邬，正当这用人之际，你竟撒手而去，岂不令人痛惜！

我哭，是因为我的惰性造成的终生遗憾，再也无法弥补了。1982年，邬老师赴埃及工作两年；1983年，我又去了也门两年，我们已经三年未见面了。本来，回国后知他病重，理应早些去看他，但一来杂事繁多，我又爱拖拉，二来也是教研室人少事多，把正在休假的我也安排去值班护理老邬，日子定在6月24日，我想正好一举两得，可以借此机会到那个偏远的小医院里去与他长谈一番别后。回家后，生怕忘了，特地在日历上画了个记号。谁知他竟未等到那一天。日历上那个记号还在，而他却悄悄地去了，连个见面谈话的机会也未留给我，留下的只是追悔、遗憾、歉疚、惆怅……我们还有多少话要谈啊！你又何必走得这么急！

运遗体的汽车是一种特别的车，去另一个世界的人连担架塞进车中间的一个抽斗形的洞穴中，与同车送殡的亲友隔绝开来。我看到后，不禁又感到难过：老邬，你一个人在那里，不觉得孤寂吗？不感到气闷吗？

在八宝山，我最后又看了他一眼。看到他在那里，仍像生前一样，静静地、老老实实、规规矩矩，安分守己、与世无争地在这个世界排着最后一次队……

他这个人一生都是这样：律己以严，待人以宽，生活简朴，尊老爱幼；他埋头苦干，在业务上精益求精。上学时是个好学生，入团后是个好团员，入党后是个好党员，留校后是个好教师。他为人内向，话语不多。但正如古人所说："风流不在谈锋胜，袖手无言味最长"他早在做学生时，学习就很刻苦认真，成绩优良。留校任教后，他一面教学，一面潜心研究，阿拉伯语达到了很高的水平。此外，他还长期从事于阿拉伯文学的研究和介绍，造诣较深。他翻译了很多阿拉伯小说、诗歌，发表了《台木尔和他的小说》等有价值的论文，编写了《阿拉伯文学史纲》讲义，参加撰写中国大百科全书有关阿拉伯文学的词条和《外国文学简编》中的阿拉伯文学部分。这些作品，博得社会上的好评。他担任过中国大百科全书外国文学卷西亚非洲文学分册主编和北京大学《国外文学》编委。他为中国阿拉伯文学史这门学科的创建，付出了艰苦的劳动，做出了宝贵的贡献。他曾多次担任过高级翻译工作。60年代，他在毛主席、周总理接见埃及教育代表团时做过翻译，70年代，他参加过《毛泽东选集》阿拉伯文本的核稿工作，还参加过一些中央会议文件的翻译工作。他曾赴埃及艾因·夏姆斯大学中文系讲学，并兼任中国专家组组长，为促进中阿人民友谊，加强中阿文化交流做出了贡献。

他不是什么参天青松、英雄伟人，他的一生细说起来也没有什么泣鬼神、动天地的丰功伟绩。他像一条春蚕，至死丝方尽；他像一头黄牛，不辞羸病卧残阳；他只是我们国家一个普通的知识分子。他的一生是朴实无华的一生：一个普通知识分子在默默地、一声不吭地做着党交给他做的工作，做他认为应当做的工作。说他一声不吭，似乎不太确切。他也发过牢骚：记得在那不堪回首的十年动乱中，我和他家都住在城里，又是同路。当时我们还都年轻力壮，骑着自行车上下班。在安分守己地上过一天班，接受了工军宣队的"再教育"后，回家的路上精神可暂时解放一下，绷紧了一整天的神经，这时也可以稍微放松放松了。我们两辆车子靠得很近，他为人谨慎，还不时地左顾右盼。我们小声地谈"日食"，谈"月食"，谈颠倒了的天地，也谈"文籍虽满腹，不如一囊钱"的现实，发一通"不读书有权，不识字有钱，不晓事倒有人夸荐，老天只恁忒心偏"的慨叹。1964年调工资的时候，领导动员他缓调一下，把提薪的机会让给别人。他老实听话，接受了。谁知这一缓一下子竟缓了10多年。不到70元的工资，除自己家用、赡养老人外，还要供两个失去父母的妻弟上学。那时，可真够难为他的了！打倒"四人帮"后，他也曾流露过，希望能把生活安排得更好一些，好安心做学问。除了书架以外，也希望能有个彩电、电冰箱、洗衣机、收录机……什么的。我觉得，这些似乎也不算什么过分的奢望。事实上，从埃及回来，这些东西倒是置齐备了，人却一病不起，溘然而逝了。呜呼！

记得叙利亚专家奥贝德先生生前在北大工作时，曾说他最不愿意参加追悼会。当时，我还不太理解他的心情。这次参加邬裕池同志的追悼会时，我似乎理解了这种心情，一种不可言喻的悲怆的心情。我多么希望今后能少参加一些追悼会，特别是一些中年同仁的追悼会。他们离我们是那样近，去的却是那样远。正当有为之年，过早地凋谢，实在是太令人伤感了。

参加追悼会的有几百人。其中有老邬的老师、前辈，有他的同学、同事，也有他的学生、晚辈。大家垂首听着悼词："我们怀着极其沉痛的心情，今天在这

天方探幽

里悼念中国共产党优秀的党员、北京大学东方语言文学系阿拉伯语言文学方面的专家、副教授邬裕池同志……"不禁对着死者那微露出温厚笑容的遗像深深地鞠一躬,默念着:邬裕池同志,安息吧!

(原载于《阿拉伯世界》1985年第4期)

把晚年献给了中国的叙利亚专家奥贝德

记得是 2000 年 10 月，我随中国作家代表团访问叙利亚。我坚持在日程安排中要去访问山城苏韦达，因为那是曾在北大工作了十余年的叙利亚专家奥贝德的故乡。我们去了奥贝德的家，一进门，见到挂着他的遗像，见到那曾朝夕相处熟悉得不能再熟悉的形象，我的泪水就不禁流了下来，而且怎么也止不住，一边听着他家人的讲话，一边流泪，上了汽车，一路什么话也不说，我还是在流泪。现在想起来，真有些不好意思，一个大男人怎么可以当着那么多人的面让泪水流得那么不管不顾。惹得我们代表团的团长——作协书记处书记、著名诗人高洪波在为我写的两首诗中的一首《再赠仲教授》中就提到这件事：

> 万千话语一口传，
> 左逢甘霖右逢泉。
> 舌绽莲花眼含泪，
> 天方别后不夜谭。

他还特地在"眼含泪"处加以注释："仲教授为阿拉伯语世界译界名人，笔译口译堪称双绝。此行中东，多次座谈均赖教授勉力支撑。然教授重感情，常落泪，遂有此句。"

其实，高大诗人的话说得并不十分恰切，这不仅表现在那些溢美之词上，而且说我"常落泪"，也有点冤枉。人上了年纪，感情虽比年轻时脆弱多了，泪腺也比年轻时难以控制，但也似乎更知道了泪水的价值而更加珍惜，不肯轻易抛洒。

我流泪，是因为我想起了很多往事，越想泪流得越凶，越止不住……

奥贝德（SaLāmah'Ubayd 1921—1984）先生是德鲁兹人。德鲁兹人是居于叙利亚、黎巴嫩的阿拉伯穆斯林中一个特殊的族群，约有三四十万人。他们信奉轮回，认为德鲁兹人死后都要托生为中国人，因而会认为中国人可能是他们先辈转世托生的，见了中国人就感到特别亲切。我的同班同学，曾任叙利亚、黎巴嫩武官的曹彭龄将军告诉过我一件有趣的事：一次他们到德鲁兹山区要找奥贝德的家，向一位德鲁兹老人问路，那老人得知他们是中国人后，竟开玩笑地对他们说："怎么？你们是从这里到中国去的，现在回来连老家的路都不认识了？"

据我所知，奥贝德先生当然不会相信那种神奇有趣的传说，但他无比地热爱中国，把中国当成他的第二个祖国、第二个故乡，把这里当成是自己的家，把中国人看成是自己的亲人，倒是千真万确的事实。记得他在1984年离开中国的时候，写了一首《别了，北京！》的诗，内中就表达了这种深厚的感情：

> 千丝万缕让我与北京紧密联系，
> 万缕千丝让我与北京联系紧密。
> 那里是故乡，有家与往事的回忆，
> 可这里是第二故乡，
> 也是家，
> 也有数不清的往事回忆。
> 北京在我的脑海中总是挥之不去，
> 桩桩往事历历在目，
> 深远而又清晰，
> 五彩缤纷，
> 洋溢出馨香的气息……

我最早听说"奥贝德"这个名字是在1966年夏天。那时候，一方面是北大首开"文化大革命"，搞得热火朝天，令人七窍冒烟；另一方面，我们一些搞外语的人却圈在西郊宾馆，为"亚非作家紧急会议"做翻译。奥贝德当时是叙利亚作家代表团的代表，好像还是副团长。不过那时我是在后台搞笔译的，整天忙得焦头烂额，根本与这些作家没有直接接触，更不要说与之交往。

但那次到中国来参加会议，并在会后到各地访问，似乎是圆了奥贝德先生的一个梦，给他留下了深刻的印象。他回国后，竟写了一本书，书名就叫《东方红》，向阿拉伯世界全面、客观、翔实地介绍了他访华的全过程及其亲身感受，对中国政府和人民给予了很高的评价。此外，他还写了很多诗，对中国的山山水水、一草一木的热爱溢于言表。我曾读过他在当时（1966年）写于杭州的一首题为《在西湖》的诗：

> 美不胜收的西湖啊！
> 　你还记得
> 　　恶霸与倭寇在这里
> 　　　花天酒地，
> 　　　　耀武扬威，
> 　　　　　淫威一片，
> 　　　　　　充满湖岸。
>
> 　　＊　＊　＊
>
> 当年美丽无比的湖
> 　是一个睡梦中卖与陌生人的姑娘。
> 　　她的呻吟在他听来
> 　　　是鸟儿歌唱；
> 　　　　她的泪水在他杯中
> 　　　　　是美酒佳酿。
>
> 　　＊　＊　＊
>
> 美不胜收的湖啊！
> 　如今你唱着
> 　　胜利之歌，
> 　　　枝叶、花、鸟在舞蹈，
> 　　　　群星、月亮在微笑。
> 　　　　　但我在你的双眼中，
> 　　　　　　读到轻微的颤动，
> 　　　　　　　忆昔的苦痛。
>
> 　　＊　＊　＊
>
> 不要焦虑不安！
> 　往昔不会复返，
> 　　黎明已把它砸烂。

　　奥贝德先生当时已是叙利亚著名的诗人、作家、历史学家、教育家。他于1921年生于苏韦达，父亲阿里·奥贝德是一位著名的民间诗人、历史学家，也是一位革命领袖,曾参与了 1925—1927 年德鲁兹人反对法国殖民主义统治的武装起义的领导工作。起义被镇压了下去,奥贝德的长兄纳伊夫为这次起义献出了生命。起义失败后,5 岁的奥贝德曾随家人背井离乡远去沙特纳季德沙漠地区流亡。他后来辗转到了黎巴嫩,在那里念完了高中(1930—1940)后,回到了祖国叙利亚,一面教学,一面从事反法国殖民主义统治的斗争,同时诗作不辍。其诗曾收入在 1960 年出版的诗集《火焰与馨香》(*Lahīb wa Tīb*)中,从诗集的名称就不难了解其中的内容。1943 年,他还出版了一部诗剧《雅尔穆克》(*al-Yarmūk*)。诗剧取材于 636 年阿拉伯人在雅尔穆克战役中大败东罗马(拜占庭)的故事,寓意于叙利亚阿拉伯人的反法斗争。1946 年在殖民主义从叙利亚彻底撤军后,年轻的诗人奥贝德曾参加了叙利亚阿拉伯军队进行曲歌词的征文活动,并获得一等奖。1947 年,他再度去贝鲁特在美国大学进修,于 1953 年获历史硕士学位。回国后,曾任苏韦达市教育局长(1953—1960)。他到中国在一定程度上是寻梦来了。因为也是在 1966 年于杭州西湖畔,他还写下以《梦》为题的一首诗:

> 早晨,我睡醒,
> 　　醒自一个美梦,
> 　　　　比清晨还美的梦境。
> 　　＊＊＊
> 在梦中我看见了
> 　　一个美丽的湖泊,
> 　　　　五光十色,充满欢乐。
> 　　　　　　还有花儿千千万万,
> 　　　　　　　　那是荷花,妙不可言:
> 　　　　　　金似的叶片,
> 　　　　　　　　心似火焰。
> 还有小桥、堤岸,
> 　　处处是欢笑,
> 　　　　载歌载舞,锣鼓喧天,
> 　　　　　　伴着丝弦。
> 　　　　　　万道霞光
> 　　　　　　　　直落九天。

把晚年献给了中国的叙利亚专家奥贝德

> 美梦可会重现？
> 也许不会再现了，
> 　　因为那是梦幻。

奥贝德第二次以专家身份来到中国在北大任教是在1972年。在这之前，在1971年，他曾发表了两部颇有影响的著作：一部是长篇小说《艾布·萨比尔——被遗忘了两次的革命者》；另一部是历史专著《据一些未发表过的文献反映出的叙利亚大革命》。那部长篇小说曾获得叙利亚文化部颁发的长篇小说奖，被认为是阿拉伯抵抗文学最好的作品之一。小说实际上是一位名叫哈姆德·迪亚布（Hamd Dhiyāb）的同乡的传记。哈姆德·迪亚布本来是苏韦达一个普通百姓，曾志愿在法国占领军中服务，但在现实生活中他逐渐认识到殖民主义真正意味着什么，而毅然反戈一击，参加到起义大军的队伍中。他在起义军中勇敢善哉，在山中历次战役中表现突出，立有战功。他最后被捕入狱，受尽折磨，后又被法国委任统治当局流放到南美的圭亚那，在那里的丛林中过着衣不蔽体、食不果腹的生活。长达20余年的苦难没有摧毁他的意志，在历经千难万险之后，他还是叶落归根，回到了故乡。作者显然为这位被遗忘了两次的民族英雄的事迹所感动，小说获奖后，他将所有的奖金都赠与了当时生活颇为拮据的小说的主人公。那部历史专著长达500多页，以翔实的史料——一些从未发表过的历史文献鞭辟入里、令人信服地论证了叙利亚大革命是具有深远的历史根源和广泛的社会基础的。文献中特别突出地介绍了妇女在起义中的作用。这部著作毋庸置疑地证实了作者不仅是一位诗人、作家，同时也是一位名副其实的历史学家。

奥贝德先生更加当之无愧的称号是语言学家、教育家。这不仅是因为他有在叙利亚多年任教师、校长、教育局长的经历，更可以他自1972年至1984年在北京大学任教12年的资历所证实。其实，他教中国学生远不止始于1972年，早在1964年，他已是中国在叙利亚留学生在使馆的课外辅导老师了。而在北大的12年，他更是把培养中国阿拉伯语人才、提高中国阿拉伯语教学、科研和翻译水平当做自己的事业，将其一生中最后的12年奉献给了中国，对中阿文化交流做出突出贡献，被周围的中国人誉为阿拉伯的白求恩。

1972年来到中国后的感受、心境，不难从他1973年春写于北京的一首题为《雨之歌》的短诗中看出一些：

> 啊，大地！如同你

　　　　为雨的进行曲
欢笑，欣喜，
　　　　如同园圃的枝叶
梦想春风
　　　　和万紫千红，
我的心也在歌唱
　　　　——为雨的进行曲。
因为我，大地，来自你，
　　　　也归向你。
我活着，不再孤寂，
　　　　这里，我的亲人在建设，在奔忙，
他们一手拿镐，
　　　　一手握枪。
而在那里，
　　　　大地为我勤劳的民众笑逐颜开
他们一手拿镐，
　　　　一手握绷带。
何时会治好伤？
　　　　武器在人民手中歌唱？
我不知道。

　　我个人与奥贝德先生较为密切的接触似乎较晚。他1972年到北大时，我正好被借调出国到苏丹援外，虽明知那里是世界三大火炉之一，条件艰苦，但能出国在当时是难得的"政治待遇"，就乐得屁颠屁颠地到国外走"五七道路"了。1974年回国后，头一年让我校译《阿拉伯半岛》一书，那是当时中央下达落实到教研室的任务，我自然不敢怠慢，就没有机会多接触外国专家。过了一年，1975年，让我带着新生去昌平太平庄"开门办学"，当时虽说家里有不少困难，但觉得难得组织对自己这么信任，就也屁颠屁颠地跟着那帮工农兵学员一起去学农基地，听任他们"上、管、改"了。1978年，经考试后去开罗大学进修，虽因旧章未废，新章未立，头一年每月只有10元的零花钱，第二年才增到40元，但毕竟还是机会难得，我还是乐得屁颠屁颠地在那里镀了两年金。真正与奥贝德

"过从甚密"起来，大概是1980年我从开罗进修回来。

老实说，我当时还是有点怨气的：1965年我接手一个新生班，摩拳擦掌地想把它带好，每天晚上提着两暖壶开水去"外文楼"辅导。可刚教了8个月就来了"文化大革命"。后来，我这些曾与之朝夕相处的学生都分在各地基层改了行，极少有用上阿语的；我1975年随之去开门办学的那批，因为是工农兵学员，似乎被认为是"四人帮"的社会基础，又被"哪里来那里去"地分下去了，用上业务的也极少。我有些伤心，不太愿意上讲台执教鞭了。所以当时让我与一些同事一道随奥贝德先生搞《汉语阿拉伯语词典》，对我来说是正中下怀，乐不可支。

我1980年开始随奥贝德先生搞词典，到1983年，我又奉命屁颠屁颠地去也门萨那技校教书去了（其中有个不好意思告人的动机：想乘机赚几个外汇，提一台日本出的最新式的大收录机和录像机回来，因为我太喜欢了），细算起来，我同奥贝德先生较密切地接触满打满算也就两三年。可就这短短的两三年，让我受益一辈子，记住一辈子。

算起来，奥贝德先生长我17岁，因此，他除了是我的良师益友外，我还暗自把他当成一位"叔叔"。他刚来中国时，也就50多一些，但已经退休了。到中国来，照我们现代流行的说法叫"发挥余热"。其实，那哪里是余热，简直就是一团火，燃烧着自己，把光和热全部奉献给了中国——他的第二祖国。

望着眼前这本1989年商务印书馆出版的《汉语阿拉伯语词典》，我都有些惊异当年是怎么把它搞出来的：长达约2300页的大开本，收单字条目6000多，多字条目50000多。除一般词语外，还收进一些常见的方言与文言词语、常用的社会科学和自然科学术语，以及有关阿拉伯和伊斯兰教的专门用语。各类条目加上词话短语共100000余条。这本词典是参照当时社科院语言研究所编的《现代汉语词典》与北外编的《汉英词典》编纂而成的。当时没有电脑啊！手抄，打字，一个一个条目翻译，一遍一遍地审核、校对、讨论、议定……如今我翻着这本厚厚的词典，看着那密密麻麻的条目、词语，感谢我们的祖先创造了"心血"这个词，我的确感到那里渗透着奥贝德的心血。

我们当年到奥贝德下榻的友谊宾馆去讨论词典的问题时，常使我想起下棋的"车轮战"：我们当时还是中青年教师，每人在一周中有规定的一天去同专家讨论问题，而他，当然一周中天天都得"迎战"。

回想起来，每次到奥贝德那里都是让人感到开心、惬意的日子。让我感觉最深的是老爷子那种珍惜时间，不肯浪费一分一秒的精神。他通常是坐在床上，用枕头把两脚垫起来，因为他的两腿静脉曲张，有脉管炎。他告诉我这种病的阿拉伯术语同葡萄藤是一个词，那一条条弯弯曲曲粗胀的血管的确有些像葡萄藤。他工作起来什么伤痛都不顾了，是个十足的"工作狂"。到了中午，我们一起做午饭。大概因为大学教师不坐班，又经过"文化大革命"的锻炼，教研室的同事们个个都会烹调，每逢到他那里，都会各自大显神通，也可借此改善一下生活。饭后还可以在他那里洗个热水澡，够美的！后来，他觉得做饭耽误功夫，影响工作进度，就出钱请宾馆为他找个人做饭。宾馆为他找了一个刚失去老伴不久的职工家属来做。那个农村老太太，平时做的当然是农家的粗茶淡饭，讲究一些的饭菜见都没见过，更不要说做了。我有时劝奥贝德，还是让我们来做吧！宾馆方面似乎也觉得安排得不妥，想为他换个人。但奥贝德是个人情味、怜悯心十足的人，说什么也不肯换，而且还在空闲时间教那个老太太如何做菜。奥贝德其实也是个美食家，曾教给友谊宾馆餐厅的厨师们做诸如比萨饼和一些阿拉伯的料理。只是他觉得工作时间能省就省。记得有一次，宾馆一位女专家喜欢养鸟，回国休假时把一些鸟儿托我们这位专家照顾。可我们这位专家觉得伺候这些鸟儿太浪费时间，竟把它们全都分送出去了。记得我从他那里带回家一只虎皮鹦鹉，两个孩子高兴得要命，不料后来那只鸟儿死了，女儿哭得很伤心。当然，更伤心的是那位回来不见了自己那些宠物的女专家，竟为此事对我们专家翻了脸。

　　节约似乎已经成了他的天性。记得我们同他一起做饭时，用的是一种粗杆的火柴。点过火后，他总是要把那些未烧完的火柴杆儿留下来，为的是用另一个灶眼时可以用它引火，而不必再划一根火柴，显得浪费。每到这时，我总是要嘲笑他"捡了芝麻，丢了西瓜"，他也总笑着说："喏，又是一粒儿芝麻！"我说他丢了西瓜，是因为他这个人太慷慨好客了。每有叙利亚或阿拉伯客人访华，他往往总要设法掏钱请客。有一次从叙利亚回京的途中，遇到一个南斯拉夫的妇女，听说中医针灸有神效，就带着自己先天弱智的孩子马尔科来北京看病。我们专家为那位妇女的母爱所感动，竟一直倾囊相助，为此，那时的专家待遇虽然不低，竟有时会不到月底就囊空如洗。

　　说奥贝德专家是"工作狂"其实不太确切，但从他身上我们的确认识到什么叫认真工作，又如何工作。他好像脑子里有个发动机，时刻都在转动而不停息。他总是备有很多大信封和塑料口袋，碰到有关的例句、念头（就是人们通常称作的"思想的火花"）赶紧拿笔记下来，分门别类地装在那些口袋里，就好像捕捉到一只只小鸟，赶紧把它们装在笼子里，生怕它们飞掉。他常教导我们："好脑筋不如烂笔头"。

奥贝德的工作从来不是单打一,而是像现在人们用电脑那样,窗口里同时开出很多项目。大部头的《汉语阿拉伯语词典》只是他参与的工作之一。在华的12年,他除担任各年级的教课任务、编写教材和帮助青年教师提高外,还开办过很多短训班,参加培训的多是各个学校、机关、部门的中青年阿拉伯语教学、翻译骨干,他还为新华社、外文出版社、国际广播电台以及《中国建设》(现称《今日中国》)、《中国画报》等我国的宣传媒介单位译稿、改稿、培养人才,对阿拉伯语在中国的传播,对中国阿语教学、研究、翻译水平的提高做出了突出的贡献。在工作以外的业余时间,他翻译了大量的唐诗宋词和中国古代神话故事。此外,他还经常被请去为一些重大会议的主要文献,以及一些经典著作的阿文译稿进行修改润色。他时常加班加点,从不索取报酬。

我们还可以从奥贝德先生在这12年中及其后出版的著作及他留下尚未出版的文稿看出他一些工作的业绩。已出版的有《中国古诗选》(1983)、《民间成语》(1985)、《童年忆事》(短篇小说集,1987)、《为我国孩子写的童谣》(1997)、《真主与异客》(诗集,1997);未出版的文稿有《阿拉伯语的同义、近义词》《从贾希利叶时期至20世纪阿拉伯诗歌发展简介》《阿拉伯语读本》(为学习阿拉伯语的外国学生编著)、《穆罕默德时代的反对派》《〈古兰经〉中的哈拉姆(禁止的)与麦克鲁海(可憎恶的)》《三大宗教的比较文摘》《中国典故》《织女与牛郎》《布尔特尔牧师1853年在豪兰山的游记》(翻译)、《〈一千零一夜〉中的成语、典故》等。

奥贝德先生是于1984年3月离开北京回国的。在他到家的第二天就溘然病逝。人们在他的口袋中发现他在辞世的前一周,曾写下他最后以《真主与异客》为题的一首诗:

> 主啊!求你别在这里合上我的双眼!
> 在这里,人们的心纯洁无瑕,
> 在这里,江山如画。
> 但我思念我的故土,
> 要对那里的山川、海岸
> 看上最后一眼。
> * * *

求你对我的心不要下手太狠，
我们之间没有什么仇恨。
你是从来未见过我在你的神殿
双膝跪下把祈祷词诵念，
我没在节日里宰牲祭奠，
我没在生日点蜡许愿。
但我对你的祈祷
是微风催着花儿开放，
是鸟儿对着晨曦歌唱
　　＊　＊　＊
让我在那里活上最后一天！
那里有我心爱的亲友，
难忘的往事有苦有甜，
苦难流亡的童年，
青春似花一般，
也伴着刺刀、皮鞭，
是因为他不肯为侵略者、傀儡或神像
献花，烧香
　　＊　＊　＊
如今我白发如冠，
仍手拄棍杖
继续赶路向前。
奔跑的队伍排挤我，
他们不问这路是谁修建，
这辉煌的火炬是谁点燃。
　　＊　＊　＊
主啊！我无悔无怨！
你难道没看见我的心洁白如雪一般？
那么就让我在那里合上我的双眼！
那里有我心爱的亲友，
他们流着血红的泪水，

男子汉知道哭的滋味。

据当年在北京为先生送行的张甲民教授告诉我,先生临离别北京的时候似乎有一种预感,他是提着请人为他画的两幅像上飞机的,一幅是穿西装的,一幅是穿民族服装的,那似乎是他为自己准备好的遗像。先生临回国的时候,似乎心里很乱,他真舍不得离开这块他为之献出了晚年的土地。他在《别了,北京!》那首诗的后半段是这样写的:

> 他希望能再回到中国,他的钟爱之地,
> 看看他为之祈福的她的明日。
> 有朝一日回来,
> 他也许会看到这座古老的城市
> 如被施了魔法,变得
> 年轻、亮丽,欢笑而有魅力,
> 充满希望、热情,神采奕奕。

如今,中国——他的钟爱之地,北京,这座古老的城市,真像他所希望的"如被施了魔法,变得／年轻、亮丽,欢笑而有魅力,／充满希望、热情,神采奕奕"。但先生却再也回不来了。

我得到奥贝德先生逝世的消息时正在也门萨那技校教书。不知道是不是太重感情,晚上我躲在被窝里哭了很久。

我很怕得老年痴呆症,把不该忘记的事忘了。我细想想,奥贝德先生把他的晚年献给了我们中国,他对我们国家的阿拉伯语教育、翻译事业,对我们这一代阿拉伯语人才的培养、成长是有恩德的。我们中华民族是一个具有感恩美德的民族。俗话说:"点滴之恩当涌泉相报。"但我什么泉都没有,竭尽所能,能涌出来的唯有泪水。我若有一点权的话,我一定设法在明年(2011年)先生90华诞时,搞个活动,以资纪念。

仲跻昆

2010年6月21日午夜

散文与诗

北京图书馆——我的"太学"

外地的亲友总是羡慕我这个在北京工作的人：北京有那么多的名胜古迹！他们每次来都不顾人多车挤，成天像旧社会演员赶场子似的，东跑西颠，临走还带着说不出的遗憾：没看够！我倒没觉得这有什么好羡慕的：公园、名胜，我成年都不去一趟；来北京也有近40年了，至今还不知八大处、陶然亭在什么地方。

在北京的亲友则总是羡慕我这个在黄金地段里闹中取静的住处：周围有六七个带星级的大饭店，近旁还有好几处全国闻名的百货公司、购物中心。我也没觉得这有什么好羡慕的：豪华的宾馆、高级饭店，我从不问津；熙熙攘攘的大商场，我也很少涉足去凑热闹。

在北京，除了家，除了我在其中学习、工作了三十多年的北京大学这两点一线外，唯有一个地方我去得最多，去得最勤，每个月至少要去一次，那就是北京图书馆。我觉得我该让人羡慕的倒是我有一张难得的"绿卡"——北京图书馆的借书证。

北京图书馆，那是一座"谈笑有鸿儒，往来无白丁"的科学宫殿。在那里，我可以昂首阔步，"登堂入室"，全然没有那种面对豪华的饭店望而生畏，置身于繁华的商场顿感囊中羞涩的屈辱感。

北京图书馆，那是我勤去朝觐的学术圣地。在那里，我常会觉得自己远离了世间不少人那种"朝钱看"的俗气，自己虽然未必修炼成仙风道骨，反正总会变得"神气"多了。在那里，我会逃避开一些人钩心斗角的权术，而专心致志地去搞自己喜爱的学术；常会觉得好似在这块圣地取到了真经，如醍醐灌顶，甘露滋心，茅塞顿开。

北京图书馆，那是我人生旅途的加油站，是供应我能源，使我能不断地发光发热的地方。怪不得当年郭沫若先生提到图书馆会那样兴奋地大喊："我要往图

书馆里去挖煤去哟!"(《女神·无烟煤》)

北京图书馆,那是我的"太学"!这个"太学"虽在字面上仅比"大学"多出"一点儿",但在实际上,它却不知要比任何一所大学大多少倍,高多少倍,深多少倍!在这里,1700余万册藏书就是1700多万个教员、教授。请问,哪所大学有这么雄厚的师资力量?在这里,古今中外的学问分门别类,无所不包,无所不有。请问,哪所大学有这么多的系科,这么全的专业?在这里,每天接待的数以千计的读者,就是这所"太学"的学生。他们中既有风华正茂的青少年,也有霜染鬓发的老专家、老教授;既有近水楼台先得月的北京人,也有千里迢迢专程前去的外地人,甚至外国人。请问,哪所大学有这么众多、这么广泛的学生?

啊,北京图书馆! 她的确是我的"太学",比大学更高一级的"太学"!我是她那千千万万莘莘学子中的一员。在这里,不知有多少我的诲人不倦的老师,也不知有多少我的学而不厌的校友。在种种表格的学历一栏中,我虽从未填写过自己曾求学于北京图书馆,但我内心里确确实实地把北京图书馆也看作是自己的母校。她对我恩深义重。如果说自己至今在学术领域中也算取得了一些成绩,那是与北京图书馆——我的"太学",与馆中那一本本书——我的教师的培养教育分不开的。我岂能忘恩负义!

我1961年毕业于北京大学,留校任教至今。年轻一代往往羡慕我们那一代人:受过完整的、系统的专业教育。其实,我们那一代人也是有苦说不出:当年运动一个接一个,运动之余还有连续不断的劳动锻炼、改造思想;"白专道路""名利思想""资产阶级知识分子"……各种帽子、棍子总在头上悬着、舞着,谁敢冒天下之大不韪,往书堆里扎得太深?在史无前例的"文化大革命"的十年中,我们这些人的遭遇更是可想而知,不必提了。在那些岁月里,那种氛围中,要想潜心治学,打好坚实的专业功底,谈何容易!

我在大学里学的是阿拉伯语,长期教的也是阿拉伯语。但在改革开放的新时期,由于工作需要,领导安排我将教学、科研的重心转向阿拉伯文学。而这对于我,无疑是一个新课题,是要开辟一个新领域。因为当年教我们的那些老先生们多是30年代由穆斯林选派去开罗爱资哈尔大学学伊斯兰经学的,沿袭下来,我们在校主要学的就是经院式的正规的阿拉伯语,而几乎没有学过诸如"阿拉伯文学史""阿拉伯作家作品选讲"之类的阿拉伯文学专业课,更没有系统地学过古今中外的文艺理论。打倒"四人帮"后,通过"择优录取"的统考,1978年到1980年,我曾被选派到国外进修了两年。但当时,正赶上新章未立、旧章未废、极"左"的流毒尚未肃清的时期,每个月只有相当于10元(第二年才增至40元)的零用钱,实在买不了几本书,更不要说与学术界的交往、应酬了,加之主管部门"左大爷"的掣肘,使我觉得,归国时似乎也并未完全"学成"。

《礼记》上说:"学然后知不足,教然后知困"。对此,我深有体会。我初执教鞭时,一位老教授也谆谆叮嘱我说:"一个教员,就像一口井。井越深,水就会积得越多,打水的人才会越感到方便。要想让人家能提上一桶水,你井中至少必须要有十桶水。如果你井中只有一桶水,打水的人恐怕只能喝上点儿泥浆了……"我最初接受研究并讲授有关阿拉伯文学的课程时,实在感到自己这口井太浅,积的水太少。我觉得自己仿佛是一只先天不足瘦弱的蚕,没有吃够桑叶却不得不往外吐丝。

可是任务摆在面前,担子压在肩上,我无权推脱,无法逃避。开放的中国需要了解世界,阿拉伯是世界的重要组成部分。文学是时代的晴雨表,是反映社会生活的镜子。要让人们了解阿拉伯民族,不能不向他们介绍阿拉伯文学。阿拉伯文学成了重要的专业课。此外,随着对"欧洲中心论"的批判,在新时期,东方文学的教学、研究越来越受到重视:在一些综合大学,特别是在各高等师范院校都开设了东方文学史课。一些新改行从事东方文学史教学、研究的同志也迫切希望能从我们这些可以通过有关的东方语言直接研究东方文学的人那里多"趸"些东西。阿拉伯文学既然是东方文学的重要组成部分,我肩负的责任自然可想而知。我除了要给本专业的本科生开设阿拉伯文学史、文学选读等课,要指导本专业的研究生外,还要为全校其他系科的本科生、研究生、进修老师等选修的或专修的"东方文学史"讲授阿拉伯文学史部分的课程。一些有关的科研任务,诸如《简明东方文学史》《东方文学史》《比较文学史》《东方文学辞典》《中外现代文学作品辞典》《世界名诗鉴赏词典》《外国抒情诗赏析辞典》等书的有关阿拉伯文学部分的章节、条目以及《阿拉伯文学史略》《阿拉伯近现代文学史》等书的编写工作,自然都落在了自己头上,义不容辞,责无旁贷。1987年中国外国文学学会阿拉伯文学研究会成立后,也许是"矮子里拔将军"吧,我又被推选为学会主要负责人之一,要带领这支年轻、稚嫩的队伍在阿拉伯文学研究的领域中探索、开拓、前进。

我生怕误人子弟,更不敢设想"以其昏昏,使人昭昭"。"井"浅,肚子里的水不多,只能设法挖掘得深些,使水蓄得多些;"蚕"先天不足、瘦弱,也只能边吃桑叶边吐丝。因此,当北京图书馆新馆落成、开馆后,一位热心的朋友设法帮助我搞到一张借书证时，我的心情真不啻当年接到考上北京大学和后来被派出国留学进修的通知书。颇有些："山重水复疑无路，柳暗花明又一村"的感觉：我终于找到了一个可以补课、进修的好地方。在北京图书馆，我仿佛为自己这口井找到了充沛的泉源："活水源流随处满，东风花柳逐时新"；在北京图书馆，我这只饥饿的蚕好像一下子发现了丰盛的桑林，使我不由得在心中吟起清朝诗人张问陶的《采桑曲》："新蚕蠕蠕一寸长，千头簇簇穿翳桑。天地生桑作蚕食，一日不食蚕已僵。"

从此，我和北京图书馆结下了不解之缘：每月至少去一次，每次总要借回满满一书包中外文书籍——不！应当说是请回了一批我的老师，我的朋友。古人说："师者，所以传道授业解惑也。"又说："独学而无友，则孤陋，而寡闻。"那一本本中外文书籍不正是向我传道、授业、解惑，使我免于孤陋寡闻的良师益友吗？

高尔基曾说："书籍是人类进步的阶梯。"中国古人则说："不登高山，不知天之高也；不临深溪，不知地之厚也。"沿着书籍的阶梯，越向上攀登，我觉得自己的视野越开阔；越感到我要研究的阿拉伯文学是那样丰富、深广、绚丽、多彩。它源远流长，与世界最古老的文化有着割不断的渊源关系；中古时期地跨亚非欧三大洲的阿拉伯帝国的文学曾在世界文学史上起了承前启后、贯通东西的作用。有了他们的努力，西欧的文艺复兴才有可能。而现当代的阿拉伯文学，则是20多个阿拉伯国家、地区的文学；它与现当代世界文学的潮流同步行进。由于同属第三世界，共为东方文学的一部分，它与我国的文学又有许多极为相似的特点，可供我们比较、借鉴。但由于种种历史原因，在我国，不仅因受"欧洲中心论"的影响，对东方文字的研究、介绍远不及对西方文学的研究、介绍，而且，即使在东方文学中，对阿拉伯文学的研究、介绍也远不如对日本、印度文学的研究、介绍。长期以来，阿拉伯文学研究这一学术领域在我国了几乎还是一片空白，一片肥沃而未开垦的处女地。

"雄关漫道真如铁，而今迈步从头越"。就是在这种情况下，我和我的从事阿拉伯文学教学、研究的同行们——据我所知，他们也大都是我在北京图书馆这所"太学"里的同学、校友——发扬"敢、干、闯、创"的精神，肩负起历史赋予我们的使命，边开辟道路，边向前进：我们开设了有关阿拉伯文学的专业课程，招考阿拉伯文学专业的研究生，以培养青年学生对阿拉伯文学的审美情趣，造就一批专业研究人才；我们在各种冠以"世界文学""外国文学""东方文学"的文学史、辞典、类书中，使有关阿拉伯文学的部分不再是空白或点缀，而成为其重要的不可分割的组成部分；我们对阿拉伯文学作品（包括小说、诗歌、散文、戏剧……）进行了较大量的翻译、介绍工作；我们曾就有关阿拉伯文学的各种专题多次举办过大、中、小不同规模、不同类型的学术研讨会、报告会；我们还通过参加国内外各种有关的学术会议，在向他人学习、借鉴的同时，也产生自己一定的影响——影者，有了我们的身影，响者，有了我们的声音。

我不敢吹牛，不敢洋洋自得、自我陶醉。因为我深知，我和我的同行们对阿拉伯文学这一宝藏只是开始在采掘，在这片沃土上只是开始在耕耘，还远不到大功告成、喜庆丰收的日子。但我自信，自己这口"井"毕竟有较多的"水"了，自己这只"蚕"肚子里毕竟有较多的"货"了。供人取水，往外吐丝，已不像开始那样困难，那样狼狈了。对于阿拉伯文学，我开始有了一定的发言权。我国的阿拉伯文学研究的队伍虽然还显得稚嫩、年轻，但它毕竟已经产生，并在日益发展、壮大，在我国的外国文学研究领域里，被人认为是"异军突起"。我们不仅在我国的学术领域填补了一块空白，而且在开始描绘更新、更美的图画。而这一切成绩的取得——我绝非过甚其词——都离不开北京图书馆——我的太学，我们的太学的功劳。"军功章里，有我的一半，也有你的一半！"

北京图书馆，我的太学，我们的太学！我，我们，是你的学子！过去是，现在是，将来仍然是！活到老，学到老，学到老，学不了嘛！在你这所太学里，我们虽然终生不能毕业，但却会终生获益，终生难忘你的功德，你的恩情。功不可没，恩重如山。

尽管俗话说：大恩不言谢，可我还是忍不住要说一声：

谢谢了，北京图书馆——我的太学，我们的太学！

谢谢了，我所有在北京图书馆辛勤工作的兄弟姐妹们！

（原载于《北京图书馆馆刊》1993年3/4期）

难忘的岁月

今年是中国阿拉伯友好50周年。在难忘的1956年，首批阿拉伯国家——埃及、叙利亚、也门同我国建立了外交关系；也是在那一年，我考上了北京大学东方语言系。系里有十多个专业可供选择，我却执意要学阿拉伯语。因为我从小就听过、读过一些《一千零一夜》的故事，聪明、美丽的山鲁佐德讲的那些故事，不仅让国王山鲁亚尔着迷，也让我这个中国孩子痴迷得很想懂得他们"夜谭"使用的语言，有机会到"天方"探个究竟。在那一年，让我更为赞叹的是，那个长得颇让人会联想起雄鹰的埃及总统纳赛尔竟敢用这种语言对西方殖民主义者大声说"不"！随之就宣布苏伊士运河国有化，将它从他们手中收了回来。这让我感到了阿拉伯语的魔力和魅力。

我还清楚地记得，我学会的第一句阿拉伯语是"Nu'ayyidu Miṣr（我们支持埃及！）"因为向来习惯于东方俯首帖耳、唯唯诺诺的西方殖民主义者，当然听不惯有人对他们说不字，把抢到嘴里的肥肉吐出来，于是就发动了三国侵略埃及的战争。我们中国人民自然要声援埃及，于是北大的师生群情激愤聚集在大饭厅里，准备上街游行示威，声援埃及。那时，我们阿拉伯专业一位高年级的叫郑达庸的同学（他后来任我国驻沙特阿拉伯的大使）跳到台上，教大家两句阿拉伯语，一句就是那句"Nu'ayyidu Miṣr（我们支持埃及！）"另一句是"Liyasquṭ al-listi'mār（打倒帝国主义！）"我至今还清楚地记得，当我们的队伍浩浩荡荡地经过天安门广场，走进正义路，经过位于那里刚建立不久的埃及使馆，用阿拉伯语大声喊出这两句口号，以示我们中国人民对战斗中的埃及人民的声援时，埃及首任驻华大使哈桑·拉加布站在高高的围墙后面，微笑着向我们频频招手的场面。他听懂了我们呼喊的话语，那是中国人民发自肺腑的声音。我感到了那种共同语言的威力和魅力。顺便说一句，哈桑·拉加布大使在华期间受到中国造纸技术的启发，把这套造纸工艺带回国内，研制出模仿古埃及法老时代的纸草画。于是现今到埃及旅游的人都会买一些这种纸草画，带回来做纪念。

我同阿拉伯语言、文学、文化好似情侣，从一见钟情，到以身相许，卿卿我我，难舍难分，至今已经整整五十年了，与新中国与阿拉伯的友谊正好同龄，也算是"金婚"。期间，我曾先后在苏丹、埃及、也门分别各生活过两年，还多次访问过黎巴嫩、叙利亚、约旦、伊拉克、沙特阿拉伯、利比亚、突尼斯、卡塔尔、阿曼等阿拉伯国家。不过也许正如阿拉伯古代大诗人艾布·泰马姆（Abū Tammām 788—846）所说：

> 纵然往往会情随事迁，
> 真正的爱情却是初恋；
> 有多少房屋虽都熟悉，
> 永远怀恋的却是故居。

令我最难忘的还是 1972 年到 1974 年在苏丹的那两年。那是我生平第一次坐飞机，第一次离家出国，第一次置身于阿拉伯的土地上，第一次与阿拉伯众多的兄弟姊妹零距离接触，第一次那么深切地感受到中阿人民之间兄弟般的友情、亲情。

当时我国江苏省在苏丹负责一项援建工程——修建瓦德迈达尼–加达里夫公路和跨青尼罗河的汉图布大桥。工程遇到一个很大的困难是沿途缺水，于是借调北京水源勘探队部分人去帮助寻找水源、打井。我被从学校借调为随队翻译。当时正值我国的"文化大革命"，我算是走"五七道路"走到了国外。

初到喀土穆，我们到恩图曼参观了苏丹国家博物馆，从中除了让我惊叹于苏丹那悠久的历史、古老的文明外，给我印象最深的是，馆中展示了苏丹人民在著名的马赫迪起义中，如何在 1885 年击毙了曾参与抢掠焚毁我国的圆明园、残酷镇压过太平军，双手沾满中国和苏丹人民鲜血的刽子手、英国殖民主义者戈登（Charles George Gordon 1833—1885）。让我更清楚地懂得了什么叫"同仇敌忾"，懂得了中阿人民，特别是中国与苏丹人民友谊的渊源。

苏丹是世界著名的"火炉"之一，热得要命。我记得洗衣服，洗出一件，晾在那里，等洗出第二件，前面的那一件已经干了；坐汽车，车里没有空调，下来时裤子后面会有一个白色的盐圈；买体温计，走在阳光下，回来后竟发现水银柱爆掉了。要说当时的生活不艰苦，那肯定是假话。我们在野外，住在搭建起来的"活动房子"里，房子外再用毛竹搭起架子，上面铺洋铁皮，隔层热，不让阳光直射薄薄的屋顶；每幢活动房子尽头有一个"冷风机"，不像现在室内的"空调"，那时是通过风扇吹水吸收热量，开起来"嗡嗡"作响；苍蝇很多，有一次我正做翻译，一只苍蝇竟直飞进我的嘴里，撞击我的喉咙，我咳了半天才把它咳出来，见它还在那里蹬踏腿。每天穿一身常被汗水渍透了的工作服，戴顶大草帽，背上一只装满茶水的行军水壶在野外奔波。苏丹人惊异于这些中国专家为什么能不带家属在异国他乡过上两年以上单身汉的生活，因为在那里，离家较长时间在外地工作，虽有丰厚的"野外作业津贴"，人们还是舍不得离开老婆。他们认为起作用的"秘密"在于行军壶的水。苏丹人习惯于喝红茶或咖啡，对于中国人喝绿茶本来就奇怪，这下子似乎找到了答案。记得有一次我们给一个公路局的局长送礼，其中有一听高级绿茶，那位局长不解地望着我们说："你们怎么送我这种礼品，要知道，我是有妻子的呀！"

苏丹天热，人热，心更热，苏丹弟兄对中国人的热情令我终生难忘。"苏丹"这个词，阿拉伯文的原意是"黑人们"，但苏丹有一种说法："我们的心是白的！"，"心是白的"，是说一个人心地朴实、纯洁、坦荡、诚恳。这句话用以形容他们确实很恰切。我忘不了无论走到哪里都会遇到的那种亲切、友好的问候，那目光，那微笑，那声声的话语："aṣ-Sīn 'azīmah Ṣadīqah！"（中国，伟大，朋友！）

我记得我们曾驻扎在一个叫"海亚里"的村旁，村妇们每天要排长队，在干涸的河沟里用勺子把从一个泉眼里点点滴滴渗出来的水舀到罐子里，顶在头上送回家，后来我们打井成功，用泵抽出汩汩的流水时，村庄一片欢腾，一夜无眠。我记得有一天一个村民家里失了火，我们中国弟兄都奋不顾身地前去救火，又帮助他盖了一幢中国式的茅屋，那位老实巴交的苏丹汉子竟感动地直哭，说不出话来。

我忘不了那些朝夕相处的苏丹弟兄。记得有一个司机离队一段时间又回来了。我问他为什么不辞而别，他说，听人说有家西方人开的公司给的钱多，他就跳槽了。我又问，那怎么又回来了，他说，他们那里不把我们当人看，在这里工资可能低一点，可好像是在家里干活。我忘不了，当我们中国公路组有人因公殉职，埋在汉图布大桥边上，追悼会上苏丹的弟兄如何像失去自己的亲人一样痛哭流涕。

老实说，那时我们还很穷，全队上下连一架相机都没有，所以，我把两年的青春留在了苏丹，却连一张照片都没有留下。苏丹那时也很穷，依照当时尼迈里总统的指示，市场只有日常所用的必需品，不能有高档的奢侈品。作为一个外语教师，我当时最大的愿望就是想买一台当时国内尚罕见的卡式录音机，但市面都没有。当时在苏丹，石油、液化气都靠进口，常常出现供不应求的紧张局面。

　　现在我国经过改革开放，当然早已是日新月异，今非昔比了。苏丹也已变成石油输出国。但抚今追昔，我始终忘不了那些岁月。记得有一次，我陪经参处的赵秘书去看望我们在英格萨那山区帮助苏丹探测铬矿的工程队，在深山中，月光下，一位苏丹老人同我谈心，他说："我活了大半辈子，经历的事也多了。也不知有多少洋人来过我们这里，但他们都像蚊子，嗡嗡叫着飞来，吸吮完我们的血就飞走了。只有中国的弟兄是真心实意地来帮助我们，像一家人。"我忘不了这些话，我感到欣慰。

2006 年 7 月

"米尔拜德诗歌节"纪行

生活就像一本大书，有些事如过眼烟云，过去就忘了，有些则铭记心中，终生难忘。去年我曾随一些同志去巴格达参加"第九届米尔拜德诗歌节"，此行印象颇深，是属后一种。

我想访问伊拉克的愿望由来已久：哪个孩子没听过、读过《天方夜谭》的故事或看过诸如《巴格达窃贼》之类的电影？巴格达、巴士拉……这些带有神奇色彩的古老城市，会勾起人们多少丰富的想象！与阿拉伯语结下不解之缘后，难免有所偏爱，总有点把阿拉伯世界当成自己第二祖国的感觉，更想有机会到那些地方去走走，看看。

大约是在去年年初，伊拉克驻华使馆参赞艾思沃德先生赠一批书给阿拉伯文学研究会，当时距第八届米尔拜德诗歌节闭幕不久，我曾弦外有音地向参赞谈及，诗歌节每届都请各国朋友，但似乎没请过中国弟兄参加，接着我同他谈起有关我国对伊拉克、阿拉伯文学的介绍与研究的情况，临别，并把一本刊有我写的一篇有关伊拉克大诗人鲁萨菲的论文的《东方研究》送给了他。

我不知这次邀请是否与我那次友好的暗示有关，反正当我接到邀请时，真开心死了！我们一行五人，团长是作协理事、回族诗人高深，此外有《诗刊》编辑、诗人王燕生，《文艺报》首席记者、文艺评论家贺绍俊和社科院外文所的伊宏同志。诗歌节自11月24日至12月1日，历时一周。我们因航班的关系，早出晚归，在伊拉克多转了一周，多赚了一周。

米尔拜德原址在伊拉克巴士拉郊区，伊斯兰教创立前原是骆驼商队的集散地。伊斯兰教创立后，特别是在伍麦叶朝和阿拔斯朝时期，这里成了著名的集市和文化、学术中心，人们常负笈于此，或相互赛诗，或以文会友，或求贤问业……

学过阿拉伯历史或文学史的人，往往都记得"欧卡兹集市"，而不太了解"米尔拜德",其实,"欧卡兹"主要兴盛于贾希利亚(蒙昧)时期,后来才渐泯灭,而由"米尔拜德"取而代之。巴士拉的历史学家哈米德·巴齐曾说:"需知,米尔拜德当年胜过欧卡兹集市,因为欧卡兹集市是季节性的,而米尔拜德则长年活动。此外,在米尔拜德还有集会结社、讲课授业,使每个学者、诗人、语法学家、教法学家都在此尽其民族义务。在这里,法拉兹达格、哲利尔曾经对诗舌战;语法学家则来此听取游牧民讲述纯正的词语,并加以考订……"这位历史学家还说:"当年对来米尔拜德的人,言论自由是有保障的,不过要守秩序,以致当时警察要在米尔拜德巡视,以维护米尔拜德的安全。"这位历史学家提到的法拉兹达格(641—732)和哲利尔(653—733),是每个读过阿拉伯文学史的人都熟知的诗人,他俩与另一诗人艾赫泰勒(640—710)并称为"伍麦叶朝三诗雄"。法拉兹达格(艾赫泰勒与其站在一起)与哲利尔的对诗舌战长达50年之久,被传为阿拉伯文学史上的佳话。其主要战场正是在米尔拜德。据说,当时他们这种诗战各有一批"啦啦队员",场外也各有一群热心的支持者,以致最后闹得巴士拉总督恼火,下令捣毁了两诗人在巴士拉的住处。看来,"言论自由是有保障的"云云,也是靠不住的。当时诗界出入米尔拜德的常客除了他们之外,还有许多名诗人,如以艳情诗著称的风流才子欧麦尔·本·艾比·赖比阿(644—712)和歌谣体诗大师阿加吉(?—715)等。至于说起当时一些文人、学者、语法学家到那里去向游牧民学习一事,初听起来,有些像我们当年知识分子上山下乡接受贫下中农再教育。其实,说穿了也不难理解。当时阿拉伯人对外接触越多,吸收文化越多,越易影响其民族语言的纯洁性。而游牧民在文化方面处于封闭状态,语言不受外来因素的影响,倒会保持纯正的语音,纯洁、地道的阿拉伯语。这就像学地道的纯正的北京土话,要找土生土长的北京老太太、小娃娃,而不要找在北京住的广东人、上海人去学,哪怕他是个学者、教授,道理是一样的。那些游牧的阿拉伯人不仅会讲纯正地道的阿拉伯语,而且还因世代口传,会传述古诗和一些传说故事。因此,当年在米尔拜德,连阿拔斯朝时期阿拉伯百科全书式的大文豪贾希兹(775—868)都甘当他们的小学生。阿拉伯古代文学家、学者伊本·古太白(828—889)在其《轶闻溯源》一书中曾说:"伊拉克是世界之眼,巴士拉是伊拉克之眼,米尔拜德则是巴士拉之眼。"此话虽未免有些夸张,但米尔拜德在古代的地位由此可见一斑。

我们是在11月21日登机的。一上飞机,我忽生奇想:离开了北京机场,跳进了底格里斯河,在蓝天游弋……因为那架庞大的747波音飞机就叫"底格里斯"

号,飞机是伊拉克航班。我们的座位原来是在飞机中间,机翼正好挡住视线。同行的几位弟兄希望能换个座位,开阔一下视野。我向伊拉克的空中小姐表达了这一愿望。最初她面有难色,一听我们是赴"米尔拜德诗歌节"的,立刻惊喜地向头头请示,于是我们竟获准将座位前移,与贵宾坐的头等舱仅一帘之隔,成了"准贵宾"。伊航全机的"空姐""空哥"们也瞬时间对我们青睐频顾,另眼看待。一位"空姐"向我们吟诵起她的诗歌,一位"空哥"则请我到头等舱去与访华的伊拉克贵宾们"神侃"一通。至此,我才初步体会到"米尔拜德"这四个字的魔力。飞机在孟买略停后,当夜抵达巴格达,比从北京乘快车去上海还省时间。我想起伊斯兰教先知穆罕默德的一句名言:"学问即使远在中国,也应去求!"这是说明中阿相隔千山万水,求学应不畏艰险。其实,从阿拉伯到中国的距离与从中国到阿拉伯的距离完全一样。学习应是相互的。所以,我们也应说:"学问即使远在阿拉伯,也应去求!"当年伊本·白图泰来中国;郑和下西洋,去阿拉伯国家,历尽艰辛,目的正在于此。今日我们与阿拉伯国家友好往来,已是"万水千山只等闲","弹指一挥间"的事,比当年容易多了,因而也频繁多了。抚今追昔,能不令人感叹!

从飞机上往下一望,不夜的巴格达千万盏华灯闪耀,同行的两位诗人诗兴大发,而且英雄所见略同,都对我说:那是巴格达睁着千万只喜悦的眼睛,对我们表示欢迎!

我们下榻于巴比伦饭店,那是巴格达最豪华的饭店之一,坐落在底格里斯河畔,是一座将现代西方色彩与古代民族风格巧妙地融为一体的建筑,显得壮丽而典雅。此次诗歌节共有来自52个国家和地区的一千多位诗人、作家、文学批评家、记者……其中多为阿拉伯弟兄,分住在巴格达市内几座最高级的宾馆内,享受着贵宾的待遇。

巴格达是座有名的古城,据说前18世纪著名的《汉谟拉比法典》就曾提到过这座城名。762年,阿拔斯朝的第二任哈里发曼苏尔在此建都,成团城状,并称之为"和平城"。第九届米尔拜德诗歌节正值历时8年的两伊战争结束不久,和平终于又回到了"和平城",伊拉克上上下下一片欢腾,大街小巷处处都像是在办喜事。诗歌节的主题也是"胜利与和平"。我们中国弟兄对这场战争一向认为是阋墙之争,引为憾事,并严守中立,胜败之事自然不好妄加评说,但在我看来,停战、和平,就是人民的胜利,理智的胜利。为此,我们向我们的东道主恭喜——表示祝贺,与他们共喜——共同分享和平的喜悦。

天方探幽

乘着诗歌节未开幕的几天，我们几个或独自，或由主人陪同，或沾了我的几个在伊拉克工作的弟兄——小吕、小刘、小陈的光，在巴格达市内、郊区"穷逛"一通。巴格达给我总的一个印象是很美。古色古香与洋里洋气能结合得这样好，这样和谐——摩天大楼、豪华的饭店、剧场……这些现代化建筑与金碧辉煌的圆顶、尖塔清真寺及熙熙攘攘的阿拉伯市场这些传统的民族的古建筑珠联璧合，浑然一体，真令人叹为观止。节令虽是初冬，但景色却是四季如春。到处是挺拔、翠绿的枣椰树，绿草如茵，繁花似锦，整个巴格达颇似一个大花园，美，很美！但更美的是伊拉克人。我们的陪同阿卜杜·伊拉是个非常朴实、忠厚、和蔼可亲的人，性格颇内向，浓密的胡子始终掩不住他的微笑。他一个人负责陪几个团，但似乎总把我们放在他心中的首位，有些参观项目，据说就是他专门为中国弟兄安排的。我们在伊的两周里，他从早到晚，里里外外为我们奔波、忙碌，实在令人感动。走在任何地方，如果说出"米尔拜德"再加上"中国"这两个字眼，那简直就像《天方夜谭》中那句"开门吧，芝麻芝麻"的咒语一样灵，到处都为我们打开方便之门，并敞开心扉与我们倾心交谈。整个诗歌节期间，又是广播电台、电视台约请讲话，又是通讯社、报刊记者的采访，不亦乐乎。伊拉克人民对中国人民的深情厚谊真是溢于言表。傍晚，我们沿街散步，信步走进咖啡馆，那些伊拉克老乡对我们热情相邀，看着他们抽着水烟，呷着咖啡，玩着骨牌，面对他们的微笑，与他们神聊一通，真让人感到仿佛生活在亲人之间般的亲切，同时也令人不由得深深地感到，和平重新回到和平之城，真是一件可喜可贺的事！

诗歌节于11月24日上午10时于"会议宫"正式开幕。由伊拉克文化与新闻部长拉蒂夫·纳绥夫·贾希姆代表萨达姆总统致开幕词，对与会代表及来宾表示热烈欢迎；认为诗人们曾在战争中鼓舞了士气，发挥了战斗作用，今日理应与伊拉克军民共同分享欢乐。开幕式上，由阿拉伯当代最著名的一些大诗人，如尼扎尔·格巴尼（叙利亚）、苏阿德·萨巴赫（科威特，女）、阿卜杜·拉扎克·阿卜杜·瓦希德（伊拉克，上届萨达姆奖金获得者）、穆罕默德·费图里（苏丹）等朗诵了他们的诗作。

阿拉伯人真不愧为诗歌的民族。历时一周的诗歌节，每天上下午两段，共举行了13场诗歌朗诵会，会上有数百名诗人朗诵了自己的诗作，有成百上千首诗。其中绝大多数是伊拉克本国诗人和其他阿拉伯各国的诗人、诗作，有传统的古典的"柱形"诗，亦有现代各种流派的自由体新诗；有知名的老诗人，亦有初露头角或名不见经传的年轻诗人。每次朗诵会总是座无虚席，场场爆满，场上场下如痴如狂，异常活跃，每有精彩片断，观众总是鼓掌喝彩，令人想起北京的戏迷们听京戏时发出的叫好声。有些观众还往往会按捺不住，乘台上朗诵换人的间歇，从台下跳出来朗诵几句自己的诗作。巴格达电视台每天用四五个小时转播诗歌节的实况；各家报纸每天的版面大半是诗歌节的消息和诗歌。此外，还有专为诗歌节办的一份称为《米尔拜德》报的专刊，每天12版。我们所到之处，孩子们有节奏地喊着押韵的诗句欢迎我们……整个诗歌节，我仿佛沉浸在诗歌的海洋中。有人说："伊拉克的阿拉伯人抖落一下翅膀，诗歌就会纷纷落地！"这话看来颇有道理！

伊拉克原是世界诗歌滥觞之地。古巴比伦的《吉尔伽美什》是世界最古的史诗，比荷马的《奥德赛》《伊里亚特》要早好几百年。用金字印在诗歌节会徽上的12个阿拉伯古代诗人的名字：乌姆鲁·盖斯、安塔拉、莱比德、艾赫泰勒、法拉兹达格、哲利尔、祖鲁麦、艾布·泰玛姆、布赫图里、穆太奈比、麦阿里、谢里夫·赖迪，虽只是古代阿拉伯诗坛巨匠的一部分，但是可以让我们想起当年这片土地是如何群星灿烂，诗如海，歌如潮的景象。中世纪，当欧洲还处于黑暗之中，美洲尚未被发现之时，阿拉伯与中国的诗歌（唐诗、宋词、元曲）已彪炳于世。巴格达与长安是当年世界文化的灯塔。在阿拉伯文学复兴的近现代，伊拉克除产生过鲁萨菲（1877—1945）、宰哈维（1863—1936）等诗坛巨星外，还是阿拉伯自由体新诗的摇篮。这种诗体的先驱沙基尔·塞亚卜（1926—1964）、娜齐克·梅拉伊卡（1923—）和白雅帖（1926—）皆诞生于此。由此可见，伊拉克确实是诗歌之乡，诗歌之邦！

诗歌朗诵会多半是在"拉希德剧场"举行。与此同时，则在剧场对面的曼苏尔饭店举行有关诗歌的学术讨论会，共12次。大会共收到学术论文39篇。主要议题是"20世纪末的阿拉伯现代诗歌"，集中讨论了"现代伊拉克诗歌的战争诗——其艺术性及内容"，还针对"阿拉伯新诗美学、思想嬗变和形态"进行了一系列的探讨，如"阿拉伯诗歌的现状——其成就和演变""阿拉伯现代诗人的文化根源""诗歌与未来""当代阿拉伯诗歌批评的倾向""关于诗歌译成外语问题"等，并建议在第10届米尔拜德诗歌节继续讨论"战争诗歌问题"及当代阿拉伯诗歌一些重要问题，如文学批评术语的统一问题等，还建议针对一个诗人或一个批评家作专题讨论。

11月29日中午，萨达姆总统亲莅会场，并向第二届萨达姆文学奖获奖者发奖，从而使诗歌节达到高潮。此次获奖者为叙利亚诗人艾哈迈德·苏莱曼、埃及小说家尤素福·伊德里斯和巴勒斯坦名作家杰卜拉·易卜拉欣·杰卜拉等。

整个诗歌节的精神体现在写在会徽上的两句口号上:"我们为往昔放声歌唱,我们为未来畅所欲言!"诗歌节期间,我们曾参观了巴比伦、萨玛拉、巴士拉、卡尔巴拉等名胜古迹,观看了"民间艺术团"的歌舞表演和"伊拉克历代服饰表演",此外,还参观了"伊拉克博物馆""第二届巴格达世界美术节展览会"等。我们曾拜会了会议的组织者——伊拉克文化事务局局长、伊作协秘书长穆赫辛·穆赛维博士、阿拉伯文联秘书长、《革命报》主编、诗人哈米德·赛义德等。并借此机会结识了一些伊拉克与阿拉伯文坛、诗坛的著名大家,如白雅帖、尤素福·伊德里斯、尼扎尔·格巴尼、苏阿德·萨巴赫、阿卜杜·拉赫曼·鲁巴伊等。通过这些参观、访问、交往,以及整个诗歌节的活动,使我们对诗歌节的这两句口号有了更深的体会。

整个伊拉克就像一座大博物馆,向人们展示:两河流域是人类最早的文明摇篮之一。中古时期,阿拔斯朝的巴格达又是当时世人瞩目、四方辐辏的政治、文化中心。这些,过去仅在书本中学过,这次身临其境,看得见,摸得着,让我有了感性的、具体的认识。这片土地光荣的往昔,的确有让人高声歌唱而唱不完的题材。但今天,伊拉克人民从上到下,并没有沉睡或沉醉于祖先的丰功伟绩上,他们正为继承、弘扬阿拉伯文化,为建设幸福的今天和创造更加美好的明天而进行不懈的努力。东道主告诉我们,米尔拜德诗歌节就是为此目的而于1971年创办的。最初的会址是在"米尔拜德"的故乡——巴士拉,两年一次,规模较小,邀请外宾仅约30人,后来迁至巴格达举行,并改为一年一届,规模也越来越大。并且,在这里,每年不仅举行诗歌节,而且还举行巴比伦国际艺术节,巴格达世界美术节……当我委婉地指出,这么多、这么大型的国际性活动要花很多钱时,主人豪爽地笑着说:"我们愿意为弘扬源远流长的阿拉伯文化,为发展世界的文化事业,尽我们一份力量,做出我们的贡献!"在两河流域的土地上,我欣喜地看到文化事业、知识分子的确得到了应有的、名副其实的重视,这确实是很有远见的做法!从主人那充满自信的谈话中,从绿树荫下、百花丛中露出的孩子和姑娘们一张张甜润和俊美的笑脸中,我深深地感到,这片土地光辉的未来的确也有令人畅所欲言的余地!

当我启程回国,登上飞机时,向下一望,不夜的巴格达闪烁着千万只明亮、美丽的眼睛在欢送我们。这时,我不由得想起阿拉伯大诗人麦阿里(973—1057)的两句诗:

迷上伊拉克,正值青春初露,
到那里作客,年华已经近暮,
饮过底格里斯河——最美的水,
参观了枣椰林——最崇高的树。

(原载于《阿拉伯世界》1989年第2期)

卡塔尔印象

从 1956 年考入北京大学算起，我与阿拉伯语、阿拉伯文学、文化结缘，至今快半个世纪了。其间，每到阿拉伯国家与阿拉伯人接触，我总会感到异常兴奋，十分亲切。并且总希望多访问一些阿拉伯国家、地区，多结识一些阿拉伯兄弟、朋友，多了解一些阿拉伯世界的知识、情况，这大概就是一种不解的情结。所以，当我接到卡塔尔驻华大使萨利赫·阿卜杜拉·布埃宁先生的邀请，请我与南京大学的华涛教授一道参加 2002 年 3 月 25—27 日在多哈召开的"卡塔尔民主与自由贸易会议"时，真有些喜出望外。

自己既然是学阿拉伯语的，按理说，对阿拉伯世界各个国家、地区都该有更多的了解。但回想起来，在 20 世纪 50—60 年代，我对卡塔尔虽说不是一无所知，至多也是知之甚少。70 年代初，我奉命校译巴勒斯坦学者穆斯塔法·穆拉德·代巴额所著的《阿拉伯半岛》一书，书中虽有些介绍卡塔尔的篇幅，不过原书出版于 60 年代初，当时卡塔尔还未正式宣布独立。读后，似乎也没留下什么深刻印象。

卡塔尔是个伸进海湾的小半岛，面积仅 1 万多平方公里，人口 60 多万，对大多数中国人来说，若说是"久闻大名"，可能不太切合实际。但要是说在 21 世纪初，这一名字在中国几乎是家喻户晓、妇孺皆知，那也许不算过分。因为正是在这里，好事多磨之后，中国终于加入了世贸组织；也是在这里，一直让恨铁不成钢的球迷们感到不争气的中国男足终于冲出亚洲，走向了世界。这两件喜事都与卡塔尔这个名字紧密地联系在一起。因此，在中国人看来，卡塔尔不啻是个吉祥词儿，是我们跨入世界的一道门，是我们观察世界的一扇窗。因为正是著名的卡塔尔半岛电视台通过卫星，以强大的功率昼夜 24 小时向全世界传送最新、最重要的信息，而且常常播出一些惊人的独家新闻，被认为是阿拉伯世界的 CNN。其实通过比较，很多人认为，半岛电视台似乎比美国著名的 CNN 电视台信息量更大，报道、评论也更客观、公正些。"9·11"事件后，对本·拉登、阿富汗战事、巴以冲突、中东形势等的跟踪报道，都会让人对此深有体会。这家电视台的一个著名口号是"一种看法，和另一种看法"。

在卡塔尔一周多的时间里，我仿佛置身于一个巨大的博物馆内。在这里，你能体会到什么叫承前启后，继往开来——如何在继承传统的基础上，走向复兴、现代化。在20世纪40年代发现石油前，这里还是一片沙漠、不毛之地，人口仅约两万，靠游牧与出海捕鱼、采珠为生。我们参观了卡塔尔博物馆，给我印象颇深的是有关当年老埃米尔生活的展品，他那与平民百姓同甘共苦的作风真让人肃然起敬。20世纪，卡塔尔一下子发现自己像是浮在油海上，地下全是石油和天然气，卡塔尔开始发了、富了。不过，1971年9月1日正式宣布独立前，卡塔尔的发展还受到与英国签订的不平等条约的羁绊，受人盘剥。独立后，卡塔尔经济发展很快，是世界人均收入最高的国家之一。特别应指出的是，自1995年哈马德·本·哈利法埃米尔执政以来，卡塔尔取得了神速的发展、骄人的成就，在国际舞台上名气越来越响，越来越引人注目。在这里，你会感受到全球化的浪潮、多元化的色彩；在这里，既有沙漠、骆驼、帐篷，也有设备最现代化的国际机场、五星级宾馆、豪华别墅、世界最著名的银行、游艺场；在这里，既有传统的可以讨价还价颇似集市的阿拉伯市场，也有"家乐福"那样的自选商场；高速公路上跑着世界各种名牌高级轿车。我们曾参观过一个名叫"拉斯赖番"的工业城，当年我们翻译《阿拉伯半岛》一书时，书上还没有这个地名，如今这里已是世界最大的天然气液化基地和出口港。令人赞叹的是，这样大的工业城市和海港在设计、建设、生产过程中，充分地考虑、处理好了环保与生态平衡诸多问题，使海龟、海鸟、鱼虾、羚羊、草木等各种动植物的生态环境未受到污染。

卡塔尔像个博览会，像个小联合国，是各种文明、文化的汇集地。在卡塔尔现有的70万人口中，本地人仅20万左右，余者皆来自阿拉伯诸国和世界各地。他们的宗教、信仰、国家、民族、肤色、语言、文化、风俗、习惯等都不尽相同，但却能和睦相处，为建设新卡塔尔贡献力量。像卡塔尔这样一个外来人口占这么大比重的国家，世界也为数不多。在这里，你可以看到从头到脚蒙得严严实实，仅露两眼的妇女在用最新款式的手机通话；更多的妇女戴着盖头，却裸露着脸；不戴面纱，经过美容、美发，穿戴随便一些的妇女也不会受到干涉。

哈马德埃米尔给人一种朝气蓬勃、精明强干的印象。他执政的特点就是要使国家更加民主化、现代化，这次"卡塔尔民主与自由贸易会议"的召开就是一个很好的例证。

这是一次颇为广泛、具有代表性的非官方的国际会议。参加会议的代表除海湾6国外,有来自美国、埃及、利比亚、英国、法国、意大利、俄罗斯、巴基斯坦、阿尔及利亚、摩洛哥、突尼斯、黎巴嫩、伊朗、也门、苏丹、巴勒斯坦、印度、智利、韩国、波兰、葡萄牙、捷克、墨西哥、马里、南非和中国共32个国家的议员、学者等。会议议题有自由贸易与经济发展、妇女在民主社会中的作用、恐怖活动对文明对话的威胁、传媒在发展文明对话中的作用、科技在新兴市场中的作用、伊斯兰教与基督教的对话、构成民主社会的要素等。

会议让我感到,这里是一个自由、民主论坛。

哈马德埃米尔在会议的开幕辞中强调指出,民主是卡塔尔的治国基础。他说:"非常遗憾,作为伊斯兰国家,我们忽视了必须协商的原则。很清楚,我的意思是说,按照真主'他们的事务,是由协商而决定的'的话,协商对于管事的人是必不可少的。"他又说:"伊斯兰教的这一原则实质上是体现了当今世界期望实现的民主基础。在我们现代世界中最主要的民主提议是:敦促所有国家把民主当作长期方针,长期贯彻执行,而不是在不同时间,针对不同国家,有选择地或是以双重标准地去实行。"

卡塔尔外长哈马德·本·贾西姆在讲话中倡议,在中东建立一个民主论坛,其任务是为促进这一地区的民主进程,为鼓励在这一地区实行民主原则,加强在这方面的地区和国际合作贡献力量。与会者在会上畅所欲言,发表了不同意见,充分体现出"对话"的特点。他们呼吁,必须与时俱进,跟上国际政治、经济的发展与变化;必须重视正确反映阿拉伯和伊斯兰国家现实的新闻报道:应该强调指出,这些国家是重视维护妇女权益的,是重视发扬民主、协商精神的。与会者强调,美国对阿拉伯和穆斯林采取的敌对政治立场,是造成阿拉伯、伊斯兰国家与美国之间很多纠纷的原因。卡塔尔大学法学院院长安萨里博士在题为《力争建设性的伊斯兰教与基督教对话》的发言中强调指出,阿拉伯伊斯兰国家与西方国家要共同努力消除误解与偏见,通过建设性的对话,架设相互理解的桥梁。

我们正赶上"多哈文化节"。东道主邀请了阿拉伯各国著名作家、诗人、学者、艺术家、剧团等,如埃及著名学者、埃及文化最高委员会主任贾比尔·欧苏福尔、著名诗人艾哈迈德·阿卜杜·穆阿忒·希贾吉、著名文学批评家迈哈茂德·艾敏·阿赖姆、著名歌星小纳佳、巴勒斯坦著名诗人赛米哈·卡西姆、巴林著名诗人卡西姆·哈达德、叙利亚著名诗人迈姆杜赫·欧德万等。

文化节的活动丰富多彩，每天下午4—9点，滨海大道和公园里，有来自世界近20个国家的演出团表演歌舞、杂技等；喜来登饭店里则举办各种艺术造型展；会议厅里举行报告会、研讨会、诗歌朗诵会，此外还有电影、戏剧、音乐会等，整个多哈市处处弥漫着浓郁的文化气息，并正力争成为阿拉伯的文化之都。这个文化节令我最关注的有两点：一是最重要的研讨议题之一——《伊斯兰世界的民主与自由危机》；再是文化节邀请了埃及著名艺术家穆罕默德·苏卜希率团在多哈演出大型政治讽刺喜剧《美国妈妈》。该剧剧本由穆罕默德·苏卜希与青年剧作家马赫迪·尤素福共同创作，穆罕默德·苏卜希导演并主演，于1994年7月31日首演于开罗尼罗宫影剧院。全剧采用象征手法，讲述了阿伊什·谢哈泰·穆纳费阿一家及其弟兄们的遭遇：当他们听到律师对他们念了先辈的遗嘱后，才知道另有家族侵吞了他们的遗产，先辈要求他们弟兄向这个家族复仇，夺回遗嘱中所指出的土地。经过一波三折之后，最终却是主人公在美国以恐怖分子的罪名被捕。全剧结尾是主人公向全世界呼吁，行动起来，拯救他！该剧一经演出，立即引起轰动，反响极为强烈。美国驻开罗大使看后按捺不住地说，这个剧是明目张胆地攻击美国，并有煽动反美情绪之嫌。据穆罕默德·苏卜希说，曾有一个海湾国家出资100万美元请他们去演出该剧，条件是必须删除两句台词，结果被他们拒绝。这次到多哈演出则不带任何条件，一句不改。演出结合目前中东形势，不出所料，再次引起轰动。

在卡塔尔一周，虽是走马观花，但所见所闻仍让我深切地感到，卡塔尔国土虽小，魄力却大，的确称得上是当代一个民主的舞台，民主的论坛。

（原载于《阿拉伯世界》2002年第3期）

谈传记文学

说起来,"传记文学"在我国,似乎是在改革开放后才出现的"显学":成立了种种传记文学学会、研究会;常常召开种种传记文学的年会、研讨会;书店、图书馆辟有传记文学的门类、专架;还有专门的传记文学出版社、期刊、丛书。

这门"显学"又似乎是从西方引进来的,因为在过去,在我国,在阿拉伯世界,在东方,它并不那么"显",不那么"鲜"。

其实,大谬不然。这大概又是"西方中心论"的观点在作怪。事实上,传记文学在我国与阿拉伯世界都有极其深远的渊源。

传记文学原是历史文学的一个分支。在文史不分的古代,史传很难分开。在我看来,所谓"史"也是一种"传",可能是一个民族、一个国家、一种学术门类的传记。如果说"传记文学"是专门指人物的传记,那么,哪部史书会没有关键、重要人物的小传、评介。从这个角度讲,中国的传记文学,一般虽追溯自西汉司马迁的《史记》,但在我看来,似乎还可以追溯到先秦文学中的诸如《左传》《战国策》《晏子春秋》……其实,传记文学的很大作用在于通过传主的经历、言行,为他人作表率、典范。从这个意义讲,记述了孔子及其门弟子的言行录,被尊为儒家传统经典的《论语》,亦可被认为是我国传记文学的滥觞,如同阿拉伯传记文学的滥觞可追溯至《古兰经》《圣训》一样。

其实,我国对传记、传记文学的普及与重视,还可以从"树碑立传"和"不见经传"这两句俗语中看出。建功立业、功成名就者往往会被树碑立传。名人的碑文不就是一篇很好的传记吗?!而名不见经传者则往往是指一些默默无闻的凡夫俗子,没有人为他们树碑立传,似乎与传记、传记文学无缘、无关。其实也不然。阿拉伯文的传记通常可称为 Sīrah,是"走"(Sāra Yasīru)这个动词表形态的词根,意思是这段人生道路是"怎样走过来的",也就是中文"履历"的意思。

所以我们平常写的"履历""小传""自传",当然都应算是"传记",如果你有文才,写的文学味儿足一些,当然也可以算作"传记文学"。至于篇幅长短,我认为并不十分重要,因为既然小说可以有长篇、短篇,还有微型小说、小小说、一分钟小说,那么传记文学为什么一定要受篇幅限制?!这样一来,那些名不见经传的凡夫俗子、平头百姓、草根不是也可以正儿八经、堂而皇之地登上"传记文学"的殿堂了吗?!

我喜欢传记文学。青少年时代喜欢传记文学,是把那些传主当作追求、效仿的榜样。我成长于20世纪50年代,那时候喜欢看董存瑞、刘胡兰……小传,看《把一切献给党》;看苏联译过来的传记小说《普通一兵》《卓雅与舒拉的故事》《古丽娅的道路》等,向英雄人物学习嘛!中学的时候想当作家,就看了一些中外作家、诗人的传记;初中的时候,旅大文工团借我去演《曙光照耀莫斯科》中的一个孩子,我又做起了当演员的梦,就又读了不少中外名演员的传记。我觉得传记或传记文学对青少年大概可以起到励志的作用,帮助他们树立一定的人生观、价值观。在他们的人生道路方面起一定的引导作用。国家、民族不同,社会性质不同,人们的人生观、价值观、宗教、信仰不同,倡导、流行的传记文学也就不同。古今中外,概莫能外。有的传记文学可能引导人们成为坚定的革命者,有的传记文学则可能引导你去做一个虔诚的教徒。

人到了夕阳西下的时候,毕竟与旭日东升的时期不同。但我虽已年过古稀,却仍喜欢读传记文学。因为传记文学最基本的特征就是所写的主要人物和事件必须符合史实,不允许虚构。人到了我这把年纪,不再像小时候爱幻想,喜欢童话,人在天上飞,爱听"假话实说";也不像再大些时候,爱理想,喜欢读诗,人在地上跑,跟着"实说假话";人老了爱回想,爱忆旧,坐在沙发上爱听"实话实说",爱读传记文学。因为传记文学往往会比神话、诗歌、小说之类的读物能更真实地反映历史、社会、现实。有的传记读后,让你感到与传主似曾相识,很亲切,对他或崇敬、钦佩,或同情、怜悯,或像打翻了五味瓶,不知是什么滋味;也有的传记读过之后,颠覆了你过去传统的印象,好似白内障动过手术,对历史,对社会,对人物看得更清楚了:原来认为是神的不一定是神,原来觉得是鬼的不一定是鬼,有时会让你又变成了一个纯真的孩子,看到皇帝并没有穿什么光彩的新衣。

世界上很难找出两个民族像中国与阿拉伯民族之间有那么多的相似之处:两者都有悠久的历史,古老的文明,可谓源远流长。在中世纪,横跨亚非欧三大洲的阿拉伯大帝国与雄踞东亚的中国,随着政治、经济达到鼎盛,文化也像擎天的灯塔，在丝绸之路两端交相辉映，彪炳于世。近现代，我们都遭受帝国主义、殖民主义列强的侵略，长期沦为殖民地、半殖民地。但我们的人民并没有屈服，他们长期坚持民族解放斗争，并在第二次世界大战后，相继获得胜利，建立了独立自主的国家。我们虽然政体、经济发展、意识形态等各方面不尽相同。但我们都是发展中国家；我们的人民都勤劳、勇敢，热爱和平，反对侵略战争；我们都在努力振兴，与时俱进，使国家现代化。我们在前进的道路上都并非一帆风顺，有胜利，有成就；但也有挫折，也有困难、问题。

相似的历史进程，相似的命运，使我们中阿人民有更多的理由通过对话、文化交流，增进相互了解、加强互助合作。当今阿拉伯各国所在的中东地区日益成为世人瞩目的焦点、热点，这种对话、了解尤显紧迫与必要。

相似的历史进程，相似的命运，也必定产生反映这一切的相似的传记文学。无疑，阿拉伯的传记文学为我们深入、细致地了解阿拉伯民族、阿拉伯世界的历史、社会、现实，提供了一个很好的平台。

遗憾的是，我们对包括传记文学在内的阿拉伯文学译介的还太少，远不能满足各方面的需要。究其原因，一方面是"西方中心论"的影响还很大，出版社对阿拉伯文学不甚了解，又有版权问题，怕赔钱；一方面我们阿拉伯文学的译介、研究队伍相对地还显得薄弱、稚嫩，也还不够执着、勤奋。作为我国阿拉伯文学园地的一名园丁，我当然企盼着这块园地会万紫千红，争芳斗艳，千枝万朵，繁花满园。我企盼着。

2015 年 10 月 15 日于马甸

"白吃族"

古代阿拉伯有一种人，专门在人家设宴席、办喜事的时候，虽与主人无缘，却总是不请自到，蹭进门去，甩开腮帮子，风卷残云，大吃一通，然后一走了之。这种专喜欢白吃人家的不速之客也构成了一个群体。眼下，大概是从港台经深圳、广州等地转口引进了日本的一个词儿，挺流行的，即把一些群体称"族"（当然，这个词的老根儿还是中国的），如"暴走族"（又称"飞车党"），"上班族""追星族"等。为赶时髦，我们不妨给这些吃白食的人起个现代化的名字，叫"白吃族"。

"白吃族"人认为自己去蹭饭白吃自有白吃的道理。如一位"白吃族"的诗人在为这一群体作自我介绍时就写道：

> 我们是这样一群人：
> 随时请，随时登门。
> 我们若被人家忘记，
> "白吃"会邀请我们。
> 我们会想：也许是请了，
> 我们正巧不在，出了门；
> 送信的可能来过，
> 却没有找到我们。

这大概可以看作是"白吃族"人在登门赴宴时为自己壮胆的声明、口号：如果受到邀请（这往往是他们自作多情，一厢情愿的事），他们会立即响应；如果未接到邀请（这往往是残酷的现实），他们则会自欺欺人地想：也许人家请了，只是送信的没找到他们！

另一位"白吃族"的诗人不像他这位同伴这么扭捏。他对"白吃"似乎并不感到有什么不好意思，带着贝杜因人粗犷的坦率，理直气壮地宣称：

> 我们是这样一伙人：
> 人家不理我们，我们则自找上门，
> 我们才不在意主人
> 是忘记了我们，还是邀请了我们。

还有一位"白吃族"的诗人比他的前两位弟兄更高明。他竟认为作为"不速之客"要比应邀赴约还好，应当受到赞美才是：

> 你不请我时，我就自己邀请自己，
> 这一邀请是我而不是你应受赞美。
> 我心想：这样比应邀赴宴还要好，
> 请了不去，反倒会让人感到失礼。

作为一个群体，"白吃族"有他们的共性和行业标准。关于这一点，埃及著名的幽默作家阿卜杜·阿齐兹，比什里（？—1943）在其名著《文选》中曾这样写道："我想我们无须说，吃白食的人首要的特征是嘴馋，贪婪，脸皮厚，对自己对人都悭吝。惟有这些品性才会促使他去作白吃人家的不速之客。至于吃白食的人所需具备的其他特点（这些也正是他最重要的手段），则是要讨人喜欢，如果做不到这一点，那至少也要尽量风趣一些。要足智多谋，要模样漂亮，衣履整洁，还要能随机应变，口齿伶俐、诙谐幽默。除此之外，如果能懂得点儿文学、历史，吃饭的时候再能应景即席吟点儿诗，那么——向真主发誓——他就是一个十全十美的'吃白食的人'了！"

"白吃族"人通常是四处打探人家办喜事、摆宴席的消息，有时他们还要讲点铁哥们儿义气，互相通风报信，交换情报，以便不错过任何一场宴席。他们虽往往在迈进人家家门时，为想方设法，绞尽脑汁而愁眉苦脸，但一旦进了门，却会马上眉开眼笑，能巧言令色，随机应变而讨人喜欢。有时，宴会主人也可能认识他们，就对他们睁一只眼，闭一只眼，不与他们计较，以便让他们为宴席增添一点儿热闹气氛。或是觉得看看他们在宴席上那副狼吞虎咽的吃相，也挺好玩儿。实际上，这些"白吃族"人，往往也是当时阿拉伯历史上的"笑星"。阿拉伯一些著名的文学典籍，如艾布·法赖吉·伊斯法哈尼（897—967）的《歌诗诗话》、伊本·阿卜迪·拉比（860—940）的《罕世璎珞》、贾希兹（775—868）的《吝人传》《修辞达意书》、伊本·焦吉（1186—1258）的《智人传》等书中都搜集了不少有关"白吃族"的趣闻轶事，为后人饭后茶余增添了不少谈资，以致人们每每谈起或听到他们那些令人喷饭的"光荣事迹"时，总要忍俊不禁，捧腹大笑一番。

要在"白吃"这一行中混出个人模狗样的，干出一番成就来，看来也并不十分容易。每行都有每行的难处，自然，每行也都有它的窍门、经验。《罕世璎珞》中曾提到"白吃族"的一位行家里手在向他涉世不深的同行们传授经验时谈道：

> 你们中若是谁去参加一个喜宴时，不要做贼心虚地东张西望，辨认在座的人。那喜宴如果人多拥挤，你就径直走进去，别去瞅人们的眼神儿，以便让女方的亲属以为你是男方的亲属，让男方的亲属以为你是女方的亲属！如果守门的粗野蛮横，你就先发制人，对他发号施令。只是要和蔼点儿，对他的口气要半是忠告，半开玩笑。

这种经验对那些初学乍练的"白吃族"的新秀们来说，无疑是很宝贵的。不过强中自有强中手，若是比起《智人传》中另一位久经沙场的"白吃族"的老前辈，这位传经送宝的只能是小巫见大巫了。《智人传》中提到的那位显然是"白吃"这一行的专家、权威，深谙其中三昧。他把自己多年从事这一行业积累的经验，摸索出的窍门，用诗的形式，无私地奉献给他的徒子徒孙们：

> 见了生人不要慌，
> 遇到远亲莫着急。
> 你要像个做饭的厨师，
> 手拿铁勺径直走进去！
> 俯下身来向着饭菜，
> 如同老鹰扑向小鸡！
> 紧紧地围绕餐桌的一切，
> 要像猎豹一样勇猛出击！
> 要把你的羞耻丢在一边，
> 吃白食的脸皮是铁打的。
> 别去理会那些蔬菜，

对黄油也不要在意,
直等到端上来好饭好菜,
你要像个勇士前去搏击。
你千万别放过蜜糕,
因为那是众矢之的。
一旦你歼灭了它之后,
可请他们再增添补遗。
婚宴上免不了有杏仁馅饼,
那真是又酥,又香,又甜蜜,
一旦给你端上来这个,
你会把刚吃喝过的美味全忘记……
你要像个妖魔鬼怪,
在一张张餐桌间转来转去。
你要手脚不停嘴不闲,
横扫糕点、肉脯如卷席!
真主啊!这一切都是你的恩赐,
不管妒忌者如何妒忌!

还有一位名叫伊本·戴拉志的,是"白吃族"中的知名人士,也这样开导自己的伙伴:"不要怕大门紧关,不要怕门卫森严!也别怕人家不爱搭理,看门的紧绷着脸!别担心乌鸦不祥地叫呱呱,也别在意人家给你起绰号将你骂!因为这一切终归会让你有可喜的收获,使你免去乞讨的屈辱。为了达到你的目的,实现你的愿望,忍受几下摩拳擦掌奋战一番!"

这些"白吃族"的不速之客为了达到白吃人家一顿的目的,也真够难为他们的了。他们往往心眼儿活,鬼点子多。

有一个吃白食的闻讯来到一户办喜事的人家。人家不让他进。他知道新娘有一位兄弟没来,就将一张纸叠成一封信的样子,在上面写了:"转交新郎内兄托"的字样,转回来说:"新娘的哥哥托我带来一封给新人的信!"人家允许他进了门。他把信交给了办喜事的人。人们看了不禁议论道:"还没见过有这样写信皮儿的,连个名字都没有。"这位"送信的"也搭了腔:"比这更奇怪的是:信瓤里竟一个字都没有。因为他太着急了!"大家听了都笑了,知道这位先生对他们玩了个花招,好混进门,就接待了他。

有一伙人去郊游野餐,一个"白吃族"的老兄也随同前往。大家商定,每人须出点钱或东西,供这次野餐花销。这个说,他负担多少多少钱,那个说,他负担什么什么东西。等轮到那位"白吃族"的先生时,他支吾了半天,说:"我负担……"就住口不说了。大家问:"你负担什么呀?"他说:"真主的诅咒!"大家都笑了,只好免去他的负担。

据说,巴士拉有一位"白吃族"的先生,经过一家门口,人家正设宴办喜事,他就闯了进去,同应邀的客人坐在一起。主人与这位"仁兄"素昧平生,因此很不满。客人们也对这位不速之客婉言相劝:"你若是站在门外等到允许你进或等主人打发人请你进来就好了!"这位老兄倒振振有词:"有家就是为了让人进的,设宴就是为了让人吃的。我没带礼物,也不指望能得到邀请。腼腆会让人们疏远,丢掉它,就会让人们亲近。俗话说:'人家疏远你,你要去亲近他,人家不赏你的脸,你要赏他的脸。'"接着他又吟诗道:

> 每天我都在院子里转悠,
> 到处嗅着肉味儿,像苍蝇一样。
> 一旦看见人家烟囱冒烟,
> 或是有请客办喜事的迹象,
> 我会不怕看门的连骂带踢,
> 不拐弯抹角,径直往里闯。
> 放开胆子,不必请人准许,
> 一切阻拦也都不放在心上。
> 于是你会看到我不顾一切,
> 紧盯着饭菜,像兀鹰一样。

阿拉伯学者哈斯里(? —1061)在其代表作《文学菁华》一书中,曾对"白吃族"的饕餮们作过这样的描述:

> 他胃中的魔鬼十恶不赦,统治那胃的君王是位暴虐者。他特别能吃,胜过烈火,他非常能喝,赛过沙漠。他哪怕吞下一头大象,也不解饿,他哪怕喝干尼罗河,也不解渴。他会走遍各地,直到碰上一个仗义的人慷慨待客,他会恨不得骑上驿站快马,前去吃一顿肉汤泡馍。他的手指紧抓着烤肉,如

铁杆一样。他张开手指抓鱼，好似渔网。他又饥又饿，赛过荒漠中的恶狼：眼珠在转动，肝肠像着火一样，嘴里的口水在往下淌，脖子伸向桌面，眼睛紧盯着菜饭，腮帮子里充满了馋涎……

看起来，这些"白吃族"白吃起来可真够穷凶极恶，令人望而生畏的。他们在人家餐桌上之所以表现得这样英勇、壮烈，敢于赴汤蹈火，不怕牺牲，原也有他们的指导思想，有他们的人生哲学。一位"白吃族"的英雄就在自己的戒指上刻下一句他最欣赏的至理名言："干吗不吃？"

这句话显然可以看作是"白吃族"的座右铭、行动纲领。不过这句话却也让我想起在咱们国家有些人中流行的一句话："不吃白不吃，吃了也白吃！"因而，使我觉得"白吃"这种阿拉伯古老的遗风，如今似乎已东传到了中国。不过，随着时代的变迁，"白吃"似乎也现代化了，而且我国"地大物博，人口众多"，咱们国家的"白吃族"可不像古代阿拉伯"白吃族"那么寒酸，那么小家子气。他们往往出入的都是带星级的宾馆、豪华的饭店、高级的餐厅。主人、客人虽然都是用公款白吃国家的，但大多能作到脸不红，心不跳，衣冠楚楚，神气活现，登堂入室，大摇大摆，名片上有不同凡响的头衔，请帖上有冠冕堂皇的理由，白吃之余，还有礼品可以白拿。巧立名目，花样翻新，虽慷国家之慨，饱个人私囊，却理直气壮，心安理得。如此"白吃"，已蔚然成风。中央虽三令五申，却屡吃不休（羞）！动辄就是"何不潇洒吃一回！"据报载，用公款请客，全国一年竟要被白吃掉一千个亿！我真担心这些"白吃族"会把我们国家吃个山穷水尽，把"希望工程"的那点希望也慢慢吃掉，而留下可以让我们大吃的唯有可怜的"一惊"。阿拉伯古代"白吃族"的轶闻听了让人发笑，中国"白吃族"的传闻却让人怎么也笑不出来。

（原载于《阿拉伯世界》1994年第2期）

七一咏怀

虽然几经风雨雷闪电，
饱尝酸甜苦辣咸；
虽然一度妖风弥漫，
遮住过太阳，
迷过我们的眼；
虽然史无前例的浩劫
耽误了我们最宝贵的时间，
噩梦醒来
人过中年；
虽然三十而立我未立，
四十而不惑，我常感到茫然；
但我不愿作一只秋蝉
时时发出悲叹、哀怨；
我愿作一只飞燕
飞翔在春天的燕园。

虽然我们常常要在书店
和商店之间来回转，
下不了决心
是买一本字典
还是买一件衬衫，
是买一本杂志

还是买三只鸡蛋，
但我们绝不抱怨，
因为长征路上
总要经过草地、雪山。

严冬已过，天气总会越来越暖，
天上不会掉下甜馅饼，
谁都不用仰着脖子，透过蛤蟆镜
总是望着西天。
没有谁会把幸福装在金盘子里
端在我们面前。

树靠我们栽，
坑靠我们填，
添一块瓦，
砌一块砖，
共和国壮丽的大厦
靠我们自己的双手创建！

道路不能改
——又红又专，
方向不能变

天方探幽

——勇往直前。
地可以动,山可以摇,
但我们的信仰不能改变。
海可以枯,石可以烂,
但却动摇不了我们的信念。

山路也许崎岖不平,曲曲弯弯,
但我们总是在向上登攀。
太阳也许会有黑子,
岁月有时难免天昏地暗,
但我们坚信月亮不会从西边出来,

地球仍将永远绕着太阳转,
共产主义事业一定会胜利,
英特纳雄纳尔一定要实现。
为这人类最壮丽的事业,
让我们蘸着全部的血和汗,
写下一个铺天盖地的大字:
干!

1978 年 7 月 1 日

假若我是一只鸟

假若我是一只鸟，
展翅飞翔在天空。

我不愿作传说中的凤凰，
尽享荣华富贵，八面威风，
接受顶礼膜拜，
要百鸟朝凤。
我不喜欢专制独裁，
我向往公正、平等。

我也不愿作一只孔雀，
翘起尾巴，叫什么"开屏"，
美应该藏在心里，
何必总不忘卖弄。

我不愿高高在上，
去作一只老鹰；
更不愿让人家驯化，
成为猎鹰、鱼鹰，
对主人百依百顺，
对弱者却是那么凶。

我当然不愿作一只乌鸦，
乌黑的羽毛，讨厌的叫声，
成群结队，一路聒噪，
被人们称作乌合之众：
追随猛禽、野兽之后，
分享吃剩的猎物，啄个不停。

可我也不愿作一只喜鹊，
纵然人们对它笑脸相迎。
喜鹊总是报喜不报忧，
虚报业绩，粉饰太平；
让人们丧失忧患意识，
贻误战机，加重病情。

我也不愿作一只麻雀，
成天叽叽喳喳叫个不停，
飞来飞去，胆战心惊，
连被打成"四害"之一，
都不敢喊冤，甘愿认命。

我不愿作八哥或鹦鹉，
虽然它们说的比唱的还好听，

但只会学舌，没有自己的话，
只会为了讨好，哗众取宠。

我不愿作百灵鸟，
尽管它是那么聪明，那么灵，
成天唱来唱去，
无非是要让人开心，讨人宠幸，
你可曾听过它对主人忠言进谏，
提出过批评？
它可曾表达过真情，
要争取自由，飞出鸟笼？

我也不愿作一只杜鹃，
"布谷！布谷！"喊个不停，
好像它是多么辛勤，
多么热爱劳动，
其实是言行不一的两面派，
竟把卵下在别的鸟巢中，
游手好闲，不负责任，
让别的鸟为它育婴。

我也不想作拆不开的鸳鸯，
成天只知卿卿我我，我我卿卿，
世上不是只有你我，风花雪月，
何必定要比翼双飞，海誓山盟？！
天空辽阔，飞得高才能看得远，
展开坚挺的双翼，不怕骤雨狂风。

作鸟要作一只啄木鸟，
从早到晚忙碌不停，
为一棵棵树木诊治，
啄尽一切害虫，
让大地永葆春色，
郁郁葱葱，四季常青！

作鹰要作一只猫头鹰，
不怕含冤受屈，背负骂名，
看似睁一只眼闭一只眼，
其实好坏、善恶能辨认，
是非、浑浊分得清。
专扑毒蛇与老鼠，
为民除害，让大地干干净净！

还是让我作一只鸽子吧！
百鸟中的一员，普普通通。
不像神话中的凤凰，
喜欢神化，令百鸟朝凤；
不像喜欢翘尾巴的孔雀，
不时开屏，不忘卖弄；
不像巧舌如簧的百灵鸟，
那要有唱赞歌的本领；
也不会像八哥、鹦鹉学舌，
说得比唱得还动听；
更不会像凶猛的老鹰，
它其实也是欺软怕硬。

还是让我作一只鸽子吧！
至少也象征和平！
和睦、和谐、和平不好吗？
何必要天天讲、月月讲、年年讲斗争？！

咏物

煤

当年你是一棵参天的大树，
不是一根随风摆动的小草。
不知在哪个冰河期，
突然地动山摇，
于是你被埋在了地下，
受岁月煎熬，
被历史重造。
都说你黑，
其实他们哪里知道，
你的心是热的，是红的
——一旦燃烧！

雪

看起来
你是那样晶莹，
那样洁白，
那样纯净，
那样可爱。

可有多少垃圾，多少肮脏
被你掩盖；
又有多少丑行，多少罪恶
被你掩埋。
但你不会永久存在，
天有放晴时
太阳会出来。
世界会显出原貌
——黑就是黑，白就是白，
何必要银装素裹
让世界只有一种色彩，
让洁白的外衣
掩盖着腐败！

冰

看起来，
它是那样晶莹，
那样透明，
看起来
很温暖，

显得热气腾腾。
可实际上，
你接触它
会感到又凉又冷。
它让你与实地

还隔着一层，
要当心！
否则它会让你摔跤，
跌得很痛！

"自选动作"的价值

陈众议

仲跻昆先生的《阿拉伯文学通史》(以下简称《通史》)既不算大,也不算小。它上下两卷,凡一百万字。该著的"规定动作"是相对客观部分。这部分上抵贾希利叶时期(5—7世纪),下达20—21世纪之交,内容涉及阿拉伯古代文学、伊斯兰时期文学的繁荣及其西进、现代阿拉伯国家的文学概貌,等等。其中有关"悬诗"或"盖绥塔""拜特""纳西布""玛卡梅""彩锦诗"("彩诗")等的述评对不少读者当不乏"扫盲"功用。

用作者的话说,现有的《阿拉伯文学史》大都以19世纪为下限,譬如汉密尔顿的《阿拉伯文学简史》和邵基·戴伊夫的十卷本《阿拉伯文学史》。它们所涉内容只不过是我们眼前这部《通史》的上卷即古代部分。至于阿拉伯文学的现代部分,即使是在阿拉伯国家也很少达到《通史》的规模。盖因相关著述大多只涉及埃及、黎巴嫩等少数国家的文学概况,最多加上伊拉克、叙利亚的个别知名作家,而海湾地区、马格里布地区及也门、苏丹、约旦、巴勒斯坦的文学则恰似乌有之乡,几乎完全阙如。即便如此,一般阿拉伯现代文学史的下限也只是第二次世界大战前后。而《通史》却几乎将视阈扩展到了截稿之日。

作为西班牙语学者,除了主动接受系统的"扫盲",我最关心的当然是"安达鲁西亚文学"部分。这部分从第459页到第5—7页,凡五章十五节。它描述了阿拉伯"西方帝国"近八个世纪的文学与文化活动,这其中既包括"百年翻译运动"对伊比利亚及西方文艺复兴运动的影响,也包括"彩锦诗"等"出口转内销"的奇特文学景观。基于种种原因,西班牙学者很少言及这方面内容。《黑色雅典娜》的作者马丁·贝尔纳于是完全有理由认为,种族主义使欧美学术界长期以来有意

485

淡化，甚至否定东方文化的影响。这与多年前西班牙学者梅嫩德斯·佩拉约的估计不谋而合。虽然近年来情况有所变化，但西方中心主义的事实远未改变。

下卷中，我最关心的却是埃及、突尼斯、利比亚和叙利亚等国的文学现状。它撩拨着我对这些国家的忧悒之心。看得出来，仲先生的叙述秉承了他的宗旨：客观、公允。当然，他这是相对而言。但正因为这相对的客观，作为读者，我不难读出这些国家的当代文学其实并不那么传统。当然，这也是相对之谓。譬如，当过利比亚作家协会主席的艾哈迈德·法基赫就曾深受西方文学的影响。据我所知，他与在位时的卡扎菲过从甚密，但后者的垮台使他迅速摇身一变，顺理成章地成了"持不同政见者"。事实上，早在卡扎菲时代，他的许多作品已然表现出对老卡的巨大离心力。

相对于"规定动作"，"自选动作"是所有文学史或文学通史的"书眼"。仲先生在序言中开宗明义，谓"我有我的价值观，我的视角，我的观点"。譬如，他对西方中心主义的批判是由来已久的。我与他接触不算多，但也不算少。工作关系，我们也曾在相关活动中匆聚匆散。他每每张口即批西方中心主义。立场使然，《通史》亦不讳言。

现代意义上的文学史写作是从 19 世纪开始的，且必得由外国人来迈出第一步。时至今日，世界文学史写作的任务已历史地落到了中国学人的肩上。风云际会，这是多方面因素推动的结果。首先是我们的需要，即了解的需要、借鉴的需要；盖因中华民族的复兴需要文化的复兴，而文学作为文化最灵动，也最重要的组成部分必须踽踽先行。正是在此意义上，我认为仲先生功莫大焉。其他或则细节，容当别议。

（作者系中国社会科学院外国文学研究所所长、研究员、中国外国文学学会会长）

阿拉伯文学的"百科全书"

郅溥浩

仲跻昆先生是中国阿拉伯语界的知名学者。他毕生从事阿拉伯语教学、阿拉伯文学翻译和研究，孜孜不倦，硕果累累。他集毕生积累撰写出的《阿拉伯文学通史》，更是将中国的阿拉伯文学研究提高到了一个新的阶段。它使中国读者能够在其中读到阿拉伯文学从古至今的发展脉络，查阅到阿拉伯文学基本的或详或简的资料，这不仅是对中国阿拉伯文学研究的贡献，也是对阿拉伯文学本身的贡献。

诚如作者所说，这部文学通史，在时间和空间跨度上，是阿拉伯人和西方人所写文学史所不及的。阿拉伯人近几十年来并未写出新的文学史著作，不仅没有写出整体的《阿拉伯文学通史》，而且国别文学史也很少问世。而现当代阿拉伯文学丰富又纷繁，作家、诗人辈出，观点各异，流派纷呈，难以有人能承担起写作一部有跨度、有深度的文学史著作。因此，我们能看到的、所使用的还是几十年前问世的那几部阿拉伯文学史。在这些阿拉伯文学史中，阿拉伯文学史上一些非常重要的作家都未包括进去，如塔哈·侯赛因、马哈福兹、哈基姆等。而仲跻昆这部文学通史的时间跨度至少讲到了21世纪初，为读者了解阿拉伯文学提供了很大帮助。

在上卷《阿拉伯古代文学》中，作者大体按阿拉伯历史的分期顺序介绍各个不同时期的文学、诗人、作家，及其作品。除一般阿拉伯文学史上必须提到的诗人、作家外，作者还根据自己的了解和研究，增添了许多一般文学史不曾述及的比较重要的诗人、作家。更为突出的是，对各个时期，特别是阿拔斯王朝时期产生的重要散文作品也有详简不同的介绍。同时，对阿拉伯文学的绚丽之花《一千零一夜》、阿拉伯民间文学长篇英雄故事《安塔拉传奇》作了较大篇幅介绍。这代表了中国学者、中国阿拉伯文学研究者对阿拉伯民间文学的真实评价和应有态度。作者还在开篇《阿拉伯古代文学绪论》中，将阿拉伯古代文学在世界的地位及在中国的传播和影响作了概括的论述——虽然这方面的研究还可继续深入下去。这样安排并不给人以唐突的感觉，恰恰是读者想要了解的，体现了作者的匠心独运。

下卷《阿拉伯现代文学》首先给人的印象是涵盖面广。包括尼罗河流域地区、沙姆地区、两河流域地区、马格里布地区、也门及海湾地区六国，涵盖了所有阿拉伯国家。众所周知，埃及、黎巴嫩、伊拉克等国是历史悠久的文学大国，近现代更是产生了众多优秀的作家、诗人和文学作品。但同样为人所知的是，马格里布、海湾诸国的现当代文学早已崛起，是阿拉伯文学中不能忽视的重要组成部分。由于受到埃及等国文学影响，这些国家的文学起点颇高，很有成就。向读者介绍埃及等国的现当代文学是理所当然的，但介绍马格里布和海湾的现当代文学同样是必需的。否则不能勾画出现当代阿拉伯文学的总体面貌和发展概况。

《阿拉伯文学通史》以丰富的第一手资料为写作基础。在浩如烟海的资料中提取最有用、最适合的成分，尽管国家众多，作家、诗人如林，作品丰富多彩，但并不给人以罗列堆砌之感，而是条分缕析，层次分明，这是一种严谨踏实认真的学风。阿拉伯国家是一个诗歌文学大国，古代和近代现当代产生了数不清的诗歌。因此，尽管是一部文学史，但其中的诗歌介绍和翻译却是一个格外突出的问题。在这方面，作者所作的努力是超常的，"为便于我国读者对这些诗文特点有一定的感性认识，我对书中引用的诗文的翻译还是下了一番功夫的。这也算是本书的一个特点吧"。这部《阿拉伯文学通史》对各个不同时期文学产生发展的背景、不同的流派都有详简不同的论述。

虽然这部《阿拉伯文学通史》存在某些不足，如有些重点不够突出，对一些重要作家的论述还欠全面深入，对一些国家文学发展的背景介绍还不够充分等，但这并不影响这部文学史的巨大成就及价值。它是中国阿拉伯文学研究的一个重大成果，是当前中国阿拉伯语教学、文学研究，乃至翻译欣欣向荣，取得重大进展的一个象征。它为中国学习阿拉伯语，从事阿拉伯文学、文化，乃至外国文学研究的人们提供了一部难得的阿拉伯文学"百科全书"，也为中国读者送上了一本了解阿拉伯文学详尽的不可多得的有价值的读本。

（作者系中国社会科学院外国文学研究所研究员、原东方文学室主任，中国阿拉伯文学研究会原副会长）

一部具有创新精神的文学史

蔡伟良

仲跻昆教授虽已年逾古稀,但不仅精气神依然十足,而且情感颇丰,每当谈起阿拉伯文学,谈起他对阿拉伯文学的研究总是那样充满热情,甚至不惜以热泪解读他对阿拉伯文学的"恋情"。正是仲教授对阿拉伯文学的如此痴情和热恋,才铸就了他不仅被国人,而且被阿拉伯人认可的成就,而他的《阿拉伯文学通史》是可以被视为其代表作的。

《阿拉伯文学通史》时间跨度长达1500多年,好一个"通"字了得!一个相对于阿拉伯国家而言的"外国学者"将对象国从古到今的文学发展脉络滤清到如此精细的程度,令阿拉伯学者钦佩,仲老师因此荣获阿拉伯国家嘉奖实在是实至名归。

眼下学术界最为注重的是创新。要在写文学史中创新,远比写一篇有创新思维的文学评论难,而仲老师做到了攻坚克难。展现在读者面前的《阿拉伯文学通史》可谓创新多多。其一,时间跨度大。值得在此再次提出的是仲教授对阿拉伯各国现当代文学——流派、作家、诗人、作品的关注,尤其是对那些文化发展相对滞后的阿拉伯国家当代文学的论述,更可称是"弥足珍贵"。"盖棺论定"似乎是写史的通行原则,而仲老师是斗胆打破常规,将许多当今依然活跃在文坛上的作家、诗人入史,从而让史更加鲜活。平心而论,这是连众多阿拉伯学者都难以做到的;其二,空间跨度大。阿拉伯文学既是区域文学,同时对现当代而言,它又是国别文学的总汇。《阿拉伯文学通史》尽可能拓宽视阈的空间,让那些"不起眼"的作家、诗人以及他们的作品,作为一个国家、地区的代表荣登文学史的大雅殿堂;其三,对民间文学的关注。一般而言,大凡文学通史均属正史,而民间文学则因被视为层次较低的文学现象而不能入踏正史之门。阿拉伯国家也一样。《一千零一夜》这样一部具有世界性影响的民间文学巨著，却因为它的"民间"属性而被阿拉伯文史学家排斥在文学正史之外。仲老师则不然，他为阿拉伯故事文学单辟两章，分别就《安塔拉传奇》和《一千零一夜》予以独立叙述。虽然篇幅不长，却清楚地勾勒出了《一千零一夜》在东西方的传播路线和影响范围，为其专门研究者提供了深入、拓展研究的线索；其四，重视文本分析。文本分析的基础是对文本的精细阅读。《阿拉伯文学通史》涉及从古到今长达1500年的文学作品，尤其是古代部分，其主要的文学表现形式是诗歌。其中要读懂阿拉伯古诗绝非易事，没有语言、文化、历史功底，面对阿拉伯古诗绝对是一筹莫展。《阿拉伯文学通史》所涉及的古代诗人多达百人，其中予以详细论述的有88人。仲老师对这些诗人在阿拉伯文学发展史上的地位，以及诗歌创作风格的评述都是建立在对其作品分析的基础上的，从读懂到理解、翻译，再到评述，这样严谨的治学是外国文学研究者必须遵循的操守，没有作品翻译作为支撑的外国文学研究如同"空手道"，是难以让人信服的。

  《阿拉伯文学通史》的问世，在一定程度上证明国人在阿拉伯文学史研究领域所达到的一个新的高度，我断定这一高度在以后相当长的时期内也是难以超越的。因此，我认为，仲跻昆教授的《阿拉伯文学通史》是中国阿拉伯文学研究的一座丰碑，同时，它也昭示着阿拉伯文学研究的一个新的起点即将在我国产生，我们将用更加犀利的眼光、更加睿智的判断去聚焦、去关注、去审视当代的乃至今天的阿拉伯文学，即阿拉伯文学新生代的作品、作家与诗歌、诗人。

（作者系教育部高校外语专业教学指导委员会秘书长、中国阿拉伯文学研究会会长、上海外国语大学教授）

揭开阿拉伯文学神秘面纱

薛庆国

新世纪以来，随着"9·11"事件、伊拉克战争等重大事件的爆发，与阿拉伯人、阿拉伯世界有关的一切，逐渐成为国人关注的焦点。2011年伊始兴起并席卷中东的"阿拉伯之春"运动，更增加了人们了解阿拉伯世界的兴趣。诚如赛义德所言，要深入了解阿拉伯民族，文学是一个不可或缺的重要视角。遗憾的是，中国人对于阿拉伯古今文学的了解也极为有限，他们眼里的阿拉伯世界，一直笼罩着一层神秘而厚实的面纱。

对此现象，中国从事阿拉伯文学研究和翻译的同仁一直引以为憾，这也一直是仲跻昆教授萦绕于怀的心结。他曾在多个场合谈及阿拉伯文学是博大精深的宝库，完全值得介绍给中国读者；我们这些专业人士没有尽职尽责，有点亏待了阿拉伯文学；我们应该加倍努力，献出配得上阿拉伯文学的研究和译介成果，为阿拉伯文学争气。

2010年岁末，凝聚了仲跻昆先生古稀之年心血的两卷本大作《阿拉伯文学通史》付梓出版，他多年来的心愿终于得以实现。尽管他自谦地称其为"披头散发的初稿、粗稿"，但在同行们看来，这是一部厚重之作、权威之作。作出这一评价，不仅因为它是国家社科基金资助项目，还主要因为它具有以下几个显著特点：

第一，这是一部名副其实的通史，它囊括了从6世纪直至21世纪头10年整个阿拉伯世界的文学现象，其时间跨度长达1500多年，地域空间涵盖近20个阿拉伯国家。全书共述及700多位古今诗人、作家，1800多部文学作品。对于几年前阿拉伯作协选出的20世纪105部最佳阿拉伯中长篇小说，书中也大都涉及。因此，这部著作的价值，首先在于其内容之全、之丰、之新，正如作者在全书序言中所述："目前，包括阿拉伯世界在内，中外还没有一部阿拉伯文学史，在时空上有这样大的跨度，特别是在阿拉伯现代文学部分，对近 20 个阿拉伯国家的现代文学既有总体论述、又分国别论述的。"可以说，这部兼收并蓄的《通史》，真正反映了丰富多彩、博大精深的阿拉伯文学之全貌。

第二，这部《通史》在叙述历史、分析现象、介绍人物、评骘作品的同时，还对重要的文学作品作了大量的引述、译介。作者不仅具有深厚的阿拉伯语和汉语功底，而且喜爱诗歌，擅长文艺，年轻时曾是北大话剧队成员。因此，经他妙笔翻译的阿拉伯文学片段，特别是难度极大的古典诗歌，既保其真，又存其美，译文和原文一样诗意浓郁，朗朗上口。读者可以从中一窥阿拉伯文学的思想和艺术魅力。

第三，结合宏观与微观，将文学置于文化、历史、政治的大背景下研究，是这部《通史》的又一特色。由此，作者高屋建瓴地将现代文学的发展脉络，置于更宏大的历史文化框架下展开，并以整个阿拉伯文学版图为坐标，确立地区和国别文学的地位与作用。读者得以既见树木，又见森林，对阿拉伯文学乃至文化产生较为全面与透彻的了解。

第四，《通史》充分体现了一位中国学者的独特视角与价值观。作者参考了国外同行的大量著述，但并未亦步亦趋，拾人牙慧。在评判作家、作品时，此书力求客观、公正，既避免阿拉伯学者囿于宗教、政治、民族等因素而失之偏颇，也避免西方学者出于"欧洲中心论"而有失公允。《通史》则高度评价其启蒙意义及美学价值。作者还尤其偏爱那些反映民间疾苦、富有人文情怀的作家、作品，并不惜以较大篇幅予以详述、译介。在这一点上，也可以说作者在书写文学史的同时，也书写了自己的情怀与理想。

记得仲先生曾在多个场合说过这样的话："人如果能再活一辈子，或多活几辈子，我想我会毫不犹豫地选择再对阿拉伯文学、文化进行研究。"他对阿拉伯文学的挚爱与深思，对学术研究的执著与勤勉，都在《阿拉伯文学通史》这部皇皇大作中得以体现。作为中国阿拉伯文学研究界的擎旗者，仲先生以自己的心血与行动实现了自己的夙愿，也为后辈学人树立了榜样，激励我们接续学脉，传承薪火，沿着老一辈学者开创的学术之路义无反顾地走下去。

（作者系北京外国语大学教授、中国阿拉伯文学研究会秘书长）

颗颗珠玑耀眼明

——仲跻昆教授和他的新译作

彭 龄

不久前，人民文学出版社编辑李玉侠着人打电话给我，说有一部书要寄给我，要求核对地址和邮编。她留学开罗时，我们刚好也在那里工作，前两年，她编辑并参加《纪伯伦诗文选》问世前，曾邀彭龄作《序》，这次该是什么新译著问世呢？几天后，收到她寄赠的仲跻昆教授译的《阿拉伯古代诗选》。李玉侠是该书责编，她知道跻昆是我们夫妇的同窗好友，也知道我们虽不问译事，却一直关注着阿拉伯文学，她负责的书一出版便忙寄赠我们，让我们先睹为快，分享译者与编者的快乐。

应当说，跻昆这部译作的出版，我们并不感意外。跻昆是大连人，虽非书香门第，却受到良好家教。父母自幼就培养孩子们的阅读习惯。上中学之前，他便读完了《聊斋志异》《红楼梦》及父亲的其他藏书。上中学后，他常去图书馆借阅小说、诗歌、戏剧。他勤奋好学，悟性强，课外涉猎的知识，不仅没有影响他的学业，反而开阔了他的眼界，丰富了他的学养。他喜爱文学、戏剧，曾被大连话剧团借去，饰演苏联多幕话剧《曙光照耀莫斯科》中的孩童乌福卡一角，显露出他的戏剧天分。他的作文，更常被老师选作范文。高中毕业时，如果不是组织上推荐他报考北大东语系，他完全有条件去实现自己的梦想：当一名演员或者当一名作家。

在北大学习时，跻昆不见得是班上最刻苦、最勤奋的学生。然而，他的学习成绩却始终名列前茅。我们想，这除了认真努力之外，恐怕更得益于他的聪颖与悟性。在学习方法上，他注意掌握语法的基本特点，直到弄懂弄通，而绝不生吞活剥、死记硬背课文。在别的同学背单词、背课文、查字典，"忙"得晕头涨脑的时候，他却常常有时间去图书馆或阅览室浏览"闲书"，很是潇洒。其实，这些所谓的"闲书"，正是他课堂上汲取知识的必要的补充与积累，也恰恰是造就他成为功底丰厚、学识渊博的专家、学者必不可少的要素。

跻昆的博学多才，在求学时就处处显露出来。课堂练习时，其他同学往往只会背课文中现成的句子，他却能举一反三。这一点深得马坚教授的赞赏，不止一次要同学们向跻昆学习，不要"死读书、读死书、读书死"，不能把所学知识灵活运用。日常生活中，他看似"老夫子"般的沉静、木讷，实则幽默机敏，会写、会画、回表演，应对裕如，妙语如珠。记得1958年提倡"诗画满墙"，民歌大流行时，我们去西山植树，晚上在帐篷里整理铺盖，同学马凌宇即兴用民歌体哼出两句："走出校门植树来，铺天盖地多愉快"，下面却接不下去了。大家七嘴八舌，也未能凑出一首完整的诗，这是，在一旁一声不响的跻昆慢悠悠地说："我来续两句：夜阑深首帐篷外，风吹杏落口中来。"话音刚落，一片喝彩。因为我们的帐篷正搭在山脚下的杏树林中，青里透黄的杏儿已挂满枝丫。东语系的宣传队是十分活跃的，有不少"保留节目"，但大多是"民歌联唱""河南坠子""三句半"等等现编现演的"小段子"，下乡劳动时宣传、鼓劲还可以，一到全校文艺会演，与能推出多幕话剧的中文系一比可就逊色了。不知是谁推荐，系里把"推出一台大戏"的重任交给了跻昆。当时，我们并不知道他在中学时就有戏剧表演与创作的经历，只担心比不过中文系那帮才子才女。那些日子，跻昆与平时无异，未见他有多么沉重的精神负担，也不知他会出怎样一台"大戏"。出乎大家意料的是，他没有选择多幕话剧去同中文系"比拼"，更没有把宣传队的"保留节目"翻出来炒冷饭，而是别出心裁地结合当时国际形势及外语系的培养目标与特点，创作出一部名叫《白宫丑史》的大型活报剧。他集编、导、演于一身，同系里众多文艺骨干一起，用活人扮木偶的形式，来演出这台大型活报剧。无论内容、形式都是一种全新的创意，讽刺辛辣，寓意深刻，演出之后，立即轰动了北大校园。那些日子，无论在校园的哪个角落，都会听到人们在热烈地谈论着《白宫丑史》，更有人学着跻昆饰演的艾克·艾森豪威尔的动作、台词手舞足蹈。一炮打响之后，东语系的"保留节目"中自然更多了《白宫丑史》这一部紧密配合国际形势、寓教于乐的"大戏"。根据国际形势的发展变化，跻昆前后共编、导、演了三部续集。在北大学生办的文学刊物《红楼》被迫停刊，改为以政治思想教育为主的《北大青年》之后，竟破例不吝篇幅，全文刊载，足见它在当时的影响。几年前，在一次集会上与跻昆相遇,谈起北大时,他问我:"在北大求学时,最值得怀念的是哪一年?"我不假思索地回答:"1956——我们初进北大的那一年。"他说:"我也是。那时,人与人之间的关系多么单纯!后来,一个'运动'接一个'运动',人心散了,'内伤'太重……"这确是我们那个时代北大学子们的肺腑之言。跻昆为人忠厚、恳挚,虽然博学多才,却从不张扬,从不争强斗胜。历次政治运动,都是老老实实,认真检查着自己的不足。他从不钻营、攀附,更不落井下石。应当说,他是个"本分"的学生。然而,在哪个时代,这样的"本分"在势利者眼中,却有"不积极靠拢组织""不关心政治"和"走白专道路"之嫌。就在他利用课余时间,以饱满的政治热情,创作并演出在北大,乃至在北京高校师生中传诵一时的木偶剧《白宫丑史》时,他本人正被列为某一次"运动"中系里"重点帮助"对象。当一位好心人把这消息悄悄透露给他时,着实把他吓得够呛。因为谁都知道,一旦被列为"运动"的"重点",就意味着有可能在政治上被打入"另册"。不知是由于实在找不出更多的理由,还是因为他的《白宫丑史》为系级、学校赢得了太多的赞誉,不便将他划为"重点",他终于侥幸地躲过一劫。但他心头留下的"内伤",却不是一下子就能愈合的。

毕业后,跻昆留校任教。一转眼,40个寒暑过去了,他由一位风度翩翩的年轻助教,变为两鬓苍苍的博士生导师。可贵的是,几十年来,不论风云如何变幻,他依旧保持着初进北大时的那份童心与单纯,固守着中华民族传统的道德理念与中国知识分子那种弥足珍贵的"本分":勤勤恳恳做事,老老实实做人;依旧忠厚、恳挚,与人为善,不趋炎附势、不与邻为壑;在事业上孜孜以求,认真搞好教学之外,还把心力用在阿拉伯文学的研究与译介工作。他先后翻译了伊·阿·库杜斯、米·努埃曼、赛·萨拉赫和纳·马哈福兹等阿拉伯名作家的长篇及中、短篇小说集《难中英杰》《沙漠——我的天堂》《米尔玛拉公寓》《努埃曼短篇小说选》《埃及短篇小说选》;以及纪伯伦的散文诗集《泪与笑》、科威特女诗人苏·萨巴赫的诗歌散文集《本来就是女性》。此外,还参加了《大百科全书》《简明东方文学史》《比较文学史》等辞书典籍的编纂工作。

他的译著,不仅数量可观,而且凭借他深厚的阿拉伯文学功底和国学修养,每译一作,都像艺术家似的精雕细镂,译文质量也颇出众。以纪伯伦的散文诗集《泪与笑》为例,已出版的不同译者的中译本可能不下五六种,从忠实地译出原著内涵,并能传达出原著韵味的,可能要数跻昆的译本为最。我国著名诗人、中国散文诗学会副主席纪鹏,就称赞过跻昆的译笔,他珍藏的跻昆译的《泪与笑》

和冰心译的《先知·沙与沫》，在细细研读时，每一页都用笔画满了记号。

除了研究、译介当代阿拉伯文学作品之外，跻昆更把目光瞄向功力不到或急功近利者不敢或不愿问津的阿拉伯古代诗歌、特别是有着阿拉伯诗歌"王冠上的珍珠"之誉的七首（一说十首）"悬诗"的研究与翻译上。阿拉伯古谚说："阿拉伯人的舌头，中国人的手。"自古以来，阿拉伯民族就长于思辨与幻想，这同他们生活的环境有密切的关系。放牧归来，在茫茫大漠上，面对一蓬篝火，一轮皓月，他们不是就浩浩广宇、漫漫人生，提出一个个命题与反命题，不断推动哲学思想的发展，就是伴着手鼓、琴弦，讴歌各部族崇敬的英雄、先贤，倾诉对亲人的思念，对爱情的渴望，对未来的憧憬。可以说是阿拉伯半岛的特殊环境，培养了阿拉伯人的思辨能力与口才，也造就了众多的富有才华的诗人。而"悬诗"，便是阿拉伯诗人献给世界文坛的一枝奇葩。相传在蒙昧时期（475—622年）一年一度的欧卡兹集市上，各部族诗人聚集一堂，登台吟咏，盛况空前。最后，再由参赛的诗中，遴选出众人一致公认的佳篇，用金水书写在细亚麻布上，悬挂在克尔白圣殿的帷幔上。它是阿拉伯诗歌中的极品。"悬诗"的作者，无论是乌姆鲁勒·盖斯、祖海尔，还是安塔拉，人人都有出口成章、倚马可待的诗才，而且都有着丰厚的学养。他们的"悬诗"内涵丰富，气势恢弘，有哲理，有抒情，有赞美，有讽喻，就像屈原的《离骚》，上下五千年，纵横八万里，是一个民族历史文化与社会现实高度的、形象而生动的浓缩与概括。要想读懂就很不容易，更何况译出！"译事难，译诗尤难。"这是翻译界公认的。正因为难，才有"诗究竟是可译还是不可译"之争。应该说，诗还是可译的，但译者有无良好的中外文基础，有无根据原诗内容、形式、音韵特色，在翻译时，结合中国诗歌的特点进行再创作的动力，其水平往往会有天壤之别。冰心先生译纪伯伦的《先知》《沙与沫》，戈宝权先生译普希金的《茨冈》《致大海》，钱春绮先生译海涅的抒情诗，无疑都是神形并茂，体现信、达、雅准则的经典译著。早在10年前，跻昆赠送我们的《外国抒情诗赏析辞典》中，收入他译的12位阿拉伯古代诗人17首诗中，就有乌姆鲁勒·盖斯和祖海尔的"悬诗"。如今，这部涵盖了阿拉伯古代各个历史时期、荟萃了百多位有代表性的诗人的600首诗的《阿拉伯古代诗选》，更是跻昆集几十年学养、功力，献给读者的一份厚礼。捧读他的译诗，令人欣喜地发现，他的每一首译诗都继承了这些翻译家的传统，本着对读者负责的精神，在忠实原著的基础上，尽可能地运用中国诗歌的民族形式，再现原诗的格律、音节与韵味。或一韵到底，或一节一韵，或隔行押韵，读来朗朗上口，回味无穷。

我们十分感谢李玉侠编辑，尽管没有直接通话，她却传递了一个信息：在不负责任的出版物几近泛滥的今天，仍有他所在的出版社和他与跻昆这样的编者、译者，在默默地为读者奉献出一颗颗闪光的珠玑，这实在值得庆幸与称道……

2002年1月21日
于北京三里屯

（原载于彭龄、章谊：《岁月留痕》，文化艺术出版社，2006年。彭龄本名曹彭龄，历任我国驻叙利亚、黎巴嫩、伊拉克、埃及使馆副武官、武官，少将军衔）

仲跻昆：从中国边缘到阿拉伯中心

林丰民

师门师承　马坚弟子

仲跻昆老师是北京大学阿拉伯语专业开创者马坚教授的嫡传弟子。

而我有幸师从仲跻昆老师，本科阶段就上过仲跻昆老师有关阿拉伯文学的多门课程，深深地被仲老师的学识所吸引，因此硕士生阶段选择了师从仲老师。读研阶段并没有清晰的就业意向，但硕士阶段在《阿拉伯世界》发表了一篇文章，自己手写的文字变成铅字，似乎人生的轨迹也由此显出了一点雏形，预示着我学术之路的开端。

硕士毕业后直接留校，因为当时北京大学阿拉伯语专业还没有博士点。当时考虑过到中文系读个比较文学的博士，曾经跟乐黛云先生表示过想读她的博士，她也很愿意拓展对阿拉伯文学的比较研究。在准备考博的过程中，心理还是有些许的胆怯，因为我知道北大中文系的博士考试竞争之激烈，也知道报考乐黛云先生的人不在少数。就在我犹豫不决的时候，仲跻昆老师带头申请的阿拉伯语言文学博士点被批准了，乐黛云先生知道后劝我还是读仲跻昆老师的，至今还记得她说的原因是"不忍夺人所爱"。我本来只是因为本专业没有博士点才考虑比较文学的，现在阿语专业有自己的博士点了，又何必舍近求远，更何况中文系的博士生考试竞争惨烈，尤其是乐黛云先生的博士更不好考。于是，再一次毫不犹豫地跟从仲老师攻读博士学位。从此，我的学术生涯印刻上仲跻昆老师的深深烙印。

硕士期间，除了听老师讲课以外，还帮着老师誊写手稿。我自己感觉誊抄的过程受益匪浅，比自己阅读书籍的印象要深刻得多，同时在慢慢誊抄的过程中也感受到老师的写作风格、处理文字的方法，甚至一些字词的应用，对我后来自己写文章、写论文都有极大的帮助。

我在研究生学习期间，包括后来的学术之路上，都感受到了仲老师对于马坚先生学术精神的传承。他常常教诲我说："板凳甘坐十年冷"仲老师不仅是这么说的，也是这么做的。犹记得我刚进入北大的时候，仲老师担任阿拉伯语教研室主任兼任希伯来语教研室主任，但是为了学术研究工作，他第二年毅然决然地辞去了教研室主任的职务，埋头于阿拉伯文学的翻译与研究。那时候我还不能理解，如今我自己担任系主任的工作，特别能够理解导师当年的选择。读书、翻译、研究、写作，构成了他生活的主旋律。读书、写作是寂寞的，但也唯有在寂寞的学习中才能静心于读书和思考。

有一件仲老师本人漫不经心提到而我们这些后辈学生倍感敬佩的事，那就是他把北大收藏的所有阿拉伯文书籍都"摸"了一遍。这个"摸"一遍可不简单。北大的阿拉伯文书籍现在都在外国语学院分图书馆里，原先在外文楼东语系的图书室，占据了书库中的好几排，尽管无法跟阿拉伯国家的图书馆相比，但几排书架上的阿拉伯文图书加起来也有两千多册。仲跻昆老师的"摸"一遍即便只是大体浏览一下，哪怕只是读一读这些书的目录和介绍，那也不是一项小工程，更何况那些与文学相关的书籍他看过何止一遍。

"我们的诗人"仲跻昆

仲跻昆老师具有浪漫的诗人气质。年轻时他就当过演员，他的感性也许跟那时候的经历有关，但更多的是一种与生俱来的禀赋。记得在国内多次的阿拉伯文学相关的活动中，驻华的阿拉伯使节多次来参加我们的活动，曾经听到驻华使节称仲跻昆老师为"我们的诗人"，一方面是肯定了仲跻昆老师的文学才华，另一方面是把他当作宣传阿拉伯文化特别是阿拉伯文学的中国代言人，他们把仲老师看成是阿拉伯的"自己人"。

他们之所以有这样的印象，在我看来源于两个方面的因素，一是仲跻昆老师翻译了很多阿拉伯的诗歌，既包括古代的诗歌，也包括现当代的诗歌。在古代诗歌方面，仲跻昆老师在他的系列文学史著作中翻译了古代一些名家名作，穿插在行文中，尤其是他翻译的《阿拉伯古代诗选》在人民文学出版社出版，不仅得到了国内阿拉伯学界的认可，同时也得到国内文坛一些诗人、文学家的肯定。在现当代诗歌方面，仲跻昆老师翻译了纪伯伦的散文诗《泪与笑》、科威特女诗人苏阿德·萨巴赫的多本诗集、尼扎尔·格巴尼的一些情诗，而在他的《阿拉伯现代文学史》和《阿拉伯文学通史》中有大量现当代阿拉伯诗人的代表新诗作。另一方面，在各种相关的阿拉伯文学研讨会和阿拉伯文化活动中，仲跻昆老师的发言除了引用阿拉伯人所喜爱的诗句以外，他还经常使用诗性的语言，特别擅长应用阿拉伯的各种修辞手法，给我印象最深的是他特别喜欢用排比、谐音等手法。而这种特点不止体现在他的中文写作中，还体现在他的阿拉伯语写作中。给我印象很深刻的是当年仲老师给吴树青校长准备的阿拉伯文发言稿，就应用了这样的一些手法，从而使整篇发言稿充满了文学的气息，让在场的阿拉伯使节感到了浓浓的阿拉伯味道。仲老师在各种场合的阿拉伯语发言总是能让人感受到地道的阿拉伯语带来的美感和享受，不仅有形象上的冲击，还有音韵的和谐，时而铿锵有力，时而低语潆洄。

从中国边缘到阿拉伯中心

改革开放以后，仲跻昆老师的学术生涯伴随着中国的阿拉伯文学研究的发展历程，经历了从中国边缘到阿拉伯中心的移动。改革开放之前，阿拉伯文学研究接近于零，各种外国文学史里对阿拉伯文学的介绍都很少。专门的阿拉伯文学史也只有一两本翻译过来的译本。有关外国文学研究和评论的刊物也很少刊登阿拉伯文学的论文。可以说，那时候的阿拉伯文学在中国学术界哪怕在外国文学领域也只能算是边缘。而研究阿拉伯文学的学者也自然处在边缘的位置。

但是仲跻昆老师的学术努力让中国的阿拉伯文学研究从中国边缘向阿拉伯中心移动。他的文学史写作达到了一个巅峰。仲跻昆的《阿拉伯现代文学史》（昆仑出版社，2004）则是第一本有关阿拉伯文学的断代史，对19世纪初到20世纪末的阿拉伯近现代文学进行国别和地区性的梳理，在国内当属首创。由于每个阿拉伯国家的发展轨迹各不相同，因而无法将其进行传统意义上的年代划分。这样做的好处是将文学史的研究与历史的研究相区分，不同于阿拉伯学者所撰写的整个历史脉络的文学史。最值得称道的是仲跻昆的《阿拉伯文学通史》（译林出版社，2010）。该书介绍了从蒙昧时期到20世纪末的阿拉伯文学发展情况，是当今中国对阿拉伯文学史研究最详尽、最全面的著作，特别是现当代的阿拉伯文学涉及19个阿拉伯国家的作家作品，无论是在国内，还是在欧美学界和阿拉伯评论家都没有这么全面。

正是由于文学史的撰写和其他的翻译、研究工作，使得仲跻昆于2011年3月16日荣获阿拉伯著名文化奖"谢赫扎耶德图书奖"之最高奖"年度文化人物奖"，是唯一获得该奖项的中国学者。阿联酋副总理谢赫曼苏尔出席了颁奖典礼，为学者和作家颁奖。评委会秘书长拉希德·阿里米博士对仲跻昆教授给予了高度评价："年度文化人物奖"授予仲跻昆教授，是要表彰"他半个多世纪以来在阿拉伯语言文学的教学、翻译与研究领域做出的杰出贡献"，"仲跻昆教授不仅成就卓著，而且在学术界、文化界和文学界享有崇高威望，他给世界图书业留下了大量反映纯正阿拉伯文学精华的专著和翻译作品，并通过文化对话和交流的形式把它介绍和传播至远东国家和地区。"①

"扎耶德"图书奖是阿拉伯世界最著名的文化奖项之一，是以已故的阿联酋总统扎耶德的名字命名的。该奖于2007年设立，每年由专家评审委员会对候选人进行审核评议，评选结果在阿布扎比国际书展期间发布，并举办颁奖典礼。该图书奖共包括8个奖项，最重要的为"年度文化人物奖"，此外还有发展与国家建设奖、文学奖、翻译奖、儿童文学奖、青年作者奖、出版发行奖、艺术奖、最佳文化技术奖等。"年度文化人物奖"奖金达100万第拉姆，其他奖项奖金也都高达75万第拉姆。所有获奖者还将获得一枚镌有该奖标志的金牌。仲老师不仅是中国第一个获得该奖项的中国学者，也是第一个获得沙特阿卜杜拉·本·阿卜杜·阿齐兹国王国际翻译奖的中国学者。后一个奖项的获奖消息就在他前往迪拜领奖的路上传到北大阿语系。2011年既是仲跻昆老师学术生涯中具有重要意义的一个年头，也是中国阿拉伯文学翻译与研究界的一个里程碑。

退休之后，仲跻昆老师依然笔耕不辍，在整理自己的学术文稿的同时，仍旧在从事翻译和研究工作，尤其是阿拉伯诗歌的翻译。他目前正在参与北京大学一带一路经典诗集的翻译工作，相信不久就可以看到他翻译的诗集出版面世。

2017年1月22日于万寿山庄

（作者系北京大学外国语学院阿拉伯语系主任、教授、博导，外国文学学会阿拉伯文学研究会副会长）

---

① 引自拙文《仲跻昆教授荣获阿拉伯著名的文化奖——"谢赫扎耶德图书奖"之最高奖"年度文化人物奖"》，《国外文学》，2011年第2期。